세상을 **바**꾸는
크로스 **공**부법

CROSS 영어
크로스

5개년 기출문제

유형탐구

:: 지은이 어글리 킴(ugly kim)

서울대 경제학과 졸업
재수학원, 강남에서의 과외 등 20년 이상 강의
현재는 각종 교재 집필중

:: 저서 세상을 바꾸는 크로스공부법

세상을 바꾸는 크로스공부법

크로스 영어 기출문제

초판발행일 | 2014년 7월 5일

지 은 이 | 어글리 킴(ugly kim)
펴 낸 이 | 배수현
디 자 인 | 박수정
제 작 | 송재호
홍 보 | 전기복
출 고 | 장보경
유 통 | 최은빈

펴 낸 곳 | 가나북스 www.gnbooks.co.kr
출 판 등 록 | 제393-2009-000012호
전 화 | 031) 408-8811(代)
팩 스 | 031) 501-8811

ISBN 978-89-94664-25-5(53740)

CROSS 영어

크로스

5개년 기출문제

유형탐구

머리말

세상을 바꾸는 '마지막' 영어공부전략을 내놓다

크로스 영어

시중에는 숱하게 많은 수능기출문제집들이 있다. 그러나 필자가 진정으로 원하는 그런 문제집은 한 권도 없었다. '세상을 바꾸는 크로스 공부법'(세상을 바꾸는 크로스공부법의 수정판)에서 주장한 것처럼 굳이 답지와 해설이 분리되어 따로 뒤에 나와야 할 그 어떤 이유도 없는 것이다. 도데체 이런 불편한 시스템이 왜 당연한 것처럼 받아들여져야 한다는 말인가? 한 번씩 답을 확인하거나 해설을 살펴보려고 할 때마다 1초 혹은 2초가 버려지는 것이다.

이러한 짧은 시간이 별거 아닌 것처럼 느껴지는가? 틀렸다. 우선 그 수많은 문제들을 푸는 동안 이렇게 쓸데 없이 버려지는 시간을 다 더해보라. 게다가 수 초마다 매번 답지부분까지 일일이 넘겨서 찾아야 하는 그 스트레스는 또 어떠한가? 답지를 따로 떼내어 좁은 책상에 늘어놓아야 한다는 불편함에는 웃음만 나올 뿐이다. 수험생여러분들은 몰래 답지를 보면서 형식적인 숙제를 해야 하는 게으른 초등학생이 아니다.

혹자는 다음과 같이 물어볼 수도 있다. 답이 보이면 공부가 안 된다고. 오히려 그 반대다. 끊임없이 자신의 해석이나 풀이가 정확한지를 답안 및 해설과 맞추어보아라. 이러한 확인과정을 통해서 정확하게 독해하는 실력이 늘 수 있다. '어찌어찌 짜맞추어 답을 맞추는 것'이 공부라는 어설픈 미신을 속히 버리도록 하라. 공부의 세계는 냉정하고 확실하다. 수능 풀 듯이 기출문제를 풀어본다는 따위의 말장난에 속을 필요도 없다. 진정한 실력을 기르려면 정확한 독해를 해야만 하고 그러기 위해서 해설에 나와 있는 번역된 지문을 끊임없이 자신의 해석과 비교해야 한다는 것은 필수적인 수험준비과정이다.

발음기호가 표시되지 않은 문제집들이 거의 다인 현실은 절망적이기까지 하다. 리스닝을 위해서 혹은 진정한 영어실력을 위해서 제대로 발음을 확인하면서 단어들을 꼭 외우도록 하라. 독해집이니까 독해만 확인해보고 그냥 넘어가겠다는 생각을 당장 폐기하라. 독해집에 나와 있는 모든 단어들을 외우도록 하라. 가능하면 읽어서 암기하라. 한국인에게 부족한 말하기와 듣기는 이런 식으로라도 보충해야만 한다.

이 책에 가장 적합한 공부법을 익히도록 하라. 각 챕터마다 그 힌트가 주어져 있다. 좀 더 자세한 설명이나 이론적 체계가 궁금한 분들은 크로스 시리즈 중에서 '세상을 바꾸는 크로스 공부법'을 보시기를 권한다.

앞으로도 계속 발매될 예정인 '눈으로 읽는 크로스 수능기출문제집' 시리즈를 사랑해주시기를 바란다.

2014년 6월 어느 더운 날에

Ugly Kim

어글리 킴

CONTENTS

크로스 **영어**
기출문제 유형탐구

CHAPTER

01

내용 **일치** &
불일치 파악

총 40문항

세상을 바꾸는 크로스 공부법 100선

001 눈을 사용하여 공부하는 것은 최고의 선택이다. 그러나 제대로 된 방법을 사용하지 않는다면 오히려 해가 될 뿐이다.

002 다독은 정독보다 훨씬 좋은 방법이다. 그러나 나누어 이해하고 나누어 암기하는 법을 배워야만 한다.

003 신체의 각종 이상상태는 음식과 약만으로 치료할 수 없다. 두뇌를 지배하도록 노력하라.

004 정독이 세상을 지배하는 시대는 이제 곧 끝난다. 다독이 새로운 지배자로 등극할 것이다.

005 중요한 사항을 줄치고 싶은가? 반드시 지울 수 있는 샤프를 사용하라. 중요한 사항은 끊임없이 변할 것이기 때문이다.

006 외국어를 잘 하고 싶은가? 그렇다면 소리내어 말하고 듣는것에 촛점을 두도록 하라. 그래야 살아있는 말을 배울 수 있다.

01 꿀에 관한 설명 중, 다음 글의 내용과 일치하는 것은?

Honey has been used since very ancient times because it was the only way early man could get sugar. It was used by the ancients to make a medical beverage called "mead", a mixture of honey with wine and other alcoholic drinks. In Egypt, it was used in making mummies. In ancient India, it was used to preserve fruit and to make cakes and other foods. There are also hundreds of ways in which honey is used today. For example, it gives flavor to fruits, candies, and baked goods. It has been used in healing wounds and cuts. It has also been used in hand lotions, in cigarettes, in antifreeze, and even as the center of golf balls!

Vocabulary

- ancient[éinʃənt] 고대(의)
- mummy[mʌmi] 미라
- preserve[prizə́ːrv] 보전하다
- wound[wuːnd] 상처
- cuts[kʌt] 상처, 자상

① 고대 인류가 설탕을 제조하는 다양한 방법 중의 하나였다.
② 꿀술(mead)의 재료로 사용된 것은 근대에 이르러서이다.
③ 고대에 의료 목적으로는 사용되지 않았다.
④ 담배와 골프공 재료로는 사용된 적이 없다.
⑤ 상처를 치유하거나 로션을 제조하는 데 사용된다.

[2점] [05.6월평가원]

해석 꿀은 초기 고대 이래로 사용되었다. 왜냐하면 그것(꿀)은 고대의 인류가 설탕을 얻을 수 있었던 유일한 방법이었기 때문이다. 고대인들은 'mead'이라고 불리는 의료용 음료와 꿀과 와인의 혼합물 그리고 다른 알콜 음료를 만드는데 (그것)꿀을 사용했다. 이집트에서는 그것(꿀)은 미라들을 만드는데 사용되었다. 고대 인도에서는 그것(꿀)은 과일을 보존하고 케이크들과 다른 음식들을 만들기 위해 사용되었다. 또한 오늘날에는 꿀이 사용되는 수백 가지의 방법들이 있다. 예를들면 (그것)꿀은 과일과 사탕 그리고 구워진 제품에 맛을 더하기 위해 사용된다. (그것)꿀은 상처와 잘린 부위를 치료하기 위해도 사용되어 왔다. 그것(꿀)은 핸드크림과 담배들과 부동제들 그리고 심지어는 골프공에도 사용된다.

풀이
① 그것(꿀)은 고대의 인류가 설탕을 얻을 수 있었던 유일한 방법이었기 때문이다.
② 그것(꿀)은 고대인들에 의해 꿀과 포도주 그리고 다른 알코올음료의 혼합물인 "mead"라고 불리는 의료용 음료를 만드는데 사용되었다. 본문에 고대인들이 꿀술의 재료로 꿀을 사용했다는 단서가 나와 있다.
③ 그것(꿀)은 고대인들에 의해 꿀과 포도주 그리고 다른 알코올음료의 혼합물인 "mead"라고 불리는 의료용 음료를 만드는데 사용되었다. 의료 목적 이외에도 사용된다는 단서가 나와 있다.
④ 그것(꿀)은 핸드크림과 담배와 부동제 그리고 심지어는 골프공들의 중앙에 사용되어왔다. 마지막 문장에 핸드크림과 담배 그리고 부동제에 사용이 됐다는 단서가 나와 있다.

답 ⑤

Vocabulary

- combine[kəmbáin]
  수확기; 결합하다
- burden[bə:rdn] 부담
- relieve[rilí:v] 구원하다
- for use in ~의 용도로
- suitable[sú:təbəl] 적당한
- reduction[ridʌkʃən]
  감소
- excessive[iksésiv]
  지나친

02 밑줄 친 combine에 관한 설명 중, 다음 글의 내용과 일치하지 않는 것은?

The <u>combine</u> relieved farmers of much of the burden of harvest. It enabled farmers to rescue crops which otherwise might have been lost. The combine was first developed for use in countries where the climate was suitable for grain production. It was said that the climate in such countries as the British Isles was totally unsuitable for its use. However, this was not true. Combines work in quite damp conditions. The use of a combine resulted in a big reduction in the time and labor required to harvest a given crop because only one or, at the most, two men were needed to operate the machine. Other labor required to transport the grain to storage was not excessive.

① 수확량의 손실을 경감시켰다.
② 영국에서는 사용에 적합하지 않다고 여겨졌다.
③ 기후가 습한 나라에서도 사용할 수 있다.
④ 노동력과 노동 시간을 크게 감소시켰다.
⑤ 수확한 곡물의 수송 부담을 가중시켰다.

[2점] [05.6월평가원]

해석 복식 수확기(농기계의 일종)는 농부들을 수확의 많은 부담으로부터 해방시켰다. 그것(복식 수확기)은 농부들이 복식 수확기가 없었다면 손실이 될 수도 있었던 작물들을 구하는 것을 가능케 하였다. 복식 수확기는 곡물의 생산에 적합한 날씨가 있는 나라들에서 사용하기 위해 최초로 개발되었다. 영국과 같은 나라의 날씨들에서는 전적으로 그것(복식 수확기)의 사용이 부적절하다고 알려졌다. 그러나 이것은 사실이 아니다. 복식 수확기은 매우 습기가 있는 작업 환경에서 작동한다. 복합 수확기의 사용은 주어진 작물을 수확하는 데 요구되는 노동력과 시간에 있어서의 큰 감소를 가져왔는데 왜냐하면, 겨우 한 명 기껏해야 두 명의 남자들이 그 기계를 운용하는데 필요해졌기 때문이다. 곡물을 저장하거나 운송하는데 필요한 다른 노동력은 지나치게 많지는 않았다.

풀이 ⑤ 수확한 곡물의 수송 부담을 가중시켰다.
⇨ 저장하는 곡물을 운송하는데 요구되는 다른 노동력은 지나치게 많지는 않았다. 복식 수확기의 개발은 곡물의 수송 부담과는 관련이 없고 수확 부담과 관련이 있다.

답 ⑤

03 Gonzales에 관한 설명 중, 다음 글의 내용과 일치하지 않는 것은?

Vocabulary

Fueled by a lifelong love of literature, Gonzales has devoted himself to providing people with more access to literature. When he moved to Marysville, Kansas, after a successful career as a barber in Los Angeles, he noticed a widespread hunger for reading in the community. He helped customers read books by opening a library with a collection of 500 books inside his barbershop in 1990. Even though many people wanted to read books, they had nowhere to turn, said Gonzales. His efforts came to be recognized nationwide and he won the Livingstone Award in 2003. Mr. Gonzales has helped people find a shelter for their spirits, wrote the Livingstone Committee.

- fuel[fjúːəl]
  자극하다; 연료
- lifelong[láiflɔ̀(ː)ŋ, -lə̀ŋ]
  평생의
- devote[divóut] 바치다
- barber [bɑːrbə(r)]
  이발사, 이발소
- widespread[wáidspréd]
  널리 퍼진
- effort[éfərt] 노력
- shelter[ʃéltər] 안식처

① Los Angeles에서 이발사로 성공했다.

② 독서에 대한 Marysville 주민들의 열망을 느꼈다.

③ 이발관 손님들에게 독서 기회를 제공했다.

④ 이발관을 처분하고 도서관을 열었다.

⑤ 2003년에 Livingstone 상을 수상했다.

[2점] [05.수능]

해석 문학에 대한 평생 동안의 사랑에 의해 자극을 받아, Gonzales는 사람들이 문학에 더 가까이 다가갈 수 있도록 하는데 자신의 몸을 바쳤다. Los Angeles에서 이발사로 성공적인 경력을 쌓은 후에 Kansas주의 Marysville로 이사했을 때 그는 마을 주민들에게 널리 퍼져있는 독서에 대한 열망을 알았다. 그는 1990년에 그의 이발소 안에 500권의 책을 소장한 도서관을 열어 손님들이 책을 읽을 수 있도록 도움을 주었다. "비록 많은 사람들이 책을 읽고 싶어 하지만, 그들은 갈 곳이 없습니다,"라고 Gonzales는 말했다. 그의 노력은 전국적으로 알려지고 되었고 2003년에 Livingston 상을 수상했다. "Mr. Gonzales는 사람들이 그들의 영혼에 대한 안식처를 찾는데 도움을 주었습니다,"라고 Livingston 위원회는 쓰고 있다.

풀이 이발관 내부에 도서관을 열어 사람들에게 독서 기회를 제공했다는 내용은 있지만 이발관을 처분하고 도서관을 열었다는 내용은 없다.

답 ④

Vocabulary

- legendary[lédʒəndèri]
  전설적인
- craftsmanship
  [|kræftsmənʃip]솜씨, 기술
- decorate[dékərèit]
  장식하다
- cabin[kǽbin] 객실
- marble[máːrbəl] 대리석
- vessel[vésəl] 선박
- intimate[íntəmit]
  분위기 있는

04 Sea Cloud호에 관한 다음 글의 내용과 일치하는 것은?

The Sea Cloud is a legendary ship. Built in 1932 at a time when the greatest attention was paid to detail and fine craftsmanship, the Sea Cloud is decorated with original oil paintings, antique furniture, and rich wood paneling. The cabins are beautifully decorated, some with fireplaces, and each with a private marble bathroom. Breakfast and lunch are buffet style and there is a sit-down meal served for dinner. A journey aboard the Sea Cloud, which carries only 64 passengers, is an intimate experience on one of the most elegant vessels on the sea.

① 전설 속에 나오는 무역선이다.
② 현대식 가구로 장식되어 있다.
③ 객실마다 욕실을 갖추고 있다.
④ 저녁 식사는 뷔페로 제공한다.
⑤ 64명의 승무원이 근무한다.

[2점] [05.6월평가원]

해석 Sea Cloud는 전설로 남을만한 배이다. 세부장식과 섬세한 기술에 가장 주의를 기울였던 때인 1932년에 만들어진 Sea Cloud는 각종 유화 원작품, 고풍적인 가구, 그리고 호화로운 나무 판벽 널로 치장되어 있다. 객실은 아름답게 꾸며져 있고 일부 객실에는 벽난로가 있고 각 객실에는 대리 석으로 꾸며진 개인용 욕실이 있다. 아침식사와 점심식사는 뷔페식이고 저녁식사로는 의자에 앉아 서 하는 식사가 제공된다. 불과 64명의 승객이 탑승하는 Sea Cloud에서의 여행은 바다에서의 가 장 우아한 배에서의 분위기 있는 경험이 된다.

풀이 each with a private marble bathroom이라는 어구를 통해 객실마다 욕조가 갖춰져 있음을 알 수 있다.
글 내용으로부터 ① Sea Cloud는 전설에 남을만한 유람선이며, ② 고풍적인 가구로 장식되어 있음을 알 수 있다. 또한, ④ 저녁식사는 의자에 앉아서 할 수 있는 식사가 제공되며, ⑤ 64명의 승객을 태우고 운행된다고 언급되어 있다.

05 wolf spider에 관한 다음 글의 내용과 일치하지 않는 것은?

Vocabulary

• dwell[dwel] 살다
• range[reindʒ] 범위
• pond[pɔnd] 연못
• prey[preɪ] 먹이, 사냥감
• pregnant[prégnənt] 임신한
• attaches[ətætʃ] 붙이다
• crawl[krɔːl] 네발로 기다

Wolf spiders are a group of ground-dwelling hunting spiders. There are more than 2,000 types of wolf spiders. Their sizes range from 2mm to 40mm. Some wolf spiders can even walk on the surface of a pond. They use their front legs to catch their prey, and then they bite and crush the prey. Some even build a trapdoor which they hide under, then when their prey comes on the trapdoor, they jump out at it. When the spider is pregnant, she attaches the egg sac to herself, then she tears the egg sac open. The babies crawl onto the mother and stay there for about one week.　　　　　　　　　　 ※ egg sac 알주머니

① 종류에 따라 크기가 다양하다.
② 물 위를 걸어 다니기도 한다.
③ 앞다리로 먹이를 사냥한다.
④ 먹이 사냥에 함정을 이용하기도 한다.
⑤ 새끼는 알주머니를 스스로 찢는다.

[2점] [06.6월평가원]

━━━

해석 독거미들은 땅 위에 살며 사냥하는 거미의 무리이다. 독거미의 종류는 2,000가지가 넘는다. 그것 (독거미)들의 크기는 그 범위가 2mm에서 40mm에 이른다. 일부 독거미들은 연못 수면을 걸을 수도 있다. 그것(독거미)들은 앞다리를 이용하여 먹이를 잡고서 그 먹이를 입으로 물어서 뭉개버린다. 일부 독거미들은 심지어 그들이 숨어 있을 수 있는 함정문까지 만들어 먹잇감이 함정문 위로 오면 그것(함정문)을 향해 뛰어든다. 새끼를 배면 그 거미는 알주머니를 달게 되며, 나중에 그 알주머니를 찢는다. 새끼들은 어미위로 기어와서 약 1주일 동안 그곳에 머문다.

━━━

풀이 대명사가 무엇을 지칭하는지 묻는 문제이다. she tears the egg sac open에서 she는 어미 독거미이므로 알주머니를 찢는 것은 새끼가 아니라 어미임을 알 수 있다.

━━━

CROSS
ENGLISH

Vocabulary

- rural[rúərəl] 시골의
- squirrel[skwəːrəl]
  다람쥐
- recall[rikɔːl] 생각해 내다
- be fond of ~을 좋아하다
- patient[péiʃənt]
  인내심이 강한
- ethology[i(ː)θálədʒi]
  인성학, 행동 생물학
- sculpture[skʌ́lptʃər]
  조각품
- anxiety[æŋzáiəti]
  열망, 걱정

06 Diane Mason에 관한 설명 중, 글의 내용과 일치하지 않는 것은?

Sculptor Diane Mason grew up in rural Illinois, surrounded by chickens, rabbits, squirrels, and birds. Mason recalls that she didn't care much for dolls as a little girl, but that she was fond of dressing up her favorite chickens in miniature clothes. "We had some very patient chickens," she laughs. In college, Mason majored in ethology, the study of animal behavior. Today, her fascination with animals plays a major role in her artistic life. She combines her knowledge about animals with humor in her bronze sculptures. "Some people think art has to be about anxiety, but I'm trying to give the viewer a little something to smile about."

① 시골에서 동물들과 함께 자랐다.
② 인형에 옷 입히기를 좋아했다.
③ 대학에서 동물 행동학을 전공했다.
④ 동물에 대한 지식을 조각에 반영한다.
⑤ 조각 작품에 해학적 요소를 가미한다.

[1점] [06.9월평가원]

해석
조각가인 Diane Mason은 병아리, 토끼, 다람쥐, 새로 둘러싸인 일리노이주의 시골에서 성장했다. Mason은 어린 소녀 시절에 인형을 그리 많이 좋아하지 않았지만, 자신이 좋아하는 병아리에게 작은 옷을 입히기를 좋아했던 것으로 회고한다. "저희들이 매우 인내심 있는 병아리를 가졌던 거죠"라고 그녀는 웃으며 말한다. 대학에서 Mason은 동물의 행동을 연구하는 동물행동학을 전공했다. 오늘날 동물에 대한 그녀의 애착은 그녀의 예술 인생에 중요한 역할을 하고 있다. 그녀는 자신의 동상 조각품에 동물에 관한 자신의 지식을 해학과 결합시킨다. "일부 사람들은 예술이 열망과 관련된 것이어야 한다고 생각지만 저는 보는 사람으로 하여금 웃음을 일으킬 만한 작은 무언가를 주려고 노력하고 있어요."

풀이
she didn't care much for dolls as a little girl이라는 구절을 통해 Mason은 인형을 그리 좋아하지 않음을 알 수 있다. 그녀가 좋아한 것은 인형에 옷 입히는 것이 아니라 병아리에게 옷 입히는 것이었다.

답 ②

07 kowtow에 관한 설명 중, 글의 내용과 일치하는 것은?

In ancient China, people, when presenting themselves before a superior, knelt down and bumped their heads on the floor. The "kowtow" ceremony was most commonly used in religious ceremonies when people came to make a request of the priest, or when foreign government officials appeared before the Chinese emperor. The word kowtow developed from a combination of two Chinese words, a verb meaning "to knock" and a noun meaning "head." Although British officials were resistant to kowtowing to the Chinese emperor, they did not object to the word, and by the early 1800s kowtow had become an English word for showing respect to another person.

- superior[su:píriər] 윗사람
- religious[rilídʒəs] 종교의
- priest[pri:st] 성직자
- combination [kàmbənéiʃən] 결합
- emperor[émpərər] 황제
- resistant[rizístənt] 저항하다, 반대하다
- object[əbdʒékt] 반대하다

① 두 사람이 머리를 맞부딪친다.
② 종교의식에서는 사용하지 않았다.
③ 황제가 외교 사절에게 하던 인사법이다.
④ 주로 영국인들이 외국인에게 하던 인사법이다.
⑤ kowtow는 1800년대 초에 영어 단어가 되었다.

[2점] [06.9월평가원]

해석 고대 중국에서는 사람들이 윗사람 앞에 보습을 보여야 할 때 무릎을 꿇고 머리가 바닥에 닿게 했다. '고두(叩頭)' 의식은 종교 의식에서 사람들이 성직자에게 부탁을 하러 올 때 또는 외국 정부의 관리가 중국 황제 앞에 서게 될 때 가장 흔하게 사용되었다. '고두'라는 말은 두 개의 중국말, 즉 '부딪치다'를 의미하는 동사와 '머리'를 의미하는 명사가 결합하여 생겨났다. 대영제국 관리들이 중국의 황제에게 고두하는 것을 반대했지만 그들은 그 말에는 반대하지 않아서 1800년대 초에 '고두'는 다른 사람에 대한 존경심을 보이는 것을 의미하는 영어 단어가 되었다.

풀이 ① 지문의 1~2번째 문장에 고두의 방식은 머리를 바닥에 닿게 하는 것이라고 언급되어 있다.
② 지문의 2~3번째 문장에 종교행사와 외교행사에 주로 사용되었다고 언급되어 있다.③ 지문의 네 번째 문장에 외교사절단이 중국의 황제에게 했던 인사법이었다고 언급되어 있다.④ 지문에 언급되지 않은 내용이다.
⑤ 영국 사람들이 '고두'를 거부했을 지라도 그것이 영어 단어가 되는 것은 반대하지 않아 1800년대 초에 kowtow가 영어 단어가 되었다고 마지막 문장에 언급되어 있다.

Vocabulary

- oval[óuvəl]
  달걀 모양의, 타원형의
- bear[bɛ́ər] 지니다, 품다
- allow[əláu] 허락하다
- ripen[ráipən]
  익다, 숙성하다
- pulp[pʌlp] 과육
- nourishing[nə́ːriʃiŋ]
  영양가 있는

08 breadfruit에 관한 다음 글의 내용과 일치하지 <u>않는</u> 것은?

The breadfruit is a round or oval fruit that grows on the tropical islands in the Pacific Ocean. It grows on a tree that reaches a height of about 12 meters and bears shiny dark green leaves, which are over 31 centimeters long. The fruit is first green in color. Then it turns brown, and if allowed to ripen fully, becomes yellow. Usually, breadfruit is gathered before it ripens and is cooked on hot stones. The pulp of breadfruit looks and feels much like new bread. When mixed with coconut milk, it makes a delicious and nourishing pudding.

① 모양이 둥글거나 타원형이다.
② 태평양 열대 지방의 섬에서 난다.
③ 약 12미터 정도 자라는 나무에서 열린다.
④ 완전히 익으면 노란색으로 변한다.
⑤ 일반적으로 익은 후에 수확한다.

[2점] [06.수능]

해석 빵나무 열매는 남태평양의 열대섬에서 자라는 둥글거나 타원형의 과일이다. 그것은 12미터 정도의 높이에 길이가 31센티미터가 넘는 윤이 나고 짙은 초록색의 잎사귀를 지닌 나무에서 자란다. 처음에 그 열매는 초록색이다. 그 다음에 그것은 갈색으로 변하고, 충분히 익게 되면 노랗게 된다. 보통 빵나무 열매는 익기 전에 따서 뜨거운 돌 위에서 요리가 된다. 빵나무 열매의 과육은 새로 구운 빵처럼 보이고 느껴진다. 코코넛 우유와 섞여지면, 그것은 맛있고, 영양가 있는 푸딩이 된다.

풀이 ⑤ 글 후반부에 breadfruit is gathered before it ripened라는 문장이 나오는 것으로 보아 breadfruit는 익기 전에 수확한다는 것을 알 수가 있다.

답 ⑤

09 태양열 비행기에 관한 다음 글의 내용과 일치하지 않는 것은?

Researchers at Solar Impulse in Lausanne, Switzerland, are developing a solar-powered, single-pilot aircraft that they hope will fly around the globe in 2010. In order to generate enough electricity from solar electric panels on the tops of its wings, the craft will need a wingspan of 80 meters; at the same time, however, its weight cannot exceed 2,000 kilograms. Meeting these conditions requires pushing the limits of materials and design, and making highly efficient electrical components, batteries and power management systems. The new craft's basic design emerged from computer models built with help from the Swiss Federal Institute of Technology in Lausanne. A test model is scheduled to be completed in 2006, followed by manufacture in 2007 and the first test flight in 2008.

- generate[dʒénərèit] 생기게 하다
- panel[pǽnl] 판
- wingspan[wíŋspæn] 날개 길이
- efficient[ifíʃənt] 효율적인
- component [kəmpóunənt] 구성 분자
- management [mǽnidʒmənt] 통제, 관리
- emerge[imə́ːrdʒ] 나오다

① 스위스 로잔에서 개발되고 있다.
② 비행을 위해 두 명의 조종사가 필요하다.
③ 무게는 2,000킬로그램을 넘지 않아야 한다.
④ 컴퓨터를 이용하여 기본 모형을 디자인했다.
⑤ 2008년에 첫 시험 비행이 이루어질 예정이다.

[2점] [06.수능]

해석 스위스 로잔에 있는 Solar Impulse에 있는 연구원들은 2010까지 한 명의 조종사가 지구 주위를 돌면서 운전할 태양열 우주선을 개발하고 있다. 날개 꼭대기에 있는 태양 전기판으로부터 충분히 전력을 발생시키기 위해, 그 비행기는 80미터의 날개판이 필요 할 것으로 예상되는데 그 무게는 동시에 2,000 킬로그램을 넘을 수가 없다. 이러한 제한을 충족시킨다는 것은 재료와 디자인의 한계를 극복하고, 고효율의 전기 구성 분자, 전지, 전력 통제 체계를 만드는 것이 필요하다. 새로운 비행기의 기본적인 디자인은 로잔에 있는 스위스 연방 과학 기술 협회의 도움으로 만들어진 컴퓨터 모델에서 나왔다. 테스트 모델은 2006년에 완성하고, 뒤이어 2007년에 제품화하고, 2008년에 첫 시험 비행을 하기로 계획되어 있다.

풀이 ② 첫 문장에 single-pilot aircraft라는 말이 나오는 것으로 보아 비행을 위해 두 명의 조종사가 필요하다는 답지 ②의 내용은 일치 하지 않는다.

답 ②

- immigrant[ímigrənt]
  이민자
- permit[pəːmít]
  허락하다
- complicated
  [kámplikèitd] 복잡한
- strategy[strǽtədʒi]
  전략
- so to speak 말하자면
- establish[istǽbliʃ]
  설립하다
- make a fortune
  재산을 모으다

10 다음 글의 내용과 일치하지 <u>않는</u> 것은?

Malthus and Richardo were economists from totally different backgrounds. Whereas Malthus came from an old English family and took holy orders in the Church of England, Richardo was born the son of a Jewish immigrant in 1772. His father, Abraham Richardo, was one of the twelve "Jew Brokers" permitted to practice as a stockbroker in London. While Malthus received careful tutoring and schooling at Cambridge, Richardo went to work with his father at fourteen and began to learn complicated financial systems and strategies "on the job," so to speak. And he learned well. By his mid-twenties, the man with the "Midas touch" had established his own business and made a fortune through stocks and real estate investments.

① Malthus는 유서 깊은 영국 가문 출신이다.
② Richardo는 유대인 이민자의 아들로 태어났다.
③ Malthus는 런던에서 증권 중개업 허가를 받았다.
④ Richardo는 복잡한 금융 체계와 전략을 체득했다.
⑤ Richardo는 주식과 부동산 투자로 많은 돈을 벌었다.

[2점] [07.6월평가원]

해석 Malthus와 Richardo는 출신 배경이 판이하게 다른 경제학자였다. Malthus가 전통 있는 영국의 가문 출신에 영국 국교회의 목사직을 수행한 반면, Richardo는 유대인 이민자의 아들로 1772년에 태어났다. 그의 아버지인 Abraham Richardo는 런던의 증권 중개업자로 활동 허가를 받은 12명의 유대인 중개업자들 중 한 사람이었다. Malthus가 충실한 가정교사 지도를 받고 캠브리지에서 수학한 반면, Richardo는 14살에 아버지를 따라 일하러 나가서 복잡한 금융 체제와 전략을 이른바 현장에서 체득하기 시작했다. 그리고 그는 배움에 충실했다. "마이다스의 손"을 지닌 그는 20대 중반에 자신의 회사를 설립하여 주식과 부동산 투자를 통해 큰돈을 벌었다.

풀이 ③ 런던에서 증권 중개업 허가를 받은 사람은 Malthus가 아니라 Richardo의 아버지인 Abraham Richardo라고 글 중반부에 언급되어 있다.

11 유료 화장실에 대한 다음 글의 내용과 일치하지 않는 것은?

Vocabulary

• enterprise[éntərpràiz]
  사업, 계획
• motivate[móutəvèit]
  자극하다
• vast[vɑːst] 광대한
• complaint[kəmpléint]
  불평
• consequently
  [kɑːnsəkwentli] 그 결과
• fade out 서서히 사라지다

Pay toilets used to be the rule in airports and bus and train stations. They were never meant to be profit-making enterprises, but a method to help pay the cost of cleaning the restrooms. It was thought that the entrance fee would motivate users to keep them cleaner. It didn't work, though. Instead, pay toilets were often trashed by angry users. The vast majority of pay toilets were operated by city governments, but they were not able to endure the complaints and the operating difficulties. Consequently, pay toilets have been gradually fading out of sight.

① 이익을 남기기 위해 운영되었다.

② 깨끗하게 유지되지 않았다.

③ 사람들의 불만이 많았다.

④ 시에서 대부분을 운영하였다.

⑤ 운영상 어려움으로 사라지고 있다.

[2점] [07.6월평가원]

해석 유료화장실은 통상적으로 공항, 버스터미널, 기차역에 있었다. 그 화장실은 이윤을 남기기 위한 사업으로 계획된 것은 전혀 아니었고, 화장실을 청소할 비용을 지불하는데 보탬을 주기 위한 방법이었다. 그 입장 요금은 사용자로 하여금 그 화장실을 보다 깨끗이 유지하게 자극할 것이라고 여겨졌다. 하지만 그것은 효과가 없었다. 그 대신 유료화장실은 성난 사용자들에 의해 자주 더럽혀졌다. 대다수의 유료화장실은 시 당국에서 운영했으나 당국은 불평의 소리와 운영상의 어려움을 견뎌낼 수가 없었다. 결국 유료화장실은 점점 사람들의 눈에서 사라지게 되었다.

풀이 ① 두 번째 문장에 유료화장실은 이익을 남기기 위해 운영된 것이 전혀 아니라고 언급되어 있다.

답 ①

Vocabulary ⌄

- unify[júːnəfài]
  통일하다
- territory[térətɔ̀ːri] 영토
- councilor[káunsələr]
  참모
- administer[ædmínistər]
  관리하다
- exploit[iksplɔ́it]
  착취하다
- bureaucracy
  [bjuərǽkrəsi] 관료
- administrative
  [ædmínəstrèitiv, -trə-, əd-]
  행정의

12 몽고 제국에 관한 다음 글의 내용과 일치하지 않는 것은?

The Mongol Empire was not a unified state but a vast collection of territories held together by military force. Because it was controlled by military leaders, the empire carried within it the seeds of its own breakdown. Central power rested with the khan and his councilors. Although they were well organized militarily, the Mongols had no developed concept for ruling conquered populations. New conquests were not administered, just economically exploited. In areas that were under control longer, however, there was some growth of administration. Local bureaucracies usually followed administrative patterns that had been locally developed.

① 군사력으로 광대한 영토를 유지하였다.
② 붕괴의 원인은 내부에 잠재해 있었다.
③ 칸과 참모들에게 권력이 집중되어 있었다.
④ 피정복민을 통치할 법과 제도를 완비하였다.
⑤ 새로운 정복지들을 경제적으로 착취하였다.

[2점] [07.9월평가원]

해석
몽골제국은 통일된 국가가 아니라 군사력에 의해 하나로 묶인 광대한 제국이었다. 그 제국은 군사지도자들에 의해 통제되었기 때문에, 그 내부에 스스로 와해될 수 있는 씨앗을 지니고 있었다. 중앙 권력은 칸과 그의 참모들에게 있었다. 군사적으로는 잘 조직되어 있기는 했지만, 몽골 제국은 정복된 주민들을 지배한다는 발전된 개념을 가지고 있지 않았다. 새로운 정복지들은 관리되지 않았으며, 경제적으로 착취되었을 뿐이다. 그러나 보다 더 오랜 지배하에 있던 지역에서는 행정이 다소 발전했다. 지역의 관료들은 보통 그 지역의 발전된 행정 패턴을 따랐다.

풀이
글의 후반부(New conquests were not administered...)에서 정복민들은 잘 관리되지 않았다는 진술이 있으므로 ④는 틀린 진술이다.

답 ④

13 청각 장애인을 위한 전화에 관한 다음 글의 내용과 일치하는 것은?

A device that enables the totally deaf to communicate with each other by telephone has been developed by the New York Telephone Co. The "Sensicall," a plastic box of electronic circuits, is wired to a standard telephone. The deaf-blind use a vibrating-button model of the Sensicall, the seeing-deaf a blinking-light model. A blind person placing his fingers on the button can feel the vibrations, sense their duration, and interpret the short and long sounds as dots and dashes. A seeing-deaf person utilizes a blinking-light unit, with the duration of the light blink indicating a short or long sound—a dot or dash.

- deaf[def] 귀먹은
- circuit[səːrkit] 회로
- vibrate[vaibreit] 진동하다
- blink[bliŋk] 깜박이다
- duration[djuəréiʃən] 지속시간
- utilize[júːtəlàiz] 이용하다

① 전혀 듣지 못하는 사람들은 사용할 수 없다.
② 전자회로 상자를 일반 전화기에 연결하여 사용한다.
③ 시각 장애가 있는 청각 장애인은 점멸식 장치를 사용한다.
④ 열과 빛을 감지하는 특수 전자 장치가 부착되어 있다.
⑤ 시각 장애가 없는 청각 장애인은 진동식 장치를 사용한다.

[2점] [07.9월평가원]

해석 완전히 귀먹은 사람들이 전화로 통화할 수 있게 해주는 장치가 뉴욕 전화회사에 의해 개발되었다. 전자 회로의 플라스틱 상자인 'Sensicall'은 보통의 전화기와 선으로 연결되어 있다. 시청각 장애가 있는 청각 장애인들은 진동버튼 방식의 Sensicall의 모델을 사용하고, 시각장애가 없는 청각장애인들은 점멸식 모델을 사용한다. 버튼에 손가락을 올린 시각장애인들은 진동을 느낄 수 있으며, 그 진동의 지속시간과 장음과 단음의 해석을 대시로 번역한다. 시각 장애가 없는 청각 장애인들은 장음과 단음이 점과 대쉬로 표현된 점멸식 장치를 이용한다.

풀이 두 번째 문장에서 sencicall이라는 플라스틱 전자회로는 일반 전화기와 연결하여 사용한다는 진술이 있으므로 ②는 올바른 진술이다.

Vocabulary

- principal[prínsəpəl]
  주요한
- thereafter[ðɛəræftər]
  그 이후에
- campaign[kæmpein]
  군사 작전
- reputation[rèpjətéiʃən]
  명성

14 Dominique-Jean Larrey에 관한 다음 글의 내용과 일치하지 않는 것은?

Dominique-Jean Larrey was born on July 8, 1766, in France. Larrey began his medical studies in Toulouse. During the Revolution, in 1792, he joined the Army of the North as a military surgeon. He introduced field hospitals, ambulance service, and first-aid treatment to the battlefield. He eventually became principal surgeon of the French Army and thereafter followed Napoleon Bonaparte in almost all his campaigns in Egypt, Italy, Russia, and finally at Waterloo. After the fall of Napoleon, Larrey's medical reputation saved him, and he was named a member of the Academy of Medicine at its founding in 1820.

※ campaign 전투

① Toulouse에서 의학 공부를 시작하였다.
② 1792년에 군의관으로 입대하였다.
③ 전쟁터에 응급 치료를 도입하였다.
④ 나폴레옹을 따라 참전하였다.
⑤ 워털루 전투에서 전사하였다.

[2점] [07.수능]

해석 Dominique-Jean Larrey는 1766년 7월 8일 프랑스에서 태어났다. Larrey는 Toulouse에서 의학 공부를 시작했다. 프랑스 대혁명 동안, 1792년에 그는 북군에 군의관으로 입대했다. 그는 야전 병원, 구급차 서비스, 그리고 응급처치를 전장에 도입했다. 그는 마침내 프랑스군의 수석 군의관이 되었으며 그 후에 이집트, 이탈리아, 러시아, 그리고 마지막으로 워털루에서의 그의 거의 모든 전투에서 Napoleon Bonaparte을 수행했다. Napoleon의 몰락 후에, Larrey의 의학적 명성은 그를 구해주었으며 그는 1820년 의학 협회에 창단 회원으로 임명되었다.

풀이 마지막 문장의 After the fall of Napoleon, Larrey's medical reputation save him이라는 말로 보아, 주인공은 Waterloo 전투에 참가했지만, 전사한 것이 아니라 살아남았다는 것을 알 수가 있다. 그러므로 ⑤는 본문의 내용과 일치하지 않는다.

답 ⑤

15 Floppy Barrow에 관한 다음 글의 내용과 일치하는 것은?

Vocabulary

• invent[invént] 발명하다
• modify[mádəfài]
  개조하다
• floppy[flɑːpi]
  헐렁한, 늘어진
• define[difáin]
  경계를 정하다, 규정하다
• opponent[əpóunənt]
  상대

Floppy Barrow is a game invented by Phil and Alan Grace, and Tim Inglis in South Australia. In the game, the players use a broomstick to throw an old bicycle tire that has been specially modified to make it floppy. The game can be played with 2 to 6 players and is scored similarly to tennis. It can be played with or without a net by defining the court and scoring against mistakes, such as dropping the tire in-court or throwing it out of bounds on the opponents' side. Floppy Barrow builds upper body muscles a lot, so it provides a good and exciting form of exercise. ※ floppy 유연한

① 자전거 경주의 일종이다.
② 맨손으로 자전거 바퀴를 굴린다.
③ 최소한 여섯 명의 선수가 필요하다.
④ 득점 방식이 테니스와 유사하다.
⑤ 상체 근육 발달의 효과가 적다.

[2점] [07.수능]

해석
Floppy Barrow는 남호주에 사는 Phil, Alan Grace, 그리고 Tim Inglis에 의해 고안된 게임이다. 이 게임에서, 선수들은 헐렁하게 특별히 개조된 낡은 자전거 바퀴를 던지기 위해 빗자루를 사용한다. 이 게임은 2명에서 6명의 선수들로 실시될 수 있으며 테니스와 비슷하게 득점이 이루어진다. 이 게임은 네트가 있든 없든 진행 될 수 있는데, 코트의 경계를 정해서 타이어를 자기 코트에 떨어뜨리거나 그것을 상대방 코트에서 벗어나게 던지는 것과 같은 실수에 대해 득점을 매긴다. Floppy Barrow는 상체 근육을 많이 발달시켜 준다. 그래서 이것은 유익하고 신나는 형태의 운동을 제공해 준다.

풀이
본문에 나온 The game ~ is scored similarly to tennis.라는 말로 보아 Floppy Barrow는 득점 방식이 테니스와 유사하다는 말이 글의 내용과 일치한다는 것을 알 수가 있다.
① 자전거 경주의 일종이다. 낡은 자전거 바퀴를 던지는 게임이다.
② 맨손으로 자전거 바퀴를 굴린다. 언급 된 바 없다.
③ 최소한 여섯 명의 선수가 필요하다. 최소 2명, 최대 6명의 인원이 필요하다
⑤ 상체 근육 발달의 효과가 적다. 상체 근육을 많이 발달시키기 때문에 유익하고 신나는 게임이다.

16 Oak tree에 관한 다음 글의 내용과 일치하는 것은?

Oaks are kings of the forest. Most of these trees take 100 years to reach maturity. They can grow up to 150 feet high. The trees have thick trunks and large, wide-spreading branches. The leaf is usually deeply toothed, but in some species it is almost smooth at the edge. Oaks vary in appearance but are easily recognized by their fruit—a round nut set in a woody cup. Native Americans and New England pioneers boiled and ate the nuts of the white oak. Squirrels and some birds store them for winter food. Oaks grow widely throughout the mild temperature zone of the Northern Hemisphere. A few species grow at high altitudes in the tropics.

※ Northern Hemisphere 북반구

① 최대한 100피트까지 자랄 수 있다.
② 잎의 테두리가 모두 매끄럽다.
③ 둥근 형태의 열매를 맺는다.
④ 열매는 식용으로 사용되지 않았다.
⑤ 열대 지역에 널리 분포한다.

[2점] [08.6월평가원]

해석 오크나무는 숲의 제왕이다. 이 나무의 대부분은 성숙해 지기 위해 100년이 걸린다. 그것들은 150 피트까지 자랄 수 있다. 그것들은 두꺼운 몸통과 넓게 퍼진 가지들을 가지고 있다. 나뭇잎은 일반적으로 깊숙이 돌기가 패여 있지만 몇몇 종에서는 가장자리 부분이 부드럽다. 오크나무는 외관적으로 다양하지만 열매들 — 나무 느낌의 컵 속에 자리 잡은 둥근 열매 —로 쉽게 구별된다. 아메리카 원주민들과 뉴 잉글랜드 지역의 개척자들은 흰 색 오크나무의 열매를 가열해서 먹었다. 다람쥐와 새들은 겨울 식량으로 오크나무 열매를 저장한다. 오크나무는 북반구의 온대기후 전역에서 광범위하게 서식한다. 몇몇 종은 열대지방의 높은 고도에서도 자란다.

풀이 오크나무의 생김새와 생태에 관해 설명하고 있는 글이다. 본문에 나온 a round nut set in a woody cup라는 말로 보아
③ 이 글의 내용과 일치한다는 사실을 알 수 있다.
① 150 피트까지 자랄 수 있다.
② 톱니 모양(toothed)인 것도 있고 매끄러운 것도 있다.
④ 인디언들이나 초기 개척자들이 끓여서 먹었다.
⑤ 온대 지역(mild temperature zone)에 분포한다.

답 ③

17 Maria Edgeworth에 관한 다음 글의 내용과 일치하지 않는 것은?

Maria Edgeworth was born in Oxfordshire in 1767. On her father's second marriage in 1773, she went with him to Ireland. Her father employed her in keeping accounts and in dealing with tenants. She also acquired a familiarity with fashionable people and with poor Irish farmers, all of which was to be of use in her novels. Her father made her a confidential friend, and he also became her literary adviser. Much of her early writing was for children, and it was not until 1800 that she appeared as a novelist for adult readers with the publication of Castle Rackrent. Its detailed description of Irish characters made the book an instant success. After the publication of the book, she became one of Ireland's major female writers.

※ tenant 소작인

Vocabulary

- familiarity[fəmìliærəti]
  익숙함, 낯익음
- confidential[kànfidénʃəl]
  신뢰할 수 있는
- literary[lítəreri] 문학의
- description
  [diskrípʃən] 묘사
- instant[ínstənt] 즉석의
- publication
  [pʌbləkéiʃən] 출간

① 1767년에 Oxfordshire에서 태어났다.
② 아버지는 친구이자 문학적 조언자였다.
③ 초기 작품은 주로 어린이를 위한 것이었다.
④ Castle Rackrent가 그녀의 첫 작품이었다.
⑤ 아일랜드의 주요 여류 작가 중 한 사람이 되었다.

[2점] [08.6월평가원]

해석
Edgeworth는 1767년 Oxfordshire에서 태어났다. 1773년 그녀 아버지의 재혼으로 그녀는 아버지와 함께 아일랜드로 갔다. 그녀의 아버지는 회계사원으로 세입자를 다루는데 그녀를 채용했다. 그녀는 사교계 인사들과, 가난한 아일랜드 농부들과도 허물없이 지냈는데 그것들 모두가 그녀 소설에서 사용되었다. 그녀의 아버지는 그녀와 신뢰할만한 친구가 되었고 또한 그녀 문학에서의 조언자가 되었다. 그녀 초기 작품의 대부분은 아이들을 위한 것이었고 1800년이 되어서야 "Castle Rackrent"의 출간으로 성인독자들을 위한 소설가로 등장했다. (그 책 속의) 아일랜드 등장인물들에 대한 섬세한 묘사는 그 책을 즉각 성공으로 이끌었다. 그 책의 출간 이후로 그녀는 아일랜드의 주요 여성작가중 하나가 되었다.

풀이
Maria Edgeworth에 대한 중요 정보를 간추려보면 다음과 같다. 첫째, 1767년에 Oxfordshire에서 태어났다. 둘째, 1773년에 아일랜드로 건너갔다. 셋째, 아버지의 재정 관리와 세입자 관리 등을 도왔다. 넷째, 당시의 지인들과의 친교가 후에 소설의 소재가 되었다. 다섯째, 아버지는 그녀의 친구이자 문학적 조언자였다. 여섯째, 초기 작품은 아동 소설이고, 후에 성인대상인 Castle Rackrent를 출간했다. 일곱째, 이 작품으로 유명 여류 작가가 되었다.
④ Castle Rackrent는 Maria Edgeworth의 첫 작품이 아니라 그녀가 처음으로 출간한 성인 독자를 위한 소설이었다.

Vocabulary ◂

- artificial[ὰːrtəfíʃəl]
  인공의
- insert[insə́ːrt] 삽입하다
- structure[strʌ́ktʃə(r)]
  구조, 구조물
- flexible[fléksəbəl]
  유연성이 있는
- breakthrough
  [bréikθrùː] 획기적인 발전
- potential[pouténʃəl]
  잠재력
- incorporate
  [inkɔ́ːrpərèit] 통합하다

18 artificial skin에 관한 다음 글의 내용과 일치하지 않는 것은?

A group of researchers have recently developed an artificial skin that can detect both pressure and temperature at the same time. They inserted pressure sensors and temperature sensors in a thin plastic film to create a net-like structure. The new artificial skin is flexible enough to wrap around robot fingers and relatively inexpensive to make. This breakthrough has the potential to improve how robots will function in the real world. Future artificial skins could incorporate sensors not only for pressure and temperature, but also for light, humidity, strain or sound.

① 압력과 온도를 동시에 감지할 수 있다.
② 얇은 플라스틱 필름 속에 감지 장치가 삽입되어 있다.
③ 로봇 손가락에 감을 수 있을 정도로 유연하다.
④ 실생활에서 로봇의 기능을 향상시킬 잠재력을 갖고 있다.
⑤ 빛과 소리의 감지 기능을 통합하지는 못할 것이다.

[2점] [08.9월평가원]

해석 한 연구팀이 최근 압력과 온도를 동시에 둘 다 감지할 수 있는 인공 피부를 개발했다. 그들은 그물 같은 구조를 만들어내기 위해 압력 감지기들과 온도 감지기들을 얇은 플라스틱 필름 속에 삽입했다. 이 새로운 인공피부는 로봇의 손가락을 감을 수 있을 정도로 유연하며 만드는 비용도 상대적으로 비싸지 않다. 이러한 획기적 발전은 실생활에서 로봇이 하는 기능을 향상시킬 잠재력을 갖고 있다. 미래의 인공 피부는 압력과 온도뿐만 아니라 빛, 습도, 긴장, 또는 소리에 대한 감지 기능까지 통합할 수 있을 지도 모른다.

풀이 마지막 문장을 통해 미래의 인공피부는 압력과 온도뿐만 아니라 빛, 습도, 긴장 심지어 소리에 대한 감지 기능까지 통합 할 수도 있을 거라는 것을 알 수 있다.

답 ⑤

19 red fox에 관한 다음 글의 내용과 일치하는 것은?

The red fox often acts in ways that seem extremely crafty. Trappers seeking red foxes must clean their equipment well to rid it of human smells, or the foxes will not come near. The foxes also manage to dig up hidden traps and set them off without being caught. Red foxes have even been known to use a pedestrian underpass rather than cross a highway. On the other hand, red foxes are sometimes extremely careless. They often come running in response to an imitation of their bark, regardless of danger. They readily return to areas where they have been heavily hunted in the past. So whether or not the red fox is especially intelligent is an open question.

① 사람 냄새를 맡고 가까이 온다.
② 숨겨진 덫을 파헤치기도 한다.
③ 고속도로 위로 다닐 만큼 대담하다.
④ 과거에 쫓겼던 지역에는 돌아오지 않는다.
⑤ 지능이 높은 것으로 입증되었다.

[2점] [08.9월평가원]

해석 문학에 대한 평생 동안의 사랑에 의해 자극을 받아, Gonzales는 사람들이 문학에 더 가까이 다가갈 수 있도록 하는데 자신의 몸을 바쳤다. Los Angeles에서 이발사로 성공적인 경력을 쌓은 후에 Kansas주의 Marysville로 이사했을 때 그는 마을 주민들에게 널리 퍼져있는 독서에 대한 열망을 알았다. 그는 1990년에 그의 이발소 안에 500권의 책을 소장한 도서관을 열어 손님들이 책을 읽을 수 있도록 도움을 주었다. "비록 많은 사람들이 책을 읽고 싶어 하지만, 그들은 갈 곳이 없습니다,"라고 Gonzales는 말했다. 그의 노력은 전국적으로 알려지고 되었고 2003년에 Livingston 상을 수상했다. "Mr. Gonzales는 사람들이 그들의 영혼에 대한 안식처를 찾는데 도움을 주었습니다,"라고 Livingston 위원회는 쓰고 있다.

풀이 숨겨진 덫을 파헤쳐 풀기도 한다는 내용이 중반부에 언급되어 있으므로 정답은 ②번이다. 사람냄새를 맡으면 근처로 오지 않고, 고속도로가 아닌 지하도를 이용하고, 과거에 쫓겼던 지역으로 즉시 되돌아오는 것 등이 본문에 언급된 붉은 여우의 습성이다. 마지막 문장은 붉은 여우가 특별히 똑똑한지는 알 수 없다는 뜻이다.

답 ②

Vocabulary

- irresistibly[irizistəbl] 거부 할 수 없는
- reputation [rèpjətéiʃən] 명성
- breathtaking [breθteikiŋ] 숨 막히는
- deluxe[dəlúks] 호화로운
- inspiration [inspəréiʃən] 영감

20 다음 글의 내용과 일치하는 것은?

Located 1,100 feet above the tiny coastal town of Amalfi, Ravello has been described as closer to heaven than to the sea. Two irresistibly romantic gardens—the Villa Rufolo and the Villa Cimbrone—justify its reputation as 'the place where poets go to die.' Hotel guests can hope to experience breathtaking views of the deep blue sea from Palazzo Sasso. Constructed in the 12th century, now a deluxe hotel, Palazzo Sasso is all about the view. Richard Wagner found inspiration on this site in 1880, penning a part of Parsifal during a stay here. Every summer an internationally famous classical Wagner music festival takes place in the garden of the Villa Rufolo.

① Amalfi는 산악 지역에 있는 대도시이다.

② Ravello는 해수면보다 낮은 곳에 있다.

③ Palazzo Sasso에서는 바다 풍경을 볼 수 없다.

④ Palazzo Sasso는 1880년에 건축되었다.

⑤ Villa Rufolo에서 매년 Wagner 음악제가 열린다.

[2점] [08.수능]

해석 Ravello는 해발 1100피트에 위치한 작은 해안도시이며, 바다보다 천국에 더 가까운 곳으로 묘사되어 왔다. 사랑스럽도록 낭만적인 두 정원—Villa Rufolo와 Villa Cimbrone—은 '시인들이 죽기 위해 가는 곳'으로서의 그 명성을 정당화해 준다. 호텔의 손님들은 Palazzo Sasso에서 깊고 푸른 바다의 숨 막히는 경치를 경험하는 것을 기대 할 수 있다. 12세기에 건축되었고 현재 호화호텔인 Palazzo Sasso의 경치는 최고이다. Richard Wagner는 이곳에서 1880년에 영감을 얻었는데, 이곳에 머물면서 Parsifal의 일부를 썼다. 매년 여름마다 국제적으로 유명한 클래식 Wagner 음악제가 Villa Rufolo의 정원에서 열린다.

풀이 ① Amalfi는 산악 지역에 있는 대도시이다. 해발 1100피트에 위치한 작은 해안도시이다.

② Ravello는 해수면보다 낮은 곳에 있다. Revello는 바다보다 천국에 가까운 곳으로 묘사되어왔다.

③ Palazzo Sasso에서는 바다 풍경을 볼 수 없다. 호텔의 손님들은 Palazzo Sasso에서 깊고 푸른 바다를 감상 할 수 있다고 쓰여 있으므로, 바다 풍경을 볼 수 있다.

④ Palazzo Sasso는 1880년에 건축되었다. Palazzo Sasso는 12세기에 건축되었으며 1880년은 Wagner가 머물면서 영감을 얻은 시기이다.

마지막 문장 Every summer an internationally famous classical Wagner music festival takes place in the garden of the Villa Rufolo.라는 말로 보아 Villa Rufolo에서 매년 Wagner 음악제가 열린다는 ⑤의 내용은 본문과 일치한다.

답 ⑤

21 Recreational tree climbing에 관한 다음 글의 내용과 일치하지 않는 것은?

Recreational tree climbing is an evolving sport. It got its start in 1983, when Peter Jenkins began teaching all sorts of people, including children, how to climb trees safely using a rope and a harness and the recreational tree climbing technique. In the United States, it is now practiced by a thousand or so people but is rapidly growing in popularity. However, those who study rare plants are worried about recreational tree climbers. They fear that these climbers may try to climb the biggest and tallest trees if they learn their exact locations. Any contact between humans and rare plants can be disastrous for the plants.

Vocabulary

- evolve[iválv] 진화하다
- include[inklú:d] 포함하다
- harness[háːrnis] 장비
- rapidly[rǽpidli] 재빨리
- popularity[pɑ̀pjəlǽrəti] 인기
- location[loukéiʃən] 위치
- disastrous[dizǽstrəs] 재난의

① Peter Jenkins가 1983년에 가르치기 시작했다.
② 아동들도 안전하게 오르는 법을 교육받았다.
③ 미국에서 빠른 속도로 인기를 얻어가고 있다.
④ 희귀식물을 연구하는 사람들이 적극적으로 즐긴다.
⑤ 사람과 희귀식물의 접촉은 식물에게 해가 될 수 있다.

[2점] [08.수능]

해석 나무 타기 놀이는 진화하는 스포츠이다. 그것은 1983년에 시작되었는데, 그 때 Peter Jenkins 는 어린이를 포함하여 전 연령대의 사람들에게 밧줄과 장비를 사용하여 안전하게 나무를 오르 는 방법과 나무 타기 놀이 기술을 가르치기 시작했다. 미국에서 현재 천여 명의 사람들이 이를 연 습하고 있는데, 빠르게 인기가 올라가고 있다. 그러나 희귀한 식물을 연구하는 사람들은 나무 타 기 놀이에 대해 걱정한다. 그들은 이 나무 타는 사람들이 그것들의 정확한 위치를 알게 되면 가장 크고 가장 높은 나무들에 오르기 위해 노력할 지도 모른다고 두려워한다. 인간과 희귀 식물간의 어떠한 접촉도 식물에게는 재난이 될 수 있다.

풀이 ④글 중간에 나온 However, those who study rare plants are worried about recreational tree climbers.라는 말 로 보아, 희귀식물을 연구하는 사람들이 적극적으로 즐긴다는 ④의 내용은 본문의 내용과 일치하지 않는다. 오히려 그들은 Recreational tree climbing의 인기 증가에 대해 걱정하고 있다.

Vocabulary

- language[læŋgwidʒ]
  언어
- primitive[prímətiv]
  원시의
- scientific[sàiəntífik]
  과학적인
- technical[teknɪkl]
  과학기술의, 기술적인

22 "Primitive people"의 언어에 관한 다음 글의 내용과 일치하는 것은?

Some people think the languages of so-called primitive peoples are so simple that they have limited vocabularies of only a few hundred words. This is not the case. Like other languages, these languages usually have only as many words as the people need to express themselves. They may lack the scientific and technical words of the more "civilized" languages, such as English. But their words for tools, animals, plants, and other everyday things run into the thousands. Dictionaries written for the Navaho Indians, for example, list 11,000 Navaho words; for the African Zulus, 17,000; for the Dakota Indians, 19,000; for the Maya Indians of Mexico and Central America, 20,000.

① 자기표현에 필요한 어휘가 부족하다.
② 과학과 기술 관련 어휘가 영어 못지않게 풍부하다.
③ 도구, 동식물, 일상과 관련된 어휘 수가 수천에 달한다.
④ 어휘 사전이 존재하지 않는다.
⑤ 마야 인디언의 어휘 수가 가장 적다.

[2점] [09.6월평가원]

해석 어떤 사람들은 소위 원시인들의 언어는 너무 단순해서 겨우 몇 백 단어 정도의 한정된 어휘를 가졌었다고 생각한다. 이것은 사실이 아니다. 다른 언어들과 마찬가지로 이러한 언어들은 사람들이 자신을 표현하기 위해 딱 필요한 만큼의 단어들을 가지고 있다. 그 언어들은 영어와 같이 문명화된 언어에서 사용하는 과학적이거나 기술적인 단어들은 부족했을 지도 모른다. 하지만 도구들, 동물들, 식물들, 그리고 다른 일상과 관련된 물건들을 위한 단어들은 수 천 개에 이른다. 예를 들어 나바호족 인디언들을 위한 사전들은 11,000개의 나바호 단어들의 목록을 가지고 있으며, 아프리카의 줄루족은 17,000개, 다코타족 인디언들은 19,000개, 멕시코와 중앙아메리카의 마야족 인디언들은 20,000개의 목록을 가지고 있다.

풀이 도구, 동식물, 일상과 관련된 단어들이 수천 개에 이른다는 내용이 네 번째 문장에 진술되어 있으므로 정답은 ③번이다.

답 ③

23 Jorge Luis Borges에 관한 다음 글의 내용과 일치하지 않는 것은?

Vocabulary

• prosperous[prɑ́:spərəs]
  번영한, 넉넉한
• attend[əténd] 참석하다
• assistant[əsístənt] 보조
• attempt[ətémpt]
  시도하다
• fame[feɪm] 명성
• volume[vɑ́:lju:m]
  (시리즈로 된 책의)권
• literature[lítrətʃə(r)]
  문학

Jorge Luis Borges, the most influential short-story writer in Latin America, was born in Buenos Aires. Prosperous but not rich, his family was respected in Latin American history, and included several famous military heroes. He did not attend school till he was nine, but he was taught at home by a British tutor. His father, who practiced law, encouraged him to read a lot. In 1921, he began publishing poems and essays. He got his first job as an assistant librarian in 1937, because he had to support his family after his father's death. Over the next 15 years he published most of the stories that would win international fame—collected in four volumes. He never attempted a novel, because his genius was best expressed through the shorter forms of literature.

① 부유하지는 않았지만 명망이 있는 가문에서 태어났다.
② 9세까지 집에서 영국인 개인 교사에게 교육받았다.
③ 1921년부터 자신의 작품을 세상에 발표하기 시작했다.
④ 가족 부양 때문에 보조 사서로 일한 경험이 있다.
⑤ 대부분의 장편 소설은 국제적인 명성을 얻었다.

[2점] [09.6월평가원]

해석 라틴 아메리카에서 가장 영향력 있는 단편 소설 작가인 호르헤 루이스 보르헤스는 부에노스 아이레스에서 태어났다. 부유하지는 않았지만 명망이 있었던 그의 가문은 라틴 아메리카 역사 속에서 존경받는 가문이었으며 그 중에는 여러 명의 유명한 군사 영웅도 있었다. 그는 아홉 살이 될 때까지 학교에는 다니지 않았지만 한 영국인 가정교사로부터 집에서 교육을 받았다. 법률직에 종사하셨던 아버지는 그에게 책을 많이 읽으라고 권해주셨다. 1921년, 그는 시와 수필들을 출판하기 시작했다. 1937년에 도서관의 보조 사서로 첫 번째 직장을 얻었는데, 아버지가 돌아가신 후 가족을 부양해야 했기 때문이었다. 이후 15년간 국제적 명성을 안겨준 많은 수의 소설을 출판했으며 묶어서 총 4권의 분량이었다. 더 짧은 형태의 문학을 통해서 그의 천재성이 최고로 표현되었기에 그는 장편 소설은 절대로 시도하지 않았다.

풀이 유명한 단편소설가 보르헤스에 관한 글로 장편소설은 시도하지 않았다는 내용이 마지막 문장에 언급되어 있으므로 정답은 ⑤번이다.

Vocabulary

- endangered
  [endéindʒərd]
  멸종 위기에 있는
- declare[diklέər]
  선언하다
- construction
  [kənstrʌkʃn] 건설, 공사
- habitat[hǽbitæt] 서식지
- redraw[ri:drɔ:]
  변경, 수정하다

24 다음 글의 내용과 일치하는 것은?

Colton, a city in California, is currently involved in a series of legal battles over how much it should be prepared to pay to save an endangered fly: the Delhi Sands Flower-loving Fly, a rather pretty insect that takes nectar from local flowers. This tiny creature has the distinction of being the first fly to be declared an endangered species in the U.S. Shortly after this fly was listed as an endangered species, construction of a hospital parking lot was stopped. The hospital had planned to construct its parking lot over seven acres of occupied fly habitat, but that suddenly became illegal. The hospital then had to spend $4 million redrawing its plans and moving its parking lot 250 feet.

※ nectar 과즙

① Colton시는 최근에 법적 분쟁에 관련되지 않았다.
② 파리는 멸종 위기종으로 지정된 적이 없다.
③ 병원 주차장 건립이 중단된 적이 있다.
④ 병원 건립으로 7에이커의 파리 서식지가 파괴되었다.
⑤ 병원은 벌금으로 4백만 달러를 지불했다.

[2점] [09.9월평가원]

해석

California에 있는 Colton시는 최근 한 멸종 위기에 있는 파리를 구조하기 위해 얼마나 많은 돈을 준비하고 있어야 하는가에 대한 여러 건의 법적 분쟁들에 연루되어 있는데, 특정 지역에 있는 꽃의 과즙을 빼먹는 상당히 예쁜 곤충인 Delhi Sands Flower-loving 파리가 그것이다. 이 작은 생물은 멸종 위기 동물로 선언된 미국 최초의 파리라는 영예를 가지고 있다. 이 파리가 멸종 위기 동물로 이름이 등재된 직후, 한 병원의 주차장 건설이 중단되었다. 그 병원은 파리 서식지로 사용 중인 7에이커의 지역에 주차장을 지을 계획이었지만 그것이 갑자기 불법이 되었다. 그래서 병원은 그 계획을 다시 짜고 주차장을 250피트 옮기는 데 4백만 달러를 들여야 했다.

풀이

① Colton시는 최근에 법적 분쟁에 관련되지 않았다. 첫 문장에 colton시가 최근 법적 분쟁에 관련되어 있음이 명백하게 나와 있다.
② 파리는 멸종 위기종으로 지정된 적이 없다. 파리의 종 중 Delhi Sands Flower-loving종은 멸종 위기종으로 지정되었다.
④ 병원 건립으로 7에이커의 파리 서식지가 파괴되었다. 7에이커의 주차장을 건설 할 계획이었다.
⑤ 병원은 벌금으로 4백만 달러를 지불했다. 400만 달러를 벌금으로 지급 했던 것이 아니라 계획을 수정하고 주차장을 옮기는 데 들었던 비용이다.
파리 서식지 보호를 위해 한 병원의 주차장 건설이 중단되었다(construction of a hospital parking lot was stopped)는 언급이 중반부에 있다.

답 ③

25 Porto에 관한 다음 글의 내용과 일치하지 않는 것은?

Vocabulary

Once a famous merchant port of the Portuguese empire, Porto today gives the impression of a forgotten city. It was built where the slow-moving Duoro River flows to the Atlantic through the steep hills guarding the seashore. It still carries the features of a busy medieval town in a strategically important location for defense. With its magnificent castles overlooking the river and a rich history of wine making, one might expect it to be one of the most visited cities in the world. But hidden as it is in the northwest corner of the Iberian Peninsula, few tourists make the trip.

- merchant[məːrtʃənt]
  상인의
- impression[impréʃən]
  인상
- forgotten[fərgátn]
  잊혀진
- Atlantic[ətlǽntik]
  (the ~) 대서양
- medieval[mìːdíːvəl]
  중세의
- magnificent
  [mægnífəsənt] 장엄한
- overlook[òuvərlúk]
  내려다보다

① 한때는 유명한 무역 항구였다.
② Duoro강이 있는 곳에 세워졌다.
③ 중세 도시의 특징을 지니고 있다.
④ 와인 제조의 풍부한 역사를 갖고 있다.
⑤ 많은 관광객을 끌어들이고 있다.

[2점] [09.9월평가원]

해석 한 때 포르투갈 제국의 유명한 무역항이었던 Porto는 오늘날에는 잊힌 도시라는 인상을 준다. Porto는 해안가를 지키는 가파른 언덕을 관통하며 대서양으로 흐르는 유수 Duoro강에 세워졌다. 그것은 방어를 위한 전략적으로 중요한 위치에 있는 바쁜 중세 도시의 특징을 여전히 간직하고 있다. 강을 내려다보고 있는 장엄한 성곽과 와인 제조의 풍부한 역사와 함께 사람들은 그 항구가 세계에서 가장 방문객이 많은 도시가 되기를 기대할 지도 모른다. 하지만 그 도시가 이베리아 반도의 북서쪽 모퉁이에 숨겨져 있기에 관광객들이 거의 여행을 오지 않는다.

풀이 ⑤ 마지막 문장을 보면 지리적 위치로 인해 관광객들이 거의 오지 않는다(few tourists make the trip)는 것을 알 수 있다.

답 ⑤

Vocabulary ☑

- progressive[prəgrésiv]
  진보적인
- headquarter
  [hedkwɔ́ːrtə] 본부를 두다
- branch[bræntʃ]
  지사, 분점
- mediate[míːdièit]
  조정하다
- minority[mainɔ́ːrəti]
  소수자

26 RPC에 관한 다음 글의 내용과 일치하는 것은?

The RPC, founded in 1996, describesitselfasa progressive organization fighting for social change. It is a multiracial, multi-issue, international membership organization. Its mission is to move the nation and the world towards social, racial, and economic justice. It has its headquarters inChicago,and major branches in Washington, D.C., New York, and Los Angeles. It has succeeded in registering hundreds of thousands of voters, helped elect many officials, mediated labor disputes, affected public policy in Haiti, and helped secure professional positions for minorities in a number of different fields. It also works on issues such as fair housing, gender equality, and environmental justice.

① 1996년에 설립된 보수 단체이다.
② 임무는 인종 문제에 국한된다.
③ 본부는 뉴욕과 로스앤젤레스에 있다.
④ Haiti의 공공 정책에 영향을 끼쳤다.
⑤ 양성 평등과 환경 문제에는 관여하지 않는다.

[2점] [09.수능]

해석 1996년에 설립된 RPC는 사회 변화를 이끄는 기관으로 스스로를 묘사한다. 이 단체는 다민족적인 기관이며 다양한 논쟁거리를 다루고 국제회원을 가진 단체이다. 이 단체의 임무는 나라와 세계를 사회적, 인종적, 경제적 정의로 이끄는 것이다. 이 단체의 본부는 시카고에 있고, 주요 지부들은 워싱턴 DC와 뉴욕 그리고 LA에 있다. 이 단체는 수십만 명의 유권자들을 등록하는데 성공했고, 많은 공무원들을 선출시켰으며, 노동 분쟁들을 조정했고, Haiti의 공공 정책에 영향을 끼쳤고 또한 많은 여러 분야에서 소수자들을 위한 전문 직종을 확보하는데 도움을 주었다. 이 단체는 또한 공정 주택 거래와 양성 평등과 환경 정의와 같은 이슈를 위해 노력하고 있다.

풀이 ① 1996년에 설립된 보수 단체이다. 1996년에 설립된 보수단체가 아니라 진보단체이다.
② 임무는 인종 문제에 국한된다. 이 단체의 임무는 사회적, 인종적, 경제적 문제이며 인종 문제에만 국한되어 있지 않다.
③ 본부는 뉴욕과 로스앤젤레스에 있다. 본부는 시카고에 있으며 뉴욕과 로스앤젤레스는 주요 지부가 있는 도시이다.
④ Haiti의 공공 정책에 영향을 끼쳤다.
⑤ 양성 평등과 환경 문제에는 관여하지 않는다. 마지막 문장을 보면 이 단체가 양성 평등과 환경문제 또한 관심을 가지고 있음을 알 수 있다.
글의 후반부의 'affected public policy in Haiti' 부분을 통해서 ④는 본문의 내용과 일치하는 것을 알 수 있다.

답 ④

27 sacred lotus에 관한 다음 글의 내용과 일치하지 않는 것은?

Vocabulary

- regulate[régjəlèit] 조절하다
- blossom[blásəm] 꽃
- release[rilíːs] 발산하다
- attract[ətrǽkt] 끌다, 유인하다
- reward[riwɔ́ːrd] 보상하다
- stable[steibl] 안정된, 안정적인

A water plant called the sacred lotus regulates its temperature in order to benefit insects that it needs to reproduce. When the plant flowers, it heats its blossoms to above 86°F for as long as four days. It does so, even when the air is as cool as 50°F. The heat releases an aroma that attracts certain insects, which fly into the flower to feed on nectar and pollen. But according to Roger Seymour and Paul Schultze-Motel of Australia's University of Adelaide, the heat does more: It rewards insects with a stable environment that enhances their ability to eat, mate, and prepare for flight.

※ nectar (꽃의) 꿀, pollen 꽃가루

① 번식에 필요한 곤충을 이롭게 하기 위해 온도를 조절한다.
② 개화 시에는 꽃을 화씨 86도 이상까지 따뜻하게 한다.
③ 화씨 50도의 기온에서는 열을 내지 않는다.
④ 꽃의 열이 곤충을 유인하는 향기를 발산시킨다.
⑤ 꽃의 열이 곤충의 짝짓기 능력을 향상시키는 환경을 제공한다.

[2점] [09.수능]

해석 sacred lotus라고 불리는 수생식물은 자신의 번식에 필요한 곤충을 이롭게 하기 위해 온도를 조절한다. 이 식물의 개화 시에는 나흘 동안이나 화씨 86도 이상까지 꽃을 따뜻하게 한다. 공기의 온도가 심지어 화씨 50도 정도로 서늘할 때에도 그렇게 한다. 이 열은 특정 곤충을 유인하는 향기를 발산하는데 그 곤충들은 이 꽃으로 날아 들어와서 꿀과 꽃가루를 먹는다. 그러나 호주의 Adelaide 대학교의 Roger Seymour와 Paul Schultze-Motel에 따르면 이 열은 더 많은 일을 한다. 즉 이 열은 그 곤충들이 먹고, 짝짓기하고, 비행할 준비를 할 수 있는 능력을 향상시켜주는 안정된 환경을 보상해준다.

풀이 본문의 'It does so, even when the air is as cool as 50°F.'부분에서 ③이 내용과 일치하지 않음을 알 수 있다. 여기서 does so는 바로 앞 문장의 heats its blossoms to above 86°F for as long as four days(나흘 동안이나 화씨 86도 이상까지 꽃을 따뜻하게 한다)를 대신하고 있다.

Vocabulary

- discover[diskʌ́vər]
  발견하다
- moderate[mɑ́dərət]
  온화한
- suffer[sʌ́fər]
  (고통을)경험하다
- numerous[njú:mərəs]
  수많은
- evenly[íːvənli] 균등하게
- separate from
  ~에서 독립하다
- abolish[əbɑ́liʃ] 폐지하다

28 Costa Rica에 관한 다음 글의 내용과 일치하는 것은?

Costa Rica means 'rich coast' in Spanish. It was discovered in 1502 and named by Christopher Columbus, who thought it might be a land rich with gold. However, Costa Rica has no great mineral wealth. It has, instead, rich soil and a moderate climate. While other Latin American nations suffered exploitation from outside the region and developed societies split by class conflict between rich and poor, Costa Rica developed an agricultural economy made up of numerous small farmers. There was not great wealth, but what there was spread evenly. Costa Rica continued its unusual development after it separated from Spain in 1821, becoming the first Latin American country to abolish slavery. In 1889 the little nation held the first free election in Latin America.

① 금을 비롯한 광물자원이 풍부한 나라이다.
② 토양은 비옥하지만 기후는 온화하지 않다.
③ 대규모 농장을 바탕으로 한 농업경제가 발달하였다.
④ 라틴 아메리카에서 노예제도를 폐지한 마지막 국가이다.
⑤ 라틴 아메리카에서 최초로 자유선거를 실시하였다.

[2점] [10.6월평가원]

해석

Costa Rica는 스페인어로 "풍요로운 해안"을 의미한다. Costa Rica는 1502년에 발견되었으며 그 곳에 금이 많을 것이라고 생각했던 Christopher Columbus에 의해 명명되었다. 하지만 Costa Rica는 풍부한 광물자원을 갖고 있지 않다. 그 대신에 비옥한 토양과 온화한 기후를 갖고 있다. 다른 남미 국가들이 외부지역으로부터의 착취를 겪고 빈부의 계층 갈등에 의해 분리된 사회를 발전시켰던 반면, Costa Rica는 수많은 소규모 농부들로 이루어진 농업 경제를 발전시켰다. 대단한 부는 없었지만, 있는 것은 균등하게 분배되었다. Costa Rica는 1821년 스페인으로부터 분리된 후에 흔치않은 발전을 이루었고, 노예제를 폐지시킨 최초의 남미 국가가 되었다. 1889년 그 작은 나라는 남미에서 최초의 자유선거를 실시했다.

풀이

① 금을 비롯한 광물자원이 풍부한 나라이다. Christopher Columbus는 Costa Rica에 금이 많을 것이라고 생각했으나 사실 금을 비롯한 광물자원이 많은 곳은 아니었다. 그 대신 비옥한 토양과 온화한 기후를 가지고 있다.
② 토양은 비옥하지만 기후는 온화하지 않다. 비옥한 토양과 온화한 기후를 가지고 있다.
③ 대규모 농장을 바탕으로 한 농업경제가 발달하였다. 수많은 소규모 농장을 바탕으로 한 농업경제가 발달하였다.
④ 라틴 아메리카에서 노예제도를 폐지한 마지막 국가이다. Costa Rica는 라틴아메리카에서 노예제도를 폐지한 첫 국가이다.
⑤ 라틴 아메리카에서 최초로 자유선거를 실시하였다. 지문의 마지막 문장을 확인해보면 Costa Rica는 라틴아메리카에서 최초로 자유선거를 실시한 나라임을 알 수 있다.

답 ⑤

29 the barrier at the River Scheldt에 관한 다음 글의 내용과 일치하는 것은?

The barrier at the River Scheldt in the Netherlands is the world's largest tidal surge barrier. It protects Zeeland from the constant threat of flooding. Completed in 1987, it forms part of the Delta Project, a line of massive sea-defenses, which was constructed after disastrous floods in 1953. As originally planned, the barrier was to be a solid dam that, by drastically restricting tidal flows, would have destroyed much of the marine environment on the Eastern Scheldt. In 1973, however, a campaign forced the project to be suspended. The project was revived four years later in a new and greatly modified form. Instead of being permanently sealed, the redesigned barrier is now normally open to the tides, restricting their flow by only 25 percent. It is only when water levels reach 3 meters above normal that steel gates close shut, holding back even the most extreme waters.   ※ surge 범람

Vocabulary

- tidal[táidl] 조수의
- disastrous [dizǽstrəs / -á:s-] 비참한, 재난의
- suspend[səspénd] 중지하다
- revive[rɪváɪv] 재개하다
- modify[mάdəfài] 변경하다
- permanently [pə́:rmənəntli] 영구적으로
- seal[si:l] 봉인하다
- redesign[ri:dɪzáɪn] 다시 디자인하다

① 1953년에 일어난 홍수 피해를 줄이는 데 도움이 되었다.
② 조수의 흐름을 완전히 막아 해양 생태계에 큰 피해를 야기했다.
③ 건설 사업이 중단된 지 5년 후 재개되었다.
④ 재설계되어 평상시에는 조수의 흐름을 절반만 제한한다.
⑤ 물이 특정 수위에 이를 때 수문이 닫힌다.

[2점] [10.9월평가원]

해석 네덜란드에 있는 Scheldt강에 있는 방파제는 세계에서 가장 큰 해일 방파제이다. 그것은 Zeeland 주를 지속적인 홍수의 위협으로부터 보호해준다. 1987년에 완공 된 이 방파제는 대규모 방조 계획의 일환인 Delta project의 형성으로 1953년의 처참한 홍수 이후 건설이 착수되었다. 원래 계획대로라면 그 방파제는 견고한 댐 구조로 지어져서 조수의 흐름을 급격하게 막게 되어 Scheldt강 동쪽 해상 환경의 대부분을 파괴했을 것이다. 그러나 1973년에 한 캠페인에 의해 그 계획은 중지되었다. 그 계획은 엄청나게 변형된 새로운 형태로 4년 후에 재개되었다. 새로 설계된 방파제는 조수를 영구적으로 밀폐하는 대신 조수의 흐름을 25 퍼센트만 제한하도록 함으로써 현재 조수에 정상적으로 개방되어 있다. 철제 수문은 최고 수위를 계속 유지하고 있다가 정상 수위의 3 미터 위로 수위가 상승할 때만 완전히 닫힌다.

풀이 정상 수위보다 3 미터 높은 위치에 도달하면 수문이 닫히게 된다(when water levels reach 3 meters above normal that steel gates close shut)는 내용을 마지막 문장에 언급하고 있으므로 ⑤ '물이 특정 수위에 이를 때 수문이 닫힌다'가 글의 내용과 일치한다. 본문에는 3미터라고 나와 있는데, 특정 수위가 바로 3미터를 지칭하는 것이며 3미터가 특정 수위라고 지칭되어 있어도 혼란스럽지 말아야 한다.

답 ⑤

Vocabulary

- heartland[hɑ́ːrtlæ̀nd]
  중심지
- whereas[hwɛərǽz]
  ~임에 반하여
- weed[wiːd] 잡초
- school up
  수면 가까이에 모여들다
- vertical[vɔ́ːrtikəl] 수직의

30 다음 글에서 smallmouth bass에 관한 내용과 일치하는 것은?

Like its largemouth cousin, the smallmouth bass is a native of the Mississippi drainage, which makes it a true heartland fish. Whereas the largemouth likes slow or still water with lots of food-holding weeds, the smallmouth prefers clean, rocky bottoms and swifter water, ideally in the range of 65 to 68. In waters warmer than 73, you can forget about finding one. In lakes, smallmouth often school up, which means that if you catch one, you can catch a bunch. In rivers and streams, they are more solitary. The smallmouth has a series of dark vertical bands along its sides. The dorsal fin is one continuous fin (as opposed to the separated dorsal fin of the largemouth).

※ dorsal fin 등지느러미

① Mississippi강으로 유입된 외래종이다.

② 물의 흐름이 느린 곳을 좋아한다.

③ 73 이상의 물에서 쉽게 찾아 볼 수 있다.

④ 호수보다 강에서 떼를 지어 다닌다.

⑤ 몸통의 옆면에는 거무스름한 띠들이 있다.

[2점] [10.수능]

해석 큰입배스의 사촌격인 작은입배스는 큰입배스와 마찬가지로 미시시피 강 유역이 원산지인데, 그 지역은 작은입배스의 활동 중심지이다. 큰입배스는 먹이를 지니고 있는 잡초가 많은 유속이 느리고 조용한 물을 좋아하는 반면에, 작은입배스는 깨끗하고 돌이 많은 바닥과 유속이 더 빠른 곳을 좋아하며 65℉ ~ 68℉ 이내의 온도가 이상적이다. 73℉ 보다 더 따뜻한 물에서는 그것을 찾아볼 수가 없다. 호수에서는 작은입배스가 수면가까이에 떼 지어 활동하는데, 그것은 한 마리를 잡으면 한 무리를 잡을 수 있다는 것을 의미한다. 강과 시내에서는 그것들은 단독으로 지내는 경우가 더 많다. 작은입배스는 그것의 옆면에 일련의 검은 수직의 띠를 가지고 있다. 등지느러미는 (큰입배스의 분리된 등지느러미와는 반대로) 하나의 연속적인 지느러미이다.

풀이 ① Mississippi강으로 유입된 외래종이다. 미시시피 강 유역이 원산지이다.
② 물의 흐름이 느린 곳을 좋아한다. 유속이 느린 곳을 좋아하는 것은 작은입배스가 아니라 큰입배스이다.
③ 73이상의 물에서 쉽게 찾아 볼 수 있다.
④ 호수보다 강에서 떼를 지어 다닌다.
⑤ 몸통의 옆면에는 거무스름한 띠들이 있다.
The smallmouth has a series of dark vertical bands along its sides.를 참고로 하면 ⑤는 일치하는 내용이다.

답 ⑤

31 Chattanooga에 관한 다음 글의 내용과 일치하지 않는 것은?

Vocabulary 🔊

• cliff[klɪf] 절벽
• before long
  얼마 후, 오래지 않아
• nearby[niərbai] 가까운
• spring up 생겨나다
• boundless[báundlis]
  무한한
• decade[dékeid] 10년
• incredible[inkrédəbəl]
  믿을 수 없는
• restoration[rèstəréiʃən]
  복구

Starting in the 1960s, people began flooding into Chattanooga, a former factory town, to explore its caves, rivers, and cliffs. Before long more than 3,800 caves surrounding the city had been discovered. The nearby Ocoee was among the most paddled rivers in the country and six major climbing sites sprang up within an hour's drive of city limits. But in spite of this boundless outdoors potential, there remained the problem of Chattanooga proper, a post-industrial wasteland that made the city the kind of place you would visit but would never want to live in. Not, that is, until lately. Over the past decade, Chattanooga has made an incredible urban comeback: electric buses, organic markets, and a 120-million-dollar riverfront restoration project completed last year. In addition, beautiful modern architecture such as the post-modern museum and the newly remodeled aquarium plays a big role in the comeback of Chattanooga.

① 강, 절벽 등을 탐험하기 위해 1960년대부터 사람들이 몰려들었다.
② 주변에서 3,800개 이상의 동굴들이 발견되었다.
③ 주요 등반 장소가 도시 경계에서 차로 한 시간 이내의 거리에 생겼다.
④ 강변지역 복구 사업은 일억 이천만 달러를 들여 진행되고 있다.
⑤ 현대식 건축물들이 도시의 모습을 되찾는 데 큰 역할을 하고 있다.

[2점] [10.수능]

해석 1960년대부터 시작해 사람들이 동굴과 강과 절벽을 탐사하기 위해 이전에 공장 도시였던 Chattanooga로 모여들었다. 오래 지나지 않아 도시 주변에서 3,800개 이상의 동굴들이 발견되었다. Ocoee 주변은 그 지역에서 사람들이 가장 많이 노를 저었던 강 중 하나였으며, 여섯 개의 주요 등반 장소가 도시 경계에서 차로 한 시간 이내의 거리에 생겼다. 그러나 이 무한한 야외활동의 잠재력에도 불구하고, Chattanooga 본래의 문제점은 남아 있었는데, 그 문제점은 Chattanooga가 최근까지도 산업화 후의 황폐한 지역으로 사람들이 방문은 하되 결코 살고 싶은 도시는 아닌 종류의 도시였다는 것이었다. 지난 10년 동안, Chattanooga는 믿을 수 없을 도시로 복구되었는데, 전기버스와 유기농 시장이 생겼고 일억 이천만 달러의 강변지역 복구사업이 지난해에 끝났다. 게다가, 포스터모던 양식의 박물관과 새롭게 리모델링된 수족관과 같은 아름다운 현대식 건축물이 Chattanooga의 복귀에 큰 역할을 하고 있다.

풀이 a 120-million-dollar riverfront restoration project completed last year를 참고로 하면 강변지역 복구 사업이 이미 끝났으므로 ④는 일치하지 않는 진술이다.

답 ④

Vocabulary

- caravan[kǽrəvæn]
  (사막의) 대상
- shelter[ʃéltəːr] 보호하다
- winding[wáindiŋ]
  구불구불한
- fortress[fɔ́ːrtris] 요새
- substantial[səbstǽnʃəl]
  상당한

32 Jaisalmer에 관한 다음 글의 내용과 일치하는 것은?

Known as the Golden City, Jaisalmer, a former caravan center on the route to the Khyber Pass, rises from a sea of sand, its 30-foot-high walls and medieval sandstone fort sheltering palaces that soar into the sapphire sky. With its tiny winding lanes and hidden temples, Jaisalmer is straight out of The Arabian Nights. So little has the way of life altered here that it is easy to imagine yourself back in the 13th century. It is the only fortress city in India still functioning, with one quarter of its population living within the walls. It is just far enough off the beaten path to have been spared damage from tourists. The city's wealth originally came from the substantial tolls it placed on passing merchants.

① Khyber Pass의 한 가운데 위치하고 있다.
② 생활 방식에 많은 변화를 겪어 왔다.
③ 인구의 절반이 성벽 안에 살고 있다.
④ 관광객으로 인한 피해가 컸다.
⑤ 상인들에게 통행료를 부과했었다.

[2점] [11.6월평가원]

해석 금의 도시로 알려진 Jaisalmer은 과거 khyber고개로 넘어가는 대상의 중심지였으며, 모래의 바다로부터 솟아나있고, 그 30피트 높이의 성벽과 중세의 사암으로 된 요새는 사파이어 빛 하늘로 솟은 궁전을 보호하고 있다. 구불구불한 좁은 길과 숨겨진 사원들을 가진 Jaisalmer가 '아라비안나이트'에서 곧바로 튀어나온다. 이곳의 생활은 거의 변하지 않아서 13세기로 거슬러 올라간 자신의 모습을 상상하기가 쉽다. 그것은 인구의 4분의 1이 성벽 안에 살면서 여전히 기능을 하는 인도 내의 유일한 요새 도시이다. 그것은 사람들이 다니는 길에서 벗어나 충분히 멀리 있어서 관광으로 인한 최악의 파괴를 면했다. 그 도시가 부유해진 것은 원래 지나가는 낙타 대상들에게 부과한 상당한 통행료에서 비롯되었다.

풀이 마지막 문장을 참고로 하면 ⑤는 올바른 진술이다. 지문의 마지막 문장을 통해 지나가는 낙타 대상들에게 부과한 통행료가 Jaisalmer을 부유하게 만들었음을 알 수 있다. 이를 통해 이 지역을 지나가는 낙타 대상들에게 통행료를 부과했음을 알 수 있다. 따라서 ⑤는 올바른 진술이다.

답 ⑤

33 다음 글의 내용과 일치하는 것은?

Vocabulary

- ticklishness[tíkliʃnis]
  간지럼
- rod[rɔd] 막대
- confirm[kənfɜ́ːrm]
  사실임을 보여주다,
  입증하다
- interval[íntərvəl] 간격
- laughter[lǽftər] 웃음

During the early 1980s, a team of Italian scientists carried out a series of studies under a variety of circumstances on the ticklishness of people. The researchers found that people seem to have one foot that is more ticklish than the other and for most people it is the right. The experiment was repeated in 1998 using a special way that a pointed nylon rod was stroked across the bottom of the foot three times at intervals of a second. After applying it to thirty-four people, the researchers confirmed the original finding and pushed back the frontiers of knowledge still further by showing that males were more ticklish than females. One suggested explanation is that the left side of the brain, which detects stimuli applied to the right foot, is associated with positive emotions such as laughter.

① 1980년대 말에 이탈리아 과학자들이 간지럼에 대해 연구하였다.
② 양쪽 발이 똑같이 간지럼을 타는 것으로 나타났다.
③ 나일론 봉으로 무릎을 쓰다듬는 방식으로 실험이 재연되었다.
④ 여자가 남자보다 간지럼을 더 많이 타는 것으로 밝혀졌다.
⑤ 왼쪽 뇌가 긍정적 감정과 연관된다는 설명이 제시되었다.

[2점] [11.9월평가원]

해석 1980년대 초반, 한 이탈리아 과학자 팀이 다양한 상황 하에서의 사람들의 간지럼에 대한 일련의 연구를 수행했다. 연구원들은 사람들이 다른 발보다 더 간지럼을 타는 발이 있는 것 같아 보이며, 대부분의 사람들에게 있어서 그것은 오른발이라는 것을 발견했다. 그 실험은 1998년에 특별한 방법으로 다시 실행되었는데, 실험의 방식은 뾰족한 나일론 막대기로 1초씩 간격을 두고 세 번 발바닥을 가로질러 쓰다듬는 방법이었다. 34명의 사람들에게 그 실험을 적용한 결과, 연구원들은 종래의 연구를 확신했고, 남성이 여성보다 간지럼을 더 많이 탄다는 것을 보여줌으로써 그 정보의 지평을 한 층 더 확장시켰다. 제안된 한 설명에 의하면 오른 발을 자극하는 좌뇌가 웃음과 같은 긍정적인 감정과 연결되어 있다.

풀이 ① 1980년대 말이 아니라 초반이다.
② 왼쪽 발 보다는 오른쪽 발이 더 간지럼을 많이 탄다.
③ 무릎이 아니라 발바닥을 쓰다듬는 방법이었다.
④ 남성이 여성보다 간지럼을 많이 타는 것으로 밝혀졌다.
본문의 마지막 문장을 보아 왼쪽 뇌가 긍정적인 감정과 관련이 있음을 알 수 있다. 따라서 정답은 ⑤ 이다.

답 ⑤

Vocabulary

- conceal[kənsíːl] 숨다
- preview[príːvjùː] 시연
- masterpiece
  [mǽstərpìːs] 걸작
- bootmaker
  [búːtmèikər] 구두장이
- labor[léibər] 공을 들이다
- anatomy[ənǽtəmi]
  해부학
- custom[kʌ́stəm]
  관습, 풍습

34 다음 글의 내용과 일치하는 것은?

Around 350 B.C. there lived in Greece a very famous painter named Apelles. It was his practice to conceal himself at previews of his paintings in order to hear the public's opinions of his masterpieces. At one such preview a bootmaker criticized the shoes in a painting on which Apelles had labored long and hard. After correcting the picture the painter arranged a second preview. This time the bootmaker began to criticize the anatomy of one of the characters. Apelles was unable to restrain himself, for he knew that the criticism was unjust and the man knew nothing about anatomy. From his hiding place Apelles shouted, "Bootmaker, stick to your last!" From that time it has been the custom to ridicule the people who act like they know what they do not with the pointed caution, "Stick to your last!"

① 기원전 350년경 그리스에 Apelles라는 무명의 화가가 살았다.
② Apelles는 시연회에서 대중의 의견을 듣지 않으려고 하였다.
③ 구두장이는 Apelles의 작품에 그려진 신발을 칭찬했다.
④ Apelles는 그림을 수정한 후 다시 시연회를 마련했다.
⑤ Apelles는 구두장이의 해부학적 지식이 풍부함을 인정했다.

[2점] [11.수능]

해석 기원전 350년 경, 그리스에 Apelles라는 아주 유명한 화가가 살았다. 자신의 걸작에 대한 대중의 의견을 듣기 위해 그는 그림을 시연할 때 숨어 있는 습관이 있었다. 한 시연에서 한 구두장이가 Apelles가 오랫동안 힘들게 공을 들인 그림에 있는 신발을 비판했다. 그림을 손본 뒤 화가는 두 번째 시연을 마련했다. 이번에도 구두장이는 한 인물의 해부학적 구조를 비판했다. Apelles는 참을 수가 없었는데, 그는 그 비판이 부당하고 그 남자는 해부학적 구조에 대해 아무것도 모른다는 사실을 알고 있었기 때문이었다. Apelles는 숨어 있던 곳에서 '구두장이야, 하던 일이나 계속해!'라고 소리쳤다. 그때부터 자신이 모르는 것을 아는 것처럼 행동하는 사람을 네 하던 일이나 계속해라 라는 빗댄 경고의 말로 조롱하는 것이 관습이 되었다.

풀이 ① Apelles는 무명의 화가가 아니라 유명한 화가였다.
② Apelles는 대중의 의견을 듣기 위해 시연회를 열었다.
③ 구두장이는 Apelles의 작품에 그려진 신발을 비판했다.
⑤ Apelles는 구두장이가 해부학적 지식을 갖고 있지 않았음을 알고 있었다.
After correcting the picture the painter arranged a second preview.에서 Apelles가 그림을 수정한 후 다시 시연회를 마련했다는 ④가 글의 내용과 일치함을 알 수 있다.

정답 ④

35 bristlecone pines에 관한 다음 글의 내용과 일치하지 않는 것은?

Vocabulary

Bristlecone pines are unusual trees that grow in the mountain regions of western America, sometimes as high as two or more miles above sea level. They grow very slowly and range from 15 to 40 feet in height. These evergreens often live for thousands of years. Considering the habitat of these trees, such as rocky areas where the soil is poor and precipitation is slight, it seems almost incredible that they should live so long or even survive at all. The environmental adversities, however, actually contribute to their longevity. Cells that are produced as a result of these conditions are densely arranged. The densely structured wood is resistant to invasion by insects and other potential pests. Bristlecone pines grow faster in richer conditions, but die earlier and soon decay. The harshness of their surroundings, then, is a vital factor in making them strong and sturdy.

- evergreen[évərgriːn] 상록수
- habitat[hǽbətæt] 서식지
- precipitation [prisìpətéiʃən] 강수량
- adversity[ædvɔ́ːrsəti] 역경
- longevity[lɑndʒévəti] 장수
- harshness[hɑːrʃnis] 가혹함
- sturdy[stɜːrdi] 견고한, 튼튼한

① 해발 2마일 이상 되는 곳에서 자라기도 한다.
② 높이는 15피트에서 40피트 사이이다.
③ 상록수로서 종종 수천 년 동안 산다.
④ 조직이 조밀하여 해충의 침입에 저항력이 있다.
⑤ 보다 나은 환경에서는 더 빨리 자라고 더 오래 산다.

[2점] [11.수능]

해석 브리슬콘 소나무는 미국 서부의 산악 지역에서 자라는 소나무인데, 때로는 해발 2마일 이상에서 자란다. 이 나무들은 아주 천천히 자라서 높이가 15에서 40피트까지 달한다. 이 상록수는 종종 수천 년 동안 산다. 토양이 척박하고 강수량이 적은, 암석이 많은 지역 같은 이 나무들의 서식지를 고려해 보면, 이 나무들이 그렇게 오래 살고 또는 심지어 살아남는 것조차 거의 믿을 수 없는 것처럼 보인다. 그러나 환경적 역경은 사실 그 나무들의 장수에 기여한다. 이런 상황의 결과로 만들어지는 세포들은 조밀하게 배열된다. 조밀하게 조직을 갖춘 나무는 곤충들이나 다른 잠재적인 해충들의 공격에 내성이 있다. 더 윤택한 상황에 있는 브리슬콘 소나무는 더 빨리 자라지만 더 일찍 죽고 곧 썩는다. 그렇다면 그 나무의 주변 환경의 가혹함이 그 나무들을 강하고 튼튼하게 만드는 지극히 중요한 요인이다.

풀이 Bristlecone pines grow faster in richer conditions, but die earlier and soon decay.에서 좋은 환경에서 자라는 브리슬콘 나무가 더 일찍 죽고 곧 썩는다는 것을 알 수 있으므로, ⑤가 이 글의 내용과 일치하지 않는다.

답 ⑤

Vocabulary

- province[právins] 지방
- royal[rɔ́iəl] 왕의
- secretary[sékrətèri] 비서
- court[kɔːrt] 궁전
- patron[péitrən] 후견인
- output[áutpùt] 작품

36 Guillaume de Machaut에 관한 다음 글의 내용과 일치하는 것은?

Guillaume de Machaut, who was famous as both a musician and a poet, was born in the French province of Champagne. He studied theology and spent much of his life in the service of various royal families. Around 1323, he became secretary and chaplain to John, king of Bohemia, whom he accompanied on trips and military campaigns throughout Europe. In his later years he lived mainly in Reims, where he served as a church official. Machaut traveled to many courts and presented beautifully decorated copies of his music and poetry to his noble patrons. These copies make Machaut one of the first important composers whose works have survived. The decline of the church in the fourteenth century is reflected in Machaut's output, which consists mainly of courtly love songs for one to four performers.

① 신학을 공부한 후 일생 동안 평민을 위해 봉사했다.
② 1323년경 Bohemia 왕이 되어 전쟁에 참여하였다.
③ Reims에 사는 동안에는 교회 활동을 하지 않았다.
④ 귀족 후원자들에게 자신의 음악과 시의 사본을 주었다.
⑤ 14세기 교회의 부흥이 그의 작품 속에 반영되어 있다.

[2점] [12.6월평가원]

해석 음악가와 시인으로 유명한 Guillaume de Machaut는 프랑스의 Champagne 지방에서 태어났다. 그는 신학을 공부했으며 일생의 많은 부분을 여러 왕가를 위해 일하며 보냈다. 1323년 무렵에 그는 Bohemia의 왕 John의 비서와 사제가 되었는데, 유럽 전역을 여행하고 군사 활동을 할 때에 그는 그를 수행했다. 말년에 그는 주로 Reims에 살았는데, 거기서 그는 교회의 관리로 봉직했다. Machaut는 여러 궁전들을 여행하면서 아름답게 장식된 자신의 음악과 시를 적은 사본을 자신의 귀족 후견인들에게 선물했다. 이 사본들로 인해 Machaut는 최초로 작품이 현재까지도 남아있는 중요한 작곡가가 되었다. Machaut의 작품 속에는 14세기 교회의 쇠퇴가 반영되어 있는데, 그의 작품은 주로 한 명 내지 네 명의 연주자들을 위한 궁정의 사랑 노래들로 구성되어 있다.

풀이 ① 신학을 공부 한 후 평민이 아니라 '귀족'을 위해 봉사했다.
② 1323년경 Bohemia 왕의 비서이자 사제가 되어 유럽 전역의 전쟁에 참여하였다.
③ Reims에 사는 동안에는 교회에서 봉직을 담당하였다.
⑤ 그의 작품에는 14세기 교회의 부흥이 아니라 쇠퇴가 반영되어 있다.
'Machaut는 여러 궁전들을 여행하면서 아름답게 장식된 자신의 음악과 시를 적은 사본을 자신의 귀족 후견인들에게 선물했다.'고 했으므로, ④는 글의 내용과 일치한다.

답 ④

37 Sveta Bogoroditsa에 관한 다음 글의 내용과 일치하는 것은?

The church 'Sveta Bogoroditsa' ('Holy Virgin') in Karlovo has a handsome profile with its blue and white bell tower. The bell tower is relatively new, from 1897, but the church building, as the inscription above the western entrance tells us, dates from 1851. Before they began constructing this new building in 1847, the older church of the Holy Virgin had burned down in 1813. This latter church, about which little is known, is believed by some to have been built already at the end of the fifteenth century, at the time of the founding of the little town of Karli-ova, later Karlovo. In any case, the names of priests serving in the church have been preserved from the eighteenth century on. Although the construction was completed in 1851, the events of the Crimean War and lack of funds delayed the furnishing of the church, and its consecration did not take place until May 20, 1858.

※ consecration 헌당(식)

Vocabulary

• profile[próufail]
  윤곽, 모형
• relatively[rélətivli]
  비교적
• inscription[inskrípʃən]
  비문, 글
• priest[pri:st] 성직자
• furnish[fə:rniʃ]
  가구 등을 비치하다.

① 윤곽선이 아름다우며 흑색 종탑을 가지고 있다.
② 교회 건물보다 먼저 세워진 종탑이 있다.
③ Karli-ova 마을이 세워질 무렵 화재로 타 버렸다.
④ 봉직한 사제들의 이름이 18세기부터 보존되어 있다.
⑤ 1851년 건물 완공과 동시에 모든 비품을 갖추었다.

[2점] [12.9월평가원]

해석 Karlovo에 있는 'Sveta Bogoroditsa'('거룩한 처녀')라는 교회는 희고 푸른 종탑을 가진 멋진 모습을 취하고 있다. 그 종탑은 1897년에 세워진 것으로 비교적 새 것이지만, 교회 빌딩은 서양 양식의 입구에 새겨진 명문에 쓰여 있듯이 1851년에 세워졌다. 1847년 이 건물이 세워지기 전, '거룩한 처녀'라는 예전에 있던 교회는 1813년에 불타버렸다. 어떤 사람들은 거의 알려지지 않은 후자의 이 교회(The Holy Virgin)가 작은 마을 Karli-ova, 즉 나중의 Karlovo가 설립될 당시인 15세기 말에 이미 지어졌다고 믿고 있다. 어떤 경우에라도, 그 교회에서 종사하는 성직자들의 이름은 18세기로부터 계속해서 보존되어왔다. 비록 그 건설이 1851년에 완료되었다할지라도, 크림반도 전쟁과 자금부족이라는 사건들이 그 교회의 비품 비치를 지연시켰고, 그 교회의 헌당식은 1858년 5월 20일에서야 비로소 치러졌다.

풀이 본문에 따르면, 그 교회에서 종사하는 성직자들의 이름은 18세기로부터 계속해서 보존되어왔다고 했으므로 ④는 글의 내용과 일치한다.
① 종탑은 희고 푸른 것이었다. ② 종탑보다 건물이 생긴 지 오래되었다. ③ Sveta Bogoroditsa는 1847년에 짓기 시작했고, Karli-ova 마을은 15세기 말에 세워졌다. ⑤ 건물 완공은 1851년이었으나 비품 비치는 1858년까지 지연되었다.

정답 ④

Vocabulary

- gleam[gliːm] 빛나다
- expedition[èkspədíʃən] 원정대
- border[bɔːrdə(r)] 국경
- oblige [əblaɪdʒ] 부득이하게 …하게 하다
- plateau[plætoʊ] 고원
- obvious[ɑ́bviəs] 분명한
- altitude[ǽltətjùːd] 고도
- exhaustion[igzɔ́ːstʃən] 피로
- astounding[əstáundiŋ] 놀라운

38 1920년대 Everest 등반에 관한 다음 글의 내용과 일치하는 것은?

Marking the Nepal-Tibet border, Everest looms as a three-sided pyramid of gleaming ice and dark rock. The first eight expeditions to Everest were British, all of which attempted the mountain from the northern, Tibetan, side — not because it presented the most obvious weakness in the peak's formidable defenses but because in 1921 the Tibetan government opened its borders to foreigners, while Nepal remained off limits. The first Everesters were obliged to trek 400 miles from Darjeeling across the Tibetan plateau to reach the foot of the mountain. Their knowledge of the deadly effects of extreme altitude was limited and their equipment was poor. Yet in 1924, a member of the third British expedition, Edward Felix Norton, reached an elevation of 28,126 feet — just 900 feet below the summit — before being defeated by exhaustion and snow blindness. It was an astounding achievement that was not surpassed for 28 years.

① 처음 여덟 팀의 등반대는 Nepal 쪽에서 등반을 시작했다.
② 최초의 등반대는 Tibet 고원 지대를 우회하여 산기슭에 도달했다.
③ 최초의 등반대는 극한 고도의 치명적 영향에 관한 지식이 충분했다.
④ 1924년에 Edward Felix Norton이 정상의 900피트 아래 지점까지 올랐다.
⑤ Edward Felix Norton의 등반 기록은 이듬해에 경신되었다.

[2점] [12.수능]

해석
네팔과 티베트의 국경이 되는 에베레스트는 빛나는 얼음과 짙은 색의 바위로 이루어진 세 개의 면을 가진 피라미드의 형태로 솟아있다. 처음 여덟 팀의 에베레스트 원정대는 영국 사람들이었으며, 그들은 모두 산의 북쪽, 즉 티베트 쪽으로부터 등반을 시도했는데, 그것은 그곳이 정상까지 가기에 얕잡아 볼 수 없을 정도로 약점을 보였기 때문이 아니라, 1921년에 티베트 정부는 외국인들에게 국경을 개방했으나, 네팔은 출입 금지 구역의 상태로 남아 있었기 때문이었다. 초기 에베레스트 등반가들은 Darjeeling에서 티베트의 고원을 가로질러 에베레스트의 산기슭에 이르는 400마일의 거리를 이동해야 했다. 극한의 고도로 인해 발생하는 치명적인 영향에 대한 그들의 지식은 제한적인 것이었으며 그들의 장비는 보잘 것 없었다. 하지만 1924년에 3차 영국 원정대의 대원인 Edward Felix Norton이 정상에서 겨우 900피트 아래인 고도가 28,126피트 되는 지점에 도달했다가 피로와 설맹(雪盲)으로 인해 실패한 일이 있었다. 그것은 28년 동안 깨지지 않은 놀라운 업적이었다.

풀이
Yet in 1924, ~, Edward Felix Norton, reached an elevation of 28,126 feet just 900 feet below the summit. before ~ snow blindness.라는 문장을 통해 ④'1924년에 Edward Felix Norton이 정상의 900피트 아래 지점까지 올랐다.'는 것을 알 수 있다.

답 ④

39 Giorgio Vasari에 관한 다음 글의 내용과 일치하지 않는 것은?

Giorgio Vasari, the Italian painter, architect, and writer, was born in Arezzo in 1511. He was considered to be more successful as an architect than a painter. But what made him truly famous was his book Lives of the Most Eminent Painters, Sculptors and Architects (shortened as Lives). It is not known exactly how many copies of the first edition of Lives, published in 1550, were printed, but it earned Vasari the praise of his peers. Then in a revised edition of Lives in 1568, complete with portraits of the artists, he combined biographical anecdotes with critical comment. Although the revised edition overshadowed Vasari's own achievements as a painter and architect, it made him the most respected man of the Italian art world. He was even knighted by Pope Pius V in 1571.

- architect[ɑ́ːrkitèkt]
  건축가
- praise[preɪz] 칭찬, 찬사
- revise[riváiz] 개정하다
- anecdote[ǽnikdòut]
  일화
- overshadow
  [óuvərʃæ̀dou] 가리다

① Arezzo에서 태어난 이탈리아 화가, 건축가 겸 작가였다.
② Lives의 초판본으로 동료들로부터 칭송을 받았다.
③ Lives의 개정판에 예술가들의 전기적 일화와 비평을 함께 실었다.
④ Lives의 개정판으로 이탈리아 예술계에서 존경을 받지 못하게 되었다.
⑤ 1571년에 교황으로부터 기사 작위를 받았다.

[2점] [12.수능]

해석 이탈리아의 화가이자 건축가, 작가인 Giorgio Vasari는 1511년에 Arezzo에서 태어났다. 그는 화가보다는 건축가로서 더 성공을 거두었다고 여겨졌다. 하지만 그를 진정으로 유명하게 만든 것은 <가장 뛰어난 화가, 조각가, 건축가들의 생애>(간략하게 <생애>)라는 그의 책이었다. <생애>라는 책이 1550년에 발행된 초판에서 정확하게 얼마나 많은 수량이 인쇄되었는지는 알 수 없지만, 그것은 Vasari로 하여금 동료들의 칭찬을 받게 해 주었다. 그 후 1568년에 발행된 예술가의 초상까지도 언급한 <생애> 개정판에서 그는 전기적인 일화와 비판을 결합시켰다. 비록 개정판이 화가와 건축가로서의 Vasari 자신의 업적을 가리기는 했지만, 그 작품은 Vasari가 이탈리아 예술계에서 가장 존경받는 인물이 되는 계기가 되었다. 심지어 그는 1571년에 교황 Pius 5세에 의해 기사의 작위를 받기도 했다.

풀이 Lives 개정판이 Vasari를 이탈리아의 예술 세계에서 가장 존경받는 인물로 만들어주었다고 했으므로, 선택지 ④는 글의 내용과 일치하지 않는다. 나머지 항목은 위 지문의 내용과 일치한다.

Vocabulary

• barber[báːrbər] 이발사
• improve[imprúːv] 향상되다
• publish[pʌ́blɪʃ] 출판하다, 발행하다.

40 다음 글의 내용과 일치하지 않는 것은?

From the 5th to the 15th centuries, Europeans with tooth problems went to people called barber-surgeons. These people performed many services, including cutting hair, pulling teeth and treating medical conditions. Dental treatment improved during the 14th and 15th centuries as they increased their knowledge about teeth. Modern dentistry began in the 1700s in France. That was when Pierre Fauchard published his book called The Surgeon Dentist. It was the first book about dental science. The book provided information about dental problems for other dentists to use. And it described ways to keep teeth healthy. Pierre Fauchard is considered the father of modern dentistry.

① 근대 치의학은 프랑스에서 시작되었다.
② 과거에는 이발사가 치과 치료도 하였다.
③ Fauchard는 치의학 발전에 기여하였다.
④ 최초의 치의학 서적은 1700년대에 나왔다.
⑤ 치과 전문 의사는 14세기에 처음 출현하였다.

[3점] [05.9월평가원]

해석 5세기에서 15세기까지 치아에 문제가 있는 유럽인들은 이발사 겸 외과의사라고 불리는 사람에게 찾아갔다. 이들은 많은 서비스를 제공했으며, 여기에는 이발, 치아 뽑기 및 의학적 상태를 치료하는 것들이 포함되었다. 이들이 치아에 대한 지식을 향상 시키면서 의과 치료는 14세기, 15세기를 걸쳐 개선되었다. 현대 치과 의학은 1700년대 프랑스에서 시작하였다. 이때 삐에르 포샤르(Pierre Fauchard)는 'The Surgeon Dentist (치과 의사 =dental surgeon)'라는 책을 출판하였다. 이 책은 치의학에 관한 첫 번째 책이다. 이 책은 다른 치과의사들이 사용할 수 있도록 치아문제에 관련된 정보를 제공했다. 또한 치아를 건강하게 유지하는 방법에 대하여 서술하였다. 삐에르 포샤르는 현대 치의학의 아버지라고 간주되고 있다.

풀이 치과 전문 의학은 1700년대 시작하였고, 치과 의사라는 삐에르 포샤르의 책이 이때 출판된 것으로 보아 14세기에 처음 출현하였다는 ⑤가 오답이다.

크로스**영어**
기출문제 유형탐구

CHAPTER

02.

도표
파악

총 20문항

세상을 **바**꾸는
크로스 공부법 **100**선

007 나누어 이해한다는 의미를 깨닫는 것은 새로운 공부법을 익히는 첫걸음이다. 끊임없이 도전해서 반드시 익히도록 하라.

008 편두통이 있는가? 그것은 축복이다. 단지 통증을 다스리는 제대로된 방법을 익히도록 하라.

009 글씨가 오른쪽으로 누우면 급한 마음을 표현하게 된다. 마음을 차분히 할 수 있도록 복습활동을 하도록 하라.

010 밤늦게까지 학교에 남아 야자를 하고, 각종 사교육을 받아야만 했던 학생들이 부모님들에 의해 수면과 운동을 권장 받는 그런 꿈같은 세상을 만들어보자.

011 다독, 나눠이해하기, 눈으로 읽기의 원리 등으로 무장한 학생들은 예전에 불가능했던 독자적 학습력을 갖추게 될 것이고 사교육은 정말 이해력이 현저하게 떨어지는 일부 학생에 한정될 것이다.

012 공부를 엄청나게 잘 하고 싶다면 그 최후의 목표는 올바른 다독을 하는 것이다. 다시 그 올바르게 다독하는 법은 필수적으로 눈으로 공부하기를 제대로 사용하기를 조건으로 한다.

01 다음은 어느 국가의 CO_2배출 현황에 관한 도표이다.
도표의 내용과 일치하지 않는 것은?

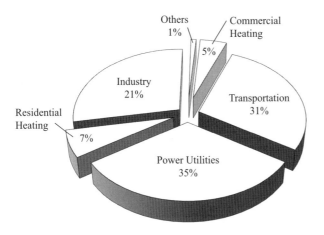

CO₂ Emission Sources

① CO_2 emissions from commercial and residential heating account for 12% of all CO_2 emissions.
② Two-thirds of CO_2 emissions arise from transportation and industry.
③ The percentage of CO_2 emissions is greater from power utilities than from transportation.
④ CO_2 emissions from residential heating are equal to one-fifth of those from power utilities.
⑤ Most CO_2 comes from power utilities, industry, and transportation; much less comes from commercial and residential heating.

[2점] [05.수능]

해석
① 상업용과 주거용 난방으로부터의 CO_2방출은 전체 CO_2방출의 12%를 차지한다.
② CO_2방출의 3분의 2는 운송과 산업에서 나온다.
③ CO_2방출의 비율은 운송으로부터의 방출보다 전력 설비로부터의 방출이 더 크다.
④ 주거용 난방으로부터의 CO_2방출은 전력 설비로부터의 CO_2방출의 5분의 1이 같다.
⑤ 대부분의 CO_2는 전력 설비, 산업, 그리고 운송에서 방출되며, 상업용과 주거용 난방에서는 훨씬 적게 나온다.

풀이
운송(31%)과 산업(21%)의 CO_2 방출은 52%로 전체의 2/3(67%)보다 훨씬 작으므로 CO_2 방출의 3분의 2는 운송과 산업에서 나온다는 ②는 도표의 내용과 일치하지 않는다.

답 ②

02 도표의 내용과 일치하지 않는 것은?

< Decrease/Increase in Back Pain After an Exercise Therapy Program >

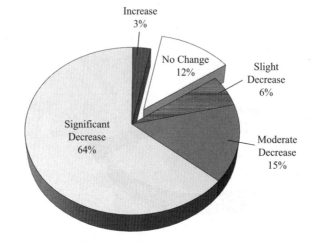

① The lowest percentage of the patients who exercised felt worse after the program.

② The program helped reduce pain in more than 80 percent of the patients who participated.

③ The patients who felt worse or no change in pain were greater in percentage than those who felt a moderate decrease.

④ There were fewer patients who felt a slight decrease in pain than those who felt a moderate decrease.

⑤ The patients who felt a significant decrease in pain outnumbered the total of the other participants in the program.

[2점] [06.9월평가원]

해석
① 운동한 환자들 중 프로그램을 마친 후 상태가 악화된 환자들의 비율이 가장 낮았다.
② 이 프로그램은 참여한 환자들의 80% 이상에게 통증을 줄이는 데 도움이 되었다.
③ 통증이 악화되거나 아무 변화가 없었던 환자들은 적당한 통증 감소를 느낀 환자들보다 비율적으로 높았다.
④ 적당한 통증 감소를 느낀 환자들보다 근소한 통증 감소를 느낀 환자들이 더 적었다.
⑤ 이 프로그램에서 통증의 현저한 감소를 느낀 환자들이 다른 모든 환자들보다 수적으로 많았다.

풀이
통증이 악화된 환자들은 3%이고 아무 변화가 없었던 환자들은 12%이므로 이 둘을 합치면 적당한 통증 감소를 느낀 환자들 (15%)과 비율이 같아진다. 그러므로 통증의 현저한 감소를 느낀 환자들이 다른 모든 환자들보다 많았다는 ⑤는 잘못된 진술이다.

03 다음 글의 밑줄 친 부분 중, 도표의 내용과 일치하지 않는 것은?

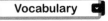
< Electricity Consumption by Country >

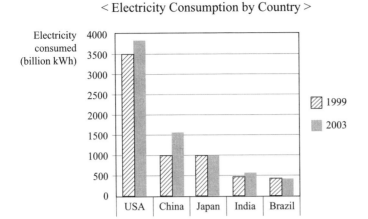

The above chart shows the electricity consumption in five countries in 1999 and 2003. Of the five countries, ①the United States consumed the greatest amount of electricity in both 1999 and 2003. China and Japan consumed the same amount of electricity in 1999, but ②four years later China's consumption increased by more than 500 billion kilowatt-hours while Japan's remained unchanged. ③The increase in China's electricity consumption was the second largest among the five countries. ④India's consumption increased to slightly over 500 billion kilowatt-hours in 2003, but ⑤Brazil's remained below 500 billion kilowatt-hours.

[2점] [06.수능]

해석 위의 도표는 1999년과 2003년 사이의 다섯 나라의 전기 소비를 보여준다. ① 다섯 나라 중 미국은 1999년과 2003년에 가장 많은 양의 전기를 소비했다. 중국과 일본은 1999년에 같은 양의 전기를 소비했지만 ② 4년 후에 중국의 전기 소비는 5천억 kwh 이상이나 증가한 반면 일본의 전기 소비는 변하지 않았다. ③ 중국의 전기 소비 증가는 다섯 나라 중 두 번째로 가장 많았다. ④ 인도의 전기 소비는 2003년에 5천억 kwh보다 약간 더 많이 증가했지만 ⑤ 브라질은 5천억 kwh 이하이었다.

풀이 중국의 전기 소비는 약 5천억 kWh 이상이나 증가해서 첫 번째로 가장 많았고 그 다음으로 미국이 2천 5백억 kwh 정도 증가해서 두 번째로 가장 많았다. 따라서 중국의 전기 소비 증가가 두 번째로 가장 많았다는 ③은 도표의 내용과 일치하지 않는다.

답 ③

Vocabulary

- properly[prάpərli]
  적당히
- lamb[læm] 양
- rib[rib] 갈비
- porkchop[-tʃɑ̀p]
  돼지 갈빗살

04 다음 도표의 내용과 일치하지 않는 문장은?

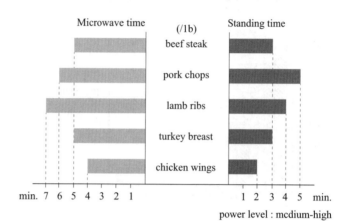

Microwave Oven Cooking Chart

power level : mcdium-high

The above chart shows how to cook meat using a microwave oven. The meat is heated in the oven during the microwave time. After the microwave time, it continues to cook by itself during the standing time. Now it is ready to be eaten. ① As you can see in the chart, the power level should be set to medium-high to cook meat properly in the microwave oven. ② It takes more microwave time to cook lamb ribs than pork chops. ③ Beef steak and turkey breast both take the same total time. ④ You can eat chicken wings six minutes after they go into the oven. ⑤ You should let chicken wings cook longer than beef steak.

[2점] [07.6월평가원]

해석 위의 도표는 전자레인지를 이용하여 고기를 조리하는 방법을 보여준다. 고기는 마이크로파가 나오는 시간 동안 오븐 안에서 가열된다. 마이크로파가 나오는 시간이 끝난 후 그것은 대기 시간 동안 계속 요리될 수 있다. 이제 먹을 준비가 된다. ① 도표에서 볼 수 있는 바와 같이 전자레인지로 고기를 적당히 조리하기 위해서는 조리 강도를 중상에 맞춰야 한다. ② 양의 갈빗살은 돼지의 갈빗살보다 전자레인지 조리 시간이 더 걸린다. ③ 쇠고기 스테이크와 칠면조 가슴살은 총 조리 시간이 같다. ④ 당신은 닭-날개 고기를 오븐에 넣고 6분이 지난 후 먹을 수 있다. ⑤ 당신은 닭 날개 고기를 쇠고기 스테이크보다 오랫동안 조리되도록 해야 한다.

풀이 닭 날개 고기를 조리하는 데 걸리는 시간은 6분이고 쇠고기 스테이크를 조리하는 데 걸리는 시간은 8분이므로 쇠고기 스테이크보다 닭 날개를 조리하는 데 시간이 더 걸린다는 ⑤는 잘못된 진술이다.

답 ⑤

05 다음 도표의 내용과 일치하지 않는 문장은?

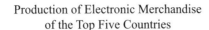

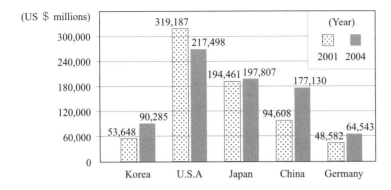

Production of Electronic Merchandise of the Top Five Countries

This chart shows the changes in the total value of electronic merchandise produced by the top five countries between 2001 and 2004 in terms of US dollars. ① Korea showed an increase in the production of electronic merchandise in 2004 in comparison with that of 2001. ② The U.S.A. was the largest producer of electronic merchandise both in 2001 and in 2004. ③ Notably, among the top five countries, China achieved the largest increase in amount in this period. ④ Japan also made an increase in electronic products, but the Japanese increase was smaller than that of Germany. ⑤ Each of the five countries produced more electronic merchandise in 2004 than in 2001.

[2점] [07.9월평가원]

해석 이 도표는 2001년과 2004년 사이의 최상위 5개국에서 생산된 전자제품의 총액 변화를 보여준다. ① 한국은 2001년과 비교해서 2004년의 전자제품 생산에서 증가를 보여주었다. ② 미국은 2001년과 2004년 모두 전자제품의 가장 큰 생산국이었다. ③ 특히 최상위 5개국에서 중국이 이 기간에 양적으로 가장 큰 증진을 이루었다. ④ 일본 역시 전자제품의 생산이 증가했지만, 일본의 증가는 독일의 그것보다 더 작았다. ⑤ 5개국 모두 2001년보다 2004년에 더 많은 전자제품을 생산했다.

풀이 미국은 2001년보다 2004년에 더 적은 전자제품을 생산했으므로 5개국 모두 2001년보다 2004년에 더 많은 전자제품을 생산했다는 ⑤는 잘못된 진술이다.

답 ⑤

Vocabulary

• value[vǽljuː] 가치
• merchandise [məːrtʃəndàiz] 상품
• comparison [kəmpǽrisən] 비교
• notably[noutəbli] 특히, 현저히
• achieve[ətʃíːv] 성취하다, 달성하다

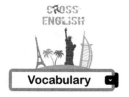

Vocabulary

- improvement
  [imprú:vmənt] 개선
- saving[séiviŋ] 절약
- faucet[fɔ́:sit] 수도꼭지
- installation
  [instəléiʃən] 설치
- measure[méʒə:r] 조처

06 다음 도표의 내용과 일치하지 않는 문장은?

< Environment-friendly Improvements (2001~2005) >

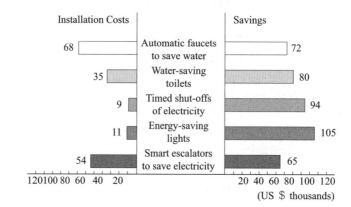

In the above chart, the five items in the middle show the environment-friendly improvements made by a company from 2001 to 2005. The left bar chart shows the costs of carrying them out, and the right bar chart shows the resulting savings during the same period. ①The company reduced its water use by installing automatic faucets and water-saving toilets, saving 152,000 dollars. ②The greatest saving came from the installation of energy-saving lights. ③Timed shut-offs of electricity came second in savings. These two improvements cost much less than the other measures. ④The most expensive installation was that of smart escalators. ⑤Although the installation costs differed, all the improvements resulted in savings for the company.

[2점] [07.수능]

해석 위 도표에서, 가운데의 다섯 항목은 2001년부터 2005년까지 한 회사에 의해 이루어진 환경 친화적인 개선 사항들을 보여준다. 왼쪽의 막대 도표는 그것을 실행하는 비용을 보여주며 오른쪽 막대 차트는 같은 기간 동안 그 결과로 생긴 절약 비용을 보여준다. ① 이 회사는 자동 수도꼭지와 절수 변기를 설치함으로써 물 사용을 줄이고 152,000달러를 절약했다. ② 가장 큰 절약 비용은 에너지 절약 조명의 설치에서 나왔다. ③ 전기 시한 차단 장치는 두 번째로 많은 절약을 했다. 이 두 가지 개선 공사는 다른 조치들보다 훨씬 적은 비용이 들었다. ④ 가장 비싼 설치는 스마트 에스컬레이터 설치이다. ⑤ 비록 설치비용은 달랐지만, 모든 개선 공사는 회사에 절감을 가져다주었다.

풀이 스마트 엘리베이터 설치비용은 54,000 달러이고, 물 절약 자동 수도꼭지의 설치비용은 68,000 달러이다. 그러므로 스마트 엘리베이터 설치비용이 가장 높다는 ④는 도표의 내용과 일치하지 않는다.

07 다음 도표의 내용과 일치하지 <u>않는</u> 문장은?

Vocabulary

• species[spí:ʃi:z] 종류
• coast[koust] 연안
• observe[əbzə́:rv] 관찰하다
• contain[kəntéin] 포함하다
• continuous [kəntínjuəs] 지속적인

< Number of Birds and of Bird Species >

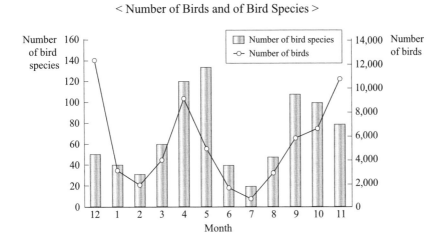

The chart above shows the changes in the number of birds and of bird species on an island off the coast of Korea from December 2005 to November 2006. ① The largest number of birds was observed in December, and the largest number of species was observed in May. ② July contained the smallest number of both birds and species. ③ The greatest decrease in the number of species was observed from June to July. ④ There was a continuous decrease in the number of birds from April to July. ⑤ In contrast, a continuous increase in the number of birds was noted from July to November.

[2점] [08.6월평가원]

해석 위 차트는 2005년 12월에서 2006년 11월 까지 한국 연안에 있는 한 섬에서의 새의 수 그리고 새 종류의 수에 있어서의 변화를 보여준다. ① 가장 많은 수의 새들이 12월에 관찰되었고, 새 종류의 가장 많은 수가 5월에 관찰되었다. ② 7월에는 새의 수와 새 종류의 수, 둘 다 가장 적었다. ③ 새 종류 수의 가장 큰 감소는 6월에서 7월 사이 관찰되었다.(5월에서 6월 사이 세 종류들의 수의 감소가 가장 컸다) ④ 4월에서 7월까지 새들의 수는 끊임없이 감소했다. ⑤ 대조적으로, 새들의 수에 있어 지속적인 증가가 7월에서 11월 사이 기록되었다.

풀이 ③의 내용은 "새의 종의 가장 큰 감소는 6월에서 7월 사이에 관찰 된다."라는 내용인데, 막대그래프의 감소 차이가 가장 큰 부분은 5월에서 6월 사이이므로 주어진 도표의 내용과 일치하지 않는다.

Vocabulary

- conduct[kəndʌkt]
  시행하다
- regarding[rigɑ́:rdiŋ]
  ~에 관한
- relative[rélətiv] 친척
- progressively
  [prəgrésivli] 점진적으로
- dependence
  [dipéndəns] 의존
- mass media 대중 매체

08 다음 도표의 내용과 일치하지 않는 문장은?

< Where Young Australians Turn for Advice, by Age >

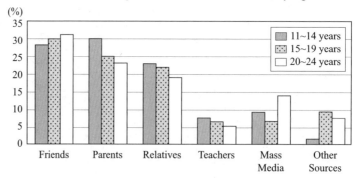

The graph above shows the results of a survey conducted in 2005 regarding young Australians' sources of advice by age group. ① Friends, parents, and relatives were the three most common sources of advice for all age groups, although their relative importance varied with age. ② As age increased, friends progressively became a more important source of advice, while parents and relatives became less important. ③ Those aged from 11 to 14 turned more often to parents than friends for advice. ④ For young Australians aged from 15 to 19, friends was the biggest source of advice, followed by parents. ⑤ For those aged from 20 to 24, their dependence upon mass media was the lowest among the three age groups, while their dependence upon teachers was the highest.

[2점] [08.9월평가원]

해석 위의 그래프는 호주에 사는 젊은이들의 연령대별 조언 출처에 관한 2005년에 시행된 조사의 결과이다. 나이에 따라 각각의 중요성에는 차이가 있지만, ① 친구들, 부모님, 친척들이 모든 연령대에서 가장 공통적인 조언 출처였다. ② 나이가 들수록, 부모님과 친척들이 덜 중요해 지게 되었고, 친구들이 점진적으로 더 중요한 조언 출처가 되었다. ③ 11세에서 14세까지의 젊은이들은 조언을 얻기 위해 친구들보다 부모님께 더 자주 의지했다. ④ 15세에서 19세까지의 호주 젊은이들에게는 친구들이 가장 큰 조언 출처였고, 부모님이 뒤를 따랐다. ⑤ 20세에서 24세까지의 젊은이들에게는 대중매체에 대한 의존이 세 개의 연령대중 가장 낮은 반면 선생님들에 대한 의존도는 가장 높았다.

풀이 표를 보면 대중매체에 대한 의존은 20세에서 24세까지의 젊은이들이 가장 높았고, 선생님에 대한 의존은 가장 낮은 것으로 나타나 있으므로 이와 반대되는 내용의 ⑤는 잘못된 진술이다.

답 ⑤

09 다음 도표의 내용과 일치하지 않는 문장은?

Vocabulary

• prefer[prifə́ːr] 선호하다
• job seeker 구직자
• sustainability [səstéinəbíləti] 안정성
• workload[wɜːrkloʊd] 업무량
• commute[kəmjúːt] 통근하다

< Top 5 Preferred Job Selection Factors for Seniors >

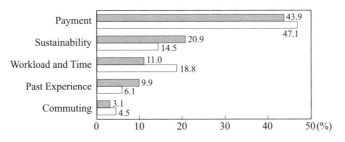

The above chart shows the top five preferred factors for male and female job seekers aged 55 to 79 in 2006. ① 'Payment' is the most preferred factor for both male and female job seekers in this age group. ② As for men, 'sustainability' is the second most favored factor in choosing a job. ③ As for women, 'workload and time' is preferred to 'sustainability' in their job seeking. ④ The percentage of women who tend to choose a job based on 'past experience' is higher than that of men. ⑤ 'Commuting' is the least considered factor for both among the top five, but still it is a more favored factor for women than for men.

[2점] [08.수능]

해석 위의 도표는 2006년 55세에서 79세 사이의 남성, 여성 구직자들이 가장 선호하는 다섯 개의 요소를 나타내 준다. ① '급여'가 이 연령대에서 남성과 여성 모두에게 선호되는 요소이다. ② 남성에 관해서는, '안정성'이 직업 선택 시 두 번째로 가장 선호되는 요소이다. ③ 여성에 관해서는, 구직에 있어서 '작업량과 시간'이 '안정성'보다 더 선호되었다. ④ '과거 경력'에 근거해 직업을 선택하려는 경향이 있는 여성의 비율은 남성의 비율보다 높다. ⑤ '통근'은 남성과 여성 둘 다에게 최상위 다섯 개의 요소들 중에서 가장 덜 고려되는 요소이지만 그것은 여전히 남성에게보다 여성에게 더 선호되는 요소이다.

풀이 '과거 경력'에 근거해 직업을 선택하려는 경향은 여성은 6.1퍼센트이고 남성은 9.9 퍼센트이므로 '과거 경력'에 근거해 직업을 선택하려는 여성의 비율은 남성의 그것보다 높다는 ④는 도표의 내용과 일치하지 않는다.

답 ④

Vocabulary

- transgenic
  [trænsdʒénik]
  유전자 변형
- conventional
  [kənvénʃənəl] 재래식
- yield[jiːld] 수확량
- ratio[réiʃou] 비율
- vary[véəri] 서로 다르다

10 유전자 변형 작물(transgenic crop)의 이점에 대한 다음 도표의 내용과 일치하지 않는 문장은?

< THE TRANSGENIC ADVANTAGE >

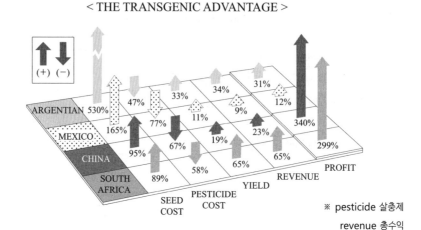

※ pesticide 살충제
revenue 총수익

The above chart shows the economic advantage of transgenic cotton farming over conventional farming in four countries in 2003. ① In all the countries, the seed cost for the transgenic crop was higher than that for the conventional one. However, lower pesticide costs, higher yields, and higher revenues made the transgenic crop more profitable. ② The profit ratio varied from country to country. ③ In Argentina, the ratio of the transgenic seed cost to the cost of the conventional one was higher than that of the other countries. ④ In South Africa, the profit ratio of the transgenic crop to the conventional one was the highest, followed by China. ⑤ Among the nations, Mexico's crop produced the lowest ratios in yield and profit as compared to the conventional one.

[2점] [09.6월평가원]

해석

위의 도표는 2003년 4개국의 재래식 농업에 대한 유전자 변형 면화 농업의 경제적 장점을 보여준다. ① 모든 나라들에서 유전자 변형 작물에 대한 씨앗 비용은 재래식보다 높았다. 하지만, 더 낮은 살충제 비용, 더 높은 수확량, 그리고 더 높은 소득 총액이 유전자 변형 작물을 유리하게 만들었다. ② 수익 비율은 나라마다 달랐다. ③ 아르헨티나의 경우 재래식 작물에 대한 유전자 변형 작물 씨앗 비용의 비율은 다른 나라들보다 높았다. ④ 전통 작물에 대한 유전자 변형 작물의 수익 비율은 남아프리카가 가장 높았으며 중국이 다음이었다. ⑤ 그 나라들 중에서 멕시코의 (유전자 변형) 작물은 전통 작물과 비교했을 때 수확량과 수익 비율이 가장 낮았다.

풀이

전통 농업에 대한 유전자 변형 농업의 소득 비율은 중국이 340%로 가장 높았으며 남아프리카가 299%로 다음이었다. ④는 이를 거꾸로 언급한 진술이므로 도표의 내용과 일치하지 않는다.

답 ④

11 다음 도표의 내용과 일치하지 않는 문장은?

< Operating Margin and Net Profit (1999~2007) >

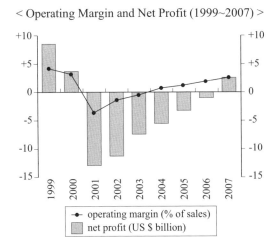

Vocabulary

- margin[mɑːrdʒin]
  판매 수익
- represent[rèprizént]
  표시하다
- airline[ɛərlàin] 항공회사
- continually[kəntínjuəli]
  계속적으로

The above graph shows the 'operating margin' represented by the line and the 'net profit' by the bars in the international airline industry from 1999 to 2007. ① In 1999, the operating margin reached its highest point. ② Since 1999, the operating margin decreased until 2001 and then continually increased. ③ The operating margin was negative from 2001 to 2003, being the lowest in 2002. The operating margin of 2007 was not as high as that of 1999. ④ The net profit was the highest in 1999 and the lowest in 2001. ⑤ During the period from 2001 to 2006, the net profit was negative.

[2점] [09.9월평가원]

해석 위 그래프는 1999년에서 2007년 사이의 국제 항공 산업의 선으로 표시된 '영업이윤'과 막대로 표시된 '순이익'을 보여준다. ① 1999년에 영업이윤은 최고점에 도달했다. ② 1999년 이래, 영업 이윤은 2001년까지 감소했으며 그 다음에 계속 증가했다. ③ 2001년부터 2003년까지의 영업이 윤은 마이너스였으며 2002년에 최저였다. 2007년의 영업이윤은 1999년의 영업이윤만큼 높지 않았 다. ④ 순이익은 1999년에 최고였으며 2001년에 최저였다. ⑤ 2001년에서 2006년에 이르는 기간 동안 순이익은 마이너스였다.

풀이 그래프에 있는 선을 보면 영업이윤이 최저점에 도달한 때는 2002년이 아니라 2001년이었으므로 2002년을 최저점으로 언 급한 ③은 도표의 내용과 일치하지 않는다.

답 ③

Vocabulary

- enrollment
  [enróulmənt] 입학
- population
  [pὰpjəléiʃən / pɔ́p-] 인구
- youth[juːθ] 젊음
- overall[óuvərɔ́ːl]
  전체적인

12 다음 도표의 내용과 일치하지 않는 문장은?

< Changes in School Enrollment Rates >

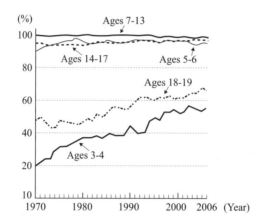

The above graph shows changes in school enrollment rates of the population ages 3-19 by age group from 1970 to 2006. ① The enrollment rates of all age groups were higher than 50 percent in 2006. ② Of all age groups, the enrollment rate for youth ages 7-13 was the highest during the entire period covered by the graph. ③ Of all age groups, the enrollment rate of children ages 5-6 increased the most from 1970 to 2006. ④ The overall change in the enrollment rate from 1980 to 1990 was smaller for youth ages 14-17 than for youth ages 18-19. ⑤ The lowest enrollment rate is seen in children ages 3-4 among all age groups for each year.

[2점] [09.수능]

해석 상기의 도표는 1970년에서 2006 사이에 3세에서 19세의 연령에 해당하는 인구의 연령 집단별 취학률의 변화를 나타내준다. ① 모든 연령 집단의 취학률은 2006년에는 50%를 넘었다. ② 모든 연령 집단 가운데 7세에서 13세 사이의 어린 연령층의 취학률은 그래프에 포함된 전체 기간 동안 가장 높았다. ③ 모든 연령 집단 가운데 5세에서 6세(→3세에서 4세) 사이의 어린이들의 취학률은 1970년에서 2006년 사이에 가장 많이 증가했다. ④ 1980년에서 1990년 사이의 취학률의 전체적인 변화는 18세에서 19세 사이보다 14세에서 17세 사이에서 더 적었다. ⑤ 가장 낮은 취학률은 매년 모든 연령 집단 가운데 3세에서 4세 사이의 어린이들에서 나타난다.

풀이 1970년에 2006년 사이에 취학률의 증가율이 가장 높은 것은 3세에서 4세에 걸친 어린아이들로 거의 20%에서 50%까지 두 배가 넘는 증가율을 보였다. 그러므로 5세에서 6세의 어린아이들의 취학률 증가(90%이상으로 거의 변화가 없음)가 가장 높다는 ③이 도표의 내용과 일치하지 않는다.

답 ③

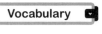

13 다음 도표의 내용과 일치하지 않는 문장은?

< The Learning Pyramid >

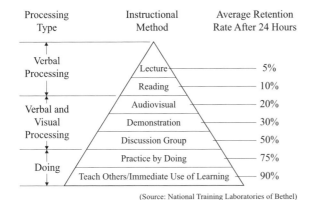

(Source: National Training Laboratories of Bethel)

Vocabulary

• instructional
  [instrʌkʃənl] 교육용의
• categorize[kǽtigəràiz]
  분류하다
• yield[jiːld] 생기게 하다
• average[ǽvəridʒ] 평균의
• respectively
  [rispéktivli] 각각

※ retention 기억 보유력

The above diagram shows the average retention rate of learning after 24 hours for various instructional methods which are categorized into different processing types. ① The percentage of average retention increases from the top to the bottom of the pyramid. ② At the top of the pyramid is Lecture which results in an average retention of 5%,followed by Reading that yields 10% average retention. ③ Regarding the Verbal and Visual Processing type, the average percentage of retention increases from Audiovisual to Demonstration to Discussion Group. ④ The instructional methods, Practice by Doing and Teach Others. Immediate Use of Learning, belonging to the processing type of Doing, result in 75% and 90% average retention, respectively. ⑤ The average retention rate of Teach Others. Immediate Use of Learning is four times that of Demonstration.

[2점] [10.9월평가원]

해석 위에 있는 표는 서로 다른 처리 유형으로 분류된 여러 가지 교수법으로 학습한 다음 24시간 이후의 평균 기억 보유력 비율을 보여준다. ① 평균 기억 보유력의 비율은 피라미드의 맨 위에서 바닥으로 갈수록 증가한다. ② 피라미드의 맨 위에는 5 퍼센트의 평균 기억 보유력을 보인 강의 교수법이 있고 10 퍼센트의 기억 보유력을 보인 독서 교수법이 그 뒤를 따랐다. ③ 구두 시각적 처리 유형을 살펴보면, 시청각 교수법에서 시범식 교수법 그리고 집단 토론식 교수법 쪽으로 평균 기억 보유력 비율이 증가한다. ④ 행동 영역의 처리 과정에 속하는 실제 연습 교수법과 다른 학생의 지도 및 학습의 즉각적인 활용과 같은 교수법들은 각각 75 퍼센트와 90 퍼센트의 평균 기억 보유력을 보여준다. ⑤ 다른 학생의 지도 및 학습의 즉각적인 활용 교수법은 시범 교수법의 네 배이다.

풀이 다른 학생의 지도 및 학습의 즉각적인 활용 교수법은 90 퍼센트의 평균 기억 보유력을 보였고 시범 교수법은 30 퍼센트의 평균 기억 보유력을 보였다. 네 배가 아니라 세 배의 차이가 난다. 그러므로 다른 학생의 지도 및 학습의 즉각적인 활용 교수법은 시범 교수범의 네 배라는 ⑤번은 표의 내용과 일치하지 않는 문장이다.

답 ⑤

Vocabulary

- output[áutpùt] 생산
- labor[léibər] 노동의
- productivity
  [pròudʌktívəti] 생산성
- display[displéi] 보이다
- exceed[iksí:d] 초과하다

14 다음 도표의 내용과 일치하지 않는 문장은?

< Growth Rate of Total Output in the U.S. >

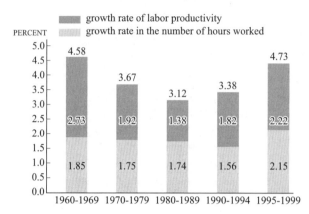

The graph above shows the growth rate of total output in the U.S. from 1960 to 1999. The growth rate of total output is equal to the growth rate in the number of hours worked plus the growth rate of labor productivity. ① The 1960-1969 period displayed the highest growth rate of total output of all the periods in the graph. ② The growth rate of total output declined from the 1960-1969 period to the 1980-1989 period. ③ The only period where the growth rate in the number of hours worked exceeded the labor productivity growth rate was the 1980-1989 period. ④ The 1990-1994 period showed an increase in the growth rate of total output from the 1980-1989 period. ⑤ The 1995-1999 period displayed the second highest growth rate of total output and the greatest labor productivity growth rate of all the time periods.

[2점] [10.수능]

해석 위의 그래프는 1960년부터 1999년까지의 미국의 총 생산의 증가율을 보여준다. 총 생산의 증가율은 근로시간 수의 증가율과 노동 생산성의 증가율을 더한 것과 같다. ① 1960~1969년 기간은 그래프에 있는 모든 기간의 총 생산 증가율 중에서 가장 높은 증가율을 보였다. ② 총 생산 증가율은 1960~1969년 기간부터 1980~1989년 기간까지 감소했다. ③ 근로시간 수의 증가율이 노동 생산성 증가율을 초과한 유일한 기간은 1980~1989년 기간이었다. ④ 1990~1994년 기간은 총 생산 증가율에 있어서 1980~1989년 기간으로부터 상승을 보였다. ⑤ 1995~1999년 기간은 모든 기간 중에서 두 번째로 높은 총 생산 증가율과 가장 큰 노동 생산성 증가율을 보였다.

풀이 1995~1999년 기간의 총 생산 증가율이 모든 기간 중 두 번째인 것은 맞지만, 노동 생산성은 2.22이므로 가장 큰 증가율은 아니었음을 알 수 있다. 그 기간의 가장 큰 증가율은 근로시간 수의 증가율(2.15)이다. 따라서 1995~1999년 기간은 모든 기간 중 가장 큰 노동 생산성 증가율을 보였다는 ⑤는 틀린 진술이다.

답 ⑤

15 다음 도표의 내용과 일치하지 않는 문장은?

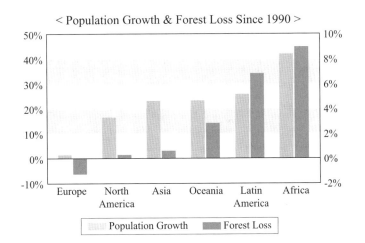

< Population Growth & Forest Loss Since 1990 >

Vocabulary

• population
  [pÀpjəléiʃən] 인구
• loss[lɔ(:)s / lɑs] 손실
• continent[kántənənt] 대륙
• whereas[hwɛəráez] 반면에
• exhibit[igzíbit] 보여주다
• translate[trænsléit] 해석하다
• display[displéi] 나타내다
• overall[óuvərɔ̀:l] 전체적으로

The graph above shows the percentage of population growth and forest loss in the continents of the world since 1990. ① Africa shows the highest percentage of population growth, whereas Europe shows the lowest percentage of population growth. ② Africa also shows the highest percentage of forest loss, followed by Latin America, Oceania, Asia and North America. ③ The only continent that exhibits a negative percentage in forest loss, which translates to forest gain, is Europe. ④ A point of note is that while Asia and Oceania have similar percentages of population growth, Oceania displays less forest loss than Asia. ⑤ Overall, there are only two continents whose percentage of forest loss is greater than five percent.

[2점] [11.6월평가원]

해석
위 그래프는 1990년 이후의 세계의 대륙별 인구증가와 산림 손실의 비율을 보여주고 있다. ① 아프리카는 가장 높은 인구 증가율을 보여주는 반면에, 유럽은 가장 낮은 인구 증가율을 보여주고 있다. ② 아프리카는 또한 가장 높은 비율의 산림 손실률을 보여주고 있는데, 그 다음 라틴 아메리카, 오세아니아, 아시아와 북아메리카가 뒤를 따르고 있다. ③ 삼림 손실률에 있어서 산림의 증가로 해석될 수 있는 마이너스 비율을 보여주고 있는 유일한 대륙은 유럽이다. ④ 주목될 점은 아시아와 오세아니아는 비슷한 인구증가율을 가지고 있는 반면에, 오세아니아가 아시아보다 더 적은 산림 손실을 보여주고 있다는 것이다. ⑤ 전체적으로 보아, 단지 두 대륙만이 산림 손실률이 5퍼센트가 넘는다.

풀이
오세아니아가 아시아보다 더 높은 산림 손실률을 보이고 있으므로 오세아니아가 아시아보다 더 적은 산림 손실을 보여주고 있다는 ④는 틀린 진술이다.

Vocabulary

- diagnose
  [dáiəgnòus] 진단하다
- gender[dʒéndər] 성별
- rural[rú-ərəl] 시골의
- urban[ə́ːrbən] 도시의
- regarding[rigáːrdiŋ]
  ~에 관해서는

16 다음 도표의 내용과 일치하지 않는 것은?

< Percentage of Children Diagnosed with Asthma in Canada >
(From Birth to 5 Years of Age)

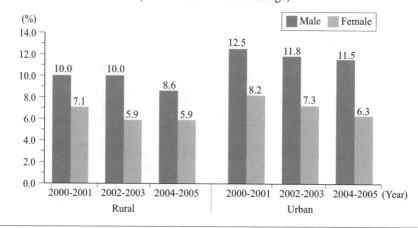

※ asthma 천식

The above graph shows the percentage of children from birth to 5 years of age by gender diagnosed with asthma in rural and urban areas in Canada for the 2000-2001, 2002-2003, and 2004-2005 periods. ① For both rural and urban areas, the percentages of male children diagnosed with asthma were higher than those of female children for all the periods. ② During all the periods, the percentages of male children with asthma were higher in urban areas than in rural areas. ③ Regarding female children with asthma, the lowest percentage in urban areas was greater than the highest percentage in rural areas. ④ In urban areas, the percentage of male children with asthma in the 2004-2005 period was lower than that of male children with asthma in the 2000-2001 period. ⑤ In rural areas, the percentages of female children with asthma were the same in the 2002-2003 period and the 2004-2005 period.

[2점] [11.수능]

해석 위의 그래프는 2000년에서 2001년, 2002년에서 2003년, 그리고 2004년에서 2005년까지 캐나다의 시골 지역과 도시 지역에서 출생부터 5세까지의 아동들 중 천식으로 진단을 받은 아이들의 남녀별 비율을 보여 준다. ① 시골과 도시 지역 모두에서, 천식으로 진단받은 남자 아이들의 비율이 전체 기간 동안에 여자 아이들의 비율보다 더 높았다. ② 전 기간 동안, 천식이 있는 남자 아이들의 비율은 시골 지역에서 보다 도시지역에서 더 높았다. ③ 천식이 있는 여자 아이들에 관해서는, 도시 지역에서 가장 낮은 비율이 시골 지역의 가장 높은 비율보다도 더 높다. ④ 도시 지역에서는, 2004년에서 2005년 사이에 천식이 있는 남자 아이들의 비율이 2000년과 2001년 사이에 천식이 있는 남자아이들의 그것보다 더 낮다. ⑤ 시골 지역에서는, 천식이 있는 여자 아이들의 비율이 2002년에서 2003년, 그리고 2004년에서 2005년까지와 같았다.

풀이 도시에서 천식 진단을 받은 여자 아이들의 비율로 가장 낮은 6.3%(2004-2005)가 시골에서는 가장 높은 비율인 7.1%(2000-2001)보다 낮다. 그러므로 천식이 있는 여자 아이들에 관해서는, 도시 지역에서 가장 낮은 비율이 시골 지역의 가장 높은 비율보다도 더 높다는 ③은 도표의 내용과 일치하지 않는다.

답 ③

17 다음 도표의 내용과 일치하지 않는 것은?

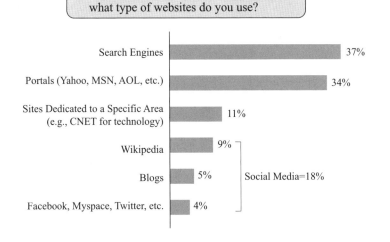

- prefer[prifə́ːr] 선호하다
- whereas[hwɛərǽz] 반면에
- combine[kəmbáin] 합치다
- gap[gæp] 격차
- exceed[iksíːd] 초과하다

The graph above shows the types of websites people use when they look for new information online. ① The most preferred type of websites is Search Engines, whereas the least preferred type of websites is Facebook, Myspace, Twitter, etc. ② The combined percentage of the two most preferred types of websites is seventy one. ③ While there is only a three percent difference between the top two most preferred types of websites, there is more than a twenty percent gap between the second and the third most preferred types of websites. ④ The three least preferred types of websites are Wikipedia, Blogs, and Facebook, Myspace, Twitter, etc. ⑤ When the percentages of the types of websites in Social Media are combined, the result exceeds the percentage of Sites Dedicated to a Specific Area by ten percent.

[2점] [12.6월평가원]

해석 위 그래프는 온라인에서 새로운 정보를 찾을 때 사람들이 사용하는 웹사이트의 유형을 보여준다. ① 가장 선호하는 웹사이트 유형은 Search Engines인 반면에, 가장 덜 선호하는 웹사이트 유형은 Facebook, Myspace, Twitter, etc.이다. ② 가장 선호하는 두 개의 웹사이트 유형을 합친 비율은 71퍼센트이다. ③ 가장 선호하는 두 개의 웹사이트 유형 사이의 차는 겨우 3퍼센트에 불과하지만, 선호도가 두 번째와 세 번째로 높은 웹사이트 유형들 사이에는 20퍼센트 이상의 격차가 있다. ④ 가장 선호도가 낮은 세 개의 웹사이트 유형은 Wikipedia, Blogs, Facebook, Myspace, Twitter, etc.이다. ⑤ Social Media에 속한 웹사이트 유형들의 비율을 합치면, 그 결과는 Sites Dedicated to a Specific Area의 비율을 10퍼센트 초과한다.

풀이 Social Media에 속한 웹사이트 유형들의 비율을 합치면 18퍼센트이며, Sites Dedicated to a Specific Area의 비율은 11퍼센트로서 둘의 격차는 7이다. 그러므로 Social Media에 속한 웹사이트 유형들의 비율을 합치면 Sites Dedicated to a Specific Area의 비율을 10퍼센트 초과한다는 ⑤번 문장은 도표의 내용과 일치하지 않는다.

답 ⑤

18 다음 도표의 내용과 일치하지 않는 문장은?

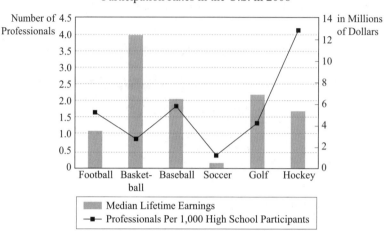

Pro Sports Career Earnings and
Participation Rates in the U.S. in 2008

The above graph shows the number of professionals per 1,000 high school participants and the median lifetime earnings for the given six sports in the United States in 2008. ① Basketball had the highest median lifetime earnings and hockey had the highest number of professionals per 1,000 high school participants. ② Soccer had the lowest median lifetime earnings and the lowest number of professionals per 1,000 high school participants. ③ Golf and baseball, ranked second and third in median lifetime earnings respectively, both had median lifetime earnings above 6 million dollars. ④ The only two sports that had median lifetime earnings less than 4 million dollars were football and soccer. ⑤ Except for hockey, which had more than 4 professionals per 1,000 high school participants, the remaining five sports all had less than 1.5 professionals per 1,000 high school participants.

[2점] [12.9월평가원]

해석 위 그래프는 2008년 미국에서 주어진 여섯 가지 스포츠에 있어서 고등학교 관계자 1,000명 당 직업운동선수들의 수와 평생 수입의 중앙값을 보여준다. ① 농구는 가장 높은 평생 수입 중앙값을 가졌고 하키는 1,000명의 고등학교 관계자 당 가장 많은 수의 직업운동선수를 가졌다. ② 축구는 가장 낮은 평생 수입 중앙값과 1,000명의 고등학교 관계자 당 가장 적은 수의 직업운동선수를 가졌다. ③ 평생 수입 중앙값에 있어 각각 두 번째와 세 번째로 등급이 매겨진 골프와 야구는 둘 다 6백만 달러 이상의 평생 수입 중앙값을 가졌다. ④ 4백만 달러 미만의 평생 수입 중앙값을 가진 유일한 두 스포츠는 미식축구와 축구였다. ⑤ 1,000명의 고등학교 관계자 당 네 명 이상의 직업운동선수를 가진 하키를 제외한 나머지 다섯 가지 스포츠는 모두 고등학교 관계자 1,000명 당 1.5명 미만의 직업운동선수를 가졌다.

풀이 미식축구와 야구의 경우 고등학교 관계자 1,000명 당 직업운동선수의 수가 1.5명을 넘는다. 그러므로 하키를 제외한 나머지 스포츠는 모두 고등학교 관계지 1000명 당 1.5명 미만 직업운동선수를 가졌다는 ⑤는 두 표의 내용과 일치하지 않는다.

답 ⑤

19 다음 도표의 내용과 일치하지 않는 문장은?

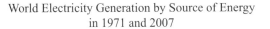

Vocabulary

• generation
  [dʒènəréiʃən] 생산
• primary[práimèri] 주된
• account for 차지하다
• nuclear[njúːkliəːr]
  원자력 발전소
• hydro[háidrou] 수력 전기

World Electricity Generation by Source of Energy
in 1971 and 2007

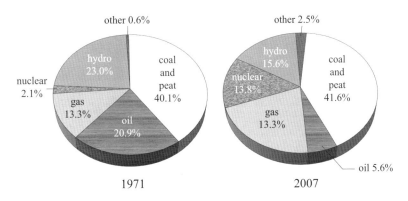

The graphs above show the percentage of world electricity generation by sources of energy for 1971 and 2007. ① According to the graphs, the primary source of electricity generation in both 1971 and 2007 was coal and peat, accounting for over 40% of the total electricity generation. ② Oil showed the biggest decrease in electricity generation, which fell from 20.9% in 1971 to 5.6% in 2007. ③ The source that showed the biggest increase was nuclear, which rose from 2.1% in 1971 to 13.8% in 2007. ④ In 1971, hydro was the second biggest source of electricity generation, but in 2007, gas was the second biggest, accounting for more than 20% of the total electricity generation. ⑤ Besides coal and peat, hydro was the only source that accounted for more than 20% of the total electricity generation in both 1971 and 2007.

[2점] [12.수능]

해석 위 그래프는 1971년과 2007년의 전력 생산의 에너지원에 따른 비율을 보여준다. ① 그래프에 따르면 1971년과 2007년 모두 전력 생산의 주된 에너지원은 석탄과 토탄이었는데, 전체 전력 생산의 40퍼센트 이상을 차지했다. ② 석유는 전력 생산에서 가장 큰 감소를 보여주었는데, 1971년 20.9퍼센트에서 2007년 5.6퍼센트로 떨어졌다. ③ 가장 큰 증가를 보여준 에너지원은 원자력이었는데, 1971년 2.1퍼센트에서 2007년 13.8퍼센트로 올라갔다. ④ 1971년에 수력은 두 번째로 큰 전력 생산 에너지원이었지만, 2007년에는 가스가 두 번째로 큰 에너지원이었으며, 전체 전력 생산의 20퍼센트 이상을 차지했다. ⑤ 석탄과 토탄을 제외하고, 수력은 1971년과 2007년 모두에서 전체 전력 생산의 20퍼센트 이상을 차지한 유일한 에너지원이었다.

풀이 수력에 의한 발전은 1971년에 23퍼센트였으나 2007년에는 15.6퍼센트로 20퍼센트에 못 미쳤다. 따라서 수력이 1971년과 2007년 모두에서 전체 전력 생산의 20퍼센트 이상을 차지했다고 한 ⑤는 도표의 내용과 일치하지 않는다.

답 ⑤

20 다음 도표의 내용과 일치하지 않는 문장은?

Vocabulary

• immediately
[imí:diətli] 바로
• with respect to
~에 관하여
• kindergarten
[kíndərgàːrtn] 유치원
• whereas[hwɛ-əræz]
~임에 반하여
• respectively
[rispéktivli] 각각

< Technology Use Among Students and Teachers in the U.S. >

(%)

Groups / Technology Products	Kindergarten ~ Grade 3	Grades 4~6	Grades 7~12	Teachers
Desktop computer	58	60	82	93
Laptop computer	21	28	35	39
Cell phone	39	49	75	60
MP3 player	12	22	46	6
Video game player	53	55	64	3

The above table shows the differences in technology product use on a weekly basis among grade groups of students and teachers in the U.S. ① As the students go up in grade group, the percentage of technology product use also increases. ② The percentage of desktop computer use is the highest, immediately followed by that of video game player use by all three student groups. ③ With respect to cell phones, 39% of the students in the kindergarten to grade 3 group use them, whereas 49% and 75% of the students in the grade 4~6 and 7~12 groups use them, respectively. ④ For desktop and laptop computer use, the teachers show a higher percentage than all three student groups. ⑤ The teachers have a lower percentage of MP3 player and video game player use than all three student groups.

[3점] [10.6월평가원]

해석
위의 표는 미국 내 학생들의 학년집단과 교사들의 주간 단위 첨단 제품 이용에서의 차이를 보여주고 있다. ① 학생들의 학년 집단이 상승할수록 첨단 제품 이용의 비율도 증가한다. ② 컴퓨터의 이용 비율이 가장 높고, 세 학년 집단의 비디오 게임기 이용이 바로 뒤를 잇는다. ③ 휴대폰과 관련해서는 유치원에서 3학년까지의 집단의 39%의 학생들이 사용하는 반면에 4~6학년 집단과 7~12학년 집단의 학생들은 각각 49%와 75%를 사용한다. ④ 컴퓨터와 노트북 컴퓨터 이용에 관해서는 교사들이 모든 학년 집단보다 더 높은 비율을 보인다. ⑤ 교사들은 모든 학년 집단보다 MP3와 비디오 게임기의 사용 비율이 더 낮다.

풀이
7~12학년의 휴대폰 이용비율은 75%로 두 번째로 높다. 그러므로 세 학년 집단의 비디오 게임기 이용이 두 번째로 높다는 ②가 도표의 내용과 일치하지 않다.

CHAPTER

03

목적
파악

총 20문항

01 다음 글을 쓴 목적으로 가장 적절한 것은?

Vocabulary

- contribution
  [kàntrəbjúːʃən] 공헌
- invaluable
  [invǽljuəbəl] 귀중한
- executive[igzékjətiv]
  행정의 ,중역
- secretary
  [sékrətèri / -tri] 사무관
- retirement
  [ritáiərmənt] 은퇴
- well-earned[wélɔ́ːrnd]
  제 힘으로 얻은,
  (보답 따위가) 당연한

For the past 25 years you have been a valued and respected employee of this company. Since you started in the mail room in 1979, your contributions to this firm have been invaluable. Your skills led to your being promoted to executive secretary in 1992. Thus, it is safe to say that without your contributions over the years, we would not be as successful as we have been. On behalf of all the executives, we wish you well and hope you enjoy your well-earned retirement.

① to advertise　　　② to recommend

③ to reject　　　　④ to warn

⑤ to thank

[1점] [05.수능]

해석 지난 25년 동안 귀하는 이 회사에서 높이 평가받고 존경받는 사원이었습니다. 귀하는 1979년에 우편 실에서 시작한 이래로 이 회사에 대한 귀하의 공헌이 아주 귀중했습니다. 귀하의 기술 때문에 귀하는 1992년에 사무국장으로 승진하게 되었습니다. 따라서 수년에 걸친 귀하의 공헌이 없었다면 우리들은 지금까지 성공했던 것만큼 성공하지 않았을 것입니다. 모든 중역들을 대표하여 우리는 귀하의 건강을 빌고 열심히 일한 대가로 얻은 은퇴를 즐기시기를 바랍니다.

풀이 회사에서 25년 동안 일하고 퇴임하는 사람에게 그 공헌을 ⑤'감사하기 위해' 쓴 글이다.
① 광고하기 위해 ② 추천하기 위해 ③ 거절하기 위해 ④ 경고하기 위해

답 ⑤

Vocabulary ✓

- considerable
  [kənsídərəbəl] 상당한
- promise[prámis] 가능성
- despite[dispáit]
  ~에도 불구하고
- genre[ʒάːnrə] 장르
- indicate[índikèit]
  간단히 말하다
- intend[inténd]
  ~하려고 생각하다
- literary
  [lítərèri / lítərəri] 문학의

02 다음 글을 쓴 목적으로 가장 적절한 것은?

Thank you for sending your poems to this publishing house. I have had the opportunity to look them over, and I feel that they show considerable promise, despite your youth and lack of experience in this genre. There is still much room for development, however, and I am afraid they are not yet appropriate for publishing in any of our current poetry journals. You indicate in your cover letter that you intend to follow a literary career. Please allow me to offer my best wishes for your future literary efforts.

① 시의 게재를 거절하려고   ② 원고 제출을 독촉하려고
③ 시의 투고를 장려하려고   ④ 시집 출판을 축하하려고
⑤ 원고 집필을 의뢰하려고

[1점] [07.수능]

해석 귀하의 시를 이 출판사에 보내주신 것을 감사드립니다. 제가 그것들을 살펴볼 기회를 가졌는데, 저는 귀하의 젊음과 이 장르에서의 경험의 부족에도 불구하고 그 시들이 상당한 가능성을 보여준 다고 느끼고 있습니다. 하지만, 여전히 발전의 여지가 많이 있으며, 그래서 현재 우리가 시를 싣고 있는 어떤 잡지에도 출판을 하기에는 아직 적절하지 않다고 생각합니다. 귀하는 소개서에서 문학 을 직업으로 삼고 싶다는 점을 언급하고 있습니다. 귀하의 앞으로의 문학적인 노력에 행운이 있기 를 빌어마지 않습니다.

풀이 출판사에 보낸 시에 대해, 상당한 가능성을 보여주기는 하지만 아직 출판하기에는 적절하지 않다고 하고 있다. 따라서 이 글 의 목적으로 적절한 것은 ①'시의 게재를 거절하려고'이다.

03 다음 글의 목적으로 가장 적절한 것은?

Vocabulary ☑

Although most people use the bus or subway to get around Seoul, every once in a while it's nice to spend a sunny day crossing the city on a bicycle. While riding, you are certain to discover new streets and different views of the capital. "The key to enjoying cycling is to choose the right streets," says one city official, adding that alleys off main roads can be interesting areas to explore. If you only ride occasionally, you don't have to spend a lot of money because bikes can be rented. Let's discover Seoul and learn about its undiscovered back streets on a bike.

• alley[ǽli] 골목길
• official[əfíʃəl] 공무원
• occasional[əkéiʒənəl] 가끔씩
• undiscovered
  [ʌ̀ndiskʌ́vərd]
  발견되지 않은, 미지의

① 교통난 해소를 위해 대중교통 이용을 권장하려고
② 에너지 절약을 위해 자전거 타기를 홍보하려고
③ 자전거를 이용한 도시 구경을 장려하려고
④ 자전거 전용 도로 설치를 건의하려고
⑤ 자전거 보관 장소를 안내하려고

[1점] [08.9월평가원]

해석 대부분의 사람들은 서울을 둘러보기 위해 버스나 지하철을 이용하지만, 아주 가끔은 화창한 날에 자전거를 타고 도시를 돌아다니는 것도 좋다. 자전거를 타고 가면서, 수도의 새로운 거리와 다양한 모습들을 틀림없이 발견하게 될 것이다. 시의 한 공무원은 "자전거타기를 즐기는 데 있어서 관건은 적절한 거리를 선택하는 것이다."라고 말하면서, 큰 도로에서 벗어난 골목길이 탐사하기에 흥미로운 곳이 될 수 있다고 덧붙인다. 단지 가끔씩만 자전거를 탄다면, 자전거를 빌릴 수 있기 때문에 많은 돈을 지출할 필요도 없다. 자전거를 타고 서울을 발견하고 그것의 드러나지 않은 뒷골목에 대해 알아보자.

풀이 자전거를 타고 서울을 다니며 서울의 드러나지 않은 뒷골목에 대해 알아보자는 글의 마지막 부분에 나타나 있듯이 ③'자전거를 이용한 도시 구경을 장려하려고'쓴 글이다.

Vocabulary

- requirement
  [rikwáiərmənt] 필요
- proudly[práudli]
  자랑스럽게
- certificate[sərtífəkit]
  증명서
- on behalf of
  ~를 대표하여

04 다음 글을 쓴 목적으로 가장 적절한 것은?

It is my great pleasure to inform you that your sons and daughters have completed all the academic requirements over the last three years of study at Hutt High School. We feel as if the day they entered our school were yesterday, and now they will proudly receive their graduation certificates. Not unlike many successful graduates in our long history, your children will go out into the world, and successfully participate in the fields of politics, economics, culture, and education. The graduation ceremony will be held next Friday in Hutt High School's Assembly Hall. On behalf of the school, I would like to extend our invitation to you and your family. I look forward to meeting you there.

① 졸업식 축사를 부탁하려고
② 입학식 일정을 안내하려고
③ 자녀의 졸업식에 초대하려고
④ 입학 자격 요건을 알리려고
⑤ 학교운영위원회 개최를 알리려고

[1점] [08.수능]

해석 귀하의 자녀들이 Hutt 고등학교에서 지난 3년간에 걸쳐 필요한 모든 학업을 이수했음을 귀하에게 알려드리게 되어 정말로 기쁘게 생각합니다. 그들이 저희 학교에 입학하던 날이 어제처럼 느껴지는데, 이제 그들은 졸업장을 자랑스럽게 받게 될 것입니다. 저희 학교의 긴 역사를 통해 배출된 많은 성공한 졸업생들과 마찬가지로, 귀하의 자녀들도 세상으로 진출해 정치, 경제, 문화, 그리고 교육의 분야에 성공적으로 참여하게 될 것입니다. 졸업식은 다음 주 금요일에 Hutt 고등학교 강당에서 열릴 것입니다. 학교를 대표해 귀하와 귀하의 가족들까지 초대하고자 합니다. 그 곳에서 만나 뵙기를 바랍니다.

풀이 고등학교를 졸업하는 학생들의 가족에게 보내는 초청장으로 졸업식 일자와 장소를 알리고 있다. 따라서 이 글의 목적으로 적절한 것은 ③'자녀의 졸업식에 초대하려고'이다.

답 ③

05 다음 글의 목적으로 가장 적절한 것은?

If you are worrying about money when you are away, your enjoyment will suffer. Plan your budget in advance to give yourself time to research the costs fully. If you cannot get confirmed prices, get as many estimates as you can. Note the best price and the worst price and budget in between the two. Ideally, the budgeted figures will work out just about right. If they don't, you will have to use your emergency fund to cover basic expenses such as food, transport, and accommodation, and there will be less money available for an unexpected situation that necessitates a sudden change of plan. So, be sure to make your budget realistic, so that you can be confident that you will be able to pay for all aspects of the trip.

Vocabulary

- suffer[sʌfər]
  (고통 · 변화 따위를) 받다
- budget[bʌ́dʒit]
  예산을 짜다
- in advance
  [ædvǽns, -vάːns, əd-]
  미리
- estimate[éstəmèit] 견적
- accommodation
  [əkàmədéiʃən] 숙박
- available[əvéiləbəl]
  이용할 수 있는
- necessitate[nisésətèit]
  필요로 하다

① 여행 중 상품 구매 시 주의 사항을 알려주려고
② 여행 경비 예산 짜기에 대해 조언하려고
③ 과도한 여행 경비 지출의 위험을 경고하려고
④ 여행 중 위급 상황에 대처하는 방법을 설명하려고
⑤ 여행 시 적절한 교통수단에 대해 안내하려고

[1점] [09.수능]

해석 집을 떠나 있을 때 돈에 대해 걱정을 한다면, 우리의 즐거움을 타격을 받을 것이다. 비용을 충분히 연구할 시간을 자신에게 주기 위해 미리 예산을 짜라. 확인된 가격을 입수할 수 없다면, 할 수 있는 한 많은 견적을 얻어라. 최상의 가격과 최악의 가격에 주목하고 그 둘 사이에서 예산을 세우라. 이상적으로는, 예산에 계상된 수치들은 거의 올바른 것으로 밝혀질 것이다. 만약 그렇지 않다면, 음식이나 교통, 그리고 숙박과 같은 기본적인 비용을 충당하기 위해 비상금을 사용해야만 할 것이고, 갑작스런 계획의 변경을 필요로 하는 예상치 못한 상황에 쓸 수 있는 돈은 더 적어질 것이다. 그러니 반드시 당신의 예산을 현실적으로 만들도록 하라. 그러면 당신은 여행의 모든 측면에 돈을 지불 할 수 있게 될 것이라고 확신할 수 있다.

풀이 여행을 할 때 미리 제반 비용을 조사하여 현실적인 예산 계획을 세워 두면 식비나 교통비, 숙박비 같은 기본비용에 긴급 비용이 허비되는 것을 막을 수 있으며 결과적으로 여행 중 발생하는 모든 비용에 대비할 수 있다고 내용이다. 따라서 이 글의 목적으로 ②'여행 경비 예산 짜기에 대해 조언하려고'가 적절하다.

Vocabulary

- imply[implái] 암시하다
- certainly[sə́ːrtənli] 정말
- complimentary
  [kàmpləméntəri] 칭찬의
- unintended
  [ʌ̀ninténdid] 고의가 아닌
- offense[əféns]
  기분을 상하게 하는 것
- shameless[ʃéimlis]
  뻔뻔스러운
- mere[miər]
  단지 ~에 지나지 않는
- flattery[flǽtəri] 아첨

06 다음 글을 쓴 목적으로 가장 적절한 것은?

Upon receiving your last letter, I rushed to look up the word 'flattering' in the dictionary. I was shocked to find out that it could imply something negative, which I certainly did not mean. I should have used some word like 'complimentary' instead. For that, I would like to ask for the kindness in your heart to forgive my unintended offense. If you knew me well, you would know that I am shameless enough to take all compliments at their face value and not to think that they might be mere flattery. I just did not know what the word really implied. I hope that you no longer feel hurt or uncomfortable in any way as a result of our correspondence.

① 무례한 태도에 대하여 항의하려고
② 훌륭하게 쓰인 편지를 칭찬하려고
③ 단어를 잘못 사용한 것에 대하여 사과하려고
④ 전문 용어에 대한 정확한 의미를 문의하려고
⑤ 좋은 사전을 선물해 준 것에 대하여 감사하려고

[1점] [10.수능]

해석 당신의 지난 편지를 받자마자, 저는 서둘러 사전에서 'flattering'이라는 단어를 찾았습니다. 저는 그것이 부정적인 것을 암시할 수도 있다는 것을 알게 되어 깜짝 놀랐는데, 이는 정말로 제가 의도한 바가 아니었습니다. 저는 'complimentary'와 같은 단어를 대신 사용했었어야 했습니다. 그런 이유로, 제가 의도하지 않게 기분을 상하게 해드린 것에 대해 너그럽게 용서를 해주시기를 부탁드립니다. 만약 당신이 저를 잘 아신다면, 제가 모든 칭찬을 있는 그대로 받아들일 정도로 뻔뻔하다는 것과 그리고 모든 칭찬이 단지 아첨일거라고 생각하지 않을 정도로 뻔뻔하다는 것을 아실 것입니다. 저는 그 단어가 정말로 암시하는 것을 몰랐을 뿐입니다. 저희와의 서신 왕래의 결과로 어떤 식으로든 더 이상 감정이 상하시거나 불편함을 느끼지 않으시기를 바랍니다.

풀이 'flattering'이 부정적인 것을 암시할 수도 있다는 사실을 모른 채, 그 단어를 사용한 필자가 상대방에게 사과를 하는 글이다. 따라서 이 글의 목적으로 가장 적절한 것은 ③'단어를 잘못 사용한 것에 대하여 사과하려고'이다.

정답 ③

07 다음 글의 목적으로 가장 적절한 것은?

I have seen people who are very good at their jobs but are poor at presenting themselves and, hence, do not convince the audience of their capabilities. Presentation is so crucially important and will make the difference between getting a sale or not. Some people are naturally good presenters, but brushing up on your skills in this area will prove profitable. There are lots of courses available that are good. Try Think Business where courses are cheap or even free. The ABC Marketing Institute also offers very good presentation skills courses. A good course will help you structure your presentations and improve your own personal style. I would recommend one that films you while you are presenting and then gives a critique of your style.

Vocabulary

- convince[kənvíns]
  ~에게 깨닫게 하다
- presentation
  [prèzəntéiʃən] 발표
- crucially[krúːʃəli]
  결정적으로
- naturally[nǽtʃərəli]
  선천적으로
- profitable
  [prάfitəbəl / prɔ́f-] 이로운
- improve[imprúːv]
  향상시키다

① 대인 관계 개선 방안을 제시하려고
② 프레젠테이션 소프트웨어를 광고하려고
③ 청중과의 상호 작용의 중요성을 강조하려고
④ 영상 매체를 활용한 강의 기법을 설명하려고
⑤ 발표력 향상을 위한 강좌에 대해 알려 주려고

[1점] [11,6월평가원]

해석 저는 자신들의 일에는 매우 유능하지만 자기 자신을 표현하는 것에는 미숙하여 청중들에게 그들의 능력을 깨닫게 하지 못하는 사람들을 보아왔습니다. 발표력은 결정적으로 중요한 것이며 판매 성사 여부의 차이를 만들 것입니다. 선천적으로 발표를 잘 하는 일부 사람도 있지만, 이 분야에서의 당신의 기술을 새로이 훈련하는 것이 이롭다고 입증될 것입니다. 수강할 수 있는 유익한 강의가 많이 있습니다. 수강비가 저렴하거나 무료인 강좌도 있는 Think Business를 이용해 보십시오. ABC Marketing Institute도 또한 아주 훌륭한 발표 기술 강좌를 제공합니다. 훌륭한 강좌는 당신의 발표를 조직화하고 당신의 고유한 발표 방식을 향상시키는데 도움을 줄 것입니다. 저는 당신이 발표하는 장면을 필름에 담아 당신의 발표 방식에 대한 평가를 제공하는 강좌를 추천하겠습니다.

풀이 우수한 능력은 발표력을 통해 인정받는다고 언급하며 발표력의 중요성을 강조한 후 발표력 향상에 도움을 주는 강좌들을 소개하고 있는 글이다. 따라서 이 글의 목적으로 적절한 것은 ⑤'발표력 향상을 위한 강좌에 대해 알려 주려고'이다.

Vocabulary

- reference[réf-ərəns]
  추천서
- scholarship[skάlərʃip]
  장학금
- highly[háili] 높이
- academic[ækədémik]
  학문적인
- consistently
  [kənsístəntli] 일관되게
- demonstrate
  [démənstrèit] 증명하다

08 다음 글을 쓴 목적으로 가장 적절한 것은?

I was pleased to receive your letter requesting a letter of reference for a Future Leaders scholarship. As your physics teacher, I can certainly speak highly of your academic abilities. Your grades have consistently been A's and B's in my class. Since this is the first semester that I have had you in class, however, I do not feel that I am the right person to provide information on your leadership skills. I would encourage you to request a reference letter from those teachers with whom you have had the most opportunity to demonstrate those skills. I am sure many teachers would be willing to provide letters for you. Good luck with your scholarship.

① 장학금 추천서 부탁을 거절하려고
② 뛰어난 학업 성취를 칭찬하려고
③ 물리학 강좌 수강을 안내하려고
④ 장학금 수혜 소식을 알려주려고
⑤ 장학금 신청을 권유하려고

[1점] [11.9월평가원]

해석 Future Leaders 장학금 신청용 추천서를 써 달라고 요구하는 당신의 편지를 받고 반가웠습니다. 당신의 물리 교사로서 나는 당신의 학문적 능력에 대해 분명히 높이 평가하여 말할 수 있습니다. 내가 담당하는 학급에서 당신의 성적은 일관되게 A와 B를 기록하였습니다. 그렇지만, 이번이 내가 당신을 학급에서 가르친 첫 번째 학기이므로, 내가 당신의 지도력에 대한 정보를 제공할 적절한 사람이라고 생각하지는 않습니다. 당신이 그러한 능력을 보여줄 기회가 가장 많았던 교사들에게 추천서를 써 달라고 요청할 것을 권하고 싶습니다. 많은 교사들이 기꺼이 당신을 위해서 추천서를 써 줄 것이라고 확신합니다. 당신의 장학금 신청에 좋은 결과가 있기를 바랍니다.

풀이 학생을 알게 된 지가 얼마 되지 않아 학생이 지도력을 갖고 있는지 충분히 알 수 없다는 이유를 들어, 지도력과 관련 있는 장학금 신청용 추천서를 써 달라는 부탁을 거부하고 있다. 따라서 이 글의 목적으로 적절한 것은 ①'장학금 추천서 부탁을 거절하려고'이다.

답 ①

09 다음 글의 목적으로 가장 적절한 것은?

Vocabulary

• publication
[pʌ̀bləkéiʃən] 간행물

• reliable[riláiəbəl]
믿음직한

• first-rate[-réit] 최고의

• resume[rizú:m]
다시 시작하다

• meantime[mí:ntàim]
그동안

My wife and I have enjoyed receiving your publication for years. Unfortunately, our jobs now have us both traveling most weeks, and we simply cannot keep up with a daily paper. So we would like to request that you stop delivery to our home. If you have questions about this matter, please leave a message at (212) 555-5612, and either my wife or I will call you back as soon as we can. Thank you for of reliable delivery of a first-rate newspaper. If our situation changes, we will call you to resume delivery. In the meantime, we will expect delivery to stop no later than the end of this week.

① 여행 동행 제안을 거절하려고
② 신문 배달 중단을 요청하려고
③ 출판 일정에 대해 문의하려고
④ 변경된 전화번호를 안내하려고
⑤ 신속한 정정 보도에 감사하려고

[1점] [11.수능]

해석 제 아내와 저는 귀사의 간행물을 수년간 즐겁게 받아보고 있습니다. 불행히도, 지금 우리의 일로 인해 우리 둘 다 대부분의 주마다 여행을 하고 있으며, 그래서 일간신문을 계속 구독할 수가 없습니다. 그래서 우리는 귀사가 우리 집에 배달을 중단할 것을 요청 드립니다. 이 문제에 대해 질문이 있으면, (212) 555-5612로 메시지를 남겨주시고 그러면 제 아내나 저나 둘 중 한 사람이 가능한 빨리 전화를 드리겠습니다. 최고의 신문을 수년간 믿을 수 있게 배달해 주신 점에 대해 감사드립니다. 우리의 상황이 변하면, 귀사에 전화를 드려 배달을 다시 부탁드리도록 하겠습니다. 그러는 동안에는, 늦어도 이번 주말까지는 배달이 중단될 수 있기를 바랍니다.

풀이 가정 사정으로 인해 더 이상 일간신문을 받아볼 수 없게 된 구독자는 ②'신문 배달 중단을 요청하려고'하고 있다.

답 ②

Vocabulary

- official[əfíʃəl] 공식적인
- eligible[élidʒəbəl] 자격이 있는
- exceed[iksíːd] 초과하다
- entry[éntri] 참가
- comply[kəmplái] 따르다
- disqualify[diskwάləfài] 자격을 박탈하다
- display[displéi] 전시하다

10 다음 글을 쓴 목적으로 가장 적절한 것은?

This is an official notice from KGM, the largest manufacturer of digital cameras in the world, regarding the rules of KGM's Big World Competition. First, anyone over the age of 18 is eligible, with the exception of professional photographers. Second, all photographs must be taken using a KGM camera. Third, the size of your image file cannot exceed 100 megabytes. Finally, entries must be uploaded to our website no later than July 25, 2011. Failure to comply with any of the above rules will disqualify the entry. A list of winners will be posted on the website on August 15, and all winning pictures will be displayed at the KGM gallery for a period of one year.

① 전문 사진작가를 모집하려고
② 최신형 카메라의 성능을 설명하려고
③ 사진 촬영 시 주의사항을 전달하려고
④ 사진 콘테스트 참가 시 유의사항을 안내하려고
⑤ 카메라 회사의 고객 지원 프로그램을 홍보하려고

[1점] [12.6월평가원]

해석 이것은 세계에서 가장 큰 디지털 카메라 제조회사인 KGM이 개최하는 Big World Competition의 규칙에 대한 공식적인 공지사항입니다. 먼저, 전문적인 사진사를 제외하고 18세 이상이면 누구나 참가 자격이 있습니다. 둘째, 모든 사진은 KGM 카메라를 사용해 촬영해야만 합니다. 셋째, 이미지 파일의 크기는 100 메가바이트를 초과할 수 없습니다. 마지막으로, 참가 작품은 2011년 7월 25일까지 저희 웹사이트에 업로드 되어야 합니다. 위의 규칙들 중 하나라도 따르지 않으면 참가 자격이 박탈될 것입니다. 입상자 명단은 8월 15일에 웹사이트에 게시될 것이며, 모든 입상사진들은 1년의 기간 동안 KGM 갤러리에서 전시가 될 것입니다.

풀이 KGM에서 개최하는 사진 콘테스트의 참가에 관련된 규칙을 안내하고 있는 글이다. 따라서 이 글의 목적으로 적절한 것은 ④ '사진 콘테스트 참가 시 유의사항을 안내하려고'이다.

답 ④

11 다음 글의 목적으로 가장 적절한 것은?

So, you're ready to add a new member, a furry one, to your family. But now you have one more decision to make: What kind of dog should I get? Here are some tips to consider when choosing a dog that is right for you. First, pick a dog that fits your home. Bring a big one into your house only if you can give him a lot of space. Second, don't buy a shaggy dog if you're allergic. Getting a non-shedding dog is a good idea if you're worried about loose hairs or your kids' allergies. Third, pick a mild-mannered puppy that is likely to be more forgiving and protective of his little owners. Keep these in mind, and you'll enjoy having the new member at home.   ※ shaggy 털북숭이의

- furry[fə́ːri] 털로 덮인
- allergic[ələ́ːrdʒik] 알레르기의
- non-shedding [nɑn-ʃédiŋ] (털을) 떨어뜨리지 않는
- mild-mannered [máildmǽnərd] 온순한
- protective[prətéktiv] 보호하는

① 애완견 훈련 방법에 관해 안내하려고
② 애완견 유기의 문제점에 관해 지적하려고
③ 애완견 위생 관리 요령에 관해 설명하려고
④ 애완견을 기르는 어려움에 관해 알려주려고
⑤ 애완견 선택 시 고려사항에 관해 조언하려고

[1점] [12.9월평가원]

해석 그럼 당신의 가족에 새로운 구성원, 즉 털이 많은 구성원을 추가할 준비가 됩니다. 그러나 이제 결정할 한 가지가 더 있습니다. 즉 어떤 종류의 개를 사야하는가? 당신에게 적합한 개를 고를 때 고려할 몇 가지 조언이 여기에 있습니다. 첫째, 당신의 집에 맞는 개를 고르십시오. 개에게 넓은 공간을 제공할 수 있는 경우에 한해 큰 개를 집으로 데려오십시오. 둘째, 알레르기가 있다면 털북숭이 개는 사지 마십시오. 헝클어진 털과 아이의 알레르기에 대해 걱정한다면, 털이 (잘) 빠지지 않는 개를 사는 것이 좋은 생각입니다. 셋째, 정이 더 많고 어린 주인을 보호할 것 같은, 온순한 강아지를 고르십시오. 이런 점들을 명심하십시오. 그러면 당신은 가정에 새로운 구성원을 갖는 것을 즐기게 될 겁니다.

풀이 가족의 한 구성원으로 개를 구입할 때 고려할 사항들을 조언해 주는 글이다. 따라서 이 글의 목적으로 ⑤'애완견 선택 시 고려사항에 관해 조언하려고'가 가장 적절하다.

답 ⑤

Vocabulary 🔊

- assistant[əsístənt]
  부~, 조수
- enormously[inɔ́ːrməsli]
  매우 크게
- enthusiasm
  [enθjúːziæ̀zəm] 열정
- commitment
  [kəmítmənt] 헌신
- position[pəzíʃən] 직책
- personnel[pə̀ːrsənél]
  인사의
- employ[emplɔ́i]
  고용하다
- corporation
  [kɔ̀ːrpəréiʃən] 회사

12 다음 글을 쓴 목적으로 가장 적절한 것은?

Thank you for coming to the interview on Friday afternoon for the assistant sales manager position. I was enormously impressed by your professionalism, enthusiasm, and commitment to your work. I knew the decision I would have to make would be difficult and it has been. However, I have made that decision, and I am afraid that I cannot offer you the position at this time. I do hope that you will keep in touch with the personnel department manager and that you will apply again next time. The company plans to employ a large number of persons for the sales department next year. Thank you again for your interest in the Hankook Corporation.

① to notify   ② to apologize

③ to appreciate   ④ to entertain

⑤ to invite

[2점] [05.9월평가원]

해석 금요일 오후에 부 영업 지배인 직에 면접을 위해 오신 것에 감사드립니다. 저는 당신의 일에 대한 프로정신과 열정, 헌신에 감사드립니다. 저는 제가 내려야만 하는 결정이 어렵고 또한 그래 왔었다는 것을 알고 있습니다. 하지만 나는 결정을 내렸습니다. 그리고 제가 당신에게 이번에는 그 직책을 주지 못하게 되어 유감입니다. 저는 당신이 인사부장과 계속 연락을 하고 다음에 다시 지원하기를 바랍니다. 저희 회사는 내년에 영업부서에 많은 인원을 충원할 예정입니다. 저희 한국 회사에 대한 당신의 관심에 다시 한 번 감사드립니다.

풀이 I am afraid that I cannot offer you the position at this time(제가 당신에게 이번에는 그 직책을 주지 못하게 되어 유감입니다)에서 이 글의 목적이 입사 지원 결과를 ①'공지하기 위해서'라는 것을 알 수 있다.
① 공지하기 위해 ② 사과하기 위해 ③ 감사하기 위해 ④ 즐기게 위해 ⑤ 초대하기 위해

13 다음 글의 목적으로 가장 적절한 것은?

Starting August 1st, 2005, you will closely follow the activities of the International Monetary Fund (IMF). You will help and advise in the preparation of international meetings. You will also write analytical papers about issuesregardinginternationalfinancialmarkets.We expect you to have completed your university studies with a doctoral degree in economics. Experience in analytical economic methods and the ability to work efficiently will also be required. This is an interesting opportunity to work with a competent and experienced team.

Vocabulary

- closely[klóusli] 긴밀하게
- preparation
  [prὲpəréiʃən] 준비
- analytical
  [æ̀nəlítikəl] 분석적인
- issue[íʃuː] 문제
- doctoral[dάktərəl] 박사의
- competent
  [kάmpətənt] 유능한

① 직원 채용 공고   ② 사업 계획 소개
③ 국제회의 안내   ④ 작문 강좌 안내
⑤ 학위 과정 소개

[2점] [06.6월평가원]

해석 2005년 8월 1일로부터 귀하는 국제통화기금(IMF)의 활동을 긴밀하게 따르게 될 것입니다. 귀하는 국제회의를 준비하면서 도움과 충고를 하게 될 것입니다. 귀하는 또한 국제 금융 시장에 관한 문제에 대해 분석적 보고서를 작성하게 될 것입니다. 우리는 귀하가 경제학 박사 학위를 가지고 대학을 졸업했기를 기대합니다. 분석적인 경제 방법에 대한 경험과 효율적으로 일하는 능력이 또한 요구 됩니다. 이 일은 유능하고 숙련된 팀과 일할 수 있는 흥미로운 기회입니다.

풀이 글 전반부는 하게 될 업무를, 후반부에서는 업무에 필요로 하는 자격을 언급하고 있고, 마지막 문장은 이러한 일자리가 좋은 기회가 될 것이라고 말하고 있다. 그러므로 이 글은 ①'직원 채용 공고'에 적합한 글이다.

Vocabulary

- alarming[əlάːrmiŋ] 놀랄 만한
- annual[ǽnjuəl] 매년
- runoff[rʌ́nɔ̀(ː)f, -ʌ̀f] 흘러가 버리는 것
- roughly[rʌ́fli] 대략
- waterborne [wɔ́ːtərbɔːrn] 수인성의
- reverse[rivə́ːrs] 거꾸로 하다
- disappear[dìsəpíər] 사라지다

During the last several decades, Asia's glaciers have been melting at an alarming rate. According to Chinese researcher Yao Tandong, annual glacial runoff on the Tibetan Plateau and surrounding areas is roughly 20 percent more than that of 40 years ago. Some of that water is flowing into Asia's rivers, increasing floods and spreading waterborne diseases. In time, the problem will reverse. Yao predicts that 60 percent of the glaciers on the Tibetan Plateau will be gone by the end of the century. "Once the rivers decrease and finally disappear, oases will dry up and there will be no more cities."

① 빙하 격감으로 인한 위험을 경고하려고
② 수인성 질병의 해악에 대해 알리려고
③ 홍수 문제에 대한 도움을 요청하려고
④ 물 부족 현상의 원인을 규명하려고
⑤ 수질 오염 문제를 부각시키려고

[2점] [06.9월평가원]

해석 지난 몇 십년간, 아시아의 빙하는 놀랄 만한 속도로 녹고 있다. 중국의 연구원인 Yao Tandong에 따르면 티베트 고원과 주변 지역에서 매년 빙하가 녹아 흐르는 물은 40년 전보다 대략 20% 더 늘어났다. 그 물의 일부는 아시아의 강으로 흘러들어가 홍수를 증가시키고 수인성 질병을 퍼지게 한다. 조만간에 그 문제는 역전될 것이다. 금세기 말 무렵에는 티베트 고원의 빙하의 60%가 사라질 것이라고 Yao는 예견한다. "일단 강이 줄어들고 결국 사라지면, 오아시스가 말라버리고 더 이상 도시가 없을 것이다."

풀이 마지막 부분에 글의 목적이 분명하게 나타나 있다. 빙하가 녹아 결국에는 도시가 사라질 것이라는 것이다. 즉, 이 글의 목적으로 적절한 것은 ①'빙하 격감으로 인한 위험을 경고하려고'이다.

답 ①

15 다음 글의 목적으로 가장 적절한 것은?

Someone who reads only newspapers and books by contemporary authors looks to me like a near-sighted person. He is completely dependent on the prejudices of his times. And what a person thinks on his own without being stimulated by the thoughts and experiences of other people is at best insignificant and monotonous. There are only a few enlightened people with a clear mind and with good taste within a century. What has been preserved of their work belongs among the most precious possessions of mankind. We owe it to a few writers of old times that the people in the Middle Ages could slowly free themselves from ignorance.

- contemporary [kəntémpərèri] 현대의
- near-sighted[níərsáitid] 근시안적인
- prejudice[prédʒədis] 편견
- stimulate[stímjəlèit] 자극하다
- insignificant [ìnsignífikənt] 하찮은
- monotonous [mənátənəs/-nɔ́t-] 단조로운
- enlighten[enláitn] 계몽하다
- ignorance[ígnərəns] 무지

① 신문 읽기를 강조하려고
② 고전을 읽도록 권장하려고
③ 중세의 생활상을 소개하려고
④ 문학 비평의 중요성을 알리려고
⑤ 현대 사상의 심오함을 알리려고

[2점] [06.수능]

해석 단지 신문과 현대 저자들이 쓴 책을 읽는 사람은 나에게는 근시안적인 사람처럼 보인다. 그 사람은 그의 시대의 편견에 온전히 의존한다. 그리고 다른 사람들의 생각과 경험에 자극을 받지 않고 혼자서 생각하는 것은 잘 해봐도 하찮거나 단조롭다. 그 세기 내에 명확하게 생각하고 훌륭한 심미안을 갖고 있는 개화된 사람들은 아주 극소수이다. 그들의 작품에 보존되어 왔던 것은 인류의 가장 귀중한 소유물에 속한다. 중세 사람들이 스스로를 무지로부터 천천히 해방시킬 수 있었던 것은 옛 시대의 몇몇 작가들의 덕분이다.

풀이 신문과 현대 저자들이 쓴 책만을 읽으면 편견에 사로잡히기 때문에 옛날 사람들이 쓴 글을 읽으라고 조언하는 글이다. 따라서 ②'고전을 읽도록 권장하려고'가 이 글의 목적으로 가장 적절하다.

정답 ②

Vocabulary

- appreciate[əprí:ʃièit]
  고맙게 여기다

- inspect[inspékt]
  검사하다

- representative
  [rèprizéntətiv] 대표

- apparently[əpǽrəntli]
  언뜻 보기에

- volume[válju:m] 양

- indication[indikéiʃən]
  징후

- properly[prápərli]
  적절하게

- mechanical
  [məkǽnik-əl] 기계(상)의

- replacement
  [ripléismənt] 교체

- trade-in[tréidin]
  신품 대금의
  일부로 내는 중고품

16 복사기에 관한 다음 글의 목적으로 가장 적절한 것은?

We appreciate your giving us the opportunity to inspect your copier. Our service representatives found two problems contributing to the copier's breakdown. Firstly, it is apparently being used for a slightly higher volume of copying than it was built for. Secondly, there are indications that a number of people in your department are not properly closing the cover before copying documents. These two factors have caused the failure of many mechanical parts. Although we are not prepared to offer you a replacement copier as you requested, we would be happy to take the damaged one as a trade-in on another larger capacity copier.

① 성능에 관한 정기 점검 일정을 통지하려고
② 소모품의 올바른 교체 방법을 알려주려고
③ 수리 전문 업체에 대한 정보를 제공하려고
④ 신형 복사기의 장점을 자세히 알려주려고
⑤ 검사 결과에 따른 보상 판매를 제안하려고

[2점] [07.6월평가원]

해석 저희는 귀하께서 귀하의 복사기를 검사할 기회를 주신 것을 감사하게 생각합니다. 저희 서비스 센터에서 복사기의 고장을 유발하는 두 가지 문제점을 파악하였습니다. 첫째는, 언뜻 보기에도 복사기가 원래 복사하도록 만들어진 것보다 약간 더 많은 양의 복사에 사용되고 있습니다. 둘째로, 귀하의 부서에 근무하는 많은 사람들이 서류를 복사하기 전에 덮개를 적절하게 덮고 있지 않다는 징후가 있습니다. 이 두 가지 요소가 많은 기계부품의 고장을 유발해왔습니다. 귀하께서 요청하신 대로 복사기 교체를 제공할 준비는 되어있지 않지만, 손상된 복사기를 다른 더 큰 용량의 복사기에 대한 물품 값의 일부로 셈하여 기꺼이 받아들이겠습니다.

풀이 복사기를 검사한 결과를 통해 고장 원인을 설명하고, 교체 요청에 대해 손상된 복사기를 더 큰 용량의 복사기에 대한 물품 값의 일부로 셈하여 기꺼이 받아들이겠다는 회사의 방침을 글의 말미에 설명하고 있다. 따라서 글의 목적으로 가장 적절한 것은 ⑤'검사 결과에 따른 보상 판매를 제안하려고'이다.

17 다음 글의 목적으로 가장 적절한 것은?

Hunting for food has always been part of human life worldwide. Since the dawn of human history, people living in the rain forests have hunted for bushmeat. For thousands of years they have lived in harmony with their forest world. Today, however, the commercial bushmeat trade worldwide has become so large that many animals are literally on the edge of extinction. Indeed, if the bushmeat trade of endangered species isn't stopped immediately, some animals will soon be hunted out of existence.

※ bushmeat 야생동물 고기

① to warn
② to negotiate
③ to advertise
④ to praise
⑤ to apologize

[2점] [07.9월평가원]

Vocabulary

• worldwide[wɔ́ːrldwáid]
세계적으로

• harmony[háːrməni]
조화

• literally[lítərəli]
문자 그대로

• extinction[ikstíŋkʃn]
멸종

• endangered
[indéindʒərd,en-]
멸종 위기에 처한

• immediately
[imíːdiətli] 즉시

• praise[preiz] 칭찬하다

해석 식량 사냥은 언제나 전 세계적으로 인간 생활의 일부였다. 인간의 역사가 시작된 이래로 열대 우림 지역에 사는 사람들은 야생동물 고기 사냥을 해왔다. 수천 년 동안 그들은 열대우림 세계와 조화를 이루며 살아왔다. 그러나 오늘날 전 세계적으로 퍼진 상업적 야생동물 고기 매매가 너무 광범위하게 이루어져서 많은 동물들이 사실상 멸종에 직면해 있다. 실제로 야생동물 고기 매매가 즉시 중단되지 않으면 몇몇 동물들은 곧 사냥으로 인해 존재하지 않게 될 것이다.

풀이 야생동물 고기의 상업적 매매의 규모가 커지면서 멸종하게 되는 동물들이 생기게 될 것임을 경고하는 글이다. 따라서 글의 목적으로는 ①'경고하기 위해'가 가장 적절하다.

CROSS ENGLISH

18 다음 글을 쓴 목적으로 가장 적절한 것은?

Vocabulary

• practical[prǽktikəl]
  실용적인

• pronunciation
  [prənʌnsiéiʃən] 발음

• accuracy[ǽkjərəsi]
  정확성

• eliminate[ilímənèit]
  제거하다

• trace[treis] 흔적

• detect[ditékt] 발견하다

• reference
  [réfərəns] 언급

The descriptions of sound production have been rewritten in this edition so as to update the theory on which they were based and to provide better practical advice regarding pronunciation problems. Several figures have been redrawn in order to achieve greater accuracy and clearer detail. The authors have tried to eliminate traces of gender-biased attitudes wherever they were detected, and a definite attempt has been made to balance female and male references. The most significant kind of change in the new edition, however, is the result of the effort we have made to introduce more use of language for real communicative purposes in the learning activities suggested for students to carry out.

① 개정판의 주요 변화를 설명하려고
② 새로운 언어 학습법을 제시하려고
③ 새 책의 출판 일정을 안내하려고
④ 새로운 편집 규정을 통보하려고
⑤ 최근의 발음 이론을 소개하려고

[2점] [10.6월평가원]

해석 소리의 생성에 대한 설명은 이번 판에서 그들이 기초로 하고 있는 이론을 새롭게 하고 발음 문제에 관한 더 나은 실용적인 조언을 제공하기 위하여 다시 작성되어졌다. 몇 가지 그림들이 보다 큰 정확성과 좀 더 분명한 세부사항을 달성하기 위해서 다시 쓰였다. 저자들은 발견되어지는 곳이 어디든지 성차별(편견)적인 태도의 흔적을 제거하기 위해 노력했고, 명확한 시도가 여성과 남성의 언급을 균형 맞추기 위해 행해졌다. 그러나 새로운 판에서 가장 중대한 종류의 변화는 학생들이 수행하도록 제안된 학습활동 안에서 실제적인 의사소통 목적을 위한 보다 많은 언어의 사용을 소개하기 위해 우리가 해온 노력의 결과이다.

풀이 이 글은 개정판을 출시하면서 5가지 변화된 내용들에 대해서 언급하고 있다. 그러므로 글의 목적으로는 ①'개정판의 5가지 변화된 내용에 대해 설명하려고' 가 적당하다.

답 ①

19 다음 글의 목적으로 가장 적절한 것은?

Vocabulary

Travel around the country with Carl Sandburg, a twentieth century poet who has been called the voice of America. Hop aboard his poetry train on which each amazing poem leads to a different destination—some quiet and peaceful, others alive with enthusiasm and humor. Visit rural back roads and busy cities, and meet friendly animals and ordinary people going about their daily lives. More than thirty wonderful poems are presented in this collection of his poetry, along with special illustrations that capture the spirit of the poetry. With a magic touch, Sandburg manages to find the laughter and meaning in everyday things—doors, rain, colors, the sea, a telephone wire, words, and even a rat! So pack your imagination and get ready to take a special trip with the words of Carl Sandburg.

- destination
  [dèstənéiʃən] 목적지
- enthusiasm
  [enθjúːziæzəm] 열정
- ordinary[ɔ́ːrdənèri]
  보통의
- present[prizént]
  주다, 제공하다
- along with ~와 함께
- illustration
  [iləstréiʃən] 삽화

① 창작시 공모를 광고하려고
② 여행의 중요성을 강조하려고
③ 기행문 쓰는 방법을 설명하려고
④ 시집을 소개하여 읽기를 권하려고
⑤ 미국의 다양한 작가들을 소개하려고

[2점] [10.9월평가원]

해석 미국의 소리라고 불려왔던 20세기 시인 Carl Sandburg와 함께 시골을 여행해보세요. 각각의 훌륭한 시를 통해 서로 다른 목적지로 이끌어 주는 시(poetry)와 함께하는 기차에 올라타세요. 어떤 것들은 조용하고 평화로우며 다른 것들은 열정과 유머가 살아있습니다. 시골의 뒤안길들과 바쁜 도시들을 방문하고 친근한 동물들과 일상을 지나가는 사람들을 만나보세요. 그의 시 모음집에서 30편의 훌륭한 시들이 시적 영감을 담은 특별 삽화와 함께 실리게 될 것입니다. 마법의 손을 통해 Sandburg는 출입문, 비, 색상, 바다, 전화선, 단어, 심어지 쥐새끼와 같은 일상에서도 웃음과 의미를 기꺼이 찾아냅니다. 그러니 상상력을 챙기셔서 Carl Sandburg의 언어와 함께 특별한 여행을 떠날 준비를 하세요.

풀이 Carl Sandburg와 함께 하는 시(poetry) 여행을 광고하는 글인데, 실제로 떠나는 여행이 아닌 시집을 통한 시적 세계로의 특별 여행(special trip)을 말하고 있다. 결국 이 글은 Carl Sandburg의 ④'시집을 소개하며 그것을 읽어달라고 권할' 목적으로 쓴 것이다.

답 ④

Vocabulary ☑

- essential[isénʃəl]
  필수적인
- effectively[iféktivli]
  효과적으로
- cost-effective[-iféktiv]
  비용 효율이 높은
- assign[əsáin] 배정하다
- evaluate[ivǽljuèit]
  평가하다
- insightful[ínsàitfəl]
  통찰력 있는
- passion[pǽʃən] 열정

20 다음 글을 쓴 목적으로 가장 적절한 것은?

In this digital age, images are essential units of information, and knowing how to use photography effectively is more important than ever. Fortunately, enrolling at the Hobbiton Institute of Photography is one of the easiest, most cost-effective ways to take your photography to the next level. You'll be assigned a personal adviser, have your work evaluated by experienced experts, and receive insightful suggestions on how to make it better. You'll also learn to think on your feet and develop the eye of a photographer. You can pursue your passion with us, and your photography will never be the same.

① 사진 전문 강사진을 소개하려고
② 사진 전문 교육 기관을 홍보하려고
③ 디지털 사진 촬영 기법을 설명하려고
④ 사진 분야 취업 정보를 제공하려고
⑤ 디지털 사진술 활용을 권장하려고

[2점] [12.수능]

해석
이러한 디지털 시대에, 이미지는 정보의 필수적인 단위이고, 사진술을 효과적으로 활용하는 방법을 아는 것은 여느 때보다도 더 중요하다. 다행히도 Hobbiton Institute of Photography에 등록하는 것은 당신의 사진술을 다음 수준으로 이끄는 가장 쉬우면서도, 비용 측면에서 가장 효율적인 방법 중의 하나이다. 당신에게는 개인적으로 조언해주는 사람이 배정되고, 당신의 작품은 경험 많은 전문가에 의해 평가되며, 그것을 좀 더 잘 만드는 방법에 대해 통찰력 있는 조언을 받을 것입니다. 또한 당신은 스스로 생각하고 사진사의 안목을 기르는 것을 배울 것입니다. 당신은 우리와 함께 당신의 열정을 쏟을 수 있으며, 당신의 사진술은 절대 똑같지 않을 것입니다.

풀이
Hobbiton Institute of Photography에 등록하여 사진기술을 배우라는 내용의 글이다. 따라서 글의 목적으로는 ②'사진 전문 교육 기관을 홍보하려고'가 가장 적절하다.

크로스 영어
기출문제 유형탐구

CHAPTER

04
무관한
문장 찾기

총 20문항

세상을 바꾸는
크로스 공부법 100선

019 단순암기를 뛰어 넘은 '완전암기' 수준에서는 이렇게 깨달음의 기적이 일어나는 경우가 반드시 생긴다. 그 기쁨을 한 번 경험하기가 어렵지 몇 번이고 겪다보면 서서히 익숙해지고 그 다음부터는 아무리 어려운 부분이 나와도 여유 있게 적당히 중요표시를 하면서 언젠가 외워질 미래를 믿고 몇 번 복습한 후 지나가게 되는 것이다.

020 '모르는 게 많다'는 사실은 오히려 다독을 계속하게 만드는 욕심 즉 에너지원을 의미한다는 것을 아는가? 이러한 '궁금증의 에너지원'이 다독이 정독을 앞서는 두 번째 요소인 것이다.

021 다 이해하면 이제 호기심이 사라지는 것을. 따라서 당장 내일이 시험날짜가 아니라면 학원선생님에게 일일이 물어보러 뛰어다니지 말지어다. 호기심을 남겨 두고 자신의 힘으로 해결할 때까지 복습하라.

022 정독파들이 2번에서 3번 정도 보고 나서 다시 보기 지루하다는 말을 늘어놓는 것을 들을 때 아마도 헛웃음이 나올지도 모른다. 10번을 읽어도 궁금한 게 이리 많은데 참 웃긴 일이라 느끼면서 말이다.

023 인간은 습관의 동물이고 콩 심은데 콩 나고 팥 심은데 팥 나는 것처럼 지식의 읽는 속도는 이용 속도에도 그대로 적용되는 법이다. 즉 응용속도가 현저하게 증가한다는 것이다.

024 다독을 고수하라. 그러면 당신은 엄청난 순발력을 자랑하게 될 것이다. 다독이 레이싱 카라면 정독은 경운기다.

01 다음 글에서 전체 흐름과 관계가 없는 문장은?

Vocabulary

Many hands make light work, but at the same time, too many cooks spoil the broth. Which of these contradictory proverbs shall we believe? ① Both, because in different contexts, both are true to experience. ② If not, they probably would not have survived. ③ Eventually, a lot of proverbs will be forgotten. ④ If the job to be done requires lots of unskilled labor, such as picking up trash, then many hands do make light work. ⑤ However, if the job requires complex skills, such as cooking or writing, then too many cooks do spoil the broth.

- broth[brɔ(:)ə, brɑə]
  묽은 수프
- contradictory
  [kὰntrədíktəri] 모순된
- proverb[prάvə:rb] 속담
- context[kάntekst / kɔ́n-]
  맥락
- complex[kəmpléks]
  복잡한

[2점] [06.9월평가원]

해석
백지장도 맞들면 낫다. 그러나 동시에, 사공이 많으면 배가 산으로 간다. 이 모순된 속담 중 어느 것을 믿을 것인가? ① 둘 다를 믿어야 한다. 왜냐하면 여러 다른 맥락에서, 두 속담 모두 다 경험에 비추어 보았을 때 진실이기 때문이다. ② 그렇지 않다면, 그 속담들은 아마 살아남지 못했을 것이다. ③ (결국 많은 속담들이 잊힐 것이다.) ④ 만약 하려는 일이 쓰레기 줍기 같은 숙련이 필요 없는 많은 노동을 요구하는 것이라면, "백지장도 맞들면 낫다"이다. ⑤ 그러나 그 일이 요리나 작문 같은 복잡한 기술을 요하는 것이라면, "사공이 많으면 배가 산으로 간다"가 되는 것이다.

풀이
두 가지 모순되는 속담이 상황에 따라 모두 진실이 된다는 것이 이 글의 요지이다. 결국 많은 속담이 잊힐 것이라는 ③은 글의 흐름과 관계가 없다.

Vocabulary

- vineyard[vínjərd]
  포도밭
- crucial[krúːʃəl] 중요한
- drain[drein] 배수시설
- necessarily[nèsəsérəli]
  반드시
- fertile[fəːrtl] 비옥한
- winery[wáinəri]
  포도주 양조장
- irrigation[ìrəgéiʃən]
  관개

02 다음 글에서 전체 흐름과 관계없는 문장은?

You can certainly make bad quality wine from good quality grapes, but you cannot make good quality wine from bad quality grapes. What happens in the vineyard is crucial. ① To start with, you need well drained, not necessarily over fertile soil in order to make the vine's roots dig deep into the soil. ② After the grapes are picked, either by hand or by machine, they are taken to the winery. ③ The vineyard needs plenty of exposure to the sun in cool climate areas. ④ There needs to be enough rain, or in some cases, irrigation. ⑤ With too little water, the grape skins become too tough and they fail to ripen.

[2점] [06.수능]

해석 좋은 품질의 포도로부터 품질 나쁜 포도주를 만들 수 있는 것은 틀림없지만 나쁜 품질의 포도로부터 품질 좋은 포도주를 만들 수는 없다. 포도밭에서 일어나는 일이 극히 중요하다. ① 포도나무의 뿌리가 땅 속으로 깊이 파고 들어가게 만들기 위해 우선 반드시 비옥한 땅은 아니더라도 배수시설이 잘 된 비옥한 땅이 필요하다. ② (손이나 기계로 포도를 딴 다음에 포도를 포도주 양조장으로 갖고 간다.) ③ 포도밭은 서늘한 기후의 지역에서는 태양에 많이 노출될 필요가 있다. ④ 충분한 비가 필요하거나 어떤 경우에는 관개를 할 필요가 있다. ⑤ 물이 너무 적게 있으면 포도 껍질은 너무 질겨지고 익지 못한다.

풀이 좋은 품질의 포도를 수확하기 위해서 포도밭에서 일어나는 일이 극히 중요하다는 첫 번째 문장과 두 번째 문장이 글의 주제문이다. 하지만 손이나 기계로 포도를 딴 다음에 포도를 포도주 양조장으로 갖고 간다는 ②는 이러한 주제에서 벗어난다.

답 ②

03 다음 글에서 전체의 흐름과 관계없는 문장은?

Vocabulary

• alchemist[ǽlkəmist]
연금술사

• commonly
[kámənli / kɔ́m-] 보통

• deceive[disíːv] 속이다

• brass[bræs] 황동

• mercury[məːrkjəri] 수은

• pronounce[prənáuns]
발음하다

An alchemist commonly used a double-bottomed melting pot to deceive the audience. A layer of gold dust was put in the bottom of a copper or brass pot, and covered with wax. ① This wax was painted to look like the real bottom. ② The alchemist placed some mercury in the melting pot and heated it. ③ To impress his audience, he would throw in some mysterious powder and pronounce a few equally mysterious phrases. ④ Gold was looked upon as the most perfect metal, and all other metals as imperfect. ⑤ Lastly, he would say, "Behold!" and a lump of precious metal would be found in the bottom of his pot.

[2점] [07.6월평가원]

해석 연금술사는 청중들을 속이기 위해 보통 이중 바닥의 도가니를 이용하였다. 구리나 청동 도가니의 바닥에 사금을 씌운 다음 왁스로 발랐다. ① 진짜 바닥처럼 보이도록 이 왁스에 색칠을 하였다. ② 연금술사는 도가니에 수은을 좀 넣고 가열하였다. ③ 청중들에게 깊은 인상을 심어주기 위해 그는 신비한 가루를 뿌려 넣고는 마찬가지로 신비스런 몇 마디를 큰 소리로 하곤 했다. ④ (금은 가장 완벽한 금속으로 간주되었고 다른 모든 금속들은 불완전한 금속으로 간주되었다.) ⑤ 마지 막으로 그가 "잘 보세요!"라고 말하면 도가니의 바닥에서 귀금속 덩어리가 발견되곤 했다.

풀이 연금술사가 마술로 청중을 속여서 놀라게 하는 방법에 대한 순차적 기술을 적어내고 있는 글이다. 하지만 금속으로서의 금 의 가치에 대한 ④는 글의 흐름과 관계가 없다.

답 ④

- urge[ə:rdʒ] 재촉하다
- nutrient[njú:triənt]
  영양소
- tremendous
  [triméndəs] 엄청난
- digestive[didʒéstiv]
  소화의
- organ[ɔ́:rgən] 기관
- emphasize[émfəsàiz]
  강조하다
- cholesterol
  [kəléstəròul] 콜레스테롤

04 다음 글에서 전체 흐름과 관계없는 문장은?

Your grandmother probably urged you to eat plenty of what she called roughage. Now we tend to call it fiber. ① This important nutrient has tremendous health benefits and is found in a variety of foods such as vegetables and fruits. ② Fiber is best known for its ability to keep your digestive system working smoothly. ③ The benefits of fiber do not stop in the internal organs. ④ Some physicians emphasize the functions of the body and attempt to find new medicines. ⑤ Fiber has been shown to reduce the risk of heart disease, at least in part by reducing cholesterol levels.

※ roughage 섬유질 식품

[2점] [07.9월평가원]

해석
여러분의 할머니는 여러분에게 소위 섬유질 식품이라는 것을 많이 먹으라고 재촉했을 것이다. 우리는 지금 그것을 섬유질 식품이라고 부른다. ① 이 중요한 영양분은 엄청난 건강상의 혜택을 가지고 있으며 야채와 과일과 같은 다양한 식량에서 발견된다. ② 섬유질 식품은 소화기관을 부드럽게 작동하도록 해 주는 능력 때문에 가장 잘 알려져 있다. ③ 섬유질 식품의 장점은 내부 기관에서 멈추는 것이 아니다. ④ (몇몇 내과 의사들은 몸의 기능을 강조하고 새로운 약을 찾아보려고 시도한다.) ⑤ 섬유질은 최소한 부분적으로라도 콜레스테롤 수치를 낮추어서 심장병의 위험성을 줄이는 데 사용된다.

풀이
섬유질 식품의 장점에 관한 글로 소화 작용의 원활, 심장병 발병 위험성의 완화 등을 예로 들고 있다. 따라서 몸의 기능을 강조하고 신약을 찾으려는 내과 의사들의 시도를 언급한 ④는 글의 전체 흐름에 어긋난다.

05 다음 글에서 전체의 흐름과 관계없는 문장은?

When one group borrows something such as ideas, values, foods, or styles of architecture from another group, change occurs through diffusion. ① Diffusion is a process by which one culture or society borrows from another. ② The extent and rate of diffusion depend on the degree of social contact. ③ The more contact a group has with another group, the more likely it is that objects or ideas will be exchanged. ④ The exclusion of new technology generally leads to social change that will soon follow. ⑤ Social contact, therefore, plays a crucial role in the process of diffusion.

- architecture
  [á:rkətèktʃər] 건축술
- diffusion[difjú:ʒən]
  확산
- extent[ikstént] 범위
- exclusion[iksklú:ʒən]
  배척
- generally[dʒénərəli]
  흔히
- crucial[krú:ʃəl] 중요한

[2점] [07.수능]

해석 한 집단이 사상, 가치관, 음식, 혹은 건축술의 유형과 같은 어떤 것을 다른 집단으로부터 빌릴 때, 확산을 통해 변화가 일어난다. ① 확산은 한 문화권이나 사회가 다른 것으로부터 빌려오는 과정이다. ② 확산의 범위와 비율은 사회적인 접촉의 정도에 달려 있다. ③ 어떤 집단이 다른 집단과 접촉을 더 많이 하면 할수록, 사물이나 사상이 교환될 가능성이 더 많다. ④ (새로운 기술의 배척은 흔히 곧이어 따라 올 사회적인 변화를 낳는다.) ⑤ 따라서, 반사회적인 접촉은 확산의 과정에 중요한 역할을 한다.

풀이 한 집단이 다른 집단으로부터 사물이나 사상을 빌려 오면서 시작되는 확산의 과정에서 사회적인 접촉의 정도가 큰 역할을 한다는 내용의 글이다. 새로운 기술을 배척하면 사회적인 변화에 이르게 된다는 ④는 이러한 흐름과 큰 관계가 없다.

Vocabulary

- mercilessly[mə́ːrsilis]
  무자비한
- exploit[iksplɔ́it]
  착취하다
- announce[ənáuns]
  발표하다
- furry[fə́ːri] 모피로 덮인
- recovery[rikʌ́v-əri]
  복원, 회복
- suburban[səbə́ːrbən]
  교외의
- impressive[imprésiv]
  인상적인

06 다음 글에서 전체 흐름과 관계없는 문장은?

Few animals have been so mercilessly exploited for their fur as the beaver. ① In the eighteenth and nineteenth centuries, beaver furs were worth their weight in gold. ② As a result, by 1896, at least 14 American states had announced that all of their beavers had been killed. ③ By the beginning of the twentieth century, it looked as if the beaver was about to disappear from the face of the earth. ④ The beaver is a furry animal like a large rat with a big flat tail. ⑤ However, thanks to a beaver recovery program, which included trapping and relocating to protected areas, particularly in suburban areas of the United States, beavers have made an impressive comeback throughout the country.

[2점] [08.6월평가원]

해석 비버만큼이나 모피를 위해 무자비하게 착취되어져 온 동물도 거의 없다. ① 18세기와 19세기에 비버의 모피의 무게는 금의 무게만큼이나 가치가 있었다. ② 결과적으로 1896년 경, 적어도 미국 14개의 주들이 모든 비버들이 살상되었다고 발표했다. ③ 20세기 초반, 비버가 지구상에서 거의 사라진 것처럼 보였다. ④ 비버는 크고 평평한 꼬리를 지니 큰 쥐처럼 생긴 털로 덮인 동물이다. ⑤ 하지만 올가미를 놓아 붙잡아 보호구역으로 재배치하는 것을 포함하는 비버 복원 프로그램의 덕택으로, 특히 미국의 교외 지역에서 비버는 나라 전역에서 상당히 수를 회복했다.

풀이 전체 글의 흐름과 상관없는 문장을 고르는 문제에 접근 할 때에는 정답을 제외한 나머지 문장이 모두 주제 문장과의 연결성을 지니고 있다는 사실을 명심해야 한다. 이 글의 주제는 "beaver같은 몇몇 동물들은 모피 때문에 남획된다."라는 것이며 주어진 모든 선택지 문장들이 이 주제와 연관성을 가져야 한다. 하지만 ④는 단순히 beaver의 외형 묘사에 관한 문장이므로 '남획'이라는 글의 주제와 연관성이 떨어진다.

탑 ④

07 다음 글에서 전체의 흐름과 관계없는 문장은?

When drawing human figures, children often make the head too large for the rest of the body. A recent study offers some insight into this common imbalance in children's drawings. ① As part of the study, researchers asked children between four and seven years old to make several drawings of adults. ② When they drew frontal views of the adults, the size of the heads was markedly enlarged. ③ Adults tended to draw children's faces larger than their own. ④ However, when the children drew rear views of the adults, the size of the heads was not nearly so exaggerated. ⑤ The researchers suggest that children draw bigger heads when they know that they must leave space for facial details.

Vocabulary

- insight[ínsàit] 통찰력
- frontal[frʌ́ntəl] 앞쪽의
- markedly[mɑ́ːrkidli] 두드러지게
- enlarge[enlɑ́ːrdʒ] 크게 하다
- rear[riə:r] 뒤
- exaggerate [igzǽdʒərèit] 과장하다

[2점] [08.9월평가원]

해석 사람의 모습을 그릴 때 아이들은 종종 몸의 나머지 부분에 비해 머리를 너무 크게 만든다. 최근의 한 연구는 아이들의 그림에서 흔히 보이는 이러한 불균형에 대해 약간의 통찰력을 제공하고 있다. ① 그 연구의 일부로, 연구원들은 4살에서 7살까지의 아이들에게 어른들에 대한 몇 점의 그림을 그리게 했다. ② 그들이 어른들의 앞모습을 그렸을 때, 머리의 크기는 두드러지게 확대되었다. ③ (어른들은 아이들의 얼굴을 자신들의 것보다 더 크게 그리는 경향이 있었다.) ④ 하지만, 아이들이 어른들의 뒷모습을 그렸을 때, 머리의 크기는 거의 그렇게 과장되지 않았다. ⑤ 연구원들은 아이들이 얼굴의 세부사항들을 위한 공간을 남겨두어야만 한다는 것을 알고 있을 때 더 큰 머리를 그렸다는 점을 시사하고 있다.

풀이 아이들이 사람의 그림을 모습을 그릴 때 나타나는 특이한 점에 대해 설명하고 있는 글이다. 하지만 ③은 어른들이 그리는 그림에 대해 언급하고 있으므로 글의 흐름에서 벗어난다.

Vocabulary

• verbal[və́ːrbəl] 말의
• description[diskrípʃən] 등급
• correspond[kɔ̀ːrəspάn] 일치하다
• roughly[rʌ́fli] 대략
• aspiration[æ̀spəréiʃən] 열망
• applied[əpláid] 적용된

08 다음 글에서 전체 흐름과 관계없는 문장은?

Over the years various systems of grading coins have been developed by antique coin specialists. ① In America a numerical system based on a scale of 1 to 70 has been introduced, in which 1 is the lowest grade possible and 70 is perfect. ② The European grades, verbal descriptions, correspond roughly to every ten of the American grades. ③ Coins reflect both a country's history and its aspirations, and it is natural that collections based on place of origin should develop. ④ Thus, the European grade 'good' corresponds to 20 of the American system, 'fine' to 30, 'very fine' to 40, 'extremely fine' to 50, and'almost perfect' to 60. ⑤ Until recently, numerical grading has been applied only to American coins, but the intention is that eventually these numbers will be used for all types of coins from all over the world.

※ numerical 숫자로 나타낸

[2점] [08.수능]

해석 수년간에 걸쳐 동전에 등급을 매기는 다양한 체계가 옛날 동전 전문가들에 의해 발달되어 왔다. ① 미국에서는 1부터 70까지의 등급에 기초를 둔 숫자로 나타낸 체계가 도입되었는데, 그 체계에 의하면 1이 가능한 가장 낮은 등급이고 70은 완벽하다. ② 유럽의 체계는 말로 매기는 등급인데 미국 체계의 각 10에 대략 일치한다. ③ (동전은 한 나라의 역사와 그것의 열망을 반영하며, 처음 만들어진 곳에 기초를 둔 수집이 발달하는 것이 당연하다.) ④ 따라서 유럽의 'good'이라는 등급은 미국 체계의 20에 일치하며, 'very fine'은 40에, 'extremely fine'은 50에, 그리고 'almost perfect'는 60에 일치한다. ⑤ 최근까지, 숫자로 등급을 매기는 것은 단지 미국 동전에만 적용되었지만, 궁극적으로 이 숫자들이 전 세계의 모든 형태의 동전에 사용될 것이라는 것이 그 의도이다.

풀이 동전에 등급을 매기는 체제에 관한 글이다. 따라서 동전이 한 나라의 역사를 반영하고 만들어진 장소에 기초를 둔 수집이 발달한다는 ③번 문장은 글의 전체 흐름에서 벗어난다.

답 ③

09 다음 글에서 전체의 흐름과 관계없는 문장은?

Doubtless, the capacity for contact has a determining influence on health. People with greater capacity for contact have a stronger immune system than those less able to establish relationships with others. ① One study directly measured individuals' sociability in relation to the efficiency of their immune systems. ② Questionnaires and interviews given to 334 people examined their sociability—the quantity and quality of their relationships in everyday life. ③ Researchers didn't know how to obtain a representative sample of the population. ④ These people were then exposed to a common cold virus. ⑤ It was found that the more sociable a person was, the less subject he was to contagion.

※ contagion 감염

Vocabulary

- doubtless[dáutlis] 의심할 바 없이
- determining [ditə́ːrminiŋ] 결정적인
- immune[imjúːn] 면역성의
- sociability[sòuʃəbíləti] 사교성
- efficiency[ifíʃənsi] 유능
- representative [rèprizéntətiv] 대표적인

[2점] [09.6월평가원]

해석 교제에 대한 능력이 건강에 결정적인 영향을 미친다는 것은 의심의 여지가 없다. 교제능력이 더 많은 사람들은 다른 사람들과 관계를 확립하는 능력이 덜한 사람들보다 더 강한 면역 체계를 가지고 있다. ① 한 연구는 개인들의 사교성을 면역체계의 효율성에 관련해서 직접적으로 측정했다. ② 334명에게 질문지를 주고 면접을 해 그들의 사교성, 즉 일상생활에서 인간관계의 양과 질을 측정했다. ③ (연구원들은 전 주민들을 대표하는 샘플을 얻는 법을 알지 못했다.) ④ 그 다음 이 사람들을 일반 감기 바이러스에 노출시켰다. ⑤ 더 사교적인 사람일수록, 감염이 더 적게 된다는 것이 밝혀졌다.

풀이 사교성과 면역체계의 효율성이 관계가 있어 결국에는 건강에 영향을 미친다는 내용의 글이다. 따라서 주민 전체를 대표하는 샘플을 얻는 법에 관련된 ③은 전체 흐름에서 벗어난다.

Vocabulary

- ideally[aidíːəli]
  이상적으로
- cooperative
  [kouápərèitiv] 협동적인
- periodic[pìəriádik]
  정기적인
- inevitably[inévitəbli]
  필수적으로
- obligation[àbləgéiʃən]
  의무
- airing[ɛ́əriŋ] 표출
- bound[baund] 범위

10 다음 글에서 전체 흐름과 관계없는 문장은?

Ideally, the family is a cooperative, trouble-free unit that shelters its members from the stresses of the outside world, but real families seldom achieve this ideal. ① Periodic conflicts are the rule, not the exception. ② Indeed, open disagreements and discussions are an excellent way of resolving the differences that inevitably develop among family members. ③ Families that avoid conflict by ignoring unpleasant subjects or situations are weaker, not stronger, for it. ④ The family system is very much in tune with the social and economic institutions of modern industrialized society. ⑤ As feelings of anger build, such families are likely to turn into an empty shell, in which family members carry out the obligations of their roles but without mutual love or understanding. Thus, an open airing of disagreements is an excellent way to manage family conflict and keep it within acceptable bounds.

[2점] [09.9월평가원]

해석 이상적으로 가정이란 그 구성원들은 바깥 세계의 스트레스로부터 보호해주는 협동적이고, 문제가 없는 구성단위이지만, 실제 가정들은 이런 이상을 거의 성취하지 못한다. ① 정기적인 갈등은 법칙이며 예외가 아니다. ② 실제로, 공개적인 논쟁과 토론은 가족 구성원들 사이에서 필수적으로 생기는 차이점들을 해결하는 훌륭한 방법이다. ③ 불쾌한 주제와 상황들을 무시함으로써 갈등을 피하는 가정들은 그것으로 인해 더 강해지는 것이 아니라 더 약해진다. ④ (가족 체제는 현대 산업사회의 사회 경제적인 제도들과 아주 잘 조화를 이루고 있다.) ⑤ 분노의 감정들이 쌓이면서, 그러한 가정들은 빈껍데기로 변할 가능성이 높고, 그 안에서 가정의 구성원들은 상호간의 사랑이나 이해 없이 그들의 역할이 지닌 의무만 수행한다. 그래서 갈등을 공개적으로 표출하는 것은 가정의 문제를 처리하고 그것을 접근 가능한 범위 안에 두는 훌륭한 방법이다.

풀이 가정의 구성원들 사이에서 생길 수 있는 갈등과 차이점들을 처리하는 방법을 설명하는 글이다. 따라서 가족 체제가 현대 산업사회의 사회경제적인 제도들과 조화를 이룬다는 ④는 이러한 흐름에서 벗어난다.

답 ④

Vocabulary

Roman doll-makers continued to use technology developed by the Egyptians and Greeks, but in line with the artistic sensibilities of their culture, they were constantly trying to make dolls more elegant and beautiful. ① One doll, found near Prati in Rome, was made of ivory and lay beside her owner who had died at the age of eighteen. ② The huge growth in the understanding of civilization raised awareness of other important roles of trade. ③ Next to the doll was a small box, also made of ivory, containing tiny combs and a silver mirror. ④ The doll had rings on her fingers and held a tiny key, which unlocked the box. ⑤ Like children today, the younger members of Roman civilization would have dressed and undressed their dolls, and decorated their hair and fingers according to the latest fashions.

- be in line with
  ~와 일치하다
- sensibility[sènsəbíləti]
  감수성
- constantly[kάnstəntli]
  끊임없이
- ivory[áivəri] 상아
- civilization
  [sivəlizéiʃən] 문명

[2점] [09.수능]

해석 로마의 인형 제작자들은 이집트인들과 그리스인들에 의해 개발되었던 기술을 계속해서 사용했지만, 그들 문화의 예술적인 감수성에 일치하게 인형을 우아하고 아름답게 만들려고 계속적으로 노력했다. ① 로마의 Prati 근처에서 발견된 한 인형은 상아로 만들어졌고 18세의 나이에 죽었던 그것의 주인 옆에 놓여 있었다. ② (문명의 이해에 있어서의 큰 성장은 무역의 다른 중요한 역할에 대한 인식을 상승시켰다.) ③ 그 인형 옆에는 역시 상아로 만들어진 작은 상자가 있었는데 작은 빗들과 은으로 만든 거울을 담고 있었다. ④ 그 인형은 손가락에 반지를 끼고 있었고 작은 열쇠를 쥐고 있었는데, 그것은 그 상자의 자물쇠를 열어 주었다. ⑤ 오늘날의 아이들처럼, 로마 문명의 보다 젊은 구성원들은 그들의 인형에 옷을 입히고 벗겼을 것이고 최신 패션에 따라 그것들의 머리와 손가락을 장식했을 것이다.

풀이 주어진 글의 주제는 Roman doll-maker들이 계속해서 이집트인들과 그리스인들의 기술을 사용하면서도, 자신들 문화의 예술적 감수성과 조화를 이루어 인형들을 더욱 아름답고 우아하게 제작하려 했다는 것이다. 그러나 ②의 경우, 문명의 인식에 있어서의 도약적인 성장이 무역의 또 다른 역할에 대한 인식을 증가시켰다는 내용이므로 글의 전체 흐름에서 벗어난다.

답 ②

Vocabulary

- standpoint[stǽndpɔ̀int]
  관점
- consideration
  [kənsìdəréiʃən] 사려 깊게
- throughout[θru:áut]
  ~을 통하여
- symptom[símptəm]
  증상
- infrequent[infrí:kwənt]
  불규칙적인
- quantity
  [kwántəti / kwɔ́n-] 양
- interval[íntərvəl] 간격

12 다음 글에서 전체 흐름과 관계없는 문장은?

If you lead a busy life and are short of time, you may find that you are eating a full meal only about once a day. ① From the standpoint of health this is a bad practice. ② You would be treating your body with more consideration if you had several small meals instead of a single big one. ③ A given amount of food is used more efficiently by the body if it is spaced throughout the day rather than eaten at one sitting. ④ Such symptoms are likely to occur in people who drink more than five cups of strong black coffee in a single day. ⑤ People who have large, infrequent meals tend to gain more weight and to have a higher level of fat in the blood than do those who eat smaller quantities (but the same total) at regular intervals.

[2점] [10.6월평가원]

해석 만약에 네가 바쁘게 살고 시간이 부족하다면 너는 하루에 한번 정도 정찬(많이 먹음)을 한다는 것을 알 것이다. ① 건강상 관점으로 볼 때 이것은 나쁜 관행이다. ② 만약 네가 한 번의 대식(많이 먹는 것) 대신에 여러 번의 소식(적게 먹는 것)을 하게 되면 너는 사려 깊게 너의 몸을 보살피고 있는 것이다. ③ 음식은 한꺼번에 먹는 것보다 하루에 간격을 두고 먹는 것이 몸이 음식을 효율적으로 사용케 한다. ④ 이러한 증상들은 하루에 강한 블랙커피를 다섯 잔 이상 먹는 사람에게서 나타난다. ⑤ 불규칙적으로 대식(많이 먹음)을 하는 사람은 규칙적으로 소식을 하는 사람보다 살이 찌고 혈액 안에 지방의 수치가 높다.

풀이 이 글의 주제는 적은 양의 음식의 규칙적(자주 여러 번) 섭취의 중요성이다. 따라서 ④의 커피 이야기는 글의 전체 흐름에서 어긋나며 핵심어인 음식도 빠졌다.

답 ④

13 다음 글에서 전체의 흐름과 관계없는 문장은?

Vocabulary 🔊

• basically[béisikəli]
  기본적으로
• calculation
  [kælkjəléiʃn] 계산
• statistical[stətístikəl]
  통계적인
• sub-problem
  [sʌbprábləm / -prɔ́b-]
  하위의 문제
• repetitive[ripétətiv]
  반복적인
• whatsoever
  [hwʌ̀tsouévər]
  조금의 ~도

There are some areas of mathematics where long, unpleasant but basically routine calculations have to be done, and there are some good computer programs for doing them. ① Thus, computers can be very useful time-saving devices, sometimes so much so that they enable mathematicians to discover results that they could not have discovered on their own. ② Nevertheless, the kind of help that computers can provide is very limited. ③ One point that deserves to be made is that the lack of women in mathematics is another statistical phenomenon. ④ If it happens that your problem, or more usually sub-problem, is one of the small minority that can be solved by a long and repetitive search, then well and good. ⑤ If, on the other hand, you are stuck and need a bright idea, then, in the present state of technology, a computer will be no help whatsoever.

[2점] [10.9월평가원]

해석 수학에는 장시간 하기 싫지만 기본적으로 늘 계산을 해야만 하는 분야가 있고, 그것을 해내는 몇몇 좋은 컴퓨터 프로그램들이 있다. ① 그러므로 컴퓨터는 아주 유용한 시간 절약 장치이며 때때로 대단히 유용해서 수학자들이 스스로는 발견하지 못했을 결과를 발견하도록 해주기도 한다. ② 그럼에도 불구하고 컴퓨터가 제공해줄 수 있는 도움은 아주 제한적이다. ③ (지적할 만한 가치가 있는 한 가지 요점은 수학에서 여성들의 부족함은 또 하나의 통계적 현상이라는 것이다.) ④ 당신의 문제 또는 보다 일상적으로 하위 문제는 오랜 시간의 반복적인 탐색에 의해 충분히 풀릴 수 있는 그저 소수의 문제들 중 하나이다. ⑤ 반면에 당신이 궁지에 빠져서 훌륭한 아이디어가 필요하다면, 현재 기술의 상태에서는 컴퓨터가 전혀 도움이 되지 못할 것이다.

풀이 컴퓨터가 일상적인 계산을 하는 데에는 유용한 장치일 수 있지만, 컴퓨터가 줄 수 있는 도움의 종류는 제한적이라는 것이 글의 주된 요지이다. 따라서 여성의 수학적 능력의 부족에 대해 언급한 ④는 글의 전체 흐름과 관계없다.

Vocabulary

- urge[ə:rdʒ] 충동
- occupy[ákjəpài / ók-] 사용하다
- fist[fist] 주먹
- scratch[skrætʃ] 긁다
- itch[itʃ] 가려움
- infect[infékt] 감염시키다
- tempt[tempt] 유혹하다

14 다음 글에서 전체 흐름과 관계없는 문장은?

Most of you experience urges when trying to break a habit and these can be hard to resist unless you find something else to do instead, and best of all, something that uses the same part of the body — even the same muscles. ① If the habit involves your hands, as when pulling out hair, then try to occupy them in some other way. ② Playing with a toy or opening and closing your fists for a couple of minutes might be an answer. ③ The habit of scratching can be replaced with rubbing in some lotion or patting with the palm of the hand. ④ If the itches, however, do not disappear, stop scratching and take the medicine. ⑤ One 35-year-old woman who used to rub her eyes with her hands until they became sore and infected found it helpful to put on make-up when she was tempted to rub.

[2점] [10.수능]

해석 대부분의 사람들은 습관을 고치려고 시도할 때 충동을 경험하며, 대신에 할 다른 어떤 것, 가장 좋은 것은 몸의 동일한 부분과 심지어 동일한 근육을 사용하는 어떤 것인데, 이것을 발견하지 않으면 이 충동들은 견디기 힘들 수 있다. ① 만약 그 습관이 머리를 잡아당길 때처럼 당신의 손을 필요로 한다면, 그 손을 어떤 다른 방식으로 사용하려고 시도해 보라. ② 장난감을 가지고 놀거나 당신의 주먹을 몇 분 동안 쥐었다 폈다 하는 것이 해답이 될 수 있다. ③ 긁는 습관은 로션으로 문지르거나 손바닥으로 가볍게 치는 것으로 대체될 수 있을 것이다. ④ (하지만, 만약 그 가려움이 사라지지 않는다면, 긁는 것을 멈추고 약을 복용하라.) ⑤ 자신의 눈을 쓰라리고 종종 감염이 될 때까지 손으로 비비곤 했던 35세의 한 여성은 비비고 싶은 충동이 생길 때 화장을 하는 것이 도움이 된다는 것을 발견했다.

풀이 좋지 않은 행동 습관을 없애기 위해서, 그 습관을 대신할 수 있는 행동을 함으로써 그 습관을 고칠 수 있다는 요지의 글이다. 따라서 ④의 가려움증이 사라지지 않을 경우에 약을 복용하라는 말은 전체 흐름과 관계없다.

답 ④

Vocabulary

The famous expression, "Keep your friends close, but keep your enemies even closer," was exemplified well in Nelson Mandela's attempt to learn Afrikaans, the language of his enemy. ① Mandela first began to learn the language of the Afrikaners, the white South Africans, in the 1960's to the disapproval of his followers. ② They thought it was a waste of time, but Mandela felt that it was crucial for gaining insight into the world view of the Afrikaners. ③ By obtaining this perspective of how the Afrikaners looked at the world, he would be able to understand their strengths and weaknesses. ④ In many ways, Mandela's greatest contribution as president of the South Africans including the Afrikaners was the way he chose to leave the presidency. ⑤ This understanding of the Afrikaners proved to be invaluable later in successfully persuading them to accept his people's demands.

- exemplify[igzémpləfài] 구현하다
- disapproval [dìsəprúːvəl] 불만
- follower[fάlouər / fɔ́l-] 추종자
- insight[ínsàit] 통찰
- perspective [pəːrspéktiv] 시각
- contribution [kὰntrəbjúːʃən] 공헌
- invaluable [invǽljuəbəl] 매우 소중한

[2점] [11.6월평가원]

해석 "친구는 가까이 두고, 적은 훨씬 더 가까이 두어라"는 유명한 표현은 Nelson Mandela가 자신의 적의 언어인 Afrikaans를 배우고자 한 시도에서 잘 구현되었다. ① Mandela는 그의 지지자들의 불만을 사면서 1960년대에 남아공의 백인들인 Afrikaners의 언어를 처음 배우기 시작했다. ② 그들은 그것이 시간의 낭비라고 생각했지만 Mandela는 그것이 Afrikaners의 세계관에 대한 통찰력을 얻기 위해 꼭 필요하다고 생각했다. ③ Afrikaners가 세계를 바라보는 방식에 대한 시각을 얻음으로써 그는 그들의 장점과 단점을 이해할 수 있게 되었다. ④ (여러 면에서 남아공 사람들의 대통령으로서 Mandela의 가장 큰 공헌은 그가 대통령직에서 물러나기 위해 나기 위해로 선택한 방식이다.) ⑤ 이러한 Afrikaners에 대한 이해는 나중에 그들을 성공적으로 설득하여 자신의 지지자들의 요구를 수용하게 함에 있어서 매우 소중한 것이었음이 입증되었다.

풀이 자신의 지지자들의 반대에도 불구하고, 자신의 적이었던 Afrikaners의 언어를 배워서 그들의 세계관을 이해함으로써 훗날 남아공 국민의 요구를 관철시킬 수 있었던 Nelson Madela의 깊은 뜻을 설명한 글이다. 하지만 ④는 Mandela의 대통령으로서의 공헌을 언급한 문장이므로 글 전체의 흐름에서 다소 벗어난다.

답 ④

Vocabulary

• geothermal
[dʒìːou'θɜːrml]
지구 열학의

• generate[dʒénərèit]
발생시키다

• nearly[níərli] 거의

• constant
[kánstənt / kɔ́n-] 일정한

• absorb[æbsɔ́ːrb]
흡수하다

16 다음 글에서 전체 흐름과 관계없는 문장은?

Geothermal heat, generated inside the Earth, helps keep the temperature of the ground at a depth of several meters at a nearly constant temperature of about 10°c to 20°c. ① This constant temperature can be used to cool and heat buildings by using a heat pump. ② A heat pump contains a water-filled loop of pipe, which is buried to a depth where the temperature is nearly constant. ③ In summer, warm water from the building is pumped through the pipe down into the ground, since the underground temperature is lower than the air temperature. ④ However, far more use is made of geothermal energy for direct heat than any other source of energy. ⑤ The water cools and then is pumped back to the building where it absorbs more heat, and the cycle is repeated.

[2점] [11.9월평가원]

해석 지구 내부에서 발생하는 지열은 수 미터 깊이 땅의 온도를 10℃에서 20℃ 정도의 거의 일정한 온도로 유지하는 데 도움이 된다. ① 열펌프를 사용함으로써 이러한 일정한 온도가 건물을 시원하게 하거나 따뜻하게 하는 데 이용될 수 있다. ② 열펌프는 물로 채워진 고리 모양의 파이프를 포함하는데, 이러한 파이프가 온도가 거의 일정한 깊이에 묻히게 된다. ③ 여름에는 땅 속의 온도가 공기의 온도보다 더 낮으므로, 건물에서 나온 따뜻한 물이 펌프를 통해 땅 속으로 보내진다. ④ (그렇지만, 지열 에너지가 직접적인 열을 얻기 위해 다른 어떤 에너지원보다도 훨씬 더 많이 이용되고 있다.) ⑤ 물이 냉각되고 그런 다음에 펌프에 의해 다시 건물로 보내지는데, 거기서 물은 더 많은 열을 흡수하게 되며, 순환 주기가 되풀이된다.

풀이 건물의 온도를 조절하는 데 지열이 이용되고 있다는 것이 전체 글의 흐름이다. 하지만 ④번 문장은 직접적인 열을 얻는 데에 지열이 가장 많이 이용되고 있다는 내용으로, 전체 흐름에서 다소 벗어나고 있다.

답 ④

Vocabulary

Consider the following implication involving the role of social bonds and affection among group members. If strong bonds make even a single dissent less likely, the performance of groups and institutions will be impaired. ① A study of investment clubs showed that the worst-performing clubs were built on affective ties and were primarily social, while the best-performing clubs limited social connections and focused on making money. ② Dissent was far more frequent in the high-performing clubs. ③ The low performers usually voted unanimously, with little open debate. ④ As illustrated in the study, the high performers placed more importance on social bonds than the low performers, resulting in their high rate of success. ⑤ The central problem is that the voters in low-performing groups were trying to build social cohesion rather than to produce the highest returns.

- implication
  [ímpləkèiʃn] 암시
- affection[əfékʃən] 애정
- dissent[disént] 불찬성
- impair[impέər]
  손상하다
- affective[əféktiv]
  감정적인
- primarily
  [praimérəli, ´----
  / práiməri-]
  근본적으로, 주로
- unanimously
  [juːnǽnəməs] 만장일치의
- cohesion[kouhíːʒən]
  응집성

[2점] [11.수능]

해석 집단 구성원들 사이의 사교적인 결속력과 애정의 역할에 관련된 다음의 암시를 고려해보라. 만약 강한 결속력이 작은 불찬성이라도 덜 가능하게 만든다면, 집단과 단체의 수행은 손해를 입을 것이다. ① 투자 클럽에 대한 한 연구는 최악의 성과를 보이는 클럽은 애정의 유대위에 조직되었고 기본적으로 사교적인 반면에, 최고의 성과를 내는 클럽은 사교적인 연결을 제한했고 돈을 버는데 집중했다는 것을 보여주었다. ② 불일치는 높은 성과를 보여주는 클럽에서 훨씬 더 빈번했다. ③ 낮은 성취를 보여주는 사람들은 보통 만장일치로 투표를 했고 공개적인 토론은 거의 가지지 않았다. ④ (그 연구에서 보여준 것처럼, 높은 업무수행자들은 낮은 업무수행자들보다 사교적인 결속력에 더 큰 중요성을 두었으며, 그 결과 그들의 높은 성공률에 이르렀다.) ⑤ 중심적인 문제는 낮은 성취를 이룬 집단들의 투표자들은 가장 높은 수익을 만들어내기 보다는 사교적인 응집성을 구축하려고 했다는 것이다.

풀이 구성원들 사이의 사교적인 유대감과 애정이 업무수행을 높이는데 부정적으로 작용한다는 내용의 글이다. 그러므로 높은 성취자들이 사교적인 유대에 더 많은 중요성을 부여했다는 ④는 글의 전체 흐름과 관계가 없다.

18 다음 글에서 전체 흐름과 관계없는 문장은?

Since the 1980's, zoos have strived to reproduce the natural habitats of their animals, replacing concrete floors and steel bars with grass, rocks, trees, and pools of water. These environments may simulate the wild, but the animals do not have to worry about finding food, shelter, or safety from predators. ① While this may not seem like such a bad deal at first glance, the animals experience numerous complications. ② And yet, most of the complications were settled with no delay in order to ensure the animals' health and safety. ③ The zebras live constantly in fear, smelling the lions in the nearby Great Cats exhibit every day and finding themselves unable to escape. ④ There is no possibility of migrating or of storing food for the winter, which must seem to promise equally certain doom to a bird or bear. ⑤ In short, zoo life is utterly incompatible with an animal's most deeply-rooted survival instincts.

※ doom 파멸, 종말

[2점] [12.6월평가원]

해석 1980년대 이래로 동물원들은 콘크리트 바닥과 쇠창살을 풀, 나무, 물웅덩이로 대체하면서 동물들의 자연 서식지를 재현해 주려고 노력해 왔다. 이런 환경들은 야생을 흉내 낸 것일 수 있지만, 동물들은 먹이와 잠자리, 포식 동물로부터의 안전에 대해 걱정할 필요가 없다. ① 얼핏 보기에 이것은 그리 나쁜 거래처럼 보이지는 않을 수도 있지만, 동물들은 수많은 복잡한 문제들을 경험한다. ② (그렇지만, 대부분의 복잡한 문제들은 동물들의 건강과 안전을 보장하기 위해 지체 없이 해결이 되었다.) ③ 얼룩말은 큰 고양이과 전시장 옆에 살고 있는 사자의 냄새를 매일 맡으면서 도망갈 수 없는 자신들의 처지를 발견하고, 항상 두려움 속에서 산다. ④ 철따라 이동을 하거나 겨울을 대비해서 음식을 저장할 가능성도 전혀 없는데, 그것은 새나 곰에게는 분명 똑같이 파멸을 약속하는 것처럼 보일 것임에 틀림없다. ⑤ 간략히 말하자면, 동물원 생활은 동물들의 가장 깊이 뿌리박혀 있는 생존 본능과 완전히 맞지 않는 것이다.

풀이 동물원들이 겉보기와는 달리 그 안에 있는 동물들에게 여러 가지 복잡한 문제점들을 야기 시킨다는 내용의 글이다. 따라서 그러한 문제점들의 해결을 언급하고 있는 ②는 글의 전체 흐름에서 벗어난다.

답 ②

19 다음 글에서 전체의 흐름과 관계없는 문장은?

Albert Einstein sought relentlessly for a so-called unified field theory — a theory capable of describing nature's forces within a single, all-encompassing, coherent framework. ① Einstein was not motivated by the things we often associate with scientific undertakings, such as trying to explain this or that piece of experimental data. ② Instead, he was driven by a passionate belief that the deepest understanding of the universe would reveal its truest wonder: the simplicity and power of the principles on which it is based. ③ As in Einstein's formulation, the two theories underlying the tremendous progress of physics were mutually incompatible. ④ Einstein wanted to illuminate the workings of the universe with a clarity never before achieved, allowing us all to stand in awe of its sheer beauty and elegance. ⑤ In his day, however, Einstein never realized this dream, mainly because a number of essential features of matter and the forces of nature were either unknown or, at best, poorly understood.

- relentlessly[riléntləsli]
  끈질기게, 집요하게
- coherent[kouhíərənt]
  시종일관
- framework
  [fréimwə̀ːrk] 뼈대, 체제
- encompass
  [inkʌ́mpəs] 둘러싸다
- reveal[rivíːl] 드러내다
- tremendous[triméndəs]
  엄청난
- incompatible
  [ìnkəmpǽtəbəl]
  양립하지 않는
- sheer[ʃiəːr]
  순수한, 순전한
- elegance[éligəns] 우아

[2점] [12.9월평가원]

해석 Albert Einstein은 여러 가지 자연의 힘을 모든 것을 아우르는 시종일관된 하나의 체계 속에서 기술할 수 있는 이론, 즉 소위 말하는 통일장이론(unified field theory)을 찾으려고 끈질기게 애썼다. ① Einstein은 실험 데이터 중의 이것 아니면 저것으로 설명하려는 시도와 같은 우리가 과학적 작업과 종종 연관시키는 그러한 것들에 의해 동기가 부여된 것이 아니었다. ② 대신에 그는 우주에 대해 가장 깊이 있게 이해하게 되면 우주는 자신의 가장 진정한 경이 즉, 단순성과 그 단순성의 바탕이 되는 원칙들의 힘을 드러내게 되리라는 열렬한 믿음이 원동력이 되었다. ③ (Einstein의 공식 체계에서처럼 물리학의 엄청난 발전의 기초가 되는 그 두 가지 이론들은 서로 양립할 수 없었다.) ④ Einstein은 이전에는 단 한 번도 성공한 적이 없을 정도로 명확하게 우주의 활동을 조명해 보기를 원했으며, 그로써 우리 모두는 우주의 순수한 아름다움과 우아함에 대해 경외심을 가지고 서있게 되었다. ⑤ 그러나 그가 살던 당시에는 Einstein은 자신의 꿈을 실현하지 못했는데, 그 주된 이유는 물질의 몇몇 필수적인 특성과 자연의 여러 힘들이 알려져 있지 않았거나 아니면 기껏해야 아주 부족하게 이해가 되고 있었기 때문이었다.

풀이 글 전체의 내용의 중심은 Einstein이 찾고자 했던 우주 전체에 대해 설명이 가능한 통일장이론에 대한 것이다. 그런데 ③번은 글의 어디에서도 언급이 없는 그 두 가지 이론(the two theories)에 대해서 말하고 있다. 따라서 글의 흐름과 관계없는 문장은 ③이다.

답 ③

Vocabulary

- negotiation
  [nigòuʃiéiʃən] 협상
- responsible
  [rispánsəbəl] 책임 있는
- calculate[kǽlkjəlèit]
  계산하다
- concentration
  [kànsəntréiʃən / kɔ̀n-]
  농도
- allocate[ǽləkèit]
  할당하다
- emission[imíʃən] 배출

20 다음 글에서 전체 흐름과 관계없는 문장은?

During the 1997 Kyoto negotiations, Brazil made a suggestion that has since become known as the Brazilian Proposal. ① Its idea was that countries should now share the burden of emissions cuts according to how historically responsible they were for the problem. ② In other words, we should calculate what concentration of greenhouse gases each country has put into the atmosphere over time and use those figures to allocate emissions cuts. ③ That would mean, for instance, that countries such as Germany and the United Kingdom, which have been emitting for longer than most countries, would bear a larger share than their current emissions implied. ④ Greenhouse gases have been known to absorb heat and hold this heat in the atmosphere, instead of reflecting it back into space. ⑤ It would also mean that big emitters that had developed their industries more recently, such as Australia, would bear less of a share.

[2점] [12.수능]

해석 1997년 교토 협상 중 브라질은 그 후 브라질 제안으로 알려진 한 가지 제안을 했다. ① 그 제안의 요점은 나라들이 그 문제에 대해 역사적으로 얼마나 책임감이 있었는가에 따라 배기가스 감축의 부담을 이제는 그들 서로가 나누어 가져야 한다는 것이었다. ② 다시 말해서, 우리는 각 나라가 시간이 지남에 따라 그 동안 어느 정도 농도의 온실가스를 대기로 배출했는지 계산하여 그 수치들을 이용해 배기가스 감축을 할당해야 한다. ③ 예를 들면, 이는 대부분의 나라들보다 더 오랫동안 배기가스를 배출해 온 독일과 영국 같은 나라들이 그들의 현재 배기가스 배출이 암시했던 것보다 더 큰 몫을 부담하게 될 것이라는 것을 의미할 것이다. ④ (온실 가스는 열을 우주로 다시 반사해서 돌려보내는 대신 이 열을 흡수하여 대기 중에 계속 유지하는 것으로 알려져 왔다.) ⑤ 그것은 또한 호주처럼 보다 최근에 산업을 발전시켰던 거대 배기가스 배출국들은 부담을 더 적게 지니게 될 것이라는 것을 의미할 것이다.

풀이 이 글의 핵심 내용은 1997년에 브라질에서 제안한 브라질 제안(the Brazilian Proposal)의 내용에 대한 설명이다. ④는 브라질 제안서의 내용과는 무관하게 온실 가스에 대한 일반적인 사실을 설명하고 있으므로 글의 흐름상 어색하다. ④를 제외하고 나면, ③의 'That would mean ~'과 ⑤의 'It would also mean ~'이 매우 자연스럽게 연결됨을 알 수 있다. 그러므로 글의 흐름과 관계없는 문장은 ④이다.

정답 ④

CHAPTER

05

문단
요약

총 20문항

세상을 **바**꾸는 크로스 **공**부법 **100**선

025 다독하라. 대신 아주 정교하게 필요한 요소들을 알고 덤벼라. 눈을 사용하는 법을 능숙하게 익히고 나눠서 읽기를 깨달았다면 이제 당신은 어떤 정독하는 사람들도 이루지 못하는 신기원에 들어서게 될 것이다.

026 수험공부나 자격시험처럼 정말 여러 번 보더라도 100프로 이해해야만 할 책이 있다면 그 책은 반드시 다독하라. 도대체 내가 몇 번을 보았는지 기억도 나지 않을 만큼.

027 복습단위의 크기도 잊지 말아야 한다. 복습단위가 너무 크면 막막해지기 쉽고 너무 작으면 지루해지고 호기심의 에너지원이 사라지리라.

028 눈을 사용해서 읽는 속도가 어느 정도가 적당한지 모른다면 왼손을 사용해보라.

029 주의해야 할 사실은 상식과는 다르게 왼쪽 두뇌를 활성화시키는 것이 오른손이 아니라 왼손이라는 것이다.

030 잘 쓰지 않는 손으로 책을 가리키며 공부한다면 이해만 되고 정리가 되지 않는다는 단점이 없어짐은 물론이거니와 모든 읽은 지식들이 좀 더 장기저장 목적으로 잘 정리되는 것이다.

01 다음 글의 내용을 한 문장으로 요약하고자 한다.
빈칸 (A)와 (B)에 들어갈 말로 가장 적절한 것끼리 짝지은 것은?

You may have had this experience. A person calls you on the telephone. Apparently assuming you will recognize her voice, she does not provide any verbal content which would help you identify her. For example, you pick up the phone and say, Hello, and the voice on the other end says, Hi, how are you doing? At this point you realize you don t know who it is! So you try to extend the conversation without admitting your ignorance, hoping some verbal clues will be given or that you ll eventually recognize the caller s voice. As a result, you say something like, Fine. What have you been up to?

➡ In the beginning of telephone conversations, ____(A)____ as well as verbal clues plays important roles in ___(B)___ callers.

① (A) memory   (B) understanding
② (A) emotion   (B) persuading
③ (A) voice   (B) identifying
④ (A) appearance   (B) recognizing
⑤ (A) volume   (B) avoiding

[1점] [05.수능]

해석 당신은 이런 경험을 가졌을지 모른다. 누군가 당신에게 전화를 한다. 분명히 당신이 그녀의 목소리를 인지할 것이라고 가정하고, 그녀는 당신이 그녀를 식별하는데 도움을 줄 말의 내용을 전혀 제공하지 않는다. 예를 들어, 당신은 전화기를 들고 "여보세요," 라고 말하고 상대편의 목소리는 "안녕, 잘 지내니?" 라고 말한다. 이 시점에서 당신은 그 사람이 누구인지를 알지 못한다. 그래서 당신은 당신이 모른다는 것을 인정하지 않고, 어떤 말의 단서가 주어지거나 혹은 결국에는 당신이 전화를 건 사람의 목소리를 인지할 것이라고 희망하면서 대화를 연장하려고 시도한다. 그 결과, 당신은 "잘 지내. 너에게는 무슨 일이 있었니?"와 같은 말을 한다.
➡ 전화 대화의 앞부분에서는 말의 단서뿐만 아니라 (A)목소리도 전화를 건 사람이 (B)누구인지 알아내는데 중요한 역할을 한다.

풀이 전화상의 대화에서 처음 몇 마디의 대화를 나누는 동안에 처음에 목소리로 사람을 알아보지 못하더라도 대화를 나누는 가운데 얻게 되는 말에 의한 단서에 의해 상대방이 누구인지 알아내게 된다는 내용이다.
③ 목소리 / 신원 확인하기 ① 기억 / 이해하기 ② 감정 / 설득하기 ④ 외모 / 알아내기 ⑤ 음량 / 피하기

- misunderstanding
  [mìsʌndə:rstǽndiŋ] 오해
- classified[klǽsəfàid]
  분류된
- misconception
  [mìskənsépʃən]
  그릇된 생각
- nonsense
  [nánsens
  / nóns-əns, -sens]
  터무니없는
- reasonably
  [rí:zənəbəli] 꽤
- valid[vǽlid] 확실한
- ridiculous[ridíkjələs]
  엉뚱한
- optimistic
  [àptəmístik] 낙천적인

02 다음 글의 내용을 한 문장으로 요약하고자 한다.
빈칸 (A)와 (B)에 들어갈 말로 가장 적절한 것끼리 짝지은 것은?

There are many everyday misunderstandings which are classified as "folk" understandings. And not just plain folk hold these misconceptions. Aristotle developed an entire theory of physics that physicists today find odd and amusing. For example, Aristotle thought that moving objects kept moving only if something kept pushing them. Today's physicists say, "This is nonsense. A moving object continues to move unless some force is used to stop it." Yet anyone who has ever pushed a heavy box along a street knows that Aristotle was right: If you don't keep on pushing, the movement stops. Aristotle's theory may be bad physics, but it describes reasonably well what we can see in the real world.

➡ "Folk" understandings, such as Aristotle's explanation about moving objects, often sound ___(A)___ to many people, even though they are ___(B)___.

① (A) realistic   (B) valid

② (A) sensible   (B) incorrect

③ (A) unscientific   (B) ridiculous

④ (A) optimistic   (B) familiar

⑤ (A) conventional   (B) true

[2점] [06.수능]

해석 '일반 사람들의' 생각으로 분류되는 많은 잘못된 생각들이 있다. 그런데 오로지 소박한 사람들만이 이러한 잘못된 생각을 갖고 있는 것은 아니다. 아리스토텔레스는 오늘날 물리학자들이 이상하고 우습게 생각하는 하나의 총체적인 물리학 이론을 펼쳤다. 예를 들어 아리스토텔레스는 움직이는 사물은 무언가가 그것을 계속 밀고 있을 경우에만 계속 움직인다고 생각했다. 오늘날 물리학자들은 "그것은 터무니없는 생각이다. 움직이는 사물은 어떤 힘이 그것을 멈추기 위해 사용되지 않는 한 계속 움직인다."라고 말한다. 그러나 길에서 무거운 박스를 밀어본 적이 있는 사람이라면 아리스토텔레스의 생각, 즉 당신이 계속 밀지 않으면 그 움직임은 멈춘다는 생각이 옳다고 알게 된다. 아리스토텔레스의 이론은 형편없는 물리학일지 모르지만 그것은 우리가 실제 세계에서 볼 수 있는 것을 꽤 그럴듯하게 설명한다.
➡ 움직이는 사물에 관한 아리스토텔레스의 설명과 같은 "일반 사람들의" 생각은 비록 (B)옳지 않은 것이지만 종종 많은 사람들에게는 (A)이치에 맞게 들린다.

풀이 잘못된 생각(비과학적인 주장)은 일반 사람들만 가지고 있는 것이 아니라 아리스토텔레스와 같은 위대한 인물도 그랬다고 하면서 아리스토텔레스의 잘못된 물리적 설명을 예로 들어 비과학적인 주장이 학문적으로는 잘못된 것이지만 일반 사람들에게는 이치에 맞는 것으로 생각한다고 말하고 있다.
② 이치에 맞는 / 옳지 않은 ① 현실적인 / 타당한 ③ 비과학적인 / 어리석은 ④ 낙천적인 / 익숙한 ⑤ 형식적인 / 진실의

03 다음 글의 내용을 한 문장으로 요약하고자 한다. 빈칸 (A)와 (B)에 들어갈 말로 가장 적절한 것끼리 짝지은 것은?

Vocabulary

- doubt[daut] 의심하다
- fall apart
  무너지다, 산산이 부서지다
- in general
  일반적으로, 보통
- diversity[divə́ːrsəti]
  다양성

It is all too easy to assume that everything in life is going to work out perfectly. Some people plan their entire lives for years assuming that things will happen exactly as they hope. For example, some college students begin planning at the beginning of their freshman year what classes they will be taking through graduate school and then where they will end up working. The problem is, once they fail one class or have a bad experience that leads them to doubt their major, all of these plans fall apart. In general, we should plan the future based on what we expect to happen. Unfortunately, things do not always work out as we want, so we must be prepared for anything.

➡ ___(A)___ of life can force you to ___(B)___ your future plans.

① (A) Certainty   (B) keep
② (A) Unpredictability   (B) keep
③ (A) Unpredictability   (B) change
④ (A) Diversity   (B) keep
⑤ (A) Diversity   (B) make

[2점] [07.9월평가원]

해석 인생의 모든 것이 완벽하게 해결될 것이라고 생각하기란 너무 쉽다. 어떤 사람들은 일이 그들의 희망대로 정확히 일어날 것이라고 가정하면서 몇 년 동안 자신의 전체 삶을 계획한다. 예를 들어, 어떤 대학생들은 1학년 초반에 대학원에서 무슨 수업을 들을지, 그리고 그들이 결국 어디에서 일하게 될지를 계획하기 시작한다. 문제는, 일단 그들이 한 과목에서 낙제하거나 그들로 하여금 그들의 전공에 대해 의심하게 이끄는 나쁜 경험을 겪게 되면, 이 모든 계획들이 와해된다는 것이다. 일반적으로, 우리는 우리가 일어나리라고 예상하는 것에 토대를 두어 미래 계획을 세워야 한다. 불행히도, 일이 우리가 원하는 대로 항상 이루어지는 것은 아니며 그러므로 우리는 어느 것에나 대비를 해야 한다.
➡ 인생의 (A)예측 불가능한 것이 당신에게 당신의 미래 계획을 (B)바꾸도록 하게 할 수 있다.

풀이 예상한 대로 이루어지지 않으면 모든 계획들이 와해될 수 있기 때문에, 일어나리라고 예상하는 것에 토대로 미래 계획을 세우라는 것이 이 글의 요지가 된다. 본문에 we should plan the future based on what we expect to happen.이라는 말이 요약 문제를 푸는 단서가 된다.
③ 불예측성 / 유지하다 ① 확실성 / 유지하다 ② 불예측성 / 유지하다 ④ 변화 / 유지하다 ⑤ 변화 / 만들다

답 ③

- protective[prətéktiv]
  보호적인
- occasionally[əkéiӡənəl]
  때때로
- enthusiastic
  [enθù:ziǽstik] 열성적인
- excel[iksél] 탁월하다
- approach[əpróutʃ] 접근

04 다음 글의 내용을 한 문장으로 요약하고자 한다.
빈칸 (A)와 (B)에 들어갈 말로 가장 적절한 것끼리 짝지은 것은?

People who run sports camps think of the children first. They do their best to create enjoyable and protective environments in which the children feel comfortable and safe. Unfortunately, some sports coaches in the camps occasionally become over-enthusiastic in their desire to help the children excel. As a result, they put pressure on them to perform at high levels, win at all costs, and keep playing, even when they get hurt. This 'no pain, no gain' approach is extremely stressful, and leads to unnecessary injuries. Parents should therefore take care when they send their children to a sports camp, and should talk with the sports coaches to see if they will respect the children's wishes.

➡ In choosing the most ___(A)___ sports camp for their children, parents should make sure that the coaches have ___(B)___ attitudes to children.

① (A) inexpensive (B) competitive
② (A) challenging (B) demanding
③ (A) famous (B) sociable
④ (A) intensive (B) liberal
⑤ (A) suitable (B) caring

[2점] [07.수능]

해석 스포츠 캠프를 운영하는 사람들은 아이들을 가장 우선적으로 고려한다. 그들은 아이들이 편안하고 안전한 느낌을 가질 수 있는 즐겁고 보호받는 환경을 조성하기 위해 최선을 다한다. 불행히도 그러한 캠프의 일부 운동 코치들은 아이들이 탁월한 실력을 갖추는 것을 돕기 위해 때로 지나친 의욕을 갖게 된다. 그 결과 그들은 아이들에게 높은 수준의 실력을 발휘하라고, 어떤 희생을 치르더라도 이기라고, 그리고 부상을 당할 때조차도 계속 뛰라고 강요한다. 이러한 '고통 없이는 아무 것도 못 얻는다'는 식의 접근방식은 극단적으로 스트레스를 주어서 불필요한 부상을 초래한다. 그러므로 부모들은 자녀들을 스포츠 캠프에 보낼 때 유의해야 하고, 운동 코치들이 자녀들이 바라는 것을 존중할 것인지를 확인하기 위해 운동 코치들과 상담해야 한다.
➡ 자녀들에게 (A)알맞은 스포츠 캠프를 선택함에 있어서, 부모들은 코치들이 아이들에 대해 (B)잘 돌봐주려는 태도를 지니고 있는지를 확인해야 한다.

풀이 자녀들에게 맞는 스포츠 캠프를 선택할 때, 스포츠 캠프의 코치들이 자녀들이 바라는 것을 존중하는 태도를 지니고 있는 지를 확인해야한다는 요지를 담은 글이다. 따라서 이러한 의미를 담기 위해 빈 칸에 필요한 단어는 suitable[súːtəbəl](적합한)과 caring[kέəriŋ](돌봐주는)임을 알 수 있다.
① 비싼 / 경쟁적인 ② 도전적인 / 요구를 하는 ③ 유명한 / 시교적인 ④ 집중적인 / 자유주의의

답 ⑤

05 다음 글의 내용을 한 문장으로 요약하고자 한다.
빈칸 (A)와 (B)에 들어갈 말로 가장 적절한 것끼리 짝지은 것은?

While we're walking or traveling, we normally spend less than a second looking at everyday objects that we encounter. The days pass by us without our really being aware of them. Scientists have discovered that the average time we spend looking at things has been steadily decreasing during the last 50 years. In their study, they also discovered that this decrease leads to a lack of interest and enjoyment in life. Just try looking at objects for at least five seconds. Good opportunities for this exercise come when you're walking or looking out of a car or train window. You'll find that five seconds is long enough to help you appreciate things from a new point of view.

➡ Spending more time ___(A)___ things around us will allow us to enjoy them from a(n) ___(B)___ perspective.

① (A) observing   (B) fresh
② (A) making   (B) sentimental
③ (A) watching   (B) resentful
④ (A) collecting   (B) objective
⑤ (A) inventing   (B) passionate

[2점] [08.6월평가원]

해석
우리가 걷거나 여행하고 있는 동안 일반적으로 우리가 접하는 일상 사물을 채 1초도 쳐다보지 않는다. 날들은(시간은) 우리가 진정으로 알아채지도 못한 채로 스쳐 지나가 버린다. 과학자들은 우리가 사물을 보는 데 사용하는 평균시간이 과거 50년 동안 꾸준히 감소해 오고 있다고 발견했다. 그들의 연구에서 그들은 또한 이러한 감소 추세는 삶에 있어 관심과 즐거움의 부족으로 연결된다는 것 또한 발견했다. 사물을 적어도 5초 정도 쳐다보려고 시도해 보라. 이러한 운동의 좋은 기회는 걷고 있거나 자동차 혹은 기차 창문 밖을 쳐 다 볼 때 나온다. 5초 정도면 당신으로 하여금 사물을 새로운 시각으로 감상하도록 도움을 주는데 충분하다는 것을 발견할 것이다.
➡ 우리 주변의 사물을 (A)관찰하는데 보다 많은 시간을 보내는 것은 우리가 (B)신선한 관점으로 그 것들을 즐기게 해준다.

풀이
이 글의 소재는 '대상들을 대할 때 우리가 보내는 시간'이다. 또 대상을 대하는 시간을 늘리면 '새로운 관점'으로 대상을 접할 수 있게 된다고 말하고 있다. 그러므로 이 글에 대한 요약은 "우리 주변에 있는 사물들을 '관찰'하는 데 더 많은 시간을 보내는 것은 우리가 그 사물들을 '새로운' 관점(perspective[pərspéktiv])에서 즐길 수 있게 해 준다."이다.
② 만들다 / 감성적인 ③ 지켜보다 / 화나는 ④ 수집하다 / 객관적인 ⑤ 발명하다 / 열정적인

답 ①

Vocabulary

- fundamental
  [fʌndəméntl] 기본적인
- determine[ditə́ːrmin]
  판단하다
- sensation[senséiʃən]
  감각
- definition[dèfəníʃən]
  정의
- attempt[ətémpt] 시도
- analyze[ǽnəlàiz]
  분석하다

06 다음 글의 내용을 한 문장으로 요약하고자 한다.
빈칸 (A)와 (B)에 들어갈 말로 가장 적절한 것끼리 짝지은 것은?

I believe mystery plays a fundamental role in experiencing the great things in life. If you can determine the chemicals that exist in a food or wine, does that help you understand why you like the taste? Do you think that being able to list all the reasons you love a person enables you to love that person more or differently? If something is beautiful to you, can you really explain why in a meaningful way? There are many sensations and feelings that we can experience but not fully define. Once we give up the belief that definition of these emotions is necessary or possible, we can actually experience them more completely because we have removed the analytical filter we use to find definitions.

➡ The attempt to ___(A)___ things in definite ways prevents us from ___(B)___ them deeply and completely.

① (A) analyze   (B) experimenting
② (A) analyze   (B) appreciating
③ (A) mystify   (B) discovering
④ (A) mystify   (B) investigating
⑤ (A) mystify   (B) justifying

[2점] [08.9월평가원]

해석

나는 신비한 것이 삶에서 위대한 일들을 경험하는데 기본적인 역할을 한다고 믿는다. 만약 당신이 어떤 음식이나 포도주에 들어 있는 화학물질을 판단할 수 있다고 하더라도 당신이 그 맛을 좋아하는 이유를 설명하는데 그것이 도움을 줄 수 있는가? 당신이 어떤 사람을 사랑하는 모든 이유를 나열할 수 있다는 것이 당신이 그 사람을 더 많이 혹은 다르게 사랑하게 할 수 있다고 생각하는가? 만약 어떤 것이 당신에게 아름답다고 느껴질 때 그 이유를 의미심장하게 정말로 설명할 수 있는가? 우리가 경험할 수 있지만 완전히 정의할 수 없는 감각과 감정들이 많이 있다. 일단 이런 감정에 대한 정의가 필요하거나 가능하다는 믿음을 버리게 되면 우리는 이 감정들을 사실 더욱 완전하게 경험할 수 있다. 왜냐하면 우리가 정의를 찾아내기 위해 사용하는 분석적 필터를 없애 버리게 되기 때문이다.
➡ 분명한 방식으로 사물을 (A)분석하려는 시도는 우리가 그것들을 깊이 있고 완전하게 (B)이해할 수 없게 한다.

풀이

감각과 감정을 분석적으로 정의하려고 하는 것이 잘못된 생각이며, 그 생각을 버릴 때 더 큰 경험을 할 수 있다는 내용의 글이므로 두 빈 칸에는 (A)analyze[ǽnəlàiz](분석하다), (B)appreciating(이해하는)이 적절하다.
① 분석하다 / 실험하는 ③ 신비화하다 / 발견하는 ④ 신비화하다 / 연구하는 ⑤ 신비화하다 / 정당화하는

답 ②

07 다음 글의 내용을 한 문장으로 요약하고자 한다.
빈칸 (A)와 (B)에 들어갈 말로 가장 적절한 것끼리 짝지은 것은?

Vocabulary

With the rise of the social sciences, and especially the anthropology of the 1930s and thereafter, words like 'savage' and 'primitive' began to disappear from the vocabulary of cultural studies, along with the notion that the people who had once borne these labels represented a biologically less evolved form of humanity. Medical science could find no difference in the brains of the former primitives to account for their different behavior; colonists necessarily observed that yesterday's 'savage' might be today's shopkeeper, soldier, or servant. As humanity began to look more like a family of potential equals, Westerners had to accept that the behavior found in native cultures was not the distinctive feature of savage 'otherness' but the expression of a capacity that may exist, for better or for worse, in all of us.   ※ savage 야만적인

- anthropology
  [æ̀nθrəpάlədʒi] 인류학
- savage[sǽvidʒ] 야만적인
- primitive[prímətiv]
  원시적인
- biologically
  [bàiəlάdʒikəli]
  생물학적으로
- humanity[hju:mǽnəti]
  인류
- colonist[kάlənist]
  개척자
- servant[sə́:rv-ənt]
  고용인

➡ Westerners came to admit that their view toward the ___(A)___ behavior found in nativecultures was ___(B)___.

① (A) religious   (B) righteous
② (A) distinctive   (B) acceptable
③ (A) different   (B) righteous
④ (A) religious   (B) acceptable
⑤ (A) distinctive   (B) biased

[2점] [08.수능]

해석 사회과학, 특히 1930년대 이후의 인류학의 성장과 더불어 '야만적인' 그리고 '원시적인'과 같은 말들은, 한 때 이러한 꼬리표를 달았던 사람들이 생물학적으로 덜 진화된 형태의 인류를 나타낸다는 생각과 더불어, 문화 연구의 어휘에서 사라지기 시작했다. 의학에서는 이전의 원시인들의 두뇌에서 그들의 다른 행동을 설명해줄 만한 차이를 발견할 수 없었으며, 개척자들은 지난날의 야만인이 오늘날의 상점주인, 군인, 또는 고용인이 될 수 있음을 필연적으로 알게 되었다. 인류가 점점 더 잠재적으로 동등한 집단인 것처럼 보이기 시작함에 따라 서양인들은 원주민 문화에서 발견된 행동이 야만적인 '별개의 것'이라는 구별되는 특징이 아니라 좋든 싫든 간에 우리 모두에게 존재할 수 있는 능력의 표현이라는 것을 받아들여야 했다.
➡ 서양인들은 원시적 문화에서 발견되는 (A)구별되는 행동에 대한 그들의 관점은 (B)편견임을 인정하게 되었다.

풀이 원시적 생활을 하던 사람들을 덜 진화한 인류라고 보았던 문명인들의 생각이 사회과학과 의학의 연구 결과 근거 없는 생각으로 밝혀졌다는 내용의 글이다. ⑤ 구별되는 / 선입견이 있는 ① 종교적인 / 올바른 ② 구별되는 / 받아들일 수 있는 ③ 서로 다른 / 올바른 ④ 종교적인 / 받아들일 수 있는

답 ⑤

• dairy[déəri] 우유 판매점
• throughout[θru:áut]
   ~동안 죽
• regardless of
   ~와 관계없이

08 다음 글의 내용을 한 문장으로 요약하고자 한다.
빈칸 (A)와 (B)에 들어갈 말로 가장 적절한 것끼리 짝지은 것은?

Charles Wilson was asked how his experience as president of a large company could apply to the presidents of small companies. Wilson answered that when he was just a boy he worked for a dairy filling milk bottles. The bottles were all different sizes. Working in the dairy he learned that no matter what size the bottle was, the cream, the best part of milk, always came to the top. You can learn the same lesson. It doesn't matter what size company you work for; you can always be the cream. To become the cream, continue to learn throughout your life, be open to new ideas and be aware of what is going on in the world which will affect you. You will rise to the top.

➡ Inspired by Charles Wilson's experience, the author says that regardless of the ___(A)___ of the company, anyone can be the best by ___(B)___ himself/herself.

① (A) size   (B) improving
② (A) fame   (B) enjoying
③ (A) size   (B) defending
④ (A) fame   (B) sacrificing
⑤ (A) head   (B) knowing

[2점] [09.6월평가원]

해석
Charles Wilson은 큰 회사의 사장으로서의 경험이 어떻게 작은 회사의 사장에 적용될 수 있는가에 대해 질문을 받았다. Wilson은 어릴 때 우유병을 채우면서 우유판매점에서 일했다고 대답했다. 그 병은 모두 크기가 달랐다. 우유판매점에서 일하며, 그는 병의 크기가 어떻든지 우유의 가장 좋은 부분인 크림은 항상 제일 위에 온다는 사실을 알게 되었다. 당신도 같은 교훈을 배울 수가 있다. 당신이 일하는 회사의 크기가 어떤가는 중요하지 않고, 당신은 항상 크림이 될 수가 있다. 크림이 되기 위해서는 평생 동안 끊임없이 배워야하고, 새로운 생각에 개방적이야 하고, 당신에게 영향을 줄 세상에서 무슨 일이 일어나고 있는가를 알아야 한다. 당신은 최고로 올라갈 것이다.
➡ Charles Wilson의 경험에 고무되어, 필자는 회사의 (A)크기에 상관없이 누구나 스스로를 (B)향상 시킴으로써 최고가 될 수 있다고 말하고 있다.

풀이
Wilson이 우유를 병에 채우는 작업을 하면서 병의 크기에 상관없이 크림은 항상 제일 위에 떠오르는 것을 보고 회사의 크기에 상관없이 노력하여 최고가 되라는 교훈을 주었다는 일화를 소개한 글이다. 평생 배우고, 새로운 생각을 받아들이고, 세상에서 일어나는 일을 알라는 것은 스스로를 향상시키도록 노력하라는 말로 요약될 수 있다.
② 명성 / 즐김 ③ 크기 / 방어함 ④ 명예 / 희생함 ⑤ 우두머리 / 앎

09 다음 글의 내용을 한 문장으로 요약하고자 한다.
빈칸 (A)와 (B)에 들어갈 말로 가장 적절한 것끼리 짝지은 것은?

Vocabulary

• inexpensive
[inikspénsiv] 값싼
• moderately
[mádəritli] 중간 정도로
• downsize[´-sàiz]
축소하다
• anchor[ǽŋkər] 고착하다
• generally[dʒénərəli]
일반적으로

Anchoring—settling to a certain price range—influences all kinds of purchases. Uri Simonsohn and George Lowenstein, for example, found that people who move from inexpensive areas to moderately priced cities do not increase their spending to fit the new area. Rather, these people spend an amount similar to what they were used to in their previous area, even if this means having to squeeze themselves and their families into smaller or less comfortable homes. Likewise, people moving from more expensive cities sink the same amount of dollars into their new housing situations as they did in the past. People who move from an expensive area do not generally downsize their spending much once they move to a moderately priced city.

➡ People who ___(A)___ to a new region generally remain anchored to the prices in their ___(B)___ location.

① (A) move   (B) former
② (A) move   (B) future
③ (A) contribute   (B) current
④ (A) contribute   (B) former
⑤ (A) adjust   (B) future

[2점] [09.9월평가원]

해석 특정한 가격대에 자리를 잡는 고착화현상(anchoring)은 모든 종류의 구매에 영향을 미친다. 예를 들어 Uri Simonsohn과 George Lowenstein은 값이 싼 지역에서 중간 정도의 가격이 나가는 도시로 이주하는 사람들은 새로운 지역에 맞추기 위해 그들의 소비를 늘리는 않는다는 것을 알아냈다. 오히려 이 사람들은 자신과 가족을 더 작고 덜 안락한 집에 밀어 넣을 지라도, 그들이 이전에 살던 지역에서 익숙했던 액수의 돈을 쓴다. 마찬가지로 보다 더 비싼 지역에서 이주하는 사람들도 과거에 그들이 썼던 것과 같은 액수의 돈을 새로운 환경에 투자한다. 비싼 지역에서 이주하는 사람들은 중간 정도의 가격이 나가는 도시로 이주하고 나서 그들의 씀씀이를 일반적으로 줄이지 않는다.
➡ 새로운 지역으로 (A)이주하는 사람들은 일반적으로 그들이 (B)이전에 살던 지역의 가격에 고착화된 상태를 유지한다.

풀이 이 글은 사람들이 새로운 지역으로 이주할 때 지출을 늘리거나 줄이지 않고, 전에 살던 지역의 씀씀이를 유지하는 습성(settling[sétliŋ] to a certain price)을 설명하고 있으므로, (A)에는 '이주하다'라는 의미의 동사'move'가 필요하고, (B)에는 '이전의'라는 의미를 가진 어휘'former'가 적절하다.
② 이주하다 / 미래의 ③ 공헌하다 / 현재의 ⑤ 적응하다 / 미래의

답 ①

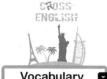

Vocabulary

• particularly
  [pərtíkjələrli] 특히
• continuous
  [kəntínjuəs] 계속적인
• suburb[sʌbəːrb] 교외
• reliance[riláiəns] 의지
• property
  [prάpərti / prɔ́p-] 재산
• decentralize
  [diːséntrəlàiz] 분산시키다

10 다음 글의 내용을 한 문장으로 요약하고자 한다.
빈칸 (A)와 (B)에 들어갈 말로 가장 적절한 것끼리 짝지은 것은?

Everywhere in the world, the issue of how to manage urban growth poses the highest stakes, complex policy decisions, and strongly heated conflicts in the public area. The contrast between Western Europe and America is particularly sharp. In Western Europe, steep gasoline taxes, investment policies favoring built-up areas over undeveloped greenfields, continuous investment in public transportation, and other policies have produced relatively compact cities. Cities in Western Europe tend to be economically healthy compared with their suburbs. By contrast, in the United States, cheap gas, massive highway investment, policies that favor construction on the edges of cities, and heavy reliance on property taxes to fund public schools have encouraged much more car-reliant and spread-out urban areas, where eight in ten Americans now live.

※ stake 위험 부담

➡ Different ___(A)___ resulted in relatively ___(B)___ cities in Western Europe but resulted in spread-out urban areas in the United States.

① (A) public policies　　　(B) centralized
② (A) transportation systems　　　(B) decentralized
③ (A) market demands　　　(B) decentralized
④ (A) tax systems　　　(B) decentralized
⑤ (A) economic capacities　　　(B) centralized

[2점] [09.수능]

해석
세계 도처에서 도시 성장을 관리하는 방법의 문제는 공공 영역에서 가장 높은 위험 부담과 복잡한 정책 결정과 맹렬하게 가열되는 갈등을 내포한다. 서유럽과 미국의 차이는 특히 확실하다. 서유럽에서는 엄청난 유류세, 미개발 초지보다 건물이 들어찬 지역을 선호하는 투자 정책, 대중교통에 대한 계속적인 투자와 다른 정책들이 상대적으로 조밀한 도시를 만들게 되었다. 서유럽의 도시들은 그것들의 교외 지역과 비교하여 경제적으로 튼튼한 경향이 있다. 대조적으로 미국에서는 싼 휘발유, 대규모의 고속도로 투자, 도시 변두리에서의 건설을 선호하는 정책, 그리고 공립학교에 자금을 대기 위해 재산세에 과도하게 의지하는 것이 훨씬 더 자동차에 의존하고 밖으로 퍼져 나가는 도시 지역을 장려하게 되었는데 이곳에서 미국인 10명 중 8명이 지금 살고 있다.
➡ 다른 (A)공공 정책의 결과 서유럽에서는 상대적으로 (B)집중화된 도시가 나타났지만 미국에서는 넓게 퍼진 도시가 나타나게 되었다.

풀이
이 글은 서부 유럽과 미국의 공공 정책을 비교해서, 그 정책이 서부 유럽은 집중화된 도시로 나타나고 미국은 교외지역이 널리 퍼지게 되었다는 내용이므로 (A)에는 public[pʌblik policy[pάləsi/pɔ́l-](공공 정책)이 (B)에는 centralized(집중화된)가 나와야 적절하다. ② 교통 체계 / 분산된 ③ 시장 수요 /분산된 ④ 세금 체계 / 분산된 ⑤ 경제적 능력 / 집중화된

답 ①

11 다음 글의 내용을 한 문장으로 요약하고자 한다.
빈칸 (A)와 (B)에 들어갈 말로 가장 적절한 것끼리 짝지은 것은?

Vocabulary

• accompany[əkʌ́mpəni]
  수반하다
• critical[krítikəl] 비판적인
• mechanically
  [məkǽnikəli] 기계적으로
• universal[jùːnəvə́rsəl]
  보편적인
• interpretation
  [intə̀ːrprətéiʃən] 연주
• lessen[lésn] 줄이다

The introduction of the player piano in the United States at the turn of the 20th century had been accompanied by fairly critical comments. Player pianos produced music mechanically through a set of instructions stored on a music roll. Although proponents of the player piano such as piano manufacturers and publishers of sheet music thought that it would lead to 'an almost universal music education,' many music teachers, musicians, and composers opposed it. Opponents claimed that one could copy sound, but not interpretation, and that mechanical instruments reduced the expression of music to mathematical systems. For this reason, they believed that mechanized music lessened the ideal of beauty by 'producing the same after same, with no soul, no joy, no passion,' and that the introduction of the player piano would lead to the disappearance of amateur players.　　　※ proponent 옹호자

➡ While some believed that the player piano would provide a universal music education, others criticized its ___(A)___ music from a(n) ___(B)___ viewpoint.

① (A) recorded 　　　(B) economical 　②(A) repetitive 　　(B) commercial
③ (A) harmonious 　(B) conservative 　④ (A) mechanized 　(B) artistic
⑤ (A) artificial 　　(B) political

[2점] [10.6월평가원]

해석 미국에서 20세기의 전환에 player piano(자동 피아노)의 소개는 상당히 비판적인 논평들과 수반되어졌다. Player piano는 울림에 저장된 일련에 지시를 통하여 기계적으로 음악을 만들어냈다. 비록 피아노 제조업자들과 악보 출판업자들과 같은 player piano(자동 피아노)의 옹호자들이 그것이 '거의 보편적인 음악 교육'을 이끌 것 이라고 생각했을지라도, 많은 음악 선생님들, 음악가들 그리고 작곡가들은 그것에 반대했다. 반대자들은 누구나 소리를 복제할 수 있으나 연주는 복제할 수 없고, 기계적인 악기가 음악의 표현을 수학적인 체계로 감소시켰다고 주장했다. 이러한 이유 때문에, 그들은 기계화된 음악이 '똑같은 것을 만들어내는 것에 의해서 영혼, 기쁨, 열정 없이' 미의 이상을 줄였고 자동피아노의 도입은 아마추어 연주자들을 사라지게 이끌 것이라고 믿었다.
➡ 어떤 사람들이 자동피아노가 보편적인 음악교육을 제공한다고 믿는 반면에 다른 사람들은 그 (A) 기계화된 음악을 (B)예술적인 관점에서 피한했다.

풀이 이 글은 자동피아노의 도입에 관해 어떤 이들은 보편적 음악교육을 제공할 수 있을 것이라고 주장했고 다른 이들은 자동피아노의 기계화된 음악이 미의 이상을 줄였다며 예술적 관점에서 비판하였다는 내용으로 요약할 수 있다.
② 되풀이하는 / 상업적인 ① 녹음된 / 경제적인 ③ 조화로운 / 보수적인 ④ 기계화된 / 예술적인 ⑤ 인공의 / 정치적인

- highlight[háilait]
  눈에 띄게 하다
- wreck[rek]
  난파선(의 잔해)
- vessel[vésəl] 배
- faint[feint] 희미한

12 다음 글의 내용을 한 문장으로 요약하고자 한다.
빈칸 (A)와 (B)에 들어갈 말로 가장 적절한 것끼리 짝지은 것은?

The face of the water, in time, became a wonderful book—a book that was a dead language to the uneducated passenger, but which told its mind to the pilot without reserve, delivering its most cherished secrets as clearly as if it spoke them with a voice. The passenger who could not read this book saw nothing but all manner of pretty pictures in it, painted by the sun and shaded by the clouds. To the pilot, however, it was a highlighted passage. Indeed, it was more than that; for it meant that a wreck or a rock was buried there that could tear the life out of the strongest vessel that ever floated. It is the faintest and simplest expression the water ever makes, and the most frightening to a pilot's eye.

※ pilot 수로 안내인

➡ To the passenger, the face of the water reflects ___(A)___ , whereas to the pilot it reveals ___(B)___ .

① (A) beauty   (B) pleasure
② (A) beauty   (B) danger
③ (A) anxiety   (B) pleasure
④ (A) anxiety   (B) danger
⑤ (A) fright   (B) pleasure

[2점] [10.9월평가원]

해석
수면(水面)은 곧 놀라운 책 — 교육받지 못한 승객들에게는 사어(死語)지만, 수로 안내인에게는 목소리를 가지고 말하는 경우만큼이나 확실하게 그것의 가장 소중히 간직된 비밀을 전달하면서, 기탄없이 자신의 마음을 이야기해 주는 책 — 이 되었다. 이 책을 읽을 수 없는 승객은 그 속에서 단지 태양빛으로 채색되고 구름으로 그림자가 드리워진 모든 양식의 예쁜 그림들만을 보았을 뿐이다. 그러나 수로 안내인에게 그것은 두드러지게 눈에 띄는 길이었다. 실제로 그것은 그 이상이었다. 왜냐하면 그것은 이제까지 수면에 띄워진 것 중 가장 튼튼한 배로부터 생명을 파괴할 수 있는 난파선의 잔해나 바위가 그곳에 묻혀 있다는 것을 의미했기 때문이었다. 그것은 물이 만들어낸 가장 희미하고도 가장 단순한 표현이고, 수로 안내인의 눈에는 가장 무시무시한 것이다.
➡ 승객들에게 수면은 (A)아름다움을 반영하나, 반면에 수로 안내인에게 그것은 (B)위험을 드러낸다.

풀이
이 글은 승객들에게 물의 표면은 아름다운 그림을 보여주고 있지만, 수로 안내인은 물의 표면을 보고 배에게 위험한 난파선이나 바위를 감지할 수 있다는 내용으로 요약할 수가 있다.
② 아름다움 / 위험 ① 아름다움 / 기쁨 ③ 걱정 / 기쁨 ⑤ 공포 / 기쁨

13 다음 글의 내용을 한 문장으로 요약하고자 한다. 빈칸 (A)와 (B)에 들어갈 말로 가장 적절한 것끼리 짝지은 것은?

Vocabulary

• post[poust] 기둥
• upright[ʌ́prὰit] 직립한
• deliberately
  [dilíbəritli] 일부러
• alternately[ɔ́ːltərnit]
  반복적인
• stimulating
  [stímjəlὲitiŋ] 자극적인

Many years ago, psychologists performed an experiment in which they put a number of people in a room, alone except for a ring toss set. It was one of those children's toys with a short wooden post held upright on the floor and a bunch of round rings. The subjects were left alone to amuse themselves as best they could. As expected, with time to kill, they began trying to toss the rings around the post. What the psychologists discovered was that most of the people moved far enough away from the post so that tossing the rings around it was challenging but not so difficult as to be totally frustrating. In other words, they deliberately positioned themselves between frustration on the one hand and boredom on the other. The process of alternately producing and relieving tension was what made the activity stimulating.

➡ Subjects tended to make a ring toss activity stimulating by producing just enough ___(A)___ through varying the distance to the post so as to ___(B)___ frustration and boredom.

① (A) tension   (B) create   ② (A) tension   (B) balance
③ (A) competition   (B) multiply   ④ (A) energy   (B) hide
⑤ (A) energy   (B) increase

[2점] [10.수능]

해석 여러 해 전 심리학자들이 한 가지 실험을 하였는데 그 실험에서 그들은 사람들을 고리 던지기 세트 외에는 아무것도 없는 방에 있게 하였다. 그 기구는 바닥에서 위로 세워진 짧은 나무로 만든 기둥과 여러 개의 고리를 갖춘 아이들의 장난감 중 하나였다. 피실험자들은 최대한 즐겁게 시간을 보내도록 오직 그들만 방안에 남겨졌다. 예상했던 대로 그들은 시간을 죽이기 위해 고리를 기둥을 향해 던지기 시작했다. 심리학자들은 그 사람들 대부분이 기둥을 향해 고리를 던지는 것이 도전적이기는(어렵기는) 하지만 완전히 좌절감을 느끼게 할 만큼 그렇게 어렵지는 않을 정도의 거리를 기둥으로부터 둔다는 사실을 발견하였다. 다시 말하면, 그들은 한편으로는 좌절감과 다른 한편으로는 무료함 사이의 경계에 자신들을 의도적으로 위치시켰다. 긴장을 만들어냈다 해소하는 반복적인 과정이 그 행위를 자극적으로 만들었던 것이다.
➡ 피실험자들은 좌절감과 무료함의 (B)균형을 맞추기 위해 기둥으로부터의 거리를 달리함으로써 적당한 (A)긴장을 만들어냄으로써 고리 던지기 행위를 자극적으로 만드는 경향이 있었다.

풀이 좌절감과 긴장감 사이의 경계에 위치하였다는 것은 그 둘 사이의 균형을 취했음을 의미하고 이러한 행위는 적당한 긴장을 유발하여 그 행위를 자극적으로 만드는 것이다. ② 긴장 / 균형을 맞추다 ① 긴장 / 만들다 ③ 경쟁 / 늘리다 ④ 에너지 / 감추다 ⑤ 에너지 / 증가하다

- unlikely[ʌnláikli]
  있음직하지 않은
- novelty[nάvəlti] 새로움
- perceivable
  [pərsíːvəbəl]
  인지할 수 있는
- metaphor[métəfɔ̀ːr]
  은유
- compel[kəmpél]
  강제하다
- initially [ɪnɪʃəli] 처음에

14 다음 글의 내용을 한 문장으로 요약하고자 한다.
빈칸 (A)와 (B)에 들어갈 말로 가장 적절한 것끼리 짝지은 것은?

If someone were to say "Life is a cup of coffee," it is unlikely that you would have heard this expression before. But its novelty forces you to think about its meaning. The vehicle used, a cup of coffee, is a common object of everyday life and therefore easily perceivable as a source for thinking about that life. The metaphor compels you to start thinking of life in terms of the kinds of physical, social, and other attributes that are associated with a cup of coffee. For this metaphor to gain currency, however, it must capture the fancy of many other people for a period of time. Then and only then will its novelty have become worn out and will it become the basis for a new conceptual metaphor: life is a drinking substance. After that, expressions such as "life is a cup of tea, life is a bottle of beer, life is a glass of milk," will become similarly understandable as offering different perspectives on life.

➡ A new metaphor initially makes people ___(A)___ its meaning; if it loses its novelty later by gaining ___(B)___ , it will give birth to similar types of metaphorical expressions.

① (A) reflect on   (B) sincerity   ② (A) reflect on   (B) popularity
③ (A) depart from   (B) popularity   ④ (A) depart from   (B) morality
⑤ (A) expand on   (B) sincerity

[2점] [11.6월평가원]

해석

만약 누군가가 "인생은 한 잔의 커피"라고 말한다면 우리가 이 표현을 이전에 들어보았을 것 같지는 않다. 그러나 그 표현의 새로움은 우리가 그것의 의미에 대해 생각하게 만든다. 그 표현에 사용된 수단인 한 잔의 커피는 일상생활에 흔히 있는 대상이며 따라서 그 삶에 대한 사고의 원천으로서 쉽게 이해될 수 있다. 그 은유는 한 잔의 커피와 연관이 있는 그런 물리적, 사회적 등등의 속성의 관점에서 우리가 인생에 대해 생각해보도록 만든다. 하지만, 이 은유가 통용되려면 일정 기간 동안 그것이 다른 많은 사람들의 흥미를 끌어야만 한다. 그때에야 비로소 그 표현이 갖고 있는 새로움은 사라지고 그 말은 새로운 개념을 나타내는 은유의 토대가 될 것이다. 즉, 인생은 마시는 것이라는 것. 그렇게 되고나면 "인생은 한 잔의 차, 인생은 한 병의 맥주, 인생은 한 잔의 우유"와 같은 표현들도 인생에 관한 다양한 관점들을 보여주는 것으로 그와 비슷하게 이해될 수 있을 것이다.
➡ 새로운 은유는 처음에는 사람들로 하여금 그 말의 의미를 (A)곰곰이 생각하게 만들지만 후에 (B)대중성을 얻어 새로움을 상실하게 되면 유사한 형태의 한 형태의 은유적 표현들을 만들게 된다.

풀이

새로운 은유적 표현은 처음에는 생소하게 느껴져 그 의미를 금방 알 수 없어 우리가 생각해보도록 만들지만 그 표현이 대중들에게 친숙해지게 되면 낯선 새로움은 사라지고 유사한 형태의 다른 은유적 표현들이 많이 생기게 된다는 요지의 글이다. ② 곰곰이 생각하다 / 대중성 ① 곰곰이 생각하다 / 진심 ③ ~에서 벗어나다 / 대중성 ④ ~에서 벗어나다 / 도덕성 ⑤ ~에 대해 부연하다 / 진심

답 ②

15 다음 글의 내용을 한 문장으로 요약하고자 한다.
빈칸 (A)와 (B)에 들어갈 말로 가장 적절한 것끼리 짝지은 것은?

The information processing model emphasizes rational analysis for solving problems, with an emphasis on techniques for quickly arriving at a solution. Culturally, this orientation fits well with the kinds of mental attributes which are normally valued by contemporary Western societies. For example, Westerners tend to admire someone who is independent and quick-thinking. But these characteristics are not universally valued. Agricultural African societies, for example, valued looking at the problem in the context of the whole society, noting its impact on various features of life. In most situations, speed in arriving at a solution was not a vital issue. This is also found with the Cree and Ojibway in Canada. These groups historically lived in wilderness areas and faced many hardships; in these circumstances, they would rarely get a second chance at solving problems. Consequently, these Native people value taking time to reflect on a problem and mentally walk through possible solutions before any action is taken.

➡ In modern Western societies,   (A)   is highly valued in problem-solving, whereas it is viewed differently in some non-Western societies due to their   (B)   .

① (A) speed　　　　(B) religious beliefs　　② (A) speed　　　　(B) technical advances

③ (A) speed　　　　(B) cultural backgrounds　④ (A) deliberation　(B) mental attributes

⑤ (A) deliberation　(B) living conditions

[2점] [11.9월평가원]

Vocabulary

- orientation
  [ɔ:rientéiʃən] 방향
- attribute[ǽtribjù:t]
  속성, 특성
- contemporary
  [kəntémpərèri] 동시대의
- admire[ædmáiər]
  사모하다
- universally
  [jù:nəvɔ́:rsəli] 보편적으로
- hardships[háːrdʃip] 역경
- deliberation
  [dilibəréiʃən] 숙고

해석　정보처리 모델은 해결 방안에 빨리 도달하기 위한 기교에 역점을 두고, 문제 해결에 이성적 분석을 강조한다. 문화적으로는, 이러한 방향이 보통 현대 서구사회가 중요시하는 정신적 속성들과 잘 맞는다. 예를 들어, 서양인들은 자립적이고 사고가 빠른 사람을 존경하는 경향이 있다. 그러나 이러한 특징들은 어디에서나 중요시되지는 않는다. 예를 들면 농경 아프리카 사회는 삶의 다양한 면에 끼치는 영향에 주목하면서, 사회 전체의 맥락에서 문제를 보는 것을 중요시한다. 대부분의 상황에서는 해결방안에 도달하는 속도가 중요한 문제는 아니었다. 이것은 캐나다의 크리 족과 오지브웨이 족에게서 또한 발견된다. 이러한 부족들은 역사적으로 황무지에서 살았고 많은 역경을 겪었다. 이러한 환경에서 그들은 문제 해결에 좀처럼 두 번의 기회를 거의 얻지 못했다. 결과적으로 이러한 원주민들은 시간을 갖고 문제에 대해 심사숙고하고, 어떠한 조치가 취해지기 전에 가능한 해결책들을 마음속으로 검토해 보는 것을 중요시 한다.
➡ 대부분의 서구사회에서는 문제해결에 있어서 (A)속도가 매우 중요시 되지만, 몇몇 비서구사회에서는 그들의 (B)문화적 배경으로 인하여 그것이 다르게 여겨진다.

풀이　서구사회는 빠르게 문제들을 해결하는 것을 중요시 하지만, 아프리카와 같은 다른 지역에서는 속도보다는 그들이 처한 문화적 환경에 따라 서구사회와는 다른 것을 중요시한다는 내용이므로, (A)와 (B)에는 각각 speed[spi:d](속도)와 cultural[kʌltʃərəl] backgrounds[bǽkgràund](문화적 배경)가 들어가야 한다.
① 속도 / 종교적 신념 ② 속도 / 기술적 진보 ④ 숙고 / 정신적 특성 ⑤ 숙고 / 주거 조건

답 ③

Vocabulary

- primitive[prímətiv]
  원시의
- enact[enǽkt] 행하다
- heritage[héritidʒ]
  문화유산
- imitate[ímitèit]
  흉내 내다
- alienation
  [éiljənéiʃən] 소외
- offspring[ɔ́ːfspriŋ] 자식
- sympathy[símpəθi]
  동정

16 다음 글의 내용을 한 문장으로 요약하고자 한다.
빈칸 (A)와 (B)에 들어갈 말로 가장 적절한 것끼리 짝지은 것은?

Unlike the modern society, the primitive society has less specialized knowledge to transmit, and since its way of life is enacted before the eyes of all, it has no need to create a separate institution of education such as the school. Instead, the child acquires the heritage of his culture by observing and imitating adults in such activities as rituals, hunts, festivals, cultivation, and harvesting. As a result, there is little or none of that alienation of young from old so marked in modern industrial societies. A further reason for this alienation in modern societies is that in his conception of reality the modern adult owes less to his direct experience and more to the experience of his culture than does primitive man. Clearly, his debt to culture will vary with the nature of his education. Hence, the contemporary child must travel much further than the offspring of primitive man to acquire the world view of his elders. He is, therefore, that much more removed from the adults of his society.

➡ Unlike the primitive child who learns from his ___(A)___ surroundings, the modern child learns in educational institutions, which results in ___(B)___ from his elders.

① (A) foreign   (B) interference   ② (A) immediate   (B) sympathy
③ (A) foreign   (B) sympathy   ④ (A) imaginary   (B) alienation
⑤ (A) immediate   (B) alienation

[2점] [11.수능]

해석 현대 사회와는 달리, 원시 사회는 전달할 전문 지식이 더 적다. 그리고 생활방식이 모든 사람들의 눈앞에서 행해지기 때문에, 학교와 같은 분리된 교육기관을 만들 필요가 없다. 대신에, 아이는 의식, 사냥, 축제, 경작, 그리고 추수와 같은 활동에서 어른들을 관찰하고 흉내 냄으로써 문화유산을 획득한다. 그 결과, 현대 산업 사회에서 아주 두드러지는 어른과 아이 간의 소외가 거의 없거나 아예 없다. 현대 사회의 이러한 소외에 대한 더 깊은 이유는 현실에 대한 개념 속에서 현대의 어른은 원시인이 했던 것 보다 직접적인 경험에 덜 의존하고, 문화의 경험에 더 의존하기 때문이다. 분명히, 문화에 대한 이런 의존은 그의 교육의 성질에 따라 다를 것이다. 그러므로 현대의 아이는 어른의 세계관을 획득하기 위해 원시인의 아이보다 더 멀리 여행을 해야 한다. 따라서 그는 그 사회의 어른들로부터 훨씬 더 분리되는 것이다.
➡ (A)가까운 환경으로부터 학습을 하는 원시 시대 아이와 달리 현대의 아이는 교육기관에서 학습을 하는데, 이는 연장자로부터의 (B)소외를 낳는다.

풀이 어른들이 하는 모든 생활방식을 곁에서 지켜보며 배웠던 원시 시대 아동과는 달리, 현대 아동은 교육기관으로부터 학습을 하기 때문에 어른들과 소외된다는 요지의 글이다. 따라서 (A)에는 immediate(가까운)가, (B)에는 alienation(소외)이 들어가야 한다. ① 외국의 / 간섭 ② 가까운 / 동정 ④ 상상의 / 소외

17 다음 글의 내용을 한 문장으로 요약하고자 한다.
빈칸 (A)와 (B)에 들어갈 말로 가장 적절한 것끼리 짝지은 것은?

Behavioral evidence for separate types of taste receptors comes from studies of the following type: Soak your tongue for 15 seconds in a sour solution, such as unsweetened lemon juice. Then try tasting some other sour solution, such as dilute vinegar. You will find that the second solution tastes less sour than usual. Depending on the concentrations of the lemon juice and vinegar, the second solution may not taste sour at all. This phenomenon, called adaptation, reflects the fatigue of receptors sensitive to sour tastes. Now try tasting something salty, sweet, or bitter. These substances taste about the same as usual. In short, you experience little cross-adaptation — reduced response to one taste after exposure to another. Evidently, the sour receptors are different from the other taste receptors. Similarly, you can show that salt receptors are different from the others and so forth.

➡ The fact that the intensity of a taste is ___(A)___ after trying the same taste, but not after trying a different taste, serves as evidence for the existence of ___(B)___ receptors for different tastes.

① (A) increased   (B) adaptive   ② (A) increased   (B) identical
③ (A) measured   (B) sensitive   ④ (A) decreased   (B) distinct
⑤ (A) decreased   (B) collective

[2점] [12.6월평가원]

Vocabulary

• receptor[riséptər] 감각 기관
• soak[souk] 담그다
• dilute[dilú:t, dai-] 묽은
• vinegar[vínigər] 식초
• evidently[évidəntli] 분명하게
• intensity[inténsəti] 강도

해석 미각 기관의 분리된 형태에 대한 행동적 증거는 다음 형태의 연구들로부터 온다. 혀를 15초 동안 설탕을 가미하지 않은 레몬주스 같은 신 용액에 담가라. 그런 다음 묽은 식초 같은 어떤 다른 신 용액을 맛보아라. 두 번째 용액이 보통 때보다 덜 신맛이 난다는 것을 발견할 것이다. 레몬주스와 식초의 농도에 따라 두 번째 용액이 전혀 신맛이 나지 않을지도 모른다. 적응이라고 불리는 이 현상은 신맛에 민감한 기관의 피로를 반영한다. 이제 짜거나 달거나 쓴 것을 맛보아라. 이 물질들은 대략 보통 때와 똑같은 맛이 난다. 간단히 말해, 어떤 맛에 노출된 다음에 다른 맛에 대한 줄어든 반응인 교차 적응을 거의 경험하지 못한다. 신맛을 감지하는 감각 기관은 다른 맛을 감지하는 감각 기관과 다른 것이 분명하다. 이와 마찬가지로 짠맛을 감지하는 감각 기관이 기타 다른 감각 기관들과 다르다는 것을 보여줄 수 있다.
➡ 같은 맛을 본 후에 미각의 강도가 (A)줄어들지만 다른 맛을 본 이후에는 아니라는 사실은 서로 다른 맛들을 위한 (B)별개의 감각기관이 존재한다는 증거를 뒷받침한다.

풀이 레몬주스 같은 신맛이 있는 용액을 맛본 다음에 묽은 식초 같은 신맛이 있는 용액을 맛보면 묽은 식초의 신맛을 느끼지 못한다는 것에서 (A)에는 decreased[di:krí:s, dikrí:s](줄어든)가, 어떤 맛에 노출된 다음에 다른 맛에 대한 줄어든 반응인 교차 적응을 거의 경험하지 못한다는 것에서 (B)에는 distinct[distíŋkt](별개의)가 적절하다는 것을 알 수 있다.
① 증가된 / 적합한 ② 증가된 / 동일한 ③ 측정된 / 민감한 ⑤ 줄어든 / 집합적인

답 ④

18 다음 글의 내용을 한 문장으로 요약하고자 한다.
빈칸 (A)와 (B)에 들어갈 말로 가장 적절한 것끼리 짝지은 것은?

A bumper sticker reading "Don't Believe Everything You Think" is placed on the edge of the whiteboard in Greene's office. It represents the underlying message of the book he is writing. An analogy carried throughout the book compares the moral brain to a camera with automatic settings for taking a picture of a mountain or an indoor portrait or a close-up of a flower, and manual settings for unusual conditions or when we want a nonstandard artistic effect. Greene believes emotions and intuitions are the auto settings for our morality while reasoning is the manual mode. We need our intuitions to make the millions of quick judgments that fill our lives from day to day or else we could not function. But they are not always trustworthy moral indicators, since they were set to handle problems deep in our evolutionary past and are often useless for the newer complexities of the modern world. We need to rely on our manual settings, the reasoning sections of our brain, for more complex or novel situations, Greene says.

➡ According to Greene's view on the moral brain, emotions and intuitions make our lives easier in making ___(A)___ decisions, but we need to rely on ___(B)___ for more complex problems.

① (A) foreign   (B) interference   ② (A) immediate   (B) sympathy

③ (A) foreign   (B) sympathy   ④ (A) imaginary   (B) alienation

⑤ (A) immediate   (B) alienation

[2점] [12.9월평가원]

해석 "당신이 생각하는 모든 것을 다 믿지는 마시오."라고 쓰여 있는 범퍼 스티커가 Greene의 사무실에 있는 흰 칠판의 가장자리에 붙어있다. 그것은 그가 집필하고 있는 책의 바탕이 되는 메시지를 나타낸다. 그 책 전체에서 전달하는 비유는 도덕적인 두뇌를 산이나 실내의 인물 또는 꽃 근접 촬영에 대한 자동 설정과 특별한 상황이나 표준적이지 않은 미적인 효과를 원할 때의 수동 설정이 있는 사진기에 비유한다. Greene은 감정과 직관이 우리 도덕성의 자동 설정인 반면, 추론은 수동 모드라고 생각한다. 우리는 우리 삶을 매일 매일 채우고 있는 수백만 개의 재빠른 판단을 하기 위해 직관이 필요하다. 그렇지 않으면, 우리는 제대로 활동할 수 없을 것이다. 하지만 그것들은 항상 신뢰할 수 있는 도덕적인 지표는 아니다. 왜냐하면 그것들은 우리의 진화적인 과거에 깊이 박혀 있는 문제를 다루는 데 맞춰져 있고 현대 세계의 더 새로운 복잡성에는 종종 쓸모가 없기 때문이다. 우리는 더 복잡하고 새로운 상황에는 수동 설정, 즉 우리 두뇌의 추론하는 영역에 의존할 필요가 있다고 Greene은 말한다.

➡ 도덕적인 두뇌에 관한 Greene의 견해에 따르면, (A)일상적인 결정을 내릴 때에는 감정과 직관은 우리의 삶을 더 용이하게 해주지만, 더 복잡한 문제를 위해서는 (B)추론에 의존할 필요가 있다.

풀이 Greene은 도덕적인 두뇌를 자동 설정과 수동 설정 기능이 있는 사진기에 비유했다. 재빠른 판단이 필요한 일상생활에서는 자동 설정의 역할을 하는 직관이 필요하지만, 복잡한 현대 상황에서는 수동 설정의 역할을 하는 추론이 필요하다는 요지의 글이다. 따라서 (A)에는 everyday[évridèi](일상적인)가, (B)에는 reasoning(추론)이 들어가는 것이 적절하다.
① 여느 때와 다른 / 양심 ③ 어려운 / 논리 ④ 도덕적인 / 창의성 ⑤ 습관적인 / 상상

답 ②

19 다음 글의 내용을 한 문장으로 요약하고자 한다.
빈칸 (A)와 (B)에 들어갈 말로 가장 적절한 것끼리 짝지은 것은?

Vocabulary

Mediation is a process that has much in common with advocacy but is also crucially different. It parallels advocacy in so far as it tends to involve a process of negotiation, but differs in so far as mediation involves adopting a neutral role between two opposing parties rather than taking up the case of one party against another. At times, particularly in very complex situations, the processes of advocacy and mediation can overlap, perhaps with very problematic results, as one loses clarity over his or her role. It is therefore important, if not essential, to maintain a clear focus in undertaking advocacy or mediation in order to ensure that the roles do not become blurred and therefore potentially counterproductive. For example, a mediator who 'takes sides' is likely to lose all credibility, as is an advocate who seeks to adopt a neutral position.

- mediation
  [miːdiéiʃ-ən] 중재
- advocacy[ǽdvəkəsi]
  옹호
- parallel[pǽrəlèl] 유사한
- overlap[òuvərlǽp]
  겹치다
- blurred[blɜːrd] 흐려진
- counterproductive
  [káuntərprədʌktiv]
  역효과의
- credibility
  [krèdəbíləti] 신뢰성
- neutral[njúːtrəl] 중립의
- partiality[pàːrʃiǽləti]
  편파

➡ Although both deal with negotiation, a mediator needs to maintain ___(A)___ and an advocate partiality in order to ___(B)___ crossing over into each other's role.

① (A) neutrality   (B) avoid   ② (A) neutrality   (B) encourage
③ (A) potentiality   (B) reinforce   ④ (A) creativity   (B) facilitate
⑤ (A) creativity   (B) prevent

[2점] [12.수능]

해석 중재는 옹호와 많은 공통점이 있는 과정이지만, 중요한 부분에 있어서는 다르기도 하다. 중재는 협상의 과정을 수반하는 경향이 있다는 점에서 옹호와 유사하지만, 다른 편에 대한 한쪽 편의 입장을 지지하기 보다는 두 반대되는 상대 사이에서 중립적인 역할을 취하는 것을 수반한다는 점에서 (옹호와는) 다르다. 때때로, 특히 아주 복잡한 상황에 있어서, 자신의 역할에 대한 명확함을 놓치게 되기 때문에, 옹호와 중재의 과정은 아마도 아주 해결하기 어려운 결과를 가지고 겹쳐질 수 있다. 따라서 옹호나 중재의 역할을 담당함에 있어서, 그 역할들이 흐려져서 어쩌면 그 결과 역효과를 내지 않도록 확실하게 하기 위해 분명한 초점을 유지하는 것이 (필수적이지는 않을지라도) 중요하다. 예를 들어, '편을 드는' 중재자는 중간 입장을 취하려고 하는 옹호자가 그렇게 되듯이 모든 신뢰성을 잃게 된다.
➡ 중재자와 옹호자 모두 협상을 다루기는 하지만, 서로의 역할을 침범하는 것을 (B)피하기 위해서, 중재자는 (B)중립성을 유지하고 옹호자는 편파성을 유지할 필요가 있다.

풀이 중재와 옹호는 모두 협상의 과정을 수반한다는 점에서는 같지만, 그 역할이 구분되기 위해서, 중재자는 중립성에 초점을 두어야 하며 옹호자는 자신의 주장에 초점을 두어야 한다는 요지의 글이다. 따라서 (A)에는 neutrality[njuːtrǽləti](중립성), (B)에는 avoid[əvɔ́id] (피하다)가 적절하다.
② 중립성 / 장려하다 ③ 편파성 / 보강하다 ④ 창의력 / 촉진하다 ⑤ 창의성 / 예방하다

탭 ①

Vocabulary

• carefree[kέərfrì:]
근심이 없는

• advancement
[ædvǽnsmənt,
-vá:ns-, əd-] 승진

• contractor
[kəntrǽktər] 청부인

• accomplish
[əkámpliʃ] 성취하다

20 다음 글의 내용을 한 문장으로 요약하고자 한다.
빈칸 (A)와 (B)에 들어갈 말로 가장 적절한 것끼리 짝지은 것은?

The adult forgets the troubles of his youth. Comparing the remembered carefree past with his immediate problems, the mature man thinks that troubles belong only to the present. The twelve-year-old, the adult thinks, does not worry about salary or professional advancement. When the roof leaks, only the parent worries about what contractor to employ or about how he will repair it himself. To the adult, then, childhood is a time of freedom. The child, however, wishes always to be a man. He finds freedom in the future. To him, adulthood is a time of wealth, and his father or mother never needs to worry about saving to buy a bicycle. Happiness is too seldom found in the present;

➡ it is ___(A)___ as a thing of the past or ___(B)___ as a part of the future.

① (A) compared   (B) ignored
② (A) forgotten   (B) succeeded
③ (A) wished   (B) accomplished
④ (A) repaired   (B) taken care of
⑤ (A) remembered   (B) looked forward to

[3점] [05.수능]

해석 성인은 젊은 시절에 괴로웠던 일들을 망각한다. 걱정이 없었던 것으로 기억되는 과거와 그의 현재의 문제 점들을 비교하면서, 그 성숙한 사람은 괴로운 일들이 단지 현재에만 속한다고 생각한다. 스무 살짜리 는 월급이나 직업상의 승진에 대해 걱정을 하지 않는다고 성인은 생각한다. 지붕에 물이 샐 때, 단지 부 모만이 어떤 공사 청부인을 고용할까 혹은 그것을 어떻게 직접 수리할까를 걱정한다. 그래서 성인에게 있어, 어린 시절은 자유의 시기이다. 하지만, 아이는 항상 어른이 되기를 소망한다. 그는 미래에서 자유 를 발견한다. 그에게 있어, 성인기는 부의 시기이며, 그의 아빠나 엄마는 자전거를 사기 위해 저축하는 것에 대해 걱정할 필요가 없다.
➡ 행복은 현재에서는 거의 발견되지 않는다. 그것은 과거의 일로 (A)기억되거나 혹은 미래의 일로 (B) 기대 되어진다.

풀이 어른은 어린 시절을 걱정거리가 없던 행복한 때로 기억하고, 아이는 어른이 되면 자유롭게 아무 것이나 가질 수 있다고 기대 한다는 내용에서 빈칸에 들어갈 말을 고를 수 있다.
① 비교된 / 무시된 ② 잊혀진 / 계속되는 ③ 바래진 / 성취된 ④ 고쳐진 / 처리된

답 ⑤

크로스 **영어**
기출문제 유형탐구

CHAPTER

06 문장
위치 파악

총 20문항

세상을 바꾸는
크로스 공부법 100선

031 얇은 포스트잇으로 순간순간 진도를 붙여 놓도록 하라. 그러면 짬짬이 손까지 다 쉬었다가 복귀할 때 매우 유용하다.

032 최소줄치기, 왼손사용, 포스트잇사용, 자모힌트법, 1:3 비율조정, 나눠이해하기 등을 통해서 효율성으로 무장한 눈으로 보기는 당신의 공부방법을 완성할 것이다.

033 녹음해 놓고 틈틈이 반복복습을 할 경우 아주 중요한 요령은 복습은 뒤부터 해야 한다는 것이다. 뒤쪽부터 한단위를 반복해서 들으면서 지루해질 때까지 하라.

034 많은 사람들이 복습은 무조건 책의 첫 페이지부터 한다. 얼마나 멍청한 방법인가? "그런 학습자들은 항상 1단원전문가가 될 뿐이다."

035 공부란 호기심이라는 중요한 에너지원을 갖고 있는데 계속되는 복습은 무기력증을 유발하여 복습을 주로하는 두뇌의 일정부분만을 활성화시키고 추진에너지를 소비하므로 과도하지 않은 복습은 필수적이다.

036 검사하기 쉽다고 반복해서 쓰는 숙제를 애용하는 것을 삼가해주시라. 가장 느리고 비효율적이며 게다가 소화도 되지 않도록 하는 백해무익한 숙제다.

01 글의 흐름으로 보아, 주어진 문장이 들어가기에 가장 적절한 곳은?

> The doctor also carries out some special tests to detect such dangerous diseases as cancer and diabetes, if necessary.

Our bodies have the natural ability to fight off bacteria and diseases when they enter our bodies. (①) But there are other diseases that our bodies cannot successfully resist on their own. (②) In order to prevent such diseases, it is advised that everyone over the age of twenty-five should have a regular physical examination. (③) Duringa regular examination a doctor checks weight, vision and hearing problems, blood pressure, and so on. (④) The information from both check-ups and tests provides important insight into the patient s overall physical condition. (⑤) Hence, the time spent on regular examinations is a sensible investment in good health.

[2점] [05.수능]

해석
우리의 몸은 박테리아와 질병이 체내에 들어올 때 그것들과 싸워서 물리치는 타고난 능력을 가지고 있다. 그러나 우리의 몸이 스스로 성공적으로 저항할 수 없는 다른 질병들이 있다. 그런 질병들을 예방하기 위해, 25세 이상인 사람은 누구나 정기적인 신체검사를 받도록 권장하고 있다. 정기 검진을 하는 동안에 의사는 체중, 시력과 청력 문제, 혈압, 등등을 점검한다. <u>의사는 또한 필요하다면 암이나 당뇨병과 같은 위험한 질병을 찾아내기 위해 몇 가지 특별한 테스트를 실시한다.</u> 검진과 테스트로부터 얻은 정보는 환자의 전체적인 신체 상태에 대한 중요한 통찰력을 제공한다. 그러므로 전기 검진에 보낸 시간은 좋은 건강에 대한 현명한 투자다.

풀이
의사가 체중이나 혈압 등을 점검하고 나서, 필요한 경우 암이나 당뇨병 같은 위험한 질병을 찾아내기 위한 테스트를 실시한다는 문맥을 고려하면 주어진 문장의 위치가 ④임을 쉽게 파악할 수 있다. ④ 다음의 The information from both check-ups and tests ~ 에서 ④ 앞에서 언급한 check-ups와 tests 다음에 주어진 문장이 나와야 한다는 것을 알 수 있다.

정답 ④

02 글의 흐름으로 보아, 주어진 문장이 들어가기에 가장 적절한 곳은?

Vocabulary

• properly
[prápərli / próp]
똑바로, 올바르게

• volunteer[vὰləntíər]
자진하다

• pupil[pjú:pəl] 학생

• tremendous
[triméndəs] 엄청난

• literally[lítərəli] 정말로

• perhaps[pərhǽps]
아마도

> He also started to write essays about his own past life.

The Big Friendly Giant expressed a wish to learn how to speak properly, and Sophie volunteered to give him lessons every day. (①) She even taught him how to spell and to write sentences, and he turned out to be an excellent pupil. (②) In his spare time, he read books. (③) He became a tremendous reader. (④) He read all of Charles Dickens and all of Shakespeare and literally thousands of other books. (⑤) When Sophie read some of them, she said, "These are very good. I think perhaps one day you could become a real writer."

[2점] [06.9월평가원]

해석 Big Friendly Giant는 올바로 말하는 방법을 배우고 싶다는 뜻을 보이자 Sophie는 자발적으로 그에게 매일 가르침을 주었다. 그녀는 그에게 철자법과 문장 쓰는 방법까지 가르쳤는데, 그는 뛰어난 학생임이 판명되었다. 시간이 날 때 그는 책을 읽었다. 그는 엄청난 독서광이 되었다. 그는 Charles Dickens와 Shakespeare의 모든 작품 그리고 정말로 수천 권의 책을 읽었다. 그는 또한 자신의 과거 인생에 관한 에세이를 쓰기 시작했다. Sophie가 그 에세이의 일부를 읽었을 때, 그녀는 "이 에세이들은 매우 훌륭해. 아마도 네가 언젠가는 진정한 작가가 될 수 있다고 생각해."라고 말했다.

풀이 주어진 문장은 Big Friendly Giant가 글쓰기를 시작한 사실을 담고 있다. 이는 말을 올바로 하는 것을 배우고 책을 많이 읽고 나서 이루어진 일임을 이해한다. 또한, 마지막 문장의 some of them의 them이 Big Friendly Giant가 쓴 에세이(essays)이다. 따라서 주어진 문장이 ⑤에 오는 것이 적절하다.

답 ⑤

03 글의 흐름으로 보아, 주어진 문장이 들어가기에 가장 적절한 곳은?

> As conditions improved, more permanent dwellings began to emerge throughout the colonies.

Did you know that many of the first European settlers in America lived in caves? It is true. (①) These early arrivals had neither the time nor the tools to build anything better. (②) This was especially the case in New England, where winters were harsh. (③) Some type of immediate shelter was needed, and caves would serve this purpose. (④) These hardy colonists thus dug caves along the side of a cliff, made a roof of bark supported by poles, and their "castles" were complete. (⑤) Each section of the colonies developed its own fixed-style housing, dependent on the climate and the materials at hand.

- dwelling[dwéliŋ] 주거
- immediate
  [imí:diət] 즉석의
- hardy[há:rdi] 억센
- colonist
  [kálənist / kɔ́l-]
  이주민, 개척자
- cliff[klif] 절벽

[2점] [07.6월평가원]

해석 미국에 처음 온 유럽의 정착민들 중 많은 사람들이 동굴에 살았다는 사실을 알고 있었는가? 그 것은 사실이다. 초기에 도착한 이 사람들은 더 좋은 것을 지을 시간도 도구도 없었다. 이것은 뉴 잉글랜드에서 특히 사실이었는데, 그곳의 겨울은 혹독했다. 긴급한 피난처가 될 만한 것이 필요했 고, 동굴이 이 목적에 부합했다. 그리하여 이 억센 개척자들은 절벽의 측면을 따라서 동굴을 파 고, 나무껍질로 만든 지붕을 기둥으로 받쳐 그들의 "성"을 완성했다. 상황이 호전되면서, 좀 더 영구적인 주거지들이 식민지 전역에 걸쳐 나타나기 시작했다. 식민지의 각 구역마다 기후와 구하기 쉬운 재료에 의존해 그 나름의 고정된 형태의 주택을 발달시켰다.

풀이 주어진 문장의 the colonies가 ⑤ 다음에 오는 문장의 Each section of the colonies와 연결되고 있으며 문맥으로 보아 상황이 호전되면서 영구적인 주거지가 나타나기 시작했다는 내용은 동굴 주거지에 대한 내용이 끝난 다음인 ⑤에 위치해야 한다.

Vocabulary

- imprint[imprínt] 자국
- composition
  [kàmpəzíʃən] 작품
- varied[véərid]
  가지가지의
- fingerprint
  [fíŋɡərprint] 지문
- perpetually
  [pərpétʃuəli] 영원히
- absolute[ǽbsəlùːt]
  절대의

04 글의 흐름으로 보아, 주어진 문장이 들어가기에 가장 적절한 곳은?

> But it's never a permanent imprint; the next musician to come along can smooth out the clay and mold it in a completely different way.

Every musician brings his or her own ideas and talents to a composition, so the results can be as varied and unique as fingerprints. (①) Classical music is like perpetually wet clay. (②) A musician grabs hold of it and molds it according to personal tastes and experiences, leaving an impress on the music. (③) Obviously, this sort of freedom can be abused. (④) A musician who has not researched the composer and the composition sufficiently may make decisions about tempos or phrasing that are inappropriate, even harmful to the piece. (⑤) There are, however, relatively few absolutes in music. There is always room for new approaches.

[2점] [07.9월평가원]

해석
모든 음악가들은 자신의 생각과 재능을 작품에 가져오며, 그래서 그 결과는 지문만큼이나 다양하고 독특하다. 고전 음악은 영원히 젖어있는 진흙과 비슷하다. 음악가는 그것을 손으로 움켜잡아 개인적인 취향과 경험에 따라 그것을 주조하며, 그리하여 그 음악에 흔적을 남긴다. 그러나 그것은 영원한 자국은 결코 아닌데, 다음에 오는 음악가가 그 진흙을 고르게 펴고 그것을 완전히 다른 방식으로 주조할 수도 있다. 명백히 이런 종류의 자유는 남용될 수 있다. 그 작곡가와 그 작품을 충분히 연구하지 않은 음악가는 어울리지 않는 템포나 구절법에 대한 결정을 할 수도 있으며, 그 작품에 해를 끼칠 수도 있다. 하지만, 음악에 절대적인 것들은 비교적 적다. 항상 새로운 접근에 대한 여지가 있다.

풀이
본문 ③ 앞문장의 an impress on the music이 주어진 문장의 a permanent imprint로 연결되고 있고, 주어진 문장에서 음악가가 완전히 다른 방식으로 음악을 주조한다는 내용 다음에 ③ 다음에 오는 문장의 this sort of freedom이 자연스럽게 연결된다. 따라서 주어진 문장은 ③에 들어가야 한다.

답 ③

05 글의 흐름으로 보아, 주어진 문장이 들어가기에 가장 적절한 곳은?

Vocabulary

- reassemble
  [riːəsémbəl] 재조립하다
- official[əfiʃəl] 공무원
- brick[brik] 벽돌
- typical[típikəl]
  전형적인

> From there they were taken to Arizona and were reassembled by workers in the Arizona desert.

In the early 1960s, London Bridge was in trouble. Cars, trucks, and buses were too heavy for it, and the bridge was sinking into the Thames river. (①) London city officials wanted to build a new bridge, and a businessman named Robert McCulloch decided to buy the old bridge and move it to Arizona. (②) Workers disassembled the bridge in 1968, numbering the bricks, and sent them to Los Angeles. (③) The bridge was finally completed in 1971. (④) However, McCulloch knew he needed more than a famous bridge to attract people to Lake Havasu City, so he created an English village with typical English shops and restaurants. (⑤) Today, London Bridge is one of Arizona's biggest attractions.

[2점] [07.수능]

해석 960년대 초에 London Bridge는 곤경에 처해 있었다. 자동차, 트럭, 그리고 버스가 지나치게 많이 다녀서 그 다리는 템스 강 속으로 가라앉고 있었다. 런던의 시공무원들이 새로운 다리의 건설을 원하자, Robert McCulloch라는 이름의 사업가는 그 낡은 다리를 사들여서 그것을 애리조나로 옮기기로 결정했다. 1968년에 작업인부들이 그 다리를 그 다리를 분해하여 벽돌마다 번호를 매긴 후 그 벽돌들을 로스앤젤레스로 보냈다. 그곳으로부터 그 벽돌들은 애리조나로 옮겨졌고 애리조나의 사막에서 작업인부들에 의해 재조립되었다. 그 다리는 마침내 1971년에 완성되었다. 그러나 McCulloch는 Lake Havasu City로 사람들을 끌어들이기 위해서는 유명한 다리 이상의 것이 필요하다는 것을 알고, 전형적인 영국의 상점과 식당이 있는 영국식 마을을 만들어내었다. 오늘날 London Bridge는 애리조나의 최고의 명소 중 하나이다.

풀이 다리를 분해한 뒤 재조립하는 과정이어야 하므로 disassembled 뒤에 reassembled가 이어져야 한다. 또한 재조립 후 완성된 것이므로 reassembled 다음에 completed가 이어져야 한다. 주어진 문장의 there는 로스앤젤레스를 가리킨다. 따라서 주어진 문장은 ③에 들어가는 것이 적절하다.

Vocabulary

- come across
  ~을 우연히 발견하다
- put something aside
  ~을 무시하다, 제쳐놓다
- concentrate
  [kánsəntrèit] 집중하다
- immediately
  [imí:diətli] 즉시

06 글의 흐름으로 보아, 주어진 문장이 들어가기에 가장 적절한 곳은?

> While browsing through reading materials, he came across an article in a scientific journal.

A group of scientists was doing research on superconductivity but reached a dead end. (①) They finally gave up, putting the work aside so that they could concentrate on other activities. (②) One of the scientists on this project decided to take a break and went down to the company library. (③) The article approached the subject of superconductivity from a completely different direction from the one they had been working on. (④) He immediately began applying it to their experiments and within 12 months they discovered the secret to superconductivity. (⑤) Not long after, they were awarded the Nobel Prize for Physics.

※ superconductivity 초전도성

[2점] [08.6월평가원]

해석 한 무리의 과학자들이 초전도성에 대한 연구를 하고 있었으나 포기 단계에 이르렀다. 그들은 마침내 손을 들었고 다른 업무에 집중하기 위해 그 일을 제쳐두었다. 그 과학자들 중 한명이 휴식을 가지기로 결심하고 회사 도서관으로 내려갔다. 자료들을 검색하고 있는 동안 그는 우연히 과학 잡지에 실린 한 기사를 보게 되었다. 그 기사는 그들이 다루고 있던 것과는 전혀 다른 방향으로부터 그 주제에 접근하고 있었다. 그는 즉시 그것을 그들의 실험에 적용시켜보았고 12개월 만에 그들은 초전도성에 대해 비밀을 발견하게 되었다. 그 후 오래지 않아 그들은 노벨 물리학상을 수상했다.

풀이 글의 주된 내용은 초전도성에 관한 연구를 하던 과학자들이 벽에 부딪혔는데, 우연히 발견한 논문의 내용에서 힌트를 얻어 전혀 다른 방향에서 접근한 결과, 연구에 성공하고 노벨상까지 탔다는 것이다. 주어진 문장은 읽기 자료들을 살펴보다가 어떤 논문을 발견했다는 내용이다. 따라서 이 논문의 내용에 대한 구체적인 언급이 나오는 ③ 앞에 들어가야 자연스럽다. 주어진 문장의 an article이 ③ 뒤에서 The article로 연결되는 점에 착안한다.

정답 ③

07 글의 흐름으로 보아, 주어진 문장이 들어가기에 가장 적절한 곳은?

Vocabulary

• progress
[prágrəs / próug-] 진보

• characterize
[kǽriktəràiz] 특징짓다

• industrialization
[indʌ̀striəlizéiʃən]
산업화

• approximate
[əpráksəmèit] 가깝다

• drastically
[drǽstikəli] 극도로

> The result is that the population enters a period of rapid growth.

There is an interesting relationship between a country's developmental progress and its population structure. (①) According to the theory of demographic transition, nations go through several developmental stages. (②) The earliest stage is characterized by high birth and death rates and slow growth. (③) As they begin to develop, the birth rate remains high, but the death rate falls. (④) Then, as industrialization peaks, the birth rate falls and begins to approximate the death rate. (⑤) Eventually, population growth slows drastically, reaching a stage of very modest growth which is seen in many European nations today.

※ demographic 인구(통계)의

[2점] [08.9월평가원]

해석 한 나라의 발달 과정과 인구 구조 사이에는 재미있는 관계가 있다. 인구 변동 이론에 따르면 국가들은 여러 단계의 발달 단계를 거친다. 가장 초기 단계는 높은 출산율과 사망률, 그리고 느린 성장으로 특징 지워진다. 발달하기 시작하면서 출산율은 높은 상태로 남아있지만 사망률은 떨어진다. 그 결과는 인구가 빠른 증가의 시기로 진입하는 것이다. 그런 다음 산업화가 최고조에 이르면서 출산율이 떨어져 사망률과 비슷해지기 시작한다. 결국 오늘날 유럽의 많은 국가에서 볼 수 있는 매우 완만한 성장의 단계에 도달하면서 인구 증가는 극도로 느려진다.

풀이 주어진 문장은 국가의 인구가 빠르게 증가한다는 내용인데, 국가가 발달하기 시작하면서 출산율은 높게 유지되지만 사망률은 떨어진다는 ④ 앞의 내용의 결과가 된다. 따라서 주어진 문장을 ④에 넣어야 문단의 논리가 연결되며 자연스럽다.

답 ④

08 글의 흐름으로 보아, 주어진 문장이 들어가기에 가장 적절한 곳은?

> However, when you try to tickle yourself, you are in complete control of the situation.

Why is it that if you tickle yourself, it doesn't tickle, but if someone else tickles you, you cannot stand it? (①) If someone was tickling you and you managed to remain relaxed, it would not affect you at all. (②) Of course, it would be difficult to stay relaxed, because tickling causes tension for most of us, such as feelings of unease. (③) The tension is due to physical contact, the lack of control, and the fear of whether it will tickle or hurt. (④) There is no need to get tense and therefore, no reaction. (⑤) You will notice the same effect if you close your eyes, breathe calmly, and manage to relax the next time someone tickles you.

[2점] [08.수능]

해석

당신이 자신을 간지럽게 하면 간질거리지 않지만, 다른 사람이 당신을 간지럽게 하면 그것을 참을 수 없게 되는 것은 무엇 때문인가? 어떤 사람이 당신을 간지럽게 해도 차분함을 유지하게 된다면 그것은 당신에게 아무런 영향을 주지 않을 것이다. 물론, 간지럽게 하는 것이 대부분의 우리들에게 불안감과 같은 긴장감을 유발하기 때문에 차분함을 유지하기가 어려울 것이다. 그러한 긴장감은 신체적 접촉, 억제력의 부족, 그리고 그것이 간질거리게 하는 것인지 아픔을 느끼게 하는 것인지에 대한 두려움 등 때문에 나오는 것이다. <u>그러나 당신이 자신을 간지럽게 하려 할 때 당신은 그러한 상황을 완전히 억제할 수 있는 상태가 된다.</u> 긴장할 필요가 없고, 그리하여 아무런 반응도 없게 되는 것이다. 다음에 다른 사람이 당신을 간지럽게 할 때 눈을 감고 침착하게 숨을 쉬며 차분함을 유지하게 된다면 똑같은 효과를 보게 될 것이다.

풀이

다른 사람이 간지럽게 하면 몸이 긴장하게 되어 참을 수 없는 반응을 일으키지만, 자신을 간지럽게 하면 그것을 의식하고 통제할 수 있기 때문에 전혀 간지러움을 느끼지 못한다는 흐름이 되어야 한다. 주어진 문장은 However로 시작하고 자신을 간지럽게 하는 경우를 언급하고 있으므로 다른 사람이 간지럽게 하는 경우에 대한 언급이 끝나는 부분에 와야 한다.
따라서 주어진 문장은 ④에 들어가는 것이 적절하다.

답 ④

09 글의 흐름으로 보아, 주어진 문장이 들어가기에 가장 적절한 곳은?

Vocabulary

> However, that was too much for the young system to absorb, and the computer crashed, killing the connection after all.

In 1969, Charley Kline was working as a programmer at UCLA and participating in a project at Stanford University. (①) He was asked to arrange the first computer-to-computer message through an ordinary telephone line. (②) After successfully connecting the two computers, Kline began to type login. (③) He typed l and got the echo from Stanford confirming that the letter had been received. (④) He proceeded with o and again received the appropriate echo. Then he ventured to g. (⑤) The connection was quickly reestablished, and after the UCLA and Stanford nodes were firmly in place, many others joined in.

※ node 통신지점

- absorb
[əbsɔ́ːrb;əbzɔ́ːrb]
흡수하다, 빨아들이다
- participate
[pɑːrtísəpèit] 참여하다
- ordinary[ɔ́ːrdənèri]
일반의
- proceed[prousíːd]
나아가다, 진행되다
- appropriate
[əpróuprièit] 적절한
- reestablish
[riːistǽbliʃ] 복구하다

[2점] [09.6월평가원]

해석 1969년도에 Charley Kline은 UCLA에서 프로그래머로서 일하면서 Stanford 대학에서 한 프로젝트에 참여하고 있었다. 그는 일반 전화선을 통해 최초의 컴퓨터와 컴퓨터 간 메시지를 전달하라는 요구를 받았다. 성공적으로 두 컴퓨터를 연결한 후, Kline은 'login'이라는 단어를 치기 시작했다. 그는 'l'을 치고 Stanford로부터 그 문자가 수신되었다고 확인해 주는 응답을 받았다. 그는 'o'를 이어서 쳤고 다시 적절한 응답을 받았다. 그런 후 그는 'g'에 도전했다. <u>그러나 이 새로운 시스템이 받아들이기에 그것은 너무 많은 양이었고 컴퓨터가 기능을 멈추어 연결이 완전히 끊어져버렸다.</u> 연결은 속히 복구되었으며, UCLA와 Stanford의 통신지점은 확고히 제자리를 잡게 되자 다른 대학들도 동참하였다.

풀이 초창기 컴퓨터 통신에 대한 일화를 소개한 글로, 글의 흐름상 'login'이라는 단어를 한 자 한 자 쳐서 보내는 과정에서 먼저 'l'과 'o'를 보내는데 성공했는데 'g'를 보냈더니 과부하로 인해 컴퓨터 연결이 끊어졌다는 내용이 자연스러우므로, 주어진 문장은 ⑤번에 들어가는 것이 가장 적절하다.

Vocabulary

- specific[spisífik] 특정한
- hence[hens] 따라서
- inclined[ɪnkláɪnd]
  ~을 하고 싶은,
  (마음이) 내키는
- precise[prisáis]
  정밀한, 정확한
- drain[dreɪn] 고갈시키다
- mature[mətjúər] 숙련된

10 글의 흐름으로 보아, 주어진 문장이 들어가기에 가장 적절한 곳은?

> Older workers, in contrast, more often have skills that are quite specific to the industry or firm in which they are currently employed.

Younger workers tend to have more general skills and are less certain about where their skills might be put to their best uses. (①) Hence, they tend to move between jobs on a regular basis. (②) But when they leave their old job, they have little trouble finding a new one. (③) They already know their best employment option and are not inclined to move around between jobs. (④) When they do leave work, however, finding a position that matches well with their precise skills is often difficult and time-consuming. (⑤) Thus, unemployment that is a nuisance for a younger worker can be a damaging and financially draining experience for a mature worker.

※ nuisance 성가신 일

[2점] [09.9월평가원]

해석 젊은 노동자들은 일반적인 기술을 더 많이 갖는 경향이 있으며 그들의 기술이 어디에 가장 잘 사용될 수 있을 가에 대해 확신을 잘 하지 못한다. 따라서 그들은 정기적으로 직업을 옮기는 경향이 있다. 그러나 그들이 예전 직업을 그만 두더라도 새로운 직업을 찾는데 거의 어려움을 겪지 않는다. 대조적으로 나이가 든 노동자들은 그들이 현재 고용된 산업이나 회사에 맞춘 매우 특정화된 기술을 종종 더 많이 갖고 있다. 그들은 이미 그들의 최상의 취업 선택(직업)을 알고 있으며, 직업을 옮길 마음이 없다. 그러나 그들이 일을 그만두게 될 때, 그들이 가진 기술과 딱 들어맞는 일자리를 찾는 것은 어렵고 시간이 많이 소요된다. 그러므로 젊은 노동자에게 성가신 일인 실업은 숙련된 노동자에게는 많은 피해를 주며, 재정적인 고갈을 초래하는 경험일 수도 있다.

풀이 ③의 앞, 뒤에 글의 흐름상 단절이 있으며, younger workers에 대한 설명이 끝나고 대조적으로(in contrast) older workers에 대한 설명이 시작되는 부분에 주어진 문장이 들어가야 한다. 또한 ③ 뒤에 나오는 대명사 They는 younger workers를 가리키는 것이 아니라 older workers를 가리키므로 주어진 문장은 ③에 들어가는 것이 적절하다.

탑 ③

11 글의 흐름으로 보아, 주어진 문장이 들어가기에 가장 적절한 곳은?

Vocabulary

- overlook[òuvərlúk] 내려다보다
- incidental[insədéntl] 흔히 있는
- errand[érənd] 심부름
- chore[tʃɔːr] 잡일
- estimation [éstəmèiʃn] 평가
- enhance[enhǽns] 향상하다
- persistence [pəːrsístəns] 지속

> One grandmother hires her grandchildren to help with gardening chores.

One grandmother hires her grandchildren to help with gardening chores.

Whether their grandchildren have special needs or not, grandparents shouldn't overlook the value of incidental learning experiences. (①) Every day, opportunities exist in the form of errands, meal preparation, and chores. (②) At the farmers' market, for example, a child might discover a new meaning for the word 'ears' when choosing corn. (③) Similarly, when filling the tank at the gas station, older children can compare prices and practice estimation, asking questions such as "How much do you think it will cost to fill the tank?" (④) As a result, they can learn the names of flowers and understand the tools and processes involved in growing vegetables. (⑤) Activities like these also enhance the value of hard work and persistence.

[2점] [09.수능]

해석 그들의 손자손녀들의 특별한 요구가 있건 없건, 조부모들은 일상적인 경험의 가치를 간과해서는 안 된다. 매일 기회들이 심부름이나 식사준비 혹은 잡일들의 형태로 존재한다. 예를 들어서 농부들의 시장에서 아이는 옥수수를 고르는 중에 'ears'의 새로운 의미를 발견할 수 있다. 유사하게 가스공급소에서 탱크를 채우는 중에 더 나이 많은 아이들은 "탱크를 가득 채우는데 얼마나 들어요?"라고 물어보면서 가격을 비교하거나 평가를 수행할 수 있다. <u>한 할머니가 그녀의 손자손녀들을 정원 일을 돕도록 고용한다.</u> 그 결과 그들은 꽃들의 이름을 배우거나 채소를 기르는데 관련된 도구들과 과정들을 이해할 수 있다. 이와 같은 활동들은 또한 힘든 일과 인내심의 가치를 향상시킨다.

풀이 주어진 문장에서 한 할머니가 손주들에게 정원 일을 돕도록 한다는 내용인데, 정원 일을 하려면 그와 관련된 꽃들의 이름과 채소를 기르는 데 관련된 도구나 과정들을 이해할 수 있어야하므로 주어진 문장은 ④번에 들어가야 한다.

답 ④

Vocabulary 🔽

- widespread
  [wáidspréd] 만연된
- harvest[háːrvist]
  수확, 추수
- superior[səpíəriər]
  우수한
- ash[æʃ] 재
- immediately
  [imíːdiətli] 즉시

12 글의 흐름으로 보아, 주어진 문장이 들어가기에 가장 적절한 곳은?

Due to this trade, the plant variety became widespread in a region.

For thousands of years, farmers at harvest time have selected seeds, cuttings, or tubers from superior plants to save for the next planting. (①) Farmers often protected the stored seeds from insects or animals by sealing them in clay pots or burying them in baskets covered with ash. (②) They also often stored tubers in cold areas and either replanted cuttings immediately or kept them dry until the next planting time. (③) Farmers thus saved their genetic stocks from season to season. (④) They could exchange remaining stocks with neighbors or exchange them in the local market. (⑤) Organized seed production, however, did not begin until the early 1900s.

※ tuber (감자 등의) 덩이줄기

[2점] [10.6월평가원]

해석 4천 년 동안, 수확기의 농부들은 다음에 심으려고 저장할 우수한 식물들로 부터 씨앗과 꺾꽂이 혹은 덩이줄기를 선별해왔다. 농부들은 종종 진흙 단지에 밀봉을 하거나 재로 뒤덮인 바구니에 담아 그것을 묻어서 곤충이나 동물들로부터 저장된 씨앗들을 보호했다. 그들은 또한 서늘한 지역에 덩이줄기를 저장하고 꺾꽂이를 즉시 다시 심거나 다음에 심을 때까지 그것들을 건조시켜 보관했다. 그러므로 농부들은 계절마다 유전적 재고품을 심었다. 그들은 이웃들과 남아있는 재고를 교환하거나 마을 시장에서 그것들을 교환했다. 이런 거래 때문에 다양한 식물이 어느 한 지역에서 확산되는 것이다. 하지만 조직적인 씨 생산은 1900년 대 초에야 비로소 시작되었다.

풀이 주어진 문장의 this trade가 가리키는 것을 찾는 문제이다. ④ 뒷문장의 exchange remaining stocks with neighbors or exchange them in the local market이 this trade의 구체적인 사례이다. 따라서 주어진 문장은 ⑤에 와야 한다.

답 ⑤

13 글의 흐름으로 보아, 주어진 문장이 들어가기에 가장 적절한 곳은?

세상을 바꾸는 크로스공부법

But the strong pig can race to the dispenser and push the weak pig aside to claim the leftovers.

Consider the following experiment with a strong and a weak pig. Two pigs are kept in a box with a lever at one end and a food dispenser at the other. When the lever is pushed, food appears at the dispenser. (①) If the weak pig pushes the lever, the strong pig waits by the dispenser and eats all the food. (②) Even if the weak pig races to the dispenser before the food is gone, the strong pig pushes the weak pig away. (③) The weak pig realizes this, so it never pushes the lever first. (④) On the other hand, if the strong pig pushes the lever, the weak pig waits by the dispenser and eats most of the food. (⑤) This makes it worthwhile for the strong pig to push the lever. The outcome is that the strong pig does all the work and the weak pig does most of the eating.

※ dispenser 일정량을 배분해 주는 장치

Vocabulary

• aside[əsáid] 옆으로
• leftover[léftóuvər] 남은 먹이
• claim[kleim] 요구하다
• experiment [ikspérəmənt] 실험
• lever[lévər, líːvər] 지레, 레버
• worthwhile [wɔ́ːrθhwáil] 할 보람이 있는
• outcome[áutkʌ̀m] 결과

[3점] [10.9월평가원]

해석 힘센 돼지와 약한 돼지를 데리고 하는 다음의 실험을 생각해 보자. 두 돼지가 한 쪽 끝에 레버가 달려있고 다른 쪽 끝에는 먹이 배분 장치가 있는 상자 속에 가두어 진다. 레버를 밀면 먹이가 배분장치에 나타난다. 약한 돼지가 레버를 밀면 강한 돼지가 먹이배분장치 옆에서 기다렸다가 먹이를 전부 먹어버린다. 비록 약한 돼지가 먹이가 없어지기 전에 먹이배분장치로 달려오더라도, 힘센 돼지는 약한 돼지를 밀쳐 버린다. 약한 돼지는 이것을 깨닫고 결코 먼저 레버를 밀지 않는다. 반면에, 강한 돼지가 레버를 밀면 약한 돼지는 먹이배분장치 옆에서 기다렸다가 대부분의 음식을 먹는다. 그러나 힘센 돼지는 먹이배분장치로 달려와서 남은 먹이를 요구하기 위해 약한 돼지를 옆으로 밀쳐낼 수 있다. 이것은 힘센 돼지가 레버를 미는 것이 보람 있는 일이 되게 한다. 그 결과는 힘센 돼지가 모든 일을 하며 약한 돼지는 대부분의 먹는 일을 한다는 것이다.

풀이 주어진 문장이 힘센 돼지가 음식 배분 장치에게 달려가서 남은 음식을 먹으려고 약한 돼지를 밀친다는 내용이므로, 약한 돼지가 음식 배분 장치 옆에서 기다렸다가 대부분의 음식을 먹는다는 내용 다음에 주어진 문장이 들어가야 가장 적절하다. 따라서 ⑤에 주어진 문장이 들어가야 한다.

답 ⑤

Vocabulary

- geographical
  [dʒìːəgrǽfik] 지리적인
- centrality[sentrǽləti]
  중심성
- desperate[déspərit]
  필사적인
- well-established
  [wélestæ´blíʃt]
  안정된, 확립한
- accessible[æ ksésəbəl]
  접근하기 쉬운
- abundance[əbʌ́ndəns]
  풍부

14 글의 흐름으로 보아, 주어진 문장이 들어가기에 가장 적절한 곳은?

> However, now that the economy is characterized more by the exchange of information than by hard goods, geographical centrality has been replaced by attempts to create a sense of cultural centrality.

Now, as always, cities are desperate to create the impression that they lie at the center of something or other. (①) This idea of centrality may be locational, namely that a city lies at the geographical center of England, Europe, and so on. (②) This draws on a well-established notion that geographical centrality makes a place more accessible, easing communication and communication costs. (③) Cultural centrality usually demonstrates itself as a cry that a city is at the center of the action. (④) This means that the city has an abundance of cultural activities, such as restaurants, theater, ballet, music, sport, and scenery. (⑤) The suggestion is that people will want for nothing in this city.

[2점] [10.수능]

해석 항상 그렇듯이 지금 도시는 무언가의 중심에 놓여 있다는 인상을 만들어내기 위해 필사적이다. 이런 중심성에 대한 생각은 위치에 관한 것일 수 있는데, 말하자면 어떤 도시가 영국이나 유럽이나 기타 등등의 지리적인 중심에 놓여 있다는 것이다. 이것은 지리적인 중심성이 어떤 장소를 보다 더 접근하기 쉽게 만들어 통신과 통신비용을 완화시켜 줄 것이라는 잘 확립된 개념을 불러온다. 하지만, 이제 경제가 딱딱한 상품보다는 정보의 교환에 의해 더 특징 지워지고 있어서, 지리적인 중심성은 문화적인 중심성의 개념을 만들어 내려는 시도에 의해 대체되었다. 문화적인 중심성은 보통 어떤 도시가 활동의 중심에 있다는 슬로건으로 나타난다. 이것은 그 도시가 식당, 극장, 발레, 음악, 스포츠, 그리고 풍경과 같은 풍부한 문화적인 활동을 가지고 있다는 것을 의미한다. 그 암시는 사람들이 이 도시에서는 부족한 것이 없을 것이라는 것이다.

풀이 주어진 문장은 지리적인 중심성에서 문화적인 중심성으로 화제가 바뀌고 있는 부분에 위치해야 한다. ② 뒤 문장은 지리적 중심성에 관한 내용이고 ③ 뒤 문장은 문화적 중심성을 다루고 있다. 따라서 주어진 문장은 ③에 들어가야 한다.

답 ③

15 글의 흐름으로 보아, 주어진 문장이 들어가기에 가장 적절한 곳은?

> Fortunately, one of the most sustained research programs in postwar musicology has succeeded in reconstructing their original sequence.

Beethoven took scraps of paper with him on his frequent walks, writing down his musical ideas as they came to him.(①) At home, he kept large sketchbooks into which he might copy the results or enter new ideas, fashioning and refashioning the music, crossing it out and starting again. (②) After Beethoven's death these sketchbooks were scattered and in many cases broken up. (③) As a result, you can work through them and trace the painful process by which Beethoven edged toward the music that we know. (④) For instance, while the first section of the 'Ode to Joy' seems to have come to him with little difficulty, the middle section gave him enormous trouble; there is sketch upon sketch in which Beethoven tries one idea, then another. (⑤) And you find that the most characteristic and expressive features of the music come together only during the final stages of the compositional process.

[2점] [11.6월평가원]

Vocabulary

- sustained[səstéind] 지속된
- postwar[póustwɔ́:r] 전후(戰後)의
- sequence[sí:kwəns] 순서
- scatter[skǽtə(r)] 뿔뿔이 흩어버리다
- trace[treis] 추적하다
- edge[edʒ] 조금씩 나아가다
- enormous[inɔ́:rməs] 거대한
- characteristic [kǽriktərístik] 특징
- compositional [kɑ̀mpəzíʃənəl] 작곡의

해석 베토벤은 자주 걸어 다녔는데 그때마다 종이 조각을 소지하고 다니며 악상이 떠오를 때 그것들을 기록하였다. 집에는 (그렇게 얻어진) 성과물을 그대로 기록하거나 새로운 생각들을 기록할 수 있는 대형 스케치북을 두어 음악작품을 만들거나 재구성하고 (줄로 그어) 지우고 또 다시 시작하는 작업을 하였다. 베토벤의 사후에 이들 스케치북은 여기저기로 흩어져 많은 경우 조각조각 분해되었다. 다행스럽게도, 전후 음악학 분야에서 이루어진 가장 지속적인 연구 프로그램 중 하나의 덕택으로 그것들의 원래의 순서를 재구성할 수 있었다. 그 결과, 우리는 그것들을 통해 연구 작업을 할 수 있고 베토벤이 우리가 오늘날 알고 있는 음악을 향해 조금씩 나아갔던 고통스런 과정을 추적할 수 있다. 예를 들자면, "Ode to Joy"의 첫 악절은 별로 어렵지 않게 그에게 떠오른 것 같지만 중간 악절에서는 엄청난 어려움을 겪었는데 베토벤이 한 가지 생각을 시도한 다음 또 다른 생각을 시도한 초고 악보가 겹겹이 그려져 있다. 또 그 악곡의 특징을 가장 잘 드러내고 또 가장 표현적인 특성은 작곡 과정의 마지막 단계에서만 느낄 수 있음도 알게 된다.

풀이 악상을 기록해둔 책이 여기저기 흩어져 그 전체의 모습을 알 수 없었다는 내용 뒤에 다행히도 전후의 연구 작업에 의해 그것들의 순서가 재구성될 수 있었다는 내용이 나와야 자연스럽다. 주어진 문장의 their는 ③ 앞문장의 these sketchbooks를 가리키는 것이다. 따라서 주어진 문장은 ③에 들어가야 한다.

Vocabulary

- adjoin[ədʒɔ́in] 접하다
- dwelling[dwéliŋ]
  집, 주거
- religion[rilídʒən] 종교
- annually[ǽnjuəli] 매년
- sacred[séikrid] 신성한
- culturally[kʌltʃərəli]
  문화적으로
- ritual[rítʃuəl] 종교의식

16 글의 흐름으로 보아, 주어진 문장이 들어가기에 가장 적절한 곳은?

> The clanhouse usually consists of a room adjoining the dwelling of the senior female member of the clan.

Hopi religion features a ritual calendar that includes a large number of annually required ceremonies. In most cases, each ceremony is 'owned' by the members of a certain clan.(①) Every clan represented in a village has a clanhouse in which the masks and other sacred items used in the ceremonies are kept when not in use. (②) This woman is in charge of storing ritual equipment and of seeing to it that they are treated with the proper respect. (③) There is also a male head of each clan whose duties likewise are partly religious because he is in charge of the performance of ceremonies owned by his clan. (④) A male clan head passes his position down to either his younger brother or his sister's son. (⑤) In this way, culturally important ritual knowledge is kept within the clan.

※ clan 씨족

[2점] [11.9월평가원]

해석

호피족의 종교는 해마다 요구되는 많은 의식이 기재된 종교의식 달력으로 특징지어진다. 대부분의 경우, 각 의식은 특정 씨족의 일원들에 의해 주관된다. 마을에 있는 모든 씨족은, 의식에 사용되는 가면과 다른 신성한 도구들을 쓰지 않을 때 보관해두는 씨족회관을 보유한다. 씨족회관은 대개 씨족의 고참 여성이 사는 곳과 인접해 있는 방으로 이루어져 있다. 이 여성은 제사 도구를 보관하고, 그 도구들이 적절한 경의를 받으며 다뤄지고 있는지를 보는 임무를 맡고 있다. 또한 각 씨족의 남성 우두머리의 임무는 마찬가지로 부분적으로 종교적인데, 그 이유는 그가 씨족에 의해 주관되는 종교의식을 수행할 책임이 있기 때문이다. 씨족의 남성 우두머리는 자신의 지위를 남동생이나 혹은 누이의 아들에게 물려준다. 이런 식으로, 문화적으로 중요한 종교의식에 관련된 지식이 씨족 내에서 보존된다.

풀이

② 앞의 문장에 나온 a clanhouse를 주어진 문장에서 다시 the clanhouse로 받고 있으며, ② 뒷문장의 This woman은 주어진 문장의 the senior female member of the clan을 가리키고 있다. 따라서 주어진 문장은 ②에 들어가야 한다.

답 ②

17 글의 흐름으로 보아, 주어진 문장이 들어가기에 가장 적절한 곳은?

Vocabulary

- perhaps[pərhǽps]
  아마도
- relatively[rélətivli]
  비교적
- distinguish
  [distíŋgwiʃ] 구별하다
- crunchy[krʌ́ntʃi] 바삭한
- variety[vəráiəti] 종류
- apparently
  [əpǽrəntli] 분명히
- devour[diváuər]
  게걸스럽게 먹다
- craving[kréiviŋ] 갈망

> However, recent success in the packaged-cookie market suggests that these may not be the only, or perhaps even the most important, reasons.

Why eat a cookie? Some reasons might be to satisfy your hunger, to increase your sugar level, or just to have something to chew on. (①) It appears that cookie-producing companies are becoming aware of some other influences and, as a result, are delivering to the market products resulting from their awareness. (②) These relatively new product offerings are usually referred to as 'soft' or 'chewy' cookies, to distinguish them from the more typical crunchy varieties. (③) Why all the fuss over their introduction? (④) Apparently much of their appeal has to do with childhood memories of sitting on the back steps devouring those melt-in-your-mouth cookies that were delivered by Mom straight from the oven, while they were still soft. (⑤) This emotional and sensory appeal of soft cookies is apparently at least as strong as are the physical cravings that the product satisfies.

[2점] [11.수능]

해석 왜 쿠키를 먹을까? 몇 가지 이유로는 배고픔을 만족시키기 위해서, 혈당을 증가시키기 위해서, 혹은 단지 씹어 먹을거리로서 일지 모른다. 하지만 최근의 포장쿠키 시장에서의 성공은 이것들이 유일한, 혹은 아마도 심지어 가장 중요한 이유는 아닐지도 모른다는 것을 시사한다. 쿠키 제조 회사들은 어떤 다른 영향들을 깨닫고 있으며, 그 결과, 그 깨달음에서 기인한 시장 상품을 내어놓는 것처럼 보인다. 이러한 상대적으로 새로운 상품 제공은 대개 부드러운 또는 씹는 맛이 있는 쿠키로 언급되는데, 이는 더욱 전형적인 바삭한 종류와 그것들을 구별하기 위한 것이다. 왜 그 상품의 도입에 떠들썩한 것일까? 분명히 그 매력의 상당 부분은 뒤 계단에 앉아서 오븐에서 엄마가 바로 가져다 준 아직 부드러운, 입에서 녹는 쿠키를 게걸스럽게 먹던 어린 시절의 기억과 관련이 있다. 언뜻 보기에, 부드러운 쿠키에 대한 이런 감정적이고 감각적인 매력은 적어도 그 상품이 만족시키는 신체적인 갈망만큼이나 강하다.

풀이 주어진 문장의 these는 첫 문장에서 언급된 쿠키를 먹는 여러 가지 이유를 가리키므로 첫 문장 뒤에 와야 한다. 그러므로 주어진 문장은 ①에 위치하는 것이 가장 적절하다.

답 ①

Vocabulary ▼

- population
  [pàpjəléiʃən] 인구
- fondness[fɑndnis]
  좋아함
- marine[mərí:n] 바다의
- mammal[mǽm-əl]
  포유동물
- nonstop[nɑnstɑp]
  멈추지 않는

18 글의 흐름으로 보아, 주어진 문장이 들어가기에 가장 적절한 곳은?

> But when ice forms, they can walk out to a hole near where the seals are swimming, then sit and wait for a seal to pop its head up to breathe.

Across the Arctic, polar bear numbers are in decline. If the climate continues to warm at the current rate, the bears could disappear completely in the next hundred years. (①) But for now, if you visit Churchill, Canada in October or November, it's almost a sure thing you'll see a polar bear in the wild. (②) Churchill, population 914, sits on the edge of Hudson Bay at the point where the ice first forms every winter. And these bears love ice. (③) Their fondness for frozen seas is simple: Ice means they can eat their favorite meal — seals. (④) Although polar bears are powerful marine mammals, able to swim a hundred miles or more nonstop, they're too slow to catch a seal in open water. (⑤) Or as a bear might put it, "Dinner is served."

[2점] [12.6월평가원]

해석 북극 전역에서 북극곰의 숫자가 줄어들고 있다. 기후가 현재의 속도로 계속 따뜻하면 북극곰은 다음 100년 동안에 완전히 사라질 수 있다. 그러나 지금으로서는 10월이나 11월에 캐나다의 Churchill을 방문하면 거의 틀림없이 야생에서 북극곰을 볼 것이다. 인구가 914명인 Churchill은 겨울마다 얼음이 최초로 어는 지점인 Hudson 만의 가장자리에 위치하고 있다. 그리고 이 곰들은 얼음을 사랑한다. 북극곰이 언 바다를 좋아하는 것은 단순하다. 얼음은 곰들이 가장 좋아하는 식사인 물개를 먹을 수 있다는 것을 의미한다. 북극곰이 멈추지 않고 백마일 이상 헤엄을 칠 수 있는 강력한 바다 포유동물이기는 하지만 너무 느려서 얼음이 얼지 않은 구역에서 물개를 잡을 수 없다. 그러나 얼음이 얼 때 북극곰은 물개가 수영을 하고 있는 곳 가까이에 있는 구멍으로 걸어간 다음 앉아서 물개가 숨을 쉬기 위해 머리를 내미는 것을 기다릴 수 있다. 또는 북극곰이 말할지도 모르듯이, "식사가 차려졌다."

풀이 주어진 문장은 역접의 연결어구로 시작하여, 얼음이 얼 때 곰들이 물개가 숨을 쉬기 위해 구멍으로 나오기를 기다린다는 내용이다. 이는 ⑤ 앞의 내용과 반대되는 내용이므로 주어진 문장은 ⑤에 들어가는 것이 가장 적절하다.

19 글의 흐름으로 보아, 주어진 문장이 들어가기에 가장 적절한 곳은?

> The smartest of our deep ancestors would have stored their excess meat in the bodies and minds of others (not just their own kin).

Evolutionary psychologists have suggested that the absence of any effective form of refrigeration was critical to our early moral development. Let's say that you're an early humanoid hunting and gathering on the African savannah and you strike it lucky. (①) You come across a huge beast and you manage to kill it. (②) It yields far more meat than anyone involved in the hunt or their families can possibly consume. (③) How do you get the most benefit of your excess meat without a fridge, or anywhere to store it? (④) Provided those benefiting from your gift could possibly repay your generosity in the future, that was the best thing you could do with excess meat. (⑤) Groups of early humans who developed stable relationships and practiced this sort of mutual altruism were in a better position to prosper and multiply.

Vocabulary

- kin[kin] 동족
- Evolutionary
  [èvəlú:ʃənèri] 진화의
- absence[ǽbsəns] 부재
- humanoid[hjú:mənɔid]
  원인(原人)
- fridge[fridʒ] 냉장고
- stable[stéibl] 안정된
- altruism[ǽltru:izəm]
  이타주의
- prosper
  [práspər / prɔ́s-] 번영하다

[2점] [12.9월평가원]

해석
진화 심리학자들은 효과적인 냉장 기술이 없는 것이 초기 도덕 발달에 중요했다고 시사해 왔다. 당신이 아프리카의 대초원에서 사냥과 채집생활을 하는 초기의 원인(原人)이며, 뜻밖의 행운을 만났다고 생각해보자. 당신은 거대한 짐승과 마주쳐서 그것을 어떻게든 죽인다. 그것에서 나오는 고기는 사냥에 관련된 사람이나 그들의 가족이 소비할 수 있는 것보다 훨씬 더 많다. 당신은 냉장고나 그것을 저장할 공간이 없이 어떻게 그 여분의 고기에서 최대한 이득을 얻어낼 것인가? 우리의 먼 조상들 중에 가장 똑똑했던 조상은 (동족뿐만이 아닌) 다른 사람들의 신체와 마음에 여분의 고기를 저장했을 것이다. 만약 당신의 선물로 혜택을 받은 사람들이 미래에 당신의 관용으로 보답할 수 있었다면, 그것은 여분의 고기를 가지고 당신이 할 수 있는 최고의 일이었다. 안정적인 관계를 발전시키고 이런 종류의 상호 이타주의를 실천했던 초기 인간의 무리는 번창하고 번식할 수 있는 더 나은 위치에 있었다.

풀이
주어진 문장은 여분의 고기를 여러 사람들과 함께 나누었다는 내용이므로, 여분의 고기를 어떻게 활용할 것인지 묻는 문장 뒤에 위치하는 것이 가장 적절하다. 따라서 주어진 문장은 ④에 들어가야 한다.

답 ④

• extract[ikstrǽkt]
  추출하다
• cooperate[kouápərèit]
  협동하다
• suckling[sʌkliŋ] 젖먹이
• calve[kæv, kɑːv] 새끼
• practical[prǽktikəl]
  실제의
• zip[zip] 빠르게 하다
• submerge[səbmə́ːrdʒ]
  잠수하다

20 글의 흐름으로 보아, 주어진 문장이 들어가기에 가장 적절한 곳은?

> The DNA extracted from these bits of whale skin not only identifies the individuals in the group, but also reveals their relationships to each other.

Sperm whales travel in social groups that cooperate to defend and protect each other, and may even share suckling of calves. (①) It is difficult to determine the membership of these groups from sightings alone, because of the practical difficulties of observing whale behavior, most of which happens underwater. (②) To make things even more difficult, sperm whales can travel across entire oceans and can dive to a depth of a kilometer. (③) Biologists who study whale behavior generally have to be content with hanging around in boats, waiting for their subjects to surface. (④) But when they do surface, in addition to taking photos which allow individual whales to be identified, biologists can zip over in worryingly small boats and pick up the bits of skin that the whales leave behind on the surface when they re-submerge. (⑤) This has allowed researchers to describe sperm whale social groups in detail.

※ sperm whale 향유고래

[2점] [12.수능]

해석
향유고래는 서로를 방어하고 보호하기 위해서 협동하는 사회적 집단을 이루어 이동하고, 심지어는 새끼 젖을 먹이는 것을 공유할 수도 있다. 고래의 행동은 대부분이 수중에서 이루어져 관찰하기가 실질적으로 어렵기 때문에, 단지 목격만으로 이 집단의 구성원을 밝혀내기는 어렵다. 향유고래는 전 대양을 가로질러 이동할 수 있고 1킬로미터의 깊이까지 잠수할 수 있어서 (가려내는) 일은 훨씬 더 어려워진다. 고래의 행동을 연구하는 생물학자들은 그들의 관찰 대상이 수면으로 올라오는 것을 기다리면서 보트 안에서 거니는 것에 보통 만족해야만 한다. 그러나 그것들이 수면으로 올라올 때, 생물학자들은 개별 고래들을 확인할 수 있도록 해 주는 사진을 촬영할 뿐만 아니라 우려되는 작은 보트를 타고 재빠르게 나아가서 고래들이 다시 잠수할 때, 표면에 남겨 둔 피부의 조각들을 주워 담을 수 있다. 이러한 고래의 피부 조각에서 추출한 DNA는 집단에 있는 개별 개체들을 확인할 수 있을 뿐만 아니라, 서로에 대한 그들의 관계를 드러내기도 한다. 이것은 연구자들이 향유고래의 사회 집단에 대해 자세하게 설명할 수 있도록 해 주었다.

풀이
주어진 문장의 these bits of whale skin은 ⑤ 앞문장의 the bits of skin을 받고 있다. 따라서 주어진 문장은 ⑤에 들어가는 것이 가장 적절하다.

크로스**영어**
기출문제 유형탐구

CHAPTER

07
분위기&심경
심정 파악

총 34문항

세상을 **바**꾸는
크로스 **공부법** **100**선

037 문법책 한권을 선택한 이상 여러분은 그 책과 함께 말 그대로 '죽도록' 같이 가야 한다. 수많은 독해를 하면 서도, 듣기를 하면서도, 말하기를 하면서도, 학교 내신 준비를 하면서도 문법은 그 기본이고 골격이다. 필요한 순간마다 필요한 문법이 떠올라야 한다.

038 문법을 잘 할려면 반드시 지켜야 할 것은 한 번 정한 책은 바꾸지 말라는 것이다.

039 눈으로 보기 리듬은 레이싱 카다. 빠른 대신에 높은 순 도의 휘발유를 필요로 한다. 저질 체력, 저질 두뇌로는 감당할 수 없는 뛰어난 존재다. 따라서 머리의 청정함 과 균형, 체력적인 튼실함 이 모두를 구비하도록 잘 조 정하라.

040 수면을 줄이려고 노력하기 보다는 균형을 잡을 정도의 적당한 수면이 중요하다는 사실이다. 머리가 맑은 상 황에서 제대로 집중해서 공부한다면 읽는 속도와 기억 의 정확성은 상상을 불허하는 법이다.

041 기억하라. 어떤 지식은 단 한번 들음으로써 일생을 가 고 어떤 지식은 몇 십 번을 거듭 보아도 항상 해메게 된 다는 사실을 말이다.

042 눈을 사용하는 리듬을 제대로 활성화하려면 충분한 수 면이 필수 선결 조건이다. 4시간 자면서 공부해서 성공했 다는 사람들을 잊어버려라.

01 다음 글에 드러난 Jess의 심경 변화로 가장 적절한 것은?

Jess took another step forward. The ground fell with unexpected sharpness, and the water level seemed to jump from her knees to her waist. She stopped for a moment and anxiously scanned the river before her. Her legs started to shake and she felt her body stiffen. And this was an unknown river. There could be reeds, or other dangers she didn't know about. She was concerned that as a townie, she'd had little experience of the countryside, and none at all of swimming in rivers. It didn't look safe enough but she didn't want to turn back. She took a deep breath and pushed herself into the water. It felt nice and cool, not as freezing as when she had first stepped into it. The water seemed to welcome and embrace her. She liked the clean, luxuriant feeling as she swept down with the current.

Vocabulary

- anxiously[ǽŋkʃəsli] 걱정스럽게
- scan[skæn] 훑어보다
- stiffen[stífən] 굳어지다
- reed[riːd] 갈대
- townie[tauní] 도시 사람
- countryside [kʌ́ntrisàid] 시골
- embrace[imbréis] 품다, 포용하다
- luxuriant [lʌɡʒúəriənt] 풍요한

① bored → amused

② worried → pleased

③ joyous → terrified

④ excited → sorrowful

⑤ afraid → disappointed

[1점] [11.수능]

해석 ess는 한 발을 더 앞으로 내딛었다. 바닥이 갑자기 급격하게 깊어졌으며, 수위가 그녀의 무릎에서 허리로 갑자기 올라왔다. 그녀는 잠시 멈추고 걱정스러운 듯이 앞쪽에 있는 강물을 훑어보았다. 그녀의 다리는 후들거리기 시작했으며, 그녀는 몸이 굳어지는 것을 느꼈다. 그리고 이것은 미지의 강이었다. 갈대가 있을 수도 있고, 혹은 그녀가 알지 못하는 다른 위험 요소가 있을 수도 있었다. 도시사람인 그녀는 시골에 대한 경험이 거의 없었으며, 강물에서 수영을 한 경험은 전혀 없다는 사실이 걱정되었다. 그것은 충분히 안전해 보이지는 않았지만, 그녀는 돌아가고 싶지 않았다. 심호흡을 하고 그녀는 물의 안쪽으로 들어갔다. 그것은 좋고 시원하게 느껴졌으며, 그녀가 처음 들어갔을 때만큼 몹시 차갑지 않았다. 물이 그녀를 반갑게 맞아주고 포용해 주는 것 같았다. 그녀는 물의 흐름을 따라 가면서 느껴지는 그 맑고 풍요로운 느낌이 좋았다.

풀이 Jess는 처음에 강물에 들어가는 것이 두려웠으나, 점차 물에 들어가는 느낌을 좋아하게 되었다. 그러므로 Jess의 심경 변화로 가장 적절한 것은 ②' worried(걱정스러운) → pleased(흡족한)'이다.
① 지루한 → 즐거워하는 ③ 즐거운 → 겁에 질린 ④ 흥분된 → 슬픈 ⑤ 두려운 → 실망한

답 ②

Vocabulary

- terrifying[térəfàiiŋ]
  무서운
- paddle[pǽdl]
  노를 젓다, 조용히 젓다
- panic[pǽnik] 공포
- shore[ʃɔːr] 해변
- paralyze[pǽrəlàiz]
  마비시키다

02 다음 글에 드러난 'I'의 심경으로 가장 적절한 것은?

It started out like any other day. I had no idea that I was in for one of the most terrifying experiences of my life. I headed to the beach and jumped on my surfboard and paddled out. I was about 150 yards off the beach, when I felt a sudden chill in the air followed by an uncomfortable stillness. Suddenly, I heard the lifeguard scream, "Get out of the water!" There was a certain panic in his voice that demanded attention. Then I saw something approaching me in the water. It was big and gray, and closing in on me fast. I tried to paddle back to shore but my arms and legs were paralyzed.

① amused   ② ashamed   ③ disappointed

④ flattered   ⑤ frightened

[1점] [12.수능]

해석

그날도 시작은 다른 어느 날과 같았다. 나는 내가 내 삶에서 가장 무서운 경험 중의 하나가 날 기다리고 있으리라고는 꿈에도 생각지 못했다. 나는 바닷가로 가서 내 서프보드에 뛰어 올라 물을 저어 나아갔다. 바닷가에서 약 150야드 떨어져 있었을 때, 나는 갑자기 공기 중에서 갑작스런 한기를 느꼈고 그 뒤에 불안한 정적이 이어졌다. 갑자기, "물에서 나오세요!"라고 구조원이 외치는 소리가 들렸다. 그의 목소리에는 주의를 요하는 확실한 공포가 배어 있었다. 그 때 나는 뭔가가 물속에서 나를 향해 다가오고 있는 것을 보았다. 그것은 거대했고 회색빛이었으며 내게로 빠르게 접근하고 있었다. 다시 물가로 가려고 물을 저어댔지만 내 팔과 다리는 마비되어 있었다.

풀이

내 삶에서 가장 무서운 경험 중 하나(one of the most terrifying experiences of my life), 한기를 느꼈다(felt a sudden chill), 구조대원의 목소리에 배어 있는 확실한 공포(a certain panic[pǽnik] in his voice), 내 팔다리는 마비되었다(my arms and legs were paralyzed) 등의 내용이 필자가 두려움에 사로잡혀 있음을 잘 보여주고 있다. 그러므로 ⑤ 'frightened[fráitn](겁먹은)'가 답이 된다.
① 즐거워하는 ② 부끄러운 ③ 실망한 ④ 우쭐한

답 ⑤

03 다음 글의 분위기로 가장 적절한 것은?

The monster suddenly felt a strange need to get up and look at himself in the mirror. He relit his candle. When he saw his face reflected in the polished glass, he scarcely recognized it; it seemed to him as though he had never yet seen himself. His eyes looked to him enormous, and he was pale; yes, without doubt he was pale, very pale. He remained standing in front of the mirror. He put out his tongue, as though to check the state of his health, and abruptly the thought struck him like a bullet, "The day after tomorrow, at this very hour, I may no longer be in this world." His heart began its furious beating again.

Vocabulary

- reflect[riflékt] 비치다, 나타내다
- polished[pάliʃt] 반짝이는
- scarcely[skέərsli] 거의
- enormous[inɔ́ːrməs] 매우 큰
- pale[peil] 창백한
- abruptly[əbrʌ́pt] 갑자기
- bullet[búlit] 총알

① fresh and pleasant

② calm and peaceful

③ noisy and humorous

④ dark and frightening

⑤ slow and boring

[2점] [05.9월평가원]

해석 그 괴물은 일어나서 거울에 있는 그 자신의 모습을 보아야겠다는 이상한 욕구(need)를 불연 듯 느꼈다. 그는 그의 초를 다시 켰다. 그가 반짝이는 거울에 비친 그의 얼굴을 보았을 때, 그는 그의 얼굴을 거의 알아볼 수 없었다. 그는 아직 그 자신을 여태껏 보지 못했던 것 같았다. 자신의 눈이 그에게는 엄청나게 커 보였다. 그는 창백했다. 그렇다. 의심의 여지없이 그는 창백했다. 아주 창백했다. 그는 거울 앞에 선 채로 있었다. 그는 그의 건강을 확인하려고 하듯 혀를 내밀었다. 그리고 갑자기 총알같이 "내일 모래 바로 이 시간 나는 더 이상 이 세상에 존재하지 않을 수도 있다."라는 생각이 떠올랐다. 그의 심장은 심하게 박동을 하기 시작했다.

풀이 He was pale[peil]. The day after tomorrow, at this very hour, I may no longer be in this world.에서 글의 분위기를 알 수 있다. 따라서 이 글의 분위기로 적절한 것은 ④'어둡고 무서운'이다.
① 신선하고 상쾌한 ② 고요하고 평화스러운 ③ 시끄럽고 유머러스한 ④ 어둡고 무서운 ⑤ 느리고 지루한

Vocabulary

- oversleep[óuvərsli:p]
  늦잠자다
- overweight[óuvərweit]
  너무 무거운
- persuade[pərswéid]
  설득하다
- sufficient[səfíʃənt]
  충분한
- departure[dipá:rtʃər]
  출발
- reservation
  [rèzərvéiʃən] 예약

04 다음 글에 나타난 'I'의 심경을 가장 잘 나타낸 것은?

I had overslept at the hotel, missing breakfast, and had to leap into my clothes. I couldn't find a cab and had to drag my overweight bag eight blocks to the Central Bus Station. I had huge difficulty persuading the staff at the bank on Johansgate Street to cash sufficient traveler's checks to pay the 1,200-krone bus fare. They simply could not understand that the William McGuire Bryson on my passport and the Bill Bryson on my traveler's checks were both me. Now here I was arriving at the station two minutes before departure, breathless and steaming from the endless uphill struggle that is my life, and the girl at the ticket counter was telling me that she had no record of my reservation.

※ krone 덴마크와 노르웨이의 화폐 단위

① satisfied   ② relieved   ③ bored

④ encouraged   ⑤ frustrated

[2점] [05.9월평가원]

해석 나는 호텔에서 늦잠을 자서 아침을 거르고 허겁지겁 옷을 입었다. 나는 택시를 잡지 못해서 무거운 짐 가방을 Central Bus Station까지 질질 끌고 와야만 했다. 나는 버스요금 1,200-krone을 지불하기 위한 충분한 여행자 수표를 현금화하기 위해서 Johansgate Street에 있는 은행 직원을 설득하는 데 엄청난 어려움을 겪었다. 그들은 단순히 여권에 적혀있는 William McGuire Bryson과 여행자 수표에 적혀있는 Bill Bryson이 둘 모두 나라는 사실을 이해하지 못했다. 끝없는 나의 인생의 오르막인 끝없는 오르막의 몸부림으로부터 숨 막히고 땀을 흘리면서, 나는 지금 여기 출발 2분전에 역에 도착해 있다. 그리고 매표소의 소녀(매표원)가 나에게 예약 기록이 없다고 말하고 있었다.

풀이 늦잠 자고 그로인해 아침도 거르고 여행자 수표를 현금화 하는 데도 어려움을 겪고 예약도 제대로 되어 있지 않은 상황이다. 네 째줄 had huge difficulty[dífikʌlti, -kəl-] persuading ~ , 열 번째 줄 breathless[bréθlis] and steam from~ 등에서 필자의 심경을 알아낼 수 있다. 따라서 이 글에 나타난 필자의 심경으로 적절한 것은 ⑤'좌절한'이다.
① 만족한 ② 안도하는 ③ 지루한 ④ 고무된

답 ⑤

05 다음 글에 나타난 he 의 심경으로 가장 적절한 것은?

Vocabulary

Before he closed his tired eyes, he let them wander around his old small room. It was made calm by the glow of the firelight that played on familiar things that had long been unconsciously a part of him. Now with open arms they received him back. He saw clearly how much it all meant to him, and the special value of a place like this in one's life. It was good to think he had this place to come back to and these things which could always be counted upon for the same simple welcome.

- wander[wάndər]
  돌아다니다
- glow[glou] 빛
- unconsciously
  [ʌnkánʃəsli] 무의식에
- alarmed[əlάːrmd]
  놀란, 두려워하는

① guilty   ② threatened   ③ alarmed

④ envious   ⑤ comfortable

[2점] [05.수능]

해석 그는 피곤한 눈을 감기 전에, 눈으로 그의 오랜 작은 방 주위를 둘러보았다. 그 방은 그도 모르게 오랫동안 그의 일부가 된 친숙한 물건들 위에 일렁이는 불빛으로 평온하게 만들어져 있었다. 그것들은 이제 두 팔을 벌려 그를 다시 맞아들였다. 그는 그것들 모두가 그에게 얼마나 많은 것을 의미하는가를, 그리고 사람의 삶에서 이와 같은 장소가 주는 특별한 가치를 분명히 알았다. 다시 돌아올 수 있는 이러한 장소가 있다는 것과, 늘 담백하게 똑 같이 맞아주는 것을 기대할 수 있는 이런 것들을 있다는 것을 생각하는 건 좋았다.

풀이 불빛으로 차분해진 방, 그를 맞아들이는 친숙한 물건들, 이런 것들의 가치를 생각하고 이런 장소와 물건들이 있음을 따뜻하게 느끼는 내용에서 'he'의 심정이 편안하고 기분 좋음을 알 수 있다.
① 떳떳하지 못한 ② 위협당한 ③ 놀란 ④ 부러워하는

답 ⑤

Vocabulary ▾

• creep[kri:p] 기다
• cast[kæst] 던지다
• cabin[kǽbin] 오두막
• beaming[bíːmiŋ]
  웃음을 띤

06 다음 글이 묘사하는 분위기로 가장 적절한 것은?

Shadows crept across the room, cast from old furniture as the bright fire made them jump from side to side. The winter storm blew against the windows throwing snow high against the sides of the small log cabin. In the center of the room was a table with two old silver candlesticks and two glasses of red wine. Soft music played in the background. Between the two wine glasses was a small empty box. It had contained a gold ring with a small diamond that his grandmother had given to him. Tonight, the girl across from him was wearing it, beaming.

① funny   ② scary   ③ busy

④ sad   ⑤ romantic

[2점] [05.수능]

해석 그림자는 밝은 불빛으로 인해 이리저리 춤을 추면서 낡은 가구로부터 던져져서 방을 가로질러 기어왔다. 겨울 폭풍이 작은 통나무집 옆에다 눈을 높게 쌓이게 하면서 창문에 대고 불고 있었다. 방 한가운데는 두개의 오래된 은촛대와 두 잔의 붉은 와인이 놓여 있었다. 부드러운 음악이 주위에 흐르고 있었다. 두 와인 잔 사이에는 작은 빈 상자가 있었다. 그 상자에는 그의 할머니가 그에게 물려주었던 작은 다이아몬드가 박힌 금반지가 들어 있었다. 오늘밤에는 그의 건너편에 있는 소녀가 밝게 미소를 지으며 그것을 끼고 있었다.

풀이 오래된 은촛대, 와인 잔, 반지를 끼고 밝게 미소 짓고 있는 소녀 등은 ⑤'낭만적인' 분위기를 잘 전달하고 있다.
① 재미있는 ② 무서운 ③ 분주한 ④ 슬픈

답 ⑤

07 다음 글에 나타난 분위기의 변화로 가장 적절한 것은?

Vocabulary

On Saturday evenings my friends and I would go to the market. We walked through the busy streets packed with drunken men and bargaining women amid the dancing and chanting of street-singers. We would laugh and cheer as magicians performed their tricks. Even at these moments, my love's name sprang to my lips in strange prayers which I myself did not understand. My eyes were often full of tears. I could not tell why, and I did not know whether I would ever speak to her or not. If I spoke to her, how could I tell her about my feelings of admiration? As night fell, my body was like a harp, and her words and gestures were like fingers running upon the wires.

- bargain[bɑ:rgin]
  흥정을 하다
- amid[əmíd]
  ~의 한가운데에(사이에)
- prayer[prɛər] 기도
- admiration
  [æ̀dməréiʃən] 칭찬
- grotesque[groutésk]
  이상한

① fearful   →   boring

② grotesque   →   dynamic

③ calm   →   humorous

④ noisy   →   festive

⑤ lively   →   romantic

[2점] [06.6월평가원]

해석 토요일 저녁마다 친구들과 나는 시장에 가곤 했다. 우리는 거리의 가수들이 추는 춤과 노래 사이로 술 취한 남자들과 흥정을 벌이는 여자들로 가득 찬 분주한 거리를 통과해 걸어갔다. 우리는 마술사들이 묘기를 보여줄 때 웃으며 환호성을 질렀다. 이러한 순간들에도, 내 자신이 이해하지 못하는 이상한 기도 속에 내 연인의 이름이 입가에 튀어 나왔다. 종종 나의 눈은 눈물로 가득 찼다. 나는 이유를 알 수 없었으며, 내가 그녀에게 말을 걸 수 있을지 없을지도 알지 못했다. 만일 말을 걸게 된다면 어떻게 나의 사모하는 감정을 그녀에게 말할 수 있을까? 밤이 되면, 나의 몸은 하프와 같았고, 그녀의 말과 동작은 선을 따라 움직이는 손가락과 같았다.

풀이 글의 앞부분에서는 시장의 분주하고 활기찬 분위기가(lively) 느껴지지만, 뒷부분에서는 연인에 대한 사모의 감정이 절절히 표현되어 있어 낭만적인(romantic[roumǽntik]) 분위기를 느낄 수 있다.
① 두려워하는 → 지루한 ② 기괴한 → 역동적인 ③ 침착한 → 유머러스한 ④ 떠들썩한→ 즐거운

답 ⑤

Vocabulary

- disturbing[distəːrbiŋ]
  혼란시키는
- article[άːrtikl] 기사
- alternative[ɔːltəːrnətiv]
  대안
- multiply[mʌ́ltəplài]
  증가하다
- optimistic[ùptəmístik]
  낙천적인

08 다음 글에 드러난 필자의 심경을 가장 잘 나타낸 것은?

It was very disturbing reading your article about how the farmers plan to handle the wild pig overpopulation on the Channel Islands. Humans always seem to think that the best way to deal with any type of animal problem is to just kill them. Isn't there another alternative than shooting these pigs? Humans brought pigs over to these islands many years ago. Now that they have overpopulated, people want to murder them. Where were all of the humans when the pigs started to multiply out of control?

① concerned and angry　　　② confident and proud

③ scared and apologetic　　④ thoughtful and optimistic

⑤ indifferent and objective

[2점] [06.6월평가원]

해석 농부들이 Channel Islands에서의 야생 돼지 과밀상태를 처리하는 방법에 대한 당신네 기사를 읽고 대단히 혼란스러웠다. 사람들은 항상 어떤 종류든 동물 문제를 처리하는 최선의 방식이 단지 그들을 죽이는 것이라고 생각하는 것처럼 보인다. 이 돼지들을 쏴 죽이는 것 말고 다른 대안은 없는가? 사람들이 돼지들을 수년전에 이 섬들에 데려왔다. 그들이 넘치게 되니까, 사람들은 그들을 학살하기를 원한다. 돼지들이 통제할 수 없게 증식하기 시작할 때 모든 사람들은 어디 있었나?

풀이 야생돼지들이 넘치게 된 문제를 살육으로 해결하려는 방식에 대해 우려와 분노를 표현하고 있다. Isn't there another alternative~(다른 대안은 없는가?), Where were all of the humans~(사람들은 모두 어디 있었나?)등의 표현에서 감정이 격해 있음을 엿볼 수 있다. 따라서 이 글에 대한 필자의 심정으로 적절한 것은 ①'걱정되고 화나는'이다.
② 자신만하고 자랑스러운 ③ 무섭고 미안해하는 ④ 생각이 깊고 긍정적인 ⑤ 무관심하고 객관적인

　　　답 ①

09 다음 글에 드러난 필자의 심경을 가장 잘 나타낸 것은?

Vocabulary ☑

• scholarship
[skálə:rʃìp / skɔ́l-] 장학금
• flatter[flǽtər]
우쭐하게 하다
• perhaps[pərhǽps]
아마도
• support[səpɔ́:rt] 지원
• academic[æ̀kədémik]
대학생

It is truly an honor to have received the Fisher Scholarship for 2003-2004. I am flattered to have been chosen to receive this scholarship. I think chemistry is an interesting field, full of opportunities. I am proud of being a chemistry major here at Roanoke College. I look forward to beginning a career in the chemical industry or perhaps in education. Because of your financial support, I have had the opportunity to receive a wonderful education. I hope that you will continue to support academics at Roanoke College.

① grateful   ② regretful   ③ embarrassed

④ curious   ⑤ irritated

[2점] [06.9월평가원]

해석 2003-2004년 Fisher 장학금을 받게 된 것은 진정 영광입니다. 이 장학금을 수여받는 것으로 선발된 것에 저는 우쭐해져 있습니다. 저는 화학이 흥미 있는 분야이고, 기회로 가득하다고 생각합니다. 저는 여기 Roanoke 대학에서 화학을 전공하게 되어 자랑스럽습니다. 저는 화학 산업이나 아마도 교육 분야에서 경력을 시작하기를 고대합니다. 재정적인 지원 덕택에 저는 훌륭한 교육을 받을 기회를 갖게 되었습니다. Roanoke 대학의 대학인들을 계속 지원해 주시기를 바랍니다.

풀이 글의 전반부에 장학생으로 선발되어 기뻐하는 심경을 'I am flattered to have been chosen to receive this scholarship.'이라 표현하고 후반부에서 재정적 지원 덕택에 상대에게 훌륭한 교육을 받게 되었다고 ①'감사해하고' 있다.
② 후회하는 ③ 당황한 ④ 호기심 있는 ⑤ 짜증나는

Vocabulary

- ceiling[síːliŋ] 천장
- handkerchief
  [hǽŋkərtʃif] 손수건
- shift[ʃift] 이동
- distract[distrǽkt]
  (주의를) 흩뜨리다
- grin[grin] 씩 웃음
- brightly[bráitli] 밝게
- audible[ɔ́ːdəbl] 들리는
- brief[briːf] 짧은

10 다음 글에 나타난 분위기의 변화로 가장 적절한 것은?

I lecture for about half an hour. Then, I notice that the students are beginning to look at the ceiling; one is feeling for his handkerchief; another shifts in his seat; another smiles at his thoughts, and so on. This means they are distracted. Something must be done. Taking advantage of the first opportunity, I make a joke. A broad grin comes on to a hundred and fifty faces, the eyes shine brightly, and the thunder of laughter is audible for a brief moment. I laugh, too. Their attention is refreshed, and I can go on.

① dull → lively
② amusing → boring
③ tense → exciting
④ gloomy → peaceful
⑤ dynamic → quiet

[2점] [06.9월평가원]

해석 나는 거의 30분 동안이나 강의를 하고 있다. 그 때 나는 학생들이 천장을 쳐다보기 시작하는 것을 알아차린다. 한 학생은 손수건을 더듬어 찾고, 다른 학생은 자리에서 이동하고, 또 다른 학생은 자신의 생각에 몰두해 미소를 짓고, 기타 등등이다. 이것은 그들의 주의가 산만해졌다는 것을 의미한다. 무엇인가 조치를 취해야만 한다. 첫 기회를 이용하여 나는 농담을 던진다. 150명의 학생들 얼굴에 큰 웃음이 번지고, 눈이 밝게 빛나고, 우레와 같은 웃음소리가 짧은 순간 들린다. 나도 역시, 웃는다. 그들의 관심은 다시 되살아나고 나는 강의를 계속해 나간다.

풀이 강의를 듣는 학생들의 주의가 산만해지고 딴 짓을 하기 시작하는 따분한(dull) 분위기였지만, 필자가 농담을 던진 이후로 활기찬(lively[láivli]) 분위기로 바뀌었다.
② 즐거운 → 지루한 ③ 긴박한 → 흥분되는 ④ 울적한 → 평화로운 ⑤ 역동적인 → 조용한

답 ①

11 다음 글의 분위기로 가장 적절한 것은?

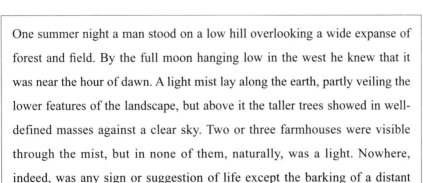

Vocabulary

- overlook[òuvərlúk]
  내려다보다
- expanse[ikspǽns]
  광활한 공간
- mist[mist] 안개
- veil[veil] 감추다
- well-defined
- [wéldifáind] 분명한, 명확한
- accentuate
  [æ kséntʃuèit]
  두드러지게 하다
- solitary[sálitèri] 외로운

One summer night a man stood on a low hill overlooking a wide expanse of forest and field. By the full moon hanging low in the west he knew that it was near the hour of dawn. A light mist lay along the earth, partly veiling the lower features of the landscape, but above it the taller trees showed in well-defined masses against a clear sky. Two or three farmhouses were visible through the mist, but in none of them, naturally, was a light. Nowhere, indeed, was any sign or suggestion of life except the barking of a distant dog, which served to accentuate the solitary scene.

① fresh and lively   ② humorous and festive

③ tense and stressful   ④ silent and lonely

⑤ dynamic and spectacular

[2점] [06.수능]

해석 어느 여름 날 밤 한 남자가 숲과 들판이 넓게 펼쳐져 있는 곳을 내려다보면서 낮은 언덕 위에 서 있었다. 서쪽에 낮게 걸려 있는 보름달로 그는 동틀 시간이 되었다는 것을 알았다. 엷은 안개가 보다 낮은 곳에 있는 풍경의 지형을 부분적으로 감추면서 대지를 따라 깔려 있었지만, 그 위에는 보다 큰 나무들이 맑은 하늘을 배경으로 윤곽이 뚜렷한 무리를 이루어 드러나 있었다. 두세 채의 농가가 안개 속으로 보였지만, 그것들 중 어느 것에도 당연히 불을 켜져 있지는 않았다. 멀리 개 짖는 소리를 제외하고는 실제로 어느 곳에도 생명의 표시나 암시는 없었는데, 그 소리도 외로운 풍경을 더 두드러지게 했다.

풀이 동틀 무렵이라는 시간적 배경과 개 짖는 소리를 제외하고는 생명의 흔적이 전혀 없고, 개 짖는 소리마저 외롭게 한다는 말에 서 ④'조용하고 외로운' 분위기를 느낄 수 있다.
① 상쾌하고 생기 있는 ② 유머러스하고 즐거운 ③ 긴장되고 스트레스 많은 ⑤ 역동적이고 장관인

답 ④

Vocabulary ▾

- glance[glæns, glɑːns]
  흘긋 보다
- anxiety[æŋzáiəti]
  걱정, 불안
- merely[míərli] 단지
- punctually[pʌ́ŋktʃuəli]
  정각에
- concerned[kənsə́ːrnd]
  걱정하는

12 다음 글에 드러난 'she'의 심경을 가장 잘 나타낸 것은?

The room was warm and clean, the curtains drawn, the two table lamps lit—hers and the one by the empty chair opposite. On the sideboard behind her, two tall glasses, soda water, champagne. Now and again she would glance up at the clock, but without anxiety, merely to please herself with the thought that each minute gone by made it nearer the time when he would come. There was a slow smiling air about her. When the clock said ten minutes to five, she began to listen, and a few moments later, punctually as always, she heard the car approach and stop outside. The car door closed, and her heart beat faster as the footsteps passed the window.

① surprised and relieved

② anticipating and excited

③ hopeless and bored

④ depressed and sorrowful

⑤ concerned and frightened

[2점] [06.수능]

해석

방은 따뜻하고 깨끗했으며, 커튼이 드리워져 있었고 두 개의 테이블 램프, 그녀의 것과 맞은편의 비어 있는 의자에 있는 것은 불이 켜져 있었다. 그녀의 뒤편에 있는 찬장에는 두 개의 큰 유리잔, 소다수, 샴페인이 있었다. 가끔씩 그녀는 시계를 힐끗힐끗 보곤 했지만, 불안한 마음은 없었고 단지 일분 일분이 지날 때마다 그가 돌아올 시간이 더 가까워진다는 생각으로 마음은 즐거웠다. 그녀의 둘레에는 느리게 미소를 짓게 하는 분위기가 있었다. 다섯 시 10분 전(4시 50분)이 되었을 때, 그녀는 귀를 기울이기 시작했고, 잠시 후에 항상 그렇듯이 정확한 시간에 그녀는 차가 다가와 밖에서 멈추는 소리를 들었다. 차문이 닫혔고, 발자국 소리가 창문을 지나면서 그녀의 가슴은 더 빨리 뛰기 시작했다.

풀이

식탁위에 램프를 켜 놓고 남자를 기다리는 여자의 ②'기대감에 차고 흥분된(anticipating and excited[iksáitid])' 심정이 잘 드러나 있는 글이다.
① 놀라고 안도하는 ② 기대되고 흥분되는 ③ 희망 없고 지루한 ④ 우울하고 슬픈 ⑤ 걱정되고 겁먹은

정답 ②

13 다음 글의 상황에 나타난 분위기로 가장 적절한 것은?

Solitude revealed to him all of nature's secrets, and enveloped him in its delights. He lived a peaceful life marveling at the wonders of nature, and discovered sights unknown to the world in the rising and setting of the sun. He knew what it was to tremble when he heard the hiss of a bird's wings over his head. He spent the time enjoying himself, looking around the vast open plain where red, dry mists and dark clouds were rising. At the end of the day, he would welcome the night with joy, listening to imaginary music in the skies.

Vocabulary

- solitude[sɑ́litjùːd] 고독
- envelope[énvəlòup] 봉투
- marvel[máːrvəl] 놀라운 일
- tremble[trémbəl] 전율하다
- wearisome[wíərisəm] 피곤하게 하는

① calm and inspiring
② silent and depressing
③ noisy and disheartening
④ secretive and frightening
⑤ dangerous and wearisome

[2점] [07.6월평가원]

해석 고독은 자연의 모든 신비를 그에게 보여 주었고 그를 자연의 기쁨으로 감쌌다. 그는 자연의 경이로움에 놀라워하면서 평화로운 삶을 살았고, 해가 뜨고 질 때 세상 사람들이 알지 못하는 모습들을 발견했다. 그는 새의 날개가 그의 머리위에서 쉿 하는 소리를 낼 때 전율한다는 것이 어떤 것인지를 알았다. 그는 붉은 색의 건조한 안개와 어두운 구름이 솟아나는 광대한 평원을 둘러보면서 즐거운 시간을 보냈다. 하루가 끝날 때면, 그는 즐겁게 밤을 맞이해 하늘에서 들리는 가상의 음악에 귀를 기울이곤 했다.

풀이 자연의 경이로움과 비경 속에서 고독하게 살면서 즐거운 시간을 보내고 있는 필자의 상황을 묘사하고 있는 글인데 ①'고요하면서도 영감을 불러일으키는' 분위기를 느낄 수 있다.
② 조용하며 우울한 ③ 떠들썩하고 의기소침하게 하는 ④ 비밀스럽고 깜짝 놀라게 하는 ⑤ 위험하고 진저리나게 하는

답 ①

Vocabulary

- collar[kálər / kɔ́lər] 깃
- sleeve[sliːv] 소매
- protest[prətést] 항의하다
- indifferent[indífərənt] 무관심한
- apologetic [əpàlədʒétik] 변명의

14 다음 글에서 필자(Rachel)의 심정으로 가장 적절한 것은?

It's an ugly sweater with red plastic buttons and a collar and sleeves all stretched out like you could use it for a jump rope. It looks a thousand years old, and even if it belonged to me I wouldn't admit it. But Ms. Price keeps saying, "It has to belong to somebody." Then Sylvia Saldivar says, "I think it belongs to Rachel." To my shame, Ms. Price believes her. An ugly sweater like that, all worn out and old! Ms. Price takes the sweater and puts it right on my desk, but when I open my mouth to protest, nothing comes out.

① indifferent ② confident ③ thankful

④ apologetic ⑤ upset

[2점] [07.6월평가원]

해석 그것은 빨간색 플라스틱 단추와 옷깃, 그리고 축 늘어진 소매를 지닌, 줄넘기용으로나 사용할 수 있을 듯한 보기 흉한 스웨터이다. 그것은 만든 지 천년은 지난 것처럼 보이고, 그것이 설령 내 것이라 할지라도 받아들이고 싶지 않았다. 그러나 Price 부인은 "그건 누군가가 입어야 해."라고 계속 말한다. 그러자 Sylvia Saldivar가 "Rachel이 입을 거라 생각해요." 창피스럽게도 Price 부인은 그 애의 말을 믿고 있다. 그런 닳아 해지고 낡아빠진 흉한 스웨터를 내가 입어야 한다고! Price 부인은 그 스웨터를 집어서 곧바로 내 책상 위에 놓지만, 항변하려고 입을 열려고 할 때 내 입에서는 정작 아무 말도 나오지 않는다.

풀이 Price 부인과 Sylvia Saldivar가 낡고 보기 흉한 스웨터를 입어야 할 사람으로 필자(rachel)를 지목한 상황이므로 필자는 ⑤'속상한(upset[ʌpsét])' 상태임을 알 수 있다.
① 무관심한 ② 자신감 있는 ③ 고마워하는 ④ 변명의

정답 ⑤

15 다음 글에 나타난 필자의 심경으로 가장 적절한 것은?

I don't know politics but I know the names of those people in power, and can repeat them like the days of the week, or the names of the months, beginning with Nehru. I am Indian, very brown, born in Malabar. I speak three languages, write in two, and dream in one. "Don't write in English," they said, "English is not your mother tongue." Why not leave me alone, critics, friends, visiting cousins, every one of you? Why not let me speak in any language I like? The language I speak becomes mine. Though it seems funny, as being half English and half Indian, it voices my joys, my longings, and my hopes.

① annoyed ② amused ③ indifferent
④ sympathetic ⑤ apologetic

Vocabulary

- mother tongue 모국어
- critic[krítik] 흠잡는 사람
- longing[lɔ́(:)ŋiŋ] 열망
- sympathetic [sìmpəθétik] 동정적인
- apologetic [əpὰlədʒétik] 변명의

[2점] [07.9월평가원]

해석 저는 정치를 모르지만 권력을 가진 사람들의 이름은 알고 있고, 그 이름을 Nehru로부터 시작하여 일주일의 요일처럼, 달의 이름처럼 되풀이 할 수 있습니다. 저는 Malabar에서 태어난 갈색 선명한 피부의 인도 사람입니다. 저는 3개 언어로 말할 수 있고 2개 언어로 쓸 수 있으며, 1개 언어로 꿈꿉니다. 사람들은 다음과 같이 말합니다. "영어로 쓰지 마라. 영어는 네 모국어가 아냐." 저를 흠잡는 분들, 친구들, 찾아오는 사촌들, 여러분 모두, 저를 그냥 내버려 두시겠어요? 제가 좋아하는 어떤 언어로든 말하게 해주시겠어요? 제가 말하는 언어는 저의 언어가 됩니다. 저의 말이 반은 영어이고 반은 인도어이기에 우습게 들릴지 모르지만 그 말은 나의 기쁨, 나의 열망, 나의 희망을 표현합니다.

풀이 필자는 자신이 구사하는 언어에 주변 사람들이 간섭하는 것에 대해 짜증을 내며 불쾌해 하고 있다.
② 즐거운 ③ 무관심한 ④ 동정하는 ⑤ 미안해하는

답 ①

- treasure[tréʒər]
  소중히 하다
- reward[riwɔ́ːrd]
  보답하다
- burst[bəːrst] 터지다
- scoreboard[skɔ́ːrbɔ̀ːrd]
  득점 게시판
- monotonous
  [mənátənəs] 단조로운
- skeptical[sképtikəl]
  회의적인

16 다음 글이 주는 분위기로 가장 적절한 것은?

This would be a day both father and son could treasure all their lives—the boy's first day at Fenway Park and the day they'd both looked forward to for so long. They took a chance at the reserved-seat ticket window and were rewarded with a pair of lower box seats. The boy sat in the second row just a few feet away from the field. And the father watched him and felt his heart bursting with joy. They did all the things they had planned: hotdogs, ice cream sandwiches, reading the scoreboard, watching the crowd, chasing foul balls, and cheering. This is what life is all about, the father thought. A boy and his dad and baseball. Nothing beats it!

① warm and delightful   ② monotonous and idle

③ mysterious and scary   ④ skeptical and cynical

⑤ solemn and grave

[2점] [07.9월평가원]

해석 아이가 처음으로 Fenway 공원에 가는 날이자 아버지와 아들이 너무나 오랫동안 고대했던 날, 이 날은 아버지와 아들이 둘 다 그들의 인생 내내 소중히 간직할 수 있는 날이 될 것이다. 그들은 예약석 티켓 창구에서 (자리를 잡으려고) 시도해보았고, 두 개의 아래층 박스석 자리로 보상받았다. 아이는 필드에서 겨우 몇 피트 떨어진 두 번째 줄에 앉았다. 그리고 아버지는 그를 보고 자신의 가슴이 기쁨으로 터질듯함을 느꼈다. 그들은 계획했던 모든 일을 했다. 핫도그, 아이스크림 샌드위치, 전광판 보기, 관중들 구경하기, 파울볼 쫓아가 잡기, 그리고 응원. 이것이 인생이지, 라고 아버지는 생각했다. 아이와 아버지와 야구. 이보다 좋은 것은 없다!

풀이 아버지와 아들이 Fenny Park에서 즐거운 날을 보내는 것을 묘사한 글이다. ~ felt his heart bursting with joy라든가 They did all the things they had planned, 또는 Nothing beats it!라는 말은 ①'화기애애하고 즐거운(warm[wɔːrm] and delightful[diláitfəl])' 분위기를 반영한다.
② 단조롭고 한가한 ③ 신비하고 무서운 ④ 회의적이고 냉소적인 ⑤ 장중하고 위엄 있는

답 ①

17 다음 글의 상황에 나타난 분위기로 가장 적절한 것은?

Vocabulary

- thick[θik] 짙은
- pole[poul] 극
- regretfully[rigrétfəli] 유감스러운 듯
- sled[sled] 썰매
- pitiful[pítifəl] 가엾은
- promising[práməsiŋ] 유망한

After the snowstorm came thick fog, and in that fog, Fredrick's men soon lost their way on an ice river with hundreds of big holes in it. Not only could they see nothing in front of them, but they were tired and ill and could not walk any more. So they had to stay in their tents near the mountains for four days. After that time, Fredrick went to Albert Marshall's tent. "You are ill, Albert," he said. "You can't come to the Pole. Take two men and go back tomorrow." Next day, Fredrick watched regretfully as Marshall's sled disappeared slowly in the distance.

① gloomy and pitiful
② festive and joyful
③ calm and peaceful
④ promising and hopeful
⑤ relaxing and encouraging

[2점] [07.수능]

해석 눈보라가 지나간 후에 짙은 안개가 찾아왔고, 그 안개 속에서 Fredrick의 대원들은 곧 수백 개의 커다란 구멍이 있는 얼어붙은 강 위에서 길을 잃었다. 그들은 앞을 전혀 볼 수 없었을 뿐만 아니라 지치고 병이 들어서 더 이상 걸을 수가 없었다. 그래서 그들은 나흘 동안 산 주변에 텐트를 치고 머물러야 했다. 그런 후 Fredrick은 Albert Marshall의 텐트로 갔다. "몸이 안 좋구나, Albert"라고 그는 말했다. "너는 북극에 도달할 수 없어. 두 사람과 함께 내일 돌아가도록 해." 그 다음날 Fredrick은 Marshall이 탄 썰매가 멀리서 서서히 사라지는 것을 슬픈 마음으로 바라보았다.

풀이 북극원정 길에서 악천후를 만나 텐트에 머무르게 된 상황에서 대원 중 한 명의 몸 상태가 좋지 않아서 돌려보내는 상황이므로 ①'침울하고(gloomy [glúːmi]) 처량한(pitiful [pítifəl]) '분위기임을 알 수 있다.
② 즐겁고 기쁜 ③ 침착하고 평화로운 ④ 조짐이 좋고 희망찬 ⑤ 편하고 격려되는

답 ①

Vocabulary

- broadcasting
  [brɔ:dkǽstɪŋ] 방송업
- brief[bri:f] 간단한
- background
  [bǽkgràund] 경력
- material[mətíəriəl] 소재
- grateful[gréitfəl]
  기분 좋은
- relieved[rilí:vd]
  안도하는

18 다음 글에 드러난 필자의 심정으로 가장 적절한 것은?

Our guest arrived in the broadcasting studio, and I opened my show at 11:05 with a brief introduction about his background. Then I asked my first question, and he just said, "I don't know." A few more questions followed, but all were answered in one of three ways: "Yes." "No." or "I don't know." I looked up at the clock in the studio. It was 11:09, and I was out of material. I had nothing left to ask this guy. Everyone in the studio was standing around with the same thought: "What are we going to do? We have fifty minutes left. Listeners all over the country are going to reach for the tuning dials on their radios any second now."

① lively and excited

② anxious and concerned

③ calm and relieved

④ anticipating and grateful

⑤ bored and indifferent

[2점] [07.수능]

해석 우리의 게스트는 방송국 스튜디오에 도착했고, 나는 그의 경력에 대한 간단한 소개로 11시 5분에 내 쇼를 시작했다. 그리고 나는 내 첫 질문을 던졌는데 그는 단지 "모릅니다."라고만 대답했다. 그 뒤로도 몇 개의 질문을 더 했지만 모든 질문에 그는 "네." "아니오." 혹은 "모릅니다."라는 세 가지 방법 중 하나로 대답했다. 나는 스튜디오의 시계를 올려다보았다. 11시 9분이었는데 소재가 다 떨어졌다. 이 남자에게 물어볼 만한 것이 남아 있는 게 없었다. 스튜디오의 모든 사람들이 똑같은 생각을 하며 주위에 서 있었다. "이제 뭘 하지? 50분이나 남았는데. 전국의 청취자들이 이제 언제라도 라디오 다이얼에 손을 뻗을 거야."

풀이 필자는 전국으로 방송되는 대담 프로에서 방송이 시작되고 나서 얼마 되지 않아 소재가 고갈되어 난감한 상황에 처해있다. What are we going to do?라는 말에서 필자의 걱정하는 심경을 유추할 수가 있다. 따라서 필자의 심정으로 가장 적절한 것은 ②'염려되며 걱정스러운'이다.
① 활기차고 흥분되는 ③ 침착하고 안도하는 ④ 기대하고 감사하는 ⑤ 지루하고 무관심한

19 다음 글에 드러난 'I'의 심경을 가장 잘 나타낸 것은?

Vocabulary

I heard a sound, and my heart beat quickly. I was excited, and when at last I saw him coming slowly down the stairs, I caught my breath. He was a tall old man with abundant white hair, but his bushy eyebrows were dark still; they made his great eyes flash with a more grave fire. It was wonderful that at his age those black eyes should still preserve their brilliance. There were in his air assurance and gentleness. He was as I should have wished him to be, and as I watched him, I understood how he had moved men's minds and touched their hearts. He was every inch a poet.

• abundant[əbʌ́ndənt]
  풍성한

• bushy[búʃi] 털이 많은

• grave[greiv]
  예사롭지 않은

• brilliance[bríljəns] 총기

• assurance[əʃúərəns]
  확신

• gentleness[dʒéntlnis]
  온순, 부드러움

• relieved[rilíːvd] 안도하는

① impressed ② fearful ③ disappointed
④ relieved ⑤ sorrowful

[2점] [08.6월평가원]

 해석 나는 어떤 소리를 들었고 내 심장은 세차게 뛰었다. 나는 흥분했고, 마침내 그가 계단을 천천히 내려오는 것을 보았을 때, 나는 숨을 죽였다. 그는 풍성한 백발을 지닌 키 큰 늙은이 였지만 그의 짙은 눈썹은 꽤나 짙었다. 그러한 것들이 그의 큰 눈을 보다 예사롭지 않은 불꽃으로 번쩍이게 만들어 주었다. 그 나이에 그런 검은 눈이 여전히 총기를 유지하고 있다는 것이 놀라웠다. 그의 분위기 속에는 확신과 부드러움이 있었다. 내가 그를 바라보았을 때, 그가 얼마나 사람의 마음을 움직이게 하고 감동시킬 수 있는지를 알게 되었다. 그는 어느 모로 보나 시인이었다.

풀이 글에 나타난 'I'의 상황은, 'I'가 누군가를 기다리는 상황에서 'I'가 기다리고 있던 'He'를 만난 것이다. 글의 초반부에 'I'는 'He'가 오는 소리를 듣자 마음이 들뜬다고 말하고 있다. 그리고 난 후 실제로 'He'를 보았을 때, 'He'의 외양적인 특징, 이를테면 풍부한 흰 머리와 눈썹에 대해 말하고, 이러한 외양적인 요소들로부터 'He'가 가졌을 것으로 추정되는 성격에 관해 'I' 나름의 인상을 서술하고 있다. 따라서 이 글에 드러나는 'I'의 심경으로 가장 적절한 것은 ①의 인상적인(impressed)이다.
① 감명 깊은 ② 두려운 ③ 실망한 ④ 안도하는 ⑤ 슬픔에 찬

답 ①

Vocabulary

- worship[wə́:rʃip] 숭배
- cheerily[tʃíərili]
  명랑하게
- stream[stri:m] 시내
- embrace[embréis]
  에워싸다
- neighborhood
  [néibərhùd] 이웃
- intimate[íntəmit] 친밀한
- reluctant[rilʌ́ktənt]
  꺼리는
- weird[wiərd] 수상한

20 다음 글의 분위기로 가장 적절한 것은?

There were some places of worship in the city, and the deep notes of their bells echoed over the town from morning until night. The sun was shining brightly and cheerily, and the air was warm. The streams were flowing with bubbling water, and the tender songs of birds came floating in from the fields beyond the city. The trees were already awake and embraced by the blue sky. Everything around the neighborhood, the trees, the sky, and the sun, looked so young and intimate that they were reluctant to break the spell which might last forever.

① sad and gloomy
② calm and peaceful
③ busy and comic
④ scary and frightening
⑤ weird and threatening

[2점] [08,6월평가원]

해석 도시에는 예배드리는 장소들이 있었고 그들의 깊은 종소리의 선율이 아침부터 밤까지 마을 전체에서 메아리쳤다. 태양은 밝고 명랑하게 빛나고 있었고 공기는 따뜻했다. 시냇물은 보글대는 물로 흘러내리고 있었고, 부드러운 새들의 노래 소리가 도시위에 있는 들판으로부터 떠오고 있었다. 나무들은 이미 깨어있었고 푸른 하늘에 안겨있었다. 이웃과 나무들, 하늘 그리고 태양에 둘러싸인 모든 것들이 너무 젊고 친밀해서 어쩌면 영원히 계속될 듯한 주문을 그들은 깨기가 싫었다.

풀이 도시의 전반적인 정경을 묘사하고 있는 글이다. 종소리가 울려 퍼지고, 태양은 밝게 빛나고, 시냇물이 흐르고, 새들이 노래하고, 푸른 하늘 아래 나무들이 살아 숨 쉬는 전경은 ②'고요하고 평화로운' 분위기를 자아내고 있다. 글의 분위기를 묻는 문제로서 쉬운 난이도의 문항이다.
① 슬프고 우울한 ③ 바쁘고 우스꽝스런 ④ 무섭고 두려운 ⑤ 기묘하고 위협적인

답 ②

21 다음 글의 상황에 나타난 분위기로 가장 적절한 것은?

Vocabulary

• offshore[ɔ:ʃɔ:r] 해안
• bather[béiðər]
  수영하는 사람
• immediately
  [imí:diɔtli] 즉시
• struggling[strʌ́gliŋ]
  발버둥치는
• vain[vein] 헛된
• launch[lɔːntʃ] 나아가다

Twenty-four-year-old Bob was swimming along the beach about one hundred yards offshore. When he was forty feet away from a group of bathers who were swimming in about five feet of water, he suddenly let out a scream. All the bathers could hear was a lot of noise resulting from Bob's attempts to get out of the water. One of the group, Tim, realizing that something was wrong, rushed to Bob's aid. Tim grabbed the struggling Bob and attempted to pull him toward shore, but in vain. Some lifeguards immediately launched their surf boat and set out toward the troubled swimmer.

① urgent   ② peaceful   ③ romantic
④ monotonous   ⑤ festive

[2점] [08.9월평가원]

해석   24살의 Bob은 해안에서 100 야드 쯤 떨어진 곳에서 해변을 따라 수영을 하고 있었다. 그는 약 5 피트 깊이의 물속에서 수영하고 있는 일군의 사람들에서 40 피트 정도 떨어져 있을 때 갑자기 소리를 내질렀다. 수영하던 사람들이 들을 수 있었던 소리는 Bob이 물에서 빠져나오려고 몸부림치면서 내게 되는 많은 소리들뿐이었다. 이 사람들 중의 한 사람인 Tim은 무엇인가 잘못되었다는 것을 깨닫고 서둘러 Bob을 도와주러 갔다. Tim은 버둥거리는 Bob을 꽉 잡고는 해안가로 잡아 끌려고 해보았지만 허사였다. 몇몇의 구조대원들은 즉시 구명용 보트를 물위에 띄우고 곤경에 처한 이 사람 쪽으로 나아갔다.

풀이   해안가에서 수영을 하던 Bob이 갑자기 비명을 지르고 있고, 주변의 사람들이 구조하려고 애쓰는 상황이므로 분위기는 ① 'urgent(긴급한)'이 적절하다.
② 평화로운 ③ 낭만적인 ④ 단조로운 ⑤ 즐거운

답 ①

Vocabulary

- thrill[θril] 감격하다
- prospect[práspekt] 기대
- haste[heist] 급함, 서두름
- expectation
  [èkspektéiʃən] 기대
- eagerly[í:gərli] 열심히
- glance[glæns] 흘긋 봄
- relieved[rilí:vd]
  안도하는

22 다음 글에 드러난 Henry의 심경 변화로 가장 적절한 것은?

Henry was moving the soccer ball down the field thrilled with the prospect of scoring a goal–the first in his entire life. In his haste, he didn't realize that his teammates weren't anywhere near him. Concentrating, filled with expectation, he sped eagerly toward the goal. It wasn't until the last second that he noticed who the goalkeeper was–his teammate! It was too late, however, as Henry's foot had already begun moving to kick the ball into the net. A perfect kick! Then total silence! Henry realized that he had made a terrible mistake. He had scored for the opposing team. Henry glanced at his coach who looked furious as he screamed at him. He wanted the earth to swallow him up.

① sorrowful → joyful

② angry → calm

③ concerned → relieved

④ lonely → envious

⑤ excited → embarrassed

[2점] [08.9월평가원]

해석 Henry는 평생 처음으로 한 골을 득점한다는 기대로 흥분하여 필드를 따라 축구공을 몰고 가고 있었다. 서두르다가 그는 자신의 팀 동료들이 자기 주위에 아무 데도 없다는 것을 깨닫지 못했다. 집중하고, 기대감에 가득 차서, 그는 열심이 골대를 향해 속도를 내었다. 마지막 순간에서야 비로소 그는 골키퍼가 누구인지 깨달았다. 그의 팀 동료였다! 그러나 Henry의 발이 그물 속으로 공을 차려고 움직이기 시작했을 때는 이미 너무 늦었다. 완벽한 킥! 그리고 나서 완전한 침묵이었다! Henry는 자신이 끔찍한 실수를 했다는 것을 깨달았다. 그는 상대팀에게 득점을 해 준 것이었다. Henry는 자신에게 소리를 지르면서 분노한 것처럼 보이는 감독님을 힐끗 보았다. 그는 땅이 자기를 삼켜버려 주기를 바랐다.

풀이 첫 문장에 thrilled with the prospect of scoring a goal이라는 말로 보아 Henry의 처음 심경은 excited[iksáitid](흥분한)가 된다. 그러나 그 자신이 자살골을 넣었다는 것을 알게 되고는 창피해서 어쩔 줄 몰라 했다. 마지막 문장에 He wanted the earth to swallow him up.이라는 말이 그의 심경이 embarrassed[imbǽrəs, em-](당황한)라는 것을 나타낸다.
① 슬픈 → 즐거운 ② 화난 → 침착한 ③ 걱정하는 → 안도하는 ④ 외로운 → 부러운

답 ⑤

23 다음 글에 드러난 필자의 심경 변화로 가장 적절한 것은?

A boy entered a coffee shop where I worked as a waitress. He sat at a table and asked me how much an ice cream sundae was. "Fifty cents," I replied. The little boy pulled his hand out of his pocket and studied a number of coins in it. "How much is a dish of plain ice cream?" he inquired. Some people were now waiting for a table, and I was impatient. "Thirty-five cents," I said angrily. The little boy again counted the coins and he ordered the plain ice cream. I brought the ice cream and walked away. The boy finished, paid the cashier, and departed. When I came back, I swallowed hard at what I saw. There, placed neatly beside the empty dish, were fifteen pennies—my tip.

※ sundae 시럽, 과일 등을 얹은 아이스크림

Vocabulary

• inquire[inkwáiər] 묻다
• impatient[impéiʃənt] 참을 수 없는
• angrily[æŋgrəli] 화가 나서
• depart[dipá:rt] 떠나다
• swallow[swálou] 억누르다
• neatly[ní:tli] 깨끗이, 말쑥하게
• envious[énviəs] 부러워하는

① relieved   →   irritated
② calm   →   envious
③ sympathetic   →   terrified
④ frightened   →   indifferent
⑤ annoyed   →   embarrassed

[2점] [08.수능]

해석 한 소년이 내가 종업원으로 일하는 커피숍에 들어왔다. 그는 테이블에 앉아서 나에게 과일을 얹은 아이스크림이 얼마냐고 물었다. "50센트예요." 나는 대답했다. 그 어린 소년은 손을 주머니 밖으로 빼서 그 속의 많은 동전들을 자세히 살펴보았다. "보통 아이스크림은 얼마예요?" 그는 물었다. 몇몇 사람들이 이제 테이블을 기다리고 있었고 나는 참을성이 없어졌다. "35센트예요." 나는 화가 나서 말했다. 그 어린 소년은 다시 동전들을 세었고 보통 아이스크림을 주문했다. 나는 아이스크림을 가져다주고 가버렸다 그 소년은 아이스크림을 다 먹고, 계산원에게 돈을 지불하고 떠났다. 내가 돌아왔을 때, 나는 내가 본 것에 감정을 억누르기 어려웠다. 나에게 준 팁 15센트가 빈 접시 옆에 깨끗하게 놓여 있었다.

풀이 주인공은 주문을 지체하는 소년에게 참지 못하고 화를 내며 말했지만, 소년이 머뭇거린 것이 자신에게 팁을 주려고 했다는 것을 알고 당황했을 것이다. I swallowed hard at what I saw.라는 말에서 주인공의 심경이 embarrassed[imbǽrəs, em-]라는 것을 유추할 수가 있다. 따라서 주인공의 신경 변화는 ⑤'annoyed(화난) → embarrassed(당황한)'이다.
① 안도하는 → 짜증나는 ② 침착한 → 부러워하는 ③ 동정적인 → 무서워하는 ④ 겁이 난 → 무관심한

Vocabulary

- daylight[déilàit] 햇빛
- material[mətíəriəl] 재질
- frustrating
  [frʌ́streitiŋ] 불만스러운
- ancient[éinʃənt] 옛날의
- brightness[bráitnis]
  빛남

24 다음 글의 상황에 나타난 분위기로 가장 적절한 것은?

I knocked at the door and was told to enter. I found myself in a large room, where the curtains were closed to allow no daylight in, and the candles were lit. In the center of the room, sitting at a table, was the strangest lady I had ever seen. She was wearing a wedding dress made of rich material. She had a bride's flowers in her hair, but her hair was white. She only had one white shoe on. Then I realized that over the years the flowers in her hair had died, and the bride inside the dress had grown old. Everything in the room was ancient. The only brightness in the room was in her dark old eyes that stared at me.

① exciting and festive
② busy and frustrating
③ mysterious and scary
④ friendly and funny
⑤ peaceful and boring

[2점] [08.수능]

해석 문을 노크하자 들어오라는 말이 들렸다. 나는 커다란 방 안에 있게 되었는데, 그 방에는 커튼이 드리워져서 햇빛이 전혀 들어오지 않았고 촛불이 켜 있었다. 방의 가운데에는 내가 지금껏 본 사람 중 가장 이상해 보이는 부인이 테이블에 앉아 있었다. 그녀는 호화로운 재질로 만들어진 웨딩 드레스를 입고 있었다. 그녀의 머리에는 결혼 신부의 꽃이 있었지만, 그녀의 머리카락은 백발이었다. 그녀는 흰색 구두를 하나만 신고 있었다. 그 때 나는 여러 해가 지나는 동안 그녀의 머리에 있는 꽃이 죽었으며, 웨딩드레스 속의 신부는 늙게 되었음을 깨달았다. 방 안에 있는 모든 것들은 옛날 것이었다. 방 안에서 유일하게 반짝인 것은 나를 쳐다보았던 그녀의 짙은 나이 든 눈이었다.

풀이 필자가 안에 들어가서 보았던 것은 촛불만 켜져 있는 어두운 방, 웨딩드레스를 입고 있던 백발의 부인, 그 부인의 머리에 꽂혀 있는 죽은 꽃 등이었다. 이러한 장면이 ③'이상하면서 으스스한(mysterious[mistíəriəs] and scary[skéəri])' 분위기를 일으키고 있다.
①흥분되고 즐거운 ②분주하고 좌절감 일으키는 ④우호적이고 재밌는 ⑤평화적이고 지루한

25 다음 글의 분위기로 가장 적절한 것은?

The wail of farm machinery had fallen silent, and in the space it left I could hear the low gossip of hens, the lower throat singing of turkeys, and the varied sounds of birds in the trees. Up on the green, green shoulder of hill rising to the west I could see a small group of cattle grazing, and, below them on a gentler slope, several dozen chickens wandering down to the meadow. Laid before me was, I realized, a scene of almost classical rural beauty—the meadows dotted with contented animals, the woods in the background, a twisting stream threading through it all—spoiled only by the fact that I couldn't just lie here on this springy meadow admiring it for the rest of the afternoon.

Vocabulary

• wail[weil] 울부짖는 소리
• gossip[gásip] 잡담
• wander[wándə:r] 돌아다니다
• classical[klǽsikəl] 전형적인
• meadow[médou] 풀밭
• contented[kənténtid] 만족하고 있는
• pastoral[pǽstərəl] 목가적인

① busy and noisy
② urgent and thrilling
③ festive and joyful
④ gloomy and miserable
⑤ pastoral and peaceful

[2점] [09.6월평가원]

해석 농장 기계들의 소음이 잦아들자 그 공간에서 나는 암탉들의 낮은 잡담소리, 칠면조의 더 낮은 목청 노래 소리, 그리고 나무에서 새들의 다양한 소리들을 들을 수가 있었다. 서쪽의 푸르디푸른 언덕 중턱에서 나는 가축 몇 마리가 모여 풀을 뜯는 것을 볼 수 있었고, 그 아래 더 완만한 비탈에서 돌아다니는 수십 마리의 닭들도 볼 수 있었다. 나는 내 앞에 거의 전형적인 시골의 아름다운 장면— (배불러) 만족한 동물들이 점점이 있는 목초지, 그 뒤편의 숲, 그 모두의 사이를 구불구불 흘러 지나가는 시냇물—이 내 앞에 놓여있음을 보았는데, 그 아름다움을 유일하게 망치는 것은 내가 남은 오후 동안 그 아름다움을 경탄하며 이 푹신푹신한 풀밭에 그냥 누워있을 수만은 없다는 사실이었다.

풀이 가축들이 내는 조용한 소리, 먼 목초에서 돌아다니는 가축들, 숲이나 시내 등을 시각적으로 묘사하고 있으므로 이 글의 분위기로 적절한 것은 ⑤'전원적이고 평화로운(pastoral[pǽstərəl, pάːs-] and peaceful[píːsfəl])'이다.
① 바쁘고 시끄러운 ② 급박하고 오싹한 ③ 축제적이고 기쁜 ④ 우울하고 비참한

답 ⑤

Vocabulary ☑

- acknowledge
  [æknálidʒ]
  인지하다, 인정하다
- frown[fraun]
  얼굴을 찡그리다
- intention[inténʃən]
  의향, 의지
- backyard[bæ kjɑ:rd]
  뒤뜰
- indifferent[indífərənt]
  무관심한

26 다음 글에 드러난 Jonathan의 심경 변화로 가장 적절한 것은?

"Hey," Jonathan said, his voice causing two small birds to take flight. The woman did not acknowledge him at all but continued to sketch. Frowning, he said a little louder, "Hey, lady." Again she did not acknowledge him, and Jonathan began to wonder if she might be deaf. Purposefully, he walked up to the woman with every intention of telling her to leave from his backyard. She did not even look up at him until he was standing within a couple of feet of her. Only then did she look up. For a moment Jonathan was struck by the most amazing green eyes he had ever seen. He opened his mouth, but instead of the sharp order he had intended to bark, he asked quietly, "Who are you?" The woman smiled and he felt as if she lit up the world around her.

① lonely   →   pleased

② indifferent   →   worried

③ annoyed   →   fascinated

④ frightened   →   ashamed

⑤ discouraged   →   confident

[2점] [09.6월평가원]

해석 "이봐요." Jonathan이 소리치자 그 소리를 듣고 작은 새 두 마리가 훌쩍 날았다. 그 여자는 그를 전혀 알아보지 못했고 스케치를 계속했다. 얼굴을 찌푸리며 그는 조금 더 크게 "이봐요, 아주머니."라고 말했다. 다시 한 번 그녀는 그를 알아보지 못했고 Jonathan은 그녀가 귀머거리가 아닐 까 의심하기 시작했다. 자신의 뒤뜰에 있는 그녀에게 나가달라고 말하려는 마음만으로 그는 단호하게 그녀에게 걸어갔다. 그가 몇 발자국 안 되는 거리에 도달하여 서 있을 때 까지 그녀는 그를 쳐다보지도 않았다. 바로 그때 그녀가 고개를 들어 쳐다봤다. 그 순간 Jonathan은 자신이 여태까지 보았던 가장 매혹적인 초록색 눈에 매료되었다. 그가 입을 열었고, 하지만 고함을 치려 했던 날카로운 명령대신 "누구시죠?"라고 조용히 물었다. 그 여자는 웃음을 지었고 그는 그녀 주변에 세상이 환해졌다는 느낌을 받았다.

풀이 세 번째 문장의 frowning이란 말을 통해 Jonathan의 처음 심경이 annoyed(화난)라는 것을 알 수 있다. 또한 Jonathan was struck by the most amazing green eyes라는 말을 통해 Jonathan의 마지막 심경이 fascinated[fǽsənèit](황홀한)임을 알 수 있다.
① 외로운 → 즐거운 ② 무관심한 → 걱정되는 ④ 겁먹은 → 부끄러운 ⑤ 낙담한 → 자신 만만한

27 다음 글에 드러난 필자의 심경 변화로 가장 적절한 것은?

Vocabulary

I took a room in the Draco Hotel, a pleasant hotel and a pleasant room: small but comfortable, with a telephone, a small color television, and its own bathroom. I was highly pleased and full of expectations about being in a new place. I dumped my things and went out to look around the town. I soon came to be grateful for not living there. It was entirely the opposite of my expectations. The hotel was in a dark neighborhood of shipping offices and warehouses. There were also a couple of banks, a very large police station with its paint peeling off, and a weather-beaten post office with a row of telephone booths in front. I noticed that the telephone books in the booths had been torn or burned and hung from their chains.

- highly[háili] 매우
- expectation
  [èkspektéiʃən] 기대
- dump[dʌmp]
  짐을 내리다
- grateful[gréitfəl]
  감사하고 있는
- warehouse
  [wέərhàus] 창고
- weather-beaten
  [wέðəːrbìːtn]
  비바람에 시달린(바랜)
- relieved[rilíːvd]
  안도하는

① thankful   →   apologetic

② lost   →   pleased

③ tense   →   relieved

④ indifferent   →   irritated

⑤ satisfied   →   disappointed

[2점] [09.9월평가원]

해석
상쾌한 호텔과 상쾌한 방이 있는 Draco Hotel에 방 하나를 잡았다. 작지만 편안했으며 전화기와 작은 컬러 TV가 있었고 독립된 욕실이 있었다. 새로운 곳에 있다는 기대감이 가득했으며 매우 기분이 좋았다. 짐들을 던져 놓고 마을을 둘러보러 나갔다. 얼마 지나지 않아 그곳에 살고 있지 않다는 것에 감사를 느끼게 되었다. 그곳은 내 기대와 완전히 반대였다. 호텔은 선적 사무실들과 창고들이 있는 어두운 지역에 위치해 있었다. 또한 두 개의 은행, 칠이 벗겨져 가고 있는 매우 큰 경찰서, 그리고 한 줄의 공중전화기 박스가 앞에 있는 비바람에 바랜 우체국이 있었다. 공중전화기 박스에 있는 전화번호부는 낡거나 불에 타 있었으며, 사슬에 걸려 있다는 것을 알아챘다.

풀이
안락한 방과 호텔에 처음 들어갔을 때는 기분이 좋아 만족했지만(satisfied), 지저분하고 어두운 주변을 산책하면서 그 기대가 완전히 반대로 바뀌었을 때는 실망했을(disappointed [disəpɔ́intid]) 것이다.
① 고마워하는 → 미안해하는 ② 어찌 할 바를 모르는 → 즐거운 ③ 긴장한 → 안도하는 ④ 무관심한 → 짜증난

Vocabulary

- float[flout] 뜨다
- rim[rim]
  가장자리, 테두리
- stripe[straip] 줄무늬
- sweep[swi:p]
  휙 지나가다, 휩쓸다
- gently[dʒéntli] 부드럽게
- monotonous
  [mənάtənəs] 단조로운

28 다음 글의 분위기로 가장 적절한 것은?

Away across a hundred miles, the mountain tops looked like islands in the fog that floated below us. Grandpa pointed to the east and said, "Watch." Above the rim of the farthest mountain, on the end of the world, a pink stripe swept across, and a paint brush swept a million miles across the sky. The morning birth came alive, and morning wind picked up. The mountain rim looked like it had caught fire; then the sun cleared the trees. It turned the fog into a pink ocean, with its waves gently rolling up and down. Grandpa said the world had got born all over again, and he took off his hat and we watched the sunrise for a long time.

① monotonous   ② spectacular   ③ festive

④ noisy   ⑤ gloomy

[2점] [09.9월평가원]

해석 멀리 백 마일에 걸쳐, 산의 정상들은 우리 밑에 떠 있는 안개 속에 있는 섬들처럼 보였다. 할아버지는 동쪽을 가리키며 "봐라"라고 말씀하셨다. 세상의 한 쪽 끝에 있는 가장 먼 산의 테두리 위에 핑크색 줄무늬가 가로질러 지나가고, 그림 그리는 붓이 백만 마일의 하늘을 가로질러 지나간 듯했다. 아침이 밝아오고 있었고, 아침 바람이 일고 있었다. 산의 테두리에 불이 붙은 것처럼 보였다. 그러자 햇빛에 나무들이 선명하게 드러났다. 그것은 파도를 부드럽게 위 아래로 일렁이면서, 안개를 핑크빛 바다로 만들었다. 할아버지는 세상이 모두 다시 태어난 것이라고 말씀하시며 그의 모자를 벗었고, 우리는 오래 동안 일출을 바라보았다.

풀이 이 글은 산 위에서 일출(sunrise)을 바라보는 광경을 묘사한 글이므로 ②'장관의'가 글의 분위기를 가장 잘 나타내는 말이다.
① 단조로운 ③ 즐거운 ④ 떠들썩한 ⑤ 우울한

29 다음 글의 상황에 나타난 분위기로 가장 적절한 것은?

In Pamplona, a white-walled, sun-baked town high up in the hills of Navarre, is held in the first two weeks of July each year the World's Series of bull fighting. The cafes under the wide arcades that run around the Plaza de la Constitucion have every table crowded. All day and all night there is dancing in the street. Bands of blue-shirted farmers circle and lift and swing behind a drum and various wind instruments in the ancient Basque Riau-Riau dances. And at night there is the beat of the big drums and the military band as the whole town dances in the great open square of the Plaza.

- arcade[ɑːrkéid] 게임센터
- various[véəriəs] 여러 가지의
- square[skwɛər] 광장
- merry[méri] 명랑한
- miserable[mízərəbəl] 비참한

① sad and desperate

② urgent and scary

③ merry and festive

④ gloomy and miserable

⑤ calm and peaceful

[2점] [09.수능]

해석 Navarre언덕에 높이 솟아있는 하얀 벽을 가지고 태양에 익혀진 마을인 Pamplona에서는 세계적인 황소싸움 시리즈가 매년 7월 첫 번째 두 주 동안 열린다. the Plaza de la Constitucion(광장이름)에서 진행되는데 그 넓은 게임센터 아래에 있는 카페들의 모든 테이블이 만원이 된다. 밤낮동안 내내 거리에서는 춤이 있다. 파란 셔츠를 입은 농부들이 드럼과 다양한 부는 악기들 뒤에서 고대의 Basque Riau-Ria 춤곡을 연주하면서 원을 그리고 띄고 흔든다. 그리고 밤에는 거대하고 공개된 광장에서 전체 마을사람들이 춤을 추는 동안 커다란 드럼과 군악밴드의 두드림이 있다.

풀이 황소싸움 축제에 대한 것이다. 마을 사람들이 춤추고 밴드는 음악을 연주한다. 이 글의 분위기로 적절한 것은 ③'즐겁고 흥겨운'이다.
① 슬프고 절망적인 ② 다급하고 무서운 ④ 우울하고 비참한 ⑤ 침착하고 평화로운

- nerve[nəːrv] 신경
- automatically
  [ɔ́ːtəmǽtikli] 자동적으로
- curtain[kəːrtən]
  커튼을 치다
- perceive[pərsíːv]
  지각하다, 인식하다
- branch[brǽntʃ] 가지
- wrap[rǽp]
  감싸다, 휘감다
- hesitate[hézətèit]
  망설이다

30 다음 글에 드러난 'She'의 심정으로 가장 적절한 것은?

Her nerves were hurting her. She looked automatically again at the high, uncurtained windows. As night fell, she could just perceive outside a huge tree swinging its branches. The rain came flying on the window. Ah, why didn't she have peace? These two men, her husband and her son, why did they not come? She wrapped a large scarf around her and hesitated for a moment. She opened the door and stepped out into the backyard. There was no sign of a light anywhere. She listened with all her ears but could hear nothing but the night. "James!—Shawn!" she called, but nothing came from the darkness.

① nervous and worried ② relaxed and comfortable

③ safe and relieved ④ satisfied and pleased

⑤ cold and indifferent

[2점] [09.수능]

해석 그녀의 신경들이 그녀를 고통스럽게 하고 있었다. 그녀는 커튼이 쳐 있지 않은 높은 창문을 자동적으로 또 다시 쳐다보았다. 어둠이 내리면서, 그녀는 그것의 가지들을 흔들고 있는 바깥의 거대한 나무를 인식할 수 있었다. 비가 창문에 날아들었다. 아, 왜 그녀는 평온함을 가지지 못할까? 이 두 남자, 그녀의 남편과 아들은, 왜 오지 않는 것일까? 그녀는 큰 스카프를 두르고 잠시 망설였다. 그녀는 문을 열고 걸어 나와 뒤뜰로 갔다. 어디에도 빛의 표시는 없었다. 그녀는 귀를 모아 들어보았지만 어둠을 제외하고는 아무 것도 들을 수 없었다. "James! — Shawn!" 이라고 그녀는 소리쳤지만, 어둠으로부터는 아무것도 오지 않았다.

풀이 어머니이자 아내인 한 여성이 남편과 아들이 돌아올 것을 간절히 기다리고 있다는 내용의 지문이다. hurting, the rain came flying on the window(비가 창문에 내렸다), could hear nothing but the night (밤, 즉 적막 외에는 아무 것도 들을 수 없었다), nothing came from the darkness(어둠 속에서 아무것도 나타나지 않았다) 등의 표현을 통해 걱정하고 있다는 것을 알 수 있다. 따라서 그녀의 심정으로 가장 적절한 것은 ①'긴장되고 걱정되는'이다.
② 긴장을 풀고 편안한 ③ 걱정 없이 안도하는 ④ 만족스럽고 기쁜 ⑤ 차갑고 무관심한

답 ①

31 다음 글에 드러난 'I'의 심경으로 가장 적절한 것은?

Vocabulary

I start my long journey with great enthusiasm. The thought of conquering the mountain stirs me with anticipation. Although the freezing wind pounds upon me, I feel flushed with warmth. Just after ten o'clock in the morning, I finally put my step on the ice-covered peak of the mountain. A childlike joy spreads through me. I am the two hundred and ninth person to stand on the summit of Mount Everest. My heart races as I take in this glorious moment. The sky is deep blue and cloudless. For fifteen minutes I cherish the view as the highest person on earth. I do not feel the tiredness in my legs, for the journey has been truly worthwhile.

- enthusiasm
  [inθúːziæzm] 열정
- conquer[káŋkər]
  정복하다
- anticipation
  [æntìsəpéiʃən] 기대
- flush[flʌʃ] 붉어지다
- summit[sʌ́mit] 정상
- nervous[nɔːrvəs]
  불안한
- sympathetic
  [simpəθétik] 동정적인

① irritated and nervous
② cold and indifferent
③ anxious and gloomy
④ excited and satisfied
⑤ touched and sympathetic

[2점] [10.6월평가원]

해석 나는 큰 열정을 갖고 긴 (등반)여정을 시작한다. 산을 정복한다는 생각이 기대감으로 나를 들뜨게 한다. 몹시 추운 바람이 세차게 불어오지만, 나는 흥분으로 얼굴이 붉어지는 걸 느낀다. 아침 10시 정각이 지나서, 나는 마침내 그 산의 얼음으로 덮인 정상에 내 첫발을 내딛는다. 어린아이처럼 기뻤다. 나는 에베레스트 정상에 올라선 209번째 사람이다. 이런 영광스런 순간을 맞이하여 나의 심장은 두근거리고 있다. 하늘은 짙푸르고 구름 한 점 없었다. 15분간 나는 지구상에서 가장 높은 곳에 있는 사람으로서 주변을 감상한다. 이 등반이 진정 보람이 있기에 다리의 피곤함도 나는 느끼지 못한다.

풀이 필자가 산을 정복한다는 기대감으로 들떠있는 것, 흥분으로 얼굴이 붉어지는 것, 어린아이처럼 기뻐하는 것, 에베레스트를 정복한 일을 영광스럽다고 표현한 것, 등반이 보람 있다고 한 것 등을 미루어 보아 필자의 심경으로 적절한 것은 ④'흥분되고 만족스러운'이다.
① 짜증나고 긴장되는 ② 차갑고 무관심한 ③ 불안하고 울적한 ⑤ 감동스럽고 동정하는

Vocabulary

- pile[pail] 쌓아올리다
- driveway[draivwei] 차량 진입로
- quietly[kwáiətli] 조용히
- amusing[əmjú:ziŋ] 즐거운
- edge[edʒ] 가장자리
- thrilling[θríliŋ] 오싹하게 하는

32 다음 글의 상황에 나타난 분위기로 가장 적절한 것은?

After dinner he built a fire, going out into the weather for wood he had piled against the garage. The air was bright and cold against his face, and the snow in the driveway was already halfway to his knees. He gathered logs, shaking off their soft white caps and carrying them inside. He sat for a time in front of the fireplace, cross-legged, adding logs, and gazing at the warm fire. Outside, snow continued to fall quietly in the cones of light cast by the streetlights. By the time he rose and looked out the window, his car had become a soft white hill on the edge of the street.

① calm and peaceful

② lively and festive

③ funny and amusing

④ exciting and thrilling

⑤ promising and hopeful

[2점] [10.수능]

해석 저녁식사 후에 그는 불을 피우고 자신이 차고에 쌓아둔 나무를 가지러 폭풍을 무릅쓰고 밖으로 나갔다. 맑고 차가운 공기가 그의 얼굴에 닿았고 차량 진입로에는 눈이 벌써 그의 무릎 절반 절도의 깊이로 쌓였다. 그는 위에 덮인 부드러운 흰 눈을 털어내고 땔감을 모은 후 그것들을 집안으로 가지고 왔다. 한 동안 그는 다리를 꼬고 벽난로 앞에 앉아 땔감을 넣으면서 따뜻한 불을 쳐다보았다. 바깥에는 가로등이 내던지는 원뿔 모양의 불빛 속에서 눈이 계속 내리고 있었다. 일어나서 창밖을 내다보자 그의 차는 도로 가장 자리에 부드러운 하얀 언덕 모양이 되어 있었다.

풀이 바깥에 눈이 내려서 쌓이고 있는 상황에서 집안에 벽난로를 아늑하게 피워놓고 있다가 창가에서 눈 덮인 바깥세상을 바라보고 있는 상황이다. 따라서 이 글은 ①'차분하고 평화로운(calm[kɑːm] and peaceful[píːsfəl])' 분위기를 묘사하고 있다.
② 생기 넘치고 축제 분위기의 ③ 재미있고 즐거운 ④ 흥미진진하고 오싹하게 하는 ⑤ 가능성 있고 희망적인

답 ①

33 다음 글에 드러난 버스 승객들의 심경 변화로 가장 적절한 것은?

Vocabulary

- overstimulate
  [stímjəlèit] 활발하게 하다
- annoy[ənɔ́i] 괴롭히다
- whiny[hwáini] 짜증나는
- buzz[bʌz] 웅성거리다
- persistent
  [pəːrsístənt] 끊임없는
- perplexed
  [pərplékst] 복잡한

It is the end of a long, tiring day at Walt Disney World, and a busload of parents and children are starting the twenty-minute ride back to their hotel. The children are overstimulated and annoyed, and so are the parents. Everyone is whiny. It is a bus ride from hell. Then, rising above the unpleasant buzz of complaining children and parents, comes a thin, persistent melody: The bus driver has started to sing the song 'Under the Sea' from the movie The Little Mermaid. Everyone begins to quiet down and listen. Eventually a little girl joins in, then several more children. By the end of the ride everyone is singing 'The Circle of Life' from the movie The Lion King. The bus ride from hell has become the pleasurable, song-filled end to a full day.

① irritated → delighted

② ashamed → grateful

③ excited → depressed

④ amused → frightened

⑤ relaxed → perplexed

[2점] [12.6월평가원]

해석 이제 Walt Disney World에서의 길고 지치게 하는 하루의 끝이고, 버스에 가득 탄 부모와 아이들은 자기네 호텔로 돌아가기 위해 20분간의 탑승을 시작하고 있다. 아이들은 지나치게 활발했고 귀찮아하고 있으며, 부모들 또한 그렇다. 모든 사람들이 짜증나 있다. 그것은 지옥으로부터의 버스 탑승이다. 그때 투덜대는 아이들과 부모들의 언짢게 웅성거리는 소리 위로 가느다랗고 끊임없는 멜로디가 흘러나온다. 버스 기사는 영화 The Little Mermaid에 나온 Under the Sea라는 노래를 부르기 시작했다. 모든 사람들이 조용해져서 듣기 시작한다. 마침내 한 여자 아이가 함께하고, 그 다음 몇몇의 아이들도 더 함께 한다. 탑승이 끝날 무렵 모든 사람들이 영화 The Lion King에 나오는 The Circle of Life를 부르고 있다. 지옥으로부터의 버스 탑승은 즐겁고 노래로 가득 찬 끝마무리가 되어 하루를 채웠다.

풀이 버스 승객들은 Walt Disney World에서의 긴 하루를 보내 지친 상태로 버스에 탑승해 irritated(짜증난)인 상태였지만, 버스 기사가 음악을 틀어주고 손수 노래를 부르자 버스에 함께 탄 사람들도 노래를 부르게 된 것으로 보아 delighted[diláitid] (기뻐하는)인 상태임을 알 수 있다.
② 부끄러운 → 감사하는 ③ 흥분한 → 우울한 ④ 흥겨운 → 두려운 ⑤ 긴장을 푼 → 당혹한

Vocabulary

- sleep a wink 한잠자다
- previous[príːviəs] 전날
- strangely[stréindʒli]
  이상하게도
- pace[peis]
  ~을 왔다 갔다 하다
- gaze[geiz] 시선
- jealous[dʒéləs] 질투하는

34 다음 글에 드러난 'I'의 심경으로 가장 적절한 것은?

It was the day of the audition. I hadn't slept a wink the previous night. Strangely, I wasn't tired. It could have been the adrenaline pumping through my veins, or maybe it was the five cups of coffee I drank that morning. Either way, I couldn't sit still. I kept getting up and down from my chair, pacing around the room. A dozen thoughts went through my head. Would I remember my lines? Would I be able to display the right emotions? I kept telling myself to relax but the butterflies in my stomach had an intention of their own. When my name was called, I slowly stepped in front of the judges. Their gaze fell heavy upon me. My mind drew a complete blank.

① jealous   ② satisfied   ③ sympathetic

④ angry   ⑤ nervous

[2점] [12.9월평가원]

해석 오디션을 보는 날이었다. 나는 전날 밤에 한숨도 자지 못했다. 이상하게도 피곤하지는 않았다. 나의 정맥을 통해 주입되는 아드레날린 탓이거나 혹은 어쩌면 그날 아침에 마신 다섯 잔의 커피 탓이었으리라. 어느 쪽이든, 나는 가만히 앉아 있을 수가 없었다. 나는 의자에서 일어났다 앉았다 하고, 방안을 왔다 갔다 하였다. 열두 가지 생각이 내 머리를 지나갔다. 내가 내 대사를 기억할까? 바른 감정을 드러낼 수 있을까? 나는 나 자신에게 긴장을 풀라고 거듭 말했지만 내 마음 속의 초조함은 자기 마음대로였다. 나의 이름이 호명되었을 때, 나는 천천히 심사원들 앞으로 걸음을 옮겼다. 그들의 시선이 나에게 무겁게 내려앉았다. 내 마음은 아무 생각도 나지 않았다.

풀이 오디션을 앞두고 한숨도 자지 못하고, 커피를 다섯 잔이나 마셨으며, 대기 중에도 가만있지 못하고 이리저리 돌아다니는 등 안절부절못하며 불안해하는 모습의 묘사에서 'I'가 '긴장한(nervous[nɔ́ːrvəs])'심경임을 알 수 있다.
① 질투하는 ② 만족한 ③ 동정적인 ④ 성난

     답 ⑤

크로스 **영어**
기출문제 유형탐구

CHAPTER

08
빈칸
추론

총 65문항

세상을 바꾸는 크로스 공부법 100선

043 아주 아주 머리가 빡빡한데 공부는 해야겠고 잠도 오지 않을 경우 일어나서 제자리 뛰기를 시도해보자. 어렵다면 가벼운 앞발차기라도 좋다.

044 공부는 새로운 지식을 두뇌에 공급해줌으로써 뒤에 나올 내용이지만 두뇌의 오른쪽을 활성화시켜주는 중요한 삶의 에너지원이다. 절망이나 우울증의 나락에 빠졌던 많은 사람들이 새로운 배움을 통해서 희망과 활력을 얻고 있는 현상을 우리는 우리 주변에서 정말 자주 보지 않는가?

045 발명왕 에디슨은 몇 일 밤을 자지 않아도 멀쩡한데 왜 나는 안되느냐고 화가 나는가? 에디슨이 밤새워 한 것은 새로운 지식에 대한 공부가 아니라 실험과 고민이었고 이런 단순 반복 작업은 두뇌를 혹사하지 않는다. 몸이 힘들 뿐이다.

046 편두통에 효과있다는 왠만한 먹는 어떤 약보다 예습·복습의 균형에 대한 이해가 이 증상에 대한 진정한 대처임을 확신한다.

047 심지어 실연 등의 슬픈 일로 우울할 때면 어려운 수학 문제를 통해서 그 우울함으로부터 더 빨리 탈출할 수 있다고 확신한다.

048 우리가 할 수 있는 최선은 균형의 원리에 따라 오른쪽 왼쪽을 교대로 아프게 하는 것이다. 그러면 우리는 많은 질병을 예방할 수 있다.

01 다음 글을 읽고, 빈칸에 가장 적절한 것을 고르시오.

Vocabulary

- symbolic[simbάlik]
  상징적인
- perspective
  [pə:rspéktiv] 원근법
- geometry
  [dʒi:άmətri] 기하학
- naturalistic
  [næʧərəlístik] 사실적인
- precise[prisάis] 정확한
- application
  [æˋplikéiʃən] 응용

Mathematics definitely influenced Renaissance art. Renaissance art was different from the art in the Middle Ages in many ways. Prior to the Renaissance, objects in paintings were flat and symbolic rather than real in appearance. Artists during the Renaissance reformed painting. They wanted objects in paintings to be represented _____. Mathematics was used to portray the essential form of objects in perspective, as they appeared to the human eye. Renaissance artists achieved perspective using geometry, which resulted in a naturalistic, precise, three-dimensional representation of the real world. The application of mathematics to art, particularly in paintings, was one of the primary characteristics of Renaissance art.

① with accuracy   ② in a tradition   ③ without reality

④ in abstraction   ⑤ with symbols

[2점] [05.수능]

해석 수학은 분명히 르네상스 예술에 영향을 주었다. 르네상스 예술은 여러 가지 면에서 중세의 예술과 달랐다. 르네상스 이전에는 그림에 있는 물체들이 외관상 사실적이라기보다는 편평하고 상징적이었다. 르네상스 시대의 예술가들은 그림을 다시 만들었다. 그들은 그림 속의 물체들이 <u>정확하게</u> 나타내지기를 원했다. 물체들의 본질적인 형태가 원근법으로, 다시 말해 인간의 눈에 보이는 대로 그리기 위해 수학이 사용되었다. 르네상스 시대의 예술가들은 기하학을 사용하여 원근법을 성취했는데 그것은 실제 세계를 사실적이고 정확하고 3차원적으로 묘사하게 했다. 수학을 예술, 특히 그림에 응용한 것은 르네상스 예술의 주된 특징 중 하나였다.

풀이 물체들의 본질적인 형태가 인간의 눈에 보이는 대로 그렸다는 것과 실제 세계를 사실적이고 정확하고 3차원적으로 묘사했다는 것으로 보아 빈칸에는 ①의 '정확하게'가 들어가는 것이 가장 적절하다.
② 전통 속에서 ③ 현실성이 없이 ④ 추상적으로 ⑤ 상징을 갖고

Vocabulary

- dramatically
  [drəmǽtikəli] 극적으로
- oversea[óuvərsí:]
  해외의
- enthusiastic
  [enθù:ziǽstik] 열정적인
- peninsula[pinínsələ]
  반도

02 다음 글을 읽고, 빈칸에 가장 적절한 것을 고르시오.

The number of foreigners interested in the Korean language has increased dramatically over the past few years because of the success of Korean firms overseas and growing interest in Korean culture. For example, many Chinese students have become interested in Korean as they plan to work for Korean firms, which offer better opportunities and pay. The total number of foreign students attending Korean language programs has increased to more than 30,000 in Seoul alone this year from about 4,700 at the end of last year. People speaking Korean have long been limited mostly to those from the peninsula. It is no wonder few people ever imagined that the country s language might one day _____.

① provide some enthusiastic technical support

② open new opportunities for its modern art

③ remain one of the most scientific languages

④ contribute to the return of its ancient culture

⑤ become popular in the international community

[2점] [05.수능]

해석 한국어에 관심이 있는 외국인의 숫자는 한국 회사들의 해외에서의 성공과 한국 문화에 대한 점점 증가하는 관심 때문에 지난 몇 년에 걸쳐 극적으로 증가해왔다. 예를 들어, 많은 중국 학생들은 더 많은 기회와 봉급을 주는 한국 회사를 위해 일할 것을 계획함에 따라 한국에 관심을 갖게 되었다. 한국어 프로그램에 다니는 외국인 학생들의 총 숫자는 지난 해 말에 약 4,700명에서 금년에 서울에서만도 30,000명 이상으로 증가했다. 한국어를 말하는 사람들은 오랫동안 주로 한반도 출신에 한정되었었다. 한국어가 어느 날 세계 사회에서 인기를 얻게 될 것이라는 것을 상상했던 사람이 거의 없었다는 것은 당연하다.

풀이 한국어에 관심이 있는 외국인의 숫자가 지난 몇 년에 걸쳐 극적으로 증가해왔다는 것과 한국어 프로그램에 다니는 외국인 학생들의 총 숫자가 지난 해 말에 약 4,700명에서 금년에 서울에서만도 30,000명 이상으로 증가했다는 것에서 내릴 수 있는 결론으로는 ⑤'세계 사회에서 인기를 얻게 될'이 가장 적절하다.
① 열정적인 기술적 지원을 제공할 ② 현대 예술을 위한 새로운 기회를 열 ③ 가장 과학적인 언어 중 하나로 남을 ④ 고대 예술로 되돌아가는 것에 기여할

답 ⑤

03 다음 글을 읽고, 빈칸에 가장 적절한 것을 고르시오.

A long time ago, a dissatisfied horse asked the gods for longer, thinner legs, a neck like a swan, and a saddle that would grow upon him. Right away, the merciful gods changed him into a creature having all the new features. But although they had looked attractive separately, the entire assembly shocked him, for he found that he had been changed into an ugly camel. There now, said the gods, all your wishes are granted, and you will now live as you've wished all your life. Remember! Not all change is good. You should _____ _____.

※ saddle 안장

① admire the beauty of a swan

② be satisfied with what you have

③ make all your wishes at one time

④ behave as mercifully as the gods

⑤ help the camel s dream come true

Vocabulary

- swan[swɑn] 백조
- saddle[sædl] 안장
- merciful[mə́ːrsifəl] 자비로운
- separately[seprətli] 따로따로, 별도로
- assembly[əsémbli] 모임

[2점] [05.수능]

해석 옛날에 불만족한 말 한 마리가 더 길고 더 날씬한 다리와 백조 같은 목과 그의 위에서 자라는 안장을 달라고 신들에게 빌었다. 자비로운 신들이 즉시 그를 그 모든 새로운 특징들을 가진 동물로 바꾸었다. 그러나 그것들이 개별적으로는 매력적으로 보였지만 전체를 모아놓은 것은 그 말을 놀라게 했다. 왜냐하면 그 말은 자신이 못생긴 낙타로 변했다는 것을 발견했기 때문이었다. 신들이 말했다. "자, 이제 네 모든 소원을 들어주었고 너는 이제 네가 평생 동안 소원했던 대로 살 것이다." 기억하라! 모든 변화가 좋은 것은 아니다. 당신은 당신이 갖고 있는 것에 만족해야 한다.

풀이 말이 더 길고, 더 날씬한 다리와 백조 같은 목과 그의 위에서 자라는 안장을 달라고 신들에게 빌자 자비로운 신들이 즉시 그를 그 모든 새로운 특징들을 가진 동물로 바꾸어주었는데 개별적으로는 매력적으로 보였지만 전체적으로는 못생긴 낙타로 변했다는 우화에서 내릴 수 있는 결론으로는 ②의 '당신이 갖고 있는 것에 만족하다(be satisfied [sǽtisfàid] with what you have)'가 가장 적절하다.
① 백조의 아름다움을 감탄하다 ③ 한 번에 모든 소원을 빌다 ④ 신처럼 자비롭게 행동하다 ⑤ 낙타의 꿈이 실현되도록 돕다

답 ②

Vocabulary

- immigrant[ímigrənt]
  이민자
- stubbornly[stʌbərnli]
  고집스럽게
- monolingual
  [mάːnəlíŋgwəl]
  하나의 언어를 사용하는
- handicap[hǽndikæp]
  불이익
- meanwhile[míːnhwàil]
  그 동안
- eliminate[ilímənèit]
  제거하다
- bilingual[bailíŋgwəl]
  두 나라 말을 하는
- haste[heist] 성급, 서두름
- assimilation
  [əsìməleɪʃən] 동화

04 다음 글을 읽고, 빈칸에 가장 적절한 것을 고르시오.

The United States remains an underdeveloped country when it comes to language skills. Immigrants are importing their mother tongues at record rates. Yet the vast majority of Americans remain stubbornly monolingual. Ignorance of other languages and cultures handicaps the United States in dealing with the rest of the world. Today the language policies in the United States address this problem primarily with efforts to teach "foreign" languages to monolingual Americans. Meanwhile, the United States seeks to eliminate these same skills among ethnic minorities by reducing existing bilingual programs, out of misplaced fears of _____ or haste to force their assimilation. Instead of focusing on immigrants' disabilities in English, why not encourage them to maintain their abilities in their mother tongues while they learn English?

① diversity   ② difficulty   ③ similarity

④ humanity   ⑤ curiosity

[2점] [06.수능]

해석 언어 구사 능력 문제에 있어서 미국은 여전히 저개발 국가이다. 이민자들이 기록적인 속도로 모국어를 들여오고 있지만 여전히 대다수의 미국인들은 고집스럽게 1개 국어를 사용하고 있다. 다른 언어와 문화에 대한 무지는 세계의 다른 국가들을 다룰 때 미국에 걸림돌이 된다. 오늘날 미국의 언어 정책은 주로 1개 국어를 사용하는 미국인들에게 외국어를 가르치려는 노력으로 이 문제를 다룬다. 그러는 동안에 미국은 <u>다양성</u>에 대한 잘못된 두려움 때문에 또는 그들을 강제로 동화시키려는 서두름 때문에 지금 있는 2개 언어 프로그램을 줄임으로써 이민 소수자들의 이런 언어구사 능력을 제거하려고 한다. 이민자들이 영어를 하지 못하는 것에 초점을 맞추는 대신에 그들이 영어를 배우는 동안에 그들의 모국어에 대한 능력을 유지하도록 왜 장려하지 않는가?

풀이 이민자들의 급증에 불구하고 언어정책의 문제점은 그들을 강제로 동화시키려고 서두른다는 것이다. 이것은 미국이 미국 사회가 다양해지는 것을 두려워한다고 할 수 있다. 따라서 빈칸에 들어갈 말로 적절한 것은 ①'다양성'이다.
② 어려움 ③ 유사성 ④ 인간성 ⑤ 호기심

답 ①

05 다음 글을 읽고, 빈칸에 가장 적절한 것을 고르시오.

The introduction of unique products alone does not guarantee market success. Another vital factor is increasing one's responsiveness to the markets by providing products suited for the local communities that make up the market. This means understanding that each country, community and individual has unique characteristics and needs; it requires _____. In other words, one of the challenges is to avoid a one-size-fits-all strategy that places too much emphasis on the "global" aspect alone. Even categorizing countries as "developed" or "emerging" is dangerous. Upon closer analysis, "emerging" countries are not only vastly different from one another, they are also composed of numerous unique individuals and communities.

① global markets that expand rapidly

② employment of a one-size-fits-all strategy

③ sensitivity to regional and individual differences

④ resources that make the challenges meaningful

⑤ individual competition to raise productivity

[2점] [06.수능]

해석   특이한 상품만을 소개하는 것이 시장에서의 성공을 보장하지 않는다. 또 다른 중요한 요소는 시장을 구성하는 지역 사회에 적합한 상품을 제공함으로써 시장에 대한 반응을 증가시키는 것이다. 이것은 각 국가, 지역사회와 개인이 독특한 특성과 필요를 가지고 있다는 것을 이해하는 것을 의미한다. 즉 그것은 지역이나 개인적인 차이점들에 대한 예민함을 필요로 한다. 다시 말하자면, 난제들 중의 하나는 단지 "세계적인" 측면만 너무 강조하는 하나의 크기로 모든 것에 맞추는 전략을 피하는 것이다. "선진화된"이나 "떠오르는"과 같이 국가들을 범주화하는 것도 위험하다. 좀 더 상세히 분석을 해 보면 "떠오르는" 국가들은 서로 서로 아주 다를 뿐 아니라, 그들은 또한 수많은 독특한 개인들과 공동체들로 구성되어 있다.

풀이   세계화된 시장에서 성공을 하려면 각 국가나 지역사회의 필요성을 잘 인식하고 획일적으로 판단하는 태도를 버려야 한다는 것이다. 즉, 각 지역 사회에 적합한 상품을 제공하여 반응을 일으키는 것은 ③'지역적이고 개인적인 차이점들에 대해 예민하게 반응하는 것'을 필요로 한다는 내용이다.

① 빠르게 팽창하는 국제 시장 ② 하나의 크기로 모든 것을 맞추는 전략의 차용 ④ 도전을 의미 있게 만드는 자질 ⑤ 생산성을 올리기 위한 개인의 경쟁력

06 다음 글을 읽고, 빈칸에 가장 적절한 것을 고르시오.

Learning to ski is one of the most humbling experiences an adult can undergo (that is one reason to start young). After all, an adult has been walking for a long time; he knows where his feet are; he knows how to put one foot in front of the other in order to get somewhere. But as soon as he puts skis on his feet, it looks as though he _____. He slips and slips, falls down, has trouble getting up, gets his skis crossed, tumbles again, and generally looks and feels like a fool.

① were teaching other people how to ski

② didn't know how to offend others

③ had already learned to ski

④ perfectly understood how to walk

⑤ had to learn to walk all over again

[2점] [06.수능]

해석 스키를 배우는 것은 어른이 겪을 수 있는 가장 자존심 상하는 경험 중의 하나이다(그것이 어려서 시작하는 이유이기도 하다). 결국, 어른은 오랫동안 계속 걸어왔다. 그는 자신의 발이 어디에 있으며, 어딘가로 가기 위해 한 발을 다른 발 앞에 어떻게 두는 가를 알고 있다. 그러나 발에 스키를 착용하자마자 그는 걷기를 완전히 다시 배워야만 하는 것처럼 보인다. 그는 계속 미끄러지고, 넘어지고, 일어서는데 어려움을 겪고, 스키를 엇갈리게 하고, 다시 넘어지며, 그리하여 보통 바보처럼 보이고 느끼게 된다.

풀이 어른들은 오랫동안 능숙하게 잘 걸어왔지만 스키를 착용하자마자 어린아이처럼 ⑤'걷기를 완전히 다시 배워야만 하는' 사람이 된다는 내용이다.
① 다른 사람들에게 스키 타는 법을 가르치는 ② 다른 사람들을 화나게 하는 법을 모르는 ③ 이미 스키를 배운 ④ 걷는 법을 완벽하게 이해한

07 다음 글을 읽고, 빈칸에 가장 적절한 것을 고르시오.

Walking down the street, you may not even notice the trees, but, according to a new study, they do a lot more than give shade. Environmental scientists chose two Chicago public housing projects, both of which had some buildings with lots of trees nearby, and some with practically none. According to the study, violence and property crimes were nearly twice as high in sections of the buildings where vegetation was low, compared with the sections where vegetation was high. Why? One explanation: Greenery creates a natural gathering space for neighbors and, ultimately, stronger _____ in the community. This can also create an atmosphere where children are better supervised, and buildings better watched.

① fear   ② traps   ③ quarrels

④ bias   ⑤ bonds

Vocabulary

• shade[ʃeid] 그늘
• nearby[nirbai] 근처에
• practically[prǽktikəli] 사실상
• property [prɑ́pərti] 재산
• ultimately[ʌ́ltəmitli] 궁극적으로
• supervise[súːpərvàiz] 감독하다

[2점] [07.수능]

해석 거리를 따라 걸어갈 때 나무을 인식하지 못할 수도 있지만, 한 새로운 연구에 따르면, 나무는 그늘을 제공하는 것보다 더 많은 일을 한다. 환경 과학자들은 두 곳의 시카고 공공 주택 단지를 선택했는데, 두 곳 모두 근처에 많은 나무를 가진 건물들과 사실상 나무가 거의 없는 건물들을 가지고 있었다. 그 연구에 따르면, 폭력과 재산 범죄는 식물들이 많이 있는 구역과 비교해, 식물이 적게 있는 건물들의 구역에서 거의 두 배나 더 많았다. 왜 그럴까? 한 가지 설명은 다음과 같다. 푸른 나무들은 이웃사람들을 자연스럽게 모일 수 있는 곳을 만들고, 궁극적으로 공동체 내에 보다 강한 유대를 만들어 낸다. 이것은 또한 아이들을 보다 잘 감시하고 건물들을 더 잘 살펴볼 수 있는 분위기를 만들어 낼 수 있다.

풀이 나무가 많으면 사람들이 자연스럽게 함께 모일 수 있는 곳을 만들어 내고, 그리하여 사람들 사이의 ⑤'유대감(bond[bɑnd/bɔnd])'이 더 강해진다는 것이 자연스러운 문맥이다.
① 두려움 ② 올가미 ③ 불화 ④ 편견

Vocabulary

• impression[impréʃən]
  인상
• evaluation[ivæljuèiʃən]
  평가
• groundless[gráundlis]
  근거 없는
• probably[prábəbli] 아마
• status[stéitəs] 지위

08 다음 글을 읽고, 빈칸에 가장 적절한 것을 고르시오.

People tend to stick to their first impressions, even if they are wrong. Suppose you mention the name of your new neighbor to a friend. "Oh, I know him," your friend replies. "He seems nice at first, but it's all an act." Perhaps this evaluation is groundless. The neighbor may have changed since your friend knew him, or perhaps your friend's judgment is simply unfair. Whether the judgment is accurate or not, once you accept it, it will probably influence the way you respond to the neighbor. Even if this neighbor were a saint, you would be likely to interpret his behavior in ways that _____ _____.

① fit your expectation   ② upgrade your status
③ make you intelligent   ④ keep you wealthy
⑤ remove your prejudice

[2점] [07.수능]

해석 사람들은 그들의 첫인상이 잘못된 것일 지라도 그것에 집착하는 경향이 있다. 당신이 당신의 이웃 사람의 이름을 어떤 친구에게 언급했다고 가정해보자. "오, 난 그를 알아,"라고 당신의 친구가 대답한다. "그는 처음에는 멋진 것처럼 보이지만, 그것은 전부 꾸민 것이야." 아마 이 평가는 근거 없는 것일 수도 있다. 그 이웃 사람은 당신의 친구가 그를 알고 난 이후로 바뀌었을 수도 있고, 혹은 당신 친구의 판단이 전혀 정당하지 않을 수도 있다. 그 판단이 정확하건 그렇지 않건, 일단 당신이 그것을 받아들이면, 그것은 당신이 그 이웃에 대해 반응하는 방식에 영향을 줄 것이다. 비록 이 이웃이 성자일지라도, 당신은 당신의 예상에 맞는 방식으로 그의 행동을 해석할 가능성이 높다.

풀이 어떤 사람에 대한 평가가 옳건 옳지 않건 그것을 받아들이게 되면 그 때부터 그 평가에 맞추어 그 사람의 행동을 해석한다는 문맥이다. 따라서 빈 칸에는 ①'당신의 예상에 꼭 맞다'가 필요하다.
② 당신의 지위를 높이다 ③ 당신을 현명하게 만들다 ④ 당신을 부유하게 유지하다 ⑤ 당신의 편견을 제거하다

답 ①

09 다음 글을 읽고, 빈칸에 가장 적절한 것을 고르시오.

Upon entering a record store, one encounters a wide variety of genres from easy listening to jazz and classical music. Jazz and classical music have a number of things in common. However, they also have a number of differences. Before sound recording, classical music was passed down through written scores, whereas early jazz mainly relied on live performance. The composers are in control in classical music; they write the musical notes along with detailed instructions. In jazz, on the contrary, the performers often improvise their own melodies. In sum, classical music and jazz both aim to provide a depth of expression and detail, but they _____.

① take different approaches to record sales
② owe their traditions to the easy listening genre
③ achieve their goal through different approaches
④ rely on composers to write their improvisations
⑤ depend on their music scores to gain popularity

• variety[vəráiəti] 다양성
• whereas[hwɛəræz] 반면에
• composer[kəmpóuzər] 작곡가
• improvise[ímprəvàiz] 즉석에서 만들다
• In sum 요컨대

[2점] [07.수능]

해석 음반 가게에 들어가자마자, 사람들은 쉽게 들을 수 있는 음악에서 재즈와 고전음악까지 다양한 장르를 만나게 된다. 재즈와 고전 음악은 많은 것들을 공통점으로 가지고 있다. 하지만, 그것들은 또한 많은 차이점을 가지고 있다. 소리로 녹음하기 전에, 고전 음악은 쓰여진 악보를 통하여 전달이 된 반면에, 초기의 재즈는 주로 실제 공연에 의존했다. 고전음악에서는 작곡가들이 통제를 한다. 즉 그들은 세부적인 지시 사항이 동반된 악보를 쓴다. 반면에, 재즈에서는 공연을 하는 사람들이 종종 자신들의 멜로디를 즉석에서 만든다. 요약하자면, 고전음악과 재즈는 모두 깊이 있는 표현과 세부사항을 제공하려고 하지만, 그것들은 <u>다른 접근법을 통해 그것들의 목표를 성취한다.</u>

풀이 고전음악은 작곡가들이 세부사항을 악보에 적어서 표현의 깊이를 제공하고, 재즈는 연주가들이 즉석에서 만든 멜로디를 통해 이것을 제공한다. 따라서 빈 칸에 들어갈 말로 적절한 것은 ③'서로 다른 접근을 통해 그들의 목표를 성취한다'이다.
① 음반 판매에 다른 접근법을 취한다 ② 그것들의 전통은 쉽게 들을 수 있는 장르 덕분이다 ④ 즉석에서 만들어 낸 작품을 쓰기 위해 작곡가들에게 의존 한다 ⑤ 인기를 얻기 위해 그들의 악보에 의존 한다

- convince[kənvíns]
  납득시키다
- effective[iféktiv]
  효과적인
- draft[dræft] 초고
- revision[rivíʒən] 수정
- polish[páliʃ] 다듬다
- pursue[pərsúː] 추구하다
- relativism[rélətəvizəm]
  상대주의

10 다음 글을 읽고, 빈칸에 가장 적절한 것을 고르시오.

A clean sheet of paper is lying in front of you, and you have to fill it up. Suddenly, your mind may seem as blank as the paper. What can you do to set your pen in motion? The answer is simple: Don't be caught in the _____ trap. That is, if you can convince yourself that the first draft isn't your best writing and can be made more effective with additional thought and some revision, then it will be easier to get started. When starting, don't worry about what the reader will think about what you have written. Make writing as easy for you as you can by not being concerned with how good the first draft is. There will be time for revising and polishing any ideas you want to pursue later.

① perfection　　② copyright　　③ relativism

④ destruction　　⑤ imitation

[2점] [08.수능]

해석 깨끗한 종이 한 장이 당신 앞에 놓여 있고, 당신은 그것을 채워야만 한다. 갑자기, 당신의 마음도 그 종이처럼 텅 빈 상태가 된 것처럼 보일 수 있다. 당신의 펜을 움직이게 하기 위해 당신은 무엇을 할 수 있는가? 해답은 간단하다. 완벽이라는 덫에 걸리지 않도록 하라. 다시 말해, 초고는 당신이 가장 잘 쓴 글이 아니며 생각을 첨가하고 약간의 수정을 하면 더 효과적으로 만들 수 있다고 자신에게 납득시킬 수 있다면, 시작하기가 더 쉬워질 것이다. 시작할 때, 당신이 쓴 것에 대해 독자가 어떻게 생각할까에 대해 걱정하지 마라. 초고가 얼마나 좋으냐에 대해 상관하지 않음으로써 당신이 할 수 있는 한 글쓰기를 쉬운 것으로 만들어라. 당신이 나중에 추구하기를 원하는 생각들을 교정하고 다듬을 시간이 있을 것이다.

풀이 빈칸 다음에 오는 내용은, 처음 쓰는 글은 나중에 첨가나 교정에 의해 더 완벽하게 만들 수 있으니 처음부터 완벽한 글을 쓰려고 하지 말라는 내용이다. 즉, ①'완벽(perfection[pərfékʃən])'이라는 덫에 걸려 글쓰기를 어렵게 만들지 말라는 것이다.
② 저작권 ③ 상대주의 ④ 파괴 ⑤ 모방

답 ①

11 다음 글을 읽고, 빈칸에 가장 적절한 것을 고르시오.

What is the most prevalent and perhaps most important prefix of our times? The answer should be multi, which means 'more than one.' Our modern jobs are increasingly requiring multi-tasking. Our communities are getting multi-cultural. Our entertainment is multi-media. While detailed knowledge of a single area once guaranteed success, today the top rewards go to those who can operate with equal confidence in different realms. Let us call these people boundary crossers. They develop expertise in multiple areas, they speak different languages, and they _____ _____. They live multi-lives because that is more interesting and, nowadays, more effective.

※ prefix 접두사

Vocabulary

- prevalent[prévələnt]
  널리 보급된
- increasingly[inkrí:siŋli]
  점점 더
- guarantee[gæ`rəntí:]
  보장하다
- confidence[kánfidəns]
  자신감
- realm[relm] 범위, 왕국
- boundary[báundəri]
  경계
- nowadays[náuədèiz]
  오늘날에는

① consider bilingual speech communities inefficient

② are satisfied with their specialty in a single area

③ find joy in the rich variety of human experience

④ avoid areas that require varied expertise

⑤ seek comfort in doing the same task

[2점] [08.수능]

해석 우리 시대에 가장 널리 퍼져 있으며 아마도 가장 중요한 접두사는 무엇인가? 답은 '하나 이상'을 의미하는 multi일 것이다. 현대의 직업은 점점 더 다중 작업을 요구하고 있다. 우리의 사회도 다문화화 되어가고 있다. 우리의 오락도 다중 매체다. 한 분야의 세세한 지식이 한 때 성공을 보장해 준 반면, 오늘 날 최고의 포상은 다양한 영역에서 동일한 자신감을 가지고 일하는 사람들에게 돌아간다. 이런 사람들을 경계를 넘나드는 사람들이라고 부르자. 그들은 여러 분야에서 전문 지식을 개발하고, 여러 언어를 구사하며, 아주 다양한 인간 경험에서 즐거움을 발견한다. 그들은 다중의 삶을 사는데 이는 그것이 더욱 흥미롭고, 오늘날에는 더욱 효과적이기 때문이다.

풀이 빈칸이 있는 부분은 다양한 영역을 넘나드는 boundary crossers의 특징을 나열하고 있는 부분인데, 한 가지 전문분야가 아니라 여러 분야에 관심을 가지고 있는 사람의 특징이 될 수 있는 것은 ③'아주 다양한 인간 경험에서 즐거움을 발견한다' 이다.
① 두 언어를 사용하는 지역이 비효율적이라고 생각하다 ② 한 분야에서의 자신들의 전문성에 만족하다 ④ 다양한 전문지식을 요구하는 분야를 피하다 ⑤ 같은 일을 하는 데에서 위안을 찾다

Vocabulary

- obviously[ábviəsli]
  확실히
- properly[prápərli]
  적절히
- relatively[rélətivli]
  비교적
- straightforward
  [strèitfɔ́ːrwərd] 간단한
- pulse1[pʌls] 파동
- trail[treil]
  ~의 뒤에서 따라가다

12 다음 글을 읽고, 빈칸에 가장 적절한 것을 고르시오.

Night diving is obviously less simple than diving during the day, but when properly organized, it is relatively straightforward. A powerful flashlight will easily light your way and the creatures around you, revealing marine life in its true colors. However, if you cover up your flashlight, you will ＿＿＿＿＿＿＿＿＿＿＿＿＿＿＿＿＿＿＿＿. Many creatures use phosphorescence at night, and as you move through the water, you will cause plankton to release tiny pulses of light, leaving beautiful glowing wakes trailing behind you. ※ phosphorescence 빛을 발하는 현상

① be surprised at how much light there is underwater
② acknowledge the high cost of night diving
③ find out how dangerous underwater light is
④ realize how good night diving is for your health
⑤ still be unable to see the underwater creatures at all

[2점] [08.수능]

해석
야간 잠수는 주간 잠수보다 확실히 덜 단순하기는 하지만 적절히 준비를 하면 비교적 간단하다. 성능이 좋은 회중전등이 우리의 앞길과 주변의 생물을 쉽게 비추어 줄 것이고, 바다 속 모습을 진정한 색채 그대로 보여줄 것이다. 그러나 회중전등을 가려버리면, 우리는 <u>얼마나 많은 빛이 바다속에 존재하는지에 놀랄 것이다.</u> 많은 생명체가 야간에 빛을 발하는 현상을 이용하고 있으며, 그래서 물속을 이동할 때 우리는 플랑크톤으로 하여금 작은 파동의 빛을 방출하게끔 하여, 아름답게 빛나는 자국이 우리의 뒤를 따르도록 남겨 놓을 것이다.

풀이
야간 잠수에 관한 글이다. 빈칸 다음에 야간에 빛을 발하는 생명체에 대한 언급이 뒤따르고 있으므로 야간에 바다 속에서 회중전등의 빛을 가리면 ①'많은 생명체들이 빛을 발하고 있다는 것에 놀라게 될 것이다'라는 문맥이 올 것임을 유추할 수 있다. ② 야간 수영의 비싼 가격을 인정하다 ③ 수중 빛이 얼마나 위험한지를 알다 ④ 야간 수영이 건강에 얼마나 좋은지를 깨닫다 ⑤ 여전히 수준 생물을 전혀 볼 수 없다

답 ①

13 다음 글을 읽고, 빈칸에 가장 적절한 것을 고르시오.

Vocabulary

While the fine art object is valued because it is unique, it is also valued because it can be reproduced for _____. For example, Van Gogh's paintings have been reproduced endlessly on posters, postcards, coffee mugs, and T-shirts. Ordinary consumers can own a copy of the highly valued originals. Therefore, the value of the original results not only from its uniqueness but from its being the source from which reproductions are made. The manufacturers who produce art reproductions and the consumers who purchase and display them give value to the work of art by making it available to many people as an item of popular culture.

- reproduce[ri:prədjú:s] 복제하다
- endlessly[endləs] 무한한, 한없는
- ordinary[ɔ́:rdənèri] 보통의
- highly[háili] 매우
- unique[ju:ní:k] 독특한
- available[əvéiləbəl] 이용할 수 있는

① art education
② artists' imagination
③ cultural diversity
④ scholarly research
⑤ popular consumption

[2점] [09.수능]

해석 미술품은 독특하기 때문에 귀중히 여겨지는 한편, 그것이 대중적인 소비를 위해서 복제될 수 있기 때문에 또한 귀중하게 여겨질 수 있다. 예를 들어, Van Gogh의 그림들은 포스터, 우편엽서, 커피 머그잔, 그리고 티셔츠에 끊임없이 복사가 되어왔다. 보통의 소비자들은 아주 귀중하게 여겨지는 원작들의 복사본을 소유할 수 있다. 그 때문에 원작의 가치는 그것의 독특함에서 나올 뿐만 아니라 그것이 복제품들이 만들어지는 원천이 될 수 있다는 것에서 나오기도 한다. 미술 복제품들을 생산하는 제조업자들과 그것들을 구매하고 전시하는 소비자들은 예술 작품을 많은 사람들에게 대중문화의 한 아이템으로 이용할 수 있게 함으로써 그것에 가치를 부여하는 것이다.

풀이 이 글은 순수 예술 작품이 가치가 있는 이유가 그것이 독특하면서도 재생산될 수 있기 때문이라고 이야기하고 있는데, 순수 예술 작품이 누구를 위해서 재생산될 수 있다는 것인지에 대한 내용이 빈칸에 들어가야 한다. 주어진 빈칸 문장의 뒷부분에 제시되어 있는 예시를 통해, 순수 예술인 Van Gogh의 회화 작품이 일반 소비자들을 위한 제품에 적용되어 대중문화처럼 재생산되는 경우를 언급하고 있으므로 빈칸에는 ⑤'대중적인 소비(popular[pápjələr/póp-] consumption[kənsʌ́mpʃən])'이 들어가는 것이 가장 적절하다.
① 예술 교육 ② 예술가의 상상력 ③ 문화의 다양성 ④ 학문적인 탐색

Vocabulary ☑

- compel[kəmpél]
  강요하다
- hateful[héitfəl]
  증오에 찬, 미운
- offend[əfénd]
  성나게 하다
- reaction[ri:ǽkʃən] 반응

14 다음 글을 읽고, 빈칸에 가장 적절한 것을 고르시오.

There are some people who believe that no one should be trusted. They usually feel this way because their behavior compels others to lie to them. In other words, they make it difficult for others to tell them the truth because they respond rudely or emotionally to people who tell the truth. If others see how angry, hurt, or hateful you become when they tell you the truth, they will avoid telling it to you at all costs. If you are known as someone who is easily offended, you will never know what others are really thinking or feeling because they will _____ to escape from your negative reaction. If you demand that children tell you the truth and then punish them because it is not very satisfying, you teach them to lie to you to protect themselves.

① protect their children 　　　　② distort the truth

③ waste your expenses 　　　　④ hurt your feelings

⑤ reveal their anger

[2점] [09.수능]

해석 신뢰할 사람이 아무도 없다고 믿는 일부 사람들이 있다. 일반적으로 그들이 이렇게 느끼는 이유는 자신들의 행동이 다른 사람들로 하여금 거짓말을 하도록 강요하기 때문이다. 다시 말하면, 그들은 사실을 말하는 사람들에게 무례하거나 감정적으로 반응을 하기 때문에, 사람들이 이들에게 사실을 말하는 것을 어려워한다. 당신에게 사실을 말할 때, 당신이 얼마나 화를 내고, 상처를 입고, 복수심에 불타 있는지 사람들이 알게 된다면, 그 사람들은 무슨 수를 써서라도 당신에게 사실을 말하는 것을 피할 것이다. 당신이 쉽게 화를 내는 사람으로 알려져 있다면, 당신이 보이는 부정적인 반응을 피하기 위해 사실을 왜곡하기 때문에 사람들의 기분이나 생각이 실제로 어떠할지 당신은 결코 알 수 없을 것이다. 만약 자녀들에게 사실을 말하라고 요구하고서 그것이 충분히 만족스럽지 못하다는 이유로 자녀에게 벌을 준다면, 자신을 보호하기 위해서 당신에게 거짓말을 하라고 그들에게 가르치는 셈이다.

풀이 다른 사람들에게 거짓말을 강요하기 때문에 다른 사람들을 믿지 못하는 사람들에 대한 내용의 글이다. 진실을 말할 경우 무례하거나 감정적으로 대응하는 사람들에게는 진실을 말해 주기 어렵기 때문에 이러한 사람들에게 사람들은 진실을 말하지 않게 된다고 한다. 그러므로 만약 당신이 쉽게 화를 내는 사람이라면 다른 사람들이 실제로 생각하고 느끼는 바를 알기 어려운 이유는 바로 그들이 당신이 화를 내지 않도록 하기 위해 진실을 왜곡하기 때문이라는 것을 알 수 있다. 따라서 빈 칸에 들어갈 말로 적절한 것은 ②'사실을 왜곡하다 (distort[distɔ́ːrt] truth)'이다.

답 ②

15 다음 글을 읽고, 빈칸에 가장 적절한 것을 고르시오.

One of the main principles I follow when I draw outside is _____
_____. I try to stay away from houses or barns that have unusual angles of the roof, or objects that look incorrect in size, perspective, or design. If the subject is confusing when you look at it, it will be more confusing when you attempt to draw it. I know a beautiful barn where the corners are not at right angles. No matter how many times I have drawn it, the perspective does not look right. If I were to make an accurate drawing of this barn and put it in a show, I'm sure I would get all kinds of criticism for my poor perspective. I would not be there to tell my critics that the barn is actually constructed this way. So, I stay away from subjects that do not look right to me.

① not to select a subject that is too difficult or odd
② not to draw any objects that others have drawn
③ to draw an object with imagination
④ to get information from abstract subjects
⑤ to convert inaccurate drawings into accurate ones

Vocabulary

- principle[prínsəpəl] 원칙
- barn[bɑːrn] 헛간
- angle[ǽŋgl] 각도
- perspective[pərspéktiv] 원근법
- accurate[ǽkjərit] 정확한
- criticism[krítisìzəm] 비판

[2점] [09.수능]

해석 바깥에서 그림을 그릴 때 내가 따르는 중요한 원칙들 중 하나는 <u>너무 어렵거나 이상한 대상은 선택하지 않는 것이다.</u> 나는 특이한 각도의 지붕을 가지고 있는 집이나 헛간, 혹은 크기, 원근법, 혹은 디자인에서 부정확한 것처럼 보이는 물체는 멀리 하려고 한다. 어떤 대상을 쳐다볼 때 그것이 혼란스럽게 한다면, 그것을 그리려고 시도할 때는 더 혼란스러울 것이다. 나는 모서리 부분이 직각이지 않은 아름다운 헛간을 알고 있다. 아무리 많이 그것을 그렸지만, 원근법이 올바르지 않아 보였다. 만약 내가 이 헛간을 정확하게 그려서 그것을 전시회에 내 놓는다면, 나는 형편없는 원근법 때문에 모든 종류의 비난을 받게 될 거라고 확신을 한다. 나는 거기에 가서 그 헛간이 실제로 이런 식으로 건설되어 있다고 나를 비판하는 사람들에게 말하지는 않을 것이다. 그래서 나는 나에게 올바른 것처럼 보이지 않는 대상을 멀리 한다.

풀이 그림을 그릴 때 그리는 대상의 선택에 관한 글이다. 글쓴이는 바깥쪽(겉모양)을 그릴 때 이상한 모양(unusual angles of the roof), 정확하지 않은 모양(incorrect)을 피한다(stay away)고 하고 있다. 주제(피사체)가 혼동되어 명확하지 않을 경우, 그림을 그릴 때 더 혼동이 된다는 설명을 덧붙이고 있다. 맨 마지막 문장에서 글쓴이에게 바르게 보이지 않는 물체는 멀리한다는 내용이 다시 한 번 언급되고 있는 것으로 보아 빈칸에는 ①'너무 어렵거나 이상한 주제를 선택하지 않는 것이다'가 들어가는 것이 적절함을 알 수 있다.

답 ①

Vocabulary

- discomfort[diskʌ́mfərt] 불편
- immediate[imíːdiət] 즉각적인
- satisfaction [sæ̀tisfǽkʃən] 만족
- virtue[və́ːrtʃuː] 미덕, 덕목
- ambition[æmbíʃən] 야망
- modesty[mɑ́disti] 겸손

16 다음 글을 읽고, 빈칸에 가장 적절한 것을 고르시오.

In this modern world, people are not used to living with discomfort. We expect immediate results and satisfaction. We want answers faster than they can be delivered. There is twenty-four-hour repair and round-the-clock shopping. If we are hungry, there is always food available, from microwave dinners to all-night grocery stores and restaurants. People no longer know how to wait, or even what waiting means. It is nice to have what you want when you want it, but the ability to delay satisfaction is important. _____ is clearly an important virtue, yet so many people stand in front of their microwaves thinking "Hurry up!"

① Ambition ② Patience ③ Honesty

④ Modesty ⑤ Diligence

[2점] [10.수능]

해석 이 현대 세계에서, 사람들은 불편하게 사는 것에 익숙하지 않다. 우리는 즉각적인 결과와 만족을 예상한다. 우리는 정답이 전달될 수 있는 것보다 더 빠르게 그것을 원한다. 24시간 수리점과 24시간 쇼핑이 있다. 만약 우리가 배고프다면, 전자레인지 식사부터 밤샘 영업을 하는 식료품점과 식당에 이르기까지 이용할 수 있는 음식이 항상 있다. 사람들은 기다리는 방법이나 혹은 심지어 기다림이 무슨 의미인지조차도 더 이상 알지 못한다. 원하는 것을 원할 때 갖는 것은 좋은 일이지만, 만족을 지연하는 능력은 중요하다. 인내는 분명히 중요한 덕목이다. 하지만, 너무 많은 사람들이 "서둘러!"라는 생각을 하며 전자레인지 앞에 서 있다.

풀이 현대인들이 '인내'라는 덕목을 모르고 즉각적인 결과와 만족에 익숙해 있다는 내용의 글이다. immediate results and satisfaction, how to wait, what waiting means, hurry up 등의 어구로 미루어보아 ②'인내'를 강조하고 있음을 알 수 있다.
① 야망 ③ 정직 ④ 겸손 ⑤ 근면

답 ②

17 다음 글을 읽고, 빈칸에 가장 적절한 것을 고르시오.

The goal of medicine as it is currently practiced is to develop procedures and drugs that work equally well on all patients, regardless of gender, age, or genetics. It derives from the prevalent belief that all of us are similar bio-mechanical units that rolled off the same assembly line — a most imperfect conception of human beings that limits conventional medicine's effectiveness. The doctor of the future, however, needs to practice medicine in fundamentally different ways. One of the most important shifts will be an increased recognition of _____, a concept now largely ignored. Instead of treating different patients that display similar symptoms with the same drugs, doctors should identify root causes of disease to come up with a personalized treatment.

- derive[diráiv]
  유래를 찾다
- prevalent[prévələnt]
  널리 보급된
- conventional
  [kənvénʃənəl] 전통적인
- fundamentally
  [fʌ̀ndəméntəli] 본질적으로
- shift[ʃift] 이동
- display[displéi]
  보이다, 나타내다
- personalize
  [páːrsənəlàiz] 개인화하다

① group therapy
② patient individuality
③ medical technology
④ doctors' qualifications
⑤ wonder drugs

[2점] [10.수능]

해석 현재 실행되고 있는 의학의 목적은 성, 나이, 또는 유전적 특질과 관계없이 모든 환자에게 동등한 효과를 발휘하는 절차와 약을 개발하는 것이다. 그것은 우리들 모두가 똑같은 조립라인에서 복사되어 나온 유사한 생화학적인 집단이라는 널리 알려진 믿음으로부터 유래하는데, 그것은 전통 의학의 효력을 제한하는 인간에 대한 매우 불완전한 개념이다. 그러나 미래의 의사는 근본적으로 다른 방식으로 의학을 실천할 필요가 있다. 가장 중요한 변화 중의 하나는, 현재 매우 무시당하고 있는 개념인 환자의 개인적 특성에 대한 인식의 증가가 될 것이다. 유사한 증상을 나타내는 다양한 환자를 똑같은 약으로 치료하는 것 대신 의사들은 병의 근본 원인을 밝혀내어 개별화된 치료를 제시해야 한다.

풀이 인간을 조립라인에서 생산되는 똑같은 생화학적 집단으로 생각한 것이 전통 의학의 한계라고 지적한 후 미래 의학에서는 환자의 개인적 특성을 파악하여 그에 맞는 치료를 실행해야 한다고 주장하는 글이다. 현재에선 제대로 인식되고 있지 않은 반면 미래에 있게 될 의학의 변화는 ②'patient[péiʃənt] individuality[ìndəvidʒuǽləti](환자의 개인적 특성)'에 대한 인식의 증가일 것이다.
① 집단 치료법 ③ 의학 기술 ④ 의사의 자격 ⑤ 경이로운 약

정답 ②

18 다음 글을 읽고, 빈칸에 가장 적절한 것을 고르시오.

The human auditory system _____. A psychologist named Richard Warren demonstrated this particularly well. He recorded a sentence and cut out a piece of the sentence from the recording tape. He replaced the missing piece with a burst of static of the same duration. Nearly everyone who heard the altered recording could report that they heard both a sentence and static. But a majority of people could not tell where the static was! The auditory system had filled in the missing speech information, so that the sentence seemed uninterrupted. Most people reported that there was static and that it existed apart from the spoken sentence. The static and the sentence formed separate perceptual streams due to differences in the quality of sound that caused them to group separately. ※ static 잡음(雜音)

① recognizes incorrect pronunciation

② plays an important role in speaking

③ has its own version of perceptual completion

④ reacts differently according to different languages

⑤ analyzes auditory and visual cues at the same time

[2점] [10.수능]

해석 인간의 청각 체계는 그 나름대로의 지각의 완성 방식을 지니고 있다. Richard Warren이라는 이름의 한 심리학자는 이를 특별히 잘 입증했다. 그는 한 문장을 녹음한 후 녹음테이프에서 그 문장의 일부를 떼어냈다. 그는 비어있는 부분을 같은 시간동안 지속되는 잡음의 분출로 대체했다. 변경된 녹음 내용을 들은 거의 모든 사람들은 문장과 잡음을 모두 들었다고 알릴 수 있었다. 하지만 대다수의 사람들은 잡음이 어디에서 들렸는지를 말할 수 없었다. 청각 체계가 사라진 발화 정보를 채워서 그 문장은 중단되지 않은 것처럼 보인 것이다. 대부분의 사람들은 잡음이 있었고 그것은 발화된 문장과는 분리되어 존재했다고 알렸다. 잡음과 문장이 음질의 차이 때문에 분리된 집단을 이루어서 분리된 지각의 흐름을 형성한 것이다.

풀이 사람들의 청각은 문장을 들을 때 잡음으로 끊긴 부분을 채워서 듣는 특성이 있음을 설명한 글이다. 따라서 빈칸에는 ③'나름대로의 지각의 완성 방식을 갖는다(has its own version of perceptual[pərséptʃuəl] completion[kəmplíːʃən])'는 내용이 필요하다.

① 부정확한 발음을 알아듣다 ② 말하기에 있어서 중요한 역할을 수행하다 ④ 언어에 따라 다르게 반응하다 ⑤ 청각적 단서와 시각적 단서를 동시에 분석하다

답 ③

19 다음 글을 읽고, 빈칸에 가장 적절한 것을 고르시오.

세상을 바꾸는
크로스 공부법

Vocabulary

In Chinese food, the idea is that it should be boiling hot, because that is crucial to its flavor, embodied in the phrase wok hei, which means the 'breath' or essence of the combination of tastes added by a hot wok. In 2005 Belgian researchers at Leuven University confirmed just how the link between temperature and taste works. They identified microscopic channels in our taste buds, which seem to respond differently at different temperatures. Apparently, the higher the temperature, the more intense the flavor. This is why _____, which is why ice cream makers add stacks of sugar—as you can tell all too clearly when ice cream melts. In a similar way, some bitter tastes, like tea, taste better when hot because they are more intense.

※ wok 중국 요리용 냄비

- crucial[krúːʃəl]
  결정적인
- embody[embádi]
  구체화하다
- essence[ésəns] 진수
- microscopic
  [màikrəskápik] 현미경의
- apparently[əpǽrəntli]
  명백히
- intense[inténs] 강렬한

① ice cream tastes better when tea flavors are added
② ice cream does not taste that sweet straight from the fridge
③ they serve ice cream for dessert in Chinese restaurants
④ it is not recommended to eat ice cream while drinking hot tea
⑤ ice cream tastes sweeter especially in the winter time

[2점] [11.6월평가원]

해석 중국 음식에서, 음식은 펄펄 끓을 정도로 뜨거워야 한다고 생각하는데 그것이 음식의 맛에 결정적이기 때문이며, 이것은 "냄비의 숨결"이라는 어구로 구체화되는데, 그 어구는 뜨거운 냄비에 의해 첨가되는 맛의 결합된 "숨결" 또는 진수를 의미한다. 2005년에 벨기에의 Leuven 대학의 연구원들은 온도와 맛의 연결이 정확히 어떻게 작용하는지를 확인했다. 그들은 우리의 미각 돌기에 있는 극히 작은 경로를 확인했는데, 그것들은 서로 다른 온도에서 다르게 반응하는 것 같다. 온도가 높을수록 맛이 더 강렬한 것은 분명하다. 이것은 냉장고에서 바로 나온 아이스크림이 그렇게 달콤한 맛이 나지 않는 이유인데, 그런 이유로 아이스크림이 녹을 때 너무도 분명하게 모든 것을 알 수 있듯이 아이스크림 제조자들은 설탕을 듬뿍 첨가한다. 이와 비슷하게, 차와 같은 약간 쓴 맛들은 뜨거울 때 더 좋은 맛이 나는데 그 맛들이 더 강렬하기 때문이다.

풀이 온도가 높을수록 맛이 더 강렬하다고 했으므로, 아이스크림 제조업자들이 아이스크림에 설탕을 많이 첨가하는 이유는 ② '냉장고에서 바로 나온 아이스크림이 그렇게 달콤함 맛이 나지 않기' 때문임을 추론할 수 있다.
① 차의 맛이 첨가될 때 아이스크림은 더 좋은 맛이 난다 ③ 중국 식당에서는 아이스크림을 디저트로 제공한다 ④ 뜨거운 차를 마실 때는 아이스크림을 먹지 않는 것이 좋다 ⑤ 아이스크림은 특히 겨울에 더 달콤한 맛이 난다

Vocabulary

- typically[típikəli]
  일반적으로
- corrupt[kərʌ́pt]
  타락시키다, 붕괴하다
- component
  [kəmpóunənt] 부품
- circuit[səːrkit] 회로
- vanish[vǽniʃ] 사라지다
- extinction[ikstíŋkʃən]
  사멸, 소멸
- drastic[drǽstik] 강렬한

20 다음 글을 읽고, 빈칸에 가장 적절한 것을 고르시오.

Errors and failures typically corrupt all human designs. Indeed, the failure of a single component of your car's engine could force you to call for a tow truck. Similarly, a tiny wiring error in your computer's circuits can mean throwing the whole computer out. Natural systems are different, though. Throughout Earth's history, an estimated 3 million to 100 million species have disappeared, which means that this year somewhere between three and a hundred species will vanish. However, such natural extinctions appear to cause little harm. Over millions of years the ecosystem has developed an amazing _____ to errors and failures, surviving even such drastic events as the impact of the Yucatan meteorite, which killed tens of thousands of species.

※ meteorite 운석

① connection
② intolerance
③ insensitivity
④ accessibility
⑤ subjectivity

[2점] [11.9월평가원]

해석 일반적으로 실수와 실패는 인간의 모든 설계들을 못 쓰게 만든다. 실제로 자동차 엔진 부품 중단 하나만이라도 고장 나면 당신은 견인트럭을 불러야 할 것이다. 마찬가지로 컴퓨터 회로의 배선에 있어서 작은 실수 때문에 컴퓨터 전체를 내버려야 할 수 있다. 하지만 자연계는 다르다. 지구 역사 전체에 걸쳐서 300만에서 1억에 이르는 종이 사라졌다고 추측되며, 이는 올해 어딘가에서 3에서 100에 이르는 종이 사라질 것임을 의미한다. 그러나 그러한 자연의 멸종은 거의 해를 끼치지 않는 것 같다. 수백 만 년 이상 동안 생태계는 실수와 잘못에 대한 놀라울 정도의 무감각을 발휘하여, 수만 종을 파멸시켰던 유카탄에 떨어진 운석의 충격 같은 극단적인 사건에서도 살아남았다.

풀이 인간이 만들어 놓은 것은 약간의 실수에도 예민하게 반응하여 고장을 일으키지만, 자연은 수많은 생명체의 멸종을 겪으면서도 잘 견뎌왔다는 내용의 글이다. 이러한 맥락에서 자연의 특성을 잘 표현한 어휘는 ③'insensitivity[insènsətívəti](무감각)'이다.
① connection[kənékʃən] 연결 ② intolerance[intálərəns / -tɔ́l-] 불관용, 과민성 ④ accessibility[æ ksèsəbíləti] 접근성
⑤ subjectivity[sʌ̀bdʒektívəti] 주관성

답 ③

21 다음 글을 읽고, 빈칸에 가장 적절한 것을 고르시오.

Vocabulary

Unlike deviance in other settings, deviance in sports often involves _____ _____ norms and expectations. For example, most North Americans see playing football as a positive activity. Young men are encouraged to 'be all they can be' as football players and to live by slogans such as "There is no 'I' in t-e-a-m." They are encouraged to increase their weight and strength, so that they can play more effectively and contribute to the success of their teams. When young men go too far in their acceptance of expectations to become bigger and stronger, when they are so committed to playing football and improving their skills on the field that they use muscle-building drugs, they become deviant. This type of 'overdoing-it-deviance' is dangerous, but it is grounded in completely different social dynamics from the dynamics that occur in the 'antisocial deviance' enacted by alienated young people who reject commonly accepted rules and expectations.

- deviance[díːviəns] 일탈
- norm[nɔːrm] 기준, 규범
- commit[kəmít] 범하다, 저지르다
- improve[imprúːv] 개선하다
- alienate[éiljənèit] 소외하다
- discipline[dísəplin] 통제

① a disciplined control of the desire to avoid
② wasted efforts and resources in establishing
③ ambitious attempts to get independent of and free from
④ a traditional approach of matching slogans and mottos with
⑤ an unquestioned acceptance of and extreme conformity to

[2점] [11.9월평가원]

해석 다른 분야에서의 일탈과는 달리 스포츠에서의 일탈은 종종 규범과 기대에 대한 아무런 의심 없는 수용과 극단적인 순응을 수반한다. 예를 들어, 대부분의 북아메리카 인들은 미식축구 경기에 참여하는 것을 적극적 활동으로 간주한다. 젊은 사람들은 미식축구 선수로서 자신의 최고의 모습을 보이고, "팀에 '나'라는 존재는 없다"라는 말과 같은 슬로건으로 살아가도록 격려 받는다. 그들은 체중과 힘을 증가시켜서 좀 더 효과적으로 경기를 하고 팀의 성공에 기여하라고 격려 받는다. 젊은 사람들이 좀 더 몸집이 커지고 힘이 세어지리라는 기대를 지나칠 정도로 수용하게 될 때, 그들이 경기장에서 미식축구 경기를 하는 것과 기술을 향상시키는 것에 지나칠 정도로 전념하여 근육을 형성하는 약물을 복용하게 될 때, 그들은 일탈하게 된다. 이러한 유형의'과잉 행동 일탈'은 위험한 것이지만, 그것은 일반적으로 받아들여지는 규칙과 기대를 거부하는 소외된 젊은 사람들에 의해 이루어지는 '반사회적 일탈'에서 발생하는 역학과는 완전히 다른 사회적 역학에 근거한다.

풀이 스포츠에서 일어나는 일탈행위를 미식축구 선수의 약물복용을 사례로 설명하고 있다. 미식축구 선수들은 항상 최선을 다하고 팀을 위해 희생하라고 지도를 받고 이를 '의심 없이 수용(unquestioned acceptance)'하는데, 이에 '지나칠 정도로 순응(extreme conformity[kənfɔ́ːrməti])'할 때 약물 복용이라는 일탈 행위를 저지를 수 있다는 내용의 글이다. 따라서 빈 칸에 들어갈 말로 적절한 것은 ⑤'~에 대한 의심 없는 수용과 심한 순응'이다.
① ~를 피하려는 바람에 대한 단련된 통제 ② ~를 형성함에 있어서 낭비된 노력과 자원 ③ ~에서 독립되고 자유로워지려는 전통적인 시도 ④ 슬로건과 표어를 ~와 맞추는 전통적인 접근 방법

Vocabulary

- frustration[frʌstréiʃən]
  좌절
- creative[kri:éitiv]
  창의적인
- illusion[ilú:ʒən] 환영
- pervasive[pərvéisiv]
  퍼지는, 널리 미치는
- depression[dipréʃən]
  우울
- squeeze[skwi:z] 짜다
- potential[pouténʃəl]
  잠재적인
- embrace[embréis]
  포용하다

22 다음 글을 읽고, 빈칸에 가장 적절한 것을 고르시오.

Time pressure leads to frustration, and when we are frustrated or experience other negative emotions, our thinking becomes narrower and less creative. However, people are unaware of this phenomenon and live under the illusion that when they are experiencing time pressure, they are also more creative. This explains why time pressure is pervasive and to some extent accounts for the increase in rates of depression. We are generally too busy trying to squeeze more and more activities into less and less time. Consequently, we fail to enjoy potential sources of happiness that may be all around us. To enjoy the richness that life has to offer, _____.

① we need to take our time
② we should maximize our opportunities
③ we have to deal with depression wisely
④ it is necessary to explore some creative ideas
⑤ it is important to embrace even negative emotions

[2점] [11.9월평가원]

해석 시간적 압박은 좌절감을 가져오며, 우리가 좌절감을 느끼거나 다른 부정적 감정을 경험할 때 우리의 사고는 점점 더 좁아지고 창의력이 떨어지게 된다. 그러나 사람들은 이러한 현상을 지각하지 못하여, 시간적 압박을 느끼고 있을 때 창의력이 높아진다는 허상을 갖고 살아간다. 이는 시간적 압박이 널리 퍼지게 된 이유를 설명하고, 우울함의 속도 상승을 어느 정도 설명해 준다. 전체적으로 우리는 보다 짧은 시간에 보다 많은 활동을 짜내려고 애쓰느라 너무나도 바쁘다. 그 결과 우리는 우리 주변 어디에나 있을 수 있는 행복의 잠재적 출처들을 누리지 못한다. 삶이 제공해야 하는 풍요로움을 누리기 위해 우리는 시간적 여유를 가질 필요가 있다.

풀이 시간이 촉박하게 되면 사고력이 좁아지고 창의력이 떨어지게 된다는 내용이므로 '우리는 시간적 여유를 가질 필요가 있다. 따라서 ①'우리는 시간적 여유를 가질 필요가 있다'는 결론을 내릴 수 있다.
② 우리는 우리의 기회를 최대화시켜야 한다 ③ 우리는 우울함을 현명하게 다루어야 한다 ④ 창의적인 아이디어를 탐구하는 것이 필수적이다 ⑤ 부정적인 감정조차도 포용하는 것이 중요하다

답 ①

23 다음 글을 읽고, 빈칸에 가장 적절한 것을 고르시오.

For many people 'nature' is defined as a negative: It exists where people do not. Nature lies outside the urban and agricultural realms, in regions of Earth where natural processes are unhindered. Nature is where fallen logs rot and acorns grow, wildfires turn woodlands into meadows, and barrier islands shift with the currents —all without human interference. By extension, this definition suggests that nature is best protected by keeping humans far away, so that it can continue to run itself. But there is a serious problem with this view. If nature is defined as a landscape uninfluenced by humankind, then _____. Prehistoric peoples changed their surrounding ecosystems, whether by installing orchards in the Amazon or by hunting many large mammals to extinction in North America. And modern humans are changing the global environment even more profoundly, whether through planet-wide climate change, or by the worldwide movement of synthetic chemicals through the food chain.

Vocabulary

- realm[rɛlm] 지역
- unhindered[ʌnhíndərd] 방해받지 않은
- woodland[wúdlənd] 삼림지대
- meadow[médou] 풀밭, 목초지
- shift[ʃift] 이동하다
- interference [intərfíərəns] 방해
- humankind [hjú:mənkaind] 인류
- prehistoric [prì:histɔ́:rik] 선사 시대의
- orchard[ɔ́:rtʃərd] 과수원
- profound[prəfáund] 깊은
- synthetic[sinθétik] 인공의

① humans cannot exist without nature
② there is no nature on the planet at all
③ it deserves to be preserved at all costs
④ modern people owe much to their ancestors
⑤ humans are at the mercy of the forces of nature

[2점] [11.9월평가원]

해석 많은 사람들에게 '자연'은 부정적인 것으로 규정되어, 그것은 사람이 존재하지 않는 곳에 존재한다. 자연은 도시와 농촌 지역 외부에, 다시 말해 자연의 과정이 방해받지 않는 지구의 지역에 존재한다. 자연은 쓰러진 통나무가 썩는 곳과 도토리가 자라는 곳, 산불이 삼림지대를 초원으로 바꾸는 곳, 그리고 보초 섬이 해류와 함께 이동하는 곳—인간의 간섭이 없는 모든 곳—에 존재한다. 더 나아가 이러한 정의는 자연은 인간을 멀리 떨어지게 하여 계속 자체의 모습을 유지하게 함으로써 가장 잘 보호될 수 있음을 암시한다. 그러나 이러한 관점에는 심각한 문제가 있다. 자연이 인류에 의해 영향을 받지 않는 경치로 정의된다면, 지구상에 자연은 전혀 존재하지 않게 된다. 선사시대의 사람들은 아마존에 과수원을 조성하는 방식으로든 또는 북아메리카에서 많은 커다란 포유동물을 사냥하여 멸종시키는 방식으로든 자신을 에워싸는 생태계를 변화시켰다. 그리고 현대 인류는 지구 전역의 기후 변화를 통해서든 인공 화합물을 먹이사슬을 통해 세계 전역으로 이동시킴에 의해서든 지구의 환경을 훨씬 더 깊이 변화시키고 있다.

풀이 자연을 인간의 손길이 닿지 않는 훼손되지 않은 것으로 규정하게 되면 지구상에 자연이 존재하지 않게 되는 결론에 도달한다는 내용의 글이다. 어떤 방식으로든 지구의 모든 곳은 인간의 영향을 받지 않을 수 없다는 후반부 내용을 통해 빈칸 내용을 추론할 수 있다. 따라서 빈 칸에 들어갈 말로 적절한 것은 ②'지구상에 자연이 전혀 존재하지 않는다'이다.
① 인간은 자연 없이는 존재할 수 없다 ③ 그것은 어떠한 희생을 치르더라도 보존될 가치가 있다 ④ 현대인들은 조상들에게 너무나 많은 신세를 지고 있다 ⑤ 인간은 자연의 힘에 의해 좌우된다

Vocabulary

- obvious[ábviəs] 명백한
- salient[séiliənt] 두드러진
- rational[rǽʃənl] 이성적인
- uncontested
  [ʌnkəntéstid] 무경쟁의,
  논쟁의 여지가 없는
- agency[éidʒənsi] 행위자
- morally[mɔ́(:)rəli]
  도덕적으로
- uncontroversial
  [ʌnkɑ̀ntrəvə́:rʃəl]
  논란의 여지가 없는

24 다음 글을 읽고, 빈칸에 가장 적절한 것을 고르시오.

The most obvious salient feature of moral agents is a capacity for rational thought. This is an uncontested necessary condition for any form of moral agency, since we all accept that people who are incapable of reasoned thought cannot be held morally responsible for their actions. However, if we move beyond this uncontroversial salient feature of moral agents, then the most salient feature of actual flesh-and-blood (as opposed to ridiculously idealized) individual moral agents is surely the fact that every moral agent _____ every moral problem situation. That is, there is no one-size-fits-all answer to the question "What are the basic ways in which moral agents wish to affect others?" Rather, moral agents wish to affect 'others' in different ways depending upon who these 'others' are.

① brings multiple perspectives to bear on
② seeks an uncontroversial cure-all solution to
③ follows the inevitable fate of becoming idealized in
④ comes with prejudices when assessing the features of
⑤ sacrifices moral values to avoid being held responsible for

[2점] [11.9월평가원]

해석 도덕적 행위자로서의 인간의 가장 명백한 두드러진 특징은 이성적인 사고를 할 수 있는 능력이다. 이성적인 사고를 할 수 없는 사람들은 그들의 행동에 대해 도덕적인 책임을 질 수 없다고 우리 모두 받아들이기 때문에 이것은 어떤 유형의 도덕적 행위자로서의 인간에게 있어서도 논쟁의 여지가 없이 필요한 조건이다. 하지만 이렇게 논란의 여지가 없는 두드러진 특징을 넘어서면, (터무니없이 이상적인 것과는 대조적으로) 실제로 현재 살아 있는 도덕적 행위자로서의 인간 각자의 가장 두드러진 특징은 분명히 어떤 도덕적인 문제가 있는 상황에서도 도덕적 행위자로서의 인간이라면 누구든지 지니고 있는 다양한 견해를 제시한다는 사실이다. 즉, "도덕적 행위자로서의 인간이 다른 사람들에게 영향을 미치는 기본적인 방법은 무엇인가?"라는 질문에 대해 두루 적용되도록 만들어진 답은 없다. 오히려, 도덕적 행위자로서의 인간은 이러한 "다른 사람들이" 누구냐에 따라서 다른 방식으로 "다른 사람들"에게 영향을 미치기를 바란다.

풀이 도덕적 행위자로서의 인간의 가장 두드러진 특징은 이성적인 사고를 할 수 있는 능력이지만, 현실적으로는 어떤 도덕적인 문제에 대해 개개인이 서로 다양한 견해를 갖는다는 내용의 글이다. 따라서 빈칸에는 ①'지니고 있는 다양한 견해를 제시한다.(brings multiple[mʌltəpəl] perspectives[pərspéktiv] to bear on)'이 가장 적절하다.
② 논쟁의 여지가 없는 만능 해결책을 찾다 ③ 이상화되는 것에 대한 필연의 운명을 따르나 ④ 특징을 평가할 때 선입관이 따르다 ⑤ 책임을 피하기 위해 도덕적 가치를 희생하다

답 ①

25 다음 글을 읽고, 빈칸에 가장 적절한 것을 고르시오.

Vocabulary

- communal[kəmjú:nəl] 공공의
- greatly[gréitli] 매우
- donor[dóunər] 기증자
- surplus[sə́:rplʌs, -pləs] 나머지, 잔여
- starvation [stɑ:rvéiʃən] 굶주림
- hierarchy[háiərɑ̀:rki] 계급제도
- parasitic[pæ̀rəsítik] 기생하는

In a classic set of studies over a ten-year period, biologist Gerald Wilkinson found that, when vampire bats return to their communal nests from a successful night's foraging, they frequently vomit blood and share it with other nest-mates, including even non-relatives. The reason, it turns out, is that blood-sharing greatly improves each bat's chances of survival. A bat that fails to feed for two nights is likely to die. Wilkinson showed that the blood donors are typically sharing their surpluses and, in so doing, are saving unsuccessful foragers that are close to starvation. So the costs are relatively low and the benefits are relatively high. Since no bat can be certain of success on any given night, it is likely that the donor will itself eventually need help from some nest-mate. In effect, the vampire bats have created a kind of _____.

※ forage 먹이를 찾아다니다

① complex social hierarchy ② ecological diversity
③ mutual insurance system ④ parasitic relationship
⑤ effective reproduction process

[2점] [11.수능]

해석 10년에 걸친 전형적인 한 세트의 연구에서 생물학자인 Gerald Wilkinson은 하룻밤에 성공적으로 먹이를 찾아다닌 흡혈박쥐들이 함께 사는 둥지로 돌아오면 그들은 빈번히 체액을 토해내서 심지어는 동족(同)이 아닌 박쥐까지 포함해서 둥지에서 함께 사는 박쥐들과 그것을 함께 나눈다는 것을 알아냈다. 그 이유는 체액을 함께 나눔으로써 모든 박쥐의 생존 가능성을 대폭적으로 향상시키는 것이라는 사실이 밝혀지고 있다. 이틀 밤 동안 먹이를 먹지 못하는 박쥐는 죽을 가능성이 있다. 체액을 제공하는 박쥐는 일반적으로 자기에게서 남는 것을 함께 나누고, 그렇게 해서 아사에 처한, 먹이를 찾는데 성공하지 못한 박쥐들을 구한다고 Wilkinson은 밝혀냈다. 그래서 비용은 비교적 저렴하고 이익은 비교적 높아진다. 어떤 박쥐도 어떤 특정한 밤에 성공할 수 있다고 확신할 수 없기 때문에 (체액을 제공하는) 박쥐 자신도 언젠가는 둥지에서 함께 사는 어떤 박쥐로부터 도움을 필요로 할 것이다. 사실상 흡혈박쥐들은 일종의 <u>상호 보험 체계</u>를 만들어 낸 것이다.

풀이 어떤 흡혈박쥐도 어느 날 밤에는 먹이를 찾는데 실패할 수 있기 때문에 먹이를 찾은 날에는 둥지에 사는 다른 박쥐들과 그것을 함께 나눈다는 내용의 글이다. 이는 곧 상호간에 보험을 드는 형식이 되므로, 빈칸에는 ③'상호 보험 체계'가 들어가는 것이 가장 적절하다.
① 복잡한 사회의 계급 제도 ② 생태계의 다양성 ④ 기생 관계 ⑤ 효과적인 번식 과정

- paradox[pǽrədàks]
  역설
- resent[rizént] 분개하다
- clarify[klǽrəfài]
  명료하게 하다
- arrogance[ǽrəgəns]
  거만
- misuse[misjú:z]
  오용하다
- tersely[tə:rsli] 간결하게
- trimly[trimli] 깔끔하게

26 다음 글을 읽고, 빈칸에 가장 적절한 것을 고르시오.

One of the little understood paradoxes in communication is that the more difficult the word, the shorter the explanation. The more meaning you can pack into a single word, the fewer words are needed to get the idea across. Big words are resented by persons who don't understand them and, of course, very often they are used to confuse and impress rather than clarify. But this is not the fault of language; it is the arrogance of the individual who misuses the tools of communication. The best reason for acquiring a large vocabulary is that _____. A genuinely educated person can express himself tersely and trimly. For example, if you don't know, or use, the word 'imbricate,'you have to say to someone, 'having the edges overlapping in a regular arrangement like tiles on a roof, scales on a fish, or sepals on a plant.' More than 20 words to say what can be said in one.

① it keeps you from being long-winded
② you can avoid critical misunderstandings
③ it enables you to hide your true intentions
④ it makes you express yourself more impressively
⑤ you can use an easy word instead of a difficult one

[2점] [11.수능]

해석 의사소통에 있어서 거의 잘 이해되지 않는 역설 중의 하나는 단어가 어려우면 어려울수록 설명은 더욱더 짧아진다는 것이다. 한 단어에 더욱더 많은 의미를 집어넣을수록 그 생각이 전달되게 하는 데는 더욱더 적은 단어가 필요하게 된다. 과장된 말을 이해하지 못하는 사람들은 그 말에 대해 분개하고, 물론 그 말은 아주 종종 명료하게 하기 보다는 혼란스럽고 관심을 끄는데 사용된다. 그러나 이것은 언어의 잘못이 아니다. 그것은 의사소통 도구를 잘못 사용하는 사람의 거만이다. 풍부한 어휘를 습득하는 가장 좋은 이유는 그것으로 인해 당신이 장황하지 않도록 하는 것이다. 진정으로 교육을 받은 사람이라면 간결하고 깔끔하게 자신을 표현할 수 있다. 예를 들어, 만약 당신이 imbricate 라는 단어를 모르거나 사용하지 않는다면, 지붕 위의 타일, 물고기의 비늘 혹은 꽃받침처럼 규칙적으로 배열된, 부분적으로 겹친 모서리가 있는 이라고 누군가에게 말해야 한다. 한 단어로 될 수 있는 것을 말하기 위해 스무 개 이상의 단어를 쓰게 된다.

풀이 빈칸 이후의 문장에서 예를 든 것처럼 imbricate라고 하면 될 것을, 그 단어를 모르는 경우에는 그것을 풀어서 스무 개 이상의 단어를 쓰게 된다. 이는 곧 풍부한 어휘를 습득하면 장황해지지 않을 수 있다는 것을 의미한다. 따라서 빈칸에는 ①'그것으로 인해 당신이 장황하지 않도록 하는 것이다' 가 들어가는 것이 가장 적절하다.
② 중대한 오해를 피할 수 있다 ③ 그것을 통해 당신의 진정한 의도를 숨길 수 있다 ④ 그것을 통해 당신 스스로를 더 인상적으로 표현할 수 있다 ⑤ 어려운 단어 대신에 쉬운 단어를 사용할 수 있다

답 ①

27 다음 글을 읽고, 빈칸에 가장 적절한 것을 고르시오.

Vocabulary

Journeys are the midwives of thought. Few places are more conducive to internal conversations than a moving plane, ship, or train. There is an almost peculiar correlation between what is in front of our eyes and the thoughts we are able to have in our heads: large thoughts at times requiring large views, new thoughts new places. Introspective reflections which are liable to stall are helped along by the flow of the landscape. The mind _____ when thinking is all it is supposed to do. The task can be as paralyzing as having to tell a joke or mimic an accent on demand. Thinking improves when parts of the mind are given other tasks, are charged with listening to music or following a line of trees.

- conducive[kəndjúːsiv]
  도움이 되는
- peculiar[pikjúːljər]
  특이한
- correlation[kɔ̀ːrəlèiʃn]
  상관관계
- introspective
  [ìntrəspéktiv] 내성적인
- reflection[riflékʃ-ən]
  반성
- mimic[mímik]
  흉내 내다, 모사하다

① may be reluctant to think properly

② may focus better on future thoughts

③ can become confused by multitasking

④ is likely to be paralyzed by fear of new tasks

⑤ can be distracted from what is before the eyes

[2점] [11.수능]

해석 여행은 생각의 산파이다. 움직이는 비행기, 배 혹은 기차 보다 내면적인 대화에 더 도움이 되는 장소는 거의 없다. 우리 눈앞에 있는 것과 우리가 머릿속에서 생각할 수 있는 사고 사이에는 대개 특이한 상관관계가 있다. 그것은 때때로 넓은 시각, 새로운 사고와 새로운 장소를 요구하는 넓은 사고이다. 미루기 쉬운 자아 성찰적 반성은 풍경의 흐름에 따라 촉진된다. 사고가 해야 할 일의 전부일 때 (인간의) 정신은 올바로 생각하는 것을 꺼릴 지도 모른다. 그 일은 농담을 해야 하거나 혹은 요구대로 말씨를 따라야 하는 것처럼 무력하게 할 수도 있다. 정신의 일부에 다른 일이 주어지거나 그것이 음악을 듣거나 가로수를 따라 걷는 일로 가득 채워질 때 사고는 향상된다.

풀이 단지 사고만을 해야 하는 경우에는 올바로 생각하는 것이 쉽지 않지만, 여행을 할 때는 인간의 사고가 향상된다는 내용의 글이다. 빈칸은 사고만을 해야 하는 경우에 해당하므로, ①'올바로 생각하는 것을 꺼릴 지도 모른다' 가 가장 적절하다.
② 미래의 사고에 더 잘 초점을 맞출지도 모른다 ③ 다중 작업으로 인해 혼란스러워질 수 있다 ④ 새로운 일에 대한 두려움으로 마비되기 쉽다 ⑤ 눈앞에 있는 것으로부터 산만해질 수 있다

Vocabulary

- grocery[gróusəri]
  식료품류
- maximize[mǽksəmàiz]
  최대화하다
- matter[mǽtəːr]
  중요하다
- egocentric
  [i:gouséntrik] 자기중심의
- greedy[grí:di]
  욕심 많은
- brute[bru:t] 짐승, 야수

28 다음 글의 빈칸 (A), (B)에 들어갈 말로 가장 적절한 것을 고르시오.

When you are picking out products in the grocery store, searching for the best possible strawberry jam, you are trying to maximize your own enjoyment. You are the only person that matters; it is your sense of pleasure that you are trying to please. In this case, _____(A)_____ is the ideal strategy. You should listen to those cells in the brain that tell you what you really want. However, when you are making a moral decision, this egocentric strategy backfires. Moral decisions require taking other people into account. You cannot act like a greedy brute or let your anger get out of control. Doing the right thing means thinking about _____(B)_____ , using the emotional brain to mirror the emotions of strangers. Selfishness needs to be balanced by some selflessness.

※ backfire 역효과를 낳다

① (A) selflessness   (B) your neighbors

② (A) selflessness   (B) utmost justice

③ (A) self-esteem   (B) genuine happiness

④ (A) selfishness   (B) eternal beauty

⑤ (A) selfishness   (B) everybody else

[2점] [12.6월평가원]

해석 가능한 최상의 딸기 잼을 찾아내려고 식료품점에서 제품을 고르고 있을 때, 당신은 자신의 즐거움을 최대화하려고 노력하고 있는 중이다. 당신이 중요한 유일한 사람이며 당신이 만족시키고자 하는 것은 바로 당신의 기쁨의 쾌감이다. 이런 경우에는 이기심이 이상적인 전략이다. 당신은 당신이 정말로 원하는 것이 무엇인지를 당신에게 알려주고 있는 뇌 세포들의 말에 귀를 기울여야 한다. 하지만 당신이 도덕적인 결정을 내리려 할 때는 이러한 자기중심적 전략은 실패할 수 있다. 도덕적 결정을 내리는 데는 다른 사람들에 대한 고려가 요구된다. 당신은 탐욕스런 야수처럼 행동하거나 걷잡을 수 없을 정도로 분노를 표출해서는 안 된다. 옳은 것을 한다는 것은 낯선 사람들의 감정들을 비춰보기 위해 감정의 뇌를 사용하여 다른 모든 사람에 대하여 생각하는 것을 의미한다. 이기심은 어느 정도의 이타심에 의해 균형이 맞추어져 있어야 한다.

풀이 제품을 고를 때는 자신이 오직 가장 중요한 사람이라 생각하며 기쁨의 쾌감을 만족시키고자 한다는 내용과 이것이 자기중심적 전략이라는 내용으로 보아 빈칸 (A)에는 'selfishness'가 들어가야 하고, 반면에 도덕적 결정을 내릴 때는 이런 전략이 실패할 수 있으며 다른 사람들을 고려하는 것이 요구된다고 하였으므로 (B)에는 'everybody else'가 들어가야 가장 적절하다.
① your neighbors 당신의 이웃들 ② utmost[ʌ́tmòust / -məst] justice[dʒʌ́stis] 최대한도의 정의 ③ self-esteem[sélfestìːm] 자존감, genuine[dʒénjuin] happiness 진심에서 우러난 행복 ④ eternal[itə́ːrnəl] beauty 영원한 아름다움 ⑤ everybody else 그 밖에 모두

   답 ⑤

29 다음 글의 빈칸 (A), (B)에 들어갈 말로 가장 적절한 것을 고르시오.

Vocabulary

We tend to consider ourselves as rational decision makers, logically evaluating the costs and benefits of each alternative we encounter. _____(A)_____, we are much more primitive than most assume. A team of economists looked at how consumers reacted to various pitches by banks to take out a loan. A purely rational view would have predicted that interest rates would be the only factor that had an impact. But the scientists varied more than just the interest rate; they also tested how persuasive other approaches might be. _____(B)_____, some letters offered a chance to win a cell phone in a lottery if the customer came in to inquire about a loan. They found that such an offer increased loan inquiries by as much as dropping the interest rate five points. For a $50,000 loan, this meant some customers were in essence willing to pay $16,000 more in interest to receive a $100 cell phone.

- rational[rǽʃ-ənl] 합리적인
- logically[ládʒikəli] 논리적으로
- alternative [ɔːltəːrnətiv] 대안
- primitive[prímətiv] 원시적인
- persuasive [pərswéisiv] 설득력 있는
- inquiry[inkwáiəri] 문의

① (A) However   (B) For instance
② (A) However   (B) Moreover
③ (A) Furthermore   (B) In contrast
④ (A) Likewise   (B) In other words
⑤ (A) Likewise   (B) Consequently

[2점] [12.6월평가원]

해석 우리는 우리 자신을 합리적인 의사 결정자로 여기는 경향이 있어서, 우리가 접하는 각 대안의 비용과 이익을 논리적으로 평가한다. 하지만, 대부분의 사람들이 생각하는 것보다 우리는 훨씬 더 원시적이다. 소비자들이 대출을 받기 위해 은행에 의한 다양한 홍보에 어떻게 반응하는지를 한 팀의 경제학자들이 살펴보았다. 오로지 합리적인 견해라면 영향을 미친 유일한 요인은 이자율이라고 예상했을 것이다. 그러나 과학자들은 단순한 이자율보다 더 다양했다. 그들은 또한 다른 접근법들이 얼마나 설득력이 있는지 테스트했다. 예를 들어, 소비자가 대출에 대해 알아보기 오면 추첨을 통해 휴대전화를 탈 수 있는 기회를 몇 통의 편지로 제공했다. 그들은 그러한 제안으로 인해 이자율을 5퍼센트 포인트 떨어트릴 만큼 대출 문의가 증가했다는 것을 알았다. 이것은 5만 달러의 대출에 대해 몇몇 고객들은 100달러짜리 휴대전화를 받기 위해 본질적으로 이자로 16,000달러를 기꺼이 더 지불하는 것을 의미했다.

풀이 (A)를 기준으로 앞 문장에서는 우리는 합리적인 의사 결정자로 여긴다고 기술한 후(A)가 있는 문장에서는 우리는 생각보다 훨씬 더 원시적이라고 했으므로 (A)에는 'However(그러나)'가 적절하다. (B) 이후에서는 (B)의 바로 앞에서 기술한 과학자들이 테스트한 다른 접근법을 설명하므로 (B)에는 'For instance(예를 들어)'가 적절하다.
② Moreover 더욱이 ③ Furthermore 더구나, In contrast 그에 반해서
④ Likewise 마찬가지로, In other words 다시 말해서 ⑤ Consequently 결과적으로

답 ①

- fairly[féərli] 꽤
- arise[əráiz] 일어나다
- manufacturer
  [mænjufǽktʃərər]
  제조업자
- precisely[prisáisli]
  정확히
- intimate[íntəmit] 친밀한
- disguise[disgáiz]
  위장하다
- symbolic[simbálik]
  상징하는
- retailer[rí:teilə:r]
  소매상인
- ceremonial
  [sèrəmóuniəl]
  격식을 차린

30 다음 글을 읽고, 빈칸에 가장 적절한 것을 고르시오.

The wrapping of Christmas presents, William Waits notes, is a fairly recent phenomenon in American life. It arose at the turn of the 20th century, during a period when hand-made presents were giving way to machine-made, store-bought ones. For both givers and manufacturers, this shift presented a problem, for the machine-made items, precisely because they were convenient, represented less of the giver's personal attention than the hand-made items had done; thus they were symbolically less intimate. To disguise this loss of symbolic value, and to invest the manufactured items with a personal touch, retailers encouraged shoppers to have their purchases gift-wrapped. Gift-wrapping, in Waits's acute term, became a 'decontaminating mechanism' that removed the presents from the 'normal flow of bought-and-sold goods' and made them, for a single ceremonial moment, emblems of _____ rather than commerce.

※ emblem 상징

① intimacy ② disguise ③ generosity
④ convenience ⑤ encouragemAent

[2점] [12.6월평가원]

해석 크리스마스 선물을 포장하는 것은 미국인의 생활에서 상당히 최근의 현상이라고 William Waits 는 적고 있다. 그것은 20세기의 전환기에 일어났는데, 그 시기에 손으로 만든 선물들이 기계로 만 들어져 상점에서 구입되는 선물들에게 자리를 내주고 있었다. 선물을 주는 사람과 (선물) 제조업 자 모두에게 이 변화는 한 가지 문제점을 제시했는데, 편리하다는 바로 그 이유 때문에, 기계로 만든 제품들에는 손으로 만든 물건들이 그랬던 것보다 주는 사람의 개인적인 세심함이 덜 드러나 있기 때문이다. 따라서 그것들은 상징적인 면에서 친밀함이 덜했다. 이런 상징적인 가치의 손실을 위장하고, 대량생산된 물건들에 개인적인 손길이 들어간 느낌을 더하기 위해, 소매상들은 손님들 에게 구입한 물건들을 포장하도록 권했다. Waits가 예리하게 만들어낸 용어인 선물포장은 선물 에서 '사고파는 물건들의 일반적인 유통'이라는 개념을 없애고 선물을 격식을 갖춘 한 순간 동 안 상업성보다는 오히려 친밀성의 상징으로 만들어준 '정화 장치'가 되었다.

풀이 기계로 생산되는 물건들은 선물을 주는 사람의 개인적인 세심함이 덜 드러나 있고, 따라서 친밀함이 덜하다고 말하고 있으 며, 이것을 위장하기 위해 소매상들은 손님들에게 선물을 포장하라고 권한다고 하였으므로 빈칸에는 ①'친밀성'이 가장 적 절하다.
② 변장 ③ 관대함 ④ 편의 ⑤ 격려

답 ①

31 다음 글을 읽고, 빈칸에 가장 적절한 것을 고르시오.

Some people tend to be late as a general rule, whether they are busy or not. To stop being late, all one has to do is change the motivation by deciding that in all circumstances being on time is going to have first priority over any other consideration. Presto! You will never have to run for a plane or miss an appointment again. As a lifelong latecomer, that is how I cured myself. Having made the decision that _____ was now of major importance, I found that answers came automatically to such questions as "Can I squeeze in one more errand before the dentist?" or "Do I have to leave for the airport now?" The answers are always no, and yes. Choosing to be on time will make your life enormously easier, and that of your family, friends, and colleagues as well.

① harmony   ② precision   ③ promptness

④ consistency   ⑤ thriftiness

Vocabulary

- motivation
  [mòutəvéiʃ-ən] 동기
- circumstance
  [sə́:rkəmstæ`ns] 상황
- priority[praiɔ(:)rəti]
  최우선
- consideration
  [kənsidəréiʃən] 고려
- errand[érənd]
  잡무, 심부름
- colleague[káli:g] 동료

[2점] [12.6월평가원]

해석 어떤 사람들은 바쁘든 바쁘지 않든지 간에 일반적으로 늦는 경향이 있다. 늦는 것을 없애기 위해서 해야 할 것은 모든 상황에서 시간을 지키는 것이 어떤 다른 고려 대상보다도 최우선일 것이라고 결정함으로써 동기를 바꾸는 것이다. 짠! 당신은 이제 절대 비행기를 타기 위해 뛰어가거나 약속을 어기게 될 필요가 없을 것이다. 이것이 평생 지각생이었던 내가 나 자신을 고친 방법이다. 신속함이 대단히 중요하다고 결정을 내리고 나니, 나는 "내가 치과에 가기 전에 잡무를 한 가지 더 할 수 있을까?" 또는 "내가 지금 공항으로 출발해야 하나?"와 같은 질문에 대한 대답이 자동적으로 나오는 것을 알게 되었다. 대답은 항상 '아니' 그리고 '그래'이다. 시간을 잘 지키기로 선택하는 것은 당신의 생활뿐만 아니라 가족, 친구, 동료의 생활까지 훨씬 더 수월하게 만들 것이다.

풀이 늦는 것을 없애는 방법을 설명하는 글로서, 평생 지각생이었던 필자가 시간을 잘 지키는 것을 항상 최우선 순위로 생각함으로써 늦는 습관을 고칠 수 있었다는 내용이므로 이 글의 핵심을 담을 수 있는 ③'신속함'이 가장 적절하다.
① 조화 ② 정확 ④ 일관성 ⑤ 검소함

답 ③

- hazard[hǽzərd] 위험
- starvation
  [stɑːrvéiʃən] 굶주림
- outweigh[àutwéi]
  ~보다 가치가 있다
- temporary
  [témpərèri] 잠깐 동안의
- evolution[èvəlúːʃən]
  진화
- migrate[máigreit]
  이주하다
- delicate[délikət] 미묘한
- scarcity[skέərsəti] 부족

32 다음 글을 읽고, 빈칸에 가장 적절한 것을 고르시오.

The hazards of migration range from storms to starvation, but they are outweighed by the advantages to be found in the temporary superabundance of food in the summer home. The process of evolution ensures that a species migrates only if it pays it to do so. Birds of the same species may be migratory in one area, but sedentary elsewhere. Most song thrushes migrate from northern Scotland; but in the south of England, the balance of advantage against disadvantage is so delicate that while some migrate to Spain and Portugal, the majority normally _____ over winter. Moreover, England's winters have been getting warmer since the late 1980's and if the trend continues it is likely that our song thrushes will become increasingly sedentary.

※ sedentary 이주하지 않는, thrush [조류] 개똥지빠귀

① suffer from a scarcity of food

② do not lay eggs

③ stay in England

④ fly back to Scotland

⑤ migrate somewhere north of England

[2점] [12.6월평가원]

해석 새들이 이주할 때 겪는 위험요소들은 그 범위가 폭풍우에서 굶주림에까지 걸쳐있지만, 여름 거주지에서 발견하게 될 잠시나마 풍부한 먹이의 이점이 그 위험들을 상회한다. 진화의 과정을 살펴보면 한 가지 좋은 이주를 통해 자신이 이득을 얻을 경우에만 이주를 하고 있음을 분명히 보여준다. 같은 종의 새들이 한 지역에서 이주 할지는 모르지만 그 밖의 다른 곳에서는 이주하지 않을 수도 있다. 대부분의 노래개똥지빠귀는 북부 스코틀랜드에서는 이주하지만, 잉글랜드 남부에서는, 이익과 손해의 균형이 너무 미묘해서 일부는 스페인과 포르투갈로 이주하는 반면, 대부분은 보통 겨울 내내 잉글랜드에 머문다. 더욱이 잉글랜드의 겨울은 1980년대 이후 더 따뜻해져 왔으며 만약 그 경향이 지속 되면 노래개똥지빠귀는 점점 더 이주하지 않을 가능성이 크다.

풀이 글의 첫 문장에서 이주하는 것과 이주하지 않는 것을 비교하고 있으며, 빈칸이 들어 있는 문장에서 일부 노래 개똥지빠귀가 스페인과 포르투갈로 이주한다는 내용과 반대의 내용을 연결하는 접속사 while이 있는 것을 파악하고, 다음에 이어지는 문장에서 이 새가 점점 더 이주하지 않을 가능성이 크다고 말하고 있다. 따라서 빈 칸에 들어갈 말로 적절한 것은 ③'잉글랜드에 머물다'이다.
① 음식의 부족으로 고통 받다 ② 알을 낳지 않다 ④ 스코틀랜드로 날아 돌아가다 ⑤ 잉글랜드 북부 어딘가에 이주하다

답 ③

33 다음 글의 빈칸 (A), (B)에 들어갈 말로 가장 적절한 것을 고르시오.

Like an artist who pursues both enduring excellence and shocking creativity, great companies foster a _____(A)_____ between continuity and change. On the one hand, they adhere to the principles that produced success in the first place, yet on the other hand, they continually evolve, modifying their approach with creative improvements and intelligent adaptation. But the point here is not as simple as "some companies failed because they did not change." Companies that change constantly but without any consistent rationale will _____(B)_____ just as surely as those that change not at all. There is nothing inherently wrong with adhering to specific practices and strategies. But you should comprehend the underlying why behind those practices, and thereby see when to keep them and when to change them.

Vocabulary

- pursue[pərsú:] 추구하다
- foster[fɔ́(:)stə:r] 불러일으키다
- continuity[kàntənjú:əti] 지속성, 연속성
- adhere[æ dhíər] 고수하다
- evolve[iválv] 진화하다
- adaptation [æ̀dəptéiʃən] 적응
- rationale[ræ̀ʃənǽl] 원리
- inherently[inhíərəntli] 본질적으로
- comprehend [kàmprihénd] 이해하다

① (A) tension   (B) collapse

② (A) tension   (B) prosper

③ (A) balance   (B) flourish

④ (A) divergence   (B) succeed

⑤ (A) divergence   (B) perish

[2점] [12.9월평가원]

해석 지속적인 탁월성과 충격적인 창의성 둘 다를 추구하는 예술가처럼, 훌륭한 기업은 지속성과 변화 사이의 긴장을 조성한다. 그들은 한편으로는 애초에 성공을 거둘 수 있었던 원칙들을 고수하지만, 다른 한편으로는 창의적인 개선과 지능적인 적응으로 자신들의 접근법을 수정하며 끊임없이 진화한다. 하지만 여기서 말하는 것이 "몇몇 기업들은 변화하지 않았기 때문에 실패했다"와 같이 단순하지는 않다. 끊임없이 변화하지만 지속적인 원리가 없는 기업은 전혀 변화하지 않는 기업만큼이나 확실히 붕괴하기 마련이다. 특정한 업무와 전략을 고수하는 것이 본질적으로 틀린 것은 아니다. 그러나 당신은 그러한 업무 뒤에 숨은 "왜"를 이해해야 하고, 그렇게 함으로써 언제 그것들을 지키고 언제 변화시킬 것인지 알아야 한다.

풀이 훌륭한 기업은 과거에 성공을 거둘 수 있었던 원칙을 고수하면서 동시에 창의적으로 새로운 변화를 시도한다고 하였으므로, 지속성과 변화 사이에 '긴장(tension[ténʃən])'을 조성하며, 지속성이 없거나 변화가 없는 기업은 실패, 즉 '붕괴한다(collapse[kəlǽps])'고 하는 것이 적절하다.
② prosper[práspər / prɔ́s-] 번영하다 ③ balance[bǽləns] 균형, flourish[flə́:riʃ, fláriʃ] 번영하다 ④ divergence[divə́:rdʒəns, dai-] 차이, 상이, 발산 succeed[səksí:d] 성공하다 ⑤ perish[périʃ] 멸망하다

Vocabulary

- silly[síli] 어리석은
- misspell[misspél]
  ~의 철자를 잘못 쓰다
- mistakenly
  [mistéikənli] 잘못된
- lightning[láitniŋ] 번개

34 다음 글의 빈칸 (A), (B)에 들어갈 말로 가장 적절한 것을 고르시오.

Since most of you are working on a word processor, it seems silly to spend too much time on spelling. Your word-processing program will spell check items for you. _____(A)_____, spelling is not a completely lost art. There are words that are not in the spell checker's dictionary. Also, your spell checker will not help you if you misspell a word and mistakenly turn it into another word. _____(B)_____, when you write 'lightening' instead of 'lightning,' the program will not recognize the error. So, get in the habit of rereading your work and looking up words that the spell checker does not pick up. You need to develop the skill of knowing when words look wrong. Never hand something in until you have checked it.

① (A) However   (B) For example

② (A) However   (B) Therefore

③ (A) That is   (B) Similarly

④ (A) In addition   (B) For example

⑤ (A) In addition   (B) Therefore

[2점] [12.9월평가원]

해석 여러분 대부분이 워드 프로세서로 작업을 하기 때문에, 철자법에 너무 많은 시간을 보내는 것이 어리석어 보인다. 당신의 워드 프로세서 프로그램이 당신을 대신해 철자법을 검사해줄 것이다. 그러나 철자법은 완전히 사멸된 기술이 아니다. 철자법 검사 프로그램의 사전에 없는 단어들이 있다. 또한 여러분이 어떤 단어의 철자를 잘못 써서 실수로 그것을 다른 단어로 바꿔놓으면 철자법 검사 프로그램은 당신을 돕지 못할 것이다. 예를 들어, 여러분이 '가벼워짐' 대신에 '번개'라고 쓸 때 프로그램은 그 실수를 인식하지 못할 것이다. 그러니 여러분의 글을 다시 읽고 철자법 검사 프로그램이 발견하지 않는 단어들을 조사하는 습관을 가져라. 여러분은 단어들이 잘못되어 보일 때를 아는 기술을 개발할 필요가 있다. 점검하기 전에는 어떤 것을 결코 제출하지 마라.

풀이 빈칸 (A) 앞의 내용은 워드 프로세서가 철자법을 검사해준다는 것이고, (A) 뒤의 내용은 철자법 검사 프로그램에 약점이 있다는 것이므로, (A)에는 역접의 의미를 가진 연결어구가 들어가는 것이 적절하다. 그리고 (B) 뒤의 내용은 (B) 앞의 내용에 대한 예시이므로 예시를 나타내는 연결어구가 들어가는 것이 적절하다. 따라서 (A)에는 '그러나(However)', 그리고 (B)에는 '예를 들어(For example)'가 적절하다.
② Therefore 그러므로 ③ That is 즉, Similarly 마찬가지로 ④ In addition 게다가

35 다음 글을 읽고, 빈칸에 가장 적절한 것을 고르시오.

Science is making the future, and nations are busy making future scientists. The more science that emerges from this investment, the greater the need for us to follow the gist of the science with sufficient understanding. In other words, if we the ordinary people are to keep pace with science, we need more science writers, and more science writing that is clear, wise and eloquent, and that demands to be read. People often feel excluded from science, convinced that it takes an advanced degree to understand what scientists do. As a result, they defensively shrug off the whole business as an exclusive realm of little relevance to their lives. One of the surest cures for scientific _____ is great scientific literature, writing that does not merely translate technical terms into plain English or explain complicated ideas simply.

① intolerance　　② immorality　　③ illiteracy
④ irregularity　　⑤ manipulation

Vocabulary

• emerge[imə́ːrdʒ] 나오다
• investment [invéstmənt] 투자
• gist[dʒist] 요점
• sufficient[səfíʃənt] 충분한
• eloquent[éləkwənt] 설득력 있는
• demand[dimǽnd] 필요로 하다
• realm[relm] 왕국
• merely[míərli] 단지

[2점] [12.9월평가원]

해석 과학은 미래를 만들고 있으며, 여러 국가들이 미래의 과학자들을 양성하느라 분주하다. 이러한 투자를 통해 나오는 과학이 더 많으면 많을수록 우리가 충분히 이해하면서 과학의 핵심을 따라야 할 필요성은 더욱 더 커진다. 다시 말해서, 우리 일반인들이 과학과 보조를 맞추어 나가려면, 우리는 보다 많은 과학 작가들과 명료하고, 슬기로우며 설득력이 있는 그리고 읽힐 필요가 있는 더 많은 과학 관련 글 작품이 필요하다. 사람들은 과학자들이 하는 일을 이해하는 데는 높은 학위가 필요하다고 굳게 믿고서는 종종 과학에서 배제된 느낌을 갖는다. 그 결과, 그들은 변론하듯이 (과학과 관련된) 그 모든 일을 그들의 삶과는 거의 관련이 없는 배타적 영역으로 간주하여 무시해버린다. 과학 문맹에 대한 확실한 치료법 중의 하나는 광대한 과학 문학, 즉 기술적인 용어들을 쉬운 영어로 단순히 번역하거나 복잡한 개념을 간단히 설명하는 데만 그치지 않는 글 작품이다.

풀이 과학에 대해 관심이 적고 과학적 지식이 없는 상태를 없애기 위한 치료법에 대한 설명글이다. 따라서 빈칸에는 ③'문맹(illiteracy[ilítərəsi])'이 들어가는 것이 가장 적절하다.
① 불관용 ② 부도덕 ④ 불규칙성 ⑤ 조작

Vocabulary ☑

- assign[əsáin] 주다
- combination
  [kàmbənéiʃən] 결합
- tricky[tríki] 다루기 어려운
- argument[ά:rgjəmənt]
  주장
- persuasive[pərswéisiv]
  설득력 있는
- reasoning[rí:z-əniŋ]
  논거
- solely[sóulli] 오로지

36 다음 글을 읽고, 빈칸에 가장 적절한 것을 고르시오.

_____. If I assign fifty students a five-page essay on the subject of why the Roman Empire fell, most of them are likely to say it was a combination of economic and social causes ultimately leading to a weakening of the frontiers. This would be a fine answer, but after reading forty-five papers all saying the same thing, I'm ready for a change. If you can take a different angle from the rest of the class in a paper, you're more likely to impress your professors. But here's the tricky part — being different is risky, and it only works if you back up your argument very well. If you choose to argue that Rome fell solely because Christianity weakened the fighting spirit of the Romans, you will need persuasive reasoning and arguments against any potential objections.

① Variety is the spice of life
② The essence of writing is in its brevity
③ Don't fix what is not broken
④ The pen is mightier than the sword
⑤ Rome was not built in a day

[2점] [12.9월평가원]

해석 다양성은 삶의 양념이다. 만일 내가 50명의 학생들에게 로마 제국이 멸망한 원인을 주제로 하는 5페이지 분량의 에세이를 과제물로 내준다면, 그들 대부분은 그것은 궁극적으로는 국경지역의 약화에 이르게 한 경제적이고 사회적인 원인들이 복합적으로 작용했기 때문이라고 말할 가능성이 많다. 이것도 훌륭한 답이 될 수 있지만, 모두가 똑 같은 것을 말하는 45개의 답을 읽고 나서는 나는 변화(색다른 답)에 대한 준비가 되어 있다. 학급의 나머지 학생들과 다른 각도를 취해 답지에 적을 수 있다면 당신은 교수님들에게 강한 인상을 남길 가능성이 더 많다. 그러나 여기에 방심할 수 없는 부분이 있는데, 그것은 서로 다르다는 것은 위험하며, 당신이 당신의 주장을 아주 훌륭히 뒷받침 할 때에만 효과가 있다는 점이다. 만일 당신이 로마가 멸망한 이유는 오로지 기독교로 로마인들의 투쟁 정신을 약화시켰기 때문이라고 주장하고자 한다면, 당신은 몇몇 잠재적인 반대의견들에 맞설 수 있는 설득력 있는 논거와 주장이 필요할 것이다.

풀이 'If you can take a different angle from the rest of the class in a paper, you're more likely to impress your professors.'의 문장을 통해서 필자는 학생들에게 남들과 똑 같은 내용의 에세이를 쓰지 말고 좀 더 색다른 내용을 쓰라고 권장하고 있음을 알 수 있다. 그러므로 빈칸에 ① '다양성은 삶의 양념이다'가 들어가는 것이 가장 적절하다.
② 글쓰기의 정수는 간결함에 있다 ③ 고장 나지 않은 것은 고치지 마라 ④ 문(文)이 무(武)보다 더 강하다 ⑤ 로마는 하루아침에 이루어지지 않았다

답 ①

37 다음 글을 읽고, 빈칸에 가장 적절한 것을 고르시오.

_____ is aggravated by the overabundance of information at our disposal. While this is obvious enough in some realms — for example, consider how much information is potentially relevant for estimating the value of Microsoft stock — even when the information set seems less cluttered, information overload, a state of confusion and decision avoidance, can still occur. In one experiment, shoppers in a supermarket were presented with free samples of jams and jellies. In the first treatment, a small selection was available for tasting; in the second, a large selection was available. While everyone likes the idea of abundant choice, and indeed the table with the greater selection attracted larger crowds, it was the table with fewer samples that led to the most sales. The likely reason is that the large selection led to information overload, the feeling that the decision was too complicated for immediate action.

- aggravate[ǽgrəvèit] 심하게 하다
- overabundance [óuvərəbʌ́ndəns] 과잉
- at a person's disposal [dispóuzəl] 아무의 마음대로 되는
- relevant[réləvənt] 관련된
- clutter[klʌ́tər] 혼란
- complicated [kámplikèitid] 복잡한
- immediate[imíːdiət] 즉각적인

① Difficulty in assessing information
② The shortage of trustworthy informants
③ Mental fatigue caused by misleading information
④ Indeterminacy arising from indirect information
⑤ The complexity of altering consumer behavior

[2점] [12.9월평가원]

해석 정보에 대한 가치 평가의 어려움은 우리가 마음대로 쓸 수 있는 정보의 과잉으로 인해 더 심해진다. 이점은 어떤 분야에서는 충분히 명백하지만 (예를 들어, Microsoft의 주식 가치를 산정하기 위해서는 얼마만큼 많은 정보가 적절할지 고려해 보라), 심지어는 정보의 세트가 덜 혼란스러워 보일 때조차도, 혼란과 결정 회피의 상태인 정보 과부하는 여전히 발생할 수 있다. 어떤 한 실험에서 어느 슈퍼마켓에 있는 고객들이 잼과 젤리의 무료 샘플을 제공받았다. 첫 번째 접대에서는 맛보기용으로 작은 범위의 선별 제품이 이용 가능했지만, 두 번째는 큰 범위의 선별 제품이 이용 가능했다. 모든 사람이 풍부한 선택권을 준 그 아이디어를 좋아하고, 실제로 더 많은 선별 제품이 있는 테이블이 더 많은 사람들을 끌긴 했지만, 가장 많은 판매를 유도한 것은 더 적은 수의 샘플들이 놓여 있는 테이블이었다. 있음직한 이유는 선별 제품이 많았던 쪽은 결정(을 내리는 것)이 너무 복잡해서 즉각적인 행동을 취할 수 없다는 느낌, 즉 정보의 과부하를 초래했기 때문이다.

풀이 한꺼번에 많은 정보가 제공되면 어느 것이 좋은 정보인지를 선택하기가 어렵다는 것이 글의 주된 내용이다. 따라서 빈칸에
① '정보에 대한 가치 평가의 어려움'이 들어가는 것이 가장 적절하다.
② 신뢰할 만한 정보 제공자의 부족 ③ 잘못된 정보로 인해 야기되는 정신적 피로 ④ 우회적인 정보로 인해 생기는 우유부단 ⑤ 소비자 행동 바꾸기의 복잡성

- signal[sígn-əl] 신호
- metabolism [mətǽbəlìzəm] 물질대사
- vigor[vígər] 활력
- empty[émpti] 비어 있는
- intensity[inténsəti] 강도

38 다음 글을 읽고, 빈칸에 가장 적절한 것을 고르시오.

What you do in the 15 to 30 minutes after eating your evening meal sends powerful signals to your metabolism. You'll set the stage for more vigor throughout the evening hours along with a weight-loss benefit if you stay _____ after your meal. Among many possible activities, walking is one of the easiest ways to get some minutes of exercise after a meal. In fact, research shows that if you walk after a meal, you may burn 15 percent more calories than if you walk the same time, distance, and intensity on an empty stomach.

① active   ② alone   ③ full
④ satisfied   ⑤ silent

[2점] [12.수능]

해석 저녁식사 후 15분에서 30분 이내에 여러분이 하는 행위가 여러분의 물질대사에 강력한 신호를 보낸다. 식사 후에 활동적인 상태에 있게 되면 체중 감량의 이익과 더불어 저녁 시간 내내 더 많은 활력을 얻을 수 있는 준비를 갖추게 될 것이다. 많은 가능한 활동 중에서 걷기가 식후에 몇 분간 운동할 수 있는 가장 손쉬운 방법 중 하나이다. 사실, 연구에 의하면 식후에 걸으면 똑같은 시간, 거리, 강도를 빈속으로 걸을 때보다 15%나 더 많은 칼로리를 소모할 수 있다.

풀이 빈칸의 뒤에 활동적인 운동 중의 한 예로 걷기가 소개 되고 있으므로 빈칸에 가장 적절한 말은 ①'active[ǽktiv](활동적인)' 이다.
② 고독한 ③ 배부른 ④ 만족한 ⑤ 침묵하는

답 ①

39 다음 글을 읽고, 빈칸에 가장 적절한 것을 고르시오.

Vocabulary

- acknowledge
  [æknálidʒ, ik- / -nɔ́l-]
  인정하다
- possibility[pɑ̀səbíləti]
  가능성
- surround[səráund]
  둘러싸다
- likelihood[láiklihùd]
  가능성
- reliable[riláiəbəl]
  믿음직한
- shrink[ʃriŋk] 수축하다

The truth is that everyone has a story. Every person we meet has a story that can, in some way, inform us and help us as we live the story of our own lives. When we acknowledge this truth and begin to look at others as _____ , we open ourselves up to new possibilities in our lives. In reality, the people who are most different from us probably have the most to teach us. The more we surround ourselves with people who are the same as we are, who hold the same views, and who share the same values, the greater the likelihood that we will shrink as human beings rather than grow.

① rivals competing against us
② reliable guidelines for conformity
③ potential sources of valuable information
④ members of the same interest group
⑤ attentive listeners of our life stories

[2점] [12.수능]

해석 사실 누구나 이야기를 지니고 있다. 우리가 만나는 모든 사람은 우리가 우리 자신의 삶의 이야기를 만들며 살아가는 동안 어떤 면에선가 우리에게 정보를 제공해주고 도움을 줄 수 있는 이야기를 지니고 있다. 우리가 이 사실을 인정하고 다른 사람들을 <u>소중한 정보의 잠재적 원천</u>으로 바라보기 시작하게 될 때, 우리는 우리의 삶에 있는 새로운 가능성들에 자신을 활짝 열어놓게 된다. 실은, 우리와 가장 다른 사람들이 아마도 우리에게 가르칠 것이 가장 많을 것이다. 우리와 똑같은 견해를 지녔고, 똑같은 가치를 공유하고 있는 우리와 똑같은 사람들로 우리를 에워싸면 쌀수록 우리는 인간으로서 성장하기보다는 수축될 가능성이 더욱 더 커지게 된다.

풀이 우리가 만나는 모든 사람의 삶의 이야기가 우리에게 도움이 될 수 있고, 특히 우리와 견해나 가치관이 다른 사람들을 통해서 더 많은 것을 배울 수 있다는 것이 글의 핵심 내용이므로 빈칸에는 ③'소중한 정보의 잠재적 원천'으로 사람들을 보는 내용이 와야 가장 적절하다.
① 우리네 적대하여 경쟁하는 적수들 ② 일치성에 대한 확실한 지침 ④ 같은 이익집단의 구성원 ⑤ 우리의 인생 이야기에 경청하는 청취자

CROSS ENGLISH

Vocabulary

- numerous[njú:mərəs]
  수많은
- fertility[fəːrtíləti] 비옥함
- yield[ji:ld] 수확
- deforestation
  [di:fɔːrɪsteɪʃən] 삼림 벌채
- strip[strip] 벗기다
- pastureland
  [pǽstʃərlænd] 목초지
- overgraze[ouvərgreɪz]
  지나치게 많이 방목하다
- deterioration
  [ditiəriəréiʃən] 악화
- infrastructure
  [ínfrəstrʌktʃər] 사회 기반

40 다음 글을 읽고, 빈칸에 가장 적절한 것을 고르시오.

Although there are numerous explanations for the fall of the Roman empire, the deeper cause lies in the declining fertility of its soil and the decrease in agricultural yields. Italy was densely forested at the beginning of Roman rule. By the end of the Roman Imperium, however, Italy had been stripped of forest cover. The timber was sold on the open market and the soil converted to crops and pastureland. The cleared soil was rich in minerals and nutrients and provided substantial production yields. Unfortunately, deforestation left the soil exposed to harsh weather. Wind blew across the barren landscapes and water ran down from the mountaintops and slopes, taking the soil with them. Overgrazing of livestock resulted in further deterioration of the soil. Consequently, Rome's _____ could not provide sufficient energy to maintain its infrastructure and the welfare of its citizens.

① dense forests
② climate changes
③ irrigation system
④ declining population
⑤ agricultural production

[2점] [12.수능]

해석 로마 제국의 멸망에 대한 수많은 설명들이 있지만, 더 깊은 원인은 토양의 비옥함이 줄어들고 농작물의 산출이 감소한 데 있다. 로마의 지배가 시작될 때 이탈리아는 숲이 빽빽하였다. 그러나 로마의 통치 말기에는, 이탈리아를 덮고 있던 삼림이 벌채되었다. 목재가 일반 시장에서 판매되었고, (산림이 벌채된) 그 땅은 농경지와 목초지로 바뀌었다. 개간된 토양은 미네랄과 영양분이 풍부하였고 상당한 양의 농작물을 산출하였다. 유감스럽게도, 산림 벌채는 토양이 거친 날씨에 노출되게 했다. 바람이 메마른 풍경을 가로질러 불었고, 물은 산꼭대기와 산비탈로부터 흘러내리며 흙을 쓸어가 버렸다. 가축을 지나치게 방목한 결과 토질 악화가 더 심화되었다. 그 결과, 로마의 농업 생산은 로마의 사회 기반과 시민들의 복지를 유지할 만큼 충분한 에너지를 제공할 수 없었다.

풀이 로마 통치 말기에는 산림 벌채로 토양이 소실되고 지나친 방목으로 인해 토질 악화가 더 심화되어, 농업 생산이 로마에 충분한 에너지를 제공힐 수 없었다는 내용의 글이다. 띠리서 빈칸에는 ⑤'농업생산'이 가장 적절하다.
① 빽빽한 숲 ② 기후 변화 ③ 관개 체제 ④ 감소하는 인구

답 ⑤

41 다음 글을 읽고, 빈칸에 가장 적절한 것을 고르시오.

The identical claim, expressed in two social contexts, may have different qualifiers. When talking among friends, you might say, "Luce is the world's finest restaurant." When speaking to a group of French chefs, you might find yourself saying, "Luce is an excellent restaurant, comparable to some of the best in France." Why did you say it differently? Perhaps because you expected a different critical scrutiny in the two groups. Maybe because your _____ was strong enough for friends but not as strong among the most knowledgeable. In each instance, you communicated the extent to which you wanted to qualify your claim, to guard yourself by restricting the extent to which you are willing to be held accountable for the claim.

Vocabulary

- identical[aidéntikəl] 동일한
- comparable[kámpərəbəl] 필적하는
- critical[krítikəl] 비판적인
- scrutiny[skrú:təni] 면밀한 검토
- knowledg(e)able [nálidʒəbəl] 식견이 있는
- instance[ínstəns] 사례, 경우
- accountable[əkáuntəbl] 책임이 있는

① desire to win friendship

② confidence in the claim

③ appetite for French cuisine

④ support for others' opinions

⑤ suspicion of popular beliefs

[2점] [12.수능]

해석 (서로 다른) 두 개의 사회적 맥락에서 표현된 동일한 내용의 주장이 서로 다른 (주장을) 완화시키는 표현을 가질 수 있다. 친구들 사이에서 말을 할 때, 당신은 "Luce가 세계 최고의 식당이야."라고 말할 지도 모른다. 프랑스 요리사 집단에 말할 때, 당신은 "Luce가 프랑스에서 가장 좋은 몇몇 식당들에 견줄 수 있는 훌륭한 식당이야."라고 말하고 있는 자신을 발견하게 될지도 모른다. 왜 당신은 그것을 다르게 말했는가? 아마 당신이 그 두 집단에서 다른 정도의 비판적인 면밀한 검토를 기대했기 때문일 것이다. 어쩌면 당신의 주장에 대한 자신감이 친구들에 대해서는 충분히 강하지만, 가장 식견이 있는 사람들 사이에서는 그렇게 강하지 않았기 때문일 것이다. 각각의 경우에, 그 주장에 대해 기꺼이 책임질 범위를 제한함으로써 자신을 보호하기 위해, 당신의 주장을 제한하고자 하는 범위를 드러내었던 것이다.

풀이 친구들에게 말할 때보다 전문가들에게 말할 때 동일한 내용의 주장이라 할지라도 더 약하게 표현하게 되는데, 그 이유가 자신이 한 주장에 대해 책임질 범위를 제한함으로 자신을 보호하려는 것이라는 내용의 글이다. 따라서 빈칸에는 ②'주장에 대한 자신감'이 가장 적절하다.
① 우정을 얻고자 하는 바람 ③ 프랑스 요리에 대한 기호 ④ 다른 이들의 견해에 대한 지지 ⑤ 대중적인 믿음에 대한 의심

답 ②

42 그림과 설명을 참조할 때, 빈칸에 들어갈 말로 가장 적절한 것은?

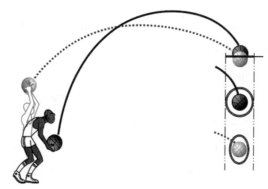

It's All in the Arc

The relationship of the ball to the top of the basket when the ball drops in from above, as from a typical underhand throw

The relationship of the ball to the top of the basket when the ball enters at an angle, as from a typical overhand throw

---

Rick Barry, once a pro basketball player, was famous for his underhand style for "free throws." While Barry could easily sink nine out of ten shots, others, throwing overhand, fell far short. The key to his accurate free throws lies in the arc of the ball. "Because of the angle into the basket with a typical overhand throw, there is a smaller window for the ball to go in," says Brancazio, a physics professor. "If the ball comes down at the basket from above—as when tossed up in a high arc, characteristic of an underhand throw—there's a far _____."

※ arc 호(弧), 포물선

---

① smaller chance of winning the game　② smaller chance of making a high arc
③ greater chance of throwing the ball fast　④ greater chance of making a successful shot
⑤ greater chance of shooting the ball overhand

[3점] [06.9월평가원]

해석 원호 안에 모든 것이 있다 / 전형적으로 치켜 던질 때처럼 공이 위에서 떨궈 질 때 공과 바구니 상부와의 관계 / 전형적으로 어깨위로 손을 들어 던질 때처럼 공이 비스듬하게 들어갈 때 공과 바구니 상부와의 관계

한때 프로 농구선수였던 Rick Barry는 "자유투"를 던질 때 치켜 던지는 스타일로 유명했다. Barry는 열 번의 시도에서 아홉 번을 쉽게 넣었지만, 어깨 위로 손을 들어 던지는 다른 이들은 훨씬 못 미친다. 그의 정확한 자유투의 비결은 공이 그리는 원호에 있다. "전형적으로 어깨 위로 손을 들어 던지면 바구니 안으로 각도 때문에, 공이 들어가는 창이 좀 더 작게 된다,"라고 한 물리학 교수인 Brancazio가 말한다. "만약 공이 위에서 밑으로 바구니에 들어가면, 치켜 던지는 것의 특징인 높은 원호를 그리며 던져질 때처럼, <u>성공적인 슛을 할 가능성이 훨씬 더 많아진다.</u>"

풀이 자유투의 성공률이 높은 Barry의 underhand throw(치켜 올려 던지기)방식의 장점을 물리학자가 이론적으로 설명한 글이다. 그러므로 빈칸에 들어갈 내용은 Barry처럼 치켜 올려 던지는 방식이 ④'슛에 성공할 가능성이 훨씬 많다'는 말이 적절하다. ① 경기에 승리할 가능성이 더 적어진다 ② 높은 원호를 그릴 가능성이 더 적어진다 ③ 공을 빠르게 던질 가능성이 더 커진다 ⑤ 공을 어깨위로 던질 가능성이 더 커진다

43 다음 글을 읽고, 빈칸에 가장 적절한 것을 고르시오.

Vocabulary

The most common mistake made by amateur photographers is that they are not physically close enough to their subjects. This means that the center of interest— the subject—is just a spot, too small to have any impact. Even when it is big enough to be recognized, it usually carries little meaning. Viewers may think that a subject is small because it is supposed to be. When you look at other photographers' work, pay attention to how they fill the frame. Everything in it should serve the message of the image. If you see things through your camera lens that distract from what you are trying to say, _____. So when you photograph people, remember to get closer to them to exclude unwanted objects.

- physically[fízikəli] 물리적으로
- impact[ímpækt] 영향력
- frame[freim] 구도
- distract[distrǽkt] 흩뜨리다
- slightly[sláitli] 약간
- exclude[iksklú:d] 제외하다

① leave them as they are   ② make them larger

③ put them in focus   ④ get rid of them

⑤ change them slightly

[3점] [06.수능]

해석 아마추어 사진작가들이 저지르는 가장 흔한 실수는 그들이 그들의 대상에 물리적으로 충분히 가까이 가지 않는다는 것이다. 이것은 관심의 중심, 즉 대상은 너무나 작아서 어떤 영향력도 가질 수 없는 하나의 점일 뿐이라는 것을 의미한다. 그것이 인지될 만큼 받을 충분히 클 때조차도 그것은 일반적으로 거의 의미를 지니지 못한다. 보는 사람들은 대상이란 작아야 하는 것이기 때문에 작은 것이라고 생각할지 모른다. 다른 사진작가들의 작품을 볼 때, 그들이 어떻게 구도를 채우는지 주목하라. 그 안에 있는 모든 것들은 그 이미지의 전달에 기여한다. 만일 카메라의 렌즈를 통하여 표현하고자 하는 것에서 벗어나 있는 것들을 본다면, 그것들을 제거하라. 그래서 사람의 사진을 찍을 때, 원치 않는 사물들을 제외시키기 위해 잊지 말고 더 가까이 다가가도록 하라.

풀이 카메라의 대상에 있는 모든 것들은 이미지의 전달에 기여를 하며, 그런 역할을 하지 않는 것들은 제외시키라는 내용의 글이다. 인물을 찍을 때 원치 않은 사물들을 없애버린 다는 내용을 통해서도 빈칸에 들어갈 말이 ④'그것들을 제거하라'임을 유추할 수 있다.
① 그것들을 있는 그대로 두다 ② 그것들을 더 크게 만들다 ③ 그것들에 초점을 맞추다 ⑤ 그것들을 약간 변화시키다

답 ④

Vocabulary 🔊

- affectionate[əfékʃənit]
  애정 깊은
- stranger[stréɪndʒə(r)]
  낯선 사람
- irresponsible
  [ìrispάnsəbəl] 무책임한
- specific[spisífik] 특정한
- breed[briːd] 품종
- resident[rézid-ənt]
  거주자

44 다음 글을 읽고, 빈칸에 가장 적절한 것을 고르시오.

Stephanie Scott's pit bull, Reilly Roo, is friendly and affectionate, even with strangers. "There's nothing about her that makes her different from any other dog," says Stephanie. She and others say that a few irresponsible owners give pit bulls a bad name by raising them to fight. They point to a government study which says that laws banning specific dog breeds do not work because ＿＿＿＿＿＿＿＿＿. Some pit bull lovers argue that other dog breeds are just as, if not more, dangerous. "I tell people who come to my house, 'Don't worry about my pit bulls; worry about my toy poodle. She will bite you,'" says Devi Barry, a Michigan resident.　　※ pit bull 맹견의 일종

① pit bulls are not affectionate
② pit bull lovers will campaign for the laws
③ pit bulls are different from other dogs by nature
④ any type of dog can be trained to attack
⑤ other dog breeds are not dangerous

[3점] [07.6월평가원]

해석

Stephanie Scott의 pit bull인 Reilly Roo는 낯선 사람에게조차 친근함과 애정을 보인다. "이 개는 다른 개와 다를 것이 전혀 없어요."라고 Stephanie는 말한다. 그녀를 비롯한 여러 사람들은 몇 안 되는 무책임한 개 주인들이 pit bull을 투견용으로 길러서 악명을 부여하고 하고 있다고 말한다. 그들은 어떠한 개든 공격용으로 길러질 수 있기 때문에 특정한 품종의 개를 금지하는 법이 효과가 없다고 말하는 정부의 연구를 근거로 제시한다. pit bull을 사랑하는 일부 사람들은 다른 품종의 개들도, pit bull보다 더 위험하지는 않을지라도, 마찬가지로 위험하다고 주장한다. "저는 저의 집에 오는 사람들에게 '저의 pit bull에 대해서는 걱정하지 마시구요, 장난감 푸들을 조심하세요. 그것이 당신을 물 거예요.'라고 미시건 주에 거주하는 Devi Barry는 말한다.

풀이

맹견인 pit bull의 주인들이 pit bull은 천성적으로 포악한 것이 아니라 무책임한 주인들에 의해 포악한 개로 길러진다고 말하면서 정부의 조사 자료를 그 근거로 제시하고 있으므로 그 조사 자료에는 모든 개들은 공격용으로 길러질 수 있다는 전제가 깔려있음을 알 수 있다. 따라서 빈 칸에 들어갈 말로 적절한 것은 ④'어떠한 개든 공격용으로 길러질 수 있다'이다.
① 핏불은 애정 깊지 않다 ② 핏불 애호가들은 법에 대해 캠페인을 벌일 것이다 ③ 핏불은 다른 개들과 선천적으로 다르다
⑤ 다른 품종의 개들은 위험하지 않다

답 ④

45 다음 글을 읽고, 빈칸에 가장 적절한 것을 고르시오.

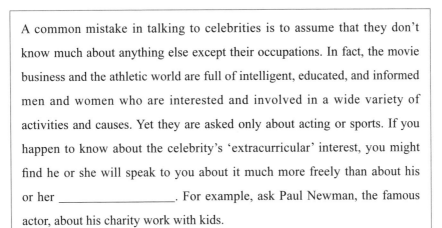

A common mistake in talking to celebrities is to assume that they don't know much about anything else except their occupations. In fact, the movie business and the athletic world are full of intelligent, educated, and informed men and women who are interested and involved in a wide variety of activities and causes. Yet they are asked only about acting or sports. If you happen to know about the celebrity's 'extracurricular' interest, you might find he or she will speak to you about it much more freely than about his or her _____. For example, ask Paul Newman, the famous actor, about his charity work with kids.

Vocabulary

• occupation
[àkjəpéiʃən] 직업
• athletic[æ θlétik] 운동의
• intelligent
[intélədʒənt] 지적인
• informed[infɔ́:rmd]
지식이 넓은
• extracurricular
[èkstrəkəríkjələr]
과외의, 정규 직무를 벗어난
• freely[frí:li] 자유롭게
• pastime[pǽstàim]
기분 전환

① personal disaster
② pastime activities
③ family background
④ professional life
⑤ political opinions

[3점] [07.수능]

해석 명사들에게 이야기할 때 흔히 저지르는 실수는 그들이 자신들의 직업을 제외한 다른 어떤 것에 대해서는 많이 알고 있지 않다고 가정하는 것이다. 사실, 영화계와 운동계는 넓고 다양한 활동과 대의명분에 흥미를 가지고 관여하고 있는 지적이고, 교육을 잘 받고, 유식한 남녀들로 가득 차 있다. 하지만 그들은 단지 연기나 운동에 대해서만 질문을 받는다. 만일 그 유명인사의 '과외의' 흥미에 대해 우연히 알게 된다면, 당신은 그들이 자신들의 직업적인 삶에 대한 것보다 훨씬 더 자유롭게 그것에 대해 말하는 것을 발견할 것이다. 예를 들어, 유명한 배우인 Paul Newman에게 아동들에 대한 그의 자선 사업에 대해 물어 보라.

풀이 유명 인사들은 자신들의 직업에 대해서만 질문을 받지만, 실제로는 다양한 활동과 대의명분에 대해 관심이 있고 또 그런 일에 관여하고 있는 경우가 많다는 내용이다. 이러한 문맥을 고려하면 이런 유명 인사들이 자신들의 ④'전문적인 직업에 관한 생활'보다 정규 직무를 벗어난 활동에 대해 훨씬 더 자유롭게 말할 것이라는 사실을 유추할 수 있다.
① 개인적인 불행 ② 소일거리로 하는 활동 ③ 가족의 배경 ⑤ 정치적인 의견

Vocabulary

- lengthen[léŋkθən]
  늘이다
- evident[évidənt] 명백한
- retirement
  [ritáiə:rmənt] 은퇴
- resident[rézid-ənt]
  거주자
- responsibility
  [rispʌ̀nsəbíləti] 책임
- frequently[frí:kwəntli]
  자주
- striking[stráikiŋ]
  현저한, 놀라게 하는
- annual[ǽnjuəl]
  일 년마다의

46 다음 글을 읽고, 빈칸에 가장 적절한 것을 고르시오.

Even a relatively small increase in _____ can make people much happier and lengthen their lives. This was evident when doctors in retirement villages in the United States encouraged residents to decide the details of their daily lives themselves. They were no longer simply presented with their meals, but could choose from a menu. While previously the caretakers watered the plants, the elderly took over this responsibility for themselves. These small changes worked miracles. The senior citizens became ill less frequently, and in interviews expressed greater happiness. Most striking of all, the annual death rate was reduced by half.

① visits to hospitals
② satisfaction in workplaces
③ payment for overtime work
④ independence in daily lives
⑤ opportunities to meet others

[3점] [08.6월평가원]

해석 일상생활에서 독립심의 비교적 적은 증가라 할지라도 사람들을 보다 행복하게 만들 수 있고 오래 살 수 있게 만들 수도 있다. 이러한 현상은 미국 내 은퇴자마을을 돌보는 의사들이 거주자(은퇴자)들로 하여금 은퇴자 자신들의 삶의 세부사항들을 스스로 결정하도록 격려해 주었던 것을 보면 명백히 드러났다. 그들은 더 이상 단순히 식사를 제공받는 것이 아니었고 식단 선택을 할 수 있었다. 이전에는 관리인들이 화초에 물을 주었던 반면, 노인들이 스스로 그 책임을 넘겨받았다. 이러한 조그마한 변화는 기적 같은 현상을 보였다. 노인들이 덜 아프게 되었고, 인터뷰에서는 보다 큰 행복감을 표현했다. 가장 놀라운 것은 연간 사망률이 절반만큼이나 줄어들었다는 것이다.

풀이 삶에서 스스로 결정하고 담당해야 할 부분이 증가할수록 노인들의 건강과 수명에 긍정적인 영향을 미친다는 내용에 관한 글이다. 증가하는 것이 어떠한 것인지를 빈칸에 제시하고 있으며, 이는 '~decide the details of their daily lives themselves', '~could choose ~', '~took over this responsibility for themselves'를 통해서 'independence[indipéndəns]'로 유추할 수 있다. 'satisfaction in workplaces'로 착각할 수도 있으나, 앞에서 언급한 내용들이 일터에서의 만족으로 한정된 것은 아니므로 정답이 될 수는 없다. 따라서 빈 칸에 들어갈 말로 적절한 것은 ④'일상생활에서의 독립심'이다.
① 병원 방문 ② 일터에서의 만족 ③ 초과근무에 대한 보수 ⑤ 다른 이들을 만날 기회

답 ④

47 다음 글을 읽고, 빈칸에 가장 적절한 것을 고르시오.

Team performance is not possible if the leader grabs all the best chances, assignments and credit for himself or herself. Indeed, the crucial point of the leader's challenge is to _____.
When the Dollus Bank team leader Trevor Canfield made room for a junior investment banker to lead a prestigious account, he did just that. So did Mike Fangos at Gopak, when he encouraged a chemical engineer who "could not balance his checkbook at home" to take responsibility for preparing the Zebra Team's $200 million budget. Stepping out of the way to give opportunities to others, however, does not mean giving up responsibility for guidance, monitoring, and control.

Vocabulary

- grab[græb] 움켜잡다
- assignment[əsáinmənt] 과제
- credit[krédit] 공적
- crucial[krúːʃəl] 중요한
- investment[invéstmənt] 투자
- prestigious[prestídʒiəs] 명성 있는
- responsibility [rispànsəbíləti] 책임
- monitor[mánitər] 감시하다

① drive all of the team members into competition
② give direct instructions and orders to the executives
③ recruit competent and qualified people for the team
④ take charge of all assignments by himself or herself
⑤ provide performance opportunities to the team members

[3점] [08.9월평가원]

해석 팀 작업은 지도자가 모든 최상의 기회나 과제, 그리고 공적을 자기 혼자만 움켜쥐고 있다면 가능하지 않다. 실제로, 지도자가 노력의 목표로 삼아야 할 중요한 점은 팀 구성원들에게 기회를 제공하는 것이다. Dollus Bank 팀의 리더인 Trevor Canfield가 하위직의 투자담당 은행원에게 명성 있는 계좌를 이끌도록 자리를 양보해 주었을 때, 그는 바로 그러한 일을 했다. "집에서 수표장의 잔액도 맞출 수 없었던" 한 화학 공학자에게 Zebra Team의 2억 달러 예산을 준비하는 책임을 떠맡도록 Gopak의 Mike Fangos가 권했을 때, 그도 그렇게 했다. 하지만, 길에서 물러나 다른 사람들에게 기회를 주는 것이 안내나 감시, 그리고 통제를 위한 책임을 포기한다는 의미하는 아니다.

풀이 빈칸 다음에 오는 Trevor Canfield나 Mike Fangos의 예를 통해 추론할 수 있는 공통점은 팀의 리더가 구성원들에게 과감하게 기회를 부여했다는 것이다. 따라서 빈칸에 들어갈 말로 ⑤'팀의 구성원들에게 성취 기회를 제공하는'가 가장 적절하다. ① 팀의 모든 구성원들을 경쟁으로 몰아넣는 ② 임원들에게 직접적인 지시와 명령을 내리는 ③ 팀을 위해 유능하고 자격을 갖춘 사람들을 모집하는 ④ 모든 임무를 자기 혼자서 책임지는

답 ⑤

Vocabulary ☑

- bind[baind] 제본하다
- backward[bǽkwərd] 뒤로의
- browse[brauz] 이것저것 읽다
- sharply[ʃɑ́ːrpli] 급격하게
- index[índeks] 색인
- reference[réfərəns] 참조

48 다음 글을 읽고, 빈칸에 가장 적절한 것을 고르시오.

When people began to bind books with pages that could be turned rather than unrolled like papyrus, the process of _____ changed. Now the reader could easily move backward in the text to find a previously read passage or browse between widely separated sections of the same work. With one technological change, cross-referencing became possible, while the physical space needed to house a collection of books was sharply reduced. Page numbers became a possibility, as did indexes; tables of contents became workable references.

※ papyrus 파피루스

① abusing technology
② locating information
③ eliminating documents
④ spelling words
⑤ creating characters

[3점] [08.수능]

해석 사람들이 파피루스처럼 펼쳐지는 것보다 넘겨질 수 있는 페이지를 가진 책을 제본하기 시작했을 때, 정보를 찾는 과정이 변했다. 이제 독자는 본문에서 쉽게 뒤로 가서 예전에 읽은 구절을 찾거나 동일한 작품의 멀리 떨어져있는 부분 사이에서 이것저것 찾아볼 수도 있다. 하나의 기술적 변화로 인해, 앞 뒤 참조가 가능해졌고 동시에 전집을 소장하기에 필요한 물리적 공간이 급격하게 줄어들었다. 색인이 가능해진 것처럼 페이지 수를 매기는 것이 가능해졌다. 목차표가 참조할 수 있는 사항이 되었다.

풀이 책을 제본하는 기술이 도입되면서, 책의 앞뒤로 가서 예전에 읽은 구절을 찾거나 멀리 떨어져 있는 부분 사이에서 이것저것 찾아보는 것이 가능해 졌다는 내용이다. 따라서 이것은 ②'정보를 찾는(locating information[infərméiʃən])' 과정이 변했다고 할 수 있다.
① 기술을 남용하는 ③ 서류를 제거하는 ④ 단어의 철자를 적는 ⑤ 등장인물을 창조하는

49 다음 글을 읽고, 빈칸에 가장 적절한 것을 고르시오.

Kate and her classmate, Jamie, were the youngest of the winning teams in the Stop Racism National Video Competition in 1998. Their submission depicted children playing at a nursery accompanied by messages such as "Everyone is the same; all these babies are beautiful." Kate says the point of their video was to show that human beings are not genetically coded with racist attitudes. "_____," she explains. And she adds, "The children at the nursery don't say, 'I am not playing with you since you're black,' because they don't really know about racism." According to Kate, education begins with the younger generation. And if they grow up experiencing all sorts of cultures, they have less bias.

Vocabulary

- submission[səbmíʃən] 출품작
- depict[dipíkt] 묘사하다
- nursery[nɔ́ːrsəri] 육아실
- genetically[dʒənétikli] 유전적으로
- racism[réisizəm] 인종 차별주의
- bias[báiəs] 편견

① Cultures are very important for winning the competition
② Different skin colors give a bad impression to babies
③ Babies should be taken care of in domestic surroundings
④ Children pick up racist ideas from their surroundings as they grow up
⑤ Educational institutes are free from racism due to the government's efforts

[3점] [09.6월평가원]

해석 Kate와 그녀의 급우인 Jamie는 1998년에 Stop Racism National Video Competition (인종차별을 막기 위한 전국 비디오 경연대회)에서 우승한 팀의 가장 막내였다. 그들의 출품작은 "모두가 똑같습니다. 이 아이들은 모두가 예뻐요"와 같은 메시지들과 함께 육아실에서 놀고 있는 아이들을 묘사했다. Kate는 그들이 만든 비디오의 취지가 인간은 유전적으로 인종차별적인 태도로 유전암호가 지정되어 있지 않다는 것을 보여주기 위한 것이었다고 말한다. "아이들은 성장하면서 그들의 주위 환경으로부터 인종차별적인 생각을 가지게 된다."라고 그녀는 설명한다. 그리고 그녀는 덧붙여 말한다. "육아실에 있는 아이들은 '난 네가 흑인이어서 같지 놀지 않을 거야'라고 말하지 않는데, 왜냐하면 그들인 인종차별주의에 대해서 실제로 알지 못하기 때문이다. Kate에 따르면, 교육은 보다 어린 세대와 함께 시작된다. 그리고 만약 그들이 모든 종류의 문화를 경험하면서 자라면, 그들은 편견을 덜 갖게 된다.

풀이 인간은 유전적으로 인종차별적인 유전암호를 가지고 태어나지 않으며, 육아실에 있는 아이들은 인종차별을 하지 않고, 모든 문화를 경험하면서 자라면 편견을 덜 갖게 된다는 Kate의 생각을 바탕으로 유추해보면, 빈칸에 들어갈 Kate의 말로는 ④'아이들은 자라면서 주위 환경으로부터 인종차별적인 생각을 습득한다'가 가장 적절하다.
① 문화는 경쟁에서 이기는데 가장 중요하다 ② 다른 피부색은 아이들에게 나쁜 인상을 준다 ③ 아이들은 가정의 환경에서 돌보아져야만 한다 ⑤ 교육 기관들은 정부의 노력 덕분에 인종차별로부터 자유롭다

답 ④

Vocabulary

- excessive[iksésiv]
  과도한, 지나친
- consumption
  [kənsʌmpʃən] 소비
- run counter to
  거스르다,
  반대되는 행동을 취하다
- extent[ikstént]
  정도, 범위
- moderate[mádərət]
  적절한
- beneficial[bènəfíʃəl]
  유익한
- tendency[téndənsi]
  경향

50 다음 글을 읽고, 빈칸에 가장 적절한 것을 고르시오.

Excessive consumption of what Chinese Medicine considers to be cold-energy foods and raw foods such as salads, ice-creams, iced drinks, or fruit may weaken the spleen. This idea runs counter to all modern ideas about diet, according to which, by eating raw vegetables and fruit, we can absorb all the vitamins and minerals contained in them. This is true to a certain extent, and moderate consumption of these foods can be beneficial. However, from the Chinese point of view, the spleen likes dryness and warmth in food and dislikes excess of liquids and cold. An excessive consumption of the above foods will be very difficult to digest and may weaken the spleen. Thus, particularly those who have a tendency to spleen problems _____ _____.

※ spleen 비장

① should ignore chemical elements in food

② need to take more minerals and vegetables

③ should not take organic foods and vitamin pills

④ should not consume raw and cold foods in excess

⑤ need to consume vegetables instead of vitamin pills

[3점] [09.9월평가원]

해석 샐러드나 아이스크림, 냉 음료, 혹은 과일처럼 중국 의학에서 차가운 에너지를 가진 음식이나 날 음식으로 여기는 것을 지나치게 섭취하면 비장을 약하게 할 수 있다. 이런 생각은 식단에 대한 모든 현대적인 견해와 반대되는 데, 현대적인 견해에 따르면 날것의 채소와 과일을 먹음으로써 우리는 그 안에 들어 있는 모든 비타민과 광물질을 흡수할 수 있다. 이것은 어느 정도까지 사실이며, 이런 음식을 적절히 섭취하는 것은 유익할 수 있다. 하지만, 중국인들의 관점으로는 비장은 음식에 들어있는 건조함과 따뜻함을 좋아하며 액체나 차가움이 지나친 것은 싫어한다. 위에서 언급된 음식을 과다하게 섭취하면 소화가 아주 어려울 것이고 비장을 약하게 할 수 있다. 그래서 특히 비장에 문제가 있는 경향이 있는 사람들은 <u>날것과 차가운 음식을 지나치게 섭취하지 말아야 한다.</u>

풀이 비장은 건조하고 따뜻함을 좋아하며 액체나 차가움이 지나친 것은 싫어한다고 했으므로, 비장에 문제가 있는 사람은 ④'날 음식이나 차가운 음식을 과도하게 섭취하지 말아야 한다'는 것을 유추할 수 있다.
① 음식에서 화학적 요소를 무시해야 한다 ② 더 많은 광물질과 채소를 섭취해야 한다
③ 유기농식품과 비타민을 먹으면 안된다 ⑤ 비타민 대신에 채소를 소비할 필요가 있다

답 ④

51 다음 글을 읽고, 빈칸에 가장 적절한 것을 고르시오.

Vocabulary

- comprehend
  [kàmprihénd] 이해하다
- merely[míərli] 단지
- combine[kəmbáin]
  결합하다
- refuel[ri:fjú:əl]
  연료를 보급하다
- nearly[níərli] 거의
- refine[rifáin] 정제하다
- outward[áutwərd]
  외부로의

When faced with things that are too big to sense, we comprehend them by _____. The first appearance of a shining star in a darkening evening sky can take you out into the universe if you combine what you see with the twin facts that the star is merely one of the closest of the galaxy's 200 billion stars and that its light began traveling decades ago. The smell of gasoline going into a car's tank during a refueling stop, when combined with the fact that each day nearly a billion gallons of crude oil are refined and used in the United States, can allow our imagination to spread outward into the vast global network of energy trade and politics. ※ crude oil 원유

① establishing the local network
② understanding the energy policy of a nation
③ comparing the universe with human beings
④ associating the objects with their names
⑤ adding knowledge to the experience

[3점] [09.수능]

해석 너무나 커서 알아챌 수 없는 것들에 직면할 때, 우리는 경험에다 지식을 덧붙여 그것들을 이해한다. 어두운 저녁 하늘에서 빛나는 별의 첫 모습은 우리가 보는 것을, 그 별이 단지 은하계의 2천억 개의 별들 중 가장 가까운 별들 중 하나라는 것과 그것의 빛이 수십 년 전에 이동하기 시작했다는 두 가지 사실과 결합시키면 우리를 우주 밖으로 데려갈 수 있을 것이다. 연료를 보급하기 위해 멈추는 동안에 자동차의 연료탱크 안으로 들어가는 휘발유의 냄새는, 미국에서 매일 거의 10억 갤런의 원유가 정제되고 사용된다는 사실과 결합이 될 때, 우리의 상상력은 에너지 무역과 정치의 거대한 국제적인 연결망으로 퍼져 나갈 수 있을 것이다.

풀이 글 속에는 두 가지 예시가 나와 있다. 밤하늘의 별을 보며 별이 지구로부터 엄청난 거리가 떨어져 있다는 배경 지식을 떠올릴 수 있고, 기름 냄새를 맡으며 전 세계적인 에너지 무역과 정치의 역학 관계를 떠올릴 수 있다는 것이다. 별과 기름의 예를 통해, 우리가 감각을 통해 받아들이는 경험(별의 경우 시각, 기름의 경우 후각)과 배경 지식(knowledge [nάlidʒ/nɔ1-])을 결합한다는 것을 알 수 있다. 따라서 빈 칸에는 ⑤'배경지식과 경험을 결합하기'가 적절하다. ① 지역 네트워크를 개설하기 ② 국가의 에너지 정책을 이해하기 ③ 우주와 인간을 비교하기 ④ 사물을 그것의 이름과 연관 짓기

답 ⑤

Vocabulary

- satisfaction
  [sӕtisfӕkʃən] 만족
- deprivation
  [dèprəvéiʃən] 고통
- contemporary
  [kəntémpərèri] 현대의
- temporarily[témpərèri]
  일시의
- knowingly[nouiŋli]
  다 알고도
- willingness[wíliŋnis]
  기꺼이 하는 마음

52 다음 글을 읽고, 빈칸에 가장 적절한 것을 고르시오.

Human beings direct their activities toward the satisfaction of physical wants and general well-being. They avoid, whenever possible, situations that may bring about physical deprivation, including pain, hunger, and a need for sleep. Much contemporary advertising promises these satisfactions, whether from headache remedies, fancy foods, or form-fitting mattresses. An individual can suffer any of these deprivations temporarily, however, and he may knowingly enter into situations which will deprive him for a time if he believes that there will be _____. The willingness of astronauts to undergo periods of intense training is at least partially explainable in terms of the great rest that they know will come at the end of their missions.

① creative advertising   ② physical contact

③ ultimate satisfaction   ④ emotional imbalance

⑤ mental illness

[3점] [10.6월평가원]

해석 인간은 그들의 활동을 신체적 욕구와 일반적 행복의 만족을 위해 향하도록 한다. 인간은 고통, 굶주림, 그리고 수면 부족을 포함한 신체적인 고통을 일으킬지도 모르는 상황을, 가능할 때는 언제나, 피한다. 현대의 많은 광고들은, (광고되는 것이) 두통 치료제든, 맛있는 음식이든, 아니면 몸에 맞는 매트리스, 그런 제품들로 부터, 이런 만족들을 약속한다. 그러나 누구든 개인은 일시적으로 이러한 고통을 겪을 수 있고, 만일 궁극적인 만족이 있을 거라고 믿는 다면, 그는 알면서도 한동안은 그에게서 (만족을) 빼앗아가는 상황의 일을 시작한다. 우주비행사가 기꺼이 강도 높은 훈련 기간을 이겨내는 것은 적어도 부분적으로 그들의 임무가 끝날 때 커다란 휴식이 주어질 거라는 것을 그들이 알기 때문이다.

풀이 인간은 일시적인 고통을 겪고 난 이후 최종적인 만족을 얻을 수 있다면 한동안 만족을 배제하고 고통을 겪는 일을 한다는 내용의 글이다. 따라서 빈 칸에 들어갈 말로 ③'궁극적인 만족'이 적절하다.
① 창의적인 광고하기 ② 물리적 접촉 ④ 감정의 불균형 ⑤ 정신적 질병

53 다음 글을 읽고, 빈칸에 가장 적절한 것을 고르시오.

Vocabulary

- prosperity[prɑspérəti]
  번영
- generation[dʒènəréiʃən]
  세대
- intimate[íntəmit] 깊은
- mass society[mæs ~]
  대중 사회
- independent
  [indipéndənt] 독립한

The spread of prosperity, the single-family home, the invention of television and computers have all made it possible for us to live private lives unimaginable to previous generations. We no longer live in close quarters with our neighbors, we can move about without crowding into buses or trains; we do not have to go to theaters or share our tastes with our neighbors. However, the same technologies that help separate us from the crowds also make it possible to monitor and record our behaviors. Although fewer people have intimate knowledge of our lives, many people—mostly unknown to us—know something about us. The very technology that was supposed to free us from mass society has turned out to be as much a fishbowl as an information highway. In modern society, we have discovered that _____.

① people cannot use public transportation because of crowding

② technology makes us independent from natural environments

③ more people become indifferent to the spread of prosperity

④ cooperating with people leads to wrong conclusions

⑤ being free often means also being naked

[3점] [10.9월평가원]

해석
부유함의 확산, 1인 가구, 텔레비전과 컴퓨터의 발명은, 이전 세대들에게는 상상할 수도 없는 개인적인 생활을 우리가 누리는 것을 가능하게 했다. 우리는 더 이상 이웃들과 가까운 지역에 살지 않는다. 우리는 버스나 기차에 몰려 타지 않고서도 여기저기 돌아다닐 수 있다. 그리고 우리는 극장에 가거나 이웃들과 취미를 함께 나눌 필요도 없다. 하지만, 우리를 많은 사람들로부터 떼어 놓는 것에 일조하는 바로 그 과학 기술이 또한 우리의 행동을 감시하고 기록하는 것을 가능하게 한다. 비록 우리 삶을 잘 알고 있는 사람들이 점점 더 적어지지만, 대부분 우리에게 알려지지 않은 많은 사람들이 우리에 관한 무언가를 알고 있다. 우리를 대중 사회로부터 자유롭게 해줄 것이라고 생각되어졌던 바로 그 과학 기술이 정보의 고속도로인 것만큼이나 유리 어항과 같다는 것이 입증되어 왔다. 현대 사회에서 <u>자유롭다는 것은 또한 벌거벗는 것을 흔히 의미한다</u>는 것을 우리는 알게 되었다.

풀이
과학 기술의 발달로 개인적인 생활이 가능해졌지만, 이는 동시에 우리의 개인 정보가 남에게 노출될 수 있는 부작용 또한 있다는 내용의 글이다. 따라서 빈칸에는 ⑤'자유롭다는 것은 또한 벌거벗는 것을 흔히 의미한다'가 적절하다.
① 사람들은 혼잡함 때문에 대중교통 수단을 이용할 수 없다 ② 과학 기술은 우리가 자연 환경으로부터 독립하게 만든다 ③ 더 많은 사람들이 부유함의 확산에 무관심해진다 ④ 사람들과 협력하는 것은 잘못된 결론으로 이끈다

답 ⑤

Vocabulary

- intended[inténdid]
  의도된
- repeatedly[ripíːtidli]
  반복적으로
- merely[míərli] 단지
- facilitate[fəsílətèit]
  쉽게 하다
- alienation[éiljənèiʃən]
  격리
- scattered[skǽtərd]
  산만한
- beforehand
  [bifɔ́ːrhænd] 미리

54 다음 글을 읽고, 빈칸에 가장 적절한 것을 고르시오.

Not all authors trusted that the theater audience would automatically understand their plays in the intended manner. Thus, they repeatedly attempted to make it clear to their public that visiting the theater was not merely for the purpose of entertainment, but rather to draw lessons from the play offered onstage. It was, therefore, important for the viewer _____ _____ so as to facilitate interpretation of the content. This idea was developed by Bertolt Brecht with his 'epic theater,' which used alienation as a strategy to prevent the identification of the public with the figures of the drama. Through scattered narration and commentary throughout the play, for example, the viewers are invited to take a step back from the performance. In this way, they are given hints to better understand the play while the conclusion is left open so as to leave them to draw their own conclusions.

① to imitate the actor's performance
② to learn about the play beforehand
③ to identify himself with the actors on the stage
④ to bridge the gap between himself and the actors
⑤ to create a distance from the actions on the stage

[3점] [10.수능]

해석

모든 작가들이 극장의 청중들은 저절로 자신들의 극을 의도된 방식으로 이해할 거라고 믿지는 않았다. 따라서 그들은 일반 대중들에게 극장에 가는 것은 단지 즐기기 위한 목적뿐만 아니라 무대에 상연되고 있는 극으로부터 교훈을 얻어내는 것임을 분명히 하려고 반복적으로 시도했다. 그리하여 그 내용에 대한 이해를 쉽게 하기 위해 관객이 무대 위의 연기로부터 거리를 형성하는 것이 중요했다. 이러한 생각은 Bertolt Brecht의 '에픽 드라마'에 의해 발전되었는데, 그것은 전략적으로 격리를 이용하여 일반 대중들이 드라마의 인물들과 일체화되는 것을 못하게 했다. 예를 들어, 극중 내내 이루어지는 산만한 이야기와 해설을 통해 관객들은 공연으로부터 한 걸음 물러서게 유도된다. 이러한 방식으로 그들은 극을 더 잘 이해할 수 있도록 힌트를 부여받으면서, 결국 나름대로의 결론을 이끌어 낼 수 있도록 결론은 개방된 상태로 남겨지게 된다.

풀이

epic theater라는 개념을 설명하는 글로서, 빈칸 뒤에 나오는 alienation ~ to prevent the identification of the public with the figures of the drama라는 부분과 take a step back from the performance라는 부분을 통해 ⑤'관객들을 무대 위의 연기로부터 거리를 두게 하는 것(to create a distance[dístəns] from the actions on the stage)'이 주요 내용으로 빈칸에 들어갈 말로 적절하다는 것을 알 수 있다.
① 배우의 연기를 모방하는 것 ② 극에 대해서 미리 학습하는 것 ③ 자기 자신을 무대의 배우들과 일체화시키는 것 ④ 자기 자신과 배우들 사이의 간격을 메우는 것

정답 ⑤

55 다음 글을 읽고, 빈칸에 가장 적절한 것을 고르시오.

Vocabulary

- actually[ǽktʃuəli] 실제로
- reverse[rivə́:rs]
  반대의, 거꾸로의
- interchange
  [intərtʃéindʒ] 교체하다
- odd[ad] 이상한
- favorably[féivərəbli]
  호의적으로

For the most part, we like things that are familiar to us. To prove the point to yourself, try a little experiment. Get the negative of an old photograph that shows a front view of your face and have it developed into a pair of pictures — one that shows you as you actually look and one that shows a reverse image so that the right and left sides of your face are interchanged. Now decide which version of your face you like better and ask a good friend to make the choice, too. If you are like most people, you should notice something odd: Your friend will prefer the true print, but you will prefer the reverse image. Why? Because you both will be responding favorably to the more familiar face — your friend to ＿＿＿＿＿＿＿＿＿＿ and you to the reversed one you find in the mirror every day. ※ negative [사진] 원판

① his own true face

② other people's faces

③ the one the world sees

④ the negative of his own face

⑤ the one more recently photographed

[3점] [10.수능]

해석   대체로 우리들은 우리들에게 친숙한 것들을 좋아한다. 그 점을 스스로 입증하기 위해 간단한 실험을 해 보라. 당신의 얼굴을 정면으로 보여주는 옛날 사진의 원판을 가지고 두 개의 사진—실제 모습을 그대로 보여주는 사진과 얼굴의 좌우가 서로 바뀐 반대된 이미지를 보여주는 사진—으로 현상하라. 이제 어떠한 형의 얼굴이 더 마음에 드는지 결정하고, 친한 친구에게도 선택을 해보라고 요청하라. 대부분의 사람들과 비슷하다면 당신은 이상한 점을 주목하게 될 것인데, 그것은 당신의 친구는 원래 모습을 담은 것을 더 좋아할 것이지만 당신은 반대된 이미지를 더 좋아하게 될 것이라는 점이다. 왜 그럴까? 당신과 친구 둘 다 더 친숙한 얼굴, 즉 당신의 친구는 세상 사람들이 바라보는 모습, 그리고 당신은 매일 거울 속에서 발견하는 반대된 모습에 호의적으로 반응할 것이기 때문이다.

풀이   다른 사람들이 바라보는 당신의 모습과 당신이 거울 속에서 발견하는 당신의 모습은 서로 반대된 모습인데, 각각의 입장에서 친숙한 모습을 더 좋아하게 된다는 내용의 글이다. 빈칸에는 흐름상 당신에 대한 본래의 모습을 가리키는 내용이 와야 하므로 빈칸에는 ③'세상 사람들이 바라보는 모습(the one the world see)'이 적절하다.
① 그 자신의 진짜 얼굴 ② 다른 사람들의 얼굴 ④ 그 자신의 얼굴의 사진 원판 ⑤ 더 최근에 찍혀진 것

답 ③

Vocabulary

- colleague[káli:g] 동료
- immediately[imí:diatli] 즉시
- evolution[èvəlú:ʃən] 진화
- colony[káləni / kɔl-] 군체
- cuckoo[kú:ku:] 뻐꾸기
- exhibit[igzíbit] 나타내다, 보이다
- absence[ǽbsəns] 부재
- invasion[invéiʒən] 침입

56 다음 글을 읽고, 빈칸에 가장 적절한 것을 고르시오.

Researchers have come to understand how the African village weaverbird prevents itself from being taken advantage of by cuckoos—it is all down to the speckles on the eggs. David Lahti and his colleagues have described how village weaverbirds lay eggs which all show a very similar pattern of speckles, suggesting that if a cuckoo laid an egg in the nest, the weaverbird will be able to spot the foreign egg almost immediately. But when the researchers studied two colonies of the birds that had been introduced more than 200 years ago to two islands without any cuckoos, they found that those birds' eggs no longer exhibited the same speckle patterns. In a neat demonstration of the power of evolution, these results show how, in the absence of pressure from parasitic cuckoos, the appearance of the eggs has altered because _____.   ※ speckle 얼룩, 반점, parasitic 기생하는

① nest building instincts are determined by genetic factors
② having a similar pattern is no longer so much of an advantage
③ invasions by cuckoos have forced the birds to become strong
④ adapting to a new environment takes a certain amount of time
⑤ their unique speckle patterns attracted too many enemies

[3점] [11.6월평가원]

해석 연구원들은 아프리카 마을 피리새가 어떻게 뻐꾸기에 의해 이용당하는 것을 피하는지를 이해하게 되었는데, 그것은 알에 있는 얼룩에까지 거슬러 내려간다. David Lahti와 그의 연구원들은 마을 피리새들이 어떻게 모두 매우 유사한 형태의 얼룩을 보여주는 알들을 낳는지를 설명하면서, 만약 뻐꾸기가 둥지에 알을 낳으면, 피리새들이 그 낯선 알을 즉시 알아보는 것이 가능하다는 점을 보여주었다. 그러나 연구원들이 200년 이상 전에 뻐꾸기가 없는 두개의 섬으로 이동되었던 두 집단의 그 새들을 연구했을 때, 그들은 그 새들의 알이 더 이상 동일한 얼룩무늬를 보여주지 않았다는 것을 발견했다. 진화의 힘을 잘 보여주는 이러한 결과들은 기생하는 뻐꾸기로부터의 압력이 없는 곳에서는 동일한 무늬를 가지는 것이 더 이상 그렇게 큰 이점이 아니기 때문에 알의 겉모양이 어떻게 바뀌었는지를 보여주고 있다.

풀이 뻐꾸기에 이용당하는 것이 싫어서 얼룩무늬의 알을 낳던 새들이 뻐꾸기가 없는 곳에서는 얼룩무늬의 알을 낳지 않은 것은 ②'동일한 무늬를 가지는 것이 더 이상 큰 이점이 아니었기' 때문임을 추론할 수 있다.
① 둥지를 짓는 본능은 유전적인 요소에 의해 결정된다 ③ 뻐꾸기에 의한 침입은 새들을 더 강해지게 했다 ④ 새로운 환경에 적응하는 것은 특정한 양의 시간이 필요하다 ⑤ 그들의 독특한 얼룩무늬가 너무 많은 적을 끌어 들이다

정답 ②

57 다음 글을 읽고, 빈칸에 가장 적절한 것을 고르시오.

Vocabulary

- handy[hǽndi] 알맞은
- relatively[rélətivli] 비교적
- slightly[sláitli] 약간
- greatly[gréitli] 매우
- nonverbal[nɑnvə́:rbəl] 비언어적인
- approximate [əprɑ́ksəmèit] 대략
- worthwhile[wə́:rθhwáil] 할 가치가 있는

Unlike the novel, short story, or play, film is not handy to study; it cannot be effectively frozen on the printed page. The novel and short story are relatively easy to study because they are written to be read. The stage play is slightly more difficult to study because it is written to be performed. But plays are printed, and because they rely heavily on the spoken word, imaginative readers can create at least a pale imitation of the experience they might have watching a performance on stage. This cannot be said of the screenplay, for a film depends greatly on visual and other nonverbal elements that are not easily expressed in writing. The screenplay requires so much filling in by our imagination that we cannot really approximate the experience of a film by reading a screenplay, and reading a screenplay is worthwhile only if we have already seen the film. Thus, most screenplays __

_____.

① rely more on the spoken word than stage plays
② attract a much wider readership than short stories
③ do share many elements with other literary genres
④ are popular though it requires extra effort to study them
⑤ are published not to be read but rather to be remembered

[3점] [11.6월평가원]

해석 장편 소설, 단편 소설, 혹은 희곡과는 달리 영화는 연구하기에 알맞지 않다. 그것은 인쇄된 페이지 위에 효과적으로 고정되어 있을 수가 없기 때문이다. 장편 소설과 단편 소설은 상대적으로 연구하기 쉬운데 왜 냐하면 그것들은 읽히기 위해 쓰이기 때문이다. 무대의 희곡은 연구하기가 약간 더 어려운데 그것은 공연 되기 위해 쓰이기 때문이다. 그러나 희곡은 인쇄가 되며, 구어에 크게 의존하기 때문에 상상력이 풍부한 독자들은 적어도 무대의 공연을 보면서 가질 수 있는 경험과 약하게나마 비슷한 것을 만들어낼 수 있을 것이다. 영화 대본에 대해서는 이렇게 말할 수가 없는데, 왜냐하면 영화는 글로서는 쉽게 표현될 수 없는 시각적이고 다른 비언어적인 요소들에 크게 의존하기 때문이다. 영화 대본은 우리의 상상력에 의해 채워 지는 것을 너무나 많이 필요로 하기 때문에 우리는 영화 대본을 읽음으로써 영화의 경험에 실제로 가까이 갈 수 없으며, 영화 대본을 읽는 것은 단지 우리가 그 영화를 이미 보았을 경우에만 할 만한 가치가 있 다. 따라서 대부분의 영화 대본들은 <u>읽기 위해서가 아니라 오히려 기억되기 위해서</u> 출판된다.

풀이 영화 대본을 읽을 때는 상상력으로 채워야 할 것이 너무나 많아 영화 대본을 읽는 것만으로 영화의 경험에 다가갈 수 없고 단지 영화를 이미 보았을 때만 읽을 가치가 있다고 했다. 따라서 영화 대본은 ⑤'읽기 위해서가 아니라 기억되기 위해서 (즉, 보았던 영화를 기억하기 위해서)' 출판된다'고 할 수 있다.
① 무대 연극보다 구어에 더 많이 의존하다 ② 단편 소설보다 훨씬 더 많은 독자를 끌어 들이다 ③ 다른 문학 장르와 많은 요 소를 공유하다 ④ 그것들을 연구하기 위해 추가적인 노력이 필요하지만 인기가 있다

답 ⑤

CROSS
ENGLISH

Vocabulary

- humiliation
  [hju:miliéiʃən] 굴욕
- entirely[entáiərli]
  전적으로
- ratio[réiʃou] 비율
- actuality[æ̀ktʃuǽləti]
  현실(성)
- potentiality
  [poutènʃiǽləti] 잠재력
- entail[entéil] 수반하다
- pretension[priténʃən]
  가식
- blessed[blest, blésid]
  행복한, 축복받은
- gratify[grǽtəfài]
  만족시키다

58 다음 글을 읽고, 빈칸에 가장 적절한 것을 고르시오.

With no attempt there can be no failure and with no failure no humiliation. So our self-esteem in this world depends entirely on what we back ourselves to be and do. It is determined by the ratio of our actualities to our supposed potentialities. Thus, _____. This illustrates how every rise in our levels of expectation entails a rise in the dangers of humiliation. What we understand to be normal is critical in determining our chances of happiness. It also hints at two ways for raising our self-esteem. On the one hand, we may try to achieve more; and on the other, we may reduce the number of things we want to achieve. The advantages of the latter approach lie in the following statement: To give up pretensions is as blessed a relief as to get them gratified.

① the higher your expectations are, the more you will achieve

② self-esteem can be increased by lowering actualities

③ success divided by pretensions equals self-esteem

④ early failures in life may lead to happiness later in life

⑤ more supposed potentialities increase chances of happiness

[3점] [11.9월평가원]

해석 아무런 시도가 없으면 어떠한 실패도 없으며, 아무런 실패가 없으면 어떠한 굴욕도 있을 수 없다. 그러므로 이 세상에서의 우리의 자부심은 전적으로 우리가 스스로에게 되라고 그리고 하라고 후원하는 것에 달려있다. 그것은 우리가 가상하는 잠재력에 대한 우리의 현실의 비율에 의해 결정된다. 그러므로 성공을 가식으로 나눈 것이 자부심과 같은 것이다. 이는 우리의 기대 수준의 모든 상승이 굴욕의 위험성의 상승을 가져오는 방식을 설명한다. 우리가 평범하다고 이해하는 것이 우리의 행복 가능성을 결정함에 있어서 중요한 것이다. 한편으로 우리는 보다 많은 것을 성취하려고 노력할 수 있고, 다른 한편으로 우리는 성취하기를 바라는 것들의 수를 줄일 수 있다. 후자의 접근방식이 갖는 장점은 다음과 같이 "가식을 포기하는 것이 만족감을 느끼게 하는 것만큼이나 행복한 위안이 된다."는 말에 들어 있다.

풀이 행복을 얻게 될 가능성을 높이기 위해서는 자신의 현실을 과장하지 말고 있는 그대로 판단해야 한다는 내용의 글이다. 따라서 빈칸에는 ③'자부심은 성공을 가식으로 나눈 것과 같다(success divided by pretensions equals self-esteem[self-istɪː m])'이 적절하다.
① 기대가 높으면 높을수록 많은 것을 성취할 것이다. ② 자부심은 현실을 낮춤으로써 상승될 수 있다. ④ 인생의 초반기의 실패는 후반기의 성공을 가져올 수 있다. ⑤ 가상하는 잠재력이 많으면 행복의 가능성이 상승하게 된다.

답 ③

59 다음 글을 읽고, 빈칸에 가장 적절한 것을 고르시오.

It is a fundamental mistake to imagine that when we see the non-value in a value or the untruth in a truth, the value or the truth ceases to exist. It has only become relative. Everything human is relative, because everything rests on an inner polarity; for everything is a phenomenon of energy. Energy necessarily depends on a pre-existing polarity, without which there could be no energy. There must always be high and low, hot and cold, etc., so that the equilibrating process — which is energy — can take place. Therefore the tendency to deny all previous values in favor of their opposites is just _____. And in so far as it is a question of rejecting universally accepted and indubitable values, the result is a fatal loss.

Vocabulary

- fundamental
  [fʌ̀ndəméntl] 기초의, 기본의
- cease[si:s] 그만두다, 멈추다
- polarity[poulǽrəti] 극성
- equilibrate[i:kwíləbrèit] 평형시키다
- universally
  [jù:nəvɔ́:rsəli] 보편적으로
- indubitable
  [indjú:bətəbəl] 의심의 여지가 없는
- exaggeration
  [igzǽdʒərèiʃn] 과장

① another way of pursuing relativeness in human affairs

② as desirable as the tendency to accept all those values

③ as much of an exaggeration as the earlier onesidedness

④ the one and only way of approaching the ultimate truth

⑤ to admit the presence of energy derived from an inner polarity

[3점] [11.수능]

해석

우리가 가치 안에서 무가치를 보거나 진실 안에서 허위를 볼 때, 가치 혹은 진실은 더 이상 존재하지 않는다고 상상하는 것은 기본적인 실수를 저지르는 것이다. 그것은 단지 상대적인 것이다. 인간의 모든 것은 상대적인 것이다. 왜냐하면 모든 것은 내적인 극성(極)에 달려있기 때문이고, 모든 것은 에너지의 현상이기 때문이다. 에너지는 반드시 이전부터 존재하는 극성에 달려 있는데, 그것 없이는 에너지도 없을 것이다. 항상 높거나 낮고, 뜨겁거나 차갑고 하는 것들이 있어서, 에너지에 해당하는 평형의 과정이 발생할 수 있다. 그러므로 정반대의 것을 지지하여 이전의 모든 가치를 거부하는 성향은 더 이전의 일방적인 것만큼 과장되어 있는 것이다. 그리고 그것이 보편적으로 받아들여지고 명백한 가치를 거부하는 문제에 관한 한 그 결과는 치명적인 손실이다.

풀이

인간의 모든 것은 상대적인 것이므로, 높은 것이 있으면 낮은 것이 있고, 뜨거운 것이 있으면 차가운 것이 있기 마련이고, 이것들이 평형을 이루려고 하는데 이것이 곧 에너지이다. 따라서 어느 한 가치 만을 지지해서 나머지 모든 가치를 거부하는 것은 더 이전에 일방적인 것만큼 과장될 수 있다는 내용의 글이다. 따라서 빈칸에는 ③'더 이전의 일방적인 것만큼 과장되어 있는 것'이 적절하다

① 인간의 일에 상대성을 추구하는 또 다른 방법 ② 다른 모든 가치를 받아들이는 성향처럼 바람직한 ④ 궁극적인 사실에 도달하는 유일무이한 방법 ⑤ 내면의 극성으로부터 나온 에너지의 존재를 시인하는 것

Vocabulary

- sufficiency[səfíʃənsi]
  충분
- induce[indjú:s]
  유인하다, 야기하다
- weary[wí-əri]
  피로한, 싫증나는
- wholly[hóulli] 전적으로
- resolve[rizálv] 결의
- livestock[láivstɑ:k]
  가축
- abundance[əbʌ́ndəns]
  풍부
- transaction
  [træ nsǽkʃən] 거래
- conditionally
  [kəndíʃənəli] 조건부의

60 다음 글을 읽고, 빈칸에 가장 적절한 것을 고르시오.

So far as you are wholly concentrated on bringing about a certain result, clearly the quicker and easier it is brought about the better. Your resolve to secure a sufficiency of food for yourself and your family will induce you to spend weary days in tilling the ground and tending livestock; but if Nature provided food and meat in abundance ready for the table, you would thank Nature for sparing you much labor and consider yourself so much the better off. An executed purpose, in short, is a transaction in which the time and energy spent on the execution are balanced against the resulting assets, and the ideal case is one in which _____.

Purpose, then, justifies the efforts it exacts only conditionally, by their fruits.

① demand exceeds supply, resulting in greater returns

② life becomes fruitful with our endless pursuit of dreams

③ the time and energy are limitless and assets are abundant

④ Nature does not reward those who do not exert efforts

⑤ the former approximates to zero and the latter to infinity

[3점] [11.수능]

해석 당신이 어떤 결과를 만들어 내는데 전적으로 집중하는 한, 그 결과가 더욱더 빨리 그리고 더욱더 쉽게 만들어진다는 것이 더 좋다는 것은 분명하다. 당신 자신이나 가족을 위해 충분한 음식을 확보하려는 결의는 당신으로 하여금 땅을 갈고 가축을 돌보는데 지치게 하는 날들을 보내도록 유인한다. 그러나 자연이 식탁에 차려질 음식과 고기를 충분히 제공한다면, 당신은 많은 노동을 하지 않는 것에 대해 자연에게 감사해 하고, 스스로 훨씬 더 낫다고 여길 것이다. 요컨대 수행된 목적은 수행하는데 소비된 (시간과 에너지)가 결과로 나타난 (자산)과 균형을 이루는 거래이고, 이 상적인 것은 전자(시간과 에너지)가 0에 가깝고, 후자(자산)는 무한대에 가까운 경우이다. 그러면 목적은 노력의 결실로 인해 단지 조건부로 요구한 노력을 정당화하게 된다.

풀이 목적을 수행하는데 드는 시간과 에너지는 그의 결과로 인해 나타난 자산과 균형을 이루는 거래 관계에 해당하는데, 가장 이상적인 거래는 시간과 에너지는 0에 가깝고, 결과로 나타난 자산은 무한대에 가까운 경우라는 내용의 글이다. 따라서 빈칸에는 '전자(시간과 에너지)가 0 에 가깝고, 후자(자산)는 무한대에 가까운 경우이다'가 가장 적절하다
① 수요가 공급을 초과해서 더 많은 수익을 낳는다 ② 삶은 끝없는 꿈을 추구할 때 풍성해진다 ③ 시간과 에너지는 무한하고 자산은 풍부하다 ④ 자연은 노력을 기울이지 않는 사람에게는 보상하지 않는다

답 ⑤

61 다음 글을 읽고, 빈칸에 가장 적절한 것을 고르시오.

Some people believe that _____ is some kind of instinct, developed because it benefits our species in some way. At first, this seems like a strange idea: Darwin's theories of evolution presume that individuals should act to preserve their own interests, not those of the species as a whole. But the British evolutionary biologist Richard Dawkins believes that natural selection has given us the ability to feel pity for someone who is suffering. When humans lived in small clan-based groups, a person in need would be a relative or someone who could pay you back a good turn later, so taking pity on others could benefit you in the long run. Modern societies are much less close-knit and when we see a heartfelt appeal for charity, chances are we may never even meet the person who is suffering — but the emotion of pity is still in our genes.

① not wanting to suffer

② giving to charity

③ drawing pity from others

④ exploring alternatives

⑤ pursuing individual interests

[3점] [12.6월평가원]

해석 어떤 사람들은 자선 단체에 기부하는 것이 어떤 면에서는 우리 인류에게 이롭기 때문에 생겨나게 된 일종의 본능이라고 믿고 있다. 언뜻, 이것은 이상한 생각처럼 보이는데, 다윈의 진화론은 개체들은 전체로서의 종족의 이익이 아닌, 자기 자신의 이익을 보호하기 위해 행동한다고 추정하기 때문이다. 그러나 영국의 진화생물학자인 Richard Dawkins는 자연선택으로 인해서 고통 받는 타인을 측은히 여기는 능력이 우리에게 생겨났다고 믿는다. 인간이 소규모의 씨족 단위로 살았을 때는, 어려움에 처한 사람이 친척이거나 혹은 나중에 은혜를 갚을 수도 있는 사람이었으므로 타인을 측은히 여기는 것이 결국에는 자신에게 이득이 될 수 있었다. 현대 사회는 서로의 관계가 훨씬 덜 긴밀하며 우리는 자선에 대한 진심어린 호소를 볼 때조차도, 아마도 고통을 받고 있는 그 사람을 결코 만나지도 못할 수도 있지만, 측은히 여기는 감정은 여전히 우리 유전자 속에 남아 있다.

풀이 빈칸이 발생한 것은 우리 인류에게 이롭기 때문이라고 언급하며, 이것이 후반부의 문장 taking pity on others would benefit you in the long run.에서 반복되고 있고, 타인을 측은히 여기는 그 감정이 우리의 유전자 속에 여전히 남아 있다는 내용의 글이다. 따라서 어려움에 처한 사람을 측은히 여겨 돕는 것이므로 빈칸에는 ②'자선 단체에 기부하는 것'이 가장 적절하다.
① 고통 받기를 원하지 않는 것 ③ 다른 이들에게서 동정심을 이끄는 것 ④ 대안들을 탐색하는 것 ⑤ 개인적인 이익을 추구하는 것

답 ②

Vocabulary

• essentially[isénʃəli]
본질적으로

• reputation[rèpjətéiʃ-ən]
명성, 평판

• terribly[térəbli] 굉장히

• demoralize
[dimɔ́ːrəlàiz]
의기소침하다

• stain[stein]
(명성·인격을) 더럽히다

• dilute[dilúːt] 희석하다

• accumulate
[əkjúːmjəlèit] 모으다

62 다음 글을 읽고, 빈칸에 가장 적절한 것을 고르시오.

Essentially, your reputation is your most valuable asset —so guard it well. But do not be terribly demoralized if you make some mistakes along the way. With time it is possible to repair a stained reputation. Every experience you have with someone else is like a drop of water falling into a pool. As your experiences with that person grow, the drops accumulate and the pool deepens. Positive interactions are clear drops of water and negative interactions are red drops of water. But they are not equal. That is, _____ _____ , and that number differs for different people. Those who are very forgiving only need a few positive experiences — clear drops — to dilute a bad experience, while those who are less forgiving need a lot more to wash away the red.

① a number of clear drops can dry up with time
② a drop of red water can lead your life to ruin
③ a number of water drops can affect your experience
④ a number of red drops can accumulate gradually
⑤ a number of clear drops can dilute one red drop

[3점] [12.6월평가원]

해석 본질적으로, 당신의 명성은 당신의 가장 귀중한 자산이므로, 잘 지키도록 하라. 그러나 당신이 일을 해 나가다가 몇 가지 실수를 한다 해도 심히 의기소침해 하지는 마라. 시간이 지나면 손상된 명성을 되찾을 수 있다. 다른 사람과 함께 하는 모든 경험은 연못에 떨어지는 물방울과 같은 것이다. 그 사람과 함께 하는 경험이 커져감에 따라, 물방울들이 모이게 되고 연못은 깊어진다. 긍정적인 상호작용들은 깨끗한 물방울이며 부정적인 상호작용들은 붉은 물방울이다. 그러나 그것들은 동등하지 않다. 즉, 많은 수의 깨끗한 물방울은 한 방울의 붉은 물을 희석시킬 수 있으며, 그 수는 사람마다 각각 다르다. 남을 잘 용서하는 사람들은 하나의 나쁜 경험을 희석시키기 위해 몇 가지 긍정적인 경험들, 즉, 깨끗한 물 몇 방울이 필요할 뿐이지만, 용서를 덜 하는 사람들은 그 붉은 색을 씻어내기 위해 훨씬 더 많이 필요하다.

풀이 손상된 명성을 되찾을 수 있다는 내용을 물방울에 비유하여 설명하고 있다. 즉, 긍정적인 상호작용인 깨끗한 물방울은 부정적인 상호작용인 붉은 물방울을 희석시키고 씻어낼 수 있다는 내용이므로 ⑤' 많은 수의 깨끗한 물방울은 한 방울의 붉은 물을 희석시킬 수 있다'가 가장 적절하다.
① 많은 수의 깨끗한 물방울은 시간이 지나면서 마른다 ② 붉은 물의 물방울은 당신의 삶이 망하도록 이끌 수 있다 ③ 많은 수의 물방울이 당신의 경험에 영향을 미칠 수 있다 ④ 많은 수의 붉은 물방울은 점차 축적될 수 있다

답 ⑤

63 다음 글을 읽고, 빈칸에 가장 적절한 것을 고르시오.

Vocabulary

- obviously[ábviəsli] 분명히
- throughout[θru:áut] ~을 통하여
- initially[iníʃəl] 처음의
- aggressive[əgrésiv] 공격적인, 적극적인
- core[kɔːr] 핵심
- broaden[brɔ́ːdn] 확장하다
- alert[əlɔ́ːrt] 방심 않는, 정신을 바짝 차린

Consumers of different age groups obviously have very different needs and wants. Although people who belong to the same age group differ in many other ways, they do tend to share a set of values and common cultural experiences that they carry throughout life. In some cases, marketers initially develop a product to attract one age group and then try to _____. That is what the high-octane energy drink Reddox does. The company aggressively introduced it in bars, nightclubs, and gyms to the product's core audience of young people. Over time, it became popular in other contexts, and the company began to sponsor the PGA European Tour to expand its reach to older golfers. It also hands out free cans to commuters, cab drivers, and car rental agencies to promote the drink as a way to stay alert on the road.

① raise its retail price
② broaden its appeal later on
③ upgrade it for other age groups
④ increase demand by limiting supply
⑤ create a positive image via the mass media

[3점] [12.9월평가원]

해석
서로 다른 연령 집단의 소비자들은 분명히 아주 다른 필요와 욕구를 지니고 있다. 비록 동일한 연령 집단에 속해 있는 사람들이 여러 가지 다른 측면에서 차이가 있긴 하지만 그들은 평생 동안 자신들이 지니게 되는 일련의 가치관과 공통된 문화적 경험을 공유하는 경향이 정말로 있다. 어떤 경우들에 있어서 마케팅 담당자들은 처음에는 한 연령 집단을 끌어들이기 위해 한 가지 제품을 개발하고 그런 다음에 나중에 가서 그것의 구매력(구매 저변)을 넓히려고 시도한다. 그것이 바로 고옥탄 에너지 음료인 Reddox가 하고 있는 것이다. 그 회사는 그 제품의 핵심 애호가인 젊은이들에게 술집과 나이트클럽 그리고 체육관에서 그 제품을 적극적으로 소개하고 있다. 시간이 지나면서 그 제품은 다른 상황에서도 인기를 누리게 되었으며, 그 회사는 제품의 범위를 노년 골퍼들에게까지 확장하기 위해 PGA European Tour도 후원하기 시작했다. 그 회사는 그 음료를 길에서 맑은 정신 상태를 유지하게 해주는 방법이라고 홍보하기 위해 통근자들과 택시운전수들 그리고 렌터카 대리점들에게 무료 캔 음료를 나누어준다.

풀이
빈칸의 뒤에는 Reddox라는 음료가 처음에는 특정한 한 집단을 목표로 개발되었다가 그 소비의 저변을 점점 확대해 나가는 과정에 대해서 기술하는 내용이 나온다. 따라서 빈칸에는 ②'그것의 구매력(구매 저변)을 넓히려고' 시도한다는 내용이 와야 자연스럽다. ① 그것의 소매가격을 인상하려고 ③ 다른 연령층을 위해서 그것(의 품질)을 한 단계 높이려고 ④ 공급을 제한함으로써 수요를 늘리려고 ⑤ 대중매체를 통해 긍정적 이미지를 창출하려고

CROSS
ENGLISH

Vocabulary

- overconfident
  [óuvərkánfidənt]
  자신만만한
- outcome[áutkʌm] 결과
- illusion[ilúːʒən] 착각
- document[dákjəmənt]
  기록하다
- conceal[kənsíːl] 숨기다
- ownership[óunərʃip]
  소유권

64 다음 글을 읽고, 빈칸에 가장 적절한 것을 고르시오.

Interestingly, people are more overconfident when they feel like they have control of the outcome — even when this is clearly not the case. For example, it is documented that if people are asked to bet on whether a coin toss is heads or tails, most bet larger amounts if the coin is yet to be tossed. If the coin is tossed and the outcome is concealed, people will offer lower amounts when asked for bets. People act as if _____ _____. In this case, control of the outcome is clearly an illusion. This perception occurs in investing, as well. Even without information, people believe the stocks they own will perform better than stocks they do not own. However, ownership of a stock only gives the illusion of having control of the performance of the stock.

① the amount of the bet will influence the outcome
② their involvement will somehow affect the outcome of the toss
③ there is a parallel between a coin toss and stock investments
④ their illusion will not disappear even after the coin is tossed
⑤ they can predict the outcome with credible information

[3점] [12.수능]

해석 홍미롭게도, 사람들은 자신들이 결과에 대한 통제력을 지니고 있다고 느낄 때 더 자신만만한데, 이는 진상이 명백히 그렇지 않을 때조차도(통제력을 전혀 가지고 있지 않은 것이 명백할 때조차도) 그러하다. 예를 들면, 동전던지기에서 앞면이 나올 것인지 뒷면이 나올 것인지에 대해 내기를 걸도록 요청을 받으면 대부분의 사람들이 동전이 아직 던져지지 않았을 때 더 많은 금액을 거는 것으로 기록되어 있다. 동전이 던져졌고 그 결과가 감춰진 경우에는 내기를 걸라는 요청을 받았을 때 사람들은 더 적은 금액을 걸려 한다. 사람들은 마치 자신들의 참여가 동전 던지기 결과에 어떻게든 영향을 미칠 것처럼 행동한다. 이 경우 결과에 대한 통제력은 명백한 착각이다. 이런 인식은 투자에서도 또한 나타난다. 심지어 아무런 정보 없이도 사람들은 자신들이 소유한 주식이 자신들이 소유하지 않은 주식들보다 더 좋은 성과를 올리게 될 것이라고 믿는다. 그러나 주식의 보유는 그 주식의 성과에 대한 통제력을 지니고 있다는 착각을 제공할 뿐이다.

풀이 사람들은 동전던지기에서 동전이 던져지기 전에는 더 많은 액수의 내기를 걸지만 일단 동전이 던져진 후 그 결과가 감춰진 상태에서 내기를 걸 때는 더 적은 액수의 돈을 건다. 이러한 행동은 자신들이 (동전이 던져지기 전에) 많은 돈을 걸면 마치 동전 던지기의 결과가 자기가 원하는 쪽으로 나올 수 있을 것처럼 행동하고 있다는 설명이다. 그러므로 빈칸에는 ② '자신들의 참여가 동전 던지기 결과에 어떻게든 영향을 미칠 것처럼'이 가장 적절하다.
① 건 돈의 양이 결과에 영향을 미치는 것처럼 ③ 동전 던지기와 주식 투자 간에 유사점이 있는 것처럼 ④ 자신들의 착각이 동전이 던져진 이후에 조차 사라지지 않을 것처럼 ⑤ 자신들이 신뢰할만한 정보를 가지고 결과를 예측할 수 있는 것처럼

정답 ②

65 다음 글을 읽고, 빈칸에 가장 적절한 것을 고르시오.

Often in social scientific practice, even where evidence is used, it is not used in the correct way for adequate scientific testing. In much of social science, evidence is used only to affirm a particular theory — to search for the positive instances that uphold it. But these are easy to find and lead to the familiar dilemma in the social sciences where we have two conflicting theories, each of which can claim positive empirical evidence in its support but which come to opposite conclusions. How should we decide between them? Here the scientific use of evidence may help. For what is distinctive about science is the search for negative instances — the search for ways to falsify a theory, rather than to confirm it. The real power of scientific testability is negative, not positive. Testing allows us not merely to confirm our theories but to _____.

Vocabulary

- adequate[ǽdikwət] 적절한
- affirm[əfə́ːrm] 지지하다
- empirical[empírikəl] 경험적인
- distinctive[distíŋktiv] 독특한, 특징적인
- falsify[fɔ́ːlsəfài] ~의 틀림을 입증하다
- merely[míərli] 단지

① ignore the evidence against them
② falsify them by using positive empirical evidence
③ intensify the argument between conflicting theories
④ weed out those that do not fit the evidence
⑤ reject those that lack negative instances

[3점] [12.수능]

해석 증거가 사용되는 사회과학 연구의 실제에서 조차도 때때로 그것은 적절한 과학적 검증을 해 정확하게 활용되지 않는다. 사회 과학에 있어서 많은 경우, 증거는 특정 이론을 증명해 보이기 위해서만, 즉 그 이론을 뒷받침하는 긍정적인 사례들을 찾기 위해서만 활용된다. 하지만, 이러한 것들은 찾기 쉽고, 사회과학에서 널리 알려진 딜레마로 귀결되는데, 거기에서 우리는 두 개의 상충하는 이론들을 보게 된다. 그리고 그 각각은 (상충하는 이론들) 자신을 뒷받침해주는 긍정적인 경험적 증거를 내세우지만, 각각의 이론은 정반대의 결론에 이르게 된다. 그 둘 사이에서 우리는 어떤 이론을 받아들여야 하는가? 여기서 증거의 과학적 활용이 도움이 될 것이다. 왜냐하면 과학과 관련하여 특징적인 것은 부정적인 사례들을 찾는 것, 즉 이론이 옳다는 것을 증명하기보다 오히려 그 이론이 틀렸음을 입증하기위한 방법들을 찾는 것이기 때문이다. 과학적 검증성의 진정한 위력은 긍정적인 것이 아니라 부정적인 것이다. 검증은 우리로 하여금 우리의 이론이 옳다는 것을 증명할 뿐 아니라, (더욱 중요한 것은) <u>그 증거와 일치하지 않는 것들을 제거하도록</u> 해주는 데 있다.

풀이 사회과학 연구의 실제에 있어서 부정적 증거는 이론이 틀렸음을 입증하여 가설의 타당성을 검증하는데 중요한 역할을 한다는 내용의 글이다. 그러므로 빈칸에는 ④'그 증거와 일치하지 않는 것들을 제거한다'가 가장 적절하다.
① 그것들에 반하는 증거를 무시하다 ② 긍정적인 경험주의적 증거를 사용함으로써 그것들이 틀렸음을 입증하다 ③ 충돌하는 이론 간의 논쟁을 강화하다 ⑤ 부정적 사례가 부족한 것들을 거부하다

답 ④

✎ **MEMO**

크로스 영어
기출문제 유형탐구

CHAPTER

09
순서
파악

총 20문항

세상을 **바**꾸는 **100**선
크로스 **공**부법

049 우울하면 왼쪽이 활성화된 것으로 여기고 예습을 하고 반대로 오른쪽 눈이나 머리가 아프거나 괜히 가슴에 열기가 피어올라서 어디 가서 뛰어놀고 싶은 마음이 지나칠 때는 복습을 해 보자.

050 양쪽 목의 뻐근함부터 시작한 공부의 후유증은 정말 열심히 공부할 수록 뒤쪽 양 날개뼈 근처의 통증을 거쳐서 거의 반드시 허리 통증으로 귀결되기 마련이다.

051 공부를 하면서도 목 옆쪽 어깨가 아픈 분들이라면 자신이 비효율적으로 공부하고 있지는 않는지 살펴보아라. 쓰는 리듬을 많이 사용하는 분들일 경우가 많다. 쓰는 리듬이 비효율적이라는 간접적 증거도 된다.

052 생활 속에서 가장 편하면서 따라하기도 쉬운 추천 1순위가 무엇이냐고? 발뒤꿈치를 들고 걷도록 하라. 길을 걸을 때 마사이워킹슈즈를 신었다 생각하고 뒤꿈치를 지면에서 살짝 띄우고 걷도록 하라. 정말 쉽고 지겹지도 않으면서 운동량도 꽤 많은 추천1순위다.

053 날씬한 다리를 원한다면, 또 부족한 운동을 보충하기를 원한다면, 머리를 맑게 하려한다면 손가락운동을 통한 마사지를 빼 놓을 수는 없다.

054 끊임없이 자신이 진도를 나가고 있는 교재별로 신체나 두뇌에 대한 자극의 정도를 체크해놓아라. 그리고 그러한 데이터베이스를 활용해보아라.

01 주어진 글 다음에 이어질 글의 순서로 가장 적절한 것은?

Every day each of us engages in many types of complex activities. We may go to school, participate in sports, drive cars, and sometimes become involved in conflicts.

(A) Why are some activities, such as eating and reproducing, common to all organisms, whereas other activities, such as nest-building, are limited to certain species? Why do some animals live in groups and others live alone?

(B) We also perform other, less complex activities such as eating and sleeping. Our nervous system determines the complexity of activities that we are able to perform. Animals with nervous systems similar to a worm s cannot play soccer, much less chess.

(C) Questions such as these are the focus of the study of behavior. In its simplest form, behavior is the conduct of an organism — the way it acts.

① (A)-(B)-(C) ② (B)-(A)-(C) ③ (B)-(C)-(A)
④ (C)-(A)-(B) ⑤ (C)-(B)-(A)

Vocabulary

- engage[engéidʒ] 참가하다
- organism[ɔ́:rɡənìzəm] 유기체
- certain[sə́:rtən] 특정한
- nervous[nə́:rvəs] 신경의
- complexity [kəmpléksəti] 복잡성
- conduct[kándʌkt] 행위

[2점] [05.수능]

해석 매일 우리들 각자는 많은 형태의 복잡한 활동에 참가한다. 우리는 학교에도 가고, 운동에도 참가하고, 자동차도 몰고, 종종 갈등에 연루되기도 한다.

(B) 우리는 또한 먹거나 잠을 자는 것과 같은 덜 복잡한 활동도 수행한다. 우리의 신경계가 우리가 수행할 수 있는 활동들의 복잡성을 결정한다. 벌레와 유사한 신경계를 가진 동물들은 축구를 할 수 없고 하물며 체스는 더더욱 할 수 없다.

(A) 왜 먹거나 번식하는 것과 같은 일부 활동들은 모든 유기체에 공통이지만, 둥지를 짓는 것과 같은 다른 활동들은 특정한 종들에만 제한될까? 왜 일부 동물들은 무리를 지어서 살고 다른 동물들은 혼자 살까?

(C) 이러한 질문들이 행동 연구의 초점이다. 가장 간단한 형태로 보면, 행동은 한 유기체의 행위, 즉 그것이 활동하는 방식이다.

풀이 주어진 문장의 복잡한 활동에 덧붙여 (B)에서 덜 복잡한 행동을 언급하고 있고, 왜 보편적인 행동이 있고 특수한 행동이 있는지에 대한 질문을 던지고 있는 부분이 (A)이며, 이러한 질문들이 행동 연구의 초점이라고 결론을 맺고 있는 부분이 (C)이다. 따라서 글의 순서로 가장 적절한 것은 (B) - (A) - (C)이다.

답 ②

Vocabulary 🔖

- convince[kənvíns]
  확신시키다
- competition
  [kàmpətíʃən] 경쟁
- seemingly[síːmiŋli]
  겉으로는
- reasonable[ríːz-ənəb-əl]
  합리적인
- ecologist[ikɑːləʤɪst]
  생태학자
- combat[kámbæt] 전투
- swing[swiŋ] 흔들리다

02 주어진 글 다음에 이어질 글의 순서로 가장 적절한 것은?

> Darwin was the first to propose that long necks evolved in giraffes because they enabled the animals to eat the treetop leaves.

(A) So Simmons became convinced that this competition for mates, not stretching for treetop food, was what drove the evolution of the neck.

(B) This seemingly reasonable explanation has held up for over a century, but it is probably wrong, says Robert Simmons, a behavioral ecologist. Simmons was studying eagles in Africa when he came across a pair of male giraffes locked in combat.

(C) He saw the male giraffes battling for mates by swinging their powerful necks, which were over six feet long and weighed more than 200 pounds. He observed that in contests of this type, males with the longest, thickest necks usually won.

① (A)-(B)-(C)　　② (A)-(C)-(B)　　③ (B)-(C)-(A)

④ (C)-(A)-(B)　　⑤ (C)-(B)-(A)

[2점] [06.수능]

해석

다윈은 기린들에게 긴 목이 발달한 이유가 그것들을 이용하여 나무의 윗부분에 있는 잎들을 먹을 수 있도록 하기 위해서라고 제안한 최초의 사람이었다.

(B) 겉보기에 합리적으로 보이는 이 설명은 1세기 이상이나 신봉이 되어 왔지만, 아마 틀린 것일지도 모른다고 행동 생태학자인 Robert Simmons는 말한다. Simmons는 아프리카에서 독수리를 연구하다가 우연히 싸움에 몰두하고 있는 한 쌍의 수컷 기린을 보게 되었다.

(C) 그는 짝을 얻기 위해서 그들의 강력한 목을 흔들면서 싸우고 있는 수컷 기린들을 보았는데, 그 목은 길이가 6피트이상이고 무게는 200파운드 이상이나 나갔다. 그는 이러한 형태의 경쟁에서 가장 길고 가장 두꺼운 목을 가진 수컷들이 보통 이긴다는 것을 관찰했다.

(A) 그래서 Simmons는 나무 꼭대기의 먹이를 얻기 위해 내뻗는 동작이 아니라, 짝을 얻기 위한 이러한 경쟁이 목의 진화를 촉진한 것이라는 확신을 하게 되었다.

풀이

주어진 문장에서 언급한 다윈의 주장에 대해 Simmons의 반박 주장이 시작되는 부분이 (B)이며, Simmons가 관찰한 내용이 구체적으로 설명되는 부분이 (C)이고, 여기서 Simmons가 얻은 결론이 언급되는 부분이 (A)이다. 따라서 글의 순서로 가장 적절한 것은 (B)-(C)-(A)이다.

03 주어진 글 다음에 이어질 내용을 순서에 맞게 배열한 것으로 가장 적절한 것은?

Vocabulary

- codebreaker
  [kóudbrèikər] 암호해독자
- prevail[privéil]
  널리 보급되다
- antibiotic[æ̀ntibaiátik]
  항생제
- strain[strein] 변종
- infectious[infékʃəs]
  전염성의

A code is constantly under attack from codebreakers. When the codebreakers have developed a new weapon that reveals a code's weakness, then the code is no longer useful. It either becomes extinct or evolves into a new, stronger code. In turn, this new code survives only until the codebreakers identify its weakness, and so on.

(A) The bacteria prevail until doctors discover an antibiotic that exposes a weakness in the bacteria and kills most of them.

(B) This is similar to the situation facing, for example, a strain of infectious bacteria.

(C) The remaining bacteria are then forced to evolve and defeat the antibiotic, and, if successful, they will reestablish themselves and prevail once again.

① (A)-(B)-(C) ② (A)-(C)-(B) ③ (B)-(A)-(C)

④ (B)-(C)-(A) ⑤ (C)-(B)-(A)

[2점] [07.6월평가원]

해석 암호는 끊임없이 암호 해독자로부터 공격받고 있다. 암호 해독자가 암호의 약점을 드러내는 신무기를 개발하면 암호는 더 이상 유용하지 않다. 그것은 소멸되거나 새롭고 더 강력한 암호로 진화한다. 차례로, 이 새로운 암호는 암호 해독자가 그것의 약점을 확인할 때까지만 살아남을 수 있고 그렇게 계속된다.

(B) 이것은 예를 들어 전염성 박테리아의 변종에 맞닥뜨리는 상황과 비슷하다.

(A) 박테리아는 의사가 박테리아의 약점을 노출시키고 그 대부분을 죽이는 항생제를 발견할 때까지는 널리 퍼진다.

(C) 그 다음에 남아있는 박테리아는 진화하고 항생제를 이기도록 강요되며 만약 성공한다면 그들은 스스로를 복구하고 다시 한 번 널리 퍼지게 될 것이다.

풀이 주어진 글은 새로운 암호는 암호 해독자가 그것을 해결할 때까지만 살아남고 새로운 암호가 나온다는 내용이고, 그것과 유사하게 박테리아가 그렇다는 내용이다. 그러므로 주어진 문장과 박테리아가 같다는 (B)가 나오고, 항생제가 나올 때까지 계속된다는 (A)가 나와야 한다. 마지막으로 남아 있는 박테리아가 새 항생제가 나올 때까지 계속된다는 (C)가 나와야 적절하다. 따라서 글의 순서로 가장 적절한 것은 (B)-(A)-(C)이다.

답 ③

Vocabulary

- article[ɑ́ːrtikl] 물건, 물품
- undoubtedly
  [ʌndáutidli] 틀림없이
- purely[pjúərli] 순수하게
- functional[fʌŋ́kʃənəl]
  기능의
- whereas[hwɛərǽz]
  ~임에 반하여
- derive[diráiv]
  유래하다, 파생하다

04 주어진 글 다음에 이어질 글의 순서로 가장 적절한 것은?

> Footwear has a history which goes back thousands of years, and it has long been an article of necessity.
>
> ※ moccasin 신발의 일

(A) The earliest footwear was undoubtedly born of the necessity to provide some protection when moving over rough ground in varying weather conditions. In ancient times, as today, the basic type of shoes worn depended on the climate.

(B) Shoes have not always served such a purely functional purpose, however, and the requirements of fashion have dictated some curious designs, not all of which made walking easy.

(C) For instance, in warmer areas the sandal was, and still is, the most popular form of footwear, whereas the modern moccasin derives from the original shoes adopted in cold climates by races such as Eskimos and Siberians.

① (A)-(B)-(C) ② (A)-(C)-(B) ③ (B)-(C)-(A)

④ (C)-(A)-(B) ⑤ (C)-(B)-(A)

[2점] [07.수능]

해석 신발은 그 역사가 수천 년 거슬러 올라가며, 오랫동안 필수적인 물건이 되어왔다.

(A) 가장 오래된 신발은 변화하는 날씨 여건에서 험한 길로 이동할 때 어느 정도의 보호를 제공할 필요성 때문에 생겨난 것임에 틀림없다. 오늘날과 마찬가지로 옛날에는 착용된 신발의 기본적 유형은 기후에 따라 결정되었다.

(C) 예를 들어, 따뜻한 지역에서는 샌들이 가장 인기 있는 신발의 형태였고 지금도 여전히 그런 반면, 오늘날의 moccasin이라는 신발은 에스키모와 시베리아인과 같은 종족들이 추운 기후에서 사용했던 신발을 원형으로 하여 파생된 것이다.

(B) 그러나 신발은 항상 그러한 순수하게 기능적인 목적만 충족시킨 것은 아니었는데, 유행을 끌기 위한 필요 때문에 몇몇 호기심을 끄는 디자인이 등장했고, 그러한 디자인들 모두가 걷는 것을 쉽게 편하게 만드는 것은 아니었다.

풀이 주어진 문장을 통해 신발의 역사가 오래되었음을 언급한 후 (A)에서 신발의 탄생 배경이 보호 기능에 있고, 그 종류가 기후에 따라 결정된다고 설명하고 있다. (C)는 (A)의 사례로 샌들과 moccasin을 제시하고 있다. (B)에는 (A)와 (C)에 언급된 신발 기능적 목적에 덧붙여 유행을 이끌 목적이 있었다고 언급하고 있다. 따라서 글의 순서로 적절한 것은 (A)-(C)-(B)이다.

05 주어진 글 다음에 이어질 글의 순서로 가장 적절한 것은?

You might think iced desserts would be a fairly recent creation due to the problems of refrigeration in the past. ※ sherbet 과즙으로 만든 빙과

(A) What we call ice cream today was created in the early seventeenth century by a French chef for King Charles I of England. After that, it was introduced and popularized in the United States by First Lady Dolly Madison.

(B) He brought the recipe back to Italy, where it has been a favorite ever since. The Arabs and Indians picked up the idea from the Chinese as well, and named this delicious dessert sherbet. But it did not have the exact form and name of ice cream yet.

(C) The Chinese, however, who had perfected ice storage using the principle of evaporation in the eighth century B.C., were enjoying fruit-flavored ices by the time Marco Polo visited in the thirteenth century.

① (A)-(B)-(C)   ② (B)-(A)-(C)   ③ (B)-(C)-(A)
④ (C)-(A)-(B)   ⑤ (C)-(B)-(A)

[2점] [08.6월평가원]

Vocabulary

- fairly[fέərli] 꽤
- creation[kriːéiʃən] 창조
- refrigeration
  [rifrìdʒəréiʃ-ən] 냉장, 냉동
- popularize[pápjələràiz]
  대중화하다, 통속화하다
- evaporation
  [ivæ`pəréiʃən] 증발

해석 과거 냉장보관의 문제 때문에 얼려진 후식은 꽤 최근 들어 나온 것이라고 생각할 수도 있다.
(C) 하지만 기원전 8세기 증발의 원리를 이용하여 얼음 저장을 완벽하게 해낸 중국인들은 마르코 폴로가 13세기 방문할 무렵 (이미) 과일 맛 나는 얼음을 즐기고 있던 중 이었다
(B) 그는 그 조리법을 이태리로 가져갔으며, 그 조리법은 그 이래로 이태리에서 가장 좋아하는 조리법이 되어 왔다. 아랍인들과 인디안들도 또한 중국인들로 부터 그 개념을 도입했으며 이 맛 좋은 후식을 샤베트라고 이름 지었다. 그러나 그것은 아직 아이스크림의 정확한 형태와 이름을 지니게 된 것은 아니었다.
(A) 우리가 오늘 날 아이스크림이라고 부르는 것은 17세기 초반 잉글랜드 찰스1세의 프랑스인 주방장에 의해 만들어졌다. 그 이후 그것은 미국에 소개되었고 영부인 Madison에 의해 유명해졌다.

풀이 이 글은 얼음 디저트의 탄생에 대한 글로 주어진 글에서 냉장 문제 때문에 얼음 디저트가 최근에야 탄생되었을 것이라는 오해에 대해 문제 제기 하고 있다. (C) 문단에서 8세기에 중국인이 과일 맛이 나는 얼음을 즐겼다는 말이 나오는데 이 문단은 however가 들어있는 것으로 보아서 주어진 문장에 이어지는 것이 자연스럽다. (B) 문단은 He로 시작되고 있는데, 이 He는 (C) 문단의 마지막 부분에 나오는 Marco Polo를 받는 대명사이다. 내용상으로 보아도 중국에서 만들어진 조리법(recipe)이 여러 나라로 확장되는 과정을 다루고 있으므로 (B)문단은 (C) 문단 다음에 이어지는 것이 자연스럽다. (A) 문단은 오늘날과 같은 형태의 아이스크림이 만들어지고 퍼져나가는 과정에 대해 다루고 있는데 이 문단은 (B) 문단의 마지막 부분, 즉 중국에서 만들어지고 퍼져나간 아이스크림이 아직 아이스크림의 명확한 형태와 이름을 갖지 못했다는 언급과 연결될 수 있다. 따라서 글의 순서로 적절한 것은 (C)-(B)-(A)이다.

답 ⑤

CROSS ENGLISH

Vocabulary

- opponent[əpóunənt]
  적, 상대
- occasionally
  [əkeɪӡnəli] 가끔
- determine[ditə́ːrmin]
  판단하다
- pause[pɔːz]
  끊긴 동안, 쉼
- downward[dáunwərd]
  내려가는
- utilize[júːtəlàiz]
  활용하다

06 주어진 글 다음에 이어질 글의 순서로 가장 적절한 것은?

> When a basketball team finds itself on the wrong side of momentum, or when its opponent has gained the advantage, the coach calls for a timeout.

(A) Likewise, we must occasionally call timeout. In the cycles of life and business we have times when we must break the rhythm of failure and loss. During this break in the action we must determine what is working and what is not.

(B) The pause along with the adjusted game plan can also increase the team's confidence and break its downward cycle. It can change the rhythm of the game.

(C) The timeout can break the momentum and allows the coach to adjust the game plan. He may have noticed a weakness on the other side that his team can utilize.

※ momentum 여세, 힘

① (A)–(C)–(B)   ② (B)–(A)–(C)   ③ (B)–(C)–(A)

④ (C)–(A)–(B)   ⑤ (C)–(B)–(A)

[2점] [08.9월평가원]

해석 농구팀이 잘못된 힘의 방향에 처해 있음을 알게 되거나 상대가 유리한 상황에 처해 있을 때 코치는 타임아웃을 부른다.
(C) 타임아웃은 힘을 무너뜨릴 수 있고 코치가 경기의 계획을 조정할 수 있게 해준다. 코치는 자기 팀이 이용할 수 있는 상대편의 약점을 간파했을 수도 있다.
(B) 이렇게 조종된 경기의 계획과 더불어 잠시 쉬는 시간은 또한 팀의 자신감을 고양시켜서 하강 기류를 바꿀 수 있다. 이것은 경기의 리듬을 바꿀 수 있는 것이다.
(A) 이와 마찬가지로, 우리도 가끔씩 타임아웃을 불러야 한다. 우리는 생활과 사업의 사이클 내에서 실패와 상실의 리듬을 깨야 할 때가 있다. 이러한 활동 도중에 있게 되는 파격의 순간에 우리는 무엇이 작동하고 있고 무엇이 그렇지 못한지를 판단해야 한다.

풀이 주어진 문장에서 농구 코치가 경기 도중에 경기의 흐름을 바꾸기 위해 타임아웃을 부른다는 내용이 언급되고 (C)에서 그 타임아웃이 경기의 계획을 변경한다고 설명하고 (B)에서는 이런 경기의 변경이 경기의 리듬을 바꿀 수 있음을 설명하고 (A)에서는 이를 우리의 생활에 비유하여 우리의 생활 속에도 이러한 타임아웃이 필요하다는 것을 시사한다. 따라서 글의 순서로 가장 적절한 것은 (C) - (B) - (A)이다.

답 ⑤

07 주어진 글 다음에 이어질 글의 순서로 가장 적절한 것은?

One of the toughest parts of isolation is a lack of an expressive exit. With anger, you can get mad at someone and yell. With sadness, you can cry. But isolation feels like being in a room with no way out.

(A) For people who cannot push themselves, however, support groups are a good cure for isolation. They offer the opportunity for connection in a safe and controlled way.

(B) And the longer you get stuck there, the harder it becomes to share the pain and sorrow. In isolation, hope disappears, despair rules, and you can no longer see a life beyond the invisible walls that imprison you.

(C) Some people find it helpful to work gently at driving themselves back into the world. In one case, a woman reported that after four miserable forced lunches with friends, she suddenly enjoyed the fifth one as she found herself laughing at a joke.

① (A)-(B)-(C)　　② (A)-(C)-(B)　　③ (B)-(C)-(A)

④ (C)-(A)-(B)　　⑤ (C)-(B)-(A)

[2점] [08.수능]

Vocabulary

- isolation[àisəléiʃən] 고립
- expressive[iksprésiv] 표현하는
- despair[dispéər] 절망
- imprison[imprízən] 감금하다
- gently[dʒéntli] 서서히
- miserable[mízərəbəl] 괴로운

해석 고립 상태가 주는 가장 힘든 면 중 하나는 표현의 출구가 없다는 것이다. 화가 나면 당신은 누군가에게 화를 내고 소리를 지를 수 있다. 슬프면 당신은 울 수 있다. 하지만 고립 상태는 출구가 없는 방 안에 있는 것과 같다.
(B) 그리고 그곳에 오랫동안 갇혀 있을수록 고통과 슬픔을 함께하는 것은 더 힘들어진다. 고립 상태에서는 희망은 사라지고 절망이 지배하며, 당신은 더 이상 자신을 가두는 눈에 보이지 않는 벽 너머로 삶을 바라볼 수 없게 된다.
(C) 일부 사람들은 서서히 세상 속으로 자기 자신을 몰고 가는 일을 하는 것이 도움이 된다는 것을 발견한다. 한 사례에서, 어떤 여성은 친구들과 강제로 괴로운 점심식사를 한 후에 다섯 번째 점심식사에서 어떤 농담을 듣고 갑자기 웃게 되면서 그 식사를 즐기게 되었다고 전했다.
(A) 그러나 자신을 억지로 밀어붙일 수 없는 사람들에게는 후원집단이 고립 상태에 대한 좋은 치료법이 된다. 그들은 안전하고 통제된 방식으로 교제의 기회를 제공한다.

풀이 주어진 문장에는 고립 상태에 처할 때의 괴로움이 설명되어 있다. 흐름상 이러한 고립 상태는 오래 지속되면 될수록 점점 더 힘들어진다는 내용을 담은 (B)가 다음에 와야 한다. (C)는 이러한 고립 상태를 자신의 의지를 통해 치유한 사례로 제시되어 있고, (A)는 그러한 의지가 없는 경우 다른 사람들의 후원이 치료법이 될 수 있다고 설명하고 있다. 따라서 글의 순서로 (B)-(C)-(A)가 와야 한다.

답 ③

- readiness[rédinis] 대비
- excitedly[iksáitidli]
  흥분하여
- initial[iníʃəl] 처음의
- retreat[ritríːt] 퇴각, 퇴거
- relatively[rélətivli]
  비교적
- disaster[dizǽstər] 재난
- ill-fated[-féitid]
  운이 나쁜, 불행한

08 주어진 글 다음에 이어질 글의 순서로 가장 적절한 것은?

One of the most painful signs of the lack of readiness for the tsunami in the Indian Ocean in 2004 was the enthusiasm of children, who rushed excitedly down to the beach to gather fish during the initial retreat of water.

(A) After the 19th century disaster, experts called for a tsunami warning system in the Indian Ocean similar to the successful one now operating in the Pacific.

(B) If such a system had been up and running in the Indian Ocean, many of the thousands of lives lost in places relatively distant from the center of the earthquake might have been saved.

(C) Those ill-fated children had no idea what the sea's strange retreat meant. No one knew because nothing like that had happened in living memory except for the 1883 tsunami disaster in the Indian Ocean.

① (A)-(C)-(B)　　　② (B)-(A)-(C)　　　③ (B)-(C)-(A)

④ (C)-(A)-(B)　　　⑤ (C)-(B)-(A)

[2점] [09.6월평가원]

해석 2004년 인도양에서 쓰나미에 대한 대비 부족의 가장 쓰라린 표시들 중에 하나는 처음 물이 빠졌을 때 물고기를 잡으러 바닷가로 신나게 뛰어나간 아이들의 열광이었다.
(C) 그 불운한 아이들은 바다의 이상한 퇴각이 무엇을 의미하는지 몰랐다. 1883년 인도양에서의 쓰나미 재난을 제외하고는 생의 기억 속에 그와 같은 일이 일어난 적이 없었으므로 그 누구도 알지 못하였다.
(A) 그 19세기의 재난 이후, 전문가들은 태평양에서 현재 작동되고 있는 성공적인 쓰나미 경보 시스템과 유사한 인도양에서의 쓰나미 경보 시스템을 요구하였다.
(B) 만일 이러한 시스템이 인도양에서 발효가 되었더라면, 진원으로부터 비교적 먼 지역에서 잃은 수천 명의 생명은 구할 수도 있었을 것이다.

풀이 2004년에 인도양의 쓰나미에 대한 주어진 글에 이어, (C)에서 그 아이들이(those ill-fated children) 쓰나미에 대해 몰랐기 때문이라는 내용이 이어지고, (A)에서 그 사건으로 인해 쓰나미 경보 시스템이 도입되었다는 내용이 이어지며(the 19th century disaster는 2004년 인도양의 쓰나미를 가리키다), (B)에서 가정법 과거 완료의 표현을 써서 그러한 시스템(such a system)이 인도양에서 발효되었더라면 인명을 많이 구했을 거라는 내용이 온다. 따라서 글의 순서로 (C)-(A)-(B)가 와야 한다.

답 ④

09 주어진 글 다음에 이어질 글의 순서로 가장 적절한 것은?

Vocabulary

- dissatisfaction
  [dissæ'tisfǽkʃən] 불만족
- performance
  [pərfɔ́:rməns] 수행
- alternative[ɔ:ltə́:rnətiv]
  대안
- coordinate[kouɔ́:rdənit]
  조정하다
- payoff[peiɔ:f] 이득
- responsive[rispónsiv]
  감응하기 쉬운

Ralph was asked to work on the citizens' general dissatisfaction with the effectiveness of city government. After spending some time with people in the city, he found one of the problems was the performance of the city planning department.

(A) Ralph determined that the citizens' complaints were justified, so he trained the city planners in setting objectives, selecting alternatives, data analysis, and coordination. At the end of the training, one of them said, "We'll use this in the future. I'm not going to be drawing boxes any more."

(B) Another one said, "The most important thing is that we've learned how to coordinate." Ralph saw that the immediate, short-term payoff for the planning department was to become more responsive to the community and its growth.

(C) Many citizens complained that the planners were experts at 'drawing pictures,' that is, physical planning and design, but did nothing to coordinate what they were doing.

① (A)-(C)-(B) ② (B)-(A)-(C) ③ (B)-(C)-(A)

④ (C)-(A)-(B) ⑤ (C)-(B)-(A)

[2점] [09.9월평가원]

해석 Ralph는 시 정부의 효율성에 대한 시민들의 일반적인 불만족을 해결해보라는 요청을 받았다. 도시의 사람들과 얼마간의 시간을 보낸 후, 그는 문제들 중 하나는 도시계획과의 업무 수행이라는 것을 알아냈다.

(C) 많은 시민들은 계획 입안자들이 '그림을 그리는 것' 즉, 물리적인 계획과 디자인에는 전문가들이지만 그들이 하고 있는 일을 조정하기 위해서는 아무 일도 하지 않았다고 불평했다.

(A) Ralph는 시민들의 불평이 정당하다는 결정을 내렸고, 도시 계획 입안자들이 목표를 설정하고, 대안을 선택하며, 데이터를 분석하고, 조정하는 훈련을 시켰다. 훈련이 끝날 무렵에 그들 중 한 사람은 "미래에 우리는 이것을 사용할 것입니다. 저는 더 이상 박스를 그리고 있지는 않을 겁니다."라고 말했다.

(B) 다른 사람은 "가장 중요한 것은 우리가 조정하는 것을 배웠다는 것입니다."라고 말했다. Ralph는 도시계획과에 즉각적이고 단기적으로 이득이 되는 일이란 지역사회와 지역사회의 성장에 더 많은 관심을 기울이는 것이라고 보았다.

풀이 주어진 문장에서 Ralph는 시 정부의 효율성에 대한 시민들의 불만족의 원인 중 하나가 도시계획과의 업무 수행 때문이라는 것을 알았으며, (C)에서 도시계획과의 업무 수행 문제점을 구체적으로 설명하고 있다. (A)에서는 이러한 문제점을 해결하기 위한 Ralph의 조치로 도시계획 입안자에 대한 훈련 내용과 훈련을 받은 한 사람의 소감이 이어진다. (B)에서 또 다른 훈련자의 소감이 나오며, Ralph가 알게 된 사실이 나온다. 따라서 글의 순서로 (C) - (A) - (B)가 와야 한다.

정답 ④

Vocabulary

- decaffeinate
  [diːkǽfiənèit]
  카페인을 제거하다
- groundless[gráundlis]
  근거 없는
- conserve[kənsə́ːrv]
  보존하다
- soluble[sάljəbəl]
  녹기 쉬운
- solid[sάlid] 고체
- drain[drein] 배수하다

10 주어진 글 다음에 이어질 글의 순서로 가장 적절한 것은?

Now many kinds of superior coffee beans are being decaffeinated in ways that conserve strong flavor. But the public suffers from a groundless fear of chemical decaffeination and prefers instead to buy water-processed decaf.

(A) The solvent comes into direct contact with them, carrying the caffeine with it. The drained solvent is then mixed with water, and the caffeine is drawn out to be sold.

(B) In the water process, however, no solvent touches the beans. After the beans are steamed, they are soaked in water, which removes the caffeine—along with all the soluble solids in the beans. The solution is drained off to a separate tank, where the caffeine is drawn out from it.

(C) Every process of decaffeination, whether chemical- or water-based, starts with steaming the green beans to loosen the bonds of caffeine. In the chemical process, a solvent circulates through the beans. ※ solvent 용매

① (A)-(C)-(B)   ② (B)-(A)-(C)   ③ (B)-(C)-(A)
④ (C)-(A)-(B)   ⑤ (C)-(B)-(A)

[2점] [09.수능]

해석 이제 많은 종류의 고급 커피콩이 강한 향을 보존하는 방식으로 카페인이 제거되고 있다. 그러나 대중은 화학적 카페인 제거에 대해 근거 없는 두려움으로 고통 받고 있으며 대신에 물로 처리된 디카페인 제품을 구매하는 것을 선호한다.
(C) 모든 카페인 제거 과정은, 화학물질을 기초로 하는 것이든 물을 기초로 하는 것이든, 카페인의 결합력을 느슨하게 하기 위해 녹색 콩을 찌는 것으로부터 시작한다. 화학약품 처리공정에서는 용매가 콩 사이로 순환한다.
(A) 그 용매는 그것들(콩들)과 직접적으로 접촉하게 되며 카페인을 가지고 간다. 빠져나간 용매는 그 후 물과 혼합되면서, 그 카페인이 추출되어 팔린다.
(B) 그러나 물 처리공정에서는 어떠한 용매도 콩에 닿지 않는다. 콩을 찐 후에 콩을 물로 흠뻑 적시게 되는데 그것이 콩에 들어 있는 모든 용해성 고체와 함께 카페인을 제거한다. 이 용액은 분리된 수조로 빠지는데 그 곳에서 카페인이 그것으로부터 추출되게 된다.

풀이 (C)는 화학적 카페인 제거와 물로 처리하는 카페인 제거의 공통적인 첫 번째 단계를 보여주며 (A)는 화학적 카페인 제거 방식, however로 연결된 (B)에서는 물로 처리하는 카페인 제거의 방식을 차례대로 소개하고 있다. 따라서 글의 순서로 (C)-(A)-(B)가 와야 한다.

답 ④

11 주어진 글 다음에 이어질 글의 순서로 가장 적절한 것은?

Vocabulary

• mechanism
 [mékənizəm] 장치
• assign[əsáin] 지정하다
• screen[skriːn]
 가리다, 막다
• apparatus
 [æ`pəréitəs] 장치
• perceptual
 [pərséptʃuəl] 지각의

When we look at the world and ourselves, we do it through a set of filters. Think about what a filter is. A filter is a mechanism that lets some things flow in but screens other things out.

(A) Through them, we process and assign a weight and meaning to every event in our lives. Some things flow in, others are screened out, but everything is affected: not just what we 'see,' but what we 'hear' and 'believe.'

(B) Depending on what the filter is made up of, it can also alter whatever is looked at or passes through it. Sunglasses are a good example of a visual filter.

(C) But, obviously, I am not talking here about some physical apparatus that we can put on and take off, like a pair of glasses. In fact, the filters I am mentioning are internal, mental, emotional, verbal, and perceptual in nature.

① (A)–(B)–(C) ② (A)–(C)–(B) ③ (B)–(A)–(C)
④ (B)–(C)–(A) ⑤ (C)–(B)–(A)

[2점] [10.6월평가원]

해석 우리가 세상과 우리자신을 바라볼 때, 일종의 여과장치를 통해 바라본다. 여과장치가 무엇인지에 대해서 생각해보자. 여과기는 어떤 것은 흘러들어가게 만들지만 다른 것들은 차단시키는 장치이다.
(A) 그것들을 통해서, 우리들은 우리 삶속에 모든 사건들의 중요함과 의미를 처리하고 정한다. 어떤 것들은 흘러들어가고, 다른 것들은 차단된다. 그러나 모든 것은 영향을 받는다: 단지 우리가 보는 것뿐만 아니라, 우리가 듣고 믿는 것에 의해서.
(B) 여과기가 무엇으로 만들어졌는지에 따라서, 그것은 또한 보이는 것이나 그것을 통과하는 무엇이든지 변화시킨다. 선글라스는 시각적인 여과기의 한 좋은 예이다.
(C) 그러나 분명하게, 여기서 내가 한 쌍의 안경과 같은 것을 우리가 쓰거나 벗을 수 있는 어떤 외형적인 장치에 대해서 말하고 있는 것은 아니다. 사실은, 내가 말하고 있는 여과기는 더없이 내적인, 정신적인, 감정적인, 언어적인, 지각적인 것이다.

풀이 주어진 글 다음에 여과기에 대한 부연 설명이 필요하다. 따라서 (B)에서 여과기에 대한 역할에 대한 언급이 글 다음에 이어질 순서로 적합하다. 그리고 글 마지막에 선글라스의 예를 통해서 (C)에서 다시 한 번 안경에 대한 글쓴이의 입장이 외형적인 부분이 아닌 내적인 시각에서 여과기에 대한 언급임을 언급하고 있고, (A)에 처음에서 그것들은 결국 필자가 (C) 부분에 마지막에 언급한 5가지 측면들이 우리가 보고 듣는 것에 영향을 주고 있고 있다고 주장하고 있다. 따라서 글의 순서는 (B) - (C) - (A)가 되어야 한다.

Vocabulary ☑

- diagnose[dáiəgnòus]
  진단하다
- terminal[tə́ːrmənəl]
  종말의
- deadline[-làin]
  마감 시간
- motivate[móutəvèit]
  동기를 주다
- calculation
  [kæ̀lkjəléiʃən] 계산
- expectancy
  [ikspéktənsi] 기대
- subtract[səbtrǽkt] 빼다
- multiply[mʌ́ltəplài]
  곱하다

12 주어진 글 다음에 이어질 글의 순서로 가장 적절한 것은?

A man was diagnosed with a terminal illness and given six months to live. In his last few days, he said that he had done more in the past months than in his entire life. Remember that life has a deadline; we just do not know when it is. So let's get one!

(A) This decreasing number is a constant reminder to motivate you to take action to live your life, today. You trade each day of your life for what you do in that day. Make a good trade!

(B) What you have is the number of days that you have left to live. Write this number down, and every morning cross it out and write the new number, which is one day less.

(C) We are going to do some calculations to find out how much longer you have to live. Start with the number 79, the average life expectancy. Now, subtract your current age. Multiply that number by 365.

① (A)-(B)-(C)　　② (A)-(C)-(B)　　③ (B)-(A)-(C)

④ (B)-(C)-(A)　　⑤ (C)-(B)-(A)

[2점] [10.9월평가원]

해석

한 사람이 불치병을 진단받고 6개월의 시한부 인생을 받았다. 마지막 며칠에, 그는 그의 삶 전체보다 지난 몇 달간 더 많은 일을 했다고 말했다. 인생에 마감시한이 있다는 것을 기억하라. 하지만 그 때가 언제인지 우리는 정말 모른다. 그러므로 한 번 해 보자.

(C) 당신이 얼마나 더 오래 살아야 하는 지 알아보기 위한 몇 가지 계산을 하게 될 것이다. 평균 기대 수명인 숫자 79부터 시작하라. 이제 당신의 현재 나이를 빼라. 그 수에 365를 곱하라.

(B) 당신이 가진 것은 살 수 있도록 당신이 남겨 둔 날들의 수이다. 이 숫자를 적어두고 매일 아침 하나씩 지운 다음 하루가 적어진 새로운 숫자를 써 보라.

(A) 이 줄어드는 숫자가 당신에게 오늘의 삶을 살아가도록 적극적으로 행동하게 만드는 동기를 제공하는 변치 않는 촉매재이다. 당신은 인생에 주어지는 각각의 하루를 그날 당신이 한 일과 맞바꾼다. 훌륭한 거래를 성사시키라!

풀이

인생에 마감시한이 있다는 주어진 문장에 이어 기대 수명에 나이를 빼고 365를 곱한 남겨 둔 날을 계산하는 (C)가 와야 한다. (B)에서 언급하고 있는 the number는 (C)의 계산을 통해 나온 것이고 (A)의 This increasing number는 다시 (B)의 계산에서 나온 것이므로 (C) 다음에는 (B)와 (A)가 순서대로 이어져야 한다. 따라서 글의 순서는 (C) - (B) - (A)가 되어야 한다.

Rosalyn's parents did everything possible to avoid favoring one child over the others, and this resulted in her feelings being hurt. One year Rosalyn asked her mother to prepare a special treat for her birthday: the honey cake that Rosalyn had always loved.

※ batter 반죽

Vocabulary

• favor[féivər] 편애하다
• single[síng-əl] 뽑아내다, 선발하다
• admirable[ǽdmərəbəl] 감탄할 만한
• equally[íːkwəli] 동등하게

(A) Upon receiving the cake, Rosalyn became disappointed. It was, after all, her birthday; couldn't she be singled out on one day of the year? A parent's admirable efforts not to play favorites can mean that no child gets the whole cake of parental love.

(B) Her mother said she couldn't. If she made a honey cake for Rosalyn, she'd have to make cakes for Rosalyn's two sisters, and she didn't have time to make three cakes.

(C) In the end, her mother did give Rosalyn a honey cake on her birthday — a really small one, because she split the batter for one cake into three parts, to treat her daughters equally.

① (A)-(C)-(B) ② (B)-(A)-(C) ③ (B)-(C)-(A)

④ (C)-(A)-(B) ⑤ (C)-(B)-(A)

[2점] [10.수능]

해석

Rosalyn의 부모님은 한 아이를 나머지 다른 아이들보다 편애하는 것을 피하기 위해 가능한 모든 일을 했고, 이로 인해 그녀의 감정은 상처를 입게 되었다. 어느 해에 Rosalyn은 어머니께 그녀의 생일에 특별한 대접을 준비해 줄 것을 부탁했다. Rosalyn이 항상 좋아했던 벌꿀 케이크를.

(B) 그녀의 어머니는 그럴 수 없다고 말했다. 그녀가 Rosalyn을 위해 벌꿀 케이크를 만들어 주면, 그녀는 Rosalyn의 두 자매들에게도 케이크를 만들어주어야 할 것이며, 그녀는 세 개의 케이크를 만들 시간이 없었다.

(C) 결국 그녀의 어머니는 Rosalyn에게 그녀의 생일에 벌꿀 케이크를 정말로 주었다. 그런데 그녀는 딸들에게 균등하게 대접하기 위해 케이크 하나에 해당하는 반죽을 세 부분으로 나누었기 때문에 정말로 작은 케이크를 주었다.

(A) 케이크를 받자마자 Rosalyn은 실망했다. 결국 그녀의 생일인데, 일 년 중 하루만 특별 선택을 받을 수 없단 말인가? 편애하지 않으려는 부모의 감탄할 만한 노력은 어떤 아이도 부모의 사랑이라는 완전한 케이크를 받을 수 없다는 것을 의미할 수 있다.

풀이

편애하지 않으려 부모가 노력하는 것이 결국 아이에게 피해를 입힐 수 있다는 내용의 글이다. 'Rosalyn이 생일에 특별한 대접을 해줄 것을 어머니에게 요구 → (B) 어머니는 Rosalyn과 같이 다른 두 자매들에게도 똑같이 케이크를 만들어 주어야 한다고 생각해 못 만들어준다고 함 → (C) 결국 어머니는 케이크 하나에 해당하는 반죽으로 세 부분으로 나누어 케이크를 만들어줌 → (A) 결국 자신의 생일인데 특별한 선택을 받지 못했다고 생각한 Rosalyn이 실망함'의 흐름이 자연스럽다.

Vocabulary ☑

- fieldwork[fíːldwɜ̀ːrk]
  야외연구

- villager[vílidʒər]
  마을 사람

- puzzling[pʌ́zliŋ]
  당혹케 하는,
  어리둥절케 하는

- recall[rikɔ́ːl]
  기억하다, 생각해내다

- although[ɔːlð óu]
  비록 ~일지라도

- distinction
  [distíŋkʃən] 구별

14 주어진 글 다음에 이어질 글의 순서로 가장 적절한 것은?

Jim performed fieldwork in Lesotho, a small nation in Africa. There, studying and interacting with local villagers, he patiently earned their trust until one day he was asked to join in one of their songs.

(A) The villagers found his response puzzling. They just stared at Jim and said, "What do you mean you don't sing? You talk!" Jim recalls later, "It was as odd to them as if I told them that I couldn't walk or dance, even though I have both my legs."

(B) Jim replied in a soft voice, "I don't sing," and it was true. Although he was an excellent oboe player, he was unable to sing a simple melody.

(C) That's because singing and dancing were a natural activity in their lives, involving everyone. Their word for singing, ho bina, also means 'to dance'; there is no distinction, since it is assumed that singing involves bodily movement.

① (A)-(B)-(C)　　　② (A)-(C)-(B)　　　③ (B)-(A)-(C)

④ (B)-(C)-(A)　　　⑤ (C)-(A)-(B)

[2점] [11.6월평가원]

해석

Jim은 아프리카의 작은 나라인 레조토에서 야외연구를 수행하였다. 그곳에서 그는 연구를 하고 그 지역 마을 사람들과 교류를 하며 참을성 있게 그들의 신뢰를 얻어갔는데 마침내 어느 날 마을 사람들이 부르는 노래를 함께 부르자는 요청을 받았다.

(B) Jim은 부드럽게 "저는 노래를 못합니다."라고 말했는데 그것은 사실이었다. 그는 뛰어난 오보에 연주자였지만 단순한 가락조차 부를 줄 몰랐다.

(A) 마을 사람들은 그의 대답에 어리둥절하였다. 그들은 그를 바라보며 말했다. "노래를 못하다니 무슨 말이요? 당신은 말을 하지 않소!" 후에 Jim은 (그 때 일을) 다음과 같이 회상한다. "그건 마치 내가 두 다리가 있으면서도 걷지 못하고 춤을 출 수 없다고 그들에게 말하는 것만큼이나 그들에게 이상한 것이었습니다."

(C) 그건 모든 이들을 포함하는 그들의 삶에서 노래와 춤이 하나의 자연스런 행위였기 때문이다. 노래를 의미하는 그들의 단어 ho bina는 춤을 의미하기도 한다. 노래는 신체의 움직임을 포함한다고 여겨지기 때문에 그 둘 사이에는 아무런 구별이 없는 것이다.

풀이

Jim이 연구하는 지역의 마을 사람들이 그에게 노래를 함께 부르자는 요청을 했다. 그 요청에 대해 Jim이 완곡한 거절을 하는 (B)가 그 다음에 와야 한다. (B) 다음에는 Jim의 거절에 대한 마을 사람들의 어리둥절한 반응이 담긴 (A)가 오는 것이 적절하다. 마지막으로, 마을사람들이 그러한 반응을 했던 이유가 제시되는 (C)가 나오는 것이 자연스럽다. 따라서 글의 순서는 (B) - (A) - (C)가 되어야 한다.

15 주어진 글 다음에 이어질 글의 순서로 가장 적절한 것은?

Even worse than reaching a conclusion with just a little evidence is the fallacy of reaching a conclusion without any evidence at all. Sometimes people mistake a separate event for a cause-and-effect relationship.

(A) You therefore leap to the conclusion that the man in the black jacket has robbed the bank. However, such a leap tends to land far from the truth of the matter. You have absolutely no evidence — only a suspicion based on coincidence. This is a post hoc fallacy.

(B) They see that 'A' happened before 'B', so they mistakenly assume that 'A' caused 'B'. This is an error known in logic as a post hoc fallacy.

(C) For example, suppose you see a man in a black jacket hurry into a bank. You notice that he is nervously carrying his briefcase, and a few moments later you hear a siren.

① (A)-(B)-(C)　　② (A)-(C)-(B)　　③ (B)-(A)-(C)
④ (B)-(C)-(A)　　⑤ (C)-(B)-(A)

Vocabulary

- evidence[évidəns] 증거
- suspicion[səspíʃən] 의심
- coincidence
  [kouínsədəns]
  (우연의) 일치
- fallacy[fǽləsi] 오류
- nervously[nə́:rvəsli]
  초조하게
- briefcase[brí:fkèis]
  서류가방

[2점] [11.9월평가원]

해석　단지 약간의 증거만을 가지고 결론에 도달하는 것보다 훨씬 더 나쁜 것은 전혀 어떤 증거도 없이 결론에 이르는 오류이다. 때때로 사람들은 분리된 사건을 인과관계로 오해한다.
(B) 그들은 A가 B보다 먼저 일어난 것을 보고, A가 B의 원인이었다는 잘못된 가정을 한다. 이것은 논리학에서 인과 설정의 오류('이것 다음에, 그러므로 이것 때문에')라고 알려진 오류이다.
(C) 예를 들어, 당신은 검은 웃옷을 입은 사람이 은행으로 급히 들어가는 것을 본다고 가정해보자. 당신은 그가 그의 가방을 초조하게 가지고 가는 것을 주시하고, 몇 분 있다가 사이렌 소리를 듣는다.
(A) 따라서 당신은 그 불길한 검은 웃옷을 입은 사람이 은행에서 강도질을 했다고 속단한다. 그러나 그러한 비약은 그 문제의 진실과 거리가 먼 경향이 있다. 당신은 단지 우연의 일치에 기초한 의심만 있을 뿐 증거가 전혀 없다. 이것이 인과 설정의 오류이다.

풀이　주어진 글에서는 증거 없이 결론에 이르는 오류에 대해 언급하였으므로, A가 B보다 먼저 일어난 것만 보고 증거도 없이 A가 B의 원인이라고 가정한다는 내용의 (B)가 그 다음에 와야 한다. 그리고 (B)에서 언급한 인과설정의 오류에 대한 예가 시작되는 (C)가 그 다음에 나오고, 마지막으로 증거 없이 우연의 일치로 일어난 일을 진실과 거리가 먼 경향이 있다며 (B)에서 시작한 인과 설정 오류의 예를 마무리하는 (A)가 나와야 한다. 따라서 글의 순서는 (B) - (C) - (A)가 되어야 한다.

답 ④

Vocabulary

- phenomenon
  [finámənàn] 현상
- socially[sóuʃəli]
  사회적으로
- colleague[káli:g] 동료
- discipline[dísəplin]
  단련하다, 훈련하다
- critical[krítikəl] 비평의
- manipulate
  [mənípjəlèit]
  다루다, 조종하다
- probe[proub] 감독하다
- rehabilitate
  [ri:həbílətèit] 회복시키다

16 주어진 글 다음에 이어질 글의 순서로 가장 적절한 것은?

> The body has been viewed as a 'natural' phenomenon — a fixed, unchanging fact of nature. Recently, however, it is also being seen as a part of culture in the sense that it can be socially defined in different ways.

(A) It has also opened up new questions and issues in the sociology of sport. Some people in the sociology of sport are now working with colleagues in other disciplines who share interests in the body.

(B) Social definitions of the body are grounded in social relations and influenced by those with the power to promote agreement about what should be considered 'natural' when it comes to the body. This new way of thinking about the body has challenged the traditional mind-body split that has characterized Western thought since the time of Plato.

(C) In their work they are asking critical questions about how the body is trained, disciplined, and manipulated in sports and how some sport scientists are using technology to probe, monitor, test, evaluate, and rehabilitate the body as a performance machine.

① (A)-(B)-(C) ② (B)-(A)-(C) ③ (B)-(C)-(A)
④ (C)-(A)-(B) ⑤ (C)-(B)-(A)

[2점] [11.수능]

해석

신체는 고정되고 불변하는 자연의 사실인 자연 현상으로 여겨져 왔다. 하지만 최근에 그것은 사회적으로 다르게 정의될 수 있다는 점에서, 문화의 일부분으로 여겨지기도 한다.

(B) 신체에 대한 사회적인 정의는 사회적인 관계에 토대를 두고 있으며, 신체에 관해서 무엇이 자연적인 것으로 여겨져야 하는 지에 대해 동의를 이끌어낼 수 있는 힘을 가진 사람들에 의해 영향을 받는다. 신체에 대한 이런 새로운 사고방식은 플라톤 때부터 서양 사고의 특징을 이루었던 전통적인 심신 이원론을 반박해 왔다.

(A) 그것은 또한 스포츠 사회학에서 새로운 의문과 논점을 열었다. 스포츠 사회학의 어떤 사람들은 이제 신체의 관심사를 공유하는 다른 분야의 동료들과 함께 연구를 하고 있다.

(C) 그들의 연구에서, 그들은 스포츠에서 신체가 어떻게 훈련되고, 단련되며, 다루어지는지, 그리고 몇몇 스포츠 과학자들이 수행 기계로서의 신체를 조사하고, 감독하고, 시험하고, 평가하고, 회복시키기 위해 어떻게 기술을 사용하고 있는지에 대한 중요한 질문을 하고 있다.

풀이

주어진 글의 마지막 문장에서 신체에 대한 사회적인 정의를 언급하고 있는데, 이는 (B)의 앞부분에 언급된 사회적인 정의에 대한 내용과 연결되며, (A)의 It은 (B)의 마지막 문장의 This new way of thinking about the body를 받는다. 마지막으로 (C)의 they는 (A)의 마지막 문장 some people in the sociology of sport를 받는다. 따라서 글의 순서는 (B) - (A) - (C)가 되어야 한다.

답 ②

17 주어진 글 다음에 이어질 글의 순서로 가장 적절한 것은?

A few years ago we purchased a brand-new camper van. Not long after we bought our camper, a friend of ours asked if her family could borrow it. We were not too interested in loaning out our spotless camper, so we declined.

(A) That in itself would not have been so bad had it not been for the mice. Mice were attracted by the food and they shredded all the curtains, screens, and cushions. Had we let the friend borrow the camper, she would have discovered the boxes before the mice did.

(B) This happened in the fall, and we stored the camper in our backyard all that winter. In the spring my husband and I were setting it up to prepare for a trip.

(C) We were very surprised to find that we had left cookie boxes in the camper over the winter. We had moved and had a baby that previous summer and fall, and cleaning out the camper had been overlooked.

① (A)-(C)-(B)　　② (B)-(A)-(C)　　③ (B)-(C)-(A)
④ (C)-(A)-(B)　　⑤ (C)-(B)-(A)

Vocabulary

• brand-new
　[bréndnjúː] 아주 새로운
• borrow[bɔ́ːrou] 빌리다
• loan[loun] 빌려주다
• spotless[spɑ́tlis]
　얼룩이 없는
• shred[ʃred]
　조각조각으로 하다
• previous[príːviəs]
　이전의
• overlook[òuvərlúk]
　간과하다

[2점] [12.6월평가원]

해석 몇 년 전에 우리는 최신형 캠핑카를 샀다. 우리가 캠핑카를 구입하고 얼마 후에 친구가 자신의 가족이 그것을 빌릴 수 있는지를 물었다. 우리는 한 점의 얼룩도 없는 캠핑카를 빌려주고 싶은 생각이 별로 없어서 거절했다.
(B) 이것은 가을에 일어났던 일이고 우리는 그 캠핑카를 그 해 겨울 내내 뒷마당에 두었다. 봄에 남편과 나는 여행 준비를 위해 그것을 정리하고 있었다.
(C) 겨울 내내 그 캠핑카에 과자 상자를 놔두었다는 것을 발견하고서 우리는 몹시 놀랐다. 우리는 그 전 해의 여름과 가을에 이사를 하고 아기를 낳아서 캠핑카를 깨끗이 청소하는 것을 간과했던 것이다.
(A) 생쥐만 없었더라면 그것은 그 자체로 그렇게 나쁘지 않았을 것이다. 음식 때문에 생쥐가 꾀었고 생쥐는 모든 커튼, 스크린 그리고 방석을 조각조각으로 쏠아 놓았다. 친구에게 캠핑카를 빌려가게 했다면 그녀는 생쥐보다 먼저 그 상자들을 발견했을 것이다.

풀이 (B)의 This가 주어진 문장의 내용을 가리킨다는 것에서 주어진 문장 다음에 (B)가 와야 함을 알 수 있고, (B)에서 필자 부부가 여행을 준비를 하다가 (C)의 사실을 알았을 것이므로 (B) 다음에는 (C)가 와야 함을 알 수 있고, (A)의 That이 (C)의 내용을 가리킨다는 것에서 (A)가 (C) 다음에 와야 함을 알 수 있다. 따라서 글의 순서는 (B) - (C) - (A)가 되어야 한다.

답 ③

Vocabulary ◀

- misuse[misjúːz] 오용
- incorrect[inkərékt] 부정확한
- commonplace [kámənplèis] 평범한
- widespread[wáidspréd] 널리 보급되어 있는
- intention[inténʃən] 의도
- secondary[sékəndèri] 2차의

18 주어진 글 다음에 이어질 글의 순서로 가장 적절한 것은?

One reason why the definitions of words have changed over time is simply because of their misuse. There are a growing number of examples where the incorrect meaning of relatively commonplace language has become more widespread than the original intention or definition.

(A) Now, imagine that an angry customer sent you a letter about the service he received in one of your stores. If your reply is that you 'perused his letter,' he is likely to get even more angry than he was before.

(B) The word 'peruse' is one of them. Most people think that to 'peruse' something means to 'scan or skim it quickly, without paying much attention.' In fact, this is the exact opposite of what 'peruse' really means: 'to study or read something carefully, in detail.'

(C) But the word has been misused so often by so many people, that this second sense of it — the exact opposite of what it actually means — has finally been accepted as a secondary definition and as far as most people know, it is the only definition.

① (A)-(C)-(B) ② (B)-(A)-(C) ③ (B)-(C)-(A)
④ (C)-(A)-(B) ⑤ (C)-(B)-(A)

[2점] [12.9월평가원]

해석 시간이 흐름에 따라 단어의 정의가 변해 온 한 가지 이유는 단지 단어의 잘못된 사용 때문이다. 상대적으로 평범한 언어의 부정확한 의미가 원래의 의도나 정의보다 더 널리 보급되는 사례 수가 점점 증가하고 있다.

(B) 'peruse' 라는 단어는 그런 사례 중의 하나이다. 무언가를 'peruse' 한다는 것은 '많은 주의를 기울이지 않고 그것을 재빨리 훑어보거나 대충 읽는다' 는 것을 의미한다고 대부분의 사람들은 생각한다. 사실, 이것은 'peruse' 가 실제로 의미하는 것—'무언가를 주의 깊게, 상세히 연구하거나 읽는다'—의 정반대이다.

(C) 하지만 그 단어는 너무 많은 사람들에 의해 아주 흔하게 잘못 사용되었기에, 그 단어의 이런 두 번째 의미가 2차적인 정의—그것이 실제로 의미하는 것의 정반대—로 결국 받아들여졌고, 대부분의 사람들이 알고 있는 한 그것이 유일한 정의이다.

(A) 이제, 화가 난 고객이 당신의 한 상점에서 받은 서비스에 대해 당신에게 편지를 보냈다고 생각해보자. 만약 당신이 '그의 편지를 peruse했다' 고 답변한다면, 그는 전보다 훨씬 더 화를 낼 가능성이 있다.

풀이 단어의 정의가 변해온 구체적인 사례로, (B)에서 'peruse'라는 단어를 예로 들고 있다. 그 단어가 많은 사람들에 의해 잘못 사용되어 의미가 바뀌었다는 내용이 (C)이며, 실생활에서 'peruse'라는 단어를 사용할 때 주의해야 한다는 내용이 언급된 (A)가 마지막에 오는 것이 글의 순서로 가장 적절하다. 따라서 글의 순서는 (B) - (C) - (A)가 되어야 한다.

답 ③

19 주어진 글 다음에 이어질 글의 순서로 가장 적절한 것은?

Do you worry about losing your good health? Do you fear that crime, war, or terrorist attacks will disrupt the economy and your security?

(A) It's because television focuses on news that makes the world seem like a more dangerous place than it actually is. Afraid of the world that is portrayed on TV, people stay in their homes with close family and do not build bonds with their neighbors.

(B) These are legitimate concerns that many people share. We live in difficult and uncertain times. But are these fears real? Research shows that people who watch a lot of news on television overestimate the threats to their well-being. Why?

(C) Thus they become more vulnerable. Surrounding ourselves with a wall of fear, however, is not the answer. The only way to overcome this problem is to be more connected to others, and this connection will reduce fear and isolation.

① (A)–(C)–(B)　　　② (B)–(A)–(C)　　　③ (B)–(C)–(A)

④ (C)–(A)–(B)　　　⑤ (C)–(B)–(A)

Vocabulary

- disrupt[disrʌpt]
  파괴하다
- portray[pɔːrtréi]
  묘사하다
- legitimate[lidʒítəmit]
  정당한
- uncertain[ʌnsɔ́ːrtn]
  불명확한
- overestimate
  [óuvərestimeit]
  과대평가하다
- vulnerable[vʌ́lnərəbəl]
  상처를 입기 쉬운
- isolation[àisəléiʃən] 고립

[2점] [12.수능]

해석
당신의 좋은 건강을 잃을까봐 걱정하고 있는가? 범죄, 전쟁, 혹은 테러리스트들의 공격이 경제와 당신의 안전을 파괴할까봐 두려운가?
(B) 이것들은 많은 사람들이 공유하고 있는 정당한 걱정이다. 우리는 어렵고 불확실한 시대에 살고 있다. 그러나 이러한 두려움들은 현실적인가? 연구는 텔레비전에서 많은 뉴스를 보는 사람들이 그들의 안녕에 대한 위협을 과대평가하고 있다는 것을 보여주고 있다. 이유는? (A) 그것은 텔레비전이 세상을 실제보다 더 위험한 장소처럼 보이게 만드는 뉴스에 집중하기 때문이다. 텔레비전에서 묘사되는 세상을 두려워하여, 사람들은 가까운 가족들과 함께 그들의 가정에 머물면서 그들의 이웃들과 유대를 형성하지 않는다.
(C) 그리하여 그들은 더 공격받기 쉬워진다. 하지만, 우리들 자신을 두려움의 벽으로 둘러싸는 것이 해답은 아니다. 이 문제를 극복하는 유일한 방법은 타인들과 더 연결되는 것이고, 이 연결은 두려움과 고립을 줄일 것이다.

풀이
주어진 문장에서 언급된 걱정(Do you worry about~, Do you fear~)이 (B)의 legitimate concerns로 연결되고, (B)의 마지막에 있는 Why?에 대한 답이 (A)에서 It's because~로 연결되고 있으며, (A)에서 사람들이 이웃들과 유대를 형성하지 않는다는 내용의 결과가 (C)에서 they become more vulnerable로 연결되고 있다. 따라서 글의 순서는 (B) - (A) - (C)가 되어야 한다.

답 ②

Vocabulary ✔

- applicable[ǽplikəbəl]
  적용할 수 있는
- identify[aidéntəfài]
  확인하다
- barrier[bǽriər] 장벽
- magnify[mǽgnəfài]
  확대하다
- gravitate[grǽvətèit]
  끌리다

20 주어진 글 다음에 이어질 글의 순서로 가장 적절한 것은?

A finance professor once told me that the best way to predict the future is to study the past. For a while I thought that was only applicable in finance.

(A) The step toward the positive direction is to identify your barriers, come to terms with them, and decide to move on. What works for most job seekers is to look through their past experiences to help them build for the future.

(B) In reality, this is true in more than finance. When we seek employment, the "negativity" of the experience is often more magnified than the positive. We tend to gravitate toward what is not happening rather than what is.

(C) At some point during your job search you will question the source of all this negativity. The fear of the unknown and what the next step will be is what is happening. So how might you turn all this around and move in a positive direction?

① (A)-(B)-(C)   ② (A)-(C)-(B)   ③ (B)-(A)-(C)

④ (B)-(C)-(A)   ⑤ (C)-(A)-(B)

[3점] [07.9월평가원]

해석

전에 한 재정학 교수가 내게 미래를 예측하는 최고의 방법은 과거를 공부하는 것이라고 말했다. 한동안 나는 그것이 재정에만 적용될 수 있는 것이라고 생각했다.

(B) 실제로 이것은 재정에서보다 더 많은 곳에서 해당이 된다. 우리가 직장을 구할 때, 경험의 "부정적인 것"이 종종 긍정적인 것보다 더 확대된다. 우리는 일어나고 있는 일보다 일어나고 있지 않은 일에 끌리는 경향이 있다.

(C) 구직 기간 동안 어떤 때에 당신은 이 모든 부정적인 것의 원천에 대해 의문을 제기할 것이다. 알지 못하는 것과 다음 일은 어떻게 될지에 대한 두려움이 일어나는 것이다. 그러면 어떻게 당신은 이 모든 것을 긍정적인 방향으로 전환할 수 있을 것인가?

(A) 긍정적인 방향으로 가는 단계는 당신의 장벽을 확인하고, 그것들과 타협하고 계속 나아가기로 결심하는 것이다. 대부분의 구직자들에게 효과가 있는 것은 그들이 미래를 향해 건설하는 것을 돕기 위해 그들의 과거의 경험을 살펴보는 것이다.

풀이

글의 전체적인 흐름을 대명사로 살펴보아야 한다. 글 (B)의 첫 문장에 나온 this는 주어진 문장의 내용을 뜻하기 때문에 맨 앞에 나와야 한다. 글 (C)의 첫 문장에 나온 this negativity는 (B)에 나온 negativity를 가리키기 때문에 (B) 다음에 (C)가 나와야 한다. 글 (A)의 첫 문장에 나온 the positive direction은, 글 (C)의 마지막 문장에 나온 a positive direction을 가리키는 것이기 때문에 (C) 다음에 (A)가 나와야 한다. 따라서 글의 순서는 (B) - (C) - (A)가 되어야 한다.

답 ④

CHAPTER

10
어휘
종합

총 25문항

055 오른쪽 왼쪽 두뇌별 통증 등에 대한 설명을 이해하기 어렵다면 각각 '예습스트레스'와 '복습스트레스'로 받아들이면 된다. 그리고 이러한 스트레스별 증상은 두통,안통,치통 등의 다양한 통증 및 감정상의 '뛰쳐나가고 싶은 욕구' 혹은 '무기력증'으로 나타난다.

056 즐겁게 살려면 약간 오른쪽이 튀어나오는 상태를 유지하는 편이 좋다. 즉 오른쪽에 대한 자극 즉 예습에 대한 자극정도가 왼쪽에 대한 자극보다 살짝 더 높도록 유지하라. 그러면 당신의 생활이 항상 즐겁고 힘차게 될 것이다.

057 눈이 아프면 듣기리듬을 쓰고, 우울하면 예습을 하고, 너무 나가서 놀고 싶은데 마음이 진정되지 않으면 복습을 하고, 속이 꼬이면서 좋지 않으면 예습을 빠른 속도로 하고, 속이 쓰리면서 좋지 않으면 느린 예습을 하라.

058 우리는 열심히 공부하고 열심히 놀라고 강조한다. 진정으로 집중해서 하루 동안 공부할 책 100페이지를 자신의 것으로 만들고 싶은가? 그러면 운동 · 수면 · 공부의 균형, 좌우균형, 리듬간 균형 말고 제4의 요소인 카타르시스를 말하지 않을 수 없다.

059 간혹 이 공부에 대하여 완벽히 잊자. 어차피 우리에게 그냥 책상 앞에 앉아 있는 것만이 목표는 아니지 않는가? 최소 일주 한번은 진정 공부를 잊기 위해서 노력해보자.

01

(A), (B), (C) 각 네모 안에서 문맥에 맞는 어휘를 골라, 짝지은 것으로 가장 적절한 것을 고르시오.

Like all other industries, the rose business must (A) [adopt / adapt] to changing conditions in the marketplace. In the past, a florist shop was most likely a local, independently owned business that bought roses from a wholesaler who purchased them from a farmer. On special days like Valentine s Day, the cost of a dozen roses rose twofold or more as a result of high (B) [supply / demand]. Today, suppliers of roses include large supermarket chains, wholesalers who sell directly at many locations, and direct telephone marketers. The romance of roses has been replaced by (C) [economic / economics] realities.

- independently
  [indipéndəntli] 독립적인
- wholesale[hóulsèilər]
  도매상
- twofold[tú:fòuld]
  두 배의, 2중의
- directly[diréktli] 직접

① (A) adopt　　　　(B) supply　　　　(C) economic

② (A) adopt　　　　(B) demand　　　　(C) economics

③ (A) adopt　　　　(B) supply　　　　(C) economic

④ (A) adapt　　　　(B) demand　　　　(C) economic

⑤ (A) adapt　　　　(B) supply　　　　(C) economic

[2점] [05.수능]

해석

다른 모든 사업들과 마찬가지로 장미꽃 업계도 시장의 변화하는 상황에 적응해야 한다. 과거에는 꽃집이 재배자로부터 장미를 구입한 도매상에게서 장미를 사들이는 대부분 소규모이고 독립적인 업체였다. 밸런타인데이와 같은 특별한 날에는 높은 수요로 인해 12송이의 장미 값이 두 배 또는 그 이상으로 뛰었다. 오늘날에는 대형 슈퍼마켓 체인점, 곳곳에 산재한 직판 도매상, 그리고 직판 통신 판매자 등이 장미 공급업자에 포함되고 있다. 장미에 담긴 로맨스는 경제 현실에 의해 자리바꿈되었다.

풀이

(A)에는 전치사 to를 뒤에 두어 '~에 적응하다'라는 의미를 갖는 adapt[ədǽpt]가 적절하다. adopt[ədápt / ədɔ́pt]는 '받아들이다, 채용하다'라는 의미의 타동사이다.

(B)에는 장미 가격이 오르는 원인이 되는 것이어야 하므로 문맥상 demand[dimǽnd, -máːnd](수요)가 적절하다. supply[səplái]는 demand의 반의어로서 '공급'을 의미한다.

(C)에는 realities를 수식할 수 있는 형용사 economic[iːkənámik, èk-/-nɔ́m-]이 적절하다. economics[iːkənámiks, èk-/-nɔ́m]는 명사로서 '경제학'을 의미한다.

답 ④

- committee[kəmíti] 위원회
- charity[tʃǽrəti] 자선(단체)
- request[rikwést] 부탁하다
- invaluable [invǽljuəbəl] 귀중한

02 (A), (B), (C) 각 네모 안에서 문맥에 맞는 어휘를 골라, 짝지은 것으로 가장 적절한 것을 고르시오.

I have been asked to (A) [assist / resist] in creating a committee to improve the Sunshine Charity. We are trying to form a strong committee, and I have been asked to request you to join it. I know you will be interested in the (B) [objective / objection] of our committee. We all know how invaluable your advice and help will be. The first meeting will be held here at 11 a.m. next Thursday. I hope you will be able to come, and that you will agree to (C) [sit / seat] on the committee.

① (A) assist   (B) objective   (C) sit

② (A) assist   (B) objection   (C) sit

③ (A) assist   (B) objective   (C) seat

④ (A) resist   (B) objection   (C) seat

⑤ (A) resist   (B) objective   (C) seat

[2점] [05.수능]

해석 저는 Sunshine 자선 단체를 개선하기 위한 위원회를 만드는 것을 도와달라는 부탁을 받았습니다. 저희들은 강력한 위원회를 만들려고 노력하고 있고 저는 당신이 그 단체에 가입하기를 요청하라는 부탁을 받았습니다. 저는 당신이 저희의 위원회의 목적에 관심을 가지실 것이라는 것을 알고 있습니다. 당신의 조언과 도움이 얼마나 귀중할지를 저희들은 모두 알고 있습니다. 첫 번째 모임은 다음 주 목요일 11시에 이곳에서 개최될 예정입니다. 저는 당신이 오셔서 위원회의 일원이 되시는 데에 동의하실 것을 기대합니다.

풀이 (A) assist[əsíst]는 '돕다'의 뜻이고 resist[rizíst]는 '저항하다'의 뜻이다. 자선 단체를 개선하기 위한 위원회를 만드는데 도와달라는 부탁을 받았다고 해야 글의 흐름에 맞으므로 (A)에는 assist가 맞다.
(B) objective[əbdʒéktiv]는 '목표, 목적'의 뜻이고 objection[əbdʒékʃən]은 '반대, 이의'의 뜻이다. 위원회의 목적에 관심을 갖는다고 해야지 위원회의 반대에 관심을 갖는다고 하면 글 전체의 흐름에 맞지 않으므로 (B)에는 objective가 맞다.
(C) sit[sit]은 '앉다'의 뜻을 갖는 자동사이고 seat[si:t]는 '앉히다'의 뜻을 갖는 타동사이다. (C) 다음에 목적어가 없기 때문에 자동사 sit이 맞다.

정답 ①

03 (A), (B), (C) 각 네모 안에서 문맥에 맞는 어휘를 골라, 짝지은 것으로 가장 적절한 것을 고르시오.

The shapes of Korean kites are based on scientific (A) [particles / principles] which enable them to make good use of the wind. One particular Korean kite is the rectangular "shield kite," which has a unique hole at its center. This hole helps the kite fly fast regardless of the wind speed by (B) [concentrating / contaminating] the wind on days when the wind is light, and letting it pass through when the wind is blowing hard. The center hole also allows the kite to respond quickly to the flyer's (C) [commands / comments]. For these reasons, Korean kites such as the shield kite are good at "kite fighting."

Vocabulary

• rectangular
  [rektǽŋɡjələːr] 직사각형의
• shield[ʃiːld] 방패
• regardless
  [rigáːrdlis] 상관없이
• kite[kait] 연

① (A) particles   (B) concentrating   (C) commands

② (A) particles   (B) contaminating   (C) comments

③ (A) particles   (B) concentrating   (C) comments

④ (A) principles   (B) contaminating   (C) comments

⑤ (A) principles   (B) concentrating   (C) commands

[2점] [06.수능]

해석 한국 연들의 형태는 바람을 잘 이용하게 해주는 과학적인 원리에 기초를 두고 있다. 한 가지 특별한 한국의 연은 직사각형의 "방패연"인데, 그것은 중앙에 특이한 구멍을 가지고 있다. 이 구멍은 바람이 약한 날에는 바람을 모으고, 바람이 강하게 불 때는 그것이 통과해가도록 함으로써 바람의 속도에 상관없이 연을 빨리 날게 하도록 도와준다. 또한 중앙의 구멍은 연이 연을 날리는 사람의 통제에 빨리 반응하게 해 준다. 이런 이유 때문에 방패연과 같은 한국의 연은 "연 싸움"에 능숙하다.

풀이 (A) particle[páːrtikl]은 '미립자', principle[prínsəpəl]은 '원리, 원칙'을 뜻하기 때문에 principles가 적절하다.
(B) concentrate[kánsəntrèit / kɔ́n]는 '모으다, 집중하다', contaminate[kəntǽmənèit]는 '오염시키다'로 문맥상 바람을 모은다는 concentrating이 적절하다.
(C) command[kəmǽnd, -máːnd]는 '명령, 통제', comment[kámentʃ / kɔ́m-]는 '논평, 설명'을 뜻하므로 commands가 적절하다.

- affect[əfékt]
  영향을 끼치다
- industrial[indʌ́striəl]
  공업(상)의
- breakdown[bréikdàun]
  몰락, 붕괴
- powder[páudər]
  가루로 하다, 제분하다
- grind[graind] 으깨다
- polish[póuliʃ] 윤을 내다

04 (A), (B), (C) 각 네모 안에서 문맥에 맞는 어휘를 골라, 짝지은 것으로 가장 적절한 것을 고르시오.

Although most people recognize it as a jewel, the diamond most directly affects our daily lives as a tool. Industrial diamonds are so important that a (A) [shortage / strength] would cause a breakdown in the metal-working industry and would destroy mass production. Industrial diamonds are crushed and powdered, and then used in many grinding and polishing operations. Their use (B) [changes / ranges] from the drill in a dentist's office to saws for cutting rocks, and to glass cutters. The great (C) [hardness / hardship] of a diamond makes it one of the most important industrial materials known.

① (A) shortage   (B) ranges   (C) hardness
② (A) shortage   (B) changes   (C) hardship
③ (A) strength   (B) changes   (C) hardness
④ (A) strength   (B) ranges   (C) hardship
⑤ (A) strength   (B) ranges   (C) hardness

[2점] [07.수능]

해석 비록 대부분의 사람들이 이것을 보석으로 인정하지만, 다이아몬드는 도구로서 우리의 일상생활에 가장 직접적으로 영향을 끼친다. 공업용 다이아몬드는 너무나 중요해서 그것이 부족하면 금속 세공업의 붕괴를 초래할 것이며 대량생산이 허물어질 것이다. 공업용 다이아몬드는 으깨지고 가루로 되어, 많은 연마, 광택 작업에 사용된다. 다이아몬드의 사용처의 범위는 치과의 드릴부터 바위 절단용 톱과 유리 절단기까지 이른다. 다이아몬드의 굉장한 경도는 다이아몬드를 우리에게 알려진 가장 중요한 공업용 물질 중 하나가 되게 한다.

풀이 (A) 다이아몬드의 산업적인 유용성을 언급한 문장으로 다이몬드 부족이 가져올 문제를 말하고 있으므로 부족에 해당하는 'shortage[ʃɔ́:rtidʒ]'가 나와야 적절하다. strength[streŋkθ]는 '세기, 힘'이라는 뜻이다.
(B) 뒤에 나오는 from ~ to 의 내용이 다이아몬드 사용범위를 나타내고 있으므로 'ranges[reindʒ]'가 나와야 적절하다.
(C) 다이아몬드가 산업용도로 쓰이는 것은 그것이 지닌 경도 때문이기 때문에 'hardness[hɑ́:rdnis]'가 정답이다. hardship[hɑ́:rdʃi]은 '고난'이라는 뜻이다.

답 ①

05 (A), (B), (C)의 각 네모 안에서 문맥에 맞는 낱말로 가장 적절한 것은?

Vocabulary

- trunk[trʌŋk] 몸통
- extremely[ikstríːmli] 극도로
- moderate[mɑ́-d-ərèit] 웬만한, 알맞은
- tightly[taitli] 꽉 찬

Although we eat bananas often, few of us know much about them. The banana tree is the largest plant on earth without a woody stem. The trunk contains a large amount of water and is extremely (A) [deliberate / delicate]. Though it can reach a full height of 20 feet in one year, even moderate winds can (B) [blow / glow] it down. The fruit stem or bunch is made up of seven to nine hands, each containing 10 to 20 fingers which grow slowly (C) [thorough / through] a mass of tightly packed leaf covers. Just before they ripen, they are picked, packaged, and finally delivered to our local supermarkets.

① (A) delicate   (B) blow   (C) through

② (A) delicate   (B) glow   (C) through

③ (A) delicate   (B) blow   (C) thorough

④ (A) deliberate   (B) glow   (C) thorough

⑤ (A) deliberate   (B) blow   (C) thorough

[2점] [08.6월평가원]

해석

우리가 비록 바나나를 자주 먹지만 그것들에 대해 많은 것을 알고 있는 사람은 드물다. 바나나 나무는 목질의 줄기가 없는 지구상 가장 큰 식물이다. 나무 몸통은 다량의 수분을 함유하고 있고 극도로 섬세하다. 비록 바나나 나무가 일 년에 20피트 높이까지 자랄 수 있지만, 그다지 세지 않은 바람이라도 그 나무를 불어 넘어뜨릴 수 있다. 열매줄기와 더미는 7개에서 9개의 송이로 이루어지며, 각 송이들은 빽빽이 들어선 나뭇잎을 통해 천천히 자라는 10개에서 20개의 바나나들로 이루어진다. 그것들이 익기 직전에 따서 포장되어지며 마지막으로 동네 슈퍼마켓에 배달되어 진다.

풀이

(A) deliberate[dilíbərit]는 '계획적인, 신중한, 침착한' 등의 의미이므로 식물의 구조를 설명하기에는 부적합하다. 따라서 '가냘픈, 섬세한'이라는 의미의 'delicate[délikət, -kit]'가 적절하다.

(B) (A)번에서 바나나의 줄기가 극도로 가냘프다고 하였으므로, '바람에 날리다'라는 의미의 'blow[blou]'가 더 적절하다. glow[glou]는 '빛을 내다'라는 뜻이다.

(C) 문맥상 '~을 통하여'라는 의미의 'through[θruː]'가 더 적절하며, 어법상으로도 형용사인 'thorough[θɔ́ːrou, θʌ́r-](철저한)'가 쓰이기 위해서는 관사 'a'가 형용사 'thorough' 앞에 쓰여야 한다.

답 ①

Vocabulary

- whale[hweil] 고래
- rapidly[rǽpidli] 빠르게
- reproduce[rìːprədjúːs]
  번식하다
- agreement[əgríːmənt]
  협정, 조약

06 (A), (B), (C)의 각 네모 안에서 문맥에 맞는 낱말로 가장 적절한 것은?

The day of the whale is rapidly approaching its end. Some species of whales are already (A) [infinite / extinct]. Others are being reduced in number faster than they can reproduce. When whales are gone, the whole chain of life in the sea, as we know it, will be (B) [upset / stable]. And eventually this will have a direct effect on the life of man, too. Although there are international agreements signed by some governments, people are killing whales without considering what future (C) [conveniences / consequences] this will have. Let's save whales, friends of the earth.

① (A) infinite   (B) stable   (C) conveniences
② (A) infinite   (B) stable   (C) consequences
③ (A) extinct   (B) stable   (C) conveniences
④ (A) extinct   (B) upset   (C) consequences
⑤ (A) extinct   (B) upset   (C) conveniences

[2점] [08.9월평가원]

해석
고래의 시대는 빠르게 종말을 향하고 있다. 어떤 고래의 종들은 이미 멸종했다. 다른 종들은 그들이 번식할 수 있는 것보다 빠르게 수가 감소하고 있다. 고래가 사라지면, 우리가 알고 있듯이 바다 속의 전체 생명의 사슬이 엉망이 될 것이다. 그리고 결국 이것은 인간의 생활에도 직접적인 영향을 끼치게 될 것이다. 비록 몇몇 정부들이 조인한 국제 협약이 있지만, 사람들은 이것이 어떠한 미래의 결과를 가져올지 고려하지 않고 고래를 죽이고 있다. 지구의 친구인 고래를 구하자.

풀이
(A) 첫 문장에 approaching its end 라는 말이 나오기 때문에 고래가 멸종한다는 말이 나오는 것이 적절하다. 그러므로 '무한한'을 뜻하는 infinite[ínfənit]가 아닌 '멸종한'이라는 뜻의 extinct[ikstíŋkt]가 나와야 한다.
(B) 고래가 줄어드는 것은 바다의 생태계를 어지럽히는 것이 되기 때문에 upset[ʌpsét]이 나와야 적절하다. stable[stéibl]은 '안정된, 견고한'이라는 뜻이다.
(C) 사람들이 고래를 죽이는 것은 미래의 결과가 어떻게 될지를 생각하지 않는 것이므로 '결과'라는 뜻의 consequences[kánsikwèns/kɔ́nsikwəns]가 나오는 것이 적절하다. convenience[kənvíːnjəns]는 '편의'라는 뜻이다.

답 ④

07 (A), (B), (C)의 각 네모 안에서 문맥에 맞는 낱말로 가장 적절한 것은?

There are few people who do not react to music to some degree. The power of music is diverse and people respond in different ways. To some it is mainly an (A) [instinctive / inactive], exciting sound to which they dance or move their bodies. Other people listen for its message, or take an intellectual approach to its form and construction, (B) [appreciating / confusing] its formal patterns or originality. Above all, however, there can be hardly anyone who is not moved by some kind of music. Music (C) [covers / removes] the whole range of emotions: It can make us feel happy or sad, helpless or energetic, and some music is capable of overtaking the mind until it forgets all else. It works on the subconscious, creating or enhancing mood and unlocking deep memories.

Vocabulary

- diverse[divə́ːrs] 다양한
- intellectual [intəléktʃuəl] 지적인
- construction [kənstrʌkʃən] 구조
- originality [əridʒənǽləti] 독창성
- energetic [ènərdʒétik] 정력적인
- overtake [òuvərtéik] 압도하다
- subconscious [sʌbkánʃəs] 잠재의식(의)
- enhance[enhǽns] 향상하다

① (A) instinctive (B) appreciating (C) covers

② (A) instinctive (B) confusing (C) removes

③ (A) instinctive (B) appreciating (C) removes

④ (A) inactive (B) appreciating (C) covers

⑤ (A) inactive (B) confusing (C) removes

[2점] [08.수능]

해석 어느 정도로라도 음악에 반응하지 않는 사람은 거의 없다. 음악의 힘은 다양하며 사람들은 다르게 반응한다. 어떤 사람들에게 음악은 주로 거기에 맞추어 춤을 추거나 몸을 움직이는 <u>본능적이고 신나는</u> 소리이다. 다른 사람들은 음악의 메시지를 들으려 하거나, 음악의 형식과 구조에 지적으로 접근하여 그것의 형식적 패턴이나 독창성을 <u>감상한다</u>. 그러나 무엇보다도, 어떤 종류의 음악에 의해 감동받지 않는 사람은 거의 있을 수가 없다. 음악은 감정의 전 <u>범위를 아우른다</u>. 그것은 우리를 기쁘게 혹은 슬프게, 무기력하게 혹은 기운 넘치게 만들 수 있으며 어떤 음악은 정신이 그 밖의 모든 것을 잊을 때까지 정신을 압도할 수 있다. 그것은 무의식에 작용해서 분위기를 만들어 내거나 고양시켜 주며 깊은 기억들을 풀어낸다.

풀이 (A) 음악에 맞추어 춤을 추거나 몸을 움직이는 것은 본능적으로 소리에 반응하는 것이므로 '본능적인'이라는 뜻의 instinctive[instíŋktiv]가 적절하다. inactive[inǽktiv]는 '활동치 않는, 활발하지 않은'이라는 뜻이다.

(B) 음악에 대해 지적인 접근을 한다고 했으므로, 음악을 감상한다는 말이 나와야 하므로 'appreciating[əprí:ʃièit] 감상하는'이 나오는 것이 적절하다. confusing[kənfjú:ziŋ]은 '혼란시키는'이라는 뜻이다.

(C) 다음 문장이 여러 가지 감정을 언급하고 있으므로 감정의 모든 범위를 망라한다는 말이 나와야 하므로 '망라하다'는 뜻의 covers[kʌ́vər]가 나오는 것이 적절하다. remove[rimú:v]는 '제거하다'라는 뜻이다.

Vocabulary

- uniformity
  [jùːnəfɔ́ːrməti] 획일성
- dominate[dámənèit-]
  지배(통치)하다
- corporation
  [kɔ̀ːrpəréiʃən] 기업
- tremendous
  [triméndəs] 엄청난
- regional[ríːdʒənəl]
  지역적인

08 (A), (B), (C)의 각 네모 안에서 문맥에 맞는 낱말로 가장 적절한 것은?

The key to a successful business chain can be expressed in one word: "uniformity." In the early 1970s, a farm activist viewed the (A) [emerging / declining] fast-food industry as a step toward a food economy dominated by giant corporations. Much of what he worried about has come to pass. The tremendous success of the fast-food industry has caused other industries to (B) [avoid / adopt] similar business methods. The basic thinking behind fast food has become the operating system of today's economy, wiping out small business and (C) [eliminating / encouraging] regional differences. So if you walk into a world-famous fast-food restaurant anywhere in the world, you can purchase food with almost the same taste.

	(A)	(B)	(C)
①	(A) emerging	(B) avoid	(C) encouraging
②	(A) emerging	(B) adopt	(C) eliminating
③	(A) emerging	(B) adopt	(C) encouraging
④	(A) declining	(B) adopt	(C) encouraging
⑤	(A) declining	(B) avoid	(C) eliminating

[2점] [09.6월평가원]

해석 성공적인 가맹점 사업의 열쇠는 '획일성'이라는 한 단어로 표현될 수 있다. 1970년대 초에 한 농촌 운동 가는 새로이 부상하고 있는 패스트푸드 산업을 거대 기업에 의해 지배되는 식품 경제로 나아가는 수순 으로 보았다. 그가 걱정했던 것의 대부분이 현실로 나타났다. 즉석 식품 산업의 엄청난 성공은 다른 산 업체들로 하여금 유사한 사업 방법을 적용하도록 만들었다. 패스트푸드 산업의 이면에 있는 기본적인 생각은 소규모 사업체를 다 없애 버리고 지역적인 차이를 제거하면서 오늘날 경제의 운영 시스템이 되어 버렸다. 그래서 만약 세계의 어느 곳에서든, 당신이 세계적으로 유명한 패스트푸드 식당에 들어가면 거 의 같은 맛을 내는 음식을 구입할 수 있게 된다.

풀이
(A) 즉석 식품 산업의 도래와 성장, 성공을 논하고 있는 글이므로 (A)에는 '새로이 부상하는, 신흥의'의 뜻을 가진 emerging[imə́ːrdʒiŋ]을 써야 한다. declining[dikláin]은 '쇠퇴하는'의 뜻이다.
(B) 뒤 문장에 있는 has become the operating system이란 말을 보면 다른 산업체들도 즉석 식품 산업의 사업 방식을 적용했고 그것이 경제 운영 체계가 되었다는 것이 문맥이다. adopt[ədápt/ədɔ́pt]는 '적용하다'는 뜻이고 avoid[əvɔ́id]는 '피하다'는 뜻이다.
(C) 세계 어느 곳에서든 같은 맛을 내는 음식을 먹을 수 있다는 내용이 뒤에 이어진다. 이는 결국 지역적 차이(regional differences)를 없앤다는 뜻이므로 eliminating [ilímənèit]이 적절하다. encourage[enkə́ːridʒ, -kʌ́r-]는 '조장하다'는 뜻이다.

답 ②

09 (A), (B), (C)의 각 네모 안에서 문맥에 맞는 낱말로 가장 적절한 것은?

세상을 **바**꾸는
크로스 **공**부법

Vocabulary

It is surprising just how tolerant some cats and kittens can be with babies and young children, but this is not something you should put to the test. You must teach children not to (A) [disturb / adopt] the cat—especially by grabbing at him when he is resting in his bed. Discourage young children from picking up kittens and cats, because they may (B) [squeeze / release] them too hard around the belly and make them hate being carried for life. Instead, encourage the cat to climb on the child's lap and remain there to be petted. Show children how to stroke the cat and how to pick him up and carry him. The cat should never be held down during these (C) [substitutions / encounters]; be sure that the child understands that he or she must allow the cat to walk away whenever he wishes.

- tolerant[tάlərənt] 관대한
- kitten[kítn] 새끼고양이
- discourage
  [diskɔ́ːridʒ, -kΛ́r-]
  저지하다, 억제하다
- lap[læp] 무릎
- pet[pet] 귀여워하다
- stroke[strouk] 쓰다듬다

① (A) disturb   (B) release   (C) substitutions
② (A) disturb   (B) squeeze   (C) encounters
③ (A) disturb   (B) squeeze   (C) substitutions
④ (A) adopt   (B) squeeze   (C) encounters
⑤ (A) adopt   (B) release   (C) substitutions

[2점] [09.9월평가원]

해석 일부 고양이와 새끼고양이들이 얼마나 갓난아이들과 어린 아이들에게 관대한지는 놀라울 정도지만, 이것은 시험해서는 안 되는 것이다. 당신은 아이들에게 고양이를 방해하지 말라고 가르쳐야 하며, 특히 고양이가 자신의 잠자리에서 쉬고 있을 때 그것을 움켜잡음으로써 그렇게 해서는 안 된다고 가르쳐야 한다. 어린 아이들이 새끼고양이나 고양이를 들어 올리지 않도록 제지하라. 왜냐하면 아이들이 그것들의 배 주위를 너무 심하게 꼭 껴안아 그것들이 안아주는 것을 필사적으로 싫어하게 만들 수 있다. 대신에, 고양이가 아이의 무릎으로 기어 올라와 거기에 있으면서 귀여움을 받도록 조장하라. 아이들에게 고양이를 쓰다듬고 고양이를 들어 올리고 그것을 안고 있는 법을 보여주어라. 이렇게 서로 만나서 접촉하는 동안에 고양이가 억눌림을 당하지 않게 하라. 고양이가 원할 때마다 걸어 나갈 수 있게 허용해야 한다는 것을 아이들이 이해할 수 있게 확실히 하라.

풀이 (A) 아이들이 고양이를 방해하지 않게 해야 한다는 문맥이므로 disturb[distə́ːrb](방해하다)가 적절하다. adopt[ədάpt / ədɔ́pt]는 '입양하다'라는 뜻이다.
(B) 아이들이 고양이의 배 주위를 너무 심하게 꼭 껴안는다는 문맥이므로 squeeze[skwiːz](꼭 껴안다, 꽉 쥐다)가 적절하다. release[riliːs]는 '풀어 놓다'라는 의미이다.
(C) 아이들이 고양이와 만나고 접촉하는 동안에 고양이를 누르게 하지 말라는 문맥이므로 encounter[enkáuntər](만남)가 적절하다. substitution[sΛ̀bstitjúːʃən]는 '대리, 대체'라는 뜻이다.

답 ②

Vocabulary 📢

- broadcast[brɔ́:dkæst]
  방송(방영하다)
- reluctant[rilʌ́ktənt]
  마음 내키지 않는
- output[áutpùt] 산출량
- correspondingly
  [kɔ̀:rəspándiŋli]
  상응하게
- modest[mádist / mɔ́d-]
  수수한, 겸손한
- acquisition
  [æ̀kwəzíʃən] 취득
- ideological
  [àidiəládʒikəl]
  이데올로기의, 관념학의

10 (A), (B), (C)의 각 네모 안에서 문맥에 맞는 낱말로 가장 적절한 것은?

The first experiments in television broadcasting began in France in the 1930s, but the French were slow to employ the new technology. There were several reasons for this (A) [hesitancy / consistency]. Radio absorbed the majority of state resources, and the French government was reluctant to shoulder the financial burden of developing national networks for television broadcasting. Television programming costs were too high, and program output correspondingly low. Poor (B) [distribution / description] combined with minimal offerings provided little incentive to purchase the new product. Further, television sets were priced beyond the means of a general public whose modest living standards, especially in the 1930s and 1940s, did not allow the acquisition of luxury goods. Ideological influences also factored in; elites in particular were (C) [optimistic / skeptical] of television, perceiving it as a messenger of mass culture and Americanization.

① (A) hesitancy　　　(B) distribution　　　(C) optimistic

② (A) hesitancy　　　(B) distribution　　　(C) skeptical

③ (A) hesitancy　　　(B) description　　　(C) optimistic

④ (A) consistency　　(B) description　　　(C) optimistic

⑤ (A) consistency　　(B) distribution　　　(C) skeptical

[2점] [09.수능]

해석

텔레비전 방송의 첫 실험은 1930년대에 프랑스에서 시작되었지만, 프랑스인들은 그 새로운 기술을 사용하는데 느렸다. 이러한 주저함에는 몇 가지 이유가 있다. 라디오가 정부 자원의 대부분을 사용했고, 그래서 프랑스 정부는 텔레비전 방송을 위한 전국적인 네트워크를 개발하는 재정적인 부담을 기꺼이 떠맡으려고 하지 않았다. 텔레비전의 프로그램을 짜는 비용은 너무나 비쌌고, 그에 상응해 프로그램의 산출량은 적었다. 최소한의 제공 편수와 결합된 빈약한 배급은 그 새로운 상품을 구매할 유인을 거의 제공하지 않았다. 더욱이, 텔레비전 수상기는, 수수한 생활수준으로 인해 특히 1930년대와 1940년대에 사치스런 상품의 취득할 수 없었던 일반 대중의 수입을 넘어서서 가격이 매겨져 있었다. 이데올로기적인 영향력도 또한 요인에 들어 있었는데, 특히 엘리트들은 텔레비전에 대해 회의적이었고 그것을 대중문화와 미국화의 전령으로 인식했다.

풀이

(A) 첫째 문장에서 프랑스인들이 새로운 기술을 사용하는 데 느리다는 것을 통해 (A)에 들어갈 어휘가 머뭇거림 (hesitancy[hézətəns], [-i])임을 알 수 있다. consistency[kənsístənsi]는 '일치, 일관성'이라는 뜻이다.

(B) 프랑스 정부가 텔레비전 네트워크 개발에 대한 부담을 지려고 하지 않고, 텔레비전 프로그램 비용이 너무 비싸고 출력이 낮다는 것을 통해 텔레비전이 다른 사람들에게 쉽게 분배되지 않았다(poor distribution)는 것을 유추할 수 있으므로 distribution[distrəbjú:ʃən]이 적절하다. description[diskrípʃən]은 '기술, 설명'이라는 뜻이다.

(C) 이념적인 영향력으로 인해 프랑스의 전문가들이 텔레비전을 대중문화와 미국화의수단으로 보았기 때문에 텔레비전에 대해 회의적인 시각을 갖고 있었다고 말할 수 있으므로 skeptical[sképtikəl]이 적절하다. optimistic[ὰptəmístik / ɔ̀pt-]은 '낙관적인'이라는 뜻이다.

답 ②

11 (A), (B), (C)의 각 네모 안에서 문맥에 맞는 낱말로 가장 적절한 것은?

Vocabulary

A blind spot is not the same as a simple lack of knowledge. A blind spot emerges from a (A) [resistance / connection] to learning in a particular area. At the root of many of our blind spots are a number of emotions or attitudes—fear being the most obvious, but also pride, self-satisfaction, and anxiety. A manager, for example, might have unsurpassed knowledge in the financial field, but her understanding of people management might be (B) [flooded / limited]. Her people find her cold and aloof and want her to become more consultative and involved with the team. She, however, is not willing to accept feedback about her management style and refuses to even consider the (C) [prospect / retrospect] of changing her management style.

※ aloof 냉담한

- emerge[imɔ́ːrdʒ] 나오다
- particular[pərtíkjələr] 특정한
- attitude[ǽtitjùːd] 마음가짐
- obvious[ábviəs] 명확한
- unsurpassed [ʌnsərpǽst] 뒤지지 않는
- management [mǽnidʒmənt] 관리, 경영
- consultative [kənsʌ́ltətiv] 협의의

	(A)	(B)	(C)
①	(A) resistance	(B) limited	(C) prospect
②	(A) resistance	(B) flooded	(C) retrospect
③	(A) resistance	(B) limited	(C) retrospect
④	(A) connection	(B) flooded	(C) prospect
⑤	(A) connection	(B) limited	(C) retrospect

[2점] [10.6월평가원]

해석 맹점은 단순한 지식의 부족과 같지 않다. 맹점은 특정 분야를 배우는 것에 대한 저항으로부터 나온다. 우리의 많은 맹점들의 근원에는 많은 감정 혹은 마음가짐이 있다 - 즉, 가장 명확한 것이 되는 것을 두려워하는 것과 자긍심, 자기만족 그리고 두려움 또한 그것들이다. 어떤 매니저가, 예를 들어, 재정 분야에 관한 능가되지 못하는 지식을 갖고 있을지도 모르지만 사람 경영에 대한 그녀의 이해도는 제한될 지도 모른다. 그녀의 사람들은 그녀가 차갑고 냉담하다는 것을 알게 되고 그녀에게 그 팀과 더 협의적이고 묶여있기를 원한다. 그녀는, 하지만, 그녀의 운영 스타일에 대한 피드백을 받아들이려 하지 않고 그녀의 운영 스타일을 바꾸는 것에 관한 전망조차 고려하는 것도 거부한다.

풀이
(A) resistance[rizístəns]는 '저항'이라는 뜻이고, connection[kənékʃən]은 '연결'이라는 뜻인데, 문맥상 '특정 분야를 배우는 것에 대한 저항'이라는 의미이므로 resistance가 적절하다.
(B) flood[flʌd]는 '흘러넘치다'라는 뜻이고 limit[límit]은 '제한하다'라는 뜻인데, 문맥상 재정분야의 지식은 풍부한 반면 사람 경영에 대한 이해도는 제한되었다는 의미이므로 limit이 적절하다.
(C) prospect[práspekt / prós-]은 '전망'이라는 뜻이고 retrospect[rétrəspèkt]는 '회고, 회상'이라는 뜻이므로 문맥상 '운영 스타일을 바꾸는 것에 대한 전망'이므로 prospect이 적절하다.

답 ①

Vocabulary

- efficiency[ifíʃənsi]
  효율성

- rapidly[rǽpidli] 빠르게

- advertise[ǽdvərtàiz]
  광고하다

- plentiful[pléntifəl]
  많은, 윤택한

- previously[príːviəsli]
  이전의

- maintain[meintéin]
  유지하다

- margin[máːrdʒin]
  판매 수익, 이문

12 (A), (B), (C)의 각 네모 안에서 문맥에 맞는 낱말로 가장 적절한 것은?

Efficiency means producing a specific end rapidly, with the(A) [least / most] amount of cost. The idea of efficiency is specific to the interests of the industry or business, but is typically advertised as a (B) [loss / benefit] to the customer. Examples are plentiful: the salad bars, filling your own cup, self-service gasoline, ATMs, microwave dinners and convenience stores which are different from the old-time groceries where you gave your order to the grocer. The interesting element here is that the customer often ends up doing the work that previously was done for them. And the customer ends up (C) [saving / spending] more time and being forced to learn new technologies, remember more numbers, and often pay higher prices in order for the business to operate more efficiently, or maintain a higher profit margin.

① (A) least   (B) loss   (C) saving

② (A) least   (B) loss   (C) spending

③ (A) least   (B) benefit   (C) spending

④ (A) most   (B) loss   (C) saving

⑤ (A) most   (B) benefit   (C) spending

[2점] [10.9월평가원]

해석

효율성이란 최소한의 비용으로 구체적인 목표를 신속하게 달성하는 것을 의미한다. 효율성이라는 개념은 산업이나 사업의 이해관계에 구체적으로 관련된 것이지만, 전형적으로 고객에게 이득이 있는 것으로 광고된다. 사례들은 많다. 샐러드바, 자기 음료를 직접 채우는 것, 셀프 서비스인 주유소, 자동 현금 출납기, 전자레인지로 직접 데워 먹는 식사, 가게 주인에게 주문을 하던 예전 식료품 가게와는 다른 편의점 등이 해당된다. 여기서 흥미로운 요소는 예전에 고객들을 위해 행해졌던 일을 흔히 고객이 결국 스스로 하게 된다는 것이다. 그래서 고객은 결국 더 많은 시간을 소비하게 되고, 새로운 기술들을 배워야만 하며, 더 많은 숫자를 기억해야 하고, 사업체가 더 효율적으로 운영되거나 더 높은 이윤 폭을 유지하도록 하기 위해 흔히 더 높은 값을 지불해야 한다.

풀이

(A) 효율성의 개념에 대한 설명이다. 최소(least[liːst]) 비용으로 목표를 신속하게 달성한다는 내용이 문맥상 적절하다.

(B) 효율성이 고객에게 이득(benefit[bénəfit])이 되는 것으로 광고되지만, 실제로는 그렇지 않다는 내용이 글 뒷부분에 제시되고 있다. loss[lɔ(ː)s / lɑs]는 '손실'이라는 뜻이다.

(C) 예전에 고객을 위해 행해졌던 일을 고객이 스스로 하게 되면서 더 많은 시간을 소비하게(spending) 된다는 내용이 문맥상 적절하다. save[seiv]는 '절약하다'라는 뜻이다.

13 (A), (B), (C)의 각 네모 안에서 문맥에 맞는 낱말로 가장 적절한 것은?

Vocabulary ☑

• survey[sə́ːrvei] 조사
• reputation
  [rèpjətéiʃən] 명성
• coverage
  [kʌ́vəridʒ] 보도
• significant
  [signífikənt] 중대한
• neutral[njúːtrəl] 중립의
• valid[vǽlid] 타당한

Responses to survey questions are influenced by events, and we should consider this when reviewing the results of a survey. The reputation of an airline, for example, will be (A) [damaged / recovered] if a survey is conducted just after a plane crash. A computer company lost its reputation in company surveys just after major news coverage about a defect in its products. On the positive side, surveys by a beverage company about its image showed very (B) [hostile / favorable] public attitudes just after its massive investment in the Olympics. Consequently, surveys should be conducted when the organization is not in the news or connected to a significant event that may influence public opinion. In neutral context, a more (C) [valid / biased] survey can be conducted about an organization's reputation, products, or services.

① (A) damaged　　　(B) hostile　　　(C) biased

② (A) damaged　　　(B) hostile　　　(C) valid

③ (A) damaged　　　(B) favorable　　　(C) valid

④ (A) recovered　　　(B) hostile　　　(C) biased

⑤ (A) recovered　　　(B) favorable　　　(C) valid

[2점] [10.수능]

해석 　조사 설문에 대한 반응은 사건에 의해 영향을 받는데, 우리는 조사의 결과를 검토할 때 이것을 고려해야 한다. 예를 들어, 만약 항공기 추락사고 후에 어떤 조사가 이루어진다면 항공사에 대한 명성은 손상될 것이다. 어느 컴퓨터 회사의 생산품에 결함에 대한 주요 뉴스의 보도가 있은 직후 그 회사는 그 명성을 잃었다. 긍정적인 면을 보면, 한 음료회사에 의해 이루어진 회사의 이미지에 대한 조사 결과 올림픽에서의 막대한 투자가 있은 직후에 일반인들의 매우 호의적인 태도가 나타났다. 결과적으로 조사 설문은 조사받는 집단이 뉴스에 나오거나 여론에 영향을 줄 수 있는 중대한 사건에 관계되지 않을 때 수행되어야 한다. 중립적인 상황에서 그 집단의 명성, 생산품, 또는 서비스에 관한 보다 타당성 있는 조사가 수행될 수 있다.

풀이 　(A) 항공기 추락사고 후에 항공사에 대한 조사가 있으면 그 회사의 명성은 손상을 입을(damaged[dǽmidʒ]) 것이다. recover[rikʌ́vəːr]는 '회복하다'의 의미로 반대 의미를 갖는다.

　(B) 음료회사가 올림픽 때 집중 투자를 하면 일반인들은 그 회사에 대해 우호적인(favorable[féivərəbəl]) 태도를 보일 것이다. hostile[hástil / hóstail]은 favorable의 반의어로 '적대적인'의 의미이다.

　(C) 중립적 상황에서 조사 설문이 이루어지면 타당성 있는(valid[vǽlid]) 조사가 수행될 것이다. biased[báiəst]는 '편견이 있는'의 의미로 반대되는 내용의 어휘이다.

답 ③

Vocabulary 📋

- landscape[lǽndskèip]
  풍경
- notion[nóuʃ-ən]
  생각, 관념
- repeatedly[ripíːtidli]
  반복적으로
- insultingly[ínsʌltɪŋli]
  모욕적으로
- inhospitable
  [inháspitəbəl] 불친절한
- triumph[tráiəmf] 이기다
- suburb[sʌ́bəːrb] 교외

14 다음 글의 밑줄 친 부분 중, 문맥상 낱말의 쓰임이 적절하지 않은 것은?

The traditional American view was that fences were out of place in the American landscape. This notion turned up ① <u>repeatedly</u> in nineteenth-century American writing about the landscape. One author after another severely ② <u>criticized</u> "the Englishman's insultingly inhospitable brick wall topped with broken bottles." Frank J. Scott, an early landscape architect who had a large impact on the look of America's first suburbs, worked tirelessly to ③ <u>rid</u> the landscape of fences. Writing in 1870, he held that to narrow our neighbors' views of the free graces of Nature was ④ <u>unselfish</u> and undemocratic. To drive through virtually any American suburb today, where every lawn steps right up to the street in a gesture of ⑤ <u>openness</u> and welcoming, is to see how completely such views have triumphed.

[2점] [11.6월평가원]

해석 전통적인 미국인들은 담장이 미국의 풍경에 어울리지 않는 것이라고 여겼다. 이런 생각은 풍경에 관해 쓴 19세기 미국의 글에서 반복적으로 나타났다. 저자마다 "깨진 유리조각이 박힌, 모욕적으로 불친절한 영국인들의 벽돌담"에 대해 비난했다. 미국에 교외 지역이 처음 개발될 당시 교외의 모습에 커다란 영향을 끼쳤던 조경 설계가인 Frank J. Scott은 풍경에서 담장을 없애기 위해 끊임없이 노력했다. 1870년에 쓴 글에서 그는 자연의 자유로운 아름다움을 바라보는 우리 자신이나 이웃의 시야를 좁히는 행위는 이기적이고 비민주적이라고 주장했다. 오늘날 우리가 사실 모든 잔디밭이 개방과 환영의 몸짓으로 도로까지 맞닿아 있는 미국 교외 지역 어디로든 차를 몰고 가 보면, 그런 생각들이 얼마나 완전하게 승리했는지 알 수 있다.

풀이 미국에서는 담장이 비난받고 어울리지 않는 것이라고 여겨지고 있다는 문맥을 고려하면 담장을 쌓아 사람들의 시야를 좁히는 행위는 '이기적인' 것이라고 할 수 있다. 따라서 ④의 unselfish[ʌnsélfiʃ](이기적이지 않은, 욕심이 없는)를 selfish(이기적인)로 바꾸어야 한다.

답 ④

15 (A), (B), (C)의 각 네모 안에서 문맥에 맞는 낱말로 가장 적절한 것은?

A case of the negative impact of an innovation was reported by a researcher examining the spread of the snowmobile among the Skolt Lapps in northern Finland. The snowmobile offered considerable relative advantages to the Lapps who used reindeer sleds as their primary means of transportation. It was much faster, making trips for supplies more efficient. However, the snowmobile had (A) [beneficial / disastrous] effects on the Lapps. First, the noise of the snowmobile frightened the reindeer, who in turn exhibited health problems and produced fewer calves each year. Herd sizes were (B) [reduced / increased] further by herders who sold some of their reindeer to buy a snowmobile. With smaller herds, the Lapps found it more difficult to survive, and the snowmobile was eventually viewed as a product that drove the Lapps into (C) [poverty / wealth].

Vocabulary

• innovation[ínouvèiʃn] 새로이 도입된 것
• examine[igzǽmin] 검사하다
• considerable [kənsídərəbəl] 상당한
• primary[práiməri] 주요한, 첫째의
• reindeer[réindiər] 순록
• herd[hə:rd] 짐승의 떼

① (A) beneficial   (B) reduced   (C) poverty

② (A) disastrous   (B) reduced   (C) poverty

③ (A) disastrous   (B) increased   (C) wealth

④ (A) disastrous   (B) increased   (C) poverty

⑤ (A) beneficial   (B) reduced   (C) wealth

[2점] [11.6월평가원]

해석 새로 도입된 것의 부정적인 영향에 대한 사례가 핀란드 북부의 Skolt Lapp 족들 사이의 눈 자동차 보급을 조사한 한 연구원에 의해 보고되었다. 눈 자동차는 순록 썰매를 주요 교통수단으로 이용하던 Lapp 족들에게 상당한 상대적 이점을 가져다주었다. 그것은 훨씬 더 빨라서 물자 운반을 보다 더 효율적으로 만들었다. 그러나 눈 자동차는 Lapp 족들에게 비참한 영향을 미쳤다. 우선, 눈 자동차의 소음이 순록들을 놀래게 해서 건강상의 문제를 드러내게 했으며, 매년 더 적은 수의 새끼를 낳게 했다. 순록 떼의 규모도 눈 자동차를 사기 위해 순록의 일부를 파는 목축업자에 의해 더 줄어들었다. 순록 떼가 점점 줄어들면서 Lapp 족들은 살아가기가 더 어렵다는 것을 알게 되었고, 결국 눈 자동차는 Lapp 족들을 가난 속으로 몰아간 기계로 여겨졌다.

풀이 (A) 눈 자동차가 Lapps 족들에게 '비참한(disastrous[dizǽstrəs])' 영향을 미쳤다는 문맥이다. beneficial[bènəfíʃəl]은 '유익한'이라는 뜻이다.

(B) 순록이 새끼를 더 적게 낳아 순록의 규모가 줄어들었다(reduced[ridjú:s])는 문맥이다. increase[inkrí:s]는 '증가하다'라는 뜻이다.

(C) 순록이 더 적어지면서 생존이 더 힘들어져 가난(poverty[pávərti]) 속으로 내몰렸다는 문맥이다. wealth[welθ]는 '부, 부유'라는 뜻이다.

답 ②

CROSS ENGLISH

Vocabulary

- lettuce[létis] 양상추
- plate[pleit] 접시
- devour[diváuər] 게걸스럽게 먹다
- portion[pɔ́ːrʃən] 몫
- bulk up[bʌlk] ~을 더 크게(두껍게/무겁게) 만들다
- impose[impóuz] 강요하다
- intentional[inténʃənəl] 계획적인, 고의의

16 (A), (B), (C)의 각 네모 안에서 문맥에 맞는 낱말로 가장 적절한 것은?

When it comes to food choices, young people are particularly (A) [vulnerable / immune] to peer influences. A teenage girl may eat nothing but a lettuce salad for lunch, even though she will become hungry later, because that is what her friends are eating. A slim boy who hopes to make the wrestling team may routinely overload his plate with foods that are (B) [dense / deficient] in carbohydrates and proteins to 'bulk up' like the wrestlers of his school. An overweight teen may eat (C) [greedily / moderately] while around his friends but then devour huge portions when alone. Few young people are completely free of food-related pressures from peers, whether or not these pressures are imposed intentionally.

※ carbohydrate 탄수화물

① (A) vulnerable   (B) dense   (C) greedily

② (A) vulnerable   (B) dense   (C) moderately

③ (A) vulnerable   (B) deficient   (C) greedily

④ (A) immune   (B) deficient   (C) moderately

⑤ (A) immune   (B) dense   (C) greedily

[2점] [11.9월평가원]

해석

음식을 선택하는 데 있어서 젊은 사람들은 특히 또래의 영향에 취약하다. 십대의 소녀는 상추 샐러드가 그녀의 친구들이 먹는 것이기 때문에 나중에 배가 고플지라도 점심으로 상추 샐러드만 먹을지도 모른다. 레슬링 팀을 만들고 싶어 하는 호리호리한 소년은 자기 학교의 레슬링 선수들처럼 '몸집을 불리기' 위해 판에 박힌 듯이 자기 접시를 탄수화물과 단백질이 많은 음식으로 가득 채울지 모른다. 과체중의 십대는 주변에 친구들이 있을 때는 적당히 먹을지 모르지만, 혼자 있게 되면 많은 양을 게걸스럽게 먹게 된다. 음식과 관련된 압박이 의도적으로 강요된 것이든 혹은 그렇지 않든 또래들로부터 그러한 압박에서 완전히 자유로운 젊은 사람들은 거의 없다.

풀이

(A) vulnerable[vʌ́lnərəbəl]은 '취약한'이라는 뜻이고, immune[imjúːn]은 '면역성의'라는 뜻인데, 문맥상 '또래의 영향에 취약한'이라는 의미이므로 vulnerable이 적절하다.

(B) dense[dens]는 '밀집한, 밀도가 높은'이라는 뜻이고, deficient[difíʃənt]는 '모자라는, 불충분한'이라는 뜻인데, 문맥상 '탄수화물과 단백질이 많은 음식'이라는 의미이므로 dense가 적절하다.

(C) greedily[gríːdili]는 '게걸스레, 욕심내어'라는 뜻이고, moderately[mádəritli]는 '적당히'라는 뜻인데, 문맥상 친구들이 있을 때는 '적당히' 먹는다는 의미이므로 moderately가 적절하다.

답 ②

17 (A), (B), (C)의 각 네모 안에서 문맥에 맞는 낱말로 가장 적절한 것은?

Contrary to what we usually believe, the best moments in our lives are not the passive, receptive, relaxing times — although such experiences can also be enjoyable, if we have worked hard to (A) [attain / avoid] them. The best moments usually occur when a person's body or mind is stretched to its limits in a voluntary effort to accomplish something difficult and worthwhile. (B) [Optimal / Minimal] experience is thus something that we make happen. For a child, it could be placing with trembling fingers the last block on a tower she has built, higher than any she has built so far; for a sprinter, it could be trying to beat his own record; for a violinist, mastering an (C) [uncomplicated / intricate] musical passage. For each person there are thousands of opportunities, challenges to expand ourselves.

Vocabulary

- contrary[kántreri] 반대로
- passive[pǽsiv] 수동적인
- receptive[riséptiv] 수용적인
- worthwhile[wə́ːrθhwáil] ~할 보람이 있는
- trembling[trémbliŋ] 떨리는
- sprinter[sprintər] 단거리 선수

① (A) attain   (B) Minimal   (C) uncomplicated

② (A) attain   (B) Optimal   (C) intricate

③ (A) attain   (B) Optimal   (C) uncomplicated

④ (A) avoid   (B) Optimal   (C) intricate

⑤ (A) avoid   (B) Minimal   (C) uncomplicated

[2점] [11.수능]

해석 우리가 대체로 믿고 있는 것과는 반대로, 우리 삶의 최고의 순간들은 수동적이고, 수용적이며, 긴장을 풀고 있는 시간들이 아니다. 물론 그러한 것들을 얻기 위해서 우리가 열심히 노력했다면 그러한 경험들도 즐길 수도 있긴 하지만 말이다. 최고의 순간들은 어렵고 가치 있는 어떤 것을 성취하기 위한 자발적인 노력 속에서 한 개인의 신체나 정신이 그 한계점에 이르게 될 때에 주로 생겨난다. 따라서 최적의 경험은 우리가 직접 발생하게 만드는 어떤 것이다. 어린 아이에게 있어서 그것은 떨리는 손가락으로 그녀가 지금껏 만들었던 그 어느 것보다 더 높은 자신이 만든 탑 위에 마지막 블록을 놓는 것일 수 있고, 단거리선수에게는 자신의 기록을 깨려고 애쓰는 것일 수 있으며, 바이올린 연주자에게 있어서는 복잡한 악절을 완벽하게 숙달하는 것일 수 있다. 각 사람에게 있어서 자신을 발전시킬 수 있는 수천 가지의 기회와 도전이 있다.

풀이 (A) 열심히 노력하여 얻은(attain[ətéin]) 것을 즐긴다고 하는 것이 자연스럽다. avoid[əvɔ́id]는 '피하다'라는 뜻이다.

(B) 자발적인 노력에 의해 최적의(optimal[áptəməl/ɔ́pt-]) 경험을 만든다고 하는 것이 자연스럽다. minimal[mínəməl]은 '최소의'라는 뜻이다.

(C) 어려운 것을 달성하기 위해 도전하는 것이므로, intricate[íntrəkit](복잡한)을 쓰는 것이 자연스럽다. uncomplicated[ʌnkɑ́ːmplikeitid]는 '복잡하지 않은'이라는 뜻이다.

Vocabulary c

- numerous[njú:mərəs]
  수많은
- detract[ditrǽkt]
  손상시키다
- devote[divóut] 몰두하다
- earnestly[ə́:rnistli]
  열심히, 진심으로
- lament[ləmént] 탄식하다
- ongoing
  [ángòuiŋ, ɔ́(:)n-]
  진행하는

18 다음 글의 밑줄 친 부분 중, 문맥상 낱말의 쓰임이 적절하지 않은 것은?

Many people take numerous photos while traveling or on vacation or during significant life celebrations to ① preserve the experience for the future. But the role of photographer may actually detract from their ② delight in the present moment. I know a father who devoted himself earnestly to photographing the birth of his first and only child. The photos were beautiful but, he ③ lamented afterward he felt that he had missed out on the most important first moment of his son's life. Looking through the camera lens made him ④ detached from the scene. He was just an observer, not an experiencer. Teach yourself to use your camera in a way that ⑤ neglects your ongoing experiences, by truly looking at things and noticing what is beautiful and meaningful.

[2점] [11.수능]

해석 많은 사람들이 여행이나 휴가 중에 아니면 삶의 중요한 축하를 할 때 미래를 위해 그 경험을 보존해 두려고 수많은 사진을 찍는다. 그러나 사진사의 역할이 현 순간의 즐거움을 실제로 손상시킬 수 있다. 나는 첫 아이이자 외동아이의 탄생 사진을 찍는 데 진지하게 몰두했던 한 아버지를 안다. 사진들은 아름다웠지만 자기 아들의 삶에서 가장 중요한 첫 번째 순간을 놓쳤다는 생각이 들었다고 나중에 그는 탄식했다. 카메라 렌즈를 통해 바라보는 것은 그를 현장에서 분리되도록 만들어 버렸다. 그는 체험자가 아니라 단지 관찰자였다. 사물을 진심으로 바라보고 아름답고 의미 있는 것을 발견하는 것을 통해 진행 되고 있는 경험을 무시하는(→ 증진시키는) 방법으로 카메라를 사용할 수 있도록 스스로 가르쳐라.

풀이 사진을 찍다 보면 실제 경험에서 멀어지고 현실에서 동떨어질 수 있으므로, 현재 진행되고 있는 경험을 증진시키는 방법으로 카메라를 사용하는 방법을 배워야 한다고 하는 것이 글의 흐름상 자연스럽다. 그러므로 밑줄 친 ⑤의 neglects[niglékt] (무시하다)를 enhances[enhǽns](증진시키다, 향상시키다)로 고쳐 써야 한다.

답 ⑤

19 (A), (B), (C)의 각 네모 안에서 문맥에 맞는 낱말로 가장 적절한 것은?

Back in the 1870's, Sholes & Co., a leading manufacturer of typewriters at the time, received many (A) [complaints / compliments] from users about typewriter keys sticking together if the operator went too fast. In response, management asked its engineers to figure out a way to prevent this from happening. The engineers discussed the problem and then one of them said, "What if we (B) [turned / slowed] the operator down? If we did that, the keys would not jam together nearly as much." The result was to have an inefficient keyboard configuration. For example, the letters 'O' and 'I' are the third and sixth most frequently used letters in the English language, and yet the engineers positioned them on the keyboard so that the relatively weaker fingers had to depress them. This 'inefficient logic' pervaded the keyboard, and (C) [triggered / solved] the problem of keyboard jam-up.

Vocabulary

- nearly[níərli] 거의
- configuration [kənfìgjəréiʃən] 배치
- frequently[frí:kwəntli] 빈번히
- relatively[rélətivli] 비교적
- depress[diprés] 내리누르다
- pervade[pərvéid] 널리 퍼지다

	(A)	(B)	(C)
①	(A) complaints	(B) turned	(C) triggered
②	(A) complaints	(B) slowed	(C) triggered
③	(A) complaints	(B) slowed	(C) solved
④	(A) compliments	(B) slowed	(C) solved
⑤	(A) compliments	(B) turned	(C) solved

[2점] [12.6월평가원]

해석 1870년대에 그 당시의 타자기의 선도기업인 Sholes & Co.는 사용자들로부터 타자를 치는 사람이 너무 빨리 치면 타자기의 키가 서로 엉킨다는 불평을 많이 받았다. 그에 대한 반응으로 경영진에서는 엔지니어들에게 이런 일이 발생하지 않도록 하는 방법을 강구하라고 했다. 엔지니어들은 그 문제에 대해 토의했고, 그들 중 한 명이 "타자를 치는 사람의 속도를 늦추게 하면 어떤가요? 그렇게 하면 키들이 그렇게 많이 서로 엉키지 않을 겁니다."라고 말했다. 그 결과는 키보드를 비효율적으로 배치하는 것이었다. 예를 들어, O와 I라는 글자는 영어에서 세 번째와 여섯 번째로 가장 빈번히 사용되는 글자인데, 엔지니어들은 상대적으로 더 약한 손가락들이 그 글자들을 눌러야만 하도록 그 글자들을 키보드에 배치했다. 이런 '비효율적인 논리'가 키보드에 널리 적용되어, 키보드가 엉키는 문제를 해결했다.

풀이 (A) '타자기의 키가 서로 엉킨다는 불평'이라는 의미이므로, complaints[kəmpléint]가 적절하다. compliment [kámpləmənt]는 '경의, 칭찬'이라는 뜻이다.
(B) '타자를 치는 사람의 속도를 늦추게 하면 어떤가요?'라는 의미이므로, slow down이 되기 위해 slowed[slou]가 적절하다. turn down은 '거절하다, 낮추다'라는 뜻이다.
(C) '이런 '비효율적인 논리'가 키보드에 널리 적용되어, 키보드가 엉키는 문제를 해결했다.'라는 의미이므로, solved[sɑlv/sɔlv]가 적절하다. trigger[trígə:r]은 '유발하다'라는 뜻이다.

Vocabulary

- roam[roum] 돌아다니다
- countryside[kʌ́ntrisàid] 시골
- martial art [má:rʃ-əl a:rt] 무술
- warrior[wɔ́(:)riə:r] 전사
- fearsome[fíərsəm] 무서운
- discipline[dísəplin] 훈련

20 다음 글의 밑줄 친 부분 중, 문맥상 낱말의 쓰임이 적절하지 않은 것은?

According to Cambodian legends, lions once roamed the countryside attacking villagers and their precious buffalo, and long before the great Khmer Empire began in the 9th century, farmers developed a fierce martial art to defend themselves against the ① <u>predator</u>. These techniques became bokator. Meaning 'to fight a lion,' bokator is a martial art ② <u>depicted</u> on the walls of Angkor Wat. There are 10,000 moves to master, ③ <u>mimicking</u> animals such as monkeys, elephants and even ducks. King Jayavarman VII, the warrior king who united Cambodia in the 12th century, made his army train in bokator, turning it into a ④ <u>fearsome</u> fighting force. Despite its long tradition in Cambodia, bokator ⑤ <u>flourished</u> when the Khmer Rouge took power in 1975 and executed most of the discipline's masters over the next four years.

[2점] [12.6월평가원]

해석 캄보디아의 전설에 의하면, 사자들이 마을 사람들과 귀중한 물소들을 공격하면서 시골을 한때 돌아다녔고, 9세기에 거대한 크메르 제국이 시작되기 훨씬 이전에 농부들은 <u>약탈자</u>에 대항하여 스스로를 방어하기 위해 격렬한 무술을 개발했다. 이러한 기술이 bokator가 되었다. '사자와 싸운다'는 뜻을 의미하는 bokator는 앙코르와트의 벽에 <u>그려진</u> 무술이다. 원숭이, 코끼리 심지어는 오리 같은 동물들을 흉내 내면서 숙달할 10,000가지의 동작이 있다. 12세기에 캄보디아를 통합한 전사의 왕인 Jayavarman 7세 왕은 그의 군대가 bokator로 훈련하도록 해서 그 군대를 <u>무시무시한</u> 전투 부대로 만들었다. 캄보디아에서 그 무술의 오래 전통에도 불구하고, 1975년에 크메르 루즈가 권력을 잡고서 향후 4년에 걸쳐 그 수련법의 대부분의 숙련자들을 처형했을 때 bokator는 <u>번창했다</u>(→ 소멸했다).

풀이 크메르 루즈가 권력을 잡고서 향후 4년에 걸쳐 그 수련법의 대부분의 숙련자들을 처형했다. 따라서 bokator는 ⑤의 '번창했다(flourished[flə́:riʃ])'가 아닌 '소멸했다(disappeared[disəpíər])'따위의 어휘로 바뀌어야 한다.

21 (A), (B), (C)의 각 네모 안에서 문맥에 맞는 낱말로 가장 적절한 것은?

From the twelve million articles on Wikipedia to the millions of free secondhand goods offered on websites, we are discovering that money is not the only motivator. (A) [Altruism / Selfishness] has always existed, but the Web gives it a platform where the actions of individuals can have global impact. In a sense, zero-cost distribution has turned sharing into an industry. From the point of view of the monetary economy it all looks free — indeed, it looks like unfair competition — but that says more about our shortsighted ways of measuring value than it does about the worth of what is created. The incentives to (B) [share / dominate] can range from reputation and attention to less measurable factors such as expression, fun, satisfaction, and simply self-interest. Sometimes the giving is (C) [conscious / unintentional]. You give information to Google when you have a public website, whether you intend to or not, and you give aluminum cans to the homeless guy who collects them from the recycling bin, even if that is not what you meant to do.

Vocabulary

- secondhand
  [sékəndhænd] 중고품의
- distribution
  [dìstrəbjúːʃən] 분배
- monetary[mánətèri]
  화폐의
- shortsighted
  [ʃɔ́ːrtsaitid]
  근시(안)의, 선견지명이 없는
- incentive[inséntiv] 동기
- measurable[méʒərəbəl]
  잴 수 있는

① (A) Altruism   (B) share   (C) conscious
② (A) Altruism   (B) share   (C) unintentional
③ (A) Altruism   (B) dominate   (C) conscious
④ (A) Selfishness   (B) share   (C) conscious
⑤ (A) Selfishness   (B) dominate   (C) unintentional

[2점] [12.9월평가원]

해석 Wikipedia에 있는 천 이백만 건의 기사에서부터 웹사이트에서 제공되는 수백만 개의 무료 중고품에 이르기까지, 우리는 돈이 유일한 동기 부여 요인이 아님을 발견하고 있다. 이타주의는 항상 존재해 왔지만, 웹은 거기에 개인의 행동이 세계적인 영향을 미칠 수 있는 발판을 제공한다. 어떤 면에서, 무비용 분배는 나눔을 산업으로 바꿔놓았다. 화폐 경제의 관점에서 보면 그것은 모두 무료로 보이는데—사실 그것은 불공정한 경쟁처럼 보인다—하지만 그것은 창조되는 것의 가치에 대해 말하는 것보다, 가치를 측정하는 우리의 근시안적인 방식에 대해 더 많은 것을 말해준다. 나눔에 대한 동기는 그 범위가 명성과 주의 끌기에서부터 표현, 재미, 만족, 그리고 그저 사리사욕과 같이 측정하기 힘든 요인에 이르기까지 한다. 때때로 주는 것은 의도적이지 않다. 당신이 공개된 웹사이트를 가지고 있을 때, 당신이 의도하든 아니든, 당신은 Google에 정보를 주게 된다. 또 당신은 재활용 쓰레기통에서 알루미늄 캔을 집어가는 노숙자에게, 비록 그것이 당신이 의도한 것은 아니라 하더라도, 알루미늄 캔을 주는 것이다.

풀이 자신이 가진 것을 나누고 베푸는 행동의 원인은 매우 다양한데, 웹은 그러한 행동이 세계적인 영향력을 가질 수 있게 해주었다고 하였다. 따라서 (A)에는 자신의 것을 나누고 베푼다는 의미의 '이타주의(Altruism[ǽltruːìzm])'가 들어가는 것이 적절하다. 나눔에 대한 글이므로 (B)에는 '나누다(share[ʃɛəːr])'가 적절하다. (C)의 뒤에는 의도하지 않아도 나누고 베푸는 행동을 할 수 있음을 보여주는 예가 나오므로 (C)에는 '의도적이지 않은(unintentional[ʌninténʃənəl])'이 적절하다.
① conscious[kánʃəs] 의도적인 ④ Selfishness[selfiʃnəs] 이기주의 ③ dominate[dámənèit / dóm-] 지배하다

답 ②

Vocabulary

- starvation[stɑːrvéiʃ-ən] 굶주림
- menacing[ménəsiŋ] 위협적인
- strenuous[strénjuəs] 격렬한
- naught[nɔːt] 무가치
- incredibly[inkrédəbəli] 믿을 수 없는
- resign[rizáin] 맡기다, 복종하다
- overpowering [òuvərpáuəriŋ] 강력한
- illiterate[ilítərit] 무식한, 문맹의: 무학의
- anchor[ǽŋkər] 고정시키다

22 다음 글의 밑줄 친 부분 중, 문맥상 낱말의 쓰임이 적절하지 않은 것은?

Life is full of hazards. Disease, enemies and starvation are always menacing primitive man. Experience teaches him that medicinal herbs, valor, the most strenuous labor, often come to naught, yet normally he wants to ① <u>survive</u> and enjoy the good things of existence. Faced with this problem, he takes to any method that seems ② <u>adapted</u> to his ends. Often his ways appear incredibly ③ <u>crude</u> to us moderns until we remember how our next-door neighbor acts in like emergencies. When medical science pronounces him ④ <u>curable</u>, he will not resign himself to fate but runs to the nearest quack who holds out hope of recovery. His urge for self-preservation will not down, nor will that of the illiterate peoples of the world, and in that overpowering will to live is anchored the belief in supernaturalism, which is absolutely ⑤ <u>universal</u> among known peoples, past and present.

※ quack 돌팔이 의사

[2점] [12.9월평가원]

해석 삶은 위험으로 가득 차 있다. 질병과 적, 굶주림은 항상 원시인들을 위협한다. 경험은 그에게 약초, 용기, 격렬한 노동이 종종 아무런 결과를 가져오지 못한다는 것을 가르치지만, 보통 그는 <u>살아남아서</u> 삶의 좋은 것들을 즐기고 싶어 한다. 이런 문제와 맞닥뜨렸을 때 그는 자신의 목적에 <u>적합해</u> 보이는 방법이라면 무엇이든 전념한다. 종종 그의 방법이, 비슷한 비상사태에 우리의 이웃이 어떻게 행동하는가를 기억하기 전까지는, 우리 현대인들에게는 믿을 수 없을 만큼 <u>조악해</u> 보이기도 한다. 의학이 그에게 치유 가능하다고 선고할 때 그는 운명을 감수하며 따르지 않고, 회복의 희망을 약속하는 근처 돌팔이 의사에게 달려간다. 자기 보전에 대한 그의 열망은 수그러들지 않으며, 세계의 교육 받지 못한 민족들의 열망도 마찬가지이다. 초자연적인 힘에 대한 믿음은 살고자 하는 강렬한 의지에 자리 잡고 있으며, 이는 과거에도 현재에도, 알려진 민족들 사이에 절대적으로 <u>보편적</u>이다.

풀이 현대인들이 운명을 따르지 않고, 회복의 희망을 약속하는 돌팔이 의사에게 달려가는 때는 자신이 '치유 불가능한(incurable)' 상태라고 선고받을 때일 것이다. 따라서 ④의 curable[kjúərəbəl](치유 가능한)은 문맥상 적절하지 않고, incurable[inkjúərəbəl] 이라고 해야 맞다.

답 ④

23 다음 글의 밑줄 친 부분 중, 문맥상 낱말의 쓰임이 적절하지 않은 것은?

Until the 1920's, there were only three competitive swimming strokes — freestyle, backstroke, and breaststroke — and each had specific rules that described how it was to be performed. The rules of breaststroke ① <u>stated</u> that both arms must be pulled together underwater and then recovered simultaneously back to the start of the pulling position to begin the next stroke. Most people interpreted this arm recovery to mean an ② <u>underwater</u> recovery. In the 1920's, however, someone ③ <u>challenged</u> the rules and reinterpreted this arm recovery to be an out-of-the-water recovery. Since this new breaststroke was about 15% ④ <u>slower</u>, people using the conventional version couldn't effectively compete. Something had to be done to solve the problem. Finally, this new stroke — now known as the 'butterfly' — won ⑤ <u>recognition</u> as the fourth swimming stroke, and became an Olympic event in 1956.

Vocabulary

- breaststroke
  [bréststrouk] 평영
- simultaneously
  [sàiməltéiniəsli]
- recovery[rikʌ́v-əri] 복구
- reinterpret[rì:intə́:rprit]
  재해석하다
- conventional
  [kənvénʃənəl] 전통적인
- recognition
  [rèkəgníʃən] 인정

[2점] [12.수능]

해석 1920년대까지는 경쟁을 벌이는 수영 영법에는 자유형, 배영, 그리고 평영 이 세 가지 밖에 없었고, 각 영법에는 그것이 어떻게 행해져야 하는가를 서술하는 구체적인 규칙들이 있었다. 평영의 규칙은 두 팔이 물 밑에서 함께 당겨져야 하고, 그런 다음 동시에 다음번 팔 젓기를 시작하기 위해서 당기는 자세의 출발로 돌아와야 한다고 진술했다. 대부분의 사람들은 이런 팔의 복귀를 물 밑 복귀를 뜻하는 것으로 이해했다. 그러나 1920년대 누군가가 그 규칙에 도전하여 이런 팔의 복귀를 물 밖 복귀를 뜻하는 것으로 재해석했다. 이런 새로운 평영이 약 15퍼센트나 더 느렸기(→더 빨랐기) 때문에, 전통적인 평영을 이용하는 사람들은 효과적으로 경쟁을 할 수 없었다. 그 문제를 해결하기 위해서 어떤 조치가 행해져야만 했다. 마침내, 현재 "접영"으로 알려진 이 새 영법은 네 번째 수영 영법으로 인정을 받게 되었고, 1956년에 올림픽 종목이 되었다.

풀이 전통적인 평영 영법을 하는 사람들이 새로운 평영 영법을 사용하는 사람과 효과적으로 경쟁을 할 수 없었던 이유는 새로운 평영이 전통적 영법보다 약 15퍼센트나 '더 빨랐기' 때문이다. 따라서 ④의 slower(더 느린)를 faster(더 빠른)로 바꾸는 것이 문맥상 적절하다.

Vocabulary

- materialistic
  [mətiəriəlístik]
  물질 중심적인
- attachment[ətǽtʃmənt]
  애착
- fragment[frǽgmənt]
  구절, 파편
- cherish[tʃériʃ]
  소중히 하다
- linger[líŋgər] 남다
- fossil[fásl] 화석
- archaeologist
  [à:rkiálədʒist] 고고학자

24 (A), (B), (C)의 각 네모 안에서 문맥에 맞는 낱말로 가장 적절한 것은?

Even those of us who claim not to be materialistic can't help but form attachments to certain clothes. Like fragments from old songs, clothes can (A) [evoke / erase] both cherished and painful memories. A worn-thin dress may hang in the back of a closet even though it hasn't been worn in years because the faint scent of pine that lingers on it is all that remains of someone's sixteenth summer. A(n) (B) [impractical / brand-new] white scarf might be pulled out of a donation bag at the last minute because of the promise of elegance it once held for its owner. And a ripped T-shirt might be (C)[rescued / forgotten] from the dust rag bin long after the name of the rock band once written across it has faded. Clothes document personal history for us the same way that fossils chart time for archaeologists.

① (A) evoke   (B) impractical   (C) rescued

② (A) evoke   (B) impractical   (C) forgotten

③ (A) evoke   (B) brand-new   (C) forgotten

④ (A) erase   (B) impractical   (C) rescued

⑤ (A) erase   (B) brand-new   (C) forgotten

[2점] [12.수능]

해석

우리 중에서 물질 중심적이지 않다고 주장하는 사람들조차도 특정한 옷에 대한 애착을 형성하지 않을 수 없게 된다. 옛날 노래에 나오는 구절처럼 옷은 소중한 추억과 가슴 아픈 기억을 모두 생각나게 할 수 있다. 닳아서 얇아진 드레스는 여러 해 동안 입지 않았더라도 벽장 뒤편에 걸려 있을 수 있는데, 그 이유는 그 옷에 남아있는 옅은 소나무 향이 바로 어떤 사람의 열여섯 살 여름의 모든 잔존물이기 때문이다. 실용성이 떨어지는 흰색 스카프는 그것의 소유자에게 한때 우아함에 대한 기대였기 때문에 기증품 자루에 들어가는 마지막 순간에 빼내어질 수 있다. 그리고 찢어진 티셔츠는 한때 그 위에 쓰인 록밴드 이름이 희미해진 지 오래된 후에도 걸레통에서 꺼내어질 수 있다. 화석이 고고학자들에게 시간을 나타내는 것과 같은 방식으로 옷은 우리에게 개인의 이력을 보여준다.

풀이

(A) 옷이 소중한 추억과 가슴 아픈 기억을 '생각나게 할 수 있다'라는 의미가 되어야 하므로, evoke[ivóuk]((기억·감정을) 불러일으키다)가 적절하다. erase[iréis / iréiz]는 '(마음에서) 없애다, 잊어버리다'라는 의미이다.

(B) '실용성이 떨어지는' 흰색 스카프가 그것을 소유하는 사람에게 한때 우아함의 기대였다는 의미가 되어야 하므로, impractical[imprǽktikəl](비실용적인, 비현실적인)이 적절하다. brand-new[brǽndnjú:]는 '아주 새로운, 신품의'라는 의미이다.

(C) 찢어진 티셔츠가 한때 그 위에 쓰인 록밴드 이름이 희미해진 후에도 걸레통에서 '꺼내어질 수' 있다는 의미가 되어야 하므로, rescued[réskju:]가 적절하다. rescue[réskju:]는 '구하다, 탈환하다', forget[fərgét]은 '망각하다, 소홀히 하다'라는 의미이다.

답 ①

25 다음 글의 밑줄 친 부분 중, 문맥상 낱말의 쓰임이 적절하지 않은 것은?

It is said that although people laugh in the same way, they don't necessarily laugh at the same things. If this is true of a single community, it is even more true of people who live in different societies, because the topics that people find amusing, and the occasions that are regarded as ① <u>appropriate</u> for joking, can vary enormously from one society to the next. Some styles of humor with silly actions are guaranteed to raise a laugh everywhere. But because of their reliance on shared assumptions, most jokes travel very ② <u>well</u>. This is particularly ③ <u>noticeable</u> in the case of jokes that involve a play on words. They are difficult, and in some cases virtually ④ <u>impossible</u> to translate into other languages. Therefore, this is why people's attempts to tell jokes to ⑤ <u>foreigners</u> are so often met with blank stares.

Vocabulary

- necessarily
  [nèsəsérəli] 반드시
- occasion[əkéiʒən]
  (특정한) 경우, 때
- enormously
  [inɔ́ːrməsli] 매우
- silly[síli] 바보 같은
- reliance[riláiəns]
  의지, 의존관계
- assumption
  [əsʌ́mpʃən] 가정
- virtually[vɔ́ːrtʃuəli]
  사실상
- translate[trænsléit]
  번역하다

[3점] [11.9월평가원]

해석 사람들이 똑같은 방식으로 웃지만, 그들이 반드시 똑같은 것에 대해 웃는 것은 아니라고 이야기된다. 이것이 단일 공동체에 적용된다면, 그것은 다양한 사회에서 사는 사람들에게는 훨씬 더 많이 적용된다. 왜냐하면 사람들이 재미있다고 느끼는 주제와 농담을 하기에 <u>적절하다</u>고 여기는 경우가 문화마다 매우 다양할 수 있기 때문이다. 바보 같아 보이는 행동과 관련된 어떤 스타일의 유머는 어느 곳에서든지 웃음을 자아내는 것으로 보장된다. 그러나 공유되는 가정에 대한 의존 때문에 대부분의 농담은 매우 <u>잘</u> (→ 형편없이) 전해진다. 이것은 특히 언어의 유희가 포함된 농담의 경우에서 <u>눈에 띈다</u>. 그러한 농담은 어려운데, 사실 어떤 경우에는 다른 언어로 번역하기가 <u>불가능하다</u>. 그래서 이러한 이유 때문에 <u>외국인</u>에게 농담을 말하려는 사람들의 시도가 매우 자주 멍한 응시에 부딪치게 된다.

풀이 다양한 문화가 섞여 있는 경우, 어떤 문화에서만 공유되는 가정에 대한 의존 때문에 그 문화에서는 통용되는 농담이 다른 문화에 속하는 사람에게는 그 농담이 매우 잘 전해지는 것이 아니라, 매우 형편없이 전해진다고 하는 것이 옳다. 따라서 ②의 well을 badly[bǽdli](나쁘게, 서투르게)로 고치는 것이 적절하다.

MEMO

크로스 영어
기출문제 유형탐구

CHAPTER

11
어휘
판단

총 14문항

060 스트레스해소법 중 추천하지 않는 것이 있는데 게임이 바로 그렇다. 이 스트레스해소법은 공부방식의 가장 중요한 부분인 눈을 사용하는 리듬을 피로하도록 집중적으로 사용해버려서 귀중한 자원을 낭비한다. 게다가 공부할 때 꼭 필요한 이해력 암기력 등과 관련된 부분을 허투루 낭비하게 만든다.

061 게임은 최악의 경우 즉 너무 스트레스가 심해서 도저히 다른 방법이 없을 때를 위한 최후의 어쩔 수 없는 선택이라는 점을 명심하자. 가능하면 피하도록 하라.

062 최대한 느낄 수 있는 카타르시스를 시원하게 느껴라. 그 순간만큼은 공부라는 것을 잊고 몰두하라. 그래야 다시 공부를 하려고 할 때 깨끗한 마음으로 시작할 수 있다.

063 처음 진도를 나가는데 한참 나가다보니 슬슬 어려워지기 시작하고 제일 앞의 내용이 도저히 다시 떠오르지 않는 등 이상증세가 나타난다면 적정단위를 지나친 것이다.

064 학습방법의 숙련도나 해당과목에서의 기본실력, 책의 난이도 등에 따라서 단위란 계속 변하기 마련이라는 사실도 결코 잊지 말자.

065 문법을 잘 할려면 어떻게 해야 하나? 일단 적절한 문법집 한권을 선택하자. 요즘 추세가 아주 어려운 문법을 요구하지 않으니 적절한 정도의 책을 선택한다.

01 다음 그림을 참조하여 (A), (B), (C) 각 네모 안에서 문맥에 맞는 낱말을 골라 짝지은 것으로 가장 적절한 것은?

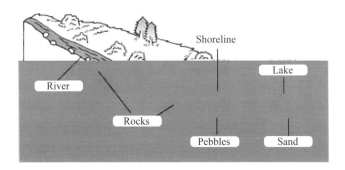

The velocity of a river is reduced when it enters a large body of water such as a lake. The (A) [decrease / increase] in velocity causes particles carried by the river, such as rocks, pebbles and sand, to settle to the bottom. However, not all of the particles settle in the same place. The smaller and lighter particles are (B) [delivered / delayed] further from the shore than the larger and heavier particles. Since the composition of the particles on the lake bottom changes from left to right, as shown in the figure above, this (C) [destruction / separation] of particles is referred to as horizontalsorting. ※ velocity 속도

① (A) decrease   (B) delivered   (C) destruction

② (A) decrease   (B) delivered   (C) separation

③ (A) decrease   (B) delayed   (C) destruction

④ (A) increase   (B) delivered   (C) destruction

⑤ (A) increase   (B) delayed   (C) separation

[2점] [06.6월평가원]

해석 강물의 속도는 그것이 호수와 같은 커다란 물로 유입될 때 감소한다. 속도의 감소는 강물이 옮기는 돌, 자갈 그리고 모래와 같은 작은 조각들을 바닥에 가라앉게 한다. 그러나 모든 조각들이 같은 장소에 자리 잡는 것은 아니다. 좀 더 작고 가벼운 조각들은 좀 더 크고 무거운 조각들보다 물가에서 더 멀리 옮겨진다. 그림에서 보이듯, 호수 바닥의 조각들의 구성이 왼쪽에서 오른쪽으로 변하기 때문에, 조각들의 이런 분리는 수평분류라고 불린다.

풀이 (A) 에는 바로 앞부분의 The velocity of a river is reduced(강물의 속도는 감소한다)의 내용을 받는 것이므로 decrease[diːkriːs](감소)가 적절하다.
(B)에는 조각들이 '옮겨진다'는 의미이므로 delivered[dilívər]가 옳다. delayed[diléid]는 '연기된'의 뜻이다.
(C) 에는 조각들이 그림의 왼쪽에서 오른쪽으로 종류별로 구별된다는 점에서 separation[sèpəréiʃən](분리)이 적절하다. destruction[distrʌkʃən]은 파괴라는 뜻이다.

탑 ②

02 다음 동토층 그림에 대한 글의 내용 중, 밑줄 친 낱말의 쓰임이 적절하지 않은 것은?

Vocabulary

• permafrost
[pəˈrməfrɔ̀ːst]
영구 동토층

• millennial[miléniəl]
천 년간의

• massive[mǽsiv]
부피가 큰, 큰

• slightly[sláitli]
약간, 조금

• scatter[skǽtər]
흩뿌리다, 흩어지다

• shallow[ʃǽlou] 얕은

• atmosphere
[ǽtməsfiər] 대기

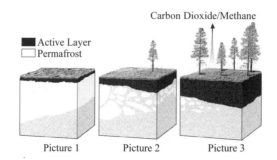

Carbon Dioxide/Methane

■ Active Layer
□ Permafrost

Picture 1   Picture 2   Picture 3

The three pictures above represent a model of the effects of global warming on permafrost regions. Permafrost is frozen ground that remains at or below 0℃ for more than two years. Most of the world's permafrost has been frozen for millennia, trapping massive amounts of carbon in organic material. In areas of extreme cold presented in Picture 1, permafrost is thousands of feet thick and lies ① <u>below</u> a layer of soil a few feet deep called the active layer, which freezes and thaws with the seasons. Where the average annual air temperature is slightly below freezing, permafrost is ② <u>scattered</u> as in Picture 2. Compared to Picture 1, the permafrost in Picture 2 is topped by a ③ <u>shallower</u> active layer. In Picture 3, in permafrost regions that now experience shorter, milder winters, the area of permafrost is ④ <u>reduced</u> further, compared to Picture 2. Carbon dioxide and methane are freed into the atmosphere and ⑤ <u>more</u> trees and plants grow as in Picture 3. ※ thaw 녹다

[2점] [10.9월평가원]

해석 위 세 그림은 지구 온난화가 동토층 지역에 미치는 영향에 대한 한 모형을 나타내고 있다. 동토층은 섭씨 0도나 그 이하로 2년 이상 지속되는 얼어있는 땅이다. 세계 대부분의 동토층은 많은 양의 탄소를 유기 물질 안에 가둔 채 수 천 년 동안 얼어 있었다. 그림 1에 제시되어 있는 극도로 추운 지역에서는 동토층이 수천 피트 두께로, 활동층이라고 불리는 몇 피트 깊이의 토양 층 아래에 있는데, 그 활동층은 계절에 따라 얼고 녹는다. 연간 평균기온이 빙점 이하로 약간 떨어지는 지역에서는 동토층이 그림 2에서처럼 흩어져 있다. 그림 1과 비교했을 때, 그림 2의 동토층은 더 얕은(→더 깊은) 활동층으로 덮여 있다. 이제 더 짧고 더 온화한 겨울을 겪고 있는 그림 3의 동토층 지역에서, 동토층 영역은 그림 2와 비교했을 때 더 줄어든다. 이산화탄소와 메탄이 대기로 방출되고 그림 3에서처럼 더 많은 나무와 식물들이 자란다.

풀이 지구 온난화로 인해 동토층은 줄고 활동층은 더 깊어진다는 내용의 글이다. 따뜻한 기온으로 인해 그림 2의 활동층이 그림 1보다 더 깊어졌음을 알 수 있다. 따라서 ③의 shallower(더 얕은)를 deeper[díːp](더 깊은)로 고쳐야 옳다.

03 다음 그림에 대한 글의 내용 중, 밑줄 친 낱말의 쓰임이 적절하지 않은 것은?

Vocabulary

- demonstrate
  [démənstrèit]
  증명하다, 설명하다
- déw póint[dju:]
  (습도의) 이슬점
- transmit[trænsmít]
  전도하다, 투과시키다
- intensity[inténsəti]
  강렬, 강도
- consequence
  [kánsikwèns] 결과

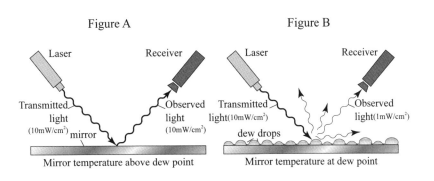

Figures A and B demonstrate how dew point is measured by a dew point hygrometer. In Figure A, light is transmitted from a laser and ① reflected off the mirror onto a receiver that measures the intensity of the observed light. When the mirror temperature is above dew point and the intensity of the transmitted light is 10 mW/cm2, the intensity of the observed light is ② the same. In Figure B, when the mirror temperature is at dew point, dew drops cover the ③ surface of the mirror. When the transmitted light hits the dew drops, it becomes ④ scattered. As a consequence, compared to the intensity of the transmitted light, that of the observed light measured by the receiver is ⑤ increased.
　　　　　　　　　　　　　　　　　 ※ hygrometer 습도계, mW/cm2 빛의 세기 단위

[2점] [10.수능]

해석 그림 A와 B는 이슬점 습도계로 이슬점이 어떻게 측정되는지를 보여준다. 그림 A에서는 레이저로부터 빛이 나와서 거울에 반사되어 관찰된 빛의 강도를 측정하는 수신 장치로 향한다. 거울 온도가 이슬점보다 높고 전달되는 빛이 10mW/cm2이면 관찰된 빛의 강도는 동일하다. 거울 온도가 이슬점에 있는 그림 B에서는 이슬방울이 거울의 표면을 덮는다. 전달된 빛이 그 이슬방울들과 부딪치면 그것은 분산된다. 그 결과 전달된 빛의 강도와 비교할 때 수신 장치에 의해 관찰된 빛의 강도는 증가된다(→감소된다).

풀이 그림 B에서 강도가 10mW/cm2이던 레이저에서 나온 빛은 이슬방울과 부딪치면서 분산되어 1mW/cm2로 감소했음을 알 수 있다. 따라서 ⑤의 increased는 감소한다는 뜻의 decreased[diːkríːsd]로 고쳐져야 한다.

- primitive[prímətiv]
  구식의, 미발달의
- aim[eim] 겨냥을 하다
- perceive[pərsíːv]
  지각하다, 감지하다
- digitize[dídʒitàiz]
  디지털화하다
- approximation
  [əpràksəméiʃən]
  접근, 근사
- enhance
  [enhǽns, -háːns]
  향상하다
- subtle[sʌtl] 미묘한
- exaggerate
  [igzǽdʒərèit] 과장하다
- gradually[grǽdʒuəli]
  점차, 점진적으로

04 다음 그림을 바탕으로 한 글의 흐름으로 보아,
밑줄 친 단어의 쓰임이 적절하지 않은 것은?

If you connect a primitive digital camera to your PC and aim it at a happy face, your computer might perceive the image as it appears on the right-hand side of the given drawing. The digitized image of the face is ① <u>rough</u> because the computer thinks in terms of ones and zeros and makes all-or-nothing approximations. This will, in some cases, ② <u>enhance</u> subtle information about light versus dark differences, hence the ③ <u>lack</u> of detail in the eyes and mouth, and in other cases ④ <u>exaggerate</u> such differences, as shown in the edges of what should be a ⑤ <u>smooth</u>, gradually curving face.

[3점] [06.수능]

해석 낮은 해상도의 디지털 카메라를 개인용 컴퓨터에 연결하여 웃는 얼굴에 향하면, 컴퓨터는 주어진 그림의 오른쪽에 나타난 것과 같은 이미지로 인식할 수 있다. 컴퓨터는 1과 0으로 생각하고 전부가 아니면 없는 것으로 근사치를 만들기 때문에 그 얼굴의 디지털화된 이미지는 거칠다. 이런 이유로 일부 경우에는 밝고 어두운 차이에 관한 미묘한 정보를 향상시켜서(→저하시켜) 눈과 입의 상세한 모습이 없어지고, 다른 경우에는 부드럽고 점진적으로 곡선을 그리는 얼굴이어야 할 가장자리에서 보여주듯이 그런 차이를 과장하게 된다.

풀이 컴퓨터의 디지털화된 이미지는 미묘한 정보를 향상시키지 못해 눈과 입의 상세한 모습을 그려내지 못하고 있다는 내용의 글이다. 따라서 ②의 enhance(향상시키다)를 저하시킨다는 뜻의 deteriorate[ditíəriərèit](나쁘게 하다, 저하하다)로 바꾸어야 한다.

05 다음 그림에 대한 글의 내용 중, 밑줄 친 낱말의 쓰임이 적절하지 않은 것은?

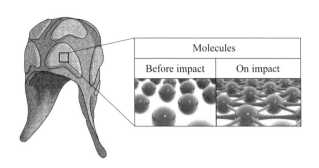

This is a highly efficient headgear. It is a light and soft cap with elastic pads that stiffen upon ① <u>collision</u>. "It doesn't protect you as much as a hard helmet," says the Swiss businessman who released this product first, "but it's for people who don't like to wear helmets." The pads on the cap are made of a special material that ② <u>loosens</u> in response to quick movements or impacts. Strike your head, and the shock causes the molecules inside the padding to tightly ③ <u>bond</u>, forming a structure that resembles a ④ <u>chain-link</u> fence. This stiffening helps absorb and redistribute the force of the ⑤ <u>impact</u>.

※ elastic 탄력성 있는

Vocabulary

- efficient[ifíʃənt]
  능률적인, 효과적인
- headgear[hédgɪr]
  쓸 것, 모자
- collision[kəlíʒən]
  충돌, 대립
- molecule
  [mɑ́ləkjùːl] 분자
- release[rilíːs] 출시하다
- material[mətí-əriəl]
  재료, 물질
- resemble[rizémbəl]
  닮다
- stiffen[stífən]
  경직시키다, 딱딱하게 하다
- absorb
  [æbsɔ́ːrb, -zɔ́ːrb] 흡수하다
- redistribute
  [riːdɪstríbjuːt] 재분배하다

[3점] [07.6월평가원]

해석 이것은 아주 능률적인 헤드기어이다. 그것은 충돌할 때 굳어지는 탄력성 있는 패드를 가진 가볍고 부드러운 모자이다. "그것은 단단한 헬멧만큼 우리를 보호해주지 않습니다. 그러나 그것은 헬멧 착용을 좋아하지 않는 사람들을 위한 것입니다."라고 이 제품을 처음 출시한 스위스의 사업가는 말한다. 모자에 있는 패드는 빠른 움직임이나 충격에 반응할 때 헐거워지는(→단단해지는) 특별한 물질로 이루어져 있다. 머리를 치면 그 충격이 패드의 내부에 있는 분자들을 단단히 결합하게 해 쇠사슬로 연결된 울타리와 비슷한 구조물을 형성하게 된다. 이렇게 단단해지는 것은 충격의 힘을 흡수해 재분배하는데 도움을 준다.

풀이 모자의 패드에 들어 있는 물질은 그림에서 보듯이 충격을 받으면 쇠사슬과 비슷한 구조물로 변해 단단해진다는 내용이므로 ②의 loosen[lúːsn](헐거워지다, 밀도를 엉성하게 하다)은 stiffen[stífən](~을 강하게 하다)이나 tighten[táitn](단단해지다)으로 바꾸어야 한다.

답 ②

Vocabulary ☑

- faraway[fάːrəwèi] 멀리의
- tiring[táiəriŋ]
  지치게 하는
- alternative[ɔːltəːrnətiv]
  대체되는
- rotate[róuteit] 교대하다
- molecule[máləkjùːl]
  분자
- distort[distɔːrt] 비틀다

06 다음 그림에 관한 설명에서 밑줄 친 낱말의 쓰임이 적절하지 <u>않은</u> 것은?

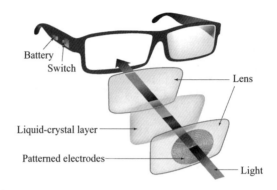

Battery
Switch
Lens
Liquid-crystal layer
Patterned electrodes
Light

There are millions of people who require different lenses to see near and faraway objects. They use bifocals, which are very tiring to wear. Now a practical alternative is on the horizon. A group of researchers have created an experimental model of a pair of electronic eyeglasses that can refocus ① <u>automatically</u>. As illustrated above, they are ② <u>equipped</u> with a small battery. With a flip of a switch, the battery sends electricity to patterned electrodes ③ <u>coated</u> on the lens. Then the molecules in the liquid-crystal layer ④ <u>sandwiched</u> between the two lenses rotate, altering the way they bend light. In less than a second, the lens ⑤ <u>distorts</u> focus.

※ bifocals (원근 겸용의) 이중 초점 안경, electrode 전극

[3점] [07.9월평가원]

해석
가까운 물체와 멀리 떨어진 물체를 바라보기 위해 다양한 렌즈를 필요로 하는 사람이 수백 만영이나 된다. 그들은 이중 초점 안경을 이용하는데 그것을 착용하는 것은 매우 피곤하다. 이제 실용적인 대체 안경이 새로 등장하고 있다. 한 연구 조직의 연구원들이 자동적으로 초점을 다시 맞출 수 있는 전자 안경의 실험적 모형을 만들어 내었다. 위의 그림이 설명하는 바와 같이 그 안경에는 작은 배터리가 장착되어 있다. 스위치를 손으로 살짝 켜면 렌즈에 배열되어 코팅된 전극으로 배터리가 전류를 보낸다. 그러면 두 렌즈 사이에 끼워 넣은 액정막에 있는 분자들이 교대되어서 빛을 굴절시키는 방식을 바꿔 놓는다. 1초가 채 되기도 전에 렌즈는 초점을 일그러뜨린다.(→조정한다.)

풀이
설명되고 있는 전자 안경은 이중 초점 안경의 불편함을 해소하기 위해 만들어진 것이므로 빠른 시간에 초점을 일그러뜨리는(distort) 게 아니라 조정하는(adjust) 기능을 갖고 있을 것이다. 따라서 ⑤의 distorts는 adjusts[ədʒʌ́st](조정하다, 맞추다)로 고쳐져야 한다.

답 ⑤

07 다음 그림에 대한 글의 내용 중, 밑줄 친 낱말의 쓰임이 적절하지 <u>않은</u> 것은?

Vocabulary

- commoner[ká:mənə(r)]
  평민, 대중
- chin[tʃin] 턱, 턱 끝
- tight[tait] 단단히 맨
- border[bɔ́ːrdəːr]
  ~에 테를 두르다

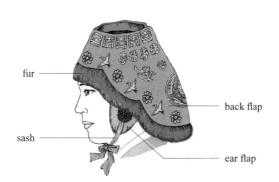

fur

back flap

sash

ear flap

The Nambawi is one of the oldest traditional winter hats in Korea. At first, only men and women of the upper classes wore it. Later, it was worn by the commoners, and still later only by women. The hat protects the head and ① <u>forehead</u> from freezing winds and has a round opening at the top. There is a long back flap for the back of the neck, and ear flaps on both sides ② <u>reveal</u> the ears. Silk sashes are ③ <u>attached</u> to the ear flaps. The sashes are ④ <u>tied</u> under the chin to hold the hat tightly in place. The bottom of the Nambawi is bordered with fur, and the hat is ⑤ <u>decorated</u> with flower and bird patterns.

※ sash 띠, 끈, flap 덮개

[3점] [07.수능]

해석
남바위는 한국의 가장 오래된 전통 겨울용 모자 중 하나이다. 처음에는 상류층의 남성과 여성만이 그것을 착용했다. 나중에는 서민들도 그것을 착용했으며, 더 나중에 가서는 여성들만이 착용하게 되었다. 이 모자는 머리와 이마를 찬바람으로부터 보호해주며 윗부분에 둥글게 트인 구멍이 있다. 목 뒷부분을 위한 긴 뒷 덮개가 있으며 양쪽의 귀마개는 귀를 드러내준다(→덮어준다). 비단띠가 귀마개에 부착되어 있다. 비단띠는 모자를 제자리에 꽉 고정시키기 위해 턱 아래에 묶는다. 남바위의 아랫부분은 털로 단이 대어져 있으며 모자는 꽃과 새 문양으로 장식된다.

풀이
제시된 그림에서 귀 덮개(ear flap)는 귀를 덮고 있으므로 ②에서 reveal(드러내다)이 아닌 cover[kʌ́vər](덮어주다)가 나와야 적절하다.

답 ②

Vocabulary ⌄

- steerable[stí-ərəb-əl]
  조종할 수 있는
- consist[kənsíst]
  존재하다, 이루어져 있다
- saddle[sǽdl] 안장
- handlebar[hǽndlbɑ̀:r]
  (자전거의) 핸들

08 다음 그림에 대한 글의 내용 중, 밑줄 친 낱말의 쓰임이 적절하지 <u>않은</u> 것은?

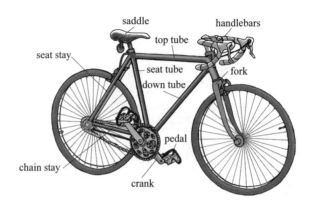

A bicycle is a two-wheeled steerable machine that is pedaled by the rider's feet. The wheels are ① <u>installed</u> in-line in a metal frame, with the front wheel held in a rotatable fork. The frame, which is diamond-shaped, is formed by two ② <u>triangles</u> of tubes. The main triangle consists of the top tube, the seat tube, and the down tube, while the ③ <u>front</u> triangle consists of the seat tube, chain stays, and seat stays. The saddle fits on ④ <u>top</u> of the seat tube. The rider sits on a saddle and steers by turning handlebars that are attached to the fork. The feet turn pedals ⑤ <u>linked</u> to cranks. ※ steer 조종하다

[3점] [08.6월평가원]

해석 자전거란 타는 사람의 발에 의해 페달이 밟혀지는 두 개의 바퀴를 지닌 조종 가능한 기계이다. 앞바퀴는 회전 가능한 갈퀴 모양의 것에 고정되어진 채로, 양 바퀴들은 일렬로 금속 본체(틀-프레임)에 넣어져 장착되어진다(배열된다) 다이아몬드 모양의 본체(프레임)은 두 개의 삼각대 모양의 관들로 구성되어 진다. 주 삼각대는 top tube, seat tube, down tube로 구성되어 지는 반면 앞쪽(→뒤 쪽) 삼각대는 seat tube, chain stays, seat stays로 구성되어 진다. 안장은 seat tube의 맨 위에 놓여진다. 타는 사람은 안장에 앉아서 갈퀴 모양의 것에 부착되어진 조종간을 움직임으로서 조종을 한다. (타는 사람의) 다리는 크랭크에 연결된 페달을 돌리게 된다.

풀이 그림 어휘 문제의 경우 주어진 어휘를 사용할 것인지, 그 반의어를 사용할 것인지 주로 묻는 문제이다. 주어진 그림에서는 자전거의 frame이 두 개의 삼각형으로 구성이 되어 있으며, 주 삼각형이 'top tube', 'seat tube', 'down tube'로 되어 있으므로 이는 그림에서 앞 삼각형에 해당된다는 것을 알아야 한다. 따라서 나머지 삼각형은 frame의 뒤 부분을 구성하는 삼각형이 되어야 하므로 ③은 'front(앞)' 대신 'rear[riər](뒤)'가 쓰이는 것이 적절하다.

답 ③

09 다음 그림에 대한 글의 내용 중, 밑줄 친 낱말의 쓰임이 적절하지 않은 것은?

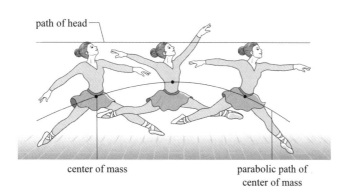

path of head

center of mass

parabolic path of
center of mass

Vocabulary

• parabolic[pæ`rəbɑ́lik]
포물선의

• stretch[stretʃ]
뻗치다, 늘이다

• horizontal[hɔ̀:rəzɑ́ntl]
수평의

• upward[ʌ́pwərd]
위로 향한

• constant[kɑ́nstənt]
일정한

When a ballet dancer leaps across the stage in a grand jump, her center of mass faithfully follows a parabolic path during the jump. The distance between the top of her head and her center of mass ① <u>changes</u> depending upon the movements of her legs. When she ② <u>stretches</u> her legs out horizontally after her feet leave the stage, her center of mass moves upward. It results in an ③ <u>increase</u> in the distance between the top of her head and her center of mass. In contrast, when the dancer ④ <u>lowers</u> her legs toward the ground, the opposite occurs. The height of the top of her head remains ⑤ <u>constant</u> throughout the jump. The result gives the impression that the dancer isdrifting through the air.

[3점] [08.9월평가원]

해석 발레 무용가가 큰 점프 동작으로 무대를 가로질러 도약할 때, 그녀의 질량 중심은 점프하는 동안 충실히 포물선 궤적을 따른다. 그녀의 머리 꼭대기와 질량 중심 사이의 거리는 그녀의 다리 동작에 따라 변한다. 그녀의 발이 무대를 벗어난 후 다리를 수평으로 뻗을 때, 그녀의 질량 중심은 위로 이동한다. 그 결과 그녀의 머리 꼭대기와 질량 중심 사이의 거리가 증가(→감소)한다. 대조적으로, 무용가가 자신의 다리를 땅을 향하여 낮출 때, 반대 현상이 일어난다. 그녀의 머리 꼭대기의 높이는 점프하는 내내 일정하다. 그 결과는 무용가가 공중을 뜬 채로 나아가고 있다는 인상을 주게 된다.

풀이 그림으로 볼 때 두 번째 단계에서 무용가가 다리를 수평으로 뻗을 때, 무게 중심은 올라가지만, 머리의 높이는 변하지 않기 때문에 머리끝과 질량 중심과의 거리는 줄어들게 된다. 그러므로 ③increase(증가)는 감소의 의미의 decrease[di:kri:s, dikrí:s] 나 reduction[ridʌ́kʃən]으로 바꾸어 써야 한다. 이때 앞에 관사도 an에서 a로 바꾸어야 한다.

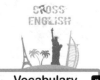

Vocabulary

- identification
  [aidèntəfikéiʃən] 동일시
- occur[əkə́ːr]
  일어나다, 생기다
- bump[bʌmp] 융기
- perception[pərsépʃən]
  지각, 인식
- sufficient[səfíʃənt]
  충분한
- depict[dipíkt]
  그리다, 묘사하다
- basically[béisikəli]
  기본적으로
- compensate
  [kámpənsèit]
  보상하다, 변상하다
- unambiguous
  [ʌnæmbígjuəs]
  모호하지 않은, 명백한

10 다음 그림에 관한 설명에서 밑줄 친 낱말의 쓰임이 적절하지 <u>않은</u> 것은?

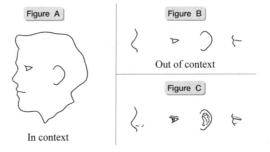

Object identification rarely occurs in isolation. Face perception seems to work the same way. Notice that when seen as ① <u>part</u> of a face presented in Figure A, any bump or line will be sufficient to depict a feature. However, the result may be different when the features are ② <u>separated</u> from the context as shown in Figure B. The features in Figure B are basically ③ <u>identical</u> with those in Figure A, but, out of context, they are less identifiable. As in Figure C, we actually require a more ④ <u>simplified</u> presentation than in Figure B, to identify facial features unambiguously when presented in isolation. Thus, our understanding of context compensates for ⑤ <u>lack</u> of detail in the feature identification process.

[3점] [08.수능]

해석 사물을 알아보는 것은 거의 분리하여 일어나지 않는다. 얼굴을 알아보는 것도 동일한 방식으로 이루어지는 듯하다. 그림 A에 제시된 얼굴의 <u>부분</u>으로 볼 때, 어떠한 두개골의 융기나 선도 이목구비를 묘사하기에 충분할 것이다. 그러나 그 이목구비들이 그림 B에 나온 것처럼 배경으로부터 <u>분리될</u> 때 결과는 다를 수 있다. 그림 B의 이목구비들은 기본적으로 그림 A의 그것들과 <u>동일</u>하지만, 배경에서 분리되면, 그것들은 식별이 더 어려워진다. 그림 C에서처럼, 우리는 단독으로 제시되었을 때 얼굴의 이목구비들을 분명하게 확인하기 위하여 실제로 그림 B에서보다 더 <u>단순화된</u>(→상세한) 표시를 요한다. 따라서 우리의 배경 식별이 안면 확인 과정에서의 세부사항 <u>부족</u>을 보충해 준다.

풀이 그림 B와 C를 비교할 때 그림 C가 B보다 보다 더 자세하게 제시되어 식별하기 쉽다. 그러므로 ④의 'simplified(단순화된)[símpləfàid]'는 'detailed[díːteild, ditéild](상세한)'로 바꾸어 쓰는 것이 적절하다.

🔲 ④

11 다음 그림에 대한 글의 내용 중, 밑줄 친 낱말의 쓰임이 적절하지 않은 것은?

Vocabulary

• mechanical
[məkǽ nik-əl] 기계(상)의
• multiply[mʌ́ltəplài]
늘다, 배가하다
• diagram[dáiəgræ̀m] 그림

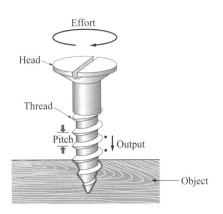

A screw is a simple mechanical device that multiplies effort. The force that you apply to the screw is called the effort force, whereas the force that applies to the object in response to the effort force is called the output force. The ① spiral ridges are the threads of the screw. The distance from ② head to thread is called the pitch. The diagram shows how turning the head of the screw can cause the screw to ③ move into the object. The distance ④ around the head of the screw is related to the distance the effort moves. The distance through which the output moves corresponds to the ⑤ pitch of the screw.

※ ridge 융기(돌출부분)

[3점] [09.6월평가원]

해석
나사못은 작용력을 배가시키는 단순한 기계적 장치이다. 당신이 나사못에 가하는 힘은 작용력이라고 부르고 반면에 작용력에 대한 반응으로 물체에 가해지는 힘은 출력(output force)이라고 부른다. 나선형 융기들이 나사못의 나사산들이다. 나사못의 머리(→나사산)에서 나사산까지의 거리를 피치라고 부른다. 그림을 보면 나사의 머리를 돌려 어떻게 나사못을 물체 속으로 들어가게 할 수 있는 지 알 수 있다. 나사못의 머리를 둘러싸고 있는 간격은 작용력이 움직이는 간격과 관련이 있다. 출력이 통과해 움직이는 거리는 나사못의 피치와 일치한다.

풀이
그림을 보면 나사못의 나사산과 나사산 사이의 거리가 피치(pitch)이다. 따라서 ②번의 head(나사못의 머리)를 thread(나사산)로 고쳐야 한다.

답 ②

12 다음 데이지 꽃 그림에 대한 글의 내용 중, 밑줄 친 낱말의 쓰임이 적절하지 <u>않은</u> 것은?

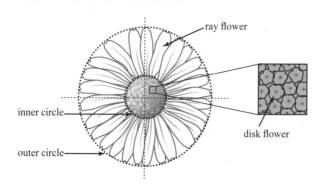

The above flower spreads out into a circle when you look straight into its face. The buttonlike structure sitting right in the ① <u>middle</u> of the flower is actually formed from many tiny flowers called disk flowers. The disk flowers ② <u>include</u> petals which are actually individual flowers called ray flowers. The ray flowers radiate out from the rim of the disk flowers and reach to the ③ <u>edge</u> of the whole flower. You can draw the flower easily with the following procedure. First, draw two dotted lines that will ④ <u>quarter</u> the flower, imagining its shape. This enables you to draw the ray flowers correctly and keep track of where you are. Next, draw two circle guidelines: The inner one indicates the outline of the ⑤ <u>disk</u> flowers, and the outer one, the extent of the ray flowers. Then, fill the inner circle with disk flowers and the outer one with ray flowers.

※ petal 꽃잎, rim 가장자리

[3점] [09.9월평가원]

해석 위의 꽃은 겉면을 똑바로 쳐다볼 때 원형 모양으로 피어 있다. 꽃 중앙에 위치해 있는 단추 모양의 구조는 사실 반상화(the disk flower)라고 불리는 많은 작은 꽃들로 구성되어 있다. 반상화들은 설상화(the ray flower)라고 불리는 원래는 개개의 꽃들인 꽃잎들을 포함하고 있다(→꽃잎들에 둘러싸여 있다). 설상화들은 반상화의 가장자리로부터 방사상으로 퍼져 나와 전체 꽃의 끝머리까지 이르고 있다. 다음의 순서를 통해 쉽게 이 꽃을 그릴 수 있다. 먼저, 꽃의 모양을 상상하면서 꽃을 4등분하는 두개의 점선을 그려라. 이것은 설상화를 정확하게 그리고 당신이 어디를 그리고 있는 지 놓치지 않고 따라갈 수 있게 해준다. 다음, 두개의 원형 윤곽선을 그려라. 즉 안쪽 선은 반상화의 외곽선을 표시하고 바깥 선은 설상화의 크기를 표시한다. 그런 다음, 안쪽에 있는 원을 반상화로 채우고 바깥쪽 원은 설상화로 채워라.

풀이 그림을 보면 설상화(the ray flower)가 반상화(the disk flower)의 안에 있는 것이 아니라 바깥쪽을 둘러싸고 있으므로 '안에 들어있다'는 뜻을 가진 ②번의 'include'를 '둘러 쌓여있다'라는 뜻의 'are surrounded by'로 고쳐 써야 한다.

답 ②

13 다음 바이올린 줄의 그림에 대한 글의 내용 중, 밑줄 친 낱말의 쓰임이 적절하지 않은 것은?

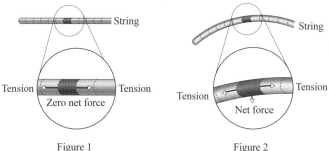

Figure 1　　　　Figure 2

A violin creates tension in its ① <u>strings</u> and gives each of them an equilibrium shape: a straight line. A tight violin string can be viewed as composed of many individual pieces that are connected in a chain as in the above two figures. When the string is ② <u>straight</u>, as in Figure 1, its tension is uniform, and the two outward forces on a given piece sum to zero; they have equal magnitudes and point in ③ <u>opposite</u> directions. With no net forces acting on its pieces, the string is in equilibrium. But when the string is ④ <u>curved</u>, as in Figure 2, the outward forces on its pieces no longer sum to zero. Although the string's uniform tension still gives those outward forces equal magnitudes, they now point inslightly different directions, and each piece experiences a ⑤ <u>zero</u> net force. The net forces on its pieces are restoring forces, which will cause the string to vibrate and thus make sounds.

※ equilibrium 평형, magnitude 크기

[3점] [09.수능]

해석 바이올린은 그것의 줄에서 긴장을 만들어내고 그 줄들의 각각에 평형 형태, 즉 직선을 제공한다. 팽팽한 바이올린 줄은 위의 두 그림에서처럼 연쇄적으로 연결되어 있는 많은 개별적인 부분들로 구성되어 있는 것으로 볼 수 있다. 그림 1에서처럼 줄이 직선일 때, 그것의 긴장은 균일하며 주어진 부분에서 밖으로 향하는 두 개의 힘은 합이 제로이다. 즉 그것들은 동일한 크기를 가지며 반대방향으로 향해있다. 그것의 부분들에 작용하고 있는 합력(net force)이 전혀 없어서 그 줄은 평형 상태에 있다. 그러나 줄이 그림 2에서처럼 곡선일 때, 그것의 부분들에서 밖으로 향하는 힘은 이제 더 이상 합이 제로가 아니다. 비록 줄의 균일한 긴장이 여전히 밖으로 향하는 힘들에게 동일한 크기를 주지만, 그것들은 이제 약간 다른 방향으로 향해있고, 그래서 각 부분은 제로의(→약간의) 합력을 경험한다. 각각의 부분들에서 합력(net force)은 원 상태로 돌아가려고 하는 힘이며, 그것은 줄이 진동을 하게 하고 그리하여 소리를 만들어 낸다.

풀이 바이올린의 현이 곧은 상태로 있을 때와 휘어져 있을 때의 힘의 균형의 변화를 설명하는 글이다. 현이 곧은 상태일 때, 서로 반대 방향인 바깥쪽으로 작용하는 두 힘은 균형을 이루어 net force(합력)가 0인 상태가 유지된다. 그러나 현이 휘어지면 이 균형이 깨지면서 net force가 생기고 바이올린이 소리를 내게 된다. ⑤는 현이 휘어진 상태에 대한 설명이므로 zero를 삭제하거나 zero의 자리를 different[dífərənt] 또는 distinctive[distíŋktiv]로 대체해야 'net force가 작용한다'는 의미가 된다.

답 ⑤

Vocabulary

- figure[fígjər] 그림
- downhill[daʊnhɪl] 활강
- slightly[sláitli] 약간
- bent[bent]
  구부러진, 굽은
- fasten[fǽsn]
  묶다, 동이다

14 다음 그림에 대한 글의 내용 중, 밑줄 친 낱말의 쓰임이 적절하지 않은 것은?

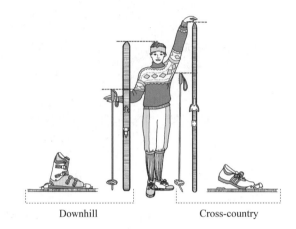

Downhill   Cross-country

The figure above shows the equipment for downhill and cross-country skiing and their recommended sizes. As you can see, the downhill ski is ① <u>shorter</u> and wider than the cross-country ski and is about the height of the skier. The cross-country ski meets the ② <u>elbow</u> when the arm is held above the head. In either case, a slightly heavier or more experienced skier might want a longer ski, and a lighter or beginning skier might prefer a shorter ski. The cross-country pole is longer than the one for downhill skiing, and its tip is ③ <u>bent</u>. The length of the cross-country pole reaches the armpit. The downhill pole fits comfortably in the hand about two inches ④ <u>below</u> the armpit. The bottom of the downhill boot attaches completely to the ski, while the ⑤ <u>heel</u> of the cross-country boot is not fastened to the ski.

※ armpit 겨드랑이

[2점] [10.6월평가원]

해석 위의 그림은 활강용과 크로스컨트리용 스키장비와 권장 크기를 보여준다. 여러분들이 보는 것처럼, 활강용 스키는 크로스컨트리용보다 길이는 짧고 폭이 넓으며, 타는 사람의 키 높이 정도이다. 크로스컨트리용 스키의 길이는 타는 사람이 팔을 머리 위로 올렸을 때 팔꿈치(→손목)에 닿는다. 어느 용도이든지, 체중이 약간 더 나가거나 숙련된 사람은 좀 더 긴 스키가 필요하고, 체중이 덜 나가거나 초보자는 짧은 스키를 선호한다. 크로스컨트리용 폴은 활강용 폴보다 길이가 길고 끝부분은 구부러져 있다. 크로스컨트리용 폴의 길이는 타는 사람의 겨드랑이에 닿는 정도이다. 활강용 폴의 길이는 겨드랑이에서 2인치 정도 아래가 알맞다. 크로스컨트리용 부츠는 발꿈치 부분이 스키에 고정되지 않는 반면에 활강용 부츠의 아랫부분은 스키에 완전히 부착된다.

풀이 활강용과 크로스컨트리용 스키장비와 권장 크기를 보여주는 글이다. 그림에 의하면 크로스컨트리용 스키의 길이는 타는 사람의 팔꿈치(elbow)에 닿는 것이 아니라 손목(wrist)에 닿는다.

답 ②

CHAPTER

12.

빈칸 추론

총 19문항

세상을 바꾸는 크로스 공부법 100선

066 듣기에 약해서 고민이라면 영어로 된 문장을 원어민의 발음으로 수도 없이 반복해서 듣는 것을 통해서 외우도록 노력해보자. 이 때 가장 중요한 포인트는 '적절한 길이'여야 한다는 것이다.

067 수많은 독해를 하면서도, 듣기를 하면서도, 말하기를 하면서도, 학교 내신준비를 하면서도 문법은 그 기본이고 골격이다. 필요한 순간마다 필요한 문법이 떠올라야 한다.

068 독해를 빠른 속도로 하면서도 순간순간 이 문장의 특징과 시제를 파악해야 하고 앞뒤 상관구문을 연결해 보아야 하는데 이 모든 것들은 든든한 문법적 기초가 없으면 불가능하다.

069 영어 공부에서 순간순간 빠른 속도로 빛의 속도로 필요한 것들을 떠 올리려면 엄청난 양의 복습이 필요하다는 것은 지극히 당연한 사실이다.

070 영어 문법책을 처음부터 100번을 볼 수는 없다. 다른 공부를 하면서 짬짬이 계속 자신이 선택한 문법책을 복습해야 한다. 그러니 함부로 중간에 책을 바꾸는 것은 상상할 수 없다. 문법을 잘 하려면 반드시 지켜야 할 것은 한 번 정한 책은 바꾸지 말라는 것이다.

071 요즘은 아예 문법이 중요하지 않다고 생각하는 분들이 많이 있다는 것을 알고 있다. 그러나 영어는 다른 나라 말이다. 아예 외국에서 몇 년 살 예정이 아니라면 문법의 중요성은 아무리 강조해도 지나치지 않은 것이다.

01 다음 글을 읽고, 빈칸에 가장 적절한 것을 고르시오.

세상을 **바**꾸는
크로스 **공**부법

Vocabulary

- manufacture
  [mæ`njəfǽktʃər] 제조하다
- skilled[skild] 숙련된
- workforce[wə:rkfɔ:rs]
  노동력
- auto[ɔ́:tou] 자동차

Since it manufactured its first car in 1955, Korea has grown to be the sixth largest automobile producer in the world. It is expected to be among the world s top four auto-making countries by 2010 after the U.S., Japan, and Germany, its competitiveness in small car _____ manufacturing, skilled human workforce, and leading information technology. With an expected production of 6.5 million units in 2010, Korea will hold 10 percent of the global auto market.

① in spite of   ② contrary to   ③ owing to

④ regardless of   ⑤ in addition to

[2점] [05.수능]

해석 1955년에 최초의 자동차를 제조한 이후로 한국은 성장해서 세계에서 여섯 번째로 가장 큰 자동차 생산국이 되었다. 소형 자동차 생산에서의 경쟁성, 숙련된 노동력 그리고 선도하는 정보 과학 기술 때문에 한국은 2010년경에 미국, 일본 그리고 독일 다음에 세계에서 4대 최고 자동차 생산국에 속할 것으로 예상된다. 2010년에 6백 5십만 대를 생산할 것이 예상되는 가운데 한국은 세계 자동차 시장의 10 퍼센트를 차지할 것이다.

풀이 소형 자동차 생산에서의 경쟁성, 숙련된 노동력 그리고 선도하는 정보 과학 기술을 가진 한국이 2010년경에 미국, 일본 그리고 독일 다음의 세계에서 4대 최고 자동차 생산국에 속할 것으로 예상되는 것의 관계는 원인과 결과의 관계이다. 따라서 빈칸에는 원인을 나타내는 owing to(~ 때문에)가 가장 적절하다.
① ~에도 불구하고 ② ~과 반대로 ③ ~때문에 ④ ~에 상관없이 ⑤ ~외에도

답 ③

02 빈칸 (A)와 (B)에 들어갈 말로 가장 적절한 것끼리 짝지은 것은?

The word paradigm stems from the Greek word paradeigma, which means pattern. Originally it was a scientific term but is commonly used today to mean perception, assumption, theory, or frame of reference. It's like a map of a territory. An accurate paradigm explains and guides. But if inaccurate, it can be harmful. _____(A)_____, though history books talk about George Washington dying of a throat infection, he probably died of bloodletting. _____(B)_____ the paradigm at that time was that bad stuff was in the blood, his doctor took several pints of blood from him in a twenty-four-hour period!

① (A) In addition　　(B) Since
② (A) In addition　　(B) Though
③ (A) As a result　　(B) Though
④ (A) For instance　　(B) Whether
⑤ (A) For instance　　(B) Since

[2점] [06.9월평가원]

해석 paradigm이란 단어는 그리스 단어 paradeigma에서 유래하는데, 그것은 유형을 의미한다. 원래 그것은 과학 용어였지만 오늘날, 인식, 가정, 이론, 혹은 참조의 틀을 의미하는 것으로 흔히 사용된다. 그것은 영토의 지도와 같다. 정확한 범례는 설명해주고 안내해준다. 그러나 부정확하면 해를 끼칠 수 있다. 예를 들어, 역사책은 George Washington이 목이 감염되어 죽은 것으로 이야기하지만, 그는 아마도 출혈로 죽었다. 그 당시 범례가 나쁜 것이 핏속에 있다는 것이었기 때문에, 그의 의사는 24시간의 기간 동안 그로부터 수 파인트의 혈액을 뽑아냈다.

풀이 빈칸 (A)에는 바로 앞에 범례(paradigm)가 정확하지 않아 해가 되었던 예를 들고 있으므로 예시를 나타내는 연결어인 'For instance(예를 들어)'가 적절하고, 빈칸 (B)에는 마지막 문장의 주절에서 의사가 피를 많이 뽑아낸 이유가 피 속에 나쁜 것이 있다는 잘못된 paradigm 때문이라는 '이유'의 접속사가 와야 하므로 'Since(때문에)'가 적절하다.

답 ⑤

03 빈칸 (A)와 (B)에 들어갈 말로 가장 적절한 것끼리 짝지은 것은?

When you clean out your storage room, don't throw out any "junk" until you determine its potential as a collectible. _____(A)_____, what often appears to be a piece of worthless old junk may very well be quite valuable. For instance, people often sell old record albums, bottles and books for pennies only to see them resold for tens or hundreds of dollars as parts of larger collections. Rarer cases involve people selling paintings that were actually painted by famous painters. _____(B)_____, before you have a garage sale, call an antique dealer to help you separate the valuable from the worthless junk.

Vocabulary

- determine[ditə́:rmin] 결정하다
- potential[pouténʃə] 잠재적인
- collectible[kəléktəbl] 수집 대상물
- junk1[dʒʌŋk] 쓰레기
- valuable[væljuːəbəl] 귀중한
- antique[æntíːk] 골동품

① (A) In fact   (B) In contrast
② (A) In fact   (B) Therefore
③ (A) Nevertheless   (B) Therefore
④ (A) Nevertheless   (B) In contrast
⑤ (A) Otherwise   (B) In contrast

[2점] [06.수능]

해석 창고를 청소할 때, 수집할 만한 물건으로서 그것의 가능성을 결정할 때까지는 어떤 "쓰레기"도 버리지 말라. 사실, 가치 없는 낡은 쓰레기 조각이 귀중한 것일 수도 충분히 있다. 예를 들어 사람들은 종종 오래된 레코드판, 병, 책을 값싸게 팔고 그것들이 나중에 더 큰 주집품의 일부로 수십, 수백만 달러로 다시 팔리는 것을 본다. 드문 경우이지만, 유명한 화가가 그린 그림을 파는 사람이 있다. 그렇기에 차고 세일을 하기 전에 귀중품과 쓸모없는 폐물을 구별하는 것을 도와달라고 골동품 판매상에게 전화를 하라.

풀이 빈 칸 (A)의 다음의 내용이 글 앞의 내용을 구체적으로 다시 말해준다는 점에서 In fact가 나와야 한다. 글 (B) 다음에 나오는 문장의 결론에 해당되는 문장이다.

- strict[strikt] 엄격한
- craftsman
  [krǽftsmən] 장인
- idler[áidlər] 게으름뱅이
- shopkeeper[ʃɑ́pkìːpər]
  가게 주인
- trainee[treiníː] 연습생
- respectable
  [rispéktəbəl]
  신분이 높은
- acceptable
  [æ kséptəbəl]
  받아들일 수 있는

04 빈칸 (A)와 (B)에 들어갈 말로 가장 적절한 것끼리 짝지은 것은?

In the 17th century, Londoners of every sort enjoyed the theater, ___(A)___ some strict people who thought it wasted time that should have been spent working. The audience—noblemen, merchants, craftsmen and idlers—all went through the same doors together. The richer ones sat in the galleries, and everyone else stood in the yard: shopkeepers with their families, young trainees, soldiers, seamen, apple sellers and laborers of all kinds. Gentlewomen always had a man with them to show that they were respectable. Even for ordinary women, it was not acceptable to go alone ___(B)___ they were selling something.

① (A) except   (B) unless

② (A) except   (B) whereas

③ (A) for   (B) because

④ (A) for   (B) unless

⑤ (A) including   (B) whereas

[2점] [07.6월평가원]

해석   연극이 노동에 쓰여야 했던 시간을 낭비한다고 생각했던 몇몇 엄격한 사람들을 제외하고, 17세기에 모든 부류의 런던 사람들은 연극을 즐겼다. 귀족, 상인, 장인 그리고 게으름뱅이들은 같은 관객들은 문을 모두 함께 통과했다. 부유한 사람들은 맨 위층 관람석에 앉았고 그 밖의 모든 사람들, 가족과 함께 온 가게 주인들, 젊은 견습생들, 군인들, 선원들, 사과 장수들 그리고 온갖 종류의 노동자들은 마당에 서있었다. 귀부인들은 그들이 신분이 높다는 것을 보여주기 위해 항상 남성과 함께 다녔다. 평민 여성들에게도 물건을 파는 것이 <u>아니라면</u> 혼자 다니는 것은 용납될 수 없었다.

풀이   첫 문장의 술어 동사는 enjoyed이고, 빈칸 (A)가 속한 부분은 절이 아닌 구이기 때문에 전치사 except(~을 제외하고)가 나와야 한다. 빈칸 (B) 앞에 부유층의 여인들은 남자와 동반해서 극장에 들어갔다고 했으므로, 보통 신분의 여인들은 물건을 팔시 않으면 홀로 들어갈 수 없었다는 내용이 나와야 적절하나. 그러므로 unless(~하시 않으면, ~하시 않는 한)가 나와야 한다.

답 ①

Vocabulary

The development of dialects mainly results from limited communication between different parts of a community that share one language. Under such circumstances, changes that take place in the language of one part of the community do not spread elsewhere. _____(A)_____, the speech varieties become more distinct from one another. If contact continues to be limited for long enough, sufficient changes will accumulate to make the speech varieties mutually unintelligible, which usually leads to the recognition of separate languages. The different changes that took place in spoken Latin in different parts of the Roman Empire, _____(B)_____, eventually gave rise to the modern Romance languages, including French, Spanish, and Italian.

- dialect[dáiəlèkt] 방언
- elsewhere[élshwὲər] 다른 곳에
- sufficient[səfíʃənt] 충분한
- accumulate [əkjúːmjəlèit] 쌓이다
- variety[vəráiəti] 차이
- unintelligible [ʌnintéləʤəbəl] 이해하기 어려운
- mutually[mjúːtʃuəl] 서로의
- separate[sépərèit] 분리된

① (A) Otherwise   (B) for example

② (A) Otherwise   (B) therefore

③ (A) As a result   (B) however

④ (A) As a result   (B) for example

⑤ (A) That is   (B) however

[2점] [07.9월평가원]

해석 방언의 발전은 주로 하나의 언어를 공유하는 공동사회의 여러 지역들 간의 한정된 의사소통 때문에 기인한다. 그러한 환경 하에서 그 사회의 한 일부의 언어에서 발생하는 변화들은 다른 곳으로 전파되지 않는다. 그 결과 발화의 차이가 서로 점점 더 뚜렷하게 달라진다. 서로간의 접촉이 아주 오랜 시간 동안 계속 제한되면 발화의 차이를 서로 알아들을 수 없게 할 정도로 충분한 변화가 누적될 것이고, 일반적으로 그것이 분리된 언어들의 인정을 가져온다. 될 것이다. 예를 들어, 로마 제국의 여러 지역에서 발화되는 라틴어에 일어난 다양한 변화가 결국 불어, 스페인어, 이태리어를 포함하는 오늘날의 로망스어를 가져왔다.

풀이 한 사회의 여러 지역이 지리적으로 단절되어 의사소통이 제한된다는 것과 서로의 말이 달라진다는 것은 논리적으로 인과관계를 이루므로 (A)에는 As a result(결과적으로)가 적절하다. (B)의 앞에는 서로 간 접촉이 오래 제한되면 발화의 차이가 알아들을 수 없을 만큼 심화된다는 사실이 제시되었고 (B)의 뒤에 하나의 언어가 여러 언어로 분리된 사례가 뒤에 제시되고 있으므로 for example(예를 들어)이 적절하다.

답 ④

06 빈칸 (A)와 (B)에 들어갈 말로 가장 적절한 것끼리 짝지은 것은?

- context[kántekst] 맥락
- prevalence[prévələns] 유행
- interrelated [intərriléitid] 서로 (밀접한) 관계가 있는
- distinct[distíŋkt] 별개의
- primarily[praimérəli] 최초로
- simplification [simpləfikéiʃən] 단순화
- essentiality [isènʃiǽ′ləti] 본성, 본질

Design and styling cannot be fully understood outside of their social, economic, political, cultural, and technological contexts. ____(A)____, the cycles of Western economies during the 20th century had a significant impact on the prevalence of objects that emphasized design over styling—and the other way round. While design and styling are interrelated, they are completely distinct fields. Styling is concerned with surface treatment and appearance, the expressive qualities of a product. Design, ____(B)____, is primarily concerned with problem solving, the function of a product. It generally seeks simplification and essentiality.

① (A) For example   (B) on the other hand

② (A) For example   (B) worst of all

③ (A) In addition   (B) worst of all

④ (A) Otherwise   (B) by all means

⑤ (A) Otherwise   (B) on the other hand

[2점] [07.수능]

해석 디자인과 스타일링은 그 사회적, 경제적, 정치적, 문화적, 그리고 기술적 맥락 밖에서는 완전히 이해될 수 없다. 예를 들어, 20세기 동안의 서양의 경제 주기는 디자인을 스타일링보다 강조한, 혹은 그 반대를 강조한 물건의 유행에 중대한 영향을 끼쳤다. 디자인과 스타일링이 서로 관련되어 있지만 그것들은 완전히 별개의 영역이다. 스타일링은 표면 처리와 외양, 제품의 표현적 특성과 관계있다. 디자인은 반면에 주로 문제 해결, 제품의 기능과 관련이 있다. 그것은 일반적으로 단순화와 본질성을 추구한다.

풀이 빈칸 (A)앞에서는 디자인과 스타일링을 이해하기 위해 필요한 요소들을 언급했고, 빈칸 뒤에는 구체적인 예를 제시했으므로 예시를 나타내는 연결어인 For example(예를 들어)이 나와야 한다. 빈칸 (B)앞에서는 디자인과 스타일링이 별개 영역이라고 말하고 나서 스타일링을 속성을 언급하고, 빈칸 (B)뒤에서는 디자인의 속성을 언급했기 때문에 대조를 나타내는 연결어인 on the other hand(반면에)가 나와야 한다.

07 다음 글의 빈칸 (A), (B)에 들어갈 말로 가장 적절한 것은?

Vocabulary

- era[íərə, érə] 시대
- responsible
  [rispánsəbəl] 책임이 있는
- deprive[dipráiv] 박탈하다
- historical[histɔ́(ː)rikəl]
  역사(상)의
- highly[háili] 높게

At certain times in history, cultures have taken it for granted that a person was not fully human unless he or she learned to master thoughts and feelings. In ancient Sparta, in Republican Rome, and among the British upper classes of the Victorian era, _____(A)_____, people were held responsible for keeping control of their emotions. Anyone who lost his or her temper too easily was deprived of the right to be accepted as a member of the community. In other historical periods such as the one in which we are now living, _____(B)_____, the ability to control oneself is not always highly respected. People who attempt it are often thought to be odd.

① (A) for example (B) therefore
② (A) for example (B) however
③ (A) for example (B) moreover
④ (A) on the contrary (B) however
⑤ (A) on the contrary (B) therefore

[2점] [08.6월평가원]

해석 역사상 특정 시기에는 사람이 생각과 느낌을 완벽히 제어하는 법을 배우지 못한다면 완전한 인간이 아니다 라는 것을 당연시 해온 문화가 있었다. 예를 들어 고대 스파르타 시대에서, 로마 공화정 시대에서, 빅토리아 시대의 영국 상류계층들 사이에서는 사람들이 자신의 감정을 통제할 책임이 있었다. 평정심을 너무나 쉽게 잃어버리는 사람은 누구라도 사회 구성원으로서 받아들여질 권리를 박탈당했다. 그러나 지금 우리가 살고 있는 것과 같은 역사의 다른 시기에는, 자신을 통제할 수 있는 능력이 항상 높게 존중 받고 있는 것만은 아니다. 그러한 것(자신의 감정을 완벽히 통제하려는 것)을 시도하는 사람들은 종종 이상하게 생각되어진다.

풀이 앞 문장에서는 생각과 감정의 통제를 언급하고 있으며, (A) 빈칸이 포함되어 있는 문장에서는 특정 시대의 사람들과 그 감정 통제에 관한 세부적인 내용이 제시되고 있으므로 'for example(예를 들어)'이 들어가는 것이 더 적절하다. 또한 (B)의 경우, 그 앞 문장에 이전 시대에는 감정을 통제하는 능력이 중시되었다는 내용이 제시된 반면, (B) 문장에서는 오늘날의 경우 그 능력이 경시되고 있다는 상반되는 내용이 제시되고 있기 때문에 인과 관계를 나타내는 'therefore(그러므로)'나 첨가하는 의미의 'moreover(더욱이)'는 정답이 되기 어려우며 'however(그러나)'가 적절하다 할 수 있다.

답 ②

Vocabulary ✓

- soar[sɔ:r] 날아오르다
- incredible[inkrédəbəl] 놀라운
- extraordinary [ikstrɔːrdənèri] 비범한
- uniquely[juːníːkli] 독특하게
- tradeoff[tréidɔ̀:f] 교환
- occasional[əkéiʒənəl] 이따금씩의

08 다음 글의 빈칸 (A), (B)에 들어갈 말로 가장 적절한 것은?

Soaring eagles have the incredible ability to see a mouse in the grass from a mile away. _____(A)_____, cats have the extraordinary ability to see in the dark. Through natural selection over time, these animals have developed visual systems uniquely adapted to their way of life. The human visual system has also adapted to many things well. _____(B)_____ our night vision is not as good as that of a cat, our color vision is excellent. This is not a bad tradeoff, since being able to enjoy a sunset's beauty seems worth an occasional fall in the dark.

① (A) Similarly   (B) Although

② (A) Similarly   (B) Once

③ (A) Similarly   (B) Before

④ (A) Instead   (B) Before

⑤ (A) Instead   (B) Once

[2점] [08.9월평가원]

해석 하늘을 날아오르는 독수리는 1마일 떨어진 곳으로부터 풀밭의 쥐를 볼 수 있는 놀라운 능력을 가지고 있다. 마찬가지로, 고양이는 어둠 속에서 볼 수 있는 비범한 능력을 가지고 있다. 세월에 걸친 자연선택을 통하여, 이러한 동물들은 그들의 삶의 방식에 독특하게 맞추어진 시각 체계를 발달시켜 왔다. 인간의 시각 체계 또한 많은 것들에 잘 적응해 왔다. 비록 우리의 야간 시력은 고양이의 그것만큼 좋지 않지만, 우리의 색채 시력은 뛰어나다. 석양의 아름다움을 즐길 수 있다는 것이 어둠 속에서 가끔 넘어지는 것을 감수할 만한 가치를 지닌 것 같으므로, 이것은 그리 형편없는 교환 조건은 아니다.

풀이 (A) 빈칸 앞에는 독수리의 뛰어난 시력을 말하고 있고, 빈칸 다음에는 고양이가 어둠 속에서 잘 보는 능력을 말하고 있으므로 유사한 내용을 연결할 때 쓰는 연결어인 Similarly(마찬가지로)가 나와야 적절하다. (B) 빈칸이 있는 절에는 우리의 야간 시력이 고양이만큼 좋지는 않다는 말이 나오지만, 주절에는 우리의 색채 시력이 뛰어나다고 말하고 있으므로, 빈칸에는 대조를 나타내는 접속사인 Although(비록)가 나오는 것이 가장 적절하다.

답 ①

09 다음 글의 빈칸 (A), (B)에 들어갈 말로 가장 적절한 것은?

One key social competence is how well or poorly people express their own feelings. Paul Ekman uses the term 'display rules' for the social agreement about which feelings can be properly shown when. Cultures sometimes vary tremendously in this regard. _____(A)_____, Ekman and his colleagues in an Asian country studied the facial reactions of students to a horrific film about a teenage Aboriginal ritual ceremony. When the students watched the film with an authority figure present, their faces showed only the slightest hints of reaction. _____(B)_____, when they thought they were alone though they were being taped by a secret camera their faces twisted into vivid mixes of uncomfortable feelings.

Vocabulary

- properly 적절하게
- tremendously
  [triméndəsli] 매우
- horrific[hɔːrífik] 무서운
- Aboriginal[æbərídʒənl]
  오스트레일리아 원주민의
- authority[əθɔːriti] 권위
- figure[fígjər] 인물

① (A) Similarly   (B) However
② (A) For example   (B) Consequently
③ (A) Similarly   (B) Therefore
④ (A) For example   (B) However
⑤ (A) In addition   (B) Consequently

[2점] [08.수능]

해석 한 가지 중요한 사교 능력은 사람들이 그들 자신의 감정을 얼마나 잘 표현하는가 혹은 못하는 가 하는 것이다. Paul Ekman은 어떤 감정이 언제 적절하게 표현될 수 있는지에 대한 사회적인 합 의에 대해 '(감정) 표현 규칙'이라는 용어를 사용한다. 이 점에 관해서 문화는 때로로 아주 다양하 다. 예를 들어, Ekman과 그의 동료들은 한 동양 국가에서 10대 호주 원주민이 행하는 의식에 관 한 무서운 영화를 본 학생들의 얼굴 반응을 연구했다. 학생들이 권위 있는 인물이 참석한 상태에 서 영화를 봤을 때, 그들의 얼굴은 단지 최소한의 반응의 기색만을 보였다. 그러나 그들이 혼자 있 다고 생각했을 때에는 (비록 그들은 비밀 카메라로 촬영되고 있는 중이었지만) 불편한 감정이 생생 하게 뒤범벅이 되어 그들의 얼굴은 비틀려 있었다.

풀이 빈칸 (A) 앞에 감정 표현하는 방식이 문화에 따라 아주 다르다는 말이 나오고, 뒤에는 Ekman이 행한 실험의 예가 나오므로 예시를 나타내는 연결사 For example가 나와야 한다. 빈칸 (B) 앞에는 학생들이 권위 있는 이와 함께 무서운 영화를 볼 때 는 최소한의 표현을 했지만 (B) 뒤에는 그들이 혼자 있다고 생각할 때 생생한 표현을 한다는 상반된 내용이 나오므로 대조를 나타내는 연결사 However가 나오는 것이 적절하다.

Vocabulary ▼

- glamorous[glǽmərəs]
  매력적인
- limitation[lìmətéiʃən]
  한계
- miserable[mízərəbəl]
  비참한
- critical[krítikəl]
  위기의, 치명적인

10 다음 글의 빈칸 (A), (B)에 들어갈 말로 가장 적절한 것은?

We're always seeking the next opportunity for something big. If you talk to a cab driver in Manhattan, you're likely to find that he's going to school to get a better job. ____(A)____, if you meet a waitress in Southern California, she's likely to tell you that she has an audition for a movie next week. The cab driver might never get out of his cab and the waitress might be serving food for the next twenty years, but the sense that they're moving toward something more glamorous is very important to them personally. ____(B)____, those who fail to act, who accept the limitations of their work without complaining, are likely to feel miserable about their lives. The hopelessness of their jobs has done critical damage to their identities.

① (A) Likewise   (B) On the other hand

② (A) Likewise   (B) To begin with

③ (A) On the contrary   (B) At the same time

④ (A) On the contrary   (B) Therefore

⑤ (A) As a result   (B) In other words

[2점] [09.6월평가원]

해석 우리는 항상 무언가 큰 것을 위해 다음번 기회를 찾고 있다. 맨해튼에서 한 택시기사와 이야기를 해보면 그가 더 좋은 직장을 얻기 위해 학교에 다니고 있다는 사실을 알게 될 것이다. 마찬가지로 캘리포니아 남부에서 한 음식점 여종업원을 만나면 그녀가 다음 주에 영화 오디션을 본다는 이야기를 듣게 될 것이다. 그 운전기사는 아마 택시를 벗어나지 못할 것이고 그 여종업원도 향후 20년간 음식 서빙을 할 가능성이 높지만 좀 더 매력적인 무언가를 향해 그들이 움직이고 있다는 의식은 개인적으로 그들에게 매우 중요하다. 반면에, 행동에 옮기는 것을 실패하고 불평도 없이 자신이 하고 있는 일의 한계를 받아들이는 사람들은 자신의 삶을 비참하다고 느끼는 경향이 있다. 자신의 일에 대한 희망을 가지지 않는 것은 정체성에 대한 치명적인 손상을 가져온다.

풀이 맨해튼의 택시기사와 캘리포니아 남부의 여종업원을 예시로 삼아 글을 전개하고 있다. 동일한 흐름을 가진 두 개의 예시이므로 (A)에는 Likewise(마찬가지로)를 써야 한다. 또한 무언가를 위해 행동하고 있는 사람들(they're moving toward something)과 행동을 포기한 사람들(those who fail to act)을 대조하고 있으므로 (B)에는 On the other hand(반면에)를 써야 한다.

답 ①

11 다음 글의 빈칸 (A), (B)에 들어갈 말로 가장 적절한 것은?

The lawyer had a unique place within American society. In a country without a landed aristocracy, lawyers formed a privileged but public-spirited class. In every town and city in America, they were the leading citizens who helped to build the museums and hospitals, formed civic institutions, and moved in and out of government at all levels. _____(A)_____, James C. Carter was a distinguished New York lawyer in the late 19th century. He helped to found the Bar of the City of New York and played a key role in reform movements in the city and the state, including the Citizens Union, the City Club, and the Good Government Clubs. _____(B)_____, his public life took up a good part of his work life. And he was not unusual. Lawyers like him could be found in New York and in every town in America.

※ aristocracy 귀족계급

① (A) In addition   (B) However
② (A) For example   (B) However
③ (A) For example   (B) In other words
④ (A) In contrast   (B) In other words
⑤ (A) In addition   (B) Therefore

Vocabulary

- lawyer[lɔ́ːjər] 변호사
- privilege[prívəlidʒ] 특권
- civic[sívik] 도시의
- institution[instətjúːʃən] 기관, 단체
- distinguished [distíŋgwiʃt] 눈에 띄는, 유명한

[2점] [09.9월평가원]

해석 변호사는 미국 사회 안에서 유일무이한 지위를 점하고 있다. 지주 귀족이 없는 나라에서, 변호사는 특권층이지만 공공심을 가진 계층을 형성했다. 미국의 모든 마을과 도시에서 그들은 박물관과 병원 건설을 도왔고, 시민 단체를 형성했으며, 모든 단계의 정부에 들어갔다 나왔다 하는 주도적인 시민이었다. 예를 들어, James C. Carter는 19세기 말 뉴욕에서 유명한 변호사였다. 그는 뉴욕시 변호사협회 창립을 도왔으며 시민연대, 도시 클럽, 좋은 정부 클럽 등을 포함하여 시와 주(州)의 개혁 운동에서 중요한 역할을 했다. 다시 말하면, 공식 활동이 그가 하는 일의 대부분을 차지했다. 그리고 그는 특별하지 않았다. 그와 같은 변호사들을 뉴욕과 미국의 모든 마을에서 발견할 수 있다.

풀이 주도적인 시민의 역할을 하는 변호사의 지위를 언급한 후 그에 대한 예시로 James C. Carter를 들고 있으므로 (A)에는 For example(예를 들어)이 적절하다. 또한 뉴욕시 변호사 협회 활동, 개혁 운동에서의 역할 등은 James C. Carter의 공적 활동에 해당하므로 (B)에는 앞의 내용을 부연하는 In other words(다시 말하면)를 써야 한다.

Vocabulary

- entirely[entáiərli]
전적으로
- neutral[njú:trəl] 중립의
- rarely[réərli]
좀처럼 ~하지 않는
- interpret[intə́:rprit]
해석하다
- reference[réf-ərəns]
언급
- shift[ʃift] 이동하다
- function[fʌ́ŋkʃən] 기능

12 다음 글의 빈칸 (A), (B)에 들어갈 말로 가장 적절한 것은?

Sheets of paper exist almost entirely for the purpose of carrying information, so we tend to think of them as neutral objects. We rarely interpret marks on paper as references to the paper itself. ____(A)____, when we see the text, characters, and images on artifacts that serve other purposes, we generally interpret these marks as labels that do refer to their carriers. Natural objects do not come with labels, of course, but these days, most physical artifacts do. ____(B)____, their designers have chosen to shift part of the burden of communication from the form and materials of the artifact itself to lightweight surface symbols. So, for example, a designer of door handles might not worry about communicating their functions through their shapes, but might simply mark them 'push' and 'pull.'

※ artifact 인공물

① (A) However   (B) Otherwise

② (A) Likewise   (B) In contrast

③ (A) However   (B) That is

④ (A) Besides   (B) In contrast

⑤ (A) Besides   (B) That is

[2점] [09.수능]

해석

낱장의 종이들은 거의 전적으로 정보를 전달하는 목적으로 존재하기 때문에, 우리는 그 종이들을 중립적인 대상으로 생각하는 경향이 있다. 우리는 종이 위의 표시를, 종이 자체에 대한 언급으로서 좀체 해석하지 않는다. 하지만, 우리는 다른 목적으로 쓰이는 인공물에 있는 문구와 문자, 이미지를 볼 때에는, 일반적으로 이런 표시들을 그 표시의 운반체를 언급하는 라벨로 해석한다. 물론 자연 물질들에 라벨이 붙지는 않지만 오늘날에는 대다수의 인공 물질들에는 라벨이 붙는다. 다시 말하자면, 이 인공물의 디자이너들은 의사소통(인공물질을 알리는 것)의 부담의 일부를, 인공물 그 자체의 형태와 재료에서부터 가벼운 표면 상징물들로 옮기기로 마음을 먹었다. 그러므로 예를 들어 문손잡이의 디자이너는 문손잡이의 형태를 통해 그 기능을 알리는 것에 대해 염려하지 않고 단순히 문손잡이에 '미세요'와 '당기세요'와 같은 표시를 할 수도 있다.

풀이

(A) 앞 문장은 우리가 종이 위의 표시를 종이 자체에 대한 참고나 언급으로 생각하지 않는다고 말한다. 뒤 문장은 우리가 인공물에 있는 글, 문자, 이미지를 그것들을 담고 있는 것(carriers = artifacts)에 대한 언급의 표시로 인식한다고 말한다. 앞 문장과 뒤 문장의 의미가 (A)를 중심으로 서로 대조되므로, (A)에는 역접의 연결어인 however가 적절하다.
② 마찬가지로 ④,⑤ 그 밖에

(B) 앞 문장은 자연물과 달리 인공물은 대부분 표시(label)를 가지고 있다고 말한다. 뒤 문장은 그 표시에 대한 구체적인 설명으로 자연물이 아닌 인공물에 있는 표시가 인공물의 속성을 설명해 준다는 면에서 비슷한 이야기를 하고 있다. 따라서 (B)에는 환언의 연결어인 That is(즉)가 적절하다. ①그렇지 않으면 ②,④그에 반하여

정답 ③

13 다음 글의 빈칸 (A), (B)에 들어갈 말로 가장 적절한 것은?

Early photography continued the trend toward the imprisonment of the subject and the object of representation. During photography's first decades, exposure times were quite long. ____(A)____, the daguerreotype process required exposures of four to seven minutes in the sun and from twelve to sixty minutes indoors. Early photographs represented the world as stable, eternal, and unshakable. And when photography ventured to represent living things, they had to be immobilized. ____(B)____, portrait studios universally employed various holding devices to assure the steadiness of the sitter throughout the lengthy time of exposure. The devices firmly held the person in place. In other words, a person who wanted to see his own image became a voluntary prisoner of the machine.

※ daguerreotype 은판(銀板) 사진술

- photography[fətágrəfi] 사진
- imprisonment [impríznmənt] 구속
- representation [rèprizentéiʃən] 표시, 표현
- venture[véntʃər] 위험을 무릅쓰고 ~하다, 모험하다
- portrait[pɔ́ːrtrit, -treit] 초상
- unshakable[ʌnʃéikəbəl] 흔들리지 않는
- immobilize[imóubəlàiz] 고정하다

① (A) For instance   (B) Instead

② (A) For instance   (B) Thus

③ (A) Otherwise   (B) Thus

④ (A) Otherwise   (B) Instead

⑤ (A) Otherwise   (B) However

[2점] [10.6월평가원]

해석 초기의 사진은 피사체의 구속과 표현의 객관화라는 방향으로 지속되었다. 초기 10년간, 노출시간은 꽤 길었다. 예를 들어, 은판 사진처리는 실외에서는 4~7분, 실내에서는 12~60분 정도의 노출시간을 필요로 했다. 초기의 사진들은 세상을 안정적인, 영원한, 흔들리지 않는 것으로 표현했다. 그리고 사진이 살아있는 것들을 나타내려는 모험을 했을 때, 그들은 고정되어 있어야만 했다. 따라서 초상 사진 작업실은 대개 긴 노출시간 동안 앉아있는 사람의 안정감을 위한 다양한 고정 장치를 갖추고 있었다. 이 장비들은 사람을 단단히 고정시켰다. 다시 말해, 자신의 모습을 보고 싶은 사람은 기계의 자발적인 포로가 되어야만 했다.

풀이 초기의 사진은 노출시간이 길었다는 것을 언급한 후 그에 대한 예시로 은판 사진처리의 노출시간을 들고 있으므로 (A)에는 For example(예를 들어)이 적절하다. (B)에는 앞에 이유가 설명되어 있고 뒤에 결론이 언급되고 있으므로 인과관계의 Thus(그러므로)가 필요하다.

정답 ②

Vocabulary

- suspicious[səspíʃəs]
  의심스러운
- leisure[líːʒəːr, léʒ-] 여가
- ethic[éθik]
  윤리적인,
  직업상의 윤리에 맞는
- via[váiə] ~을 통해
- generous[dʒénərəs]
  후한
- welfare[wélfèəːr] 복지

14 다음 글의 빈칸 (A), (B)에 들어갈 말로 가장 적절한 것은?

American culture in general appears suspicious of leisure. Some people believe this may be due to the Protestant work ethic. Many Americans fill their free time with intellectually or physically demanding hobbies or volunteer work. Even on vacation, Americans stay in touch with the workplace via their cellular phones and laptop computers. ____(A)____, Europeans hold leisure in high regard. A new French law gave France the shortest work week in Europe. Companies with more than twenty employees are required to cut work hours from 39 to 35 per week. Besides creating more leisure time for workers, this move is expected to help ease unemployment. In Germany, ____(B)____, longer work weeks may soon be the standard. Its low birth rate has resulted in fewer workers supporting more and more retired Germans in the generous state welfare system.

① (A) On the other hand   (B) therefore

② (A) On the other hand   (B) however

③ (A) Likewise   (B) indeed

④ (A) Likewise   (B) however

⑤ (A) Nevertheless   (B) therefore

[2점] [10.9월평가원]

해석 일반적으로 미국 문화는 여가를 의심하는 것처럼 보인다. 어떤 사람들은 이것이 개신교도들의 직업윤리 때문일지도 모른다고 생각한다. 많은 미국인들은 그들의 여가 시간을 지적으로나 신체적으로 노력을 요하는 취미나 자원 봉사활동으로 채운다. 심지어 휴가 때에도 미국인들은 휴대 전화나 휴대용 컴퓨터를 통해 직장과 연락을 유지한다. 반면에 유럽인들은 여가를 존중한다. 새 프랑스 법은 유럽에서 가장 짧은 주당 노동시간을 자국에 선사했다. 20명 이상의 직원을 가진 회사는 근무시간을 주당 39시간에서 35시간으로 필수적으로 줄여야 한다. 직장인들을 위한 더욱 많은 여가 시간을 만들어 내는 것 이외에, 이 움직임은 실업을 완화하는데 도움이 될 것으로 예상된다. 하지만, 독일에서는 더 길어진 주당 노동 시간이 곧 표준이 될지도 모른다. 낮은 출생률로 인해 그 나라의 후한 국가 복지 체계에서 더욱 더 많은 은퇴한 독일인들을 부양해야 하는 노동자의 수가 줄어들었다.

풀이 (A) 미국인과 유럽인의 여가에 대한 개념차이가 언급되고 있으므로, On the other hand(반면에)가 적절하다.
(B) 유럽에서 가장 짧은 주당 노동시간을 법으로 하는 프랑스와는 달리 낮은 출생률로 인해 노동 시간이 길어지는 독일의 경우를 설명하고 있으므로, 역접의 접속사 however가 적절하다.

답 ②

15 다음 글의 빈칸 (A), (B)에 들어갈 말로 가장 적절한 것은?

War seems to be part of the history of humanity. Countries, regions, and even villages were economically independent of one another in the past. Under those circumstances, the destruction of our enemy might have been a victory for us. There was a relevance to violence and war. ____(A)____, today we are so interdependent that the concept of war has become outdated. When we face problems or disagreements today, we have to arrive at solutions through dialog. We must work to resolve conflicts in a spirit of reconciliation and always keep in mind the interests of others. We cannot destroy our neighbors! We cannot ignore their interests! Doing so would ultimately cause us to suffer. ____(B)____, the concept of violence is now unsuitable, and nonviolence is the appropriate method.

① (A) However   (B) Otherwise
② (A) However   (B) Therefore
③ (A) Nonetheless   (B) Otherwise
④ (A) Similarly   (B) Therefore
⑤ (A) Similarly   (B) In contrast

[2점] [10.수능]

해석 전쟁은 인류 역사의 일부인 듯하다. 과거에는 국가, 지역, 그리고 심지어 마을도 경제적으로 서로 독립된 상태였다. 그러한 상황에서는 우리의 적을 파괴하는 것은 우리에게 승리가 될 수 있었다. 폭력과 전쟁은 관련성이 있었다. 하지만, 오늘날 우리들은 서로 많은 것을 의존하고 있기에 전쟁의 개념은 시대에 뒤떨어진 것이 되었다. 오늘날 여러 문제나 의견불일치에 직면할 때 우리는 대화를 통해 해결점에 도달해야 한다. 우리는 화해의 정신으로 분쟁을 해결하기 위해 일해야 하고 항상 상대방의 이익을 염두에 두고 있어야 한다. 우리는 이웃을 파괴할 수는 없다. 우리는 그들의 이익을 무시할 수 없다. 그렇게 하는 것은 결국 우리를 고통스럽게 하는 것이 될 것이다. 따라서 폭력의 개념은 이제 부적절하며 비폭력이 적절한 방법이 된다.

풀이 (A) 에는 전쟁과 폭력의 시대였던 과거에 대한 언급이 끝나고 화해와 협력의 시대인 오늘날에 대한 언급이 시작되는 부분이므로 '역접'의 연결어인 However가 필요하다.
(B) 에는 앞에 이유가 설명되어 있고 뒤에 결론이 언급되고 있으므로 인과관계의 Therefore가 필요하다.

답 ②

Vocabulary

- instinctively
  [instíŋktivli]
  본능적으로
- biodegradable
  [bàioudigréidəbəl]
  생물 분해성의
- by-product
  [báiprȁdəkt, -dʌkt]
  부산물
- virtually[vəˊːrtʃuəli]
  사실상
- component
  [kəmpóunənt] 구성 요소
- municipal
  [mjuːnísəpəl] 도시의
- theoretically
  [θiːərétikli] 이론적으로
- landfill[læˊndfil]
  쓰레기 매립지
- pollutant[pəlúːtənt]
  오염 물질

16 다음 글의 빈칸 (A), (B)에 들어갈 말로 가장 적절한 것은?

Many grocery stores give the shopper the option of paper or plastic grocery bags. Many people instinctively say that paper is less harmful to the environment —after all, paper is biodegradable and recyclable. ____(A)____, most plastic is manufactured using oil by-products and natural gas. Plastic is not always easily or economically recyclable, and once manufactured, plastic may last virtually indefinitely. Yet in the United States, paper products are the single largest component of municipal waste. Even though paper products may theoretically be biodegradable, in most landfills, they do not biodegrade. ____(B)____, paper production emits air pollution, specifically 70 percent more pollution than the production of plastic bags. And consider that making paper uses trees that could be absorbing carbon dioxide. The paper bag making process also results in three times more water pollutants than making plastic bags.

① (A) In contrast   (B) Furthermore

② (A) In contrast   (B) However

③ (A) As a result   (B) Likewise

④ (A) For instance   (B) Nonetheless

⑤ (A) For instance   (B) Therefore

[2점] [11.9월평가원]

해석 많은 식료품점에는 쇼핑객들에게 식료품용으로 종이봉투나 비닐봉투를 선택하도록 한다. 많은 사람들은 종이가 환경에 덜 해롭다고 본능적으로 말한다. 결국 종이는 생물 분해성이 있고 재활용할 수 있다. 대조적으로, 대부분의 비닐은 석유 부산물과 천연 가스를 사용해서 제조된다. 비닐은 항상 쉽게 경제적으로 재활용할 수 있는 것은 아니며 일단 제조되면 사실상 영구적이다. 하지만 미국에서 종이 제품은 도시 쓰레기 중에서 단일 구성 요소로는 가장 많다. 종이 제품이 이론적으로는 생물 분해성이 있다고 할지라도, 대부분의 쓰레기 매립지에서 그것이 자연 분해되는 것은 아니다. 더욱이, 종이 생산에는 특히 비닐봉투를 생산할 때보다 70퍼센트 더 많은 공기 오염이 수반된다. 그리고 종이를 만드는 데는 이산화탄소를 흡수할 수 있는 나무를 사용한다는 점을 고려하라. 종이봉투 제작 과정에는 또한 비닐봉투 제작보다 세 배나 더 많은 수질 오염 물질이 생긴다.

풀이 (A) 를 기준으로 바로 앞에서는 종이의 좋은 점이 기술되고, 바로 뒤에서는 비닐의 좋지 않은 점이 기술되므로, (A)에는 대조의 연결사인 In contrast(그에 반하여)가 적절하다. ③ 결과적으로 ④, ⑤ 예를 들어
(B) 를 기준으로 바로 앞에서는 종이의 좋지 않은 점이 기술되고, 바로 뒤에서도 종이의 좋지 않은 점이 계속 기술되므로, (B)에는 추가의 연결사인 Furthermore(게다가)가 적절하다. ③ 똑같이, 마찬가지로 ④ 그럼에도 불구하고 ⑤ 그러므로

답 ①

17 다음 글의 빈칸 (A), (B)에 들어갈 말로 가장 적절한 것은?

No matter how good your product is, remember that perfection of an existing product is not necessarily the best investment one can make. ____(A)____, the Erie Canal, which took four years to build, was regarded as the height of efficiency in its day. What its builders had not considered was that the advent of the railroad would assure the canal's instant downfall. By the time the canal was finished, the railroad had been established as the fittest technology for transportation. ____(B)____, when the fuel cell becomes the automotive engine of choice, the car companies focusing on increasing the efficiency of the internal combustion engine may find themselves left behind. Is it time to keep making what you are making? Or is it time to create a new niche? Innovation requires noticing signals outside the company itself: signals in the community, the environment, and the world at large. ※ niche 틈새

① (A) Furthermore   (B) Nevertheless
② (A) Furthermore   (B) Otherwise
③ (A) For example   (B) Likewise
④ (A) For example   (B) However
⑤ (A) In contrast   (B) Besides

Vocabulary

- necessarily [nèsəsérəli] 반드시
- investment [invéstmənt] 투자
- efficiency[ifíʃənsi] 효율성
- advent[ǽdvent] 도래, 출현
- automotive [ɔ̀ːtəmóutiv, ̄----] 자동차의
- combustion [kəmbʌ́stʃən] 연소
- innovation [ínouvèiʃn] 혁신

[2점] [11.수능]

해석 신의 제품이 아무리 좋은 것일지라도, 현존하는 제품을 완벽하게 만드는 것이 반드시 당신이 할 수 있는 최고의 투자는 아니라는 점을 기억하라. 예를 들어, 건설하는 데 4년이 걸렸던 Erie 운하는 당대에 효율성의 최고봉이라고 여겨졌다. 운하를 건설한 사람들이 고려하지 않았던 것은 철도의 출현이 분명히 운하의 즉각적인 쇠락을 가져올 것이라는 사실이었다. 운하가 완성되었을 때, 철도는 이미 가장 적합한 운송 기술로 자리를 잡았다. 이와 유사하게, 연료전지가 선택 가능한 자동차 엔진이 되고 있을 때, 내연기관의 효율성을 늘리는 데 초점을 맞추는 자동차 회사들은 자신들이 뒤처져 있다는 것을 알게 될 수도 있다. 지금 만들고 있는 것을 계속 만들어야 할 때인가? 아니면 새로운 틈새를 창출할 때인가? 혁신은 회사의 밖에서 들려오는 신호들, 즉 공동체, 주변 환경, 전반적인 세계에서 들려오는 신호들을 알아차릴 것을 요구한다.

풀이 (A) 현존하는 제품을 완벽하게 만든 것이 최고의 투자가 아니었던 Erie 운하의 예를 들고 있으므로, For example(예를 들어)을 써야 한다. ①, ② 게다가 ⑤ 그에 반해서
(B) 앞에서 들었던 것과 비슷한 예를 하나 더 들고 있으므로, Likewise(이와 유사하게)를 써야 한다. ① 그럼에도 불구하고 ② 그렇지 않으면 ⑤ 그 밖에

답 ③

Vocabulary

- euphemism
  [júːfəmìzəm] 완곡어법
- substitute[sʌ́bstitjùːt]
  대체하다
- objectionable
  [əbdʒékʃənəbəl] 불쾌한
- blunt[blʌnt] 둔감한
- variance[vέəriəns]
  불일치
- statement
  [stéitmənt] 말
- substandard
  [sʌbstǽndərd]
  표준 이하의

18 다음 글의 빈칸 (A), (B)에 들어갈 말로 가장 적절한 것은?

The term euphemism derives from a Greek word meaning 'to speak with good words' and involves substituting a more pleasant, less objectionable way of saying something for a blunt or more direct way. Why do people use euphemisms? They do so probably to help smooth out the'rough edges' of life, to make the unbearable bearable and the offensive inoffensive. ____(A)____, euphemisms can become dangerous when they are used to create misperceptions of important issues. ____(B)____, a politician may indicate that one of his statements was 'somewhat at variance with the truth,' meaning that he lied. Even more serious examples include describing rotting slums as'substandard housing,' making the miserable conditions appear reasonable and the need for action less important.

① (A) However   (B) For example

② (A) In short   (B) For example

③ (A) That is   (B) Similarly

④ (A) In addition   (B) Therefore

⑤ (A) Nevertheless   (B) Similarly

[2점] [12.수능]

해석 완곡어법이라는 말은 "좋은 단어들로 말하다"를 의미하는 그리스 단어에서 비롯되었으며, 무언가를 말하는 더 듣기 좋고 불쾌감이 덜한 방식으로 직설적이거나 보다 직접적인 식을 대체하는 것과 관련되어 있다. 왜 사람들은 완곡어법을 쓸까? 그 들은 아마도 삶의 "거친 가장자리"를 부드럽게 만드는 것을 돕고, 견딜 수 없는 것을 견딜 만하게 하며, 불쾌한 것을 거슬리지 않게 만들기 위해 그렇게 한다. 그러나 완곡어법은 중요한 문제점 에 대해 잘못된 인식을 만들도록 사용될 때 위험해질 수 있다. 예를 들어, 어느 정치가가 자신 의 말 중 하나가 "약간 진실과 상충 관계 에" 있었다고 시사할 수도 있는데, 이것은 그가 거짓말을 했다는 뜻이다. 훨씬 더 심각한 예는 썩어가는 빈민가를 "표준 이하 주거"라고 묘사하는 것을 포함하고 있는데, 이는 비참한 상태를 적당해 보이도록 하고 조치의 필요 이 덜 중요하게 만든다.

풀이 (A) 빈칸 앞에는 완곡어법을 불쾌한 것을 거슬리지 않게 만들기 위해 사용한다는 내용이 나오고, 뒤에는 완곡어법의 사용이 위험해질 수 있다는 내용이 나오므로,'역접'의 연결어인 However가 적절하다. ② 요약하면 ③ 즉, 다시 말하면 ④ 게다가 ⑤ 그럼에도 불구하고

(B) 빈칸 앞에는 완곡어법이 중요한 문제에 대해 잘못된 인식을 만들도록 사용될 때 위험해질 수 있다는 내용이 나오고, 뒤에는 그에 대한 예가 이어지므로, '예시'를 의미하는 For example이 적절하다.

답 ①

19 빈칸 (A)와 (B)에 들어갈 말로 가장 적절한 것끼리 짝지은 것은?

When you touch a pencil with all five fingertips with your eyes closed, why do you perceive a single pencil image instead of five unconnected pieces of the pencil? The answer is that your brain has special circuits that help you build complete pictures from individual pieces of information. ___(A)___, these gap-filling circuits lead your brain to perceive what it expects to see, instead of what it actually sees. When these expectations accurately reflect the objective world around you, your perceptions will be on target. Sometimes, ___(B)___, what your brain expects to see is far from an accurate representation of reality.

※ circuit 회로

- fingertip[fíŋgərtip]
  손가락 끝
- perceive[pərsíːv]
  지각하다
- objective[əbdʒéktiv]
  실재의
- accurate[ǽkjərit] 정확한
- representation
  [rèprizentéiʃən] 표현

① (A) At last   (B) therefore
② (A) At most   (B) therefore
③ (A) In effect   (B) however
④ (A) By contrast   (B) however
⑤ (A) In addition   (B) therefore

[3점] [06.6월평가원]

해석 눈을 감고 손가락 끝 다섯 개로 연필을 만질 때, 왜 다섯 개의 연결되지 않은 연필 조각 대신에 한 개의 연필 이미지를 지각하는 것일까? 그 대답은 여러분의 뇌가 개별적인 정보의 조각들로부터 완전한 그림을 만들어내는 것을 도와주는 특별한 회로들을 가지고 있기 때문이다. 요컨대, 이 격차를 채우는 회로들은 여러분의 뇌가 실제로 보는 것이 아니라 보기를 기대하는 것을 인지하도록 한다. 이런 기대가 여러분을 둘러싸고 있는 실재의 세계를 정확하게 반영할 때, 여러분의 지각은 정확하게 될 것이다. 그러나 때때로 여러분의 뇌가 보고자 기대하는 것은 실체를 정확히 반영하는 것과 거리가 멀다.

풀이 빈칸 (A)를 중심으로 앞의 내용을 뒤에서 요약해주고 있으므로 (A)는 In effect(사실상, 요컨대)가 적절하다.
① 마침내 ② 많아 봐야 (기껏해야) ④ 그에 반해서 ⑤ 게다가
빈칸 (B)에는 앞의 내용이 실체를 정확히 반영하는 경우이고, 뒤의 내용은 실체를 제대로 반영하지 못하는 경우이므로 '역접'의 연결어 however가 적절하다.

MEMO

크로스 영어
기출문제 유형탐구

CHAPTER

13
장문
독해

총 21문항

세상을 **바**꾸는
크로스 **공**부법 **100**선

072
단위란 '지루하지 않으면서 또 너무 잊혀지지 않는 수준에서 복습이 가능한 범위'로 좀 더 정밀하게 정의를 내려보자. 그리고 이 개념을 이용해서 과목별로 혹은 단원별로 자신의 수준에 맞게 단위를 만들어놓고 공부에 임하라.

073
문법을 잘 끝내려면 '단위'의 개념도 잊지 말라. 보통 제대로 된 문제집은 그 분량이 상당하다. 이걸 무조건 끝까지 다 보고 복습하려면 그 정신적 부담이 클 뿐 아니라 다시 복습할 시에 저번에 읽은 내용이 아예 떠오르지 않을 만큼 오랜 시간이 지난 다음이라 복습의 의미가 크게 없어져 버린다.

074
중간 중간 단위를 끊어서 복습하라. 학교 시험범위를 기준으로 삼아도 좋지만 문법책의 분량을 3-4개 정도로 나누어 보아라. 분량이 정해지면 제1단위가 4-5회 정도 복습되면 서서히 그 다음 제2단위를 시작해도 좋다. 다시 제2단위가 4-5회 되면 다시 제3단위를 시작하자.

075
보통 4-5회 정도가 다독의 중요한 경계선이다. 4-5회를 넘기면 그다음부터는 틈틈이 복습해주기만 해도 알아서 실력이 느는 법이다. 1,2,3단위가 그날그날 컨디션이나 특정의 목표에 따라서 틈틈이 반복되는 사이에 당신의 영어문법 실력은 점차 상승하게 될 것이다.

076

모든 언어는 그 문화만의 일정한 박자와 멜로디를 갖고 있는 '노래'인 셈이다. 따라서 진정으로 한 외국어를 제대로 익히려면 그 고유의 템포와 높낮이까지 암기하도록 하라.

077

일반적으로 처음 보는 책일수록, 어려운 부분일수록, 옆에 선생님이 있을수록 단위는 줄고 복습일수록, 쉬운 책일수록 단위는 늘기 마련이다. 호기심과 이해도를 고려해서 단위의 크기를 적당히 잘 조절해보자.

078

독해는 어떻게 공부하는 것이 좋을까? 필자는 단어공부와 병행하는 것이 가장 효과적이라고 확신한다. 즉 새롭고 모르는 단어를 찾기 위해서 독해를 하고, 또 반대로 독해를 하면서 단어를 익숙하게 만들라는 것이다.

079

독해에 있어서 어떤 책이라도 완벽한 다독을 목표로 10번을 읽으려 할 필요는 없다. 오히려 웬만한 책은 2-3번 정도를 목표로 하는 것이 현실적이다. 단 익숙하게 만들고픈 좋은 책이 있다면 예외다.

080

문법책에 딸려있는, 그 문법이 포함된 독해는 좋은 예이다. 내신공부에 필요한 부분도 예외다. 그런 부분은 여러 번 보아야 한다. 이왕이면 아예 외운다는 느낌으로 복습회수를 늘려 보아라.

Vocabulary

- misleading[mislí:diŋ]
  오도하는

- inhabit[inhǽbit]
  거주하다

- innocent[ínəsnt] 단순한
  valid[vǽlid] 확실한

- relatively[rélətivli]
  상대적인

- come up with
  생각해내다

- confirm[kənfɔ́:rm]
  확실히 하다

- fundamentally
  [fʌ̀ndəméntəli]
  본질적으로

- instantly[ínstəntli] 즉시

- density[dénsəti] 밀도

The claim that we have recently entered the information age is misleading. Flooded by (a) cellphones, the Internet, and television, we incorrectly imagine that our ancestors inhabited an innocent world where the news did not travel far beyond (b) the village . It may not be valid to assume that the media make our time distinct from the past, because we know relatively little about how information was shared in the past.

In fact, the Olympics celebrate the memory of (c) the Greek soldier who brought the news of the Athenian victory over the Persians. Most of us could come up with many other examples —(d) message drums, smoke signals, church bells, ship flags. But their primitiveness would only confirm our sense that we live in a fundamentally different world, one of constant, instant access to information.

All ages have had a means of sharing information. What makes our time distinct is not the density of the data we take in. It is the technology that does the transmitting. Thanks to (e) satellites, we can find out instantly about events that occur on the other side of the world. It usually took five weeks for Benj amin Franklin in Paris to receive a letter sent from Philadelphia. But the news was still new and surprising to people there.

01-1 위 글의 요지로 가장 적절한 것은?

① The value of information depends on speed.
② We are entering a new age of information.
③ Even old information can benefit all of us.
④ Every age is in fact an age of information.
⑤ We are flooded by incorrect information.

01-2 (a) ~ (e) 중, 밑줄 친 <u>a means of sharing information</u>에 해당하지 않는 것은?

① (a) 　　　　② (b) 　　　　③ (c)

④ (d) 　　　　⑤ (e)

[2,2점] [05.수능]

해석

우리가 최근에 정보시대로 들어섰다는 주장은 잘못된 것이다. 휴대전화와 인터넷과 텔레비전의 범람으로 우리는 우리 조상이 소식이 먼 마을로 전해지지 않는 단순한 세상에 살았다고 잘못 생각한다. 우리가 과거에 어떻게 정보가 공유되었는지에 대해 상대적으로 거의 알지 못하기 때문에 매스미디어가 우리 시대를 과거와 다르게 만든다고 추정하는 것은 타당하지 않을 수도 있다.

사실 올림픽은 페르시아 인에 대한 아테네의 승리의 소식을 가져온 그리스 병사를 기념하여 행해진다. 우리 대부분은 통신용 북, 연기 신호, 교회 종, 배의 깃발 같은 다른 많은 예들을 떠올릴 수 있다. 그러나 그것들의 원시성은 우리가 정보에 대한 지속적이고 즉각적으로 접근할 수 있는 세계, 즉 근본적으로 다른 세계에 살고 있다는 우리의 느낌만을 확인할 뿐일 것이다.

모든 시대는 정보를 공유하는 수단을 갖고 있었다. 우리 시대를 (과거와) 다르게 해주는 것은 우리가 얻는 정보의 밀도가 아니라, 그것을 전해주는 과학 기술이다. 인공위성 덕택에 우리는 세계의 다른 쪽에서 일어나는 사건에 대해 즉각적으로 알 수 있다. 파리에 있는 Benjamin Franklin이 필라델피아에서 보내진 편지를 받는 데는 보통 다섯 주가 걸렸다. 그러나 거기 사람들에게 소식은 여전히 새로웠고 놀라웠다.

풀이

우리가 우리 시대만이 정보 시대라고 생각하는 것은 잘못되었다고 하면서 과거에도 정보 전달의 여러 수단이 있었음을 말하고 있다. 우리 시대와 과거의 차이는 단지 과학기술에 있다고 말하고 있다. All ages have had a means of sharing information이라는 말에 요지가 잘 나타나 있다. 따라서 이 글의 요지로 가장 적절한 것은 ④'Every age is in fact an age of information.(모든 시대는 사실 정보의 시대이다.)'이다.

① 정보의 가치는 빠르기에 달려있다.

② 우리는 새로운 정보의 시대에 들어가고 있다.

③ 오래된 정보조차 우리 모두에게 유익할 수 있다.

⑤ 부정확한 정보가 넘쳐흐른다.

/ 정보를 공유하는 수단, 즉 정보 전달 수단에 속하지 않는 것은 정보가 전해지는 객체인 the village이다.

Vocabulary

- operagoer[ápərəgóuər]
  오페라를 자주
  보러 가는 사람
- conductor[kəndʌ́ktər]
  지휘자
- masterpieces
  [mǽstərpìːs] 명작
- interpretation
  [intə̀ːrprətéiʃən] 해석
- occasion[əkéiʒən] 경우

Perhaps the greatest thing about being a devoted operagoer is that there is so much room for growth. Although you have heard an opera once, you can still hear it five or twenty times more. I have heard at least twenty performances of my favorite operas, and I would happily hear them twenty more times. With each rehearing, you (A) what you know. The better you know an opera, the more you will be challenged by the ideas of new singers, conductors, directors, and designers.

Your first experience with Rigoletto and Tosca is only your (B) to those masterpieces. Each time you hear different singer in any of the key roles, you are hearing a new interpretation. Even the same singer will vary on two different occasions. Artists grow and change in their approach to a character based on their own life experiences and their moods. For example, I saw a famous soprano from Eastern Europe sing Tosca twice within ten months. The first time was a good, honest performance that pleased the audience. The second was (C). Between the performances, the singer s husband had suddenly died. The love scenes in the second performance seemed much more moving, and her response to the death of her lover was undeniably charming.

02-1 위 글의 요지로 가장 적절한 것은?

① 오페라 가수의 성공은 연기력에 좌우된다.
② 오페라는 정신을 수양하는 데 많은 도움이 된다.
③ 오페라는 감상할수록 깊은 맛을 느낄 수 있다.
④ 오페라 가수는 큰 시련을 겪어야 성공한다.
⑤ 오페라는 여러 요소가 결합된 종합 예술이다.

02-2 위 글의 빈칸 (A), (B), (C)에 들어갈 말을 짝지은 것 중 가장 적절한 것은?

① (A) define   (B) introduction   (C) terrible

② (A) refine   (B) introduction   (C) impressive

③ (A) define   (B) solution   (C) impressive

④ (A) refine   (B) solution   (C) terrible

⑤ (A) define   (B) solution   (C) terrible

[2.2점] [05.수능]

해석

아마도 몰두하는 오페라 관객이 되는 것에 대해 가장 위대한 것은 성장을 위한 많은 여지가 있다는 것이다. 비록 당신이 한번 오페라를 들었더라도, 당신은 여전히 그것들을 다섯 번 또는 스무 번 더 들을 수 있을 것이다. 나는 좋아하는 오페라는 적어도 스무 번의 공연을 들었고 스무 번 더 그것들을 행복하게 들을 것이다. 매번 다시 들으면서, 당신은 당신이 아는 것을 다듬는다. 당신이 오페라에 대해 더 잘 알면 알수록, 당신은 새로운 가수나, 지휘자, 감독, 그리고 디자이너의 아이디어에 자극을 받는다.

Rigoletto와 Tosca에 대한 첫 번째 경험은 그러한 걸작에 대한 당신의 소개에 불과하다. 주요 배역들 중의 어떤 역에서든 다른 가수의 노래를 들을 때마다 당신은 새로운 해석을 듣는 것이다. 심지어 같은 가수조차도 두 가지 다른 경우(의 공연)에 다를 것이다. 예술가들은 한 등장인물에 접근할 때 그들 자신의 경험과 분위기에 근거하여 성장하고 변화한다. 예를 들어 나는 동유럽에서 유명한 소프라노가 10분 만에 Tosca를 두 번 부르는 것을 보았다. 첫 번째는 청중들을 만족하게 하는 훌륭하고 정직한 공연이었다. 두 번째는 인상적이었다. 공연 중간에 가수의 남편이 갑자기 죽었다. 두 번째 공연에서 사랑의 장면은 훨씬 더 감동적인 것 같았고 사랑하는 사람의 죽음에 대한 그녀의 반응은 더할 나위 없이 매혹적이었다.

풀이

오페라는 성장의 여지가 많다고 하면서 여러 번 들을수록 아는 내용이 다듬어지고 자극 받고, 그리고 새로운 해석을 듣는다고 하고 있다. 즉 오페라는 감상할수록 깊은 맛을 느낄 수 있다는 것이 요지이다. 공연 중 남편의 죽음을 접한 오페라 가수의 예는 같은 가수의 노래라도 다를 수 있음을 보여주는 예로 든 것임에 유의한다.

/다시 들음으로 알고 있는 것을 정제, 혹은 다듬는다는 의미의 refine이 적절하다. 정의를 내린다는 define은 적절치 않다. 오페라를 들을 때마다 새로운 해석을 듣게 되므로 처음 듣는 것은 introduction(소개)에 불과하다가 적절하다. 처음 것은 훌륭했지만 두 번째 것은 더 감동적이었다고 했으므로 impressive(인상적인)가 적절하다.

Vocabulary ◀

- autograph[ɔ́ːtəgræ̀f]
사인

- shrug[ʃrʌg]
(어깨를) 으쓱하다

- devotion[divóuʃən]
헌신, 애정

- recite[risáit] 암송하다

- nearly[níərli] 거의

- tempt[tempt]
~할 기분이 나다

(A) That spring, I was taken to my first big-league game. Just as we approached the exit after the game, I caught sight of Willie Mays. He was standing near the gate not ten feet away from me. I rushed to him and said, Mr. Mays, could I please have your autograph? He said, Sure, kid. You got a pencil? I didn't have one in my pocket. The great Willie Mays stood there watching in silence. He just shrugged and said, Sorry, kid. And then he walked out of the ballpark into the night. I didn't want to cry, but tears started falling down my cheeks, and there was nothing I could do to stop them.

(B) I was eight years old. At that moment in my life, nothing was more important to me than baseball. My team was the New York Giants, and I followed the doings of those men in the black-and-orange caps with all the devotion of a true believer. Even now, remembering that team, which no longer exists, I can recite the names of nearly every baseball player on the team. But none was greater, and none more perfect than Willie Mays.

(C) After that night, I started carrying <u>a pencil</u> with me wherever I went. It became a habit of mine never to leave the house without making sure I had a pencil in my pocket. It s not that I had any particular plans for that pencil, but I didn't want to be unprepared. I had been caught empty-handed once, and I wasn't about to let it happen again. If nothing else, the years have taught me this : If there s a pencil in your pocket, there s a good chance that one day you'll feel tempted to start using it.

03-1 위의 (A), (B), (C)를 이어 하나의 글로 구성할 때, 가장 적절한 순서는?

① (A)-(B)-(C)　　　② (B)-(A)-(C)　　　③ (B)-(C)-(A)

④ (C)-(A)-(B)　　　⑤ (C)-(B)-(A)

03-2 위 글에서 <u>a pencil</u>이 시사하는 것으로 가장 적절한 것은?

① 문학적 재능   ② 학업에 대한 열망
③ 건전한 정신   ④ 좋은 운동 기구
⑤ 미래에 대한 준비

[2,2점] [05.수능]

해석

(B) 나는 여덟 살이었다. 내 인생에서 바로 그 순간에는 그 어떤 것도 야구보다 중요한 것은 없었다. 내 팀은 New York Giants였고, 나는 진정한 신봉자의 열렬한 애착으로 검은색과 오렌지색의 모자를 쓴 사람들이 하는 일들을 따라했다. 그 팀을 생각하면, 더 이상 존재하지 않는 지금에도 나는 그 팀의 거의 모든 야구 선수들의 이름을 암송할 수 있다. 그러나 어느 누구도 Willie Mays 보다 더 위대하거나 더 완벽한 사람은 없었다.

(A) 그 해 봄, 나는 처음으로 빅 리그 경기에 데려가졌다. 시합이 끝난 후에, 우리가 막 출구에 도달했을 때, 나는 Willie Mays를 찾아냈다. 그는 내게서 10 피트도 떨어져 있지 않은 문 근처에 서 있었다. 나는 그에게 달려가서 말했다. "Mays씨, 사인 좀 받을 수 있을까요?" "물론이지, 꼬마야. 연필 있니?" 그가 대답했다. 나는 주머니에 연필이 없었다. 위대한 Willie Mays는 잠자코 지켜보며 그곳에 서 있었다. 그는 단지 어깨를 으쓱하더니 말했다. "미안하구나, 꼬마야." 그리고 그 다음 그는 구장을 걸어 나가 어둠 속으로 사라졌다. 나는 울고 싶지 않았지만, 눈물이 내 뺨 아래로 굴러 떨어지기 시작했고, 울음을 그치게 할 수 있는 건 아무 것도 없었다.

(C) 그 날 밤 이후에, 나는 가는 곳마다 연필을 가지고 다니기 시작했다. 집을 떠날 때마다 주머니에 연필이 있는지 없는 지를 꼭 확인하는 것은 내 버릇이 되었다. 그것은 내가 그 연필에 대한 특별한 계획을 가지고 있어서가 아니라, 내가 준비되지 않은 채로 있기를 원하지 않기 때문이다. 나는 한 번 빈손으로 있다가 만났고, 나는 그 일이 다시 일어나게 하지 않을 참이다. 적어도 그 세월들이 나를 이처럼 가르쳤다. 만약 너의 주머니에 연필이 있다면, 언젠가 그것을 사용하기 시작할 마음이 들 것이다.

풀이

가장 먼저 자신이 어렸을 때 농구를 좋아했음을 이야기하고 좋아하는 야구팀의 경기에서 가장 위대한 선수를 만났으나 연필이 없어 사인을 받지 못했던 일화를 이야기한 후 준비를 위해 늘 연필을 가지고 다님을 말하는 것이 마지막에 오는 것이 적절하다.
/ 연필을 준비하지 않아 사인을 받지 못해 울었던 그에게 연필은 미래에 대한 준비이다. (C)I didn't want to be unprepared(내가 준비되지 않은 채로 있기를 원하지 않는다)가 단서이다.

Person A Since people generally like what they are good at, I propose that our children focus on areas in which they excel. To this end, we should test our children's aptitudes in various subject areas during their last year of elementary school. For example, if a child scores well in science, he or she would then attend middle and high schools which specialize in science. Such a system would prepare students for employment after high school as well as further specialized study at university. There is plenty of time in life for people to follow other interests. School should be a time for students to develop their strengths because _____.

Person B I think it is rather unfair to decide our children's career paths based on the results of an aptitude test taken when they are 11 or 12 years old. Areas which children are considered good at in sixth grade may not be the same ones in which they excel by the end of their senior year. Secondary school should be a time for expanding horizons—not limiting them. The only thing students should be required to do is to study a broad range of subjects throughout middle and high school. By the end of high school they would have a much better idea of what they would like to study at university. The time for specialized study is in university and graduate school, not earlier.

04-1 위 두 글의 핵심 쟁점으로 가장 적절한 것은?

① the time to decide the students' field of study
② types of special education for children
③ teacher's role in secondary education
④ the number of majors at university
⑤ ways of improving aptitude tests

04-2 Person A 의 빈칸에 들어갈 말로 가장 적절한 것은?

① today's world requires specialists, not generalists
② higher salaries attract highly qualified teachers
③ students need to excel on their aptitude tests
④ science majors need a strong background in humanities
⑤ after-school programs require active student participation

04-3 위 두 글의 내용과 일치하는 것은?

① A는 언어 능력보다 수리 능력의 중요성을 강조한다.
② A는 어릴 때의 적성과 능력은 중요하지 않다고 믿는다.
③ B는 국가의 미래를 위해 조기 영재교육을 지지한다.
④ B는 초등학교 적성 검사 결과에 따른 전공 선택을 지지한다.
⑤ B는 중·고교에서 다양한 교과를 배워야 한다고 주장한다.

[2,2,2점] [06.수능]

해석 Person (A) 일반적으로 사람들은 자신에게 능숙한 일을 좋아하기 때문에 나는 아이들에게 그들이 뛰어난 분야에 집중하라고 말한다. 이러한 목적으로 우리는 초등학교 마지막 학년 동안 다양한 교과 영역에서 아이들의 적성을 테스트해야 한다. 예를 들어, 한 아이가 과학에서 좋은 점수를 받으면 그 아이는 과학을 전문적으로 공부하는 중학교와 고등학교에 진학할 수 있을 것이다. 그러한 체제는 학생들에게 대학에서의 심화된 전공 공부뿐만 아니라 고등학교 졸업 후의 취업을 준비할 수 있을 것이다. 사람들이 다른 관심 분야를 추구할 시간은 세상을 사는 동안 충분히 있다. 재학기간은 학생들이 자신들의 강점을 발전시킬 기간이어야 하는데, 그 이유는 오늘날의 세계가 만능인이 아닌 전문인을 요구하기 때문이다.
Person (B) 나는 우리 아이들의 인생행로를 11~12세에 치러지는 적성 검사의 결과에 따라 결정하는 것이 아주 부당하다고 생각한다. 아이들이 6학년 때 재능을 보인다고 여겨지는 분야는 고등학교 마지막 학년을 마칠 때 뛰어남을 보이는 분야와 같이 않을 수 있다. 중고등학교는 시야를 제한할 시기가 아니라 확대할 시기이어야 한다. 학생들이 해야 할 유일한 일은 중고등학교 재학 동안 폭넓은 범위의 교과를 공부하는 것이다. 고등학교 과정을 끝마칠 무렵에 그들은 대학에서 공부하고 싶은 분야에 대해 보다 잘 알게 될 것이다. 전문화된 공부를 할 기간은 대학과 대학원 재학 기간이지 그 이전 기간이 아니다.

풀이 두 글의 공통 쟁점은 학생들이 전문적인으로 공부할 분야를 결정해야 할 시기(the time to decide the students' field of study)의 문제이다. ② 아이들을 위한 전문 교육의 유형 ③ 중등 교육에서의 교사의 역할 ④ 대학에서의 전공과목의 수 ⑤ 적성검사를 개선하는 방법
/ (A)의 필자는 초등학교를 마칠 때 적성검사를 실시하여 적성에 맞는 중고등학교에서 전문적인 공부를 하는 것이 대학 진학과 취업을 위한 준비가 될 수 있다고 주장하고 있으므로 전문인 양성 필요성의 근거가 될 수 있는 ① 'today's world requires specialists, not generalists(오늘날 세계가 만능인이 아닌 전문가를 요구한다)'가 적절하다.
② 보다 후한 보수가 우수한 자질의 교사를 끌어들인다. ③ 학생들은 적성검사에서 탁월한 능력을 발휘할 필요가 있다. ④ 과학 전공자들은 인문과학에 탄탄한 기반을 둘 필요가 있다. ⑤ 졸업 후 프로그램은 활발한 학생 참여를 요구한다.
/ (A)는 초등학교 적성검사 결과에 따른 중고등학교에서의 전공교육 실시를 주장한 반면, (B)의 필자는 다양한 교과를 배운 후 대학에서 전공과목을 정하게 해야 한다고 주장하고 있다.

답 ① ① ⑤

Vocabulary

- ridiculous[ridíkjələs]
  우스운
- aside[əsáid]
  ~은 제쳐놓고
- concern[kənsə́:rn] 걱정
- dominate[dámənèit]
  지배하다
- artistry[á:rtistri] 예술성
- remindful[rimáindfəl]
  생각나게 하는

(A) Not everyone is in favor of using (a)the big ball, however. Some players, such as hard hitting, six-time Wimbledon champ Pete Sampras, call the change "simply ridiculous." Also, aside from modifying the current game, there is some concern that players may suffer arm and ligament injuries as they swing harder trying to draw more speed out of the ball.

※ ligament 인대

(B) In short, the game has (b)little action. Top male players play for an average of only four minutes per hour on grass, according to recent studies. The hope is that the introduction of the new, bigger ball will cause first-class games to be dominated again by play involving (c)skill and artistry remindful of players like Bjorn Borg, Jimmy Connors and John McEnroe.

(C) Tennis is in some trouble. People seem to be losing interest in the game. One major reason for this is that the men's professional game has lost some of its appeal. The pro game has become a contest of (d) strength, where powerful hitters with their high-tech rackets dominate. At Wimbledon, for example, Britain's Greg Rusedski hit the ball at 138 mph, the fastest recorded serve for the tournament. As a result of (e) this speed, very few points last more than three shots—serve, return and winning point.

05-1 위의 (A), (B), (C)를 이어 하나의 글로 구성할 때 가장 적절한 순서는?

① (A)-(B)-(C)   ② (A)-(C)-(B)   ③ (B)-(A)-(C)
④ (C)-(A)-(B)   ⑤ (C)-(B)-(A)

05-2 (a) ~ (e) 중, 밑줄 친 <u>some of its appeal</u>에 해당하는 것으로 가장 적절한 것은?

① (a)　　　　　　　② (b)　　　　　　　③ (c)
④ (d)　　　　　　　⑤ (e)

[2,2점] [06.수능]

해석

(C) 테니스는 약간의 곤경에 처해있다. 사람들이 그 경기에 관심을 잃어가고 있는 듯하다. 이에 대한 한 가지 주요 이유는 남자 프로 경기가 그 매력의 일부를 상실했기 때문이다. 프로 경기는 힘의 경연장이 되어 최첨단 라켓으로 강력한 타법을 구사하는 선수들이 지배하고 있다. 예를 들어, 윔블던 대회에서 영국의 Greg Rusedski 선수는 그 대회에서 가장 빠른 서브로 기록된 시속 138마일의 속도로 공을 때렸다. 이러한 스피드로 인하여 서브, 리턴, 위닝샷(결정타)으로 이루어진 세 번의 샷을 넘겨서 얻는 포인트가 극히 드물다.

(B) 간단히 말해 그 경기는 거의 동작이 없어졌다. 최근 연구에 따르면, 일류 남자 선수들은 잔디 코트에서 평균적으로 시간당 불과 4분 동안 경기를 한다고 한다. 앞으로 기대하는 점은 보다 커진 새로운 공을 도입하여 Bjorn Borg, Jimmy Connors, John McEnroe와 같은 선수들을 연상케 하는 기술과 예술성을 수반하는 경기가 다시 일류 게임을 지배하게 하는 것이다.

(A) 하지만 모든 사람들이 그러한 큰 공의 사용에 찬성하지는 않는다. 윔블던 대회에서 여섯 번 우승한 바 있는 강타를 구사하는 Pete Sampras와 같은 선수들은 그러한 변화를 "그저 우스운" 일이라고 말한다. 또한 현재의 경기를 수정하는 것과 별도로 선수들이 그 공으로 보다 빠른 스피드를 내려고 노력하는 과정에서 팔과 인대에 부상을 입게 될지도 모른다는 걱정이 대두되고 있다.

풀이

(A)는 첫 문장에 however가 있고, (B)는 앞 문단을 요약하는 In short로 시작하고 있으므로 글의 도입부로 적절하지 않다. 남자 프로 테니스 경기의 매력이 떨어지고 있는 현상을 화제로 제기한 후 그 이유로 기술보다 힘이 지배하게 된 것을 지적한 (C)가 가장 먼저 와야 하고, 그 의미를 요약하고 좀 더 큰 공을 사용하려는 새로운 움직임을 설명한 (B)가 이어져야 한다. 마지막으로 이러한 큰 공에 대한 부정적 반응을 설명한 (A)가 와야 한다.

/ some of its appeal(그 매력의 일부)은 남자 프로 테니스가 지녔던 매력이므로 과거 유명 선수들이 보였던 (c)'기술과 예술성(skill and artistry)'을 지칭한다.

📄 ⑤ ③

- exhausted[igzɔ́ːstid]
  기진맥진한

- insistent[insístənt]
  시종일관

- stir[stəːr] 휘젓다

- presence[prézəns] 존재

- mysterious[mistíəriəs]
  원인 불명의

- barrel[bǽrəl] 통

(A) They all reached the beach two hours later, exhausted but safe. At that time, the non-swimmer thanked Margo for saving his life, and (a)he asked why she had been so insistent about going slowly and quietly. "Because," she said to him, "for one thing, I knew it was a long way and we had to conserve our energy. For another, that ocean is full of sharks and I didn't care to attract their attention. But if I'd told you that, you might have panicked and none of us would have made it."

(B) Margo took charge. She shouted out orders. She told each person to take a wooden board, use it as a float, and begin kicking slowly toward shore. She ordered (b)the non-swimmer to share a piece of board with her. "Kick softly," she told him, "Don't stir up the water more than you have to." With Margo's firm presence next to him, the non-swimmer avoided panic. When every now and then his kicking became awkward and noisy, Margo ordered (c)him to stop. Slowly and quietly, the five moved toward the distant shore.

(C) Margo was on holiday with friends, three miles off the Kenyan coast in the Indian Ocean, in a fishing boat. Suddenly the engine died, and for mysterious reasons, the boat began to sink. Before they knew what was happening, Margo, her three friends, and (d)the African boatman were in the sea. They all had life jackets, but it was a long way to shore. Around them were lots of wooden barrels and boards. At that moment, (e)one of the three friends said, "I don't know how to swim."

06-1 위 글의 순서로 가장 적절한 것은?

① (A)-(C)-(B)   ② (B)-(A)-(C)   ③ (B)-(C)-(A)

④ (C)-(A)-(B)   ⑤ (C)-(B)-(A)

06-2 밑줄 친 (a) ~ (e) 중에서 가리키는 대상이 나머지 넷과 <u>다른</u> 것은?

① (a)   ② (b)   ③ (c)

④ (d)   ⑤ (e)

06-3 위 글이 주는 교훈으로 가장 적절한 것은?

① 난관에 처했을 때 침착하게 대처해야 한다.
② 건전한 마음은 건강한 신체에서 나온다.
③ 지도자는 겸손한 태도를 지녀야 한다.
④ 약속을 지키는 것이 성공의 비결이다.
⑤ 구체적인 삶의 목표를 세워야 한다.

[2,2,2점] [07.수능]

해석

(C) Margo는 인도양의 케냐 해안에서 3마일 떨어진 지점에서 낚싯배를 타고 친구들과 휴가를 보내고 있었다. 갑자기 엔진이 꺼지더니 원인 불명의 이유로 배가 가라앉기 시작했다. 무슨 일이 벌어지는지 알기도 전에 Margo와 그녀의 세 친구, 그리고 아프리카인 사공이 바다에 빠져 있었다. 그들 모두에게는 구명 재킷이 있었으나 해변까지는 갈 길이 멀었다. 그들 주변에는 많은 나무통과 나무판이 널려 있었다. 그 순간에 그들 셋 중 한 명이 "수영을 어떻게 할지 몰라."라고 말했다.

(B) Margo가 주도적으로 나섰다. 그녀는 큰 소리로 명령했다. 그녀는 모든 사람에게 나무판을 붙잡아 부유물로 사용하여 해변 쪽으로 서서히 발차기를 시작하라고 말했다. 그녀는 수영을 못 했던 친구에게 그녀와 같은 나무판을 잡을 것을 명령했다. "천천히 발차기를 해. 필요 이상으로 물을 휘젓지 말고."라고 그녀가 그에게 말했다. Margo가 곁에 굳건히 있어주었기에, 수영을 못했던 그 친구는 공포감을 느끼지 않았다. 가끔씩 그의 발차기가 서툴러서 소리가 심할 때, Margo는 그에게 멈추라고 명령했다. 천천히 그리고 조용히, 그들 다섯은 멀리 있는 해안을 향해갔다.

(A) 두 시간 후에 그들은 모두 기진맥진했지만 안전하기 해안에 도착했다. 그 때 수영을 못 했던 친구가 Margo에게 생명을 구해주어서 고맙다고 말하고는 왜 그렇게 시종일관 천천히 소리를 내지 말고 가도록 했는지를 물었다. "이유는 우선 갈 길이 멀어서 우리가 힘을 비축해야 한다는 것을 알았기 때문이야. 또 다른 이유는, 바다에 상어가 득실대고 있어서 그들의 주의를 끌고 싶지 않았어. 하지만 내가 너에게 그 사실을 말했다면 너는 기겁했을 것이고 우리들 중 누구도 이곳에 도착하지 못했을 거야."라고 그녀가 그에게 말했다.

풀이

사건이 일어난 순서는 '바다에서 낚싯배를 타고 있던 동안 물에 빠져 난감한 상황(C) → Margo가 나서서 행동 요령을 지시하는 상황(B) → 무사히 도착한 후에 있었던 Margo의 설명(A)'으로 요약할 수 있다.
/ (a), (b), (c), (e)는 모두 일행 중 수영을 못했던 사람을 가리키는 대명사 혹은 명사 표현인 반면 (d)는 낚싯배에 함께 타고 있던 아프리카인 사공을 가리키는 명사 표현이다.
/ 낚싯배의 원인모를 침몰로 위기에 처했을 때 Margo의 서두르지 않는 대응으로 일행 모두 무사히 해변으로 돌아올 수 있었다는 내용의 글로 '난관에 처했을 때 침착하게 대처해야 한다.'는 교훈을 담은 글이다.

Vocabulary ☑

- valuable[væljuːəbəl]
소중한
- nutritious[njuːtríʃəs]
영양분이 있는
- peel[piːl] (과일의) 껍질
- intake[inteik] 섭취
- roughness[rʌfnis]
거침
- chemical[kémikəl]
화학 성분
- detergent
[ditəːrdʒənt] 세제
- digest[didʒést, dàid-]
소화하다

Person A Most people agree that fruit is a valuable, healthy food. Nonetheless, they usually throw away a very nutritious part of the fruit—the peel. In fact, fruit peel contains essential vitamins and is a source of dietary fiber. Dietary fiber helps to lower the level of cholesterol and blood sugar, which reduces the risk of heart disease and diabetes. Fiber also helps to lessen calorie intake, because people don't feel hungry even though they eat less. Eating fruit peel can also help to decrease the amount of food waste which is a cause of pollution. Finally, I think people who eat fruit peel prefer organic food, which encourages farmers to use less pesticide and thus to contribute to a cleaner environment.

Person B Personally, I don't like the bitter taste and roughness of fruit peel, though I understand that it has some nutritious value and contains dietary fiber. Even so, I don't think it is wise to eat fruit without peeling it. You might think you're removing all the pesticide on the fruit when you wash it, but some chemicals are bound to remain on the surface of the peel. The use of detergent to clean the fruit can also cause additional water pollution. Another reason for removing the peel before eating is that some fruits such as apples, pears, and grapes have a tough skin, which can be harder to chew and to digest.

※ dietary fiber 식이 섬유, pesticide 농약

07-1 위 두 글의 핵심 쟁점으로 가장 적절한 것은?

① the use of pesticide
② the use of detergent
③ the eating of fruit peel
④ the nutrition in fruit peel
⑤ the recycling of food waste

07-2 위 두 글의 내용과 일치하지 않는 것은?

① A는 식이 섬유 섭취가 콜레스테롤 수치를 낮춘다고 믿는다.
② A는 유기농 식품의 선호가 농약 사용을 줄일 수 있다고 본다.
③ B는 과일의 잔류 농약을 모두 제거할 수는 없다고 믿는다.
④ B는 세제 사용이 수질 오염의 원인이 된다고 생각한다.
⑤ B는 과일 껍질이 소화를 촉진시킨다고 생각한다.

[2,2점] [07.수능]

해석

Person (A) 과일이 소중하고 건강에 좋은 음식이라는 것에는 대부분의 사람들이 동의한다. 그럼에도 불구하고, 그들은 대개 과일에서 영양분이 매우 풍부한 부분인 껍질을 버린다. 사실, 과일껍질은 필수 비타민을 포함하고 있고 식이 섬유의 공급원이다. 식이 섬유는 콜레스테롤과 혈당의 수치를 낮춤에 있어 도움이 되는데, 이로 인해 심장병과 당뇨병의 위험성이 줄어든다. 식이 섬유는 또한 칼로리 섭취를 줄이는데 도움이 되는데, 이는 사람들이 덜 먹어도 배고픔을 느끼지 못하기 때문이다. 과일껍질을 먹는 것은 또한 오염의 원인이 되는 음식물 쓰레기의 양을 줄이는데 도움이 될 수 있다. 마지막으로, 과일 껍질을 먹는 사람들은 유기농 식품을 선호하는데, 이는 농부들로 하여금 농약을 덜 사용하여 결과적으로 보다 깨끗한 환경에 기여하도록 장려한다고 생각한다.
Person (B) 과일 껍질이 어느 정도 영양적 가치가 있으며 식이 섬유를 함유하고 있다는 것을 이해하지만 나는 개인적으로 과일 껍질의 씁쓸한 맛과 거친 느낌을 좋아하지 않는다. 영양적 가치가 있고 식이 섬유를 함유하고 있다 할지라도, 나는 껍질을 벗기지 않고 과일을 먹는 것이 현명하다고 생각하지는 않는다. 여러분이 과일을 씻을 때 과일에 묻은 모든 농약을 제거하고 있다고 생각할지 모르겠지만, 몇몇 화학성분은 틀림없이 껍질의 표면에 남게 된다. 과일을 씻기 위해 세제를 사용하는 것도 수질오염을 추가하는 결과를 가져올 수 있다. 과일을 먹기 전에 껍질을 제거해야 하는 또 다른 이유는 사과, 배, 포도와 같은 일부 과일들이 껍질이 질겨서 씹고 소화시키기가 더 어려울 수 있다는 것이다.

풀이

과일껍질을 먹는 것을 놓고 (A)는 영양적 가치, 환경오염 예방, 유기농업 촉진 등을 이유로 찬성하고 있고, (B)는 과일의 맛 저하, 농약 제거의 어려움, 수질오염 가능성, 소화의 어려움 등을 이유로 반대하고 있다. 따라서 두 글의 핵심 쟁점은 ③'the eating of fruit peel(과일껍질을 먹는 것)'이다.
① 농약 사용 ② 세제 사용 ④ 과일 껍질 속의 영양성분 ⑤ 음식물 쓰레기 재활용
/ (B)는 마지막 문장을 통해 과일껍질이 질겨서 소화시키기가 어렵다고 말하고 있다.

답 ③ ⑤

Vocabulary

- journey[dʒɔ́ːrni] 여행
- violence[váiələns] 격렬함
- altitude[ǽltətjùːd] 고도
- clatter[klǽtər] 덜걱덜걱
- incredible[inkrédəbəl] 믿을 수 없는
- roar[rɔːr] 큰 소리를 내다
- boom[buːm] 울리는 소리
- irresistible[ìrizístəbəl] 저항할 수 없는
- duration[djuəréiʃən] 지속
- deck[dek] 갑판

(A) "There is a good reason to make this trip to the Island of Paradise," Captain Koppe told himself as he stepped out of the elevator car into the covered rooftop hangar of his house. The journey itself would be of use. There were times when it was important to be alone, to have time to think. Alone even from one's personal robot, from one's trusted wife.

(B) The outer doors opened, and the aircar slowly eased out into the driving rain. Suddenly, (a)it was in the middle of the storm, jumping and swinging in the darkness, the rain crashing down on the windows with incredible violence. The storm boomed and roared outside the long-range aircar as (b)it fought for altitude, the banging and clattering getting worse with every moment.

(C) Smooth sailing after the storm, the aircar arrived at the orbit of the Island of Paradise. Captain Koppe looked out at the Island through the window. He had been longing for (c)it since his childhood. At that moment, his family picture posted on the inside of the aircar came into his eyes. All of a sudden, he had an irresistible urge to go to see his beloved wife and his two sons. He turned his back on the Island of Paradise and directed (d)it toward the homeland.

(D) Captain Koppe sensed that this was one of those times when he had to be alone—if for no other reason than to remind himself that he would have to make his decision alone. And he would have the duration of the flight all to himself. The thought appealed to him as he powered up the aircar and (e)it lifted a half-meter or so off the deck of the hangar.

※ hangar 격납고

08-1 위 글 (A)에 이어질 내용을 순서에 맞게 배열한 것으로 가장 적절한 것은?

① (B)-(C)-(D)　　　② (C)-(B)-(D)　　　③ (C)-(D)-(B)
④ (D)-(B)-(C)　　　⑤ (D)-(C)-(B)

08-2 위 글의 내용과 일치하는 것은?

① 비행선에는 로봇 승무원들도 탑승하였다.
② 비행선이 낙원의 섬에 비상 착륙했다.
③ Koppe 선장은 낙원의 섬에서 친구를 만났다.
④ Koppe 선장은 가족이 몹시 보고 싶어졌다.
⑤ Koppe 선장은 우주 비행단과 함께 여행했다.

08-3 밑줄 친 (a) ~ (e) 중에서 가리키는 대상이 나머지 넷과 다른 것은?

① (a)   ② (b)   ③ (c)
④ (d)   ⑤ (e)

[2,2,2점] [08.수능]

해석

(A) "Paradise 섬으로 이번 여행을 하는 데는 충분한 이유가 있어"라고 Koppe 선장은 엘리베이터 카에서 나와 자기 집 지붕에 덮여져 있는 격납고로 들어가면서 혼잣말을 했다. 그 여행은 그야말로 유용한 여행이 될 것이었다. 혼자 있으며 생각할 시간을 갖는 것이 중요할 때가 있었다. 심지어 개인용 로봇과 신뢰하는 아내로부터 떨어져 홀로 있는 시간 말이다.

(D) Koppe 선장은 이때가 그가 홀로 있어야 할 때라는 것을 느꼈다.─자기 혼자서 결정을 내려야 할 거라고 자신에게 상기시키는 것 이외에는 다른 어떠한 이유가 없을지라도. 그리고 그는 비행이 지속되는 시간을 혼자서만 누리게 될 것이었다. 그가 비행선의 동력을 올리고 그것이 격납고 갑판에서 0.5미터 남짓 상승했을 때도 그 생각이 그의 마음을 사로잡았다.

(B) 바깥쪽 문이 열렸고 비행선은 세차게 내리는 빗속으로 천천히 움직여 나갔다. 갑자기 비행선은 폭풍우의 한복판에 들어섰고, 비가 엄청난 기세로 창문에 부딪치는 동안 어둠 속에서 위로 튀어 오르며 흔들거렸다. 장거리 비행선이 고도를 유지하기 위해 몸부림치는 동안 비행선의 밖에서는 폭풍우가 사납게 불고 있었고 그 (폭풍우가) 부딪치는 소리와 (비행선이) 덜커덕거리는 소리는 시간이 지날수록 심해졌다.

(C) 폭풍우가 지나간 후에는 순항을 하여 비행선은 Paradise 섬 유역에 도착하였다. Koppe 선장은 창밖으로 섬을 내다보았다. 그는 어린 시절부터 그곳을 동경해왔다. 그 순간 비행선 내부에 붙어있던 그의 가족사진이 그의 눈에 들어왔다. 갑자기, 그는 자신의 사랑하는 아내와 두 아들을 보러 가고 싶은 억누를 수 없는 충동을 느꼈다. 그는 Paradise 섬에 등을 돌리고 비행선을 집으로 향하게 했다.

풀이

Paradise 섬으로 가던 도중 홀로 있어야 할 필요성을 느끼는 상황인 주어진 문장에 이어 그러한 생각이 지속되고 있는 (D)가 와야 한다. (D)의 후반부에 비행선의 상승에 이어 일어날 수 있는 일은 (B)로서 문이 열리면서 비행선이 폭풍우 속에 휘말려 들어가는 위급한 상황이 묘사되어 있다. 마지막으로 폭풍우가 끝난 후 보고 싶던 가족 생각나서 고향으로 돌아가는 상황이 설명된 (C)가 와야 한다.
/ (C)에서 Koppe 선장은 폭풍우를 겪은 후 비행선 안에 붙어 있던 가족사진을 보고 가족을 몹시 보고 싶어졌음을 알 수 있다.
/ (c)는 Paradise 섬을 지칭하는 대명사 표현이며 (a),(b),(c),(d)는 aircar를 지칭하는 대명사 표현임을 알 수 있다.

답 ④ ④ ③

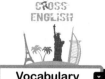

Vocabulary

- equipment[ikwípmənt]
  장비
- convenient
  [kənví:njənt]
  사용하기 좋은
- device[diváis] 장치
- appliance[əpláiəns]
  장치
- electromagnetic
  [ilèktroumæ gnétik]
  전자기의

Person A In ordinary life, you can be very comfortable with modern technology. Just as people search for books in bookstores, you can find and select what you want with a computer. You have already seen how much modern technology has changed the world. You can talk to each other in real time, looking at each other on a palm-sized phone. In the near future, I believe that most people will wear user-friendly computer equipment making their daily lives even more convenient. This would give us the chance to find information quickly and communicate with others no matter where we are or what we are doing.

Person B The latest devices are fun to use for many tasks like browsing cyber space, but it is important to keep your distance from them as well. The constant noises of electronic devices like computers, mobile phones, fax machines, stereos, and home appliances will drown out the sounds of the birds singing in the morning, the wind blowing through the trees, or a pencil drawing on rough paper. Modern technology is addictive, so be sure to plan days away from its electromagnetic fields. Go out into nature and leave your mobile phone behind. Or just turn everything off and _____.

09-1 위 두 글의 핵심 쟁점으로 가장 적절한 것은?

① use of modern technology
② web-surfing for home appliances
③ increase in technological problems
④ sharing information in technical ways
⑤ buying a new mobile phone

09-2 Person B 의 빈칸에 들어갈 말로 가장 적절한 것은?

① acquire computer skills

② enjoy the peace and quiet

③ learn how to access data

④ make the most of technology

⑤ get involved in the modern society

[2.2점] [08.수능]

해석

Person (A) 일상생활에서는 현대 기술이 있음으로써 매우 편안할 수 있다. 사람들이 서점에서 책을 찾듯이 컴퓨터에서 원하는 것을 찾아 선택할 수 있다. 여러분은 현대 기술이 세상을 얼마나 많이 변화시켜왔는지 이미 알고 있다. 손바닥 크기의 전화상으로 서로를 보면서 실시간으로 서로에게 이야기를 할 수 있다. 가까운 미래에 대부분의 사람들이 일상생활을 훨씬 더 편리하게 해 줄 수 있는 사용하기 쉬운 컴퓨터 장비를 착용하고 다닐 것이다. 이러한 것은 우리가 어디에 있든, 무엇을 하고 있든 간에 정보를 빨리 찾고 다른 사람과 의사소통을 할 수 있는 기회를 제공해 줄 것이다.

Person (B) 최신 장치들은 사이버 공간을 검색하는 것과 같은 수많은 일을 하는데 사용하기 재미있지만 그것들로부터 거리를 유지하는 것이 중요하다. 컴퓨터, 휴대 전화, 팩스, 스테레오와 가전제품과 같은 전자 장치의 끊임없는 소음들은 아침에 새가 지저귀는 소리나 나무들 사이로 불어오는 바람 소리, 거친 종이 위로 그어지는 연필 소리들을 잠식시킬 것이라고 확신한다. 현대 기술은 중독성이 있으므로 반드시 하루하루를 전자기장으로부터 멀리 떨어지도록 계획해라. 자연으로 나가되 휴대전화를 두고 나가라. 또는 모든 것을 꺼 놓고 <u>평온과 고요를 만끽해라.</u>

풀이

A는 현대기술을 이용함으로써 편안할 수 있다는 점을, B는 현대기술로부터 거리를 두어 평온과 고요를 만끽하라는 점을 주장하여 현대기술을 사용할 것인가에 대해 논쟁함을 알 수 있다. 따라서 두 글의 핵심 쟁점은 ①'use of modern technology(현대기술의 사용)'이다.

② 가전제품을 웹서핑하기 ③ 기술적인 문제의 증가 ④ 기술적 방법으로 정보 공유하기 ⑤ 새로운 핸드폰 구입하기

/ B는 현대기술이 끊임없는 소음을 내기 때문에 거리를 두라고 했다. 따라서 모든 것의 전원을 꺼 놓으라는 것은 소음으로부터 멀어지라는 뜻이므로 빈칸에는 ②'enjoy the peace and quiet(평온과 고요를 만끽해라)'가 들어가야 한다.

① 컴퓨터 기술을 습득하라 ③ 데이터에 접근하는 방법을 배워라 ④ 기술의 대부분을 만들어라 ⑤ 현대 사회에 관여하기

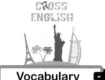

Vocabulary

- desperately[déspəritli]
  몹시
- accountant[əkáuntənt]
  회계원
- bubble over
  넘치다, 달아오르다
- effortless[éfərtlis]
  힘들이지 않는
- witness[wítnis]
  목격하다
- stiffly[stifli] 꼿꼿하게
- immediately
  [imí:diətli] 즉시
- awkwardly
  [ɔ́:kwərdli] 서투르게

(A) One Saturday during the summer, I asked my father if he would go down to the schoolyard and play basketball with me. I had just finished the fifth grade, and wanted desperately to make the middle school team the coming fall. (a)I couldn't believe my ears when he called for my mother and sister to come along, for, in the traditional fashion, my mother was the house accountant, the launderer, and, of course, the cook.

(B) She turned from the basket and began heading the other way. (b)"Um-mah," I cried at her, my irritation already bubbling over, "the basket's over here!" After a few steps she turned around, and from where the professional three-point line must be now, she effortlessly flipped the ball up in the air, its flight truer and higher than I'd witnessed from any boy or man. The ball curved cleanly into the basket, stiffly popping the chain-link net. All afternoon, she rained in shot after shot, as my father and I ran after her.

(C) When we got home from the playground, my mother showed me the photograph album of her high school days. I was shocked to learn that she had been the top player for the national high school team that once won the all-Asia championships. (c)For years I kept it in my room, on the same shelf that housed the scrapbooks I made of basketball stars, with magazine clippings of great players such as Bubbles Hawkins, Pistol Pete, and George Gervin.

(D) When we arrived, my sister immediately ran off to the swings, and (d) I recall being annoyed that my mother wasn't following her. I dribbled awkwardly around the free-throw line, almost losing control of the ball, and made a flat shot that bounced wildly off the basket. The ball fell to my father, who took a few not so graceful dribbles and missed an easy layup. (e)He rebounded his shot and passed the ball to my mother, who had been watching us from the foul line.

※ layup (골 근처에서 한 손으로 하는) 레이업 슛

10-1 위 글 (A)에 이어질 내용을 순서에 맞게 배열한 것으로 가장 적절한 것은?

① (B)-(D)-(C) ② (C)-(B)-(D) ③ (C)-(D)-(B)
④ (D)-(B)-(C) ⑤ (D)-(C)-(B)

10-2 위 글의 내용과 일치하는 것은?

① 필자 'I'는 새로 결성된 중학교 농구팀 대표 선수였다.
② 필자 'I'의 어머니는 대부분의 숏을 실패했다.
③ 필자 'I'는 어머니의 고교 시절 사진을 끝내 보지 못했다.
④ 필자 'I'의 어머니는 누이와 함께 그네를 탔다.
⑤ 필자 'I'의 아버지는 레이업 숏을 성공하지 못했다.

10-3 밑줄 친 (a) ~ (e) 중에서 어머니에 대한 필자 'I'의 존경심이 가장 잘 드러난 것은?

① (a)　　　　　② (b)　　　　　③ (c)
④ (d)　　　　　⑤ (e)

해석

(A) 여름의 어느 토요일에 나는 아버지께 학교 운동장에 가서 나와 농구를 해주실 수 있는지 물었다. 나는 그때 막 5학년을 마쳤고 다가오는 가을에 중학교 팀에 들기를 몹시도 원했다. 아버지께서 어머니와 여동생에게 같이 가자고 요청하셨을 때 나는 내 귀를 믿을 수가 없었는데 왜냐하면 전통적인 방식으로 나의 어머니는 집안의 회계원이자 세탁업자였으며 당연하게도 요리사였기 때문이었다.

(D) 우리가 도착했을 때, 나의 여동생은 즉시 그네로 달려갔고, 나는 어머니께서 동생을 따라가지 않아서 짜증이 났던 기억이 난다. 나는 자유투 라인 주위에서 거의 공을 통제하지 못하며 서투르게 드리블을 했고 농구골대 밖으로 거칠게 튕겨져 나오는 단조로운 숏을 했다. 그 공은 아버지께 떨어졌는데, 아버지께선 그다지 우아하지 않게 몇 번의 드리블을 했고 쉬운 레이업 숏이 빗나가고 말았다. 아버지는 자신의 숏을 리바운드해서 그 공을 어머니께 패스했는데, 어머니는 우리를 파울라인에서 지켜보고 계셨다.

(B) 그녀는 골대에서 몸을 돌려 다른 쪽으로 향하기 시작했다. "엄마," 이미 짜증이 끓어올라 나는 엄마께 외쳤다. "골대는 여기에요!" 몇 걸음을 뗀 후에 어머니는 몸을 돌렸고, 이제 프로 3점슛 라인임이 틀림없는 곳에서 그녀는 힘들이지 않고 공을 공중으로 가볍게 던졌는데 그 공의 궤적은 내가 목격한 어떠한 소년이나 성인 남자로부터의 것보다 더 정확하고 높았다. 그 공은 꼿꼿하게 그물망에 확 들어가며 깔끔하게 골대 속으로 커브를 그렸다. 오후 내내 어머니는 아버지와 내가 뒤쫓는 동안 소나기골을 퍼부었다.

(C) 우리가 운동장에서 집에 왔을 때, 어머니는 나에게 그녀의 고교 시절의 사진 앨범을 보여주었다. 나는 어머니가 옛날에 아시아 선수권 대회에서 우승한 고교 국가대표 팀의 최고 선수였다는 것을 알고 충격을 받았다. 몇 년 동안 나는 내 방에 Bubbles Hawkins, Pistol Pete 그리고 George Gervin과 같은 위대한 선수들의 잡지에서 오린 사진들과 함께 내가 농구 스타들로 만들어놓은 스크랩북을 보관하던 같은 선반에 그것을 보관했다.

풀이

가족들과 농구를 하는 장면을 묘사하고 있다. 예상치도 않게 엄마가 훌륭하게 숏을 해내는 것을 보고 놀라고 감탄했다는 내용이다.
/ 사건 혹은 시간의 흐름을 쫓아가면 순서는, 농구장에 도착한 직후에 엄마가 농구하는 것을 보고 놀라는 장면으로, 이어서 집으로 돌아온 이후의 상황으로 정리해야 논리적으로 자연스럽다.
/ 글 (D)에서 … to my father, who ~ missed an easy layup을 통해 아버지는 레이업 숏을 성공하지 못했음을 알 수 있다.
/ 한 사람을 가리키는 대명사에 밑줄을 긋고 다른 대상 하나를 찾는 유형이 일반적이나 긴 문장이나 어구에 밑줄을 그어 놓고 그 의미를 판단하게 하는 유형으로, 약간 변형된 문제다. 엄마에 대한 감탄과 존경을 담고 있는 내용을 고르면 된다. 필자의 존경심이 드러난 부분은 (c)For years I kept it in my room, on the same shelf that housed the scrapbooks I made of basketball stars 이다.

답 ④ ⑤ ③　　　　　Chapter 13 장문 독해 ⋯ 373

CROSS
ENGLISH

Vocabulary

• rubbery[rʌbəri]
  고무 같은

• alternative[ɔːltə́ːrnətiv]
  다른 방도

• factual[fǽktʃuəl] 사실의

• additional[ədíʃənəl]
  추가의

• outlook[áutluk] 견해

• comprehension
  [kàmprihénʃən / kɔ̀m-]
  이해

• flexible[fléksəbəl]
  융통성 있는

Some scientists have shown the practical power of looking at the world through 'could-be' eyes. When a group of students were shown an unfamiliar rubbery object and told, "This could be a dog's chewy toy," they were later able to see that it might also be of use as an eraser when they made some pencil mistakes. In contrast, students who were told that it was a dog's chewy toy did not find its alternative use.

Another group of students watched a video about physics after being told, "This presents only one of several outlooks on physics. Please feel free to use any additional methods you want to assist you in solving the problems." On tests of factual comprehension, these students performed no differently from students who had watched the video with a different introduction: "This presents the outlook on physics. Please use the method you see in the video in solving the problems." But when they were faced with questions that asked them to use the information more creatively, the 'could-be' students performed much better than the others. Just a simple _____ of language seemed to invite the students to process and store information in a much more flexible format, and thus be able to look at it and make use of it in different ways.

11-1 위 글의 밑줄 친 'could-be' eyes의 의미로 가장 적절한 것은?

① 인생에 대한 긍정적 시각   ② 사물에 대한 열린 시각
③ 과거에 대한 성찰   ④ 실수를 두려워하는 마음
⑤ 타인을 배려하는 마음

11-2 위 글의 빈칸에 들어갈 말로 가장 적절한 것은?

① memory   ② criticism

③ definition   ④ imitation

⑤ change

[2,2점] [09.수능]

해석

어떤 과학자들은 '그럴 수도 있다'라는 시야를 통하여 세상을 보는 것의 실질적인 힘을 증명했다. 한 무리의 학생들에게 친숙하지 않는 고무 물체를 보여주고 "이것은 강아지의 씹는 장난감이 될 수도 있다."라고 말했을 때, 그들은 자기들이 연필로 쓰다가 실수했을 때 그것을 지우개로도 유용할 수 있다는 것을 나중에 알 수 있었다. 반대로, 그것이 강아지의 씹는 장난감이라고 들은 학생들은 그것의 다른 용도를 발견하지 않았다.

또 다른 무리의 학생들은 "이것은 물리학의 몇 가지 견해 중 오직 하나만을 제시합니다. 문제를 해결할 때 당신에게 도움이 될 수 있는 당신이 원하는 어떠한 추가적인 방법이라도 자유롭게 사용하세요."라고 들은 후 물리학에 관한 비디오를 보았다. 사실 이해 시험에서 이 학생들은 "이것은 물리학의 견해를 제시해 줍니다. 문제를 풀 때 비디오에서 당신이 본 방법을 사용하세요."라는 다른 소개의 말을 듣고 비디오를 본 학생들과 다를 바 없게 수행했다. 그러나 그들이 그들에게 정보를 더 창의적으로 사용하도록 요청하는 질문들을 접했을 때, '그럴 수도 있다'는 학생들이 나머지 학생들보다 훨씬 더 잘 수행했다. 단지 단순한 언어의 변화가 학생들을 훨씬 더 융통성 있는 체제로 정보를 처리하고 저장하도록, 따라서 다른 방식으로 그것을 보고 그것을 이용할 수 있게 안내하는 것 같았다.

풀이

글의 핵심어인 'could-be' eyes의 의미를 묻는 문제로 사실상 주제를 묻는 문제에 가깝다. 사람의 생각을 한 방향으로 제한시켰을 때와 여러 가능성을 열어 두었을 때의 차이를 설명한 글이다. 'could-be' eyes라는 표현의 글자 그대로의 의미와 주어진 글속의 구체적 맥락을 고려해 보면 사물에 대한 열린 시각을 뜻하는 것임을 알 수 있다.

/ could be와 was의 차이, only one of several outlooks, the outlook의 차이는 language의 ⑤change(변화)이다.

① 기억 ② 비판 ③ 정의 ④ 모방

답 ② ⑤

Chapter 13 장문 독해 … 375

Vocabulary

- quotation[kwoutéiʃən]
  인용구
- countless[káuntlis]
  셀 수 없는
- daydream[deidri:m]
  백일몽
- remote[rimóut]
  먼, 외딴
- extremely[ikstrí:mli]
  정말로
- satisfy[sǽtisfài]
  충족시키다
- accessible[æ ksésəbəl]
  접근할 수 있는
- intent[intént] 집중된

(A) On the wall of our dining room was a framed quotation: "Let me live in a house by the side of the road and be a friend to man." It inspired in me countless childhood daydreams about meeting new people from exotic places. I was a child who desperately wanted to connect with others. We did live 'by the side of the road' — on Route 9 between Keene and Portsmouth — but in a place so remote it was extremely difficult to be a 'friend to man.'

(B) Why couldn't others also benefit from that value? I could save people the trouble of going into the store by making my produce accessible at the side of the road, and that would provide value, too. Surely I could convince people to pay half of what the grocery store charged and to feel lucky about the bargain. Suddenly, I saw a connection between those bumpy vegetables on our table and the quotation on the wall; I found a way to satisfy my longing for _____. These homely fruits and vegetables would become my golden apples.

(C) One day when our family drove into town, I focused intently on the big, paper, grocery store signs advertising the same type of produce that we grew: 'carrots, 50 cents a bunch,' 'tomatoes, 99 cents a pound.' Meanwhile, I thought of how the type of 'imperfect' produce we ate for dinner, just as healthy as that sold at the store, was often tossed on the compost heap or left in the ground.　　　　　※ compost heap 퇴비 더미

(D) The unattractive produce such as crooked carrots and odd-looking tomatoes was not valuable to the grocery store, where only 'perfect' produce was sold. But I knew they would have value to people who would chop them into salads or soups, can them, or use them to make pies, because that is what our family did with them. They were fresh and clean and came straight from the good earth.

12-1 위 글 (A)에 이어질 내용을 순서에 맞게 배열한 것으로 가장 적절한 것은?

① (B)–(C)–(D)　　　　② (B)–(D)–(C)　　　　③ (C)–(B)–(D)

④ (C)–(D)–(B)　　　　⑤ (D)–(C)–(B)

12-2 위 글의 빈칸에 들어갈 말로 가장 적절한 것은?

① new friends   ② family reunions

③ mass production   ④ farm reconstruction

⑤ complete independence

12-3 위 글의 'I'에 관한 내용과 일치하지 않는 것은?

① Keene과 Portsmouth 사이의 9번 도로변에 살았다.

② 식료품점에 가는 사람들의 수고를 덜어줄 수 있다고 생각했다.

③ 식료품점의 당근과 토마토 광고를 주의 깊게 보았다.

④ 토마토를 파운드당 99센트에 팔았다.

⑤ 모양이 이상해 식료품점에서 팔지 않는 야채도 가치 있다고 생각했다.

[2,2,2점] [10.수능]

해석

(A) 우리 집 식당 벽에는 액자에 넣은 다음과 같은 글귀가 있었다. "길가에 있는 집에서 살며 사람들의 친구가 되게 해주세요." 그것은 낯선 곳에서 온 새로운 사람들을 만나는 것에 대한 수많은 어린 시절의 꿈을 나에게 불러 일으켰다. 나는 참으로 다른 사람들과 관계를 맺기 원하는 어린아이였다. 우리는 Keene과 Portsmouth 사이에 난 9번 도로의 '도로변에' 실제로 살았지만 너무 외진 곳이어서 '사람들에게 친구가' 되기에는 정말로 어려웠다.

(C) 어느 날 우리 가족이 차를 몰고 시내로 들어갈 때 우리가 재배하던 것과 똑같은 종류의 농산물을 광고하던 종이로 만든 커다란 상점 간판에 온통 관심이 쏠렸다. '당근 한 다발에 50센트, 토마토 1파운드 99센트.' 한편으로 나는 그 상점에서 팔던 것과 똑같이 건강에 좋은, 저녁 식사에 우리가 먹던 그런 '결함이 있는' 농산물이 흔히 어떻게 퇴비 더미에 버려지거나 (수확하지 않은 채로) 땅속에 그냥 남아있게 되는지에 대해 생각해보았다.

(D) 꼬부라진 당근이나 이상하게 생긴 토마토와 같은 못생긴 농산물은 식료품 가게에는 아무런 가치가 없었는데, 그곳에서는 오직 '완전한' 농산물만 팔았다. 그러나 나는, 그것들을 잘게 잘라 샐러드나 스프로 만들거나 통조림으로 만들거나 또는 그것들을 사용하여 파이를 만드는 사람들에게는 그것들이 가치가 있으리라는 것을 알았는데 그 이유는 우리 가족은 그것들을 가지고 그렇게 했기 때문이었다. 그것들은 신선하고 깨끗하고 좋은 토양에서 직접 나온 것이었다.

(B) 왜 다른 사람들은 그러한 가치로부터 똑같이 이익을 얻지 못했을까? 나는 도로변에서 사람들이 나의 농작물에 접근할 수 있게 함으로써 그들이 상점에 가야하는 수고를 덜어줄 수 있었고, 그렇게 하면 그들에게 가치도 제공하는 것이 되었을 것이다. 분명 나는 식료품 가게에서 부르는 값의 절반을 사람들이 지불하고 그 거래에 대해 운이 좋다고 느끼도록 확신을 심어줄 수 있었다. 불현듯 나는 식탁 위의 울퉁불퉁한 채소들과 벽에 걸려 있던 글귀의 연관성을 깨달았다. 나는 <u>새로운 친구들</u>에 대한 나의 열망을 충족시킬 수 있는 방법을 찾아낸 것이다. 이들 못생긴 과일들과 채소들이 나의 황금 사과가 될 것이었다.

풀이

일화의 도입 → 못생긴 농산물에 대한 생각 → 그것들을 활용하는 방안으로 글이 전개되고 있다.
/ 못생긴 농산물과 벽에 걸려 있던 글귀 사이의 관련이라고 했으므로 글 (A)에서 언급된 "friend to man(사람들의 친구)"를 생각하면 답을 찾을 수 있다. ② 가족 친목회 ③ 대량생산 ④ 농장 재건축 ⑤ 완전한 독립
/ 토마토를 파운드당 99센트에 판 것은 시내의 식료품 가게였다.

답 ④ ① ④

- hardly[háːrdli]
  거의 ~않다
- display[displéi]
  전시, 광경
- magnificent
  [mæɡnífəsənt] 장엄한
- spectacular
  [spektǽkjələr] 장관의
- significance
  [signífikəns] 의의, 의미

A friend of mine and his wife were in Hawaii, standing n a beach, watching a beautiful sunset — hardly able to believe how magnificent the sight was. A woman approached them and overheard my friend's wife say, I can't believe how beautiful his is." While walking away from the spectacular display, the woman said, "You should have seen it in Tahiti." When your attention is not on the present moment but on something else, you will tend to _____, as the Tahiti traveler did, or you will wonder about future experiences instead of enjoying the present one, and regret past experiences because they are already over. But as you learn to bring your attention back to the here and now, life will come alive again, providing the enjoyment and satisfaction it was meant to. Thus, when you live in the present moment, one of the nice things that happens to you is that ordinary, everyday life takes on a new significance. Taking walks, watching a sunset, gardening, reading a book, all begin to feel special. When your attention is brought back to the here and now, you engage in life rather than think about life.

13-1 위 글의 빈칸에 들어갈 말로 가장 적절한 것은?

① think about future events in your life
② concentrate better on the event at hand
③ compare even good experiences with others
④ be totally satisfied with the ongoing event
⑤ share the moment with your loved ones

13-2 위 글의 제목으로 가장 적절한 것은?

① Living Today to the Fullest
② Traveling to Exotic Places
③ What Are Friends for?
④ Releasing Your Hidden Power
⑤ Creating Future-Oriented Attitudes

[2.2점] [10.수능]

해석 나의 한 친구가 아내와 함께 하와이에 가서 해변에 서서 아름다운 노을을 보고 있었는데 그 광경은 너무 장엄하여 믿을 수가 없을 정도였다. 한 여자가 그들에게 다가와서 내 친구의 아내가 하는 말을 우연히 들었다. "얼마나 아름다운지 믿을 수 없을 정도야." 그 여자는 장엄한 경관으로부터 떠나가면서 말하였다. "당신들은 타히티의 노을을 보았어야 해요." 우리의 관심이 현재의 순간이 아닌 다른 어떤 것에 가있으면 타히티를 여행했던 그 여자처럼 우리는 좋은 경험인데도 다른 경험들과 비교하게 되거나 현재의 경험을 즐기는 대신 (오지도 않은) 미래의 경험에 놀라게 되고 또 이미 끝나버렸기 때문에 과거의 경험들을 후회하게 될 것이다. 그러나 우리가 지금 현재에 관심을 돌리는 법을 배우게 되면 인생은 다시 또 활기를 띨 것이고 인생이 그렇게 의도되었던 즐거움과 만족을 가져다줄 것이다. 그렇기에, 우리가 현재의 순간 속에 살 때 우리에게 다가오는 멋진 일들 중의 하나는 평범한 매일의 삶이 새로운 의미를 띠게 되는 것이다. 산책, 노을 감상, 정원 가꾸기, 독서 등 모든 것들이 특별하게 느껴지기 시작한다. 우리의 관심이 지금 현재에 돌려질 때 우리는 인생에 대해 (단순히) 생각하지 않고 인생 속에 살게 된다.

풀이 현재의 순간을 그대로 즐기지 못하면 미래나 과거를 생각하게 되고 자연히 그 순간의 즐거운 경험을 다른 경우와 비교하면서 그 순간의 즐거움을 느끼지 못하게 될 것이다.
① 당신의 인생에서 미래에 일어날 일에 대해 생각하다 ② 머지않은 일에 더욱 집중하다 ④ 진행되고 있는 일에 완전히 만족하다 ⑤ 사랑하는 사람들과 순간을 공유하기
/ 현재의 순간에 관심을 갖고 즐기면서 살라는 취지에 가까운 제목은 ①'Living Today to the Fullest(오늘을 최대한도로 살아가기)'이다.
② 이국적인 장소들을 여행하기 ③ 친구 좋다는 게 뭐야 ④ 당신의 감춰진 힘 방출하기 ⑤ 미래지향적인 태도 만들기

Vocabulary

- identical[aidéntikəl]
  같은
- mandatory
  [mǽndətɔ̀:ri] 강제적인
- harmonious
  [hɑ:rmóuniəs] 조화된
- intellectual
  [intəléktʃuəl] 지적인
- incorporate
  [inkɔ́:rpərèit] 합동하다
- principle[prínsəpəl]
  원칙
- conform[kənfɔ́:rm]
  따르게 하다
- strive[straiv] 노력하다
- surely[ʃúərli] 분명히

Many people believe that it is critical to share similar, if not identical, beliefs and values with someone with whom they have a relationship. While this may seem preferable, it is far from mandatory. Individuals from extremely diverse backgrounds have learned to overlook their differences and live harmonious, loving lives together. I've seen people from opposite ends of the spectrum economically and politically that ended up in happy, lasting marriages. I've seen couples from different ethnic groups merge into harmonious relationships, and I've seen people from different religions come together for a strong, lasting bond. Furthermore, many good friends have little in common except a warm loving feeling of respect and rapport. That's the only essential thing. People who enjoy the best relationships with others, who live life with the least frustration regarding their differences, have learned that differences are to be expected, a fact of life. This understanding must go beyond a mere intellectual 'I know we're all different.' You must truly own this idea and incorporate it into your daily life. The way I see it, we have only two realistic choices. We can the principle of separate realities and remain frustrated and angry over the fact that no one seems to conform to our way of thinking, or we can strive to understand what in Eastern philosophy is called'the way of things.' Separate realities is the way things really are. Everyone is unique and has different gifts to offer. When we look for these gifts we will surely find them — and in doing so, we will open the door to a world of personal growth. ※ rapport 친밀한(공감적인) 관계

14-1 위 글의 제목으로 가장 적절한 것은?

① Facing Challenges in Life
② Leading an Intellectual Life
③ Finding Meaning in Friendship
④ Accepting Differences in Others
⑤ Enriching Life through Meditation

14-2 위 글의 빈칸에 들어갈 말로 가장 적절한 것은?

① resist   ② establish

③ master   ④ grasp

⑤ overestimate

[2,2점] [11.수능]

해석

많은 사람들은 그들이 관계를 맺고 있는 사람과 똑같지는 않더라도, 비슷한 신념과 가치관을 공유하는 것이 중요하다고 생각한다. 이것이 바람직할지는 모르지만, 그것은 강제적인 것은 아니다. 완전히 다른 배경을 가진 개인들이 그들의 차이를 너그럽게 보고 조화롭고 사랑하는 삶을 함께 누리는 것을 배웠다. 나는 경제적으로 그리고 정치적으로 반대의 양 끝 지점에 있는 사람들이 행복하고 지속적인 결혼 생활을 하는 것을 보아왔다. 나는 다른 인종 집단 출신의 부부들이 조화로운 관계로 함께 사는 것을 보아왔으며, 서로 다른 종교를 가진 사람들이 강하고 지속적인 유대관계로 뭉치는 것을 보아왔다. 게다가, 많은 좋은 친구들이 존경과 친밀한 관계의 따뜻한 사랑하는 감정을 빼고는 공통적인 것이 거의 없다. 그것이 유일한 필수적인 것이다. 다른 사람들과 최고의 관계를 유지하며, 차이점에 대해서 좌절감이 거의 없이 사는 사람들은 차이는 삶의 사실로서 예상된다는 것을 배웠다. 이러한 이해는 단순히 지적으로 '우리가 모두 다르다는 것을 나는 알고 있다'라고 하는 것을 넘어서야 한다. 당신은 진정으로 이 개념을 소유하고, 당신의 일상생활에 그것을 짜 넣어야 한다. 내가 그것을 바라보는 방식에서 보아, 우리는 두 가지 현실적인 선택만을 가지고 있다. 우리는 개별성의 원리에 저항하고 어느 누구도 우리의 사고방식에 따르지 않는 것처럼 보이는 사실에 계속 실망하고 분노할 수 있다. 혹은 우리는 동양 철학에서 사물의 방식 이라고 불리는 것을 이해하려고 노력할 수 있다. 개별성은 사물들이 실제로 존재하는 방식이다. 모든 사람은 독특하며, 제공할 수 있는 각기 다른 재능이 있다. 우리가 이러한 재능들을 찾을 때, 우리는 분명히 그것들을 찾을 것이다. 그리고 그렇게 함으로써, 우리는 개인적인 성장의 세계로 가는 문을 열게 될 것이다.

풀이

사람들 간의 차이를 인정하고 받아들이는 것이 바람직하다는 요지의 글이다. 따라서 ④'Accepting Differences in Others(다른 사람들이 가지고 있는 차이점을 인정하기)'가 이 글의 제목으로 가장 적절하다.
① 삶 속에서 도전과 마주하기 ② 지적인 삶을 이끌기 ③ 우정에서 의미 발견하기 ⑤ 명상을 통해 풍부해지는 삶
/ 사람들 간의 차이에 대해 현실적으로 우리가 선택할 수 있는 두 가지를 언급하고 있는데, 후자가 차이를 인정하는 내용이므로, 빈칸에는 차이를 인정하지 않는다는 뜻의 동사가 들어가야 옳다. 따라서 ①resist가 가장 적절하다.

• futile[fjú:tl, -tail]
쓸데없는

• prominent
[prάmənənt] 두드러진

• throughout[θru:áut]
~을 통하여

• recur[rikə́:r]
다시 나타나다

• variation
[vὲəriéiʃən] 변주

• excited[iksáitid]
흥분한

• simultaneously
[sàiməltéiniəsli] 동시에

• sufficient[səfíʃənt]
충분한

• commonality
[kὰmənǽ ləti / kɔ̀m-]
공통점

• inspiration
[inspəréiʃən] 영감

(A) After several futile attempts to teach the role of theme, or the prominent repeated melody, in classical music, the teacher was at wit's end. Having reminded her students many times that composers like Wagner depended on the listeners' remembering the earlier theme to recognize its later use, (a) <u>she</u> was determined to make her students understand that themes recur throughout a piece.

(B) She knew that her class had little trouble with simple variations and could easily identify themes that were repeated in a similar way. But when the theme showed much variation, the students' attention focused on the new detail to such an extent that they no longer 'heard' the basic theme. For a week or two, the teacher worried about the problem. Other teachers advised (b) <u>her</u> to go on with something else, but she continued to search for a solution.

(C) The following day in class, (c) <u>she</u> asked how many students had tape recorders. A dozen or so students said, "I do." The teacher said excitedly, "I have an idea. Let's play Beethoven's Eroica again. One of you can record the theme when it's first introduced. Then later, someone else can record it the second time it appears. Finally, we'll have another person record when it appears next. Then we can start all three tape recorders at exactly the same time to see if the recordings fit!" Her students looked at (d) <u>her</u> in surprise. Suddenly, however, delight appeared on their faces. And so it was done. When they played the recordings simultaneously, the sounds blended sufficiently for the students to recognize their commonality.

(D) With this problem in mind, one afternoon during the lunch hour, she noticed a group of students gathered in a corner of the school yard. Several girls were moving their bodies rhythmically. Curious, she drew closer and found that the students were listening to a new rock hit. A girl in the center of the group held a tape recorder in (e) <u>her</u> hand. At that moment, a sudden inspiration took hold.

15-1 주어진 글 (A)에 이어질 내용을 순서에 맞게 배열한 것으로 가장 적절한 것은?

① (B) – (C) – (D)   ② (B) – (D) – (C)   ③ (C) – (B) – (D)

④ (C) – (D) – (B)   ⑤ (D) – (B) – (C)

15-2 밑줄 친 (a) ~ (e) 중에서 가리키는 대상이 나머지 넷과 다른 것은?

① (a)　　　　　　　② (b)　　　　　　　③ (c)
④ (d)　　　　　　　⑤ (e)

15-3 주어진 글의 내용과 일치하지 않는 것은?

① 교사는 고전 음악에서 주제가 반복됨을 학생들에게 이해시키려 했다.
② 학생들은 단순한 변주 부분을 이해하는 데 별 문제가 없었다.
③ 교사는 학생들에게 녹음기를 가지고 있는지를 물었다.
④ 학생들은 자신들이 녹음한 세 부분을 차례로 재생해 들었다.
⑤ 몇몇 학생들이 점심시간에 운동장에서 록 음악을 듣고 있었다.

[2,2,2점] [12.수능]

해석

(A) 클래식 음악에서의 주제의 역할, 즉 두드러진 반복된 선율을 가르치려는 몇 번의 시도가 실패한 후에, 그 교사는 어찌할 바를 몰랐다. Wagner 같은 작곡가들은 나중에 주제가 다시 사용되는 것을 청취자들이 알아채기 위해서 이전의 주제를 기억하는 청취자들의 기억력에 의존했다는 것을 학생들에게 여러 번 일깨워 준 후, 그녀는 학생들이 그 주제가 전 악보에 걸쳐 다시 나타나는 것을 이해시키려고 결심했다.

(B) 그녀의 학급 학생들은 단순한 변주에는 거의 문제가 없으며, 비슷한 식으로 반복되는 주제들을 쉽게 구별할 수 있었다는 것을 알고 있었다. 하지만 그 주제의 변주가 심해지면, 학생들은 기본적인 주제를 더 이상 듣지 않는 범위까지 이르며, 그들의 관심은 새로운 세부사항에 집중했다. 1~2주 동안, 그 교사는 그 문제에 대해 걱정했다. 다른 교사들이 다른 것으로 진행하라고 충고했지만, 그녀는 계속해서 해결책을 찾았다.

(D) 어느 오후 점심시간 중에, 이 문제점을 생각하면서 그녀는 학생들 무리가 학교 뜰 한쪽 구석에 모여 있는 것을 보았다. 여자 아이들 여러 명이 리듬에 맞춰 몸을 움직이고 있었다. 궁금해서, 그녀는 가까이 다가가, 학생들이 새 록 음악을 듣고 있는 것을 발견했다. 그 무리의 한 가운데에 있는 소녀가 테이프 녹음기를 손에 들고 있었다. 그 순간, 갑작스런 영감이 떠올랐다.

(C) 다음날 수업 시간에, 그녀는 얼마나 많은 학생들이 테이프 녹음기를 가지고 있는지 물었다. 12명 정도의 학생들이 가지고 있어요. 라고 말했다. 그 교사는 흥분되어 말했다. 내게 생각이 있다. 베토벤의 영웅을 다시 틀자. 너희들 중의 한 명이 처음에 주제가 나올 때, 그것을 녹음해라. 그리고 나중에 다른 사람이 그 주제가 두 번째로 나올 때 그것을 녹음해라. 마지막으로, 그 주제가 다음에 나타나면 다른 사람이 그것을 녹음하게 될 것이다. 그러고 나서, 우리는 그 녹음이 일치하는지 확인녹음 위해 테이프 녹음기 세 개를 모두 정확히 동시에 재생할 것이다! 그녀의 학생들은 놀라서 그녀를 바라보았다. 하지만 갑자기 기쁨이 그들의 얼굴에 나타났다. 그렇게 그것은 행해졌다. 그들이 그 녹음들을 동시에 재생했을 때, 그 소리는 학생들이 그 공통점을 인식할 수 있을 정도로 충분히 뒤섞였다.

풀이

한 여교사가 클래식 음악에서 반복되는 주제를 학생들에게 여러 번 가르치려고 했지만, 실패했다는 (A)의 내용 뒤에, 학생들의 문제점이 언급되는 (B)가 오고, (D)의 첫 문장의 this problem이 (B)의 문제점을 가리킨다. 마지막으로, 학생들이 가지고 있는 녹음기를 가지고 이 문제점을 해결했다는 내용인 (C)가 오는 것이 적절하다.
/ (a), (b), (c), (d)는 여교사를 가리키는 대명사 표현인 반면, (e)는 녹음기를 들고 있던 여학생을 가리키는 대명사 표현이다.
/ 학생들은 자신들이 녹음한 세 부분을 동시에 재생해 들었다. 따라서 ④'학생들은 자신들이 녹음한 세 부분을 차례로 재생해 들었다.'가 주어진 글의 내용과 일치하지 않는다.

- stationery[stéiʃənèri]
  문방구
- neatly[ni:tli] 멋있게
- engrave[engréiv]
  새겨두다
- therapist[θérəpist]
  치료 전문가
- recover[rikʌ́vəːr]
  되찾다, 회복하다
- promptly
  [prʌ́mptli / prɔ́mpt-]
  신속히
- underprivileged
  [ʌ̀ndərprívəlidʒd]
  소외계층의

(A) When I was a freshman in high school, I won second prize in our local newspaper's essay contest on the theme of 'future career.' I wrote about wanting to become a journalist. We had to collect our prizes at the local variety store and, while waiting in line, a little notebook in the stationery department caught my eye. (a) It was a black and red hardcover book with the word 'Record' neatly engraved in gold on the cover. I reasoned that since I was going to be a journalist, I'd need a very special notebook in which to write. So I bought (b) it.

(B) Then during a serious illness when I was thirty-five, I found the little notebook I had purchased twenty years earlier. From my sick bed I noticed (c) it on a nearby shelf. It was still blank but something told me to write my deepest feelings and thoughts, my pain and fear, my wishes and dreams, the words of my inner world. This was my first 'official' journal. And the process of journal-keeping through writing and drawing helped heal me from a mysterious illness which had defied the doctors and their medicines.

(C) My life changed so much after that. I began listening to my own feelings and inner wisdom. The insights I gained through journal-keeping led me into a new career as an art therapist and teacher of diary writing and drawing. More importantly, I learned to play and enjoy life again. For instance, several years after recovering from my illness, I started skateboarding for the first time in my life and loved (d) it. I'm grateful to that high school girl that I was for having the sense to buy a little blank book. I used it to save my life and to help others.

(D) But I put the notebook away and promptly forgot about (e) it and about becoming a journalist. Painting became my great love. Upon graduating from high school, I went to college as a fine art major and English minor. After becoming a professional artist, marriage followed, then the birth of two daughters. A career change came next which led to teaching underprivileged young children in Los Angeles. The years passed.

16-1 위 글 (A)에 이어질 내용을 순서에 맞게 배열한 것으로 가장 적절한 것은?

① (B) – (D) – (C) 　　② (C) – (B) – (D) 　　③ (C) – (D) – (B)
④ (D) – (B) – (C) 　　⑤ (D) – (C) – (B)

16-2 밑줄 친 (a) ~ (e) 중에서 가리키는 대상이 나머지 넷과 다른 것은?

① (a)　　　　　　　② (b)　　　　　　　③ (c)

④ (d)　　　　　　　⑤ (e)

16-3 위 글의 'I'에 관한 내용과 일치하지 않는 것은?

① 지역 신문사의 에세이 대회에서 2등 상을 탔다.
② 심한 병을 앓고 있었을 때 20년 전에 산 공책을 발견했다.
③ 병이 나은 지 몇 년 후에 스케이트보딩을 처음으로 시작했다.
④ 대학에서 미술을 전공하지는 않았다.
⑤ 전문 화가가 된 후, 결혼을 했고 두 딸을 두었다.

[2,2,2점] [12.수능]

해석

(A) 내가 고등학교 1학년이었을 때, 지역 신문사가 주최한 '장래 직업'이라는 주제의 에세이 대회에서 2등 상을 탔다. 나는 언론인이 되고 싶다는 글을 썼다. 수상자들은 지역 잡화점에서 상을 받아가야 했고, 줄을 서서 기다리면서, 문방구 코너의 작은 공책이 내 시선을 사로잡았다. 그것은 검고 붉은 딱딱한 표지로 된 책이었는데, 그 표지에는 'Record'라는 단어가 금빛으로 멋지게 새겨져 있다. 나는 언론인이 될 것이기 때문에, 글을 쓸 아주 특별한 공책이 필요할 것이라고 생각했다. 그래서 나는 그것을 구입했다.

(D) 하지만 나는 그 공책을 치워 두었고, 그것과 언론인이 되겠다는 것에 대해 곧 잊게 되었다. 그림그리기가 내가 아주 좋아하는 일이 되었다. 고등학교를 졸업하고, 나는 대학에 가서 미술을 전공하고 영어를 부전공했다. 전문 화가가 된 후에, 뒤이어 결혼을 했고, 두 딸이 태어났다. 그 다음에는, Los Angeles에서 소외계층 아이들을 가르치게 되는 직업상의 변화가 있었다. 수년이 흘렀다.

(B) 그리고 나서 내가 35살 때 심한 병을 앓고 있었을 때, 20년 전에 구입했던 그 작은 공책을 발견했다. 내 병상에서 가까운 선반에 놓여 있는 그것을 발견했다. 그것은 아직도 백지상태였지만, 나의 가장 깊은 곳에 있는 감정과 생각, 나의 고통과 두려움, 나의 희망과 꿈, 나의 내면 세상의 단어들을 써보라고 무언가가 내게 말해주었다. 이것이 나의 첫 '공식적인' 일기였다. 그리고 쓰기와 그리기를 통해서 일기를 적는 과정은 의사와 약을 허용하지 않았던 불가사의한 병으로부터 나를 치료하는 것을 도왔다.

(C) 그 후로 내 인생은 아주 많이 바뀌었다. 나는 내 자신의 감정과 내면의 지혜에 귀를 기울이기 시작했다. 일기를 쓰면서 내가 얻었던 통찰력은 나를 예술 치료가이자 일기 쓰기와 그리기 선생님이라는 새로운 직업으로 이끌었다. 더욱 중요한 것은 내가 다시 인생을 향유하고 즐기는 법을 배웠다는 것이다. 예를 들어, 나는 병에서 회복한 지 수 년 후에, 난생 처음으로 스케이트보딩을 시작했고, 그것을 좋아했다. 나는 작은 백지상태의 책을 구입할 정도로 똑똑했던, 과거의 나 자신인 그 고등학교 소녀에게 감사한다. 나는 내 목숨을 구하고 다른 사람들을 돕는 데 그것을 사용했다.

풀이

필자가 고등학교 때 공책을 구입하게 된 계기에 대한 내용이 (A)이며, (D)에서는 한동안 그 공책을 잊은 채 살아가는 필자의 삶이 묘사되고 있다. 필자가 심한 병에 걸려 그 공책을 다시 발견하게 되는 내용이 (B)이며, 어렸을 때 구입했던 그 공책으로 인해 필자의 삶이 변화되었음을 설명하고 있는 (C)가 마지막에 오는 것이 가장 적절하다.
/ (a), (b), (c), (e)는 필자가 고등학교 때 구입했던 공책을 가리키는 대명사 표현인 반면, (d)는 스케이트보딩을 가리키는 대명사 표현이다.
/ 선택지 ④는 (D)의 'I went to college as a fine art major(나는 대학에 가서 미술을 전공하였다)'와 일치하지 않는다.

- prophetic[prəfétik]
  예언의
- decode[di:kóud]
  해석하다
- foretell[fɔ:rtél] 예언하다
- traumatic
  [trɔ:mǽtik, trə-]
  외상의, 정신적 쇼크의
  상처 깊은
- correspondence
  [kɔ̀:rəspándəns] 일치
- establish[istǽbliʃ]
  확립하다
- assumption
  [əsʌ́mpʃən] 가정

Since the beginning of time, the mysterious nature of dreaming has led people to believe that dreams were messages from the other world. Dreams have been regarded as prophetic communications which, when properly decoded, would enable us to foretell the future. There is, however, absolutely no scientific evidence for this theory. It is certainly true that individuals who are concerned about a traumatic event, such as the threat of the loss of a loved one who is sick, will dream about that loved one more than would otherwise be the case. If the dreamer then calls and finds that the loved one has died, it is understandable for him or her to assume that the dream was a premonition of that death. But this is a mistake. It is simply a(n) correspondence between a situation about which one has intense concern and the occurrence of the event that one fears. To prove the existence of premonitory dreams, scientific evidence must be obtained. We would need to do studies in which individuals are sampled in terms of their dream life and judges are asked to make correspondences between these dream events and events that occurred in real life. A problem that arises here is that individuals who believe in premonitory dreams may give one or two striking examples of 'hits,' but they never tell you how many of their premonitory dreams 'missed.' To do a scientific study of dream prophecy, we would need to establish some base of how commonly correspondences occur between dream and waking reality. Until we have that evidence, it is better to believe that the assumption is false.

※ premonitory 예고의, 전조의

17-1 위 글의 제목으로 가장 적절한 것은?

① Why Do People Dream?
② Ways to Interpret Dreams
③ Origin of Dream Prophecy
④ Scientific History of Dreams
⑤ Can Dreams Foretell the Future?

17-2 위 글의 빈칸에 공통으로 들어갈 말로 가장 적절한 것은?

① close   ② coincidental

③ inevitable   ④ logical

⑤ scientific

[2.2점] [12.수능]

해석 태초부터 사람들은 꿈의 불가사의한 성질 때문에, 꿈이란 다른 세상으로부터의 메시지라고 믿었다. 꿈은 적절하게 해석되면 미래를 예언할 수 있게 해주는 예언적인 소통으로 간주되었다. 그러나 이 이론에 대한 과학적인 증거는 전혀 없다. 병을 앓고 있는 사랑하는 사람을 잃게 될지도 모를 위협과 같은 충격적인 일에 대해 염려하고 있는 사람들은 그렇지 않게 될 경우보다 그 사랑하는 사람에 대한 꿈을 더 꾸게 되는 것은 분명히 사실이다. 만약 그 꿈을 꾼 사람이 전화를 걸어 그 사랑하는 사람이 죽었다는 것을 알게 되면, 그 사람은 그 꿈이 그 죽음의 예고였다고 당연히 생각하게 되는 것이다. 하지만 이것은 착각이다. 그 것은 단순히 어떤 사람이 강하게 걱정하고 있는 상황과 그 사람이 두려워하는 사건의 발생 사이의 우연의 일치이다. 예고하는 꿈의 존재를 증명하기 위해서, 과학적인 증거가 확보되어야 할 것이다. 꿈속에서의 생활(꿈 이야기)에 따라 사람들이 표본이 되고, 전문가들이 이 꿈속의 사건들과 실생활에서 일어난 사건들을 일치시켜보는 연구를 할 필요가 있을 것이다. 여기서 발생하는 문제는, 예고의 꿈을 믿는 사람들이 '꿈이 딱 들어맞은 사건'의 두드러진 한 두 사례를 제공할 수는 있지만, 얼마나 많은 예고의 꿈이 '빗나 갔는지'에 대해서는 말하지 않을 것이라는 것이다. 꿈의 예언을 과학적으로 연구하기 위해서는 꿈과 깨어있는 현실 사이에서 우연의 일치가 얼마나 흔하게 발생하는 지에 대한 토대를 확립할 필요가 있을 것이다. 그 증거를 갖게 될 때까지, 그 가정은 잘못되었다고 믿는 것이 더 낫다.

풀이 미래에 일어날 일을 예언하는 꿈에 대한 과학적인 증거가 없음을 주장하는 글이다. 따라서 이 글의 제목으로 가장 적절한 것은 ⑤'Can Dreams Foretell the Future?(꿈이 미래를 예언할 수 있는가)'이다.
① 사람들은 왜 꿈을 꾸는가? ② 꿈을 해석하는 방법 ③ 예언하는 꿈의 기원 ④ 꿈에 대한 과학적인 역사
/ 꿈에서 일어나는 사건과 실제로 일어나는 사건 사이에는 과학적인 증거가 없다고 했으므로, 빈칸에 들어갈 말로 가장 적절한 것은 ②'coincidental(우연히 일치하는)'이다.
① 가까운 ③ 불가피한 ④ 논리적인 ⑤ 과학적인

(A) I observe the moon wherever I go. What phase is it in, I wonder? When will it reach the full moon phase? Now imagine what happened to me recently when I was teaching in Australia, 12,000 miles from my hometown in North America. Shortly after my arrival, seeing that the skies were cloudy, I checked the newspaper for a weather report. Typically, the weather page also gives times for sunrise and sunset as well as moonrise and moonset.

(B) Picture my surprise when I discovered that the illustrations in the newspaper were, by my experience, wrong. The waxing moon appeared to be illuminated on the left side rather than the right side as I had always known it to be. "I must call the newspaper," I thought. But I continued to study the images in the newspaper and then consulted a globe.

※ wax (점점) 커지다

(C) The point is that often we do not see things as they are. Instead, we see things as we are. That is why it is necessary in science to have many people making many observations of the same phenomenon. I am sure that to people in Australia.

(D) When I imagined myself standing on a spot in the southern hemisphere, the answer came to me. Here, indeed, south of the equator, the waxing moon appears to be on the left. Try this in your imagination, and you will see it, too.

18-1 주어진 글 (A)에 이어질 내용을 순서에 맞게 배열한 것으로 가장 적절한 것은?

① (B)-(D)-(C)   ② (C)-(B)-(D)   ③ (C)-(D)-(B)

④ (D)-(B)-(C)   ⑤ (D)-(C)-(B)

18-2 위 글의 빈칸에 들어갈 말로 가장 적절한 것은?

① solar energy would play an important role

② the waxing of the moon would be easier to notice

③ the weather in North America appears better than it is

④ the scientific discoveries in North America are universal

⑤ the moon in North America would seem strange as well

[2,2점] [12.6월평가원]

해석

(A) 나는 가는 곳마다 달을 관찰한다. 달이 어떤 상에 있는지를 나는 궁금해 한다. 달이 언제 보름달 상에 도달할까? 이제 내가 북아메리카의 내 고향에서 12,000 마일 떨어진 오스트레일리아에서 가르치고 있던 최근에 나에게 일어났던 일을 상상해보라. 내가 도착하자마자 하늘에 구름이 끼었기 때문에 나는 날씨 보도를 보기 위해 신문을 확인했다. 일반적으로 날씨 면은 월출과 월입은 물론 일출과 일몰 시간도 보여준다.

(B) 신문의 도해들이 내 경험상 틀렸다는 것을 발견했을 때의 내 놀라움을 상상해 보라. 상현달이 내가 항상 그렇다고 알고 있던 오른쪽이 아니라 왼쪽에서 빛나고 있는 것처럼 보였다. "내가 신문사에 전화를 걸어야겠군."하고 생각했다. 그러나 나는 신문에 있는 이미지들을 계속 연구한 다음 지구의를 보았다.

(D) 내가 남반구의 한 지점에 서있는 것을 상상했을 때 답이 나왔다. 사실 적도 남쪽인 여기에서 상현달이 왼쪽에 있는 것처럼 보인다. 상상 속에서 이것을 시도해 보아라. 그러면 여러분도 그것을 볼 것이다.

(C) 요점은 우리가 종종 사물을 있는 그대로 보지 않는다는 것이다. 사실 우리는 우리의 관점에서 사물을 본다. 그렇기 때문에 과학에서는 많은 사람들이 똑같은 현상에 대해 많은 관찰을 하게 하는 것이 필요하다. 나는 오스트레일리아 사람들에게도 북아메리카의 달이 이상하게 보일 것이라고 확신한다.

풀이

(B)의 2행의 the newspaper가 (A)의 6행의 the newspaper를 지칭한다는 것에서 (A) 다음에 (B)가 와야 함을 알 수 있다. 지구의를 보았다는 (B) 다음에 남반구 상황에 대해 생각했을 것이므로 (B) 다음에 (D)가 와야 함을 알 수 있다. (C)는 이 글의 결론이므로 (C)가 마지막에 와야 한다.
/ 북반구에서 상현달이 오른쪽에서 빛나고 있지만 적도의 남쪽에서는 왼쪽에서 빛난다는 것을 알고 필자가 놀랐다는 것과 사람들이 사물을 있는 그대로 보는 것이 아니라 사람의 관점에서 사물을 본다는 것에서 빈칸에 들어갈 말이 ⑤ the moon in North America would seem strange as well((오스트레일리아 사람들에게도) 북아메리카의 달이 이상하게 보일 것이다.)라는 것을 알 수 있다.
① 태양에너지는 중요한 역할을 하곤 한다. ② 달이 커지는 것은 알아채기 더욱 쉽다. ③ 북아메리카의 기후는 실제 그런 것보다 더 좋게 보인다. ④ 북아메리카의 과학적 발견은 보편적이다.

답 ④ ⑤

Vocabulary 🔊

- adventurous
  [æ dvéntʃərəs] 모험적인
- pretend[priténd]
  ~인 체하다
- struggle[strʌ́gəl]
  노력하다
- declare[diklέər] 말하다
- severely[siviərli] 극심한
- shortsighted
  [ʃɔ́:rtsáitid] 근시(안)의
- fuzzy[fʌ́zi] 희미한
- sob[sab] 흐느껴 울다
- compulsive
  [kəmpʌ́lsiv]
  강제적인,
  강박감에 사로잡힌

My sister, Tara, was the quiet one in the family. She was not as adventurous as my brother and I. She never excelled at school or sports. Of course, I loved my sister, but, at times, that was not so easy to do. She seldom made eye contact with me. When we ran into each other at school, (a) she sometimes pretended not to recognize me. One day, my father's job forced us to move to a new neighborhood. The nurse at our new school, Emerson, gave us ear and eye exams, our first ever. I aced the tests — "Eagle eyes and elephant ears," the nurse said — but Tara struggled to read the eye chart. (b) She declared Tara severely shortsighted and she had to get glasses. When the glasses were ready, we all went downtown to pick them up. The first time she tried them on, she kept moving her head around and up and down. "What's the matter?" I asked. "You can see that tree over there?" she said, pointing at a sycamore tree about a hundred feet away. I nodded. (c) She sobbed, "I can see not just the branches, but each little leaf." Tara burst into tears.

On the way home, she kept seeing for the first time all these things that most everyone else had stopped noticing. She read street signs and billboards aloud. She pointed out sparrows sitting on the telephone wires. At home, Tara insisted that I try on her glasses. I put them on, and the world turned into fuzzy, unfocused shapes. I took a few steps and banged my knee on the coffee table. It was at that very moment that I truly understood Tara for the first time. I realized why (d) she did not like to go exploring, or why she did not recognize me at school. Tara loved seeing the world clearly. Not long after she got her glasses, she decided she wanted to be an artist. She started compulsively drawing and painting all the wondrous things she was discovering. (e) Her first painting of the sycamore tree is still her favorite. Today, she is an art teacher at Emerson, where she tries to bring the best out of each individual student.

19-1 위 글의 제목으로 가장 적절한 것은?

① Seeing with Inner Eyes
② Sisters in a Flood of Tears
③ Wearing the Wrong Glasses
④ A New World Through Glasses
⑤ Alternative Ways to Be an Art Teacher

19-2 밑줄 친 (a) ~ (e) 중에서 가리키는 대상이 나머지 넷과 다른 것은?

① (a)   ② (b)   ③ (c)
④ (d)   ⑤ (e)

19-3 위 글의 내용과 일치하지 않는 것은?

① 화자(I)는 아버지의 직장 때문에 이사하게 되었다.
② Tara는 시력검사에서 근시판정을 받았다.
③ 화자(I)는 Tara의 안경을 쓰고 잘 볼 수 있었다.
④ Tara는 안경을 쓰게 된 후 화가가 되고 싶다는 마음을 먹었다.
⑤ 현재 Tara는 Emerson 학교의 미술교사이다.

[2,2,2점] [12.6월평가원]

해석 내 누이 Tara는 가족 중 말이 없는 식구였다. 그녀는 형과 나만큼 모험적이지 않았다. 그녀는 결코 학교 또는 스포츠에서 뛰어나지 않았다. 물론 나는 누이를 사랑했지만 때때로 그것은 하기가 그렇게 쉽지 않았다. 그녀는 좀처럼 나와 눈을 마주치지 않았다. 학교에서 서로 우연히 만났을 때 그녀는 때때로 나를 알아보지 못한 척했다.
어느 날 아버지의 직장 때문에 우리는 새로운 이웃으로 이사를 가야 했다. 새 학교의 양호 선생님인 Emerson 선생님이 난생 처음 우리의 청력 검사와 시력 검사를 했다. 나는 검사에서 A를 받았다. 내가 "독수리의 시력과 코끼리의 청력을 가졌다."고 양호 선생님이 말씀하셨지만 Tara는 시력 검사표를 읽으려고 무척 애를 썼다.
양호 선생님이 Tara가 심한 근시라고 말씀하셔서 그녀는 안경을 맞추어야 했다. 안경이 준비되었을 때 우리는 모두 안경을 찾으러 시내로 갔다. 처음으로 안경을 써 보았을 때 그녀는 계속 머리를 좌우로 돌리고 위아래로 움직였다. "뭐가 잘못 되었니?"하고 내가 물었다. "저기 있는 저 나무를 볼 수 있니?"하고 그녀가 약 100 피트 떨어져 있는 단풍나무를 가리키며 말했다. 나는 고개를 끄덕였다. 그녀는 흐느끼며 말했다. "나는 나뭇가지뿐만 아니라 각각의 작은 잎도 볼 수 있어." Tara는 울음을 터뜨렸다.
집으로 가는 도중에 그녀는 거의 모든 다른 사람이 알아채지 못했던 모든 이것들을 처음으로 계속 보았다. 그녀는 도로 표지판과 광고판을 큰 소리로 읽었다. 그녀는 전화 줄 위에 앉아 있는 참새를 가리켰다. 집에서 Tara는 내가 그녀의 안경을 써볼 것을 주장했다. 그녀의 안경을 썼더니 세상이 희미하고 초점이 맞지 않는 모양으로 변했다. 나는 몇 발자국 걷다가 무릎을 커피 탁자에 쾅하고 부딪쳤다. 내가 Tara를 처음으로 진실로 이해한 것은 바로 그 순간이었다. 나는 그녀가 탐험하러 가기를 좋아하지 않았던 이유와 그녀가 학교에서 나를 알아보지 못했던 이유를 깨달았다. Tara는 세상을 똑똑히 보기를 좋아했다. 안경을 쓴 후 얼마 되지 않아 그녀는 자신이 예술가가 되고 싶다는 마음을 먹었다. 그녀는 그녀가 발견하고 있던 모든 놀랄 만한 것들을 모두 강박관념을 갖고 그리기 시작했다. 그녀의 첫 번째 단풍나무 그림은 그녀가 아직도 가장 좋아하는 그림이다. 현재 그녀는 Emerson 학교의 미술선생님인데 그곳에서 그녀는 각각의 학생 개인으로부터 최고의 것을 꺼내려고 노력한다.

풀이 Tara가 안경을 쓴 다음부터 세상을 또렷하게 볼 수 있었다는 내용의 글이다. 따라서 이 글의 제목으로 ④'A New World Through Glasses (안경을 통한 새로운 세상)'가 가장 적절하다.
① 내면의 눈으로 보기 ② 누이의 쏟아지는 눈물 ③ 잘못된 안경 착용 ⑤ 예술 선생님이 되는 다른 방법
/ (b)의 She는 학교의 양호선생님을 가리키는 대명사 표현인 반면 나머지는 모두 Tara를 지칭하는 대명사 표현이다.
/ 세 번째 문단 5-7행 "I put them on, and the world turned into fuzzy, unfocused shapes. I took a few steps and banged my knee on the coffee table.(그녀의 안경을 썼더니 세상이 희미하고 초점이 맞지 않는 모양으로 변했다. 나는 몇 발자국 걷다가 무릎을 커피 탁자에 쾅하고 부딪쳤다.)"에서 ③이 일치하지 않음을 알 수 있다.

정답 ④ ② ③

The other day an acquaintance of mine, a sociable and charming man, told me he had found himself unexpectedly 'alone' in New York for an hour or two between appointments. He went to the Whitney Museum and spent the 'empty' time looking at things by himself. For him it proved to be a shock nearly as great as falling in love to discover that he could enjoy himself so much alone.

What had he been afraid of? I asked myself. That, suddenly alone, he would discover that he bored himself, or that there was, quite simply, no self there to meet? But having taken the first step into this new world, he is now about to begin a new adventure; he is about to be launched into his own inner space, space as immense, unexplored, and sometimes frightening as outer space to the astronaut. His every perception will come to him with a new freshness and, for a time, seem startlingly _____. For anyone who can see things for himself with a naked eye becomes, for a moment or two, something of a genius. With another human being present vision becomes double vision, inevitably. We are busy wondering, what does my companion see or think of this, and what do I think of it? The original impact gets lost.

"Music I heard with you was more than music." Exactly. And therefore music 'itself' can only be heard alone. Solitude is the salt of personhood. It brings out the authentic flavor of every experience.

20-1 위 글의 제목으로 가장 적절한 것은?

① Finding Oneself through Solitude
② Coping with Loneliness in a City
③ The Path to Gaining Double Vision
④ An Unexpected Journey into Museums
⑤ Leisure vs. Work: Maintaining the Balance

20-2 위 글의 빈칸에 들어갈 말로 가장 적절한 것은?

① problematic   ② confusing

③ original   ④ universal

⑤ similar

[2.2점] [11.9월평가원]

해석

일전에 내가 알고 지내던 사교적이고 매력적인 남자가 내게 약속 시간 사이에 한두 시간 동안 뉴욕에서 뜻밖에 '홀로' 있는 자신을 발견했다고 말했다. 그는 Whitney Museum에 가서 혼자 전시물을 보면서 '비어 있는' 시간을 보냈다. 그에게 있어서, 혼자서도 충분히 즐거울 수 있다는 것을 알게 된 것은 거의 사랑에 빠지는 것만큼이나 큰 충격이었다.

그는 무엇을 두려워했던가? 나는 자신에게 물었다. 돌연히 혼자서, 그가 자신을 지루해 한다는 것 또는 거기에는 충족시킬 자아가 전혀 없다는 것을 알게 되는 것? 하지만 그는 이러한 새로운 세상에 첫걸음을 내디디면서, 이제 새로운 모험을 막 시작했다. 그는 우주비행사에게 우주만큼이나 광대하고, 탐험되지 않았으며, 때로는 무시무시한 공간인 자신의 정신세계로 막 진출하게 되었다. 그의 모든 지각은 그에게 새로운 신선함으로 다가올 것이며 잠시 동안은 놀랍게도 <u>독창적인</u> 것처럼 보일 것이다. 육안으로 혼자서 사물을 볼 수 있는 사람은 누구나 잠시 동안은 어느 정도 천재가 되기 때문이다. 다른 사람이 있으면, 시야는 불가피하게 이중이 된다. 우리는 내 동료가 무엇을 보는지 또는 이것에 관해 어떻게 생각하는지, 그리고 내가 그것에 관해 어떻게 생각하는지를 궁금해 하느라 분주해진다. 독창적인 효과는 사라진다.

"당신과 함께 들은 음악은 음악 이상이었어요." 정말 맞는 말이다. 그리고 따라서 음악 '그 자체'는 혼자서만 (제대로) 들을 수 있다. 고독이 개성을 잘 드러내 준다. 그것은 모든 경험의 진정한 맛을 이끌어 낸다.

풀이

홀로 있는 것은 우리가 우리의 정신세계를 지각하게 해주고, 우리의 개성도 드러내 준다고 했다. 따라서 이 글의 제목으로 ① 'Finding Oneself through Solitude(고독을 통해 자신을 발견하기)'가 가장 적절하다.
② 도시에서 외로움에 대처하기 ③ 이중 시야를 얻는 길 ④ 박물관에서의 예기치 못한 여정 ⑤ 여가 대 일 : 균형 유지하기
/ 빈칸이 있는 문장 뒤에서는 혼자 사물을 보며 인식할 수 있으면 어느 정도 천재가 된다고 했고, 누군가 다른 사람이 있으며 독창적인 효과가 사라진다고 했으므로, 빈칸에는 ③ 'original(독창적인)'이 가장 적절하다.

답 ① ③

(A) My grandmother's kitchen was overflowing with food. She raised her daughters to keep an extra box and bottle unopened in the cupboard for every bottle and box that was in use. Although she died before I was born, I was raised by her eldest daughter to do this same thing. Absentminded as I am, I often find I have accumulated two or even three extras of anything in my house.

(B) Befriending life is not always about having things your own way. Life is impermanent and full of broken eggs. But what is true of eggs is even more true of pain and loss and suffering. Certain things are too important to be wasted. When I was sixteen, just after the doctor came and informed me that I had a disease that no one knew how to cure, my mother had reminded me of this.

(C) But this abundance did not mean that things were to be wasted. Everything was always used to the full. Even the tea bags were used twice. There is a family story told about my grandmother's refrigerator. Her refrigerator was always full to the very edges and every shelf was put to use. Occasionally when someone, usually a child, opened it without sufficient caution, an egg would fall out and break on the kitchen floor. My grandmother's response was always the same. She would look at the broken egg with satisfaction. "Aha," she would say, "today we have a sponge cake!"

(D) I had turned toward her in shock, but she did not cuddle or soothe. Instead she reached out and took me by the hand. "We will make a sponge cake," she told me firmly. It has taken many years to find the recipe, the one that is my own, but I knew in that moment that this was what I needed to do.
※ cuddle 꼭 껴안다

21-1 주어진 글 (A)에 이어질 내용을 순서에 맞게 배열한 것으로 가장 적절한 것은?

① (B)-(D)-(C)   ② (C)-(B)-(D)   ③ (C)-(D)-(B)
④ (D)-(B)-(C)   ⑤ (D)-(C)-(B)

21-2 주어진 글의 내용과 일치하지 않는 것은?

① 나는 할머니가 돌아가신 후에 태어났다.
② 의사는 내가 불치병에 걸렸다고 알려 주었다.
③ 할머니의 냉장고는 항상 가득 차 있었다.
④ 할머니는 깨진 계란을 불만스럽게 바라보곤 하셨다.
⑤ 어머니가 손을 내밀어 나의 손을 잡아 주셨다.

21-3 주어진 글의 밑줄 친 "We will make a sponge cake"의 문맥상 의미로 가장 적절한 것은?

① 매사에 신중하고 침착하게 행동하자.
② 건강한 신체는 행복한 삶의 원천이다.
③ 화목한 가정생활은 무엇보다 소중하다.
④ 어려움을 긍정적으로 수용하고 극복하자.
⑤ 성격이 원만해야 타인과의 충돌을 피할 수 있다.

[2,2,2점] [11.9월평가원]

해석

(A) 내 할머니의 부엌은 음식으로 넘쳐났다. 그녀는 사용하는 모든 병과 통을 위해 찬장에는 개봉하지 않은 여분의 통과 병을 보관하도록 딸들을 키웠다. 그녀는 내가 태어나기도 전에 돌아가셨지만, 나는 그녀의 장녀에 의해서 똑같이 하도록 (배우면서) 자라났다. 비록 내가 별 생각이 없을 때에도, 나는 때로 집에 둘 또는 심지어 세 개의 여분의 것들을 모아놓고 있었다는 것을 알게 된다.

(C) 하지만 이러한 풍부함이 물건들을 낭비되게 하는 것을 의미하지는 않았다. 모든 것은 항상 최대한도로 사용되었다. 나의 할머니 냉장고에 대해 전해지는 가족 이야기가 있다. 그녀의 냉장고는 항상 아주 구석까지 가득 차 있었으며 모든 선반이 활용되었다. 가끔 누군가가, 보통은 어린아이지만, 충분히 주의를 기울이지 않고 그것을 열 때, 계란 하나가 떨어져서 부엌 바닥에 깨지곤 하였다. (그에 대한) 할머니의 반응은 항상 같았다. 그녀는 깨진 계란을 만족스럽게 바라보곤 하셨다. 그녀는 "아, 오늘 우리는 스펀지케이크를 먹는단다."라고 말씀하셨다.

(B) 삶을 돌보는 것이 항상 자신의 방식으로 일을 하는 것은 아니다. 삶은 일시적이며, 깨진 계란들로 가득 차 있다. 계란에 적용되는 것은 고통과 상실, 그리고 아픔에도 훨씬 더 잘 적용된다. 어떤 것들은 헛되이 낭비하기에는 너무도 중요하다. 내가 열여섯 살 때, 의사가 와서 아무도 치료법을 모르는 질병에 내가 걸렸다는 것을 내게 알려준 직후에, 어머니께서는 내게 이것을 깨닫게 해주셨다.

(D) 나는 충격을 받아 그녀를 향해 돌아봤지만, 그녀는 꼭 껴안아 주거나 위로해 주지도 않았다. 대신, 그녀는 (손을) 뻗어 내 손을 잡았다. "우리는 스펀지케이크를 만들 거란다."라고 그녀는 내게 단호한 어조로 말했다. 내 자신의 조리법을 발견하는 데는 많은 시간이 걸렸지만, 나는 그 순간 이것이 내가 할 필요가 있는 것이라는 것을 알았다.

풀이

(A) 할머니의 영향으로 집에는 항상 여분의 물건들이 있었음 → (C) 하지만 그러한 풍부함이 낭비되는 것은 아님, 할머니는 계란이 실수로 깨지면 케이크를 만들어 먹음 → (B) 삶에도 깨진 달걀(고통과 상실, 아픔)이 있으며, 필자가 열여섯 살 때 불치병에 걸렸음 → (D) 필자는 불치병 소식에 충격을 받았지만 어머니는 위로해 주지 않음
/ 'She would look at the broken egg with satisfaction.'에서 할머니는 깨진 계란을 보고 만족스럽게 보셨다고 했으므로 ④가 본문과 일치하지 않는다.
/ 깨진 계란으로 케이크를 만들 듯이, 필자의 어머니는 필자가 불치병에 걸렸지만 그러한 어려움을 긍정적으로 극복하자는 의미를 담아 이야기한 것으로, 정답은 ④이다.

MEMO

크로스 **영어**
기출문제 유형탐구

CHAPTER

14

제목
고르기

총 30문항

세상을 **바**꾸는
크로스 공부법 **100** 선

081 독해를 하다 보면 단어정리를 할 수 밖에 없다. 이때는 단어노트를 따로 준비하여 모르는 단어를 정리하되 순서는 한글뜻-영어단어-예문의 순서로 하는 것이 효과적이다.

082 간혹 단어와는 관계없이 문장 자체가 너무 좋거나 중요하다고 여겨진다면 그 문장을 단어 노트에 끼워 넣고 같이 복습해도 좋다.

083 독해를 할 때 단어 정리 말고도 중요한 문제가 있는데 속도 그리고 정확성의 문제다. 보통 시험 볼 때 본인이 속도가 부족한지 정확성이 부족한지를 판단하라.

084 절대 '조급하게' 한 번에 이해하려고 하지 말자. '나눠서'이해하라. 대략 3번 혹은 4번 혹은 여러 번 볼 책이라면 10번이라도 나누어서 언젠가는 '완벽하게' 독해하자는 목표를 설정하자.

085 독해할 때 속도가 부족하다고 느끼는 학생이라면 공부하는 옆에 타임워치를 갖다 놓고 계속 시간을 체크하면서 독해를 해 보아라.

086 독해할 때 정확성이 부족하다고 판단이 된다면 옆에 해설지를 펼쳐놓고 한 문장 한 문장 자신이 독해한 내용이 올바른지 계속 비교하면서 진도를 나가보아라.

01 다음 글의 제목으로 가장 적절한 것을 고르시오.

Vocabulary

• mole[moul] 점
• superstition
  [sùːpərstíʃən] 미신
• eyebrow[áibràu] 눈썹
• strong-willed[-wíld]
  의지가 굳센
• forecast[fɔ́ːrkæ̀st]
  예측하다

Moles are dark spots on human skin. They can vary in color from light to dark brown or black. Almost everyone has at least one mole. According to ancient superstitions, moles reveal a person's character. For example, a mole on one's nose means that he or she is strong-willed and trustworthy. Moles are also believed to foretell the future. Having a mole over one's right eyebrow means he or she will be lucky with money and have a successful career. A mole on the hand, however, is the most desired. It forecasts talent, health, and happiness.

① Removal of Moles
② What a Mole Tells
③ Origin of Fortunetelling
④ Moles : The Skin s Enemy
⑤ Character and Superstition

[2점] [05.수능]

해석 점은 인간의 피부에 있는 검은 반점이다. 그것들은 밝은 갈색에서부터 어두운 갈색이나 검정 색까지 다양하다. 거의 모든 사람들은 적어도 한 개의 점을 갖고 있다. 고대의 미신에 따르면 점은 사람의 성격을 나타낸다. 예를 들어, 코에 있는 점은 그가 의지가 강하고 믿을 수 있다는 것을 의미한다. 점들은 또한 미래를 예언해준다고 믿어진다. 오른쪽 눈썹 위의 점은 그가 금전 운이 있을 것이고 성공적인 직업을 가질 것임을 의미한다. 그러나 손에 있는 점이 가장 바람직하다. 그것은 재능, 건강 그리고 행복을 예견한다.

풀이 점이 사람의 성격을 나타내기도 하고 미래를 예언해준다고도 하면서 예를 든 것으로 보아 점이 무엇을 말해주는가가 제목으로 가장 적절하다. 점치는 것의 기원이나 점의 제거, 혹은 "점: 피부의 적"이라는 내용은 전혀 언급되지 않았다. 성격과 미신 역시 점이 관련된 미신에 대해 언급했을 뿐이므로 답이 될 수 없다.

Vocabulary

- marble[máːrb-əl] 대리석
- forbid[fərbíd] 금하다
- edible[édəbəl]
  먹을 수 있는
- sculpture[skʌ́lptʃər]
  조각품
- permission
  [pərmíʃən] 허가
- carve[kɑːrv] 조각하다

02 다음 글의 제목으로 가장 적절한 것을 고르시오.

Michelangelo looked at a block of marble and saw a man. Elffers looks at a lemon and sees a pig. Growing up in Holland, he was taught to clear his plate ; playing with food was forbidden. As an adult, the artist visited Japan, where, he recalls, food was almost too beautiful, and without humor. Food should be a joy. With his edible produce sculptures, Elffers hopes to share that joy. If you give people permission to see the pig in the lemon, they will forever see animals in fruit or vegetables, he says. Americans carve pumpkins but they never use the stem. It s such an expressive nose! He urges pumpkin buyers to create their own zoos this Halloween. Elffers says, Shop with an open mind.

① Fun with Food   ② Cooking with Lemons

③ Humor in Japanese Food   ④ Halloween Eating Tips

⑤ Shopping for Health Food

[2점] [05.수능]

해석 Michelangelo는 대리석 덩어리를 바라보면서, 사람을 보았다. Elffers는 레몬을 바라보면서 돼지를 보았다. 네덜란드에서 자라면서 그는 접시를 깨끗이 비우라고 배웠다. 음식을 가지고 노는 것은 금지되었다. 어른이 되어서 그 예술가는 일본을 방문했고 그는 다음과 같이 회상했다. 그곳에서 음식은, "너무나 아름다웠고, 그리고 재미없었어요. 음식은 즐거움이어야 합니다." Elffers는 그가 만든 먹을 수 있는 농산물 조각품들로 그 즐거움을 나누기를 바란다. "만일 당신이 사람들에게 레몬에서 돼지를 보게 해주려고 한다면, 그들은 영원히 과일이나 채소에서 동물들을 볼 겁니다."라고 그는 말한다. "미국인들은 호박을 파내 조각하지만, 전혀 그 줄기를 사용하지는 않죠. 그건 정말 표정이 풍부한 코인데 말이죠!" 그는 호박을 사는 사람들에게 이번 할로윈에 그들 자신의 동물원을 창조하라고 권유한다. Elffers는 말한다. "열린 마음을 가지고 물건을 사십시오."

풀이 Food should be a joy라고 한 Elffers의 말에 이 글의 내용이 잘 담겨 있다. 그가 레몬으로 돼지를 만든 것이며 요리한 것은 아니다. 일본 음식은 아름답지만 재미없다고 했으므로 ③도 답이 될 수 없다. 할로윈의 호박도 재미있게 만들어보라는 것이 글의 내용이고 건강 음식은 전혀 언급되지 않았다.

답 ①

03 다음 글의 제목으로 가장 적절한 것을 고르시오.

Vocabulary

The most satisfying and expressive drawing is done with the active engagement of the entire body. Your hand is connected to your whole arm, the arm to the torso, supported by your feet on the floor. To awaken the active engagement of your whole body in drawing, try the following: Begin by drawing small circles in space with each of your fingers. Then move your hands in circles around the wrist. Next, make bigger circles with your forearms. And finally, make giant swinging arm circles. Now you see how your entire body can be used in the activity of drawing. ※ torso 몸통

- expressive[iksprésiv]
  표정이 풍부한, 표현하는
- engagement
  [engéidʒmənt] 개입, 계약
- wrist[rist] 손목
- forearm[fɔ́ːrɑ̀ːrm] 팔뚝

① Drawing Body Parts　　　② Power of Mind Control
③ Use of Fingers in Drawing　　④ Drawing with the Whole Body
⑤ Physical Movement and Fitness

[2점] [06.수능]

해석 가장 만족스럽고 표현이 풍부한 그림은 몸 전체의 능동적인 개입으로 이루어진다. 손은 바닥에 서 있는 발에 의해 떠받쳐져서 팔 전체, 팔에서 몸통까지 연결되어 있다. 그림을 그릴 때 몸 전체를 능동적으로 참여시키기 위해 다음과 같이 시도해 보라. 각각의 손가락으로 공간에 작은 원을 그리며 시작하라. 그리고 손목 주위 둘레의 원을 손으로 그리며 움직여라. 다음에 팔뚝을 가지고 좀 더 큰 원을 그려라. 그리고 마지막으로 거대한 원을 팔을 돌려 만들어라. 그러면 전체 몸이 그림을 그리는 일에 어떻게 사용되는가를 볼 수가 있다.

풀이 첫 문장이 주제문으로 몸 전체를 사용해서 그림을 그리라는 것이 글의 요지이다. 따라서 이 글의 제목으로 적절한 것은 ④ 'Drawing with the Whole Body(몸 전체를 가지고 그리기)'이다.
① 신체부분을 그리기 ② 정신 지배의 힘 ③ 그리기에서의 손가락 사용 ⑤ 신체 활동과 건강

Vocabulary

- prose[prouz] 산문
- mere[miər] 단순한
- telegraphic
  [tèləgræfik] 전보의
- shorthand[ʃɔ́ːrthæ̀nd]
  속기
- numeral[njúːmərəl]
  수의
- confine[kənfáin]
  제한하다
- vase[veis] 꽃병

04 다음 글의 제목으로 가장 적절한 것을 고르시오.

The old Sumerian cuneiform could not be used to write normal prose but was a mere telegraphic shorthand, whose vocabulary was restricted to names, numerals and units of measure. A related limitation was that few people ever learned to write this early script. Knowledge of writing was confined to professionals who worked for the king or temple. On the contrary, Greek alphabetic writing was a vehicle of poetry and humor, to be read in private homes. The first preserved example of Greek alphabetic writing, scratched onto an Athenian wine jar of about 740 B.C., is a line of poetry announcing a dancing contest: "Whoever of all dancers performs most gracefully will win this vase as a prize."

※ cuneiform 쐐기문자

① Origins of the Greek Writing System
② Relationship Between Prose and Poetry
③ Spread of Sumerian Cuneiform Writing
④ Limitations of the Greek Writing System
⑤ Differences Between Two Writing Systems

[2점] [06.수능]

해석 고대 수메르 쐐기 문자는 보통의 산문을 쓰는 데 사용될 수가 없었고, 단순한 전보를 보내기 위한 속기였는데, 그것의 어휘는 이름과 수와 측정의 단위로 제한되었다. 그런 제한으로 인해 거의 사람들이 이러한 초기의 문자를 쓰는 것을 배우지 못했다는 것이다. 쓰는 것을 아는 것은 왕이나 사원에서 일하는 전문가에게 한정되었다. 반면에 그리스의 알파벳 쓰기는 시와 유머의 수단이었고 개인 가정에서 읽혔다. 그리스 알파벳 쓰기의 최초로 보존된 예는 기원전 740년경의 아테네 술병에 새겨진 것으로 무용 경연 대회에서 발표한 "무용가 중에 누구든지 가장 우아하게 춤추는 자가 꽃병을 상으로 얻을 것이다"라는 시의 한 구절이었다.

풀이 이 글은 수메르인의 쐐기 문자와 그리스의 알파벳을 비교하여 그 차이점을 적은 글이다. 따라서 이 글의 제목으로 ⑤ 'Differences Between Two Writing Systems(두 문자 체계의 차이점)'이 가장 적절하다.
① 그리스 표기 체계의 기원 ② 산문과 시의 관계 ③ 수메르인의 쐐기문자 확산 ④ 그리스 표기 체계의 한계

05 다음 글의 제목으로 가장 적절한 것을 고르시오.

The story starts in the world of Homer, where the stormy skies and the dark seas were ruled by the mythical gods. Every advance in human understanding since then has been made by brave individuals daring to step into the unknown darkness and to break free from accepted ways of thinking. Most of those steps were small and difficult, but a few were brilliant and beautiful. As Gustave Flaubert wrote, "Among those who go to sea there are the explorers who discover new worlds, adding continents to the Earth and stars to the heavens; they are the masters, the great, the eternally shining." It is those explorers, through their unceasing trial and error, who have paved the way for us to follow.

Vocabulary

- mythical[míθikl]
  신화에 나오는
- advance[ædvǽns]
  진보, 발전
- daring[dέəriŋ]
  대담한, 용감한
- brilliant[bríljənt]
  빛나는
- continent
  [kántənənt] 대륙
- eternally[itə́ːrnəli]
  영원히
- unceasing[ʌnsíːsiŋ]
  끊임없는

① The Earth and the Heavens
② Gods and Their Worshipers
③ Great Sea Explorers of Our Time
④ Pioneers in Human Understanding
⑤ Importance of Conventional Wisdom

[2점] [07.수능]

해석 그 이야기는 Homer가 살았던 시대에 시작되는데, 그 시대에는 폭풍우를 만들어내는 하늘과 어두운 바다가 신화에 등장하는 신들에 의해 다스려졌다. 그 이후로 인간의 이해의 모든 발전은 과감하게 미지의 어둠 속으로 발을 내디디고 기존에 받아들여졌던 사고방식에서 벗어난 용감한 사람들에 의해 이루어졌다. 그러한 대부분의 발걸음들은 작고 힘든 것이었지만 일부 소수의 발걸음은 빛나고 아름다운 것이었다. 그것은 Gustave Flaubert가 다음과 같이 글로 적은 바와 같다. "바다로 나아가는 사람들 중에는 새로운 세상을 발견하여 지구상의 대륙을 추가시키고 하늘에 별들을 추가시키는 탐험가들이 있는데, 그들은 정복자이고, 위대한 인물이며 영원히 빛날 사람들이다" 우리가 가야할 길을 닦은 사람들은 끊임없는 시행착오를 거쳤던 바로 그러한 탐험가들이다.

풀이 이 세상과 자연은 신의 지배를 받는다는 과거의 생각에서 벗어나 과감하게 미지의 세계로 탐험하여 인간의 세계에 대한 이해를 발전시킨 사람들의 의의를 설명한 글이다. 따라서 ④'Pioneers[pàiəníər] in Human Understanding((세상에 대한) 인간의 이해를 이끈 개척자들)'이 글의 제목으로 적절하다.
① 세상(지상)과 천국 ② 신들과 그들의 숭배자들 ③ 이 시대의 위대한 바다 탐험가 ⑤ 관습적 지혜의 중요성

답 ④

Vocabulary

- hydrogen[háidrədʒən]
  수소
- modify[mádəfài]
  수정하다
- ultimate[ʎltəmit]
  궁극의
- crop[krɑp] 곡물
- unanticipated
  [ʌnǽntísəpèitid]
  예기치 못한
- previously[príːviəsli]
  이전의

06 다음 글의 제목으로 가장 적절한 것을 고르시오.

Most of us believe that we can trust in technology to solve our problems. Whatever problem you name, you can also name some hoped-for technological solution. Some of us have faith that we shall solve our dependence on fossil fuels by developing new technologies for hydrogen engines, wind energy, or solar energy. Some of us have faith that we shall solve our food problems with genetically modified crops newly or soon to be developed. Those with such faith assume that the new technologies will ultimately succeed, without harmful side effects. However, there is no basis for believing that technology will not cause new and unanticipated problems while solving the problems that it previously produced.

① Methods of Controlling New Technology

② Technology: Its Past, Present, and Future

③ Common Misconceptions about Technology

④ Great Contributions of Technology to Humans

⑤ Ultimate Solutions for Fuel and Food Problems

[2점] [07.수능]

해석
우리들 대부분은 우리들의 문제를 해결함에 있어서 과학기술을 신뢰할 수 있다고 생각한다. 당신이 어떤 문제를 제기하든 간에 당신은 또한 그에 대한 과학기술적으로 기대할 만한 해결책을 제기할 수 있다. 우리들 중 일부는 수소엔진, 풍력에너지, 또는 태양에너지를 얻기 위한 새로운 기술을 개발함으로써 화석연료에 대한 의존을 해결할 거라는 믿음을 가지고 있다. 우리들 중 일부는 새로이 또는 머지않아 개발될 유전자 변형 곡물로 식량문제를 해결할 거라는 믿음을 가지고 있다. 그러한 믿음을 가진 사람들은 새로운 과학기술이 해로운 부작용 없이 결국 성공을 거두리라고 추측한다. 그러나 과학기술이 이전에 발생한 문제를 해결하는 과정에서 새로운 예기치 못한 문제를 야기하지 않을 거라고 믿을만한 근거는 전혀 없다.

풀이
과학기술이 인간의 모든 문제를 해결해주리라는 일부 사람들의 낙관적인 생각이 있지만, 그 과정에서 예기치 못한 문제가 발생할 가능성이 있음을 지적한 글이다. 이러한 취지를 담을 수 있는 제목으로는 ③'과학기술에 대한 일반적인 오해(Common Misconceptions about Technology)'가 적절하다.
① 새로운 기술을 관리하는 방법 ② 기술·그것의 과거, 현재, 그리고 미래
④ 인류에게 과학 기술이 크게 공헌한 것 ⑤ 연료와 식량 문제의 궁극적인 해결책

답 ③

07 다음 글의 제목으로 가장 적절한 것을 고르시오.

Newton was the first to point out that light is colorless, and that consequently color has to occur inside our brains. He wrote, "The waves themselves are not colored." Since his time, we have learned that light waves are characterized by different frequencies of vibration. When they enter the eye of an observer, they set off a chain of neurochemical events, the end product of which is an internal mental image that we call color. The essential point here is: What we perceive as color is not made up of color. Although an apple may appear red, its atoms are not themselves red.

※ neurochemical 신경 화학의

Vocabulary

- characterize[kǽriktəràiz] 특징짓다
- frequency[frí:kwənsi] 주파수
- vibration[vaibréiʃən] 진동
- perceive[pərsíːv] 지각하다
- essential[isénʃəl] 근본적인

① Differences in Color Names
② Frequencies of Vibration
③ Light Waves of an Object
④ Atoms of an Apple
⑤ Perception of Color

[2점] [08.수능]

해석 빛은 색깔이 없어서 그 결과 색깔은 우리의 두뇌 속에서 발생하는 것이어야 함을 Newton은 처음으로 지적했다. 그는 "빛의 파장 그 자체는 색깔이 없다."라고 기록했다. 그가 살던 시대 이후로 우리는 빛의 파장이 다양한 진동의 주파수로 특징지어진다고 알아왔다. 그 파장은 관찰자의 눈에 들어올 때 연쇄적인 신경 화학적 현상을 유발시키며, 그 현상이 끝날 때 우리가 색깔이라 부르는 내적인 정신적 이미지를 만들어진다. 여기에서 근본적 요점은 우리가 색깔로 지각하는 것은 색깔로 구성되어 있지 않다는 것이다. 사과는 빨갛게 보일지 모르지만 그것을 이루는 원자는 전혀 빨간 색이 아니다.

풀이 우리가 시각적으로 느끼는 색깔은 빛이 만들어내는 것이 아니라 빛의 파장이 눈에 들어올 때 일어나는 신경 화학적 현상이 만들어내는 것임을 설명한 글이다. 따라서 ⑤'Perception[pərsépʃn] of Color[kʌlər](색깔에 대한 지각)'이 글의 제목으로 적절하다. ① 색깔 이름의 차이점
② 다양한 진동의 주파수 ③ 사물의 빛의 파장 ④ 사과를 구성하는 원자

Vocabulary

• adolescence
[æ`dəlésəns] 사춘기

• maturity[mətjú-ərəti]
장년기

• take ~ for granted
~을 당연한 것이라고
생각하다

• institution
[ìnstətjúʃən] 제도

• govern[gʌ́vərn]
지배하다

08 다음 글의 제목으로 가장 적절한 것을 고르시오.

If we want to describe our society in terms of age, we may come up with four age groups—childhood, adolescence, maturity, and old age. We take it for granted that people of different ages behave differently. For example, we feel that a man in his thirties should act his age and not behave like an adolescent or an old man. Equally, we expect that, as they go through life, people of the same age will in some ways understand each other better than people of different ages. All this is part of expected ways of behaving in our social life, but it is not something that we can apply in formal institutions governed by hard-and-fast rules.

① Age Groups: Their Expected Behavior

② Secrets of Aging: Myth and Truth

③ Formal Institutions: Their Social Roles

④ Teens' Behavior: Respected or Neglected?

⑤ Generation Gap: Past, Present, and Future

[2점] [08.수능]

해석 나이를 기준으로 사회집단을 설명하고자 한다면 우리는 유년기, 청년기, 장년기, 노년기라는 4개의 연령집단을 제시할 것이다. 우리는 사람들은 연령마다 행동방식이 다르다는 것을 당연한 것으로 간주한다. 예를 들어, 30대의 남자는 자신의 나이답게 행동해야 하며 청년이나 노인처럼 행동해서는 안 된다고 느낀다. 같은 맥락에서, 우리는 같은 연령의 사람들은 삶을 살아가는 동안 몇 가지 면에서 다른 연령의 사람들보다는 자신들 서로를 더 많이 이해할 거라고 예상한다. 이 모든 것은 우리의 사회생활에서 예상된 행동방식의 일부이지만 우리가 엄격한 규칙에 의해 지배되는 정식 제도에 적용할 수 있는 것은 아니다.

풀이 연령을 기준으로 사회집단을 4개의 집단으로 나눌 수 있다고 언급한 후 각 연령집단에 속한 사람은 그 연령에 맞게 행동하며, 다른 연령집단보다 서로에 대해 더 잘 이해한다는 내용의 글이다. 따라서 ① 'Age Groups: Their Expected Behavior(연령집단: 그들의 예상된 행동)'이 글의 내용을 잘 표현한 제목이다.
② 노화의 비밀 : 신화와 진실 ③ 형식적인 제도 : 그것의 사회적 역할
④ 십대의 행동 : 존중 받는가 무시 받는가? ⑤ 세대 차이 : 과거, 현재, 미래

09 다음 글의 제목으로 가장 적절한 것을 고르시오.

Vocabulary

The air just above a glass contains molecules that are layered like a cake. At the top are the lightest scents of flowers, then the fruity ones, then the mineral and earthy smells; and finally, at the bottom the heaviest scent elements, wood and alcohol. A good glass does not allow these elements to be mixed up in a disorderly way. Golf-ball-size cups are just too small to concentrate the wine's scents. They are like seats too close to the orchestra: all you hear are isolated sounds from the instruments, rather than the harmony that comes together farther back. The glass doesn't change the wine itself, but rather the way we smell and taste it. Some glasses are like loudspeakers: their shape and volume increase a wine's natural qualities.

- molecule[mάləkjùːl] 분자
- layer[léiəːr] 층으로 하다
- scent[sent] 향기
- earthy[əːrθi] 흙의
- element[éləmənt] 원소
- disorderly [disɔ́ːrdərli] 무질서한
- loudspeaker [láudspíːkər] 확성기

① Various Flavors of Wine ② The Right Glass for Wine
③ Tips for Buying Good Wine ④ The Effect of Wine on Health
⑤ Glasses as a Musical Instrument

[2점] [09.6월평가원]

해석 유리잔 바로 위에 있는 공기는 케이크처럼 층이 진 분자들을 포함한다. 꼭대기에는 가장 가벼운 꽃 냄새, 그 다음은 과일 냄새, 그 다음은 광물과 흙의 냄새, 그리고 마지막으로 제일 바닥에는 가장 무거운 향기 원소인 나무와 알코올이 있다. 좋은 유리잔은 이러한 원소들이 무질서한 방식으로 섞이도록 허락하지 않는다. 골프공 크기의 컵들은 단지 너무 작아서 와인의 향기들을 모을 수가 없다. 그것들은 오케스트라에 너무 가까이 있는 좌석들과 마찬가지이다. 들리는 전부는 멀리 뒤쪽에 모아져 함께 오는 조화로운 음악이 아니라 악기들로부터 나오는 개별적인 소리들이다. 유리잔은 와인 자체를 변화시키지는 않지만, 오히려 우리가 와인의 향기를 맡거나 맛보는 방식을 변화시킨다. 어떤 유리잔들은 확성기와 같다. 즉 그 모양이나 부피가 와인의 천연의 품질을 향상시킨다.

풀이 유리잔이 향기를 모은다는 점을 설명하였고, 너무 작은 골프공 크기의 컵은 향을 모으기에 적절하지 않으며, 유리잔이 우리가 와인의 향기를 맡고 맛보는 방식을 변화시킬 수 있다는 내용의 글이다. 따라서 이 글의 제목으로 ②'the right glass for wine(와인에 적절한 유리잔)'가 가장 적절하다.
① 와인의 다양한 향기 ③ 좋은 와인을 사는 방법 ④ 와인이 건강에 미치는 영향 ⑤ 악기로서의 유리잔들

답 ②

10 다음 글의 제목으로 가장 적절한 것을 고르시오.

Vocabulary

- identity[aidéntəti]
  신원, 신분
- emerge[imə́:rdʒ]
  나타나다
- punctuation
  [pʌ̀ŋktʃuéiʃən] 구두점
- potentially
  [pouténʃəli] 잠재적으로
- individuality
  [ìndəvidʒuǽləti] 개성
- participant
  [pɑ:rtísəpənt] 참여자
- impression
  [impréʃən] 인상

Nicknames and their associated identities, in the emerging medium of online communication, have become an important means in identifying the participants in online chat rooms and newsgroups. H. Bays, a sociolinguist, observes that online, a nickname can be anything from numbers and punctuation to a highly personal or expressive name and potentially contains numerous sociological cues such as gender, approximate age, music and sports interests. Examples may include snowwhite12, lion66, musiclover33, and Birdie_sunneyman. She further points out that the nickname is the first sign of individuality when one encounters another participant. It serves as a first impression and shows the aspect of 'face' that the participant wants to present online.

① Conveniences of Online Communication

② Online Newsgroups

③ Origins of Nicknames

④ Nicknames and Gender

⑤ Online Nicknames and Identities

[2점] [09.9월평가원]

해석 별명 그리고 별명과 연관된 신분표시는 새롭게 등장하는 인터넷을 통한 의사소통 수단 속에서 인터넷 채팅룸과 뉴스그룹에서 참여자를 확인하는 중요한 수단이 되었다. 사회언어학자 H. Bays는 인터넷에서 별명은 숫자와 구두점에서부터 대단히 개인적이고 묘사적인 이름에 이르기까지 어떤 것이라도 가능하며, 성(性), 대략적인 나이, 음악이나 운동에 대한 흥미와 같은 무수한 사회학적인 단서를 잠재적으로 포함한다고 말한다. 예로 snowwhite12, lion66, musiclover33, Bridie_sunneyman을 들 수 있다. 그녀는 또한 한 참여자가 다른 참여자를 만날 때 별명이 개성을 드러내는 최초의 표시라는 것을 지적한다. 그것은 첫 인상을 주는 역할을 하고 참여자가 인터넷에 나타내고 싶어 하는 '얼굴' 모습을 보여준다.

풀이 이 글은 인터넷에서 사용되는 다양한 별명(nicknames[nɪknɪim])이 인터넷 사용자를 확인 할 수 있는 수단이 되며, 사회학적인 많은 단서를 제공해주고, 개성을 드러내는 역할을 한다고 설명하고 있다. 따라서 이 글의 제목으로 ⑤'Online Nicknames and Identities(인터넷 상의 별명과 정체성)'가 가장 적절하다.
① 인터넷을 통한 의사소통의 편리함 ② 인터넷 뉴스그룹 ③ 별명의 기원 ④ 별명과 성

답 ⑤

11 다음 글의 제목으로 가장 적절한 것을 고르시오.

While we generally equate myths with the ancient Greeks or Romans, modern myths are realized in many aspects of popular culture, including trademarks, movies, comic books, holidays, and even commercials. Commercials and advertisements can be analyzed in terms of the underlying mythic themes they represent. Often fashion ads, especially perfume ads, use fantasy and mythical themes. Comic book superheroes also demonstrate how myths can be communicated to consumers of all ages. Indeed, some of these fictional characters represent a mono-myth, a myth that is common to many cultures. The most prevalent mono-myth involves a hero who emerges from the everyday world with supernatural powers and wins a decisive victory over evil forces. Comic book heroes, familiar to most consumers, may even be more credible and effective than real-life celebrities.

Vocabulary

- equate[ikwéit]
  같게 하다
- trademark[tréidmàːrk]
  상표
- underlying[ʌ̀ndərláiiŋ]
  기초가 되는
- perfume[pəːrfjuːm]
  향수
- fictional[fíkʃənəl] 가상의
- prevalent[prévələnt]
  널리 유행하는
- supernatural
  [sùːpərnǽtʃərəl] 초자연의
- decisive[disáisiv]
  결정적인
- credible[krédəbəl]
  신뢰할 수 있는

① Myths in Modern Popular Culture
② Ancient Myths vs. Modern Myths
③ Myths: Past, Present, and Future
④ The Mystery of Mono-myths
⑤ Powers of Advertisements

[2점] [09.9월평가원]

해석 우리는 일반적으로 신화를 고대 그리스 신화나 로마 신화와 같은 것으로 생각하지만 상표, 영화, 만화책, 휴가, 심지어 광고방송을 포함한 대중문화의 여러 측면에서 현대의 신화들은 구체화된다. 광고방송과 광고는 그것들이 상징하고자하는데 기초가 되는 신화적 주제에 의해 분석될 수 있다. 종종 패션 광고는 특히 향수 광고에서 판타지나 신화적인 주제를 사용한다. 만화책의 초인적인 영웅도 또한 신화가 어떻게 모든 연령의 소비자들에게 전달될 수 있는가를 증명해준다. 실제로 이러한 가상의 캐릭터는 많은 문화권에서 공통적으로 등장하는 보편적 신화(mono-myth)를 나타낸다. 가장 널리 유행하는 보편적 신화는 초자연적인 능력을 갖고 일상의 세계에 등장하며 악의 세력에 대해 결정적인 승리를 얻어내는 영웅을 포함하고 있다. 대부분의 소비자들에게 익숙한 만화책의 영웅들도 심지어 실제 삶의 유명인들보다 더 신뢰할 수 있고 효과적일 수 있다.

풀이 이 글의 주제는 첫 문장의 'modern myths[miθ] are realized in many aspects of popular cultures(대중문화의 여러 측면에서 현대의 신화들은 구체화된다.)'에 잘 드러나 있으며, 이것을 가장 잘 표현한 제목은 ① 'Myths in Modern Popular Culture(현대 대중문화에서의 신화)'이다.
② 고대 신화 대 현대 신화 ③ 신화 : 과거, 현재 그리고 미래 ④ 보편적 신화의 신비 ⑤ 광고의 힘

답 ①

Vocabulary

- linear[líniər] 단선적인
- fundamentally
  [fʌ̀ndəméntəli]
  기본적으로
- medium[míːdiəm] 매체
- invariably[invέəriəbli]
  일정하게
- inaudible[inɔ́ːdəbəl]
  알아들을 수 없는

12 다음 글의 제목으로 가장 적절한 것을 고르시오.

Processing a TV message is much more like the all-at-once processing of the ear than the linear processing of the eye reading a printed page. According to McLuhan, television is fundamentally an acoustic medium. To make this point clear, he invited people to try a simple experiment. First, turn the sound down on the TV set for one minute during your favorite program. Now, for another minute, adjust the TV set so that you can hear the sound but you can't see any picture. Which condition was more frustrating? Which condition gave you less information? McLuhan believed that people who tried this little exercise would invariably report more frustration in the condition where the picture was visible but the sound was inaudible.

① TV Messages: More Visual or Acoustic?

② Surveys of Favorite TV Programs

③ TV as Efficient Equipment for the Deaf

④ Effects of Advertisements on TV Viewers

⑤ More Frustrating Conditions: Invisible Situations

[2점] [09.수능]

해석 TV 메시지를 처리하는 것은 인쇄된 면을 읽는 눈의 단선적인 처리과정보다는 귀의 일괄 처리과정과 훨씬 더 흡사하다. McLuhan에 따르면, 텔레비전은 기본적으로 청각적 매체이다. 이 점을 명확히 하기 위하여, 그는 사람들이 단순한 실험을 해 보도록 초대했다. 우선, 당신이 가장 좋아하는 프로그램을 하는 동안에 1분 동안 TV 소리를 줄여라. 이제, 또 다른 1분 동안, 소리는 들을 수 있지만 화면은 전혀 볼 수 없도록 TV를 조정해라. 어떤 상태가 더 좌절감을 일으키는가? 어떤 상태가 당신에게 더 적은 정보를 주는가? McLuhan은 이 작은 연습을 해 본 사람들이 화면은 볼 수 있지만 소리는 들을 수 없는 상태에서 더 많은 좌절감이 있었음을 일정하게 보고할 것이라고 믿었다.

풀이 TV는 시각적이라기보다는 청각적인 속성을 갖는 매체라는 요지의 글이다. 따라서 이 글의 제목으로 ①'TV Messages: More Visual or Acoustic?(TV 메시지: 시각적인가, 청각적인가?)'이 가장 적절하다.
② 좋아하는 TV 프로그램 조사 ③ 청각장애인에게 효율적인 장비인 TV ④ TV 시청자들에 대한 광고의 효과
⑤ 더욱 좌절감을 일으키는 조건 : 보이지 않는 상황

답 ①

13 다음 글의 제목으로 가장 적절한 것을 고르시오.

세상을 바꾸는
크로스 공부법

Vocabulary

A study found that enrollment in physical education classes was not related to academic achievement scores but involvement in vigorous physical activity was. Student who engaged in vigorous activity outside of school at least 20 minutes per da three days per week, were found to have higher academic scores. Students in th physical education class spent an average of only 19 minutes out on a 55-minute class engage I moderate-to-vigorous physical activity. Given that this amount and intensity o activity I physical education classes had no correlation to students academic achievement, whereas there was a significant association between academic achievement and vigorous activity outside of school, the researchers propose that their may be certain minimum level of activity necessary to produce the potentially desirable effects.

※ enrollment 등록

- vigorous[vígərəs]
  활발한
- involvement
  [inválvmənt] 관련
- engage[engéidʒ]
  참여하다
- moderate[mádərət]
  온건한
- intensity[inténsəti] 강도
- correlation[kɔ̀:rəléiʃən]
  상호 관계
- association
  [əsòusiéiʃən] 연관
- desirable[dizáiərəbəl]
  바람직한

① Intense Physical Activity: Healthy or Not?
② Physical Activity Levels and Academic Achievement
③ Academic Achievement and Amount of Study Time
④ How to Increase Enrollment in Physical Education
⑤ Student Health and In-class Physical Education

[2점] [10.6월평가원]

해석 한 연구에 따르면 체육 수업 등록은 학업성적과는 관련이 없지만, 열정적인 체육활동의 참여는 관련이 있다고 한다. 학교 밖에서 적어도 일주일에 3일, 하루 20분의 열정적인 활동에 참여하는 학생들은 더 높은 학업 성적을 가지고 있다는 것이 밝혀졌다. 체육수업에 참여한 학생들은 온건한 운동부터 열정적인 운동에 이르는 체육활동에 참여하면서 55분 수업 중에서 평균 19분만을 보냈다. 체육수업시간의 활동의 이런 양과 강도가 학생들의 학업 성적과 상호연관성이 없지만, 학업성적과 학교 밖에서의 열정적인 활동 사이에는 의미 있는 연관성이 있다는 것을 고려하면서, 연구원들은 잠재적으로 바람직한 효과를 만들기 위해 필요한 어느 정도의 최소한의 활동 수준이 있을 거라고 제안한다.

풀이 정규 수업시간의 체육활동과 학업성취도 사이엔 별다른 연관성이 없지만, 학교 이외에서의 규칙적인 체육활동은 학업성취도와 연관이 있다는 내용의 글이다. 따라서 ②'Physical Activity Levels and Academic Achievement(체육활동수준과 학업성취도)'가 이 글의 제목으로 합당하다.
① 집중적인 체육 활동 : 건강상 좋은가 아닌가? ③ 학업성취도와 공부시간의 양
④ 체육수업 등록을 증가시키는 방법 ⑤ 학생 건강과 교실 내 체육 교육

답 ②

CROSS ENGLISH

Vocabulary

• tragic[trǽdʒik] 비극적인
• free will 자유 의지
• defect[difékt] 결함
• downfall[-fɔ̀ːl] 몰락
• ambitious[æmbíʃəs]
  야망이 있는
• jealous[dʒéləs]
  시기심 많은
• embody[embάdi]
  구체화하다
• prevail[privéil]
  만연하다, 우세하다

14 다음 글의 제목으로 가장 적절한 것을 고르시오.

The tragic heroes in Shakespeare's plays have free will. They possess their own defects of character that bring their downfalls. Macbeth is ambitious but weak; Othello is jealous; Hamlet cannot make up his mind—but all three might have made themselves into better human beings. Nothing outside themselves prevents them from taking the right path as opposed to the wrong, or tragic, path. On the other hand, for the heroes in Greek tragedies where fate embodied in the oracles prevails, there is no free will. The gods control a man's destiny, and one cannot fight the gods. Regardless of their strength or wisdom, the heroes cannot control their own future. That is why the heroes in Greek tragedies can be compared to fish in the net.

※ oracle 신탁(神託)

① Types of Heroes in Shakespearean Tragedies
② Lack of Moral Messages in Western Tragedies
③ Influence of Greek Tragedies on Shakespearean Plays
④ Conflict Between Gods and Heroes in Greek Tragedies
⑤ Difference Between Shakespearean and Greek Tragic Heroes

[2점] [10.6월평가원]

해석 셰익스피어의 희곡에 나오는 비극적 영웅들은 자유의지를 가지고 있다. 그들은 자신들의 몰락을 가져다주는 자신의 인격적 결함을 가지고 있다. Macbeth는 야망이 있지만 연약하다. Othello는 시기심이 많다. Hamlet은 결정을 내리지 못한다. 그러나 이 셋 모두 자기 자신을 더 나은 인간으로 만들어 갔을 것이다. 그들 외부의 어떤 것도 그들이 잘못되고 비극적인 경로의 반대로서 올바른 길을 택하는 것을 막지 못한다. 반면에 신탁에서 구체화된 운명이 만연해 있는 그리스 비극의 영웅들에 대해 말하자면 자유의지는 없다. 신들이 인간의 운명을 지배하고 인간은 신들과 싸울 수 없다. 그들의 힘이나 지혜와 상관없이 영웅들은 자신의 미래를 통제할 수 없다. 바로 그 때문에 그리스 비극의 영웅들은 그물에 걸린 물고기에 비유될 수 있다.

풀이 그리스 비극과 셰익스피어의 비극 사이의 차이는 인간의 자유의지의 여부 즉, 인간이 스스로의 미래를 개척할 수 있는가의 여부라는 내용의 글이다. 따라서 이 글의 제목으로 ⑤'Difference Between Shakespearean and Greek Tragic Heroes(셰익스피어문학과 그리스 비극의 영웅들 사이의 차이)'가 가장 적절하다.
① 셰익스피어의 비극 속의 영웅의 유형 ② 서양 비극 속 도덕적 메시지의 부족
③ 셰익스피어 연극에 있어 그리스 비극의 영향 ④ 그리스 비극 속의 신들과 영웅들 간의 갈등

答 ⑤

15 다음 글의 제목으로 가장 적절한 것을 고르시오.

The person who wrote of a building bringing gladness to the viewer reminds us of the importance of beauty in human life. Biologists account for the human desire for art in other terms. They explain that human beings have very large brains that demand stimulation. Curious, active, and inventive, we humans constantly explore, and in so doing invent things that appeal to our senses—fine arts, fine food, fine scents, and fine music. Art has mostly been considered in terms of seeking beauty, but there are other reasons deeply rooted in the human experience that create needs for art. For one, humans also reflect on the nature of things and the meaning of life. Visually and verbally, we constantly communicate with each other; in our need to understand and our need to communicate, the arts serve a vital function.

- biologist[baiálədʒist]
  생물학자
- account[əkáunt]
  설명하다
- stimulation
  [stìmjəléiʃ-ən] 자극
- inventive[invéntiv]
  발명의
- visually[víʒuəli]
  시각적으로
- verbally[vɔ́ːrbəli] 말로
- constantly[kánstəntli]
  끊임없이
- vital[váitl] 절대로 필요한

① Verbal vs. Non-verbal Communication

② Societal Roles of Inventions

③ Why Do Humans Need Art?

④ Visual Stimulation to Human Brains

⑤ What Is the Best Way to Enjoy Fine Food?

[2점] [10.9월평가원]

해석 한 건물이 보는 사람에게 기쁨을 준다고 썼던 사람은 인생에서 아름다움의 중요성을 우리에게 상기시켜 준다. 생물학자들은 예술에 대한 인간의 욕망을 다른 용어로 설명한다. 그들은 인간이 자극을 필요로 하는 매우 큰 뇌를 가지고 있다고 설명한다. 호기심 많고, 활동적이며, 발명의 재능이 있는 우리 인간은 끊임없이 탐구하고 그렇게 하면서 좋은 예술, 좋은 음식, 좋은 향기, 그리고 좋은 음악과 같은 우리의 감각에 호소하는 것들을 발명한다. 예술은 주로 아름다움을 추구하는 것으로 여겨져 왔지만 예술에 대한 필요성을 창조하는 인간의 경험 속 깊이 존재하는 다른 이유들이 있다. 우선 인간들은 또한 사물의 본질과 삶의 의미에 대해 깊이 숙고한다. 시각적으로든 말을 통해서든 우리는 서로서로와 끊임없이 소통한다. 즉, (서로를) 이해하려는 필요와 소통하려는 필요에서 예술은 지극히 중요한 기능을 제공한다.

풀이 인간이 예술을 추구하게 된 이유를 설명한 글로 마지막 문장이 글의 결론이다. 즉, 서로 소통하기를 원하기 때문에 인간이 예술을 추구하게 되었다는 것이 필자가 전달하려는 요지이다. 따라서 이 글의 제목으로 ③'Why Do Humans Need Art[ɑːrt]?(왜 인간들이 예술을 필요로 하는가?)'이 가장 적절하다.
① 언어적 의사소통 대 비언어적 의사소통 ② 발명의 사회적 역할
④ 인간 두뇌에 대한 시각적 자극 ⑤ 좋은 음식을 즐기기 위한 최고의 방법은 무엇인가?

답 ③

CROSS
ENGLISH

Vocabulary

• division[divíʒən] 분류

• apparent[əpǽrənt] 분명한

• govern[gʌ́vərn] 결정하다

• adaptable[ədǽptəbəl] 적응할 수 있는

• possibly[pásəbəli] 아마

• exploit[iksplɔ́it] 활용하다

16 다음 글의 제목으로 가장 적절한 것을 고르시오.

It is possible to observe a basic and sometimes unexplainable division in the animal world. Some species crowd together and require physical contact with each other. Others avoid touching. No apparent logic governs the category into which a species falls. Curiously enough, closely related animals may belong to different categories. The great Emperor penguin is a contact species. It conserves heat through contact with its fellows in large groups. The smaller Adelie penguin is a non-contact species. Thus it is somewhat less adaptable to cold than the Emperor. Other functions served by contact behavior are unknown. One could guess that, since contact animals are more 'involved' with each other, their social organization and possibly their manner of exploiting the environment might be different from those of non-contact animals.

① Dangers Caused by Cold to Some Animal Species

② Conflicts Between Contact and Non-contact Species

③ Relationship Between Temperature and Animal Survival

④ Reproduction Patterns of Different Animal Species

⑤ Categorization of Animals by Their Contact Behaviors

[2점] [10.9월평가원]

해석 동물의 세계에서 기본적이고도 때때로 설명 불가능한 분류를 보는 것이 가능하다. 어떤 종들은 함께 모여 살며 서로 신체적인 접촉을 필요로 한다. 다른 종들은 접촉을 피한다. 한 종이 속하는 범주를 결정하는 분명한 논리는 없다. 신기하게도, 밀접하게 관련된 동물들이 다른 범주에 속할 수 있다. 황제펭귄은 접촉 종이다. 그것은 큰 집단 속에서 자신의 동료들과 접촉을 통하여 열을 보존한다. 크기가 더 작은 아델리 펭귄은 비접촉 종이다. 따라서 그것은 황제 펭귄보다 추위에 대한 적응력이 다소 낮다. 접촉 행동에 의해 수행되는 다른 기능들은 알려져 있지 않다. 접촉 동물들이 서로서로와 더 많은 '관계'를 맺고 있기 때문에, 그들의 사회 조직과 어쩌면 그들의 환경 이용 방식이 비접촉 동물들과 다를지도 모른다고 추측할 수 있다.

풀이 서로 신체적 접촉의 유무로 동물을 분류하는 기준으로 삼을 수 있다는 말과 그 예가 나오므로 ⑤'Categorization of Animals by Their Contact Behaviors(그들의 접촉 행동으로 동물들을 범주화하기)'가 이 글의 제목으로 가장 적절하다.
① 몇몇 동물 종들에 있어 추위로 인한 위험 ② 접촉 동물과 비접촉 동물 간의 갈등
③ 온도와 동물 생존간의 관계 ④ 다양한 동물 종들의 번식 양식

탑 ⑤

17 다음 글의 제목으로 가장 적절한 것을 고르시오.

Vocabulary

Young children rarely think of their art as personal property. Often they throw it away or give it away. This suggests that much of the value of art for a child consists in making it. Interestingly, art in tribal societies is frequently abandoned after it has served its purpose. The focus is on the magical, expressive, and social value of the act of making. Some contemporary artists share this feeling, but they are also caught up in the system of art exhibition, the selling of their art, and the requirements of an art market. This results in a tension in the art world that is largely unresolved — the tension between art as a satisfying mode of expression and art as a precious collectible object, between the experience of making and the experience of owning.

- property[prápərti] 재산
- tribal[tráib-əl] 부족의
- abandoned[əbǽndənd] 버림받은
- contemporary [kəntémpərèri] 현대의
- exhibition[èksəbíʃən] 전시회
- tension[ténʃ-ən] 긴장
- satisfy[sǽtisfài] 만족시키다

① Art in Tribal Societies
② Conflicting Views on Art
③ Traditional vs. Contemporary Art
④ Using Art for Children's Education
⑤ Modern Art Museums: Magical Places

[2점] [10.수능]

해석 어린 아이들은 좀처럼 자신들의 예술을 개인의 재산으로 생각하지 않는다. 종종 그들은 그것을 버리거나 나누어 준다. 이것은 어린이에게 예술의 가치의 상당 부분은 그것을 만드는 데 있다는 것을 암시한다. 흥미롭게도, 부족 사회의 예술은 그 목적을 이룬 후에는 자주 버려진다. 초점은 만드는 행위의 마술적, 표현적, 그리고 사회적 가치에 있다. 어떤 현대 예술가들은 이러한 감정을 공유하지만 그들은 또한 예술 전시회 시스템, 자신들의 예술 판매, 그리고 예술 시장의 요구에 말려들게 된다. 이것은 대부분 해결되지 않은 예술계의 긴장—만족을 주는 표현 방식으로서의 예술과 수집 가능한 귀중품으로서의 예술 간의 긴장, 만드는 경험과 소유하는 경험 간의 긴장—을 야기한다.

풀이 어린 아이들은 예술을 개인의 재산으로 여기지 않으며, 부족 사회에서는 목적 이후에 버려지며, 현대 예술가들은 예술과 관련된 부수적인 것들에도 관여되어 그것들 사이에 긴장이 야기된다는 내용의 글이다. 따라서 ②'Conflicting Views on Art(예술에 대해 일치하지 않는 시각들)'이 글의 제목으로 가장 적절하다.
① 부족사회의 예술 ③ 전통미술 대 현대 미술
④ 어린이들의 교육을 위해 예술을 이용하기 ⑤ 현대 예술 박물관 : 마법의 장소

Vocabulary

- amusing[əmjúːziŋ]
  즐거운
- vivid[vívid] 선명한
- strikingly[stráikiŋli]
  두드러지게
- imaginative
  [imǽdʒənətiv] 상상의
- evident[évidənt] 명백한
- assure[əʃúər]
  ~에게 보증하다
- worthwhile
  [wəːrθhwáil] 가치가 있는

18 다음 글의 제목으로 가장 적절한 것을 고르시오.

The age of $3\frac{1}{2}$ is not without its charm. One of the more amusing aspects of this age is the child's often vivid imagination, expressed most strikingly in his enjoyment of imaginary companions. Though some people have felt that only the lonely play with imaginary playmates, our research makes it very evident that it is often the highly superior and imaginative child who invents these creatures. They are very real to him, very important, and, we can assure you, quite harmless. Even though it may be annoying to have to lay a place at dinner or keep an extra seat in the family automobile for his 'friend' who exists only in your child's imagination, it is probably well worthwhile.

① Making New Friends at School
② Be a Role Model for Your Child
③ How Can You Make Your Child Creative?
④ Child's Imaginary Friend: Need for Worry?
⑤ Various Aspects of Children's Imagination

[2점] [10.수능]

해석 3.5세라는 나이는 매력이 없지는 않다. 이 나이의 좀 더 즐거운 면 중 하나는 가상의 친구들과의 유쾌한 놀이 속에서 가장 두드러지게 표현되는 아이의 빈번하게 나타나는 선명한 상상력이다. 비록 어떤 사람들은 오직 외로운 사람들만이 가상의 놀이 친구들과 논다고 생각해 왔지만, 우리의 연구는 이러한 것들을 발명해내는 아이들이 종종 대단히 우수하고 상상력이 풍부한 아이라는 점을 매우 명백히 한다. 그들은 그에게 매우 진짜 같고, 굉장히 중요하며, 우리가 당신에게 보증할 수 있는 것은, 그들이 상당히 해롭지 않다는 것이다. 비록 당신 아이의 상상 속에서만 존재하는 그의 '친구'를 위해 식사 때 자리를 하나 두어야 하거나 가족의 자동차에 여분의 좌석을 마련해 두어야 한다는 것이 짜증스러울지도 모르지만, 그것은 아마 상당히 가치 있는 일일 것이다.

풀이 3.5세의 아이들이 가상의 놀이 친구(imaginary[imǽdʒənèri/-nəri] playmate)를 두는 것의 긍정적 측면들을 기술하고 있는 글이다. 따라서 이 글의 제목으로 ④'child's Imaginary Friend: Need for Worry?(아이의 가상이 친구: 걱정할 필요가 있는가?)'가 가장 적절하다.
① 학교에서 친구 만들기 ② 당신의 아이에게 롤 모델이 되어라.
③ 당신의 아이를 어떻게 창의적으로 만들 수 있을까? ⑤ 어린이들의 상상력의 다양한 측면

답 ④

19 다음 글의 제목으로 가장 적절한 것을 고르시오.

Vocabulary ✓

- decade[dékeid] 수십 년
- invest[invést] 투자하다
- prefer[prifə́ːr] 선호하다
- merit[mérit]
  우수함, 장점
- reasonable
  [ríːzənəbəl] 정당한
- excuse[ikskjúːz] 변명

Many theatergoers have been offered lots of good plays including West Side Story, The King and I, and Dracula for several decades. However, they have hardly ever seen new works recently because many producers have avoided making a new play. Part of the reason may be the tremendous cost of making a new production these days. It is true that many producers asked to invest a few hundred thousand dollars in a production have preferred a play of proven merit and past success to a new, untried play. That sounds like a reasonable excuse but, in fact, this practice can lead to an undesirable situation. Unless new plays are given a chance today, there will be nothing to revive in the future.

① Secrets of Successful Theater Performance
② What Are Recent Trends in Stage Design?
③ Merits of Reviving Classic Plays
④ Why Not Take a Risk on New Plays?
⑤ Effective Ways to Reduce Production Cost

[2점] [11.6월평가원]

해석 많은 연극 팬들에게 웨스트 사이드 스토리, 왕과 나, 드라큘라를 포함한 많은 좋은 연극들이 수십 년 동안 제공되어 왔다. 하지만, 많은 제작자들이 새로운 연극을 만드는 것을 회피해왔기 때문에, 최근에 그들은 새로운 작품을 거의 보지 못하였다. 부분적인 이유는 요즈음 새 작품을 만드는 데 드는 엄청난 비용일 것이다. 연극 한 편을 제작하는데 수십만 달러를 투자해달라는 요청을 받는 많은 제작자들은 공연해본 적이 없는 새로운 연극보다는 장점이 증명되었고 과거에 이미 성공한 연극을 더 선호해 온 것이 사실이다. 그것은 그럴듯한 변명처럼 들리지만, 사실 이런 관행은 바람직하지 않은 상황에 이를 수 있다. 오늘 당장 새로운 연극이 (상연될)기회를 갖지 못한다면 미래에 재공연할 수 있는 것은 하나도 없게 될 것이다.

풀이 오래 동안 상연되어온 연극이 아닌 새로운 연극이 제작되지 않으면 장차 재공연할 수 있는 것은 없게 될 것이라고 했다. 따라서 이 글의 제목으로는 ④'Why Not Take a Risk on New Plays?(새로운 연극을 왜 시도하지 않는가)'가 적절하다.
① 성공하는 극장 공연의 비밀 ② 무대 디자인의 최신 동향이 무엇인가
③ 고전 연극을 부흥시키는 것의 장점 ⑤ 제작비를 절감하는 데 효과적인 방법

- marvelous[máːrvələs]
  놀라운
- particularly
  [pərtíkjələrli] 특별히
- available[əvéiləbəl]
  이용할 수 있는
- limitation
  [limətéiʃən] 제한
- bloom1[bluːm] 개화하다

20 다음 글의 제목으로 가장 적절한 것을 고르시오.

If you compare a walnut with some of the beautiful and exciting things that grow on our planet, it does not seem to be a marvelous creation. It is common, rough, not particularly attractive, and certainly not of much value. Besides, it is small. Its growth is limited by the hard shell that surrounds it— the shell from which it never escapes during its lifetime. Of course, that is the wrong way to judge a walnut. Break one open and look inside. See how the walnut has grown to fill every corner available to it. It had no say in the size or shape of that shell. However, given those limitations, it achieved its full growth. How lucky we will be if, like the walnut, we blossom and bloom in every aspect of the life that is given us. Take heart! If one nut can do it, so can you.

① Reach Your Full Potential

② Be Strong Like a Nutshell

③ Walnuts: The New Cure-all

④ Soar Above the Walnut Trees

⑤ Rebuild Your Outer Shell

[2점] [11.6월평가원]

해석 지구상에서 자라는 아름답고 흥미로운 것들과 비교하면, 호두는 놀라운 창조물인 것 같지는 않다. 호두는 흔하고, 거칠고, 특별히 매력적이지도 않고, 분명 많은 가치가 있지도 않다. 게다가, 그것은 작다. 그것의 성장은 그것을 둘러싸고 있는 딱딱한 껍질 즉 그것이 평생 동안 결코 벗어나지 못하는 껍질에 의해 제한을 받는다. 물론 그것은 호두를 판단하는 잘못된 방법이다. 호두 하나를 깨뜨려 안을 들여다보라. 그 호두가 자라서 그것이 채울 수 있는 모든 구석을 어떻게 채웠는지를 보라. 호두는 껍데기의 크기나 모양에는 아무런 결정권이 없었다. 하지만, 그 제한들을 고려해볼 때 그것은 완전한 성장을 이룬 것이다. 우리에게 주어진 인생의 모든 면에서 우리가 호두처럼 꽃을 피운다면 우리는 얼마나 운이 좋겠는가. 용기를 내라! 하나의 호두도 그렇게 할 수 있다면 우리도 그렇게 할 수 있는 것이다.

풀이 호두가 껍질 안의 모든 빈칸을 열매로 채우듯이 자신의 잠재력을 완전히 성취하라는 요지의 글이다. 따라서 이 글의 제목으로는 ①'Reach Your Full Potential(자신의 잠재력에 완전히 도달하라)'가 적절하다.
② 견과의 껍질처럼 강해져라. ③ 호두 : 새로운 만병통치약 ④ 호두나무 위에서 날아오르기 ⑤ 당신의 외관을 재건하라.

21 다음 글의 제목으로 가장 적절한 것을 고르시오.

We can infer that there was prosperity in ancient Athens because this was a time that saw the planting of many olive trees. Since olive trees do not produce their fruits for about thirty years, their planting indicates that people were optimistic about the future. The growth in the export of olive oil also encouraged the development of pottery, in which the oil was transported. About 535 B.C. came the invention of red-figure vase painting. Now the whole surface of the vase was blackened, with figures picked out in the natural red. This allowed much more variety and realism. And the prosperity brought about by the international trade in olive oil spread to the peasants and it was their rituals, with choral song and mimic dancing, that formed the basis of early theater.

① Ancient Greece and Its Rich History
② What Olive Planting Brought to Athens
③ Olive Oil and Its Many Wondrous Uses
④ The Olive Tree: Key to Early Greek Theater
⑤ Ancient Athens: Center of International Trade

Vocabulary

• infer[infə́:r] 추론하다
• prosperity [prɑspérəti] 번영
• optimistic[ɑptəmístik] 낙관적인
• pottery[pɑ́təri] 도기류
• transport[trænspɔ́:rt] 운송하다
• invention[invénʃən] 발명
• blacken[blǽkən] 검게 하다
• mimic[mímik] 흉내 내는

[2점] [11.9월평가원]

해석
고대 아테네는 많은 올리브 나무를 심었던 시기였기 때문에 우리는 고대 아테네에는 번영이 있었다고 추론할 수 있다. 올리브 나무는 약 30년 동안 열매를 맺지 않기 때문에, 그것을 심는 것은 사람들이 미래에 대해서 낙관적이라는 것을 나타낸다. 올리브유 수출의 증가 또한 그 기름이 운송된 곳의 도기류 발달을 촉진했다. 기원전 535년경에 붉은 형상의 꽃병 그림의 발명이 있었다. 이제 그 꽃병의 모든 표면이 자연스러운 붉은 색 속에서 쪼아낸 형상과 함께 검게 되었다. 이는 훨씬 많은 다양함과 현실주의를 가능하게 했다. 그리고 국제적인 올리브유 거래가 가져온 번영은 농민들에게도 퍼졌고, 초창기 극장의 토대를 형성한 것은 합창곡과 함께 흉내며 추는 단체 무용이 있는 그들의 의식이었다.

풀이
고대 아테네에 많이 심었던 올리브 나무가 도기류의 발달을 촉진하고 극장의 토대를 마련하는 데 이바지했다는 내용의 글이다. 따라서 ②'What Olive Planting Brought to Athens(올리브 심기가 아테네에 가져온 것)'이 글의 제목으로 가장 적절하다.
① 고대 그리스 그리고 그 풍부한 역사 ③ 올리브유와 그것의 많은 놀라운 이용법
④ 올리브 나무 : 초창기 그리스 극장에 대한 실마리 ⑤ 고대 아테네인 : 국제 무역의 중심

답 ②

CROSS ENGLISH

Vocabulary

- generally[dʒénərəli]
  일반적으로
- assume[əsjú:m]
  추정하다
- exodus[éksədəs]
  집단적 이주
- proceed[prousí:d]
  진행하다, 나아가다
- descendant
  [diséndənt] 자손
- climatic[klaimǽtik]
  기후상의

22 다음 글의 제목으로 가장 적절한 것을 고르시오.

Until recently, it was generally assumed that the first humans took a northerly route to leave the African continent, walking into the Middle East and then spreading out from there. However, mtDNA analysis now suggests the exodus may have proceeded via a more southerly route. In 2005, an international team of researchers announced that an isolated group living in Malaysia appeared to be the descendants of humans who left Africa around 65,000 years ago. According to the researchers, climatic change underway at the time would have made a southerly route easier. The genetic evidence suggests perhaps as few as several hundred individuals went first to India, then Southeast Asia and Australasia. If correct, this would explain why humans appear to have reached Australia around 50,000 years ago, while the oldest human remains in Europe —a jawbone found in Romania — are only around 35,000 years old.

※ mtDNA 미토콘드리아 DNA

① Out of Africa: Which Way?
② Are Asians the First Humans?
③ How Reliable is mtDNA Analysis?
④ Climatic Change in Ancient Africa
⑤ Genetic Evolution of Human Beings

[2점] [11.9월평가원]

해석 최근까지 최초의 인류는 아프리카 대륙을 떠나기 위해 북쪽으로 가는 길을 택했고, 중동으로 걸어 들어가 거기서 뻗어 나갔다고 일반적으로 추정되었다. 하지만 현재 미토콘드리아 DNA 분석은 그 이동이 더 남쪽으로 가는 길을 통해 진행되었을지도 모른다는 것을 시사한다. 2005년에 한 국제 연구 팀이 말레이시아에 사는 한 고립된 부족이 약 65,000년 전에 아프리카를 떠났던 인간들의 후손인 것처럼 보인다고 발표했다. 그 연구원들에 의하면, 그 당시 진행 중이던 기후 변화가 남쪽으로 가는 길을 더 쉽게 만들었을 것이라고 한다. 그 유전학적 증거는 아마도 겨우 몇 백 명 정도가 처음에 인도로, 그리고 동남아시아로, 그리고 호주로 갔을 것이라는 것을 시사한다. 만약 이것이 옳다면, 이는 유럽에 있는 가장 오래된 인간의 유적인 루마니아에서 발견된 턱뼈가 약 35,000년 밖에 되지 않는 데 반해, 왜 인간이 약 50,000년 전에 호주에 도착했던 것처럼 보이는지를 설명해 줄 것이다.

풀이 최근의 유전자 분석을 통해, 아프리카를 떠난 최초 인류가 북쪽이 아닌 남쪽 길을 택했다는 것이 드러났다는 내용의 글이다. 따라서 ①'아프리카를 떠나서: 어느 쪽 길인가?'가 이 글의 제목으로 가장 적절하다.
② 아시아인들이 최초의 인간인가? ③ 미토콘드리아 DNA 분석은 얼마나 신뢰할만한가.
④ 고대 아프리카의 기후 변화 ⑤ 인간의 유전적 진화

답 ①

23 다음 글의 제목으로 가장 적절한 것을 고르시오.

Vocabulary

- surprisingly[sərpráiziŋ] 놀랄 만한
- recall[rikɔ́ːl] 기억해내다
- preoccupy[priːɑ́kjəpài] 마음을 빼앗다, 열중케 하다
- nerve[nəːrv] 초조함, 신경과민
- immediately [imíːdiətli] 즉시

University students in several of my seminar classes sat in a circle and each student took turns telling the others his or her name. At the end of the round of introductions, the students were asked to write down the names of as many other students as they could remember. In almost every case, students wrote down the names of students that were seated far away from them. However, surprisingly, they weren't able to recall the names of students who were seated close to them. This effect was worst for the students who sat on either side of them. What was the reason for such findings? The student who was next in line for an introduction was clearly on edge and after finishing his or her introduction, he or she was preoccupied with calming his or her nerves. The effect was clearly due to the social anxiety they experienced immediately before and after having to introduce themselves to the entire group.

① Ways to Cope with Nervousness
② Useful Strategies for Better Memory
③ How to Remember Uncommon Names
④ Nervousness and Its Effects on Memory
⑤ Seating Arrangements for Better Relations

[2점] [11.수능]

해석 나의 몇몇 세미나 수업의 대학생들은 둥글게 둘러앉았고, 각각의 학생들은 돌아가며 자신들의 이름을 말했다. 소개가 한 번 돌아간 후에 그 학생들은 그들이 기억할 수 있는 한 많은 다른 학생들의 이름을 적으라고 요청을 받았다. 거의 모든 경우에 학생들은 그들로부터 멀리 떨어져 앉은 학생들의 이름을 기억했다. 그러나 놀랍게도, 그들은 그들과 가까이에 앉은 학생들의 이름을 기억할 수가 없었다. 이런 결과는 그들의 양쪽에 앉은 학생들에게는 가장 나빴다. 그러한 조사 결과가 나온 이유는 무엇인가? 소개할 다음 차례의 학생은 분명 초조했고, 소개를 끝낸 후에, 자신의 초조함을 가라앉히는 데 사로 잡혀 있었다. 그 결과는 전체의 무리에게 자신을 소개하기 직전과 직후에 그들이 경험했던 사회적인 걱정 때문이었다.

풀이 둥글게 앉아서 돌아가며 자신의 이름을 말할 때, 가까이에 앉은 이들의 이름은 기억하지 못하면서 멀리 있는 이들의 이름을 더 많이 기억하는 이유가 자기를 소개하기 전 후에 겪는 초조함 때문이라는 내용의 글이다. 따라서 이 글의 제목으로 ④ 'Nervousness[nəːrvəs] and Its Effects on Memory[méməri] (초조함과 그것이 기억력에 미치는 영향)'가 가장 적절하다.
① 긴장에 대처하는 방법 ② 더 나은 기억력을 위한 유용한 전략
③ 흔치 않은 이름을 외우는 방법 ⑤ 더 나은 관계를 위한 자리 배치

답 ④

Vocabulary ☑

- appropriate
  [əpróuprièit] 적절한
- transfer[trænsfə́:r]
  전하다
- perhaps[pərhǽps]
  아마도
- signaller[signələr]
  신호원
- manipulate
  [mənípjəlèit] 조종하다
- snap[snæp] 덥석 물다
- definitely[défənitli]
  뚜렷하게

24 다음 글의 제목으로 가장 적절한 것을 고르시오.

Richard Dawkins and John Krebs argued that although in some circumstances it might be appropriate to describe animal signals as transferring information, in many other, perhaps most, cases there would be such a conflict of interest between signaller and receiver that it is more accurate to describe the signaller as attempting to 'manipulate' the receiver rather than just inform it. For example, an angler fish that dangles a worm-like bit of skin in front of a small fish and catches it because the smaller fish snaps at the'worm' can certainly be said to have carried out a successful manipulation of its prey. In this case, if information has been transferred, it is most definitely false.

※ dangle 매달다

① Are Smaller Fishes Smarter?
② Talking Animals: Fact or Myth?
③ Cooperation in the Animal World
④ Manipulation: Tricking the Signaller
⑤ Animal Messages: Not What They Seem

[2점] [11.수능]

해석 어떤 상황에서는 동물의 신호들을 정보 전달로 설명하는 것이 적합할지 모르지만, 다른 많은 경우, 아마도 대부분의 경우에는 신호를 보내는 동물과 신호를 받는 동물 사이의 이해가 너무도 상반 되어서, 단순히 신호를 받는 동물에게 정보를 전달하기 보다는, 신호를 보내는 동물이 신호를 받는 동물을 조정하려고 하는 것으로 설명하는 것이 보다 정확하다고 Richard Dawkins와 John Krebs는 주장한다. 예를 들어, 조그만 물고기 앞에 있는 피부 조각 같은 벌레를 매달고 더 작은 물고기가 그 벌레를 덥석 물어서 그것을 잡아채는 아귀는 그것의 먹잇감에게 성공적으로 속임수를 썼다고 확실히 말할 수 있을 것이다. 이러한 경우, 정보가 (신호를 받는 동물에게) 전해졌지만 아주 완전히 잘못된 것이다.

풀이 동물들이 어떤 신호를 보낼 때, 때로는 겉보기와는 달리 신호를 주는 동물들이 그 정보를 받는 동물들을 조정하려고 하는 경우가 있다는 내용의 글이다. 따라서 이 글의 제목으로 ⑤'Animal Messages[mésidʒ]:Not What They Seem(동물의 메시지: 보이는 것과는 다르다)'이 가장 적절하다.
① 작은 물고기들이 더 똑똑한가? ② 말하는 동물들 : 사실인가 신화인가.
③ 동물 세계 속의 협동 ④ 조종 : 신호원 속이기

답 ⑤

25 다음 글의 제목으로 가장 적절한 것을 고르시오.

Vocabulary

Virtuoso violinist Pinchas Zukerman was giving a master class to a group of young artists who had come to the Aspen Music Festival from all over the world. The auditorium was filled with aspiring artists, distinguished teachers, and well-known performers; the atmosphere was competitive and electric. As each performer played, Zukerman offered friendly advice and encouragement, invariably picking up his own violin to demonstrate finer points of technique. The last musician performed brilliantly. When the applause subsided, Zukerman complimented the artist, then picked up his own violin, tucked it under his chin, paused a long moment, and then, without playing a note or uttering a word, he placed the instrument back in its case. The audience responded with deafening applause, in recognition of this master musician who could pay so gracious a compliment.

※ virtuoso 대가, 거장, subside 잠잠해지다

- auditorium[ɔ́ːditóːriəm] 방청석
- aspiring[əspáiəriŋ] 열정에 불타는
- distinguished [distíŋgwiʃt] 유명한
- competitive [kəmpétətiv] 경쟁의
- invariably[invέəriəbli] 항상
- deafening[défəniŋ] 귀청이 터질 것 같은
- gracious[gréiʃəs]우아한

① A Long Road to Perfection
② Zukerman's Rise to Fame
③ Great Musicians from Aspen
④ A Master's Extraordinary Praise
⑤ Violinists: Technique or Passion?

[2점] [12.6월평가원]

해석 바이올린 연주의 거장 Pinchas Zukerman이 세계 전역에서 'Aspen 음악 페스티벌'에 온 젊은 음악가들을 상대로 고급 음악 세미나를 실시하고 있었다. 강당은 음악적 열정을 지닌 사람들, 저명한 교사들, 잘 알려진 연주자들로 가득 차 있었다. 경쟁적이고 긴장된 분위기였다. 각 연주자가 연주했을 때, Zukerman은 친절한 조언과 격려의 말을 해주고는, 항상 자신의 바이올린을 집어 들어서 더 섬세한 기교의 요점들을 보여주었다. 마지막 연주자가 멋지게 연주했다. 박수소리가 가라앉자 Zukerman은 그 음악가를 칭찬하고, 자신의 바이올린을 집어 들고, 그것을 턱에 끼우고, 오랫동안 가만히 있더니, 한 음도 연주하지 않고 한 마디의 말도 하지 않은 채, 그 악기를 다시 케이스에 넣었다. 청중들은 그렇게도 우아한 칭찬을 할 수 있는 이 거장 음악가를 보고, 귀가 먹먹할 정도의 큰 박수로 응답했다.

풀이 Zukerman이 한 연주자의 바이올린 연주를 말없이 우아한 방법으로 극찬해 주었다는 내용의 글이다. 따라서 이 글의 제목으로 가장 적절한 것은 ④'A Master's Extraordinary Praise [preiz](한 거장의 특별한 칭찬)'이다.
① 완벽을 향한 먼 길 ② Zukerman의 명성 ③ Aspen의 위대한 음악가들
④ 거장의 특별한 칭찬 ⑤ 바이올린 연주자들 : 기술인가 열정인가

답 ④

Vocabulary

- scale[skeil]
  저울, 체중계
- exert[igzə́:rt]
  발휘하다, 쓰다
- gravity[grǽvəti] 중력
- downward[dáunwərd]
  내려가는
- stationary[stéiʃənèri]
  움직이지 않는
- magnitude
  [mǽgnətjùːd] 크기

26 다음 글의 제목으로 가장 적절한 것을 고르시오.

Whenever you stand on a scale in your bathroom or place a melon on a scale at the grocery store, you are measuring weight. An object's weight is the force exerted on it by gravity, usually the earth's gravity. When you stand on a bathroom scale, the scale measures just how much upward force it must exert on you in order to keep you from moving downward toward the earth's center. As in most scales you will encounter, the bathroom scale uses a spring to provide this upward support. If you are stationary, you are not accelerating, so your downward weight and the upward force from the spring must cancel one another; that is, they must be equal in magnitude but opposite in direction so that they sum to zero net force.

① Selecting a Good Scale
② The Best Way to Measure Your Weight
③ Weight: Two Forces in Balance
④ The Earth's Gravity: A Mysterious Power
⑤ How to Control Your Weight

[2점] [12.6월평가원]

해석
당신이 욕실에서 체중계에 올라설 때나 식료품 가게에서 멜론을 저울에 올려놓을 때마다 당신은 무게를 측정한다. 한 사물의 무게는 중력, 대개 지구의 중력에 의해 그것에 가해지는 힘이다. 당신이 욕실 체중계에 올라설 때, 체중계는 단지 당신이 지구 중심으로 내려가는 것을 막기 위해 그것이 당신에게 얼마나 많은 양력(위로 상승하는 힘)을 가해야 하는지를 측정한다. 당신이 접하게 되는 대부분의 저울에서처럼, 욕실 체중계도 이 양력을 공급하기 위해 용수철을 사용한다. 만약 당신이 움직이지 않는다면, 당신은 가속하고 있지 않으며, 그러므로 당신의 하중(내리누르는 힘)과 용수철이 내는 양력(위로 상승하는 힘)은 서로를 무효화시켜야 한다. 즉, 그들은 크기에 있어서 서로 동등해야 하지만, 그들의 알짜 힘의 합이 0이 되려면 방향은 서로 반대 방향이어야 한다.

풀이
사물의 무게를 측정할 때에 크기가 같은 힘이 서로 반대 방향으로 작용하며 균형을 이루는 상태가 된다는 내용에 대해 설명하는 글이다. 따라서 이 글의 제목으로 가장 적절한 것은 ③'Weight: Two Forces in Balance(무게: 균형 상태의 두 가지 힘)'이다.
① 좋은 저울 고르기 ② 체중을 측정하는 가장 좋은 방법 ④ 지구의 중력 : 불가사의한 힘 ⑤ 체중을 관리하는 방법

답 ③

27 다음 글의 제목으로 가장 적절한 것을 고르시오.

The green revolution was a mixed blessing. Over time farmers came to rely heavily on broadly adapted, high-yield crops to the exclusion of varieties adapted to local conditions. Monocropping vast fields with the same genetically uniform seeds helps boost yield and meet immediate hunger needs. Yet high-yield varieties are also genetically weaker crops that require expensive chemical fertilizers and toxic pesticides. The same holds true for high-yield livestock breeds, which often require expensive feed and medicinal care to survive in foreign climates. The drive to increase production is pushing out local varieties, diluting livestock's genetic diversity in the process. As a result, the world's food supply has become largely dependent on a shrinking list of breeds designed for maximum yield. In short, in our focus on increasing the amount of food we produce today, we have accidentally put ourselves at risk for food shortages in the future.

Vocabulary

- yield[ji:ld] 수확(량)
- revolution [rèvəlú:ʃən] 혁명
- broadly[brɔ́:dli] 넓게
- exclusion[iksklú:ʒən] 제외
- fertilizer[fɔ́:rtəlàizər] 비료
- pesticide[péstəsàid] 농약
- diversity[divə́:rsəti] 차이
- dilute[dilú:t, dai-] 약하게 하다

① Pros and Cons of Using Chemical Fertilizers
② Is Genetic Diversity a Blessing in Disguise?
③ Who Will Conquer Famine, Farmers or Scientists?
④ Livestock Diseases: A Never-ending Struggle
⑤ Farming Uniform Breeds: A Double-edged Sword

[2점] [12.9월평가원]

해석 녹색 혁명은 해가 될 수도 득이 될 수도 있다. 시간이 흐르면서, 농부들은 지역적인 상황에 맞도록 적응된 변종들을 제외하고는 넓게 개작되고, 높은 수확률을 가진 작물에 크게 의존하게 되었다. 유전적으로 똑같은 획일적인 씨앗으로 넓은 들판에서 한 가지 작물만 기르는 것은 수확량을 높이고 즉각적인 굶주림의 욕구를 충족시키는데 도움이 된다. 그러나 높은 수확량의 변종들은 또한 값비싼 화학 비료와 유독성 살충제를 필요로 하는 유전적으로 약한 작물이다. 이와 같은 것은 높은 산출양의 가축들에게도 마찬가지이다. 그래서 이러한 가축들은 종종 외래의 기후에서 살아남기 위해서 값비싼 사료와 약물적인 치료가 요구된다. 생산을 증가시키고자 하는 욕구는 그 과정에서 가축들의 유전적인 다양성을 약화시키면서, 지역적 품종을 몰아내고 있다. 그 결과, 전 세계의 식량 공급은 최대 생산을 목적으로 점점 감소하고 있는 목록의 품종들에 크게 의존하고 있다. 간단히 말해, 우리는 오늘날 생산하는 식량의 양을 증가시키는 것에 중점을 두고 있어서, 뜻하지 않게 미래 식량 부족의 위험에 우리 자신을 처하게 해버렸다.

풀이 유전적으로 같은 품종을 대량으로 경작하는 것이 수확량을 늘리고 당장의 굶주림의 해결책이 될 순 있지만 높은 수확량의 변종들은 유전적으로 약한 작물이며 지역적 품종을 몰아낼 수 있다고 하고 있다. 따라서 이 글의 제목으로 가장 적절한 것은 ⑤'획일적인 품종 농작: 양날의 칼'이다.
① 화학 비료 사용의 찬반론 ② 유전적인 다양성은 변장된 축복인가?
③ 누가 기근을 정복할 것인가, 농부인가 아니면 과학자인가? ④ 가축의 질병: 결코 끝나지 않는 싸움

답 ⑤

Vocabulary

- incredibly[inkrédəbəli]
  믿을 수 없을 정도로
- discouraged
  [diskə́:ridʒd] 낙담한
- resilient[rizíljənt]
  원기를 회복하는
- weather[wéðə:r]
  (재난·역경 따위를)
  뚫고 나아가다
- adversity[æ dvə́:rsəti]
  불행
- ironic[airánik] 반어의

28 다음 글의 제목으로 가장 적절한 것을 고르시오.

About twenty years ago, Time magazine described a study by a psychologist of people who had lost their jobs three times due to plant closings. The writers were amazed by what they discovered. They expected the people being laid off to be beaten down and discouraged. Instead they found them to be incredibly resilient. Why was that? They concluded that people who had weathered repeated adversity had learned to bounce back. People who had lost a job and found a new one twice before were much better prepared to deal with adversity than someone who had always worked at the same place and had never faced adversity. It may sound ironic, but if you have experienced a lot of failure, you are actually in a better position to achieve success than people who have not.

① Setbacks: Not All Bad

② A Shortcut Toward Happiness

③ Job Satisfaction vs. Job Security

④ Searching for the Causes of Human Despair

⑤ Adversity and Failure: An Unhealthy Combination

[2점] [12.9월평가원]

해석
약 20년 전에 『Time』지가 공장의 폐쇄로 인해 그들의 직업을 세 번이나 잃은 사람들에 대한 한 심리학자의 연구에 대해 서술했다. 그 작가들은 그들이 발견한 것에 놀랐다. 그들은 실직한 사람들은 지치고 의기소침할 것이라고 예상했다. 대신에 그들은 그 실직한 사람들이 믿을 수 없을 정도로 회복력이 있다는 것을 발견했다. 왜 그럴까? 그들은 반복된 역경을 무사히 헤쳐 나갔던 사람들은 다시 회복하는 것을 배웠다고 결론지었다. 전에 직장을 잃고 두 번 새로운 직장을 찾은 사람들은 항상 같은 자리에서 일했고 역경을 결코 겪어보지 않은 사람들보다 역경을 처리하는데 더 잘 준비가 되어 있었다. 이는 반어적으로 들릴 수도 있지만, 만약 당신이 많은 실패를 경험했다면, 당신은 사실 그렇지 않은 사람보다 성공을 성취할 수 있는 더 나은 위치에 있는 것이다.

풀이
실패를 많이 겪은 사람들이 그렇지 않은 사람보다 회복력이 있었다는 내용의 글이다. 따라서 이 글의 제목으로 가장 적절한 것은 ①'좌절: 모두 나쁜 것은 아니다' 이다.
② 행복으로 가는 지름길 ③ 직업적 만족 대 직업적 안정성 ④ 인간의 절망의 원인 찾기 ⑤ 역경과 실패: 유해한 조합

29 다음 글의 제목으로 가장 적절한 것을 고르시오.

Vocabulary

- manifest[mǽnəfèst]
  나타나다
- classic[klǽsik] 고전적인
- specific[spisífik] 특정한
- demanding[dimǽndiŋ]
  힘든, 벅찬
- significant[signífikənt]
  중요한
- circumstance
  [səːrkəmstæ̀ns] 상황

Emotional eaters manifest their problem in lots of different ways. For many people, one of the classic signs of emotional eating is night eating. Night eaters are often eating in response to anxiety or to the emotional turmoil they've experienced throughout the day. Boredom and loneliness are also more likely to come to the surface when the rush of the day is done and the night stretches ahead. Sometimes emotional eating is a reaction to a specific situation. You had a bad day at work. The kids have been so demanding that you are completely worn out. You and your significant other are fighting. It doesn't matter what the circumstances are; the end result is that 99 times out of 100 you end up on the couch with a bowl of chips or bag of cookies in your hand, telling yourself it's the only way you can relax. ※ turmoil 혼란

① Family Life and Eating Behavior
② Emotional Eating: Signs and Reasons
③ Emotional Treatments for Night Eaters
④ Relaxation: An Ingredient for Good Diet
⑤ What You Eat Is What You Are!

[2점] [12.수능]

해석 감정적으로 식사를 하는 사람들은 그들의 문제를 많은 다양한 방식으로 드러낸다. 많은 사람들에게 있어서, 감정적인 식사의 고전적인 표시들 중 하나는 야식이다. 야식을 하는 사람들은 종종 그들이 낮 동안에 경험했던 불안이나 감정적인 혼란에 반응하여 먹는다. 따분함과 외로움도 또한 낮 동안의 분주함이 끝나고 밤이 앞에 펼쳐질 때 표면으로 나타날 가능성이 더 높다. 종종 감정적인 식사는 특정한 상황에 대한 반응이다. 당신은 직장에서 기분 나쁜 하루를 보냈다. 아이들이 너무나 힘들게 해서 당신은 완전히 지쳐 있다. 당신과 당신의 중요한 타인이 다투고 있다. 어떤 상황이냐는 중요하지 않다. 마지막 결과는 100번 중 99번이 소파에서 손에다 한 사발의 감자튀김이나 한 봉지의 쿠키를 들고 그것이 당신이 마음을 풀 수 있는 유일한 방식이라고 스스로에게 말하는 것으로 끝이 난다.

풀이 감정적인 식사는 낮 동안의 여러 가지 심리적인 문제나 특정한 상황에 대한 반응으로 생기는 현상이며 낮 동안 스트레스를 받은 사람들은 음식을 먹음으로써 스스로를 위로한다는 내용의 글이다. 따라서 이 글의 제목으로 가장 적절한 것은 ②'감정적인 식사: 표시와 원인'이다.
①가정생활과 식사 행동 ③야식을 하는 사람들을 위한 정서적인 치료
④긴장을 풀기: 좋은 식사를 위한 한 요소 ⑤우리가 먹는 것이 우리의 존재를 나타낸다!

답 ②

Vocabulary

- latitude[lǽtətjù:d]
  자유, 위도
- flexibility[flèksəbíləti]
  융통성
- accelerate[æksélərèit]
  가속하다
- progress[prágrəs] 발달
- enterprise[éntərpràiz]
  기업
- empower[empáuər]
  권한을 주다
- accomplish[əkámpliʃ]
  성취하다
- opportunity
  [ùpərtjú:nəti] 기회

30 다음 글의 제목으로 가장 적절한 것을 고르시오.

Giving people the latitude and flexibility to use their judgment and apply their talents rapidly accelerates progress. Send a message of respect and inspire people to be creative and use their individual talents toward the goals of the enterprise. Empower people by letting them know that you believe in them and allowing them to take action. Trusting people and empowering them also allows you to focus on the things you need to accomplish. Ellyn McColgan says, "I used to say to people all the time, 'I can help you figure out just about any problem you throw at me, but is that really what you want from me?' They would look at me funny and say, 'Not really.' I would say, 'I think what you would like is to do a great job and then give me an opportunity to say, 'Great job!'' Then they would respond, 'Yes, that's true.'"

① What Frustrates Employers Most?
② How to Hire a Competent Employee
③ Empowering Employees Through Trust
④ Talents: An Essential Factor in Life
⑤ Mixed Roles Between Employers and Employees

[2점] [12.수능]

해석

사람들에게 그들의 판단력을 사용하고 그들의 재능을 적용할 수 있는 자유와 융통성을 주는 것은 빠르게 발달을 가속화시킨다. 존중의 메시지를 보내고 사람들이 창의성을 발휘하고 그들의 개인적인 재능을 기업의 목표를 향해 사용할 마음이 들게 하라. 사람들에게 당신이 그들을 믿는다는 것을 알게 하고 그들이 행동을 취하도록 허용함으로써 권한을 부여하라. 사람들을 신뢰하고 그들에게 권한을 부여하는 것은 또한 당신이 성취할 필요가 있는 것들에 집중할 수 있게 해준다. Ellyn McColgan은 이렇게 말한다. "나는 항상 사람들에게 '당신이 나에게 가져오는 어떤 문제에 대해 당신이 해결책을 발견할 수 있도록 내가 도와 줄 수는 있지만, 그것이 정말로 당신이 나로부터 원하는 것인가요?' 라고 말했지요. 그들은 나를 재미있게 쳐다보고는 '실은 아닙니다.' 라고 말합니다. 나는 '당신이 원하는 것은 멋지게 일을 하고 나에게 '아주 잘했어요!' 라고 말할 기회를 주는 것이라고 생각해요.' 라고 말했습니다. 그러면 그들은 '예, 그것이 사실입니다.' 라고 응답하곤 했지요."

풀이

회사의 직원들을 신뢰하고 스스로의 판단력과 재능으로 문제를 해결하도록 권한을 부여하는 것은 그들 개인의 발달을 촉진시킨다는 내용의 글이다. 따라서 이 글의 제목으로는 ③'신뢰를 통하여 직원들에게 권한을 부여하기'가 가장 적절하다.
① 무엇이 직원들을 가장 실망시키는가? ② 유능한 직원을 고용하는 법
④ 재능: 삶에 있어서 필수적인 요소 ⑤ 고용주과 직원들 사이의 혼합된 역할

답 ③

크로스 **영어**
기출문제 유형탐구

CHAPTER

15
주장&요지
주제 파악

총 60문항

세상을 **바**꾸는
크로스 **공**부법 **100**선

087 단어장에 정리할 때는 한글-영어 순으로 정리하고 뒤에는 간단한 예문도 꼭 잊지 말자. 예를 들자면 '아름다운-beautiful-I love the ~ girl.'의 식으로 한 줄을 채우자. 우선 영어-한글 순이 아니라 한글-영어 순이다.

088 많은 학생들이 정독의 도그마에 찔러서 해답지는 반드시 아주 아주 나중에 보아야 한다고 생각한다. 해답지를 펼쳐놓고 풀어라. 항상 해답을 확인하여라. 한 번 풀고 말 거면 모르지만 어차피 여러 번 풀 예정이다.

089 너무 눈에 뜨이면 오히려 외워지지도 않는다. 왜냐고? 어디에 무엇이 있더라 하는 정도의 호기심이라도 들어야 하는데 그 기초적인 호기심조차 무시할 만큼 눈에 띄어서 그렇다. 따라서 줄칠 때는 샤프를 사용하라.

090 우리의 지식체계는 끊임없이 변한다. 한 번 줄 치면 그만인 색연필이나 형광펜으로는 변덕스러운 우리의 지식체계의 변화를 표현할 길이 없다는 것이다.

091 우리는 '한국말'을 공부하는 것이 아니라 '영어'를 공부하는 것이다. 따라서 한글-영어 순으로 암기하라. 설사 한국말 뜻을 순간순간 잊어버리더라도 최소한 이러한 영어단어를 외웠다는 사실만은 기억날 것이다.

01 다음 글의 주제로 가장 적절한 것을 고르시오.

세상을 바꾸는
크로스공부법

Vocabulary

Ever since the coming of television, there has been a rumor that the novel is dying, if not already dead. Indeed, print-oriented novelists seem doomed to disappear, as electronic media and computer games are becoming more influential. Nowadays, many young people seem to prefer surfing the Internet to reading books. And often what they seek is not so much profound knowledge as quick information. One may wonder if literary fiction is destined to become an old-fashioned genre to be preserved in a museum like an extinct species.

- novelist[návəlist / nóv-] 소설가
- doom[duːm] 운명 짓다
- influential[ìnfluénʃəl] 영향을 미치다
- profound[prəfáund] 심원한
- destine[déstin] 운명으로 정해지다

① 정보 검색에 관한 책자 읽기
② 인터넷을 활용한 독서법
③ 인쇄 매체의 활용 가능성
④ 고전 작품의 전자 출판
⑤ 인쇄 매체 소설의 위기

[2점] [05.수능]

해석 텔레비전이 도래한 이후로 소설이 이미 죽지는 않았다 하더라도 죽어가고 있다는 소문이 있어왔다. 사실 전자 매체와 컴퓨터 게임이 더 영향력을 갖게 됨에 따라 인쇄 지향적인 소설가들은 사라질 운명에 처한 것처럼 보인다. 요즈음 많은 젊은이들은 책을 읽는 것보다 인터넷을 검색하는 것을 더 좋아한다. 그리고 종종 그들이 찾는 것은 심원한 지식이라기보다는 빠른 정보이다. 문학적인 소설이 멸종된 종처럼 박물관에 보존되는 구식의 장르가 될 운명이 아닌가하고 생각할 사람이 있을지도 모른다.

풀이 텔레비전의 등장과 전자 매체 그리고 컴퓨터 게임의 영향력이 커짐에 따라 인쇄되는 소설이 멸종된 종처럼 사라질 위험에 처해 있다는 것이 글의 요지이다. 따라서 이 글의 주제로 가장 적절한 것은 ⑤'인쇄 매체 소설의 위기'이다.

Vocabulary ▶

- restorer[ristɔ́ːrər]
  복원 전문가
- straightforward
  [strèitfɔ́ːrwərd] 간단한
- intent[intént] 의도
- visually[víʒuəli]
  시각적으로
- coherent[kouhíərənt]
  서로 엉겨 붙는

02 다음 글의 주제로 가장 적절한 것을 고르시오.

Painting restorers are highly trained in their techniques, but they would have to be the original painter to know exactly what to do with the work at hand. Technical aspects of the work, such as dirt removal, are quite straightforward. What is important is to bring a painting back to an artist's original intent. In order to do so, they have to decide if they should add something to the painting or leave it as it is. They admit it is extremely difficult to determine what should and should not be retouched. Our goal is to respect the artist s intent, but at the same time to make it a visually coherent work of art, says Michael Duffy of the Museum of Modern Art in New York.

① ways of training painters

② simplicity of appreciating paintings

③ techniques of removing dirt

④ maintaining the original painter s intent

⑤ distinguishing the original from the fake

[2점] [05.수능]

해석 그림을 원상으로 복귀시키는 사람들은 그들의 기술이 고도로 훈련되어 있지만 그 작품을 갖고 어떻게 해야 하는 가를 정확하게 알기 위해서는 원래의 화가가 되어야 할 것이다. 먼지를 제거하는 것과 같은 작품의 기술적인 면은 아주 간단하다. 중요한 것은 어떤 그림을 한 예술가의 원래 의도대로 복귀시키는 것이다. 그렇게 하기 위해서 그들은 그 그림에 어떤 것을 첨가하느냐 아니면 그대로 놔두느냐를 결정해야 한다. 그들은 무엇을 손질해야 하고 손질하지 말아야 하는지를 결정하는 것이 아주 어렵다는 것을 인정한다. "우리의 목표는 예술가의 의도를 존중하는 것이지만 동시에 그것을 시각적으로 긴밀히 결부된 예술 작품으로 만드는 것이지요."라고 뉴욕의 현대 미술관의 Michael Duffy는 말한다.

풀이 미술품 복원전문가들이 갖춰야할 속성을 다룬 글이다. 그림을 원상으로 복귀시키는 사람들은 작품을 갖고 어떻게 해야 하는 가를 정확하게 아는 원래의 화가가 되어야 한다는 것, 어떤 그림을 한 예술가의 원래 의도대로 복귀시키는 것이 중요하다는 것 등에서 ④의 "maintaining the original painter's intent[intↀnt] (원래 화가의 의도를 유지하기)"가 글의 주제로 가장 적절하다.
① 화가들을 훈련시키는 방법들 ② 그림 감상의 단순성 ③ 먼지를 제거하는 기술 ⑤ 원작과 가짜를 구별하기

답 ④

03 다음 글의 요지로 가장 적절한 것을 고르시오.

Vocabulary

How much one can earn is important, of course, but there are other equally important considerations, neglect of which may produce frustration in later years. Where there is genuine interest, one may work diligently without even realizing it, and in such situations success follows. More important than success, which generally means promotion or an increase in salary, is the happiness which can only be found in doing work that one enjoys for its own sake and not merely for the rewards it brings.

- consideration
  [kənsìdəréiʃən] 고려
- genuine[ʤénjuin]
  진정한
- diligently[díləʤənt]
  근면한
- for its own sake
  그것 자체가 목적으로
- merely[míərli] 단지

① 성공하기 위해서는 성실한 자세가 필요하다.
② 일의 즐거움에서 얻는 행복이 중요하다.
③ 개인의 이익보다 전체의 이익이 우선한다.
④ 성공하면 그에 상응하는 보상이 뒤따른다.
⑤ 승진을 위해서는 철저한 자기 관리가 필요하다.

[2점] [05.수능]

해석 물론 얼마나 많이 벌 수 있는가도 중요하지만, 그것을 무시하면 훗날 좌절감이 생길 수도 있는, 똑같이 중요한 다른 고려사항들도 있다. 진정한 흥미가 있는 곳에서 사람들은 열심히 일한다는 것을 인식하지 않고도 열심히 일을 할 수 있으며, 그러한 상황에서 성공이 따른다. 일반적으로 승진이나 월급 인상을 의미하는 성공보다 더 중요한 것은 일이 가져오는 보상뿐만 아니라 사람들이 일 자체를 위해 즐기는 일을 하는데서 발견되는 행복이다.

풀이 일이 가져오는 보상뿐만 아니라 즐기는 일 그 자체를 하는 데서 얻는 행복이 중요하다는 내용의 글이다. 따라서 이 글의 요지로 가장 적절한 것은 ②'일의 즐거움에서 얻는 행복이 중요하다.'이다.

답 ②

Vocabulary

- disharmony
  [dishá:rməni] 부조화
- impose[impóuz]
  강요하다
- annoy[ənɔ́i] 괴롭히다
- obligate[ábləgèit]
  의무를 지우다
- expectation
  [èkspektéiʃən] 기대
- indicate[índikèit]
  가리키다

04 다음 글에서 필자의 주장으로 가장 적절한 것은?

Disharmony enters our relationships when we try to impose our values on others by wanting them to live by what we feel is "right," "fair," "good," "bad," and so on. If they do not accept our values, we become annoyed and angry. However, we must realize that no one is obligated to change just to meet our expectations of how we feel they should act. People may disturb or anger us, but the fact that not everyone objects to their behavior indicates that the problem is probably ours. We need to see things as they are, not as we would like them to be.

① 사회의 변화를 위해서 모든 사람이 변화해야 한다.
② 인간관계에서 소외된 사람들을 보살펴야 한다.
③ 자신의 가치관을 타인에게 강요하지 말아야 한다.
④ 타인과의 유대 강화를 위해서 칭찬을 해야 한다.
⑤ 타인이 반대하더라도 주관을 가지고 일을 해야 한다.

[2점] [06.수능]

해석 우리가 "옳다", "공평하다", "좋다", "나쁘다"고 생각하는 것에 맞추어 다른 사람들이 살기를 바라면서 그들에게 우리의 가치를 강요하려고 할 때 부조화가 우리의 관계에 생겨난다. 만약 그들이 우리의 가치를 받아들이지 않는다면, 우리는 짜증을 내게 되고 화가 나게 된다. 하지만 단지 그들이 해야만 한다고 생각하는 우리 방식에 대한 기대를 충족시키기 위해서 어느 누구도 (가치관을) 바꿀 의무는 없다는 것을 깨달아야 한다. 사람들이 우리를 방해하거나 화나게 할 수도 있지만 모든 사람이 그들의 행동에 반대하지는 않는다는 사실은 아마 문제가 우리에게 있을 수도 있다는 것을 가리킨다. 우리는 일들을 우리가 바라는 바대로 볼 것이 아니라 있는 그대로 보아야 한다.

풀이 다른 사람에게 자신의 가치를 강요하며 그것에 맞춰 살아가기를 바랄 때 인간관계가 틀어지고 누구든 자신의 가치관에 맞게 타인의 가치관을 바꿀 권리는 없다는 내용의 글이다. 첫 문장에 주제가 나와 있고 문장 중간에 However 이하 절에 자신의 가치관을 타인에게 강요하지 말라는 말이 나온다. 따라서 이 글에서 필자의 주장으로 가장 적절한 것은 ③'자신의 가치관을 타인에게 강요하지 말아야 한다.'이다.

답 ③

05 다음 글의 주제로 가장 적절한 것을 고르시오.

Most helpful to the calm and peaceful atmosphere that the two-year-old child needs but cannot produce for himself/herself is the presence of comforting music, in almost any form. Mother's singing can help. Chanting a request, such as "Time to come to breakfast," may be more effective than simply saying the request. Records, especially nursery rhymes, are just the thing for those periods at the end of the morning or afternoon when children are often easily irritated. Some children, especially boys, like to have their own music players and may play these for very long periods of time.

- atmosphere
  [ǽtməsfiər] 대기
- presence[prézəns] 존재
- chant[tʃænt]
  (노래·성가를) 부르다
- especially[ispéʃəli] 특히
- nursery rhyme 자장가
- period[píəriəd] 기간

① the relaxing effect of music on two-year-olds
② the parental care of children's physical health
③ the use of direct requests for handling children
④ the problems of musical therapy for two-year-olds
⑤ the most popular nursery rhymes for two-year-olds

[2점] [06.수능]

해석 거의 어떤 형태든 편안하게 해주는 음악이 있으면 두 살이 된 아이에게 필요하지만 아이가 스스로 만들어낼 수 없는 고요하고 평화로운 분위기에 매우 큰 도움이 된다. 엄마의 노래가 도움이 될 수 있다. "아침 먹으러 올 시간이야"와 같은 요구를 노래로 알리는 것이 단순히 말하는 것보다 더 효과적일 수 있다. 음반, 특히 전래 동요가 아이들이 종종 쉽게 짜증을 내는 이 시기의 늦은 아침이나 오후에 꼭 필요한 것이다. 일부 아이들, 특히 남자아이들은 자신들의 음악 재생기를 갖길 원하고 아주 오랜 시간 동안 음악을 틀어놓을 수 있다.

풀이 첫 문장에 음악이 효과가 있는 대상이 두 살 먹은 어린이라는 것이 언급되고, 그 다음은 어린이에게 음악이 긴장을 풀어주는 효과가 있다는 것을 언급하고 있다. 따라서 이 글의 주제로 ①'the relaxing effect of music on two-year-olds(두 살짜리 아이들에 있어 음악의 긴장완화 효과)'가 가장 적절하다.
② 아이들의 신체적 건강에 대한 부모의 관심 ③ 어린이들을 다루기 위한 직접적인 요구의 사용
④ 두 살짜리 아이들을 위한 음악 치료의 문제점 ⑤ 두 살짜리 아이들에게 가장 인기 있는 동요

- instinct[ínstiŋkt] 본능
- sufficient[səfíʃənt] 충분한
- decision màking [disíʒən] 의사 결정
- impulsive[impʌ́lsiv] 충동적인
- dictate[díkteit] 지시하다
- analyze[ǽnəlàiz] 분석하다
- basis[béisis] 근거

06 다음 글의 주제로 가장 적절한 것을 고르시오.

Everyone has instincts, and listening to your inner voice is always a good idea. But when you're making a decision, following your instincts is necessary but not sufficient. Learning how to use your instincts as a guide in decision making requires effort. After all, no one's instincts are always correct; so how do you know when to follow them and when to ignore them? Following your instincts could lead you to make impulsive decisions that you may regret later. The key is to learn how to use your instincts to support, not dictate, your decisions. Use your experience to analyze the situation. Your past experience gives you the basis for judging whether your instincts can be trusted.

① 의사 결정 시 직감의 적절한 활용법 ② 인간관계에서의 갈등 해소 방법
③ 직감과 경험의 유사점과 차이점 ④ 충동적 의사 결정의 심각한 폐해
⑤ 의사 결정 시 경험의 순기능과 역기능

[2점] [06.수능]

해석 모든 사람들은 직감을 가지고 있고, 자신의 내면의 소리를 듣는 것은 언제나 좋은 것이다. 그러나 결정을 내릴 때, 직감을 따르는 것은 필요하지만 충분한 것은 아니다. 결정을 내리는 지침으로 직감을 사용하는 법을 배우는 것은 노력을 필요로 한다. 무엇보다도, 어떤 사람의 본능도 언제나 옳지는 않다. 그렇다면, 직감을 언제는 따르고, 언제는 그것들을 무시해야 하는지 알 수 있을까? 직감을 따르는 것이 나중에 후회하게 될지도 모르는 충동적인 결정을 하게 할 수가 있다. 중요한 것은 여러분의 결정을 지시하는 것이 아닌 뒷받침해주기 위해서 직감을 사용하는 법을 배우는 것이다. 상황을 분석하기 위해서 여러분의 경험을 사용하라. 과거의 경험은 직감이 믿을 수 있는 것인지 아닌지 판단하는 근거가 된다.

풀이 오로지 직감이나 본능에 따라 의사결정을 해서는 안 되고 직감은 결정을 뒷받침하는 용도로 사용하라는 내용의 글이다. 끝에서 두 번째 문장에 의사 결정을 할 때 직감을 사용하는 법을 배워야 한다는 글의 요지를 담고 있는 내용이 압축되어 있다. 따라서 이 글의 주제로 ①'의사 결정 시 직감의 적절한 활용법'이 가장 적절하다.

답 ①

07 다음 글의 요지로 가장 적절한 것을 고르시오.

Vocabulary

Environmental psychologists have long known about the harmful effects of unpredictable, high-volume noise. In laboratory experiments, people exposed to 110-decibel bursts of noise experienced a decrease in their ability to solve problems. However, when subjects either could predict when the bursts of noise would occur or had the ability to terminate the noise with a "panic button," the negative effects disappeared. We are not always fortunate enough to enjoy a work environment free of noise pollution. But when we feel we are in charge of our noisy environments, we may no longer suffer from anxiety and poor performance.

- unpredictable
  [ʌnpridíktəbl]
  예측할 수 없는
- laboratory[lǽbərətɔ̀ːri]
  실험실
- burst[bəːrst] 파열, 돌발
- subject[sʌ́bdʒikt]
  피실험자
- terminate[təːrmənèit]
  끝내다
- pollution[pəlúːʃən] 오염

① 학자들은 110데시벨 이상의 소음을 공해로 간주한다.
② 소음 공해가 없는 쾌적한 업무 환경을 만들어야 한다.
③ 소음은 예측이나 통제가 가능할 때 부정적 영향이 사라진다.
④ 지속적으로 발생하는 소음은 문제 해결 능력을 저하시킨다.
⑤ 환경 개선을 위해 공해에 대한 지속적인 실험 연구가 필요하다.

[2점] [06.수능]

해석
환경심리학자들은 예측할 수 없는 높은 음량의 소음의 해로운 영향에 대해 오랫동안 알고 있었다. 실험실에서 실시한 실험에서, 110데시벨의 갑작스런 소음에 노출된 사람들은 문제를 해결하는 능력의 감소를 경험하였다. 그러나 피실험자들이 갑작스런 소음이 일어날 것이라는 것을 예측할 수 있거나 소음을 "비상벨"로 없앨 수 있었을 때 그러한 부정적인 효과는 사라졌다. 우리는 늘 소음의 공해가 없는 근로 환경을 누릴 수 있을 만큼 운이 좋지는 않다. 그러나 우리가 소음으로 가득 찬 환경을 관리하고 있다는 느낌을 가지게 되면, 더 이상 근심과 형편없는 실적으로 고통을 겪을 필요는 없을지도 모른다.

풀이
예측할 수 없는 소음에 시달리는 사람은 문제 해결 능력이 떨어지지만, 그러한 소음이 예측될 수 있거나 비상벨로 중지할 수 있는 환경에 있는 사람은 소음 공해로 인한 부정적 영향을 받지 않는다는 내용의 글이다. 따라서 이 글의 요지로 ③'소음은 예측이나 통제가 가능할 때 부정적 영향이 사라진다.'가 가장 적절하다.

Vocabulary

- wisdom[wízdəm] 지혜
- mankind[mǽnkaind] 인류
- suffering[sʌ́fəriŋ] 고통
- caterpillar[kǽtərpilər] 애벌레
- transformation [træ`nsfɔːrméiʃ-ən] 변형, 변태

08 다음 글의 요지로 가장 적절한 것을 고르시오.

An Eskimo once told European visitors that the only true wisdom lives far from mankind, out in the great loneliness, and can be reached only through suffering. The great loneliness—like the loneliness a caterpillar endures when she wraps herself in a silky cocoon and begins the long transformation to butterfly. It seems that we too must go through such a time, when life as we have known it is over and yet we don't know who we are supposed to become. All we know is that something bigger is calling us to change. And though we must make the journey alone, and even if suffering is our only companion, soon enough we will become a butterfly, soon enough we will taste the joy of being alive.

※ cocoon 고치

① 인내는 쓰다. 그러나 그 열매는 달다.
② 개구리 올챙이 적 생각 못한다.
③ 실패는 성공의 어머니이다.
④ 돌다리도 두드려 보고 건너라.
⑤ 인생은 짧다. 그러나 예술은 길다.

[2점] [06.수능]

해석 옛날에 한 에스키모 사람이 자신을 방문한 유럽인들에게 유일한 참된 지혜는 인류로부터 멀리 떨어진 엄청난 고독 속에 있으며, 고통을 통해서만 도달될 수 있다고 말한 적이 있다. 그 엄청난 고독은 애벌레가 누에고치 속에서 자신을 감싸고 나비로의 기나긴 변형을 시작할 때 참아내는 고독한 상황과 같은 것이다. 우리도 역시 우리가 지금까지 알아온 삶이 끝난 상황에서 앞으로 우리가 어떠한 사람이 되어야 할지를 모를 때 그러한 시간을 거쳐야만 할 것으로 보인다. 우리가 알고 있는 모든 것은 보다 큰 무언가가 우리에게 변화를 요구하고 있다는 사실이다. 그리고 비록 우리가 그 행로를 홀로 가야하고 고통이 우리의 유일한 동행자일지라도, 머지않아 우리는 나비가 될 것, 즉 살아 있는 것의 기쁨을 맛보게 될 거라는 사실이다.

풀이 지혜는 고통을 통해 얻는 것이라는 에스키모 인들의 생각, 애벌레가 나비로 성장하기 위해 엄청난 고독을 견뎌내는 것처럼 성장하기 위해서는 고통의 시간을 견뎌내야 한다는 교훈을 담은 글이다. 따라서 이 글의 요지로 ①'인내는 쓰다. 그러나 그 열매는 달다.'가 가장 적절하다.

답 ①

09 다음 글에서 필자가 주장하는 바로 가장 적절한 것은?

세상을 **바**꾸는
크로스 **공**부법

Vocabulary

- madden[mǽdn]
  성나게 하다
- annoyance[ənɔ́iəns]
  성가심
- costly[kɔ́ːstli] 값이 비싼
- irritation[írətèiʃən]
  짜증
- insurer[inʃúərər]
  보험업자
- thieve[θiːv] 도둑질하다

Of all the ways that automobiles damage the urban environment and lower the quality of life in big cities, few are as maddening and unnecessary as car alarms. Alarms are more than just an annoyance; they are a costly public health problem and a constant irritation to urban civil life. The benefits, meanwhile, are nonexistent. Auto makers, alarm installers, insurers, police, and the biggest experts of all—car thieves—all agree that alarms do nothing to stop theft. What's more, there are now a number of good, inexpensive car security devices available on the market. It's time for us all to reconsider the seriousness of the problem and to do something about it.

① 자동차 보험 가입을 의무화해야 한다.
② 자동차 오디오의 소음을 규제해야 한다.
③ 자동차 보안 장치의 가격을 낮추어야 한다.
④ 자동차 도난 경보기 사용을 제한해야 한다.
⑤ 차량 절도를 막기 위한 대책을 세워야 한다.

[2점] [07.수능]

해석 자동차가 도시 환경을 해치고 대도시의 삶의 질을 떨어뜨리는 모든 방식 중에서 자동차 도난방지 경보장치만큼 화나게 하고 불필요한 것은 거의 없다. 경보기는 단순한 성가심을 넘어선다. 도난방지 경보장치는 비용이 많이 드는 공중 보건 문제이며 도시 시민 생활에 끊임없는 짜증이다. 한편 이익은 전무하다. 자동차 제조업자, 경보장치 설치자, 보험업자, 경찰, 그리고 이 모든 사람들 중 최고의 전문가인 자동차 절도범들 모두 경보장치가 절도를 막는 데 아무런 역할도 못한다는 데 동의한다. 게다가 이제는 시장에 나와 있는 수많은 품질 좋고 값도 싼 자동차 보안 장치들이 있다. 이제 우리 모두 문제의 심각성을 다시 생각해 보고 이 문제에 대해 무언가 해야 할 때이다.

풀이 효과는 전혀 없고 모두에게 짜증만 유발하는 자동차 도난방지 경보장치에 대해 무언가 조치를 취해야 한다는 것이 필자의 생각이다. 따라서 이 글에서 필자가 주장하는 바로 ④'자동차 도난 경보기 사용을 제한해야 한다.'가 가장 적절하다.

CROSS
ENGLISH

Vocabulary 🔊

• adequate[ǽdikwət]
적절한

• insurance[inʃúərəns]
보험

• depart[dipáːrt]
출발하다

• coverage[kʌ́vəridʒ]
범위

• prior to[práiər ~]
~보다 전에

• insurance[inʃúərəns]
보험

10 다음 글의 주제로 가장 적절한 것을 고르시오.

All travellers should ensure they have adequate travel insurance before they depart. A suitable insurance policy should provide coverage for medical expenses arising from illness or accident prior to or during their vacation, loss of vacation money, and cancellation of the holiday. Please keep your insurance policy and emergency contact details with you at all times. Before departure, you will be required to provide your tour leader with a copy of your insurance policy covering the period of travel. Without this information, you will not be allowed to travel with the group.

① coverage of car insurance   ② selection of travel agencies

③ necessity of travel insurance   ④ conditions of health insurance

⑤ promotion of tourist attractions

[2점] [07.수능]

해석 모든 여행자들은 출발하기 전에 그들이 적절한 여행 보험에 들었는지 확실히 해야 한다. 적당한 보험 증권은 휴가 전이나 휴가 동안 질병이나 사고로부터 발생하는 의료비용과 휴가비의 손해, 그리고 휴일의 취소에 대한 보상을 제공해야 한다. 당신의 보험 증권과 비상 연락 설명서를 항상 휴대하라. 출발하기 전에, 당신은 당신의 관광 담당자에게 여행 기간을 포함하는 보험 증권의 사본을 제출하도록 요구받을 것이다. 이러한 통지를 하지 않으면, 당신은 그 그룹과 함께 여행하지 못하게 될 것이다.

풀이 첫 문장이 주제문으로 여행을 떠나기 전에 여행자 보험을 들어야 한다는 것이 이 글의 요지이다. 이러한 글의 요지를 압축한 것으로 가장 적절한 것은 ③'necessity of travel[trǽvəl] insurance[inʃúərəns](여행보험의 필요성)'이다.
① 자동차보험의 적용범위 ② 여행사 선택 ④ 건강보험의 조건 ⑤ 관광지 홍보

답 ③

11 다음 글의 주제로 가장 적절한 것을 고르시오.

Vocabulary

Every society needs heroes, and every society has them. Some heroes shine in the face of great adversity, performing amazing deeds in difficult situations; other heroes do their work quietly, unnoticed by most of us, but making a difference in the lives of other people. Whatever their type, heroes are selfless people who perform extraordinary acts. The true mark of heroes lies not necessarily in the result of their actions, but in what they are willing to do for others and for their chosen causes. Even if they fail, their determination lives on to inspire the rest of us. Their glory lies not in their achievements but in their sacrifices.

- adversity
  [ædvə́ːrsəti/dvə́ːrsəti]
  역경
- deed[diːd] 행위
- selfless[selfləs]
  이기심 없는
- extraordinary
  [ikstrɔ́ːrdənèri] 비범한
- determination
  [ditə̀ːrmənéiʃən] 결단(력)
- achievements
  [ətʃíːvmənt] 성취

① 영웅 탄생의 배경 ② 영웅 숭배의 위험성
③ 영웅에 대한 환상 ④ 영웅의 인간적 고뇌
⑤ 영웅의 진정한 의미

[2점] [07.수능]

해석 모든 사회는 영웅을 필요로 하며 모든 사회는 영웅을 가지고 있다. 어떤 영웅은 큰 역경과 마주칠 때 빛나며 어려운 상황에서 놀라운 공적을 해낸다. 다른 영웅들은 우리들 대부분의 눈에 띄지 않게 조용히 자신의 일을 하지만 다른 사람들의 삶에 영향을 미친다. 그들이 어떤 유형이든, 영웅들은 비범한 일을 해내는 이기심이 없는 사람들이다. 영웅의 진정한 표시는 반드시 그들의 행동의 결과에 있는 것이 아니라 그들이 타인들과 그들이 선택한 대의를 위해 기꺼이 일을 한다는 것에 있다. 비록 그들이 실패하더라도 그들의 결단력은 계속 살아남아 나머지 우리를 격려한다. 그들의 영광은 그들의 성취가 아니라 그들의 희생에 있다.

풀이 영웅이 가진, 혹은 가져야할 여러 가지 속성과 영웅의 의의를 언급하고 있는 글이다. 따라서 이 글의 주제로 ⑤'영웅의 진정한 의미'가 가장 적절하다.

답 ⑤

Vocabulary

• frequent[frí:kwənt]
  흔한

• solitude[sάlitjù:d]
  홀로 삶

• relaxation
  [rì:læ kséiʃ-ən] 휴식

• accompany[əkʌ́mpəni]
  동반하다

• companion
  [kəmpǽ́njən] 동료, 상대

12 다음 글의 요지로 가장 적절한 것을 고르시오.

Over the past twenty years, I've asked thousands of people, "Where are you when you get your best ideas?" The most frequent answers are: 'resting in bed,' 'walking in nature,' 'listening to music while driving in my car,' and 'relaxing in the bath.' People rarely get their best ideas at work. What is so special about walking in the woods or resting in bed? Solitude and relaxation. Most people have their best ideas when they are relaxed and by themselves. Leonardo da Vinci once wrote, "If you are alone you are completely yourself, but if you are accompanied by a single companion you are half yourself."

① 현명한 사람은 말과 행동이 일치해야 한다.
② 혼자만의 시간과 휴식은 최상의 아이디어를 준다.
③ 심신의 건강을 위해 휴식과 체력 관리가 필요하다.
④ 친구는 분주한 사회생활에서 소중한 휴식과도 같다.
⑤ 훌륭한 예술 작품은 공동 작업을 통해 얻을 수 있다.

[2점] [07.수능]

해석

지난 20년에 걸쳐 나는 수천 명의 사람들에게 다음과 같이 물었다. "어디에 있을 때 최상의 아이디어가 떠오릅니까?" 가장 흔한 대답은 '침대에 누워 쉬고 있을 때,' '자연 속에서 거닐고 있을 때,' '음악을 들으며 차를 몰고 있을 때,' 그리고 '목욕을 하며 편히 쉴 때' 등이다. 사람들이 일하고 있는 동안 최상의 아이디어를 떠올리는 경우는 거의 없다. 숲에서 산책하는 것이나 침대에 누워 쉬는 것에 있어서 무엇이 그리도 특별한 것일까? 혼자 있는 것과 휴식이다. 대부분의 사람들은 편히 쉬고 혼자 있을 때 최상의 아이디어를 얻는다. 레오나르도 다빈치는 다음과 같은 글을 쓴 적이 있다. "혼자 있을 때 당신은 자신의 완전한 면모를 갖추지만, 어느 한 사람과 함께 있게 되면 당신은 자신의 반쪽만 갖추게 된다."

풀이

최상의 아이디어를 얻는 때가 언제인지를 조사한 결과 일에 몰두할 때보다는 혼자 쉬고 있을 때일 가능성이 높았다는 사실을 언급하며, 혼자만의 시간과 휴식이 최상의 아이디어를 준다고 주장하는 글이다. 따라서 이 글의 요지로 ②'혼자만의 시간과 휴식은 최상의 아이디어를 준다.'가 가장 적절하다.

13 다음 글의 요지로 가장 적절한 것을 고르시오.

세상을 바꾸는
크로스 공부법

Vocabulary

- considerate
  [kənsídərit] 사려 깊은
- conscience
  [kánʃəns] 양심
- constantly
  [kánstəntli] 끊임없이
- distinguish
  [distíŋgwiʃ] 구별하다
- appropriate
  [əpróuprièit] 적절한
- essence[ésəns]
  본질, 핵심

Every mother and father wants to raise a child with a strong moral character. We want our children to know good from bad, and right from wrong. We hope they'll learn to behave morally and ethically, and grow up to be honest and considerate. In short, we want our children to develop a conscience—a powerful inner voice that will keep them on the right path. But a conscience does not develop by itself, so the job of building one is ours. It's a process parents need to work on day after day, and year after year. We need to constantly distinguish right from wrong, and to model appropriate behavior. Eventually, our children will fully accept our messages, and they will become the essence of their character.

① 선생님의 조언이 학생의 윤리 교육에 필요하다.
② 아동의 인성은 교육보다 천성에 의해 좌우된다.
③ 부모는 자녀에게 지속적으로 윤리 교육을 해야 한다.
④ 청소년 교육을 위해 지역 사회와 학교가 협력해야 한다.
⑤ 기본 윤리 교육은 아동기보다는 청소년기에 이루어져야 한다.

[2점] [07.수능]

해석 모든 부모들은 자녀를 도덕성을 잘 갖춘 아이로 양육하기를 바란다. 우리들은 자녀들이 선과 악, 그리고 옳은 것과 잘못된 것을 구별하기를 바란다. 우리들은 자녀들이 도덕적이고 윤리적으로 행동하는 방식을 배워서 정직하고 사려 깊은 사람으로 성장하기를 희망한다. 간단히 말해, 우리들은 자녀들이 양심, 즉 그들이 올바른 길을 걷게 할 확고한 내적인 목소리를 계발하기를 바란다. 그러나 양심은 저절로 계발되는 것이 아니어서, 양심을 축적시키는 일은 우리들의 몫이 된다. 그 일은 부모들이 매일 그리고 매년 염두에 두고 노력할 필요가 있는 과정이다. 우리들은 끊임없이 옳은 것과 잘못된 것을 구별하고 적절한 행동을 본보기로 제시할 필요가 있다. 그러면 결국 우리 자녀들은 우리들이 의도하는 뜻을 완전히 받아들이게 될 것이고, 그러한 뜻은 그들의 성격의 바탕이 될 것이다.

풀이 부모는 자녀에게 도덕성을 함양시키기 위해 끊임없이 올바른 행위를 가르치고 본보기를 보여야 한다는 주장을 담은 글이다. 따라서 이 글의 요지로 ③'부모는 자녀에게 지속적으로 윤리 교육을 해야 한다.'이 가장 적절하다.

답 ③

Vocabulary

- address[ədrés] 제기하다
- newspeople[njú:zpí:pl] 기자, 특파원
- individual[indəvídʒuəl] 개별의
- complex[kəmpléks] 복잡한

14 다음 글에서 필자가 주장하는 바로 가장 적절한 것은?

We have to ask ourselves a question. What kind of world will our children have to live in? Will they have air to breathe and food to eat? These are among the basic questions that were addressed at the first world meeting on the environment, attended by more than 100 world leaders and 30,000 other scientists, newspeople, and citizens concerned. These complex problems can no longer be solved by individual countries. Nations of the world must act together if we are to develop answers that will give a safe and healthy world to our children. World leaders should have the vision to protect our environment.

① 각국의 언론인들이 환경 보호 단체를 지원해야 한다.
② 어린이들에게 환경 보호의 중요성을 가르쳐야 한다.
③ 환경을 보호하기 위해 세계 각국의 협력이 필요하다.
④ 과학자들이 환경 보호 운동에 앞장서야 한다.
⑤ 환경 보호를 위해 환경법 개정이 우선되어야 한다.

[2점] [08.수능]

해석 우리는 스스로에게 질문을 던져야 한다. 어떤 종류의 세상을 우리의 아이들이 살아야 하는가? 그들이 숨 쉴 공기와 먹을 음식을 갖게 될 것인가? 이것들은 100명 이상의 세계 지도자들과 30,000명의 다른 과학자들과 보도 관계자들, 그리고 관련 시민들이 참석한 환경에 대한 첫 번째 세계 회의에서 제기된 기본적인 질문들 중에 있는 것들이었다. 이 복잡한 문제들은 더 이상 개별 국가들에 의해 해결될 수 없다. 세계의 국가들은 우리가 안전하고 건강한 세상을 우리의 아이들에게 주게 될 해답을 발전시키고자 한다면 함께 행동해야 한다. 세계 지도자들은 우리의 환경을 보호할 비전을 가져야 한다.

풀이 글의 후반부에 글의 요지를 압축하는 말이 담겨있다. 즉, 세계 각국은 환경을 보호하기 위해 서로 협력하며 환경보호의 비전을 가져야 한다는 것이 이 글의 중심내용이다. 따라서 ③'환경을 보호하기 위해 세계 각국의 협력이 필요하다.'가 이 글의 요지로 가장 적절하다.

답 ③

15 다음 글의 주제로 가장 적절한 것을 고르시오.

Vocabulary

There is healing power in flowers—and in trees, fresh air, and sweet-smelling soil. Just walking through a garden or, for that matter, seeing one out your window, can lower blood pressure, reduce stress, and ease pain. Get out there and start digging, and the benefits multiply. While it may be basic and even old-fashioned, using gardening as a health care tool is blossoming. New or remodeled hospitals and nursing homes increasingly come equipped with healing gardens where patients and staff can get away from barren, indoor surroundings. Many also offer patients a chance to get their hands dirty and their minds engaged in caring for plants.

- multiply[mʌ́ltəplài]
  배가하다
- old-fashioned
  [óuldfǽʃənd] 구식의
- blossom[blásəm]
  번영하다
- equip[ikwíp] 갖추다
- barren[bǽrən] 불모의
- surrounding[səráundiŋ]
  환경
- engage[engéidʒ]
  전념하다, 종사하다

① ways of growing flowers
② curing high blood pressure
③ healing effect of gardening
④ conditions for nursing homes
⑤ trends in constructing hospitals

[2점] [08.수능]

해석 꽃 그리고 나무, 신선한 공기와 좋은 향이 나는 토양에는 치유력이 있다. 단지 정원을 걷는 것 혹은 드물게는 당신 창밖으로 정원을 보는 것이 혈압을 낮추고 스트레스를 줄이고 고통을 완화시켜 줄 수 있다. 저기 밖에 나가서 땅 파기를 시작해 보라. 그러면 이익은 배가될 것이다. 기본적이고 심지어는 구식일 수도 있겠으나, 건강관리 도구로서 원예를 사용하는 것이 활기를 띠고 있다. 새 병원 혹은 개조된 병원과 요양소들은 점차 환자들과 직원들이 황폐한 실내 환경으로부터 벗어날 수 있는 치유의 정원을 갖추어 나가고 있다. 많은 곳에서 또한 환자들에게 그들의 손을 더럽히고 그들의 정신을 식물 돌보는 일에 전념하게 하는 기회를 제공해 준다.

풀이 정원이 치유 효과를 가지고 있으므로 원예가 건강관리 목적으로 사용되는 일이 늘고 있다는 내용의 글이다. 따라서 이 글의 주제는 ③'healing effect of gardening(정원가꾸기의 치유 효과)'가 가장 적절하다.
① 꽃을 기르는 방법들 ② 고혈압 치료 ④ 요양소의 조건 ⑤ 병원 건축의 유행 양식

답 ③

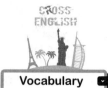

16 다음 글의 주제로 가장 적절한 것을 고르시오.

Vocabulary

- abandon[əbǽndən]
  포기하다
- relationship
  [riléiʃ-ənʃip] 관계
- irritable[írətəbəl]
  화를 잘 내는
- mindful[máindfəl]
  주의 깊은
- aspect[ǽspekt] 국면

Most of us buy our food from supermarkets. In fact, many of us don't even get as far as the supermarket but make our choices at the click of a mouse. We have abandoned our relationship with the food we eat and with the people who produce our food. Is it any wonder that our children don't know where food comes from? Is it any wonder that we're tired, overweight, irritable, and low? It is important to be mindful about every single aspect of purchasing food. Try not to race through your shopping. In my hometown, nobody would buy a melon without feeling it and smelling it; and nobody would dream of buying a chicken without knowing which farm it came from and what it ate.

① 바람직한 식품 구입 태도
② 대형 식품점 이용의 장점
③ 식품 원산지 확인의 필요성
④ 식품 구매 목록 작성의 이점
⑤ 아동을 위한 식단 개선 방법

[2점] [09.수능]

해석 우리들 대부분은 슈퍼마켓에서 우리의 음식을 산다. 사실, 우리들 중 많은 사람들은 심지어는 슈퍼마켓까지 가지도 않고 다만 마우스 클릭으로 선택을 한다. 우리는 우리가 먹는 음식과 우리의 음식을 생산하는 사람들과의 관계를 포기했다. 우리의 아이들이 음식이 어디에서 오는지 알지 못한다는 것이 놀라울 게 뭐가 있겠는가? 우리가 피로하고 과체중에 화를 잘 내며 약한 것이 놀라울 게 뭐가 있겠는가? 식품을 구입하는 데 있어서 하나하나 모든 면에 주의를 기울이는 것이 중요하다. 쇼핑을 빠르게 하려고 하지 마라. 내 고향에서는 멜론을 만져보고 냄새를 맡아보지 않고 사는 사람은 아무도 없었다. 그리고 닭고기가 어떤 농장에서 나왔고 무엇을 먹었는지를 알지 않고 닭고기를 구입하는 것은 아무도 꿈도 꾸지 않았다.

풀이 슈퍼마켓이나 온라인상으로 음식을 사게 되면 음식을 생산하는 사람들과의 관계를 포기하게 될 뿐만 아니라 건강과 성격 면에서 문제를 불러일으킬 수 있으니 음식을 살 때 각별히 신경 쓰라는 내용의 글이다. 글 후반부의 'It is important to be mindful about every single aspect of purchasing[pə́:rtʃəs] food[fu:d].'라는 말이 이 글의 요지를 잘 나타내고 있다. 따라서 이 글의 주제는 ①'바람직한 식품 구입태도'가 된다.

정답 ①

17 다음 글의 주제로 가장 적절한 것을 고르시오.

Vocabulary

- derive[diráiv]
  ~의 기원을 찾다
- kettle[kétl] 주전자
- unburden[ʌnbə́ːrdn]
  (마음의) 무거운 짐을 덜다
- intensify[inténsəfài]
  강화하다
- depression[dipréʃən]
  우울
- resemble[rizémbəl]
  닮다

Many people believe that they will be free of their anger if they express it, and that their tears will release their pain. This belief derives from a nineteenth-century understanding of emotions, and it is no truer than the flat earth. It sees the brain as a steam kettle in which negative feelings build up pressure. But no psychologist has ever succeeded in proving the unburdening effects of the supposed safety valves of tears and anger. On the contrary, over forty years ago, controlled studies showed that fits of anger are more likely to intensify anger, and that tears can drive us still deeper into depression. Our heads do not resemble steam kettles, and our brains involve a much more complicated system than can be accounted for by images taken from nineteenth-century technology.

① 감정 표출의 효과에 대한 오해
② 두뇌 구조와 우울증의 관계
③ 19세기 과학이 뇌신경학에 미친 영향
④ 감정에 따른 두뇌 반응의 상이성
⑤ 눈물과 분노의 심리적 유사성

[2점] [09.수능]

해석
많은 사람들은 분노를 표현하면 분노로부터 자유로워질 것이며 눈물이 고통을 덜어줄 것이라고 믿고 있다. 이런 믿음은 감정에 대한 19세기의 이해에 그 기원이 있는데 이 믿음은 평평한 지구라는 생각처럼 사실이 아니다. 이 믿음에 따르면 뇌는 부정적인 감정이 압력을 키우는 증기 주전자로 간주된다. 하지만 어떤 심리학자도 지금까지 눈물과 분노의 안전밸브로 추정되는 것의 부담경감의 효과를 입증하는 데 성공하지 못했다. 오히려 40년이 넘는 동안의 통제된 연구의 결과에 따르면, 분노의 폭발이 분노를 강화시킬 가능성이 더 많으며 눈물이 우리를 훨씬 더 깊은 우울증으로 몰고 갈 수 있다고 한다. 우리의 머리는 증기 주전자를 닮지 않았으며 우리의 뇌는 19세기 과학기술이 이끌어낸 이미지에 의해 설명될 수 있는 것보다 훨씬 더 복잡한 시스템을 내포하고 있다.

풀이
감정 표출에 대한 내용의 글이다. 이 글의 앞부분에서는 화를 표현하면 화가 누그러지고, 눈물을 흘리면 고통이 줄어든다는 19세기의 학설을 말하고 있다. 하지만 글쓴이는 이러한 내용을 "it is no truer than the flat earth.(평평한 지구 - 옛날 사람들의 지구에 대한 오해 - 보다 더 진실일 수 없다)"며 강하게 부정하고 있다. 그리고 지난 40년간의 연구의 결과를 근거로 화를 내는 것이 화를 더 나게 할 수 있고, 눈물은 더 심각한 우울증이나 낙담으로 빠지게 할 수 있다는 말을 하고 있다. 즉, 이 글은 감정을 표출하는 것이 감정을 누그러뜨릴 수 있다는 19세기 이론에 대한 반박의 글이다. 따라서 이 글의 주제로 ①'감정 표출의 효과에 대한 오해'가 가장 적절하다.

답 ①

Vocabulary

- geography[dʒiːágrəfi] 지리학
- civilization[sìvəlizéiʃən] 문명
- deposit[dipázit] 퇴적시키다
- bank[bæŋk] 둑

18 다음 글의 주제로 가장 적절한 것을 고르시오.

Knowing when something happened is important. Understanding why historic events took place is also important. To do this, historians often turn to geography. Weather patterns, the water supply, and the landscape of a place all affect the lives of the people who live there. For example, to explain why the ancient Egyptians developed a successful civilization, you must look at the geography of Egypt. Egyptian civilization was built on the banks of the Nile River, which flooded each year, depositing soil on its banks. The rich soil could help farmers grow enough crops to feed the people in the cities. That meant everyone did not have to farm, so some people could perform other jobs that helped develop the civilization.

① significance of geography in understanding history
② effects of the Nile River on Egyptian farming
③ differences between geography and geology
④ varieties of Egyptian civilization
⑤ development of Egyptian culture

[2점] [09.수능]

해석 어떤 일이 언제 일어났는지를 아는 것은 중요하다. 역사적인 사건이 왜 발생했는지를 이해하는 것 또한 중요하다. 이렇게 하기 위해서 역사학자들은 종종 지리학에 의지한다. 날씨 패턴과 물의 공급과 장소의 조망 등의 모든 것이 그곳에 사는 사람들의 삶에 영향을 미친다. 예를 들면, 고대 이집트인들이 성공적인 문명을 발달시킬 수 있었던 이유를 설명하기 위해서 우리는 이집트의 지리를 살펴봐야 한다. 이집트 문명은 나일 강둑 위에 건설되었는데 이 나일 강은 매년 범람하면서 그 둑에 흙을 퇴적시켰다. 이 풍부한 토양 덕분에 농부들은 도시에 사는 사람들을 먹여 살리기에 충분한 농작물을 재배할 수 있었다. 이 사실은 모든 사람들이 농사를 지을 필요가 없게 되고, 일부 사람들이 문명을 발달시키는데 도움이 될 다른 일을 수행할 수 있게 되었다는 것을 의미했다.

풀이 역사를 이해하기 위해서는 사건이 언제 발생했는지(when something happened), 왜 발생했는지(why historic events took place)도 중요하지만 역사학자 들은 또한 지리적인 것에도 의존한다는 내용의 글이다. 따라서 이 글의 주제로 ① 'significance of geography in understanding history(역사 이해에 있어서 지리학의 중요성)'이 가장 적절하다.
② 나일 강이 이집트의 농업에 끼친 영향 ③ 지리학과 지질학의 차이점
④ 이집트 문명의 다양성 ⑤ 이집트 문화의 발달

정답 ①

19 다음 글의 주장으로 가장 적절한 것은?

Vocabulary

• competition
  [kὰmpətíʃən] 경기
• disappointment
  [dìsəpɔ́intmənt] 실망
• neutrality[nju:trǽləti]
  중립의
• spectator[spékteitər]
  관람객
• merely[míərli] 단지
• passive[pǽsiv]
  수동적인
• observer[əbzɔ́:rvər]
  관찰자

Nowadays, we can enjoy athletic competition of every kind without leaving our homes. It is the fun that comes from cheering on our team and celebrating its skills while complaining about the opposing team's good luck. But some individuals sit and watch a football game or tennis match without cheering for anyone or any team. They are not willing to risk the possible disappointment of picking the loser, so they give up the possible joy of picking the winner. They live in the world of neutrality. Don't be one of them. Sure, your team might lose. But then again, your team might win. Either way, your spectator experience will have been a fun one, and you will have avoided being merely a passive observer.

① 상대 팀의 승리에 찬사를 보내라.
② 운동경기는 경기장에 가서 즐겨라.
③ 한 팀을 정해서 응원하며 관전하라.
④ 중립적인 입장에서 경기를 분석하라.
⑤ 지나친 응원으로 상대 팀을 자극하지 마라.

[2점] [09.수능]

해석 오늘날 우리는 집을 벗어나지 않고 모든 종류의 운동 경기를 즐길 수 있다. 자신의 팀을 응원하고 그 팀의 기술에 찬사를 보내는 한편, 상대방 팀의 행운에 대해 불평하는 것들에서 생겨나는 것은 바로 즐거움이다. 하지만 일부 사람들은 어느 누구 또는 어떤 팀도 응원하지 않고 축구 경기, 테니스 시합을 앉아서 시청한다. 그들은 패자를 선택해서 일어날 수 있는 실망을 굳이 감행하려 하지 않기에 승자를 선택해서 일어날 수 있는 기쁨을 포기한다. 그들은 중립의 세계에 안주한다. 그런 사람이 되지 않도록 하라. 물론 당신의 팀이 질 수도 있다. 하지만 나중에 다시 이길 수도 있다. 이기든 지든 간에 관람객으로서의 경험은 즐거운 경험이 되어 있을 것이고, 당신은 이제 단순히 수동적인 관찰자에서 벗어나 있을 것이다.

풀이 집에서 스포츠 경기를 시청할 때 중립적인 입장에서 관전할 것이 아니라 한 팀을 응원하면서 승패와 상관없이 관람객으로서 흥미를 느끼라는 내용의 글이다. 따라서 이 글의 주장은 ③'한 팀을 정해서 응원하며 관전하라'가 적절하다.

Vocabulary ☑

• bed[bed] 하천바닥

• comparison
 [kəmpǽrisən] 비교

• branch[brænt∫] 가지

• bend[bend] 구부리다

20 다음 글의 요지로 가장 적절한 것을 고르시오.

Old Hawk gestured up at the tall, old cottonwood. It was so large that a grown man could not put his arms around it. "This tree," he said, "has stood guard over our family all its life. Strength is what I feel each time I look at it. Yet, there have been moments when its great strength was also its weakness." "That's hard to believe," Jeremy said. "It's the biggest tree for miles around." Old Hawk pointed at the chokecherry trees in a dry river bed not far away. "Look there," he said, "those chokecherry trees are small and weak in comparison to this cottonwood. But when you were a child, they survived a storm without losing a branch. This old cottonwood, on the other hand, lost several branches. It stood up to the storm, but it could not bend with the wind the way the chokecherry trees could."

① 강한 것이 약한 것을 이긴다.

② 강점이 약점이 될 수도 있다.

③ 신념이 꿈을 실현시킨다.

④ 서식 환경이 나무의 용도를 결정한다.

⑤ 식물은 자연 재해를 막는 데 도움이 된다.

[2점] [09.수능]

해석 Old Hawk는 그 키가 크고 오래된 사시나무를 몸짓으로 가리켰다. 그 나무는 너무나 커서 성인 남자가 두 팔로 안을 수 없었다. "이 나무는 평생 우리 가족을 지켜 왔어요. 나는 이 나무를 볼 때마다 힘을 느낄 수 있어요. 하지만 그 큰 힘이 또한 약점인 순간들이 있었지요."라고 그는 말했다. "그 말은 믿기 어려워요."라고 Jeremy는 말했다. "이 나무는 주변의 수마일 내에서 가장 큰 나무예요." Old Hawk는 그리 멀지 않은 바닥이 드러난 강바닥에 있는 벚나무들을 가리키며 말했다. "저기를 봐요. 저 벚나무들은 이 사시나무와 비교하면 작고 연약해요. 하지만 당신이 어린 애였을 때 가지 하나 잃지 않으며 폭풍우에 살아남았어요. 반면에 이 오래된 사시나무는 몇 개의 가지를 잃었어요. 이 나무는 그 폭풍우에 버티고 섰지만 벚나무들이 하듯이 바람이 부는 대로 구부릴 수 없었어요."

풀이 크고 강한 힘이 느껴지는 사시나무가 폭풍우에 맞서긴 했지만, 작고 연약한 벚나무들처럼 폭풍우가 부는 대로 몸을 구부려 가지를 하나도 잃지 않은 반면 사시나무는 폭풍우에 버티고 섰지만 대신 여러 개의 가지를 잃어버렸다는 내용의 이야기이다. 따라서 이 글의 요지는 ②'강점이 약점이 될 수도 있다' 임을 추론할 수 있다.

답 ②

21 다음 글의 요지로 가장 적절한 것을 고르시오.

The specific combinations of foods in a cuisine and the ways they are prepared constitute a deep reservoir of accumulated wisdom about diet and health and place. In Latin America, for example, corn is traditionally eaten with beans; each plant is deficient in an essential amino acid that happens to be abundant in the other, so together corn and beans form a balanced diet in the absence of meat. Similarly, corn in Latin America is traditionally ground or soaked with limestone, which makes available a B vitamin in the corn, the absence of which would otherwise lead to a deficiency disease. Very often, when a society adopts a new food without the food culture surrounding it, as happened when corn first came to Europe, Africa, and Asia, people get sick. The context in which a food is eaten can be nearly as important as the food itself.

※ limestone 석회암

Vocabulary

• combination
[kὰmbənéiʃən] 조합

• cuisine[kwizíːn] 요리법

• accumulate
[əkjúːmjəlèit] 축적하다

• reservoir[rézərvwὰːr]
저장소

• abundant[əbʌ́ndənt]
풍부한

• deficiency[difíʃənsi]
결핍

• context
[kάntekst / kɔ́n-] 상황

① 같은 종류의 채소라도 재배 지역에 따라 영양소가 다르다.
② 음식 문화의 전파는 문명의 전파 경로와는 관련이 없다.
③ 지역 특산물 재배는 지역 경제 활성화에 도움이 된다.
④ 채소를 곁들인 육류의 섭취는 다이어트에 효과적이다.
⑤ 전통 음식 문화는 지역의 재료와 환경적 특성의 소산이다.

[2점] [09.수능]

해석 요리법에서 음식을 특수하게 조합하는 것들과 음식이 준비되는 방법들은 식단과 건강과 장소에 관한 축적된 지혜의 심오한 저장소를 구성한다. 예를 들면, 라틴아메리카에서는 옥수수는 전통적으로 콩과 함께 섭취했다. 각 식물은 공교롭게도 상대에게 풍부한 필수 아미노산이 부족하므로 옥수수와 콩은 함께 고기를 빼고도 균형 잡힌 식사를 형성한다. 이와 비슷하게 라틴아메리카에서 옥수수는 전통적으로 석회암과 함께 갈거나 석회암에 담가 왔는데 이 석회암은 옥수수 내에 있는 비타민 B를 섭취할 수 있게 하지만, 이렇게 하지 않을 경우에는 비타민 B가 부족하게 되어서 (비타민 B) 결핍성 질환에 걸리게 된다. 아주 흔히 일어나는 일로서, 옥수수가 처음 유럽과 아프리카와 아시아에 들어올 때 발생한 바와 같이, 한 사회가 음식을 둘러싼 음식 문화를 빠뜨린 채 새로운 음식을 받아들이면 사람들이 아프게 된다. 음식이 섭취되는 (주변) 상황은 거의 그 음식 자체만큼이나 중요하다.

풀이 음식의 특수한 조리법에는 해당 지역 거주민들의 지혜가 축적되어 있음을 라틴아메리카의 옥수수 요리법을 예로 들어 설명하고 있다. 즉, 라틴아메리카에서 옥수수를 콩과 함께 섭취하거나 석회암과 함께 조리하는 것에는 지역적 특성과 건강을 고려한 나름의 음식 문화가 숨어있다는 내용의 글이다. 따라서 이 글의 요지는 ⑤'전통 음식 문화는 지역의 재료와 환경적 특성의 소산이다'가 적절하다.

22 다음 글의 요지로 가장 적절한 것을 고르시오.

We know where we are headed and what we want to do. However, quite often, due to forces outside our control, things do not go as we had planned and we have to adjust to a postponement or create a whole new set of circumstances. This is what happens when life throws us a curveball. The fact is that life is unpredictable. For example, your car breaks down and you are late for an appointment. While it is true that you never arrive at that important meeting, you end up spending a few relaxing hours with people you would never have met otherwise. Remember that not only are curveballs the universe's way of keeping us awake— which is a gift in and of itself—but they are also its method of bringing us wonderful surprises.

① 스포츠는 때때로 삶에 활력을 가져다준다.
② 삶에서의 절제는 자신의 의지에 달려 있다.
③ 삶의 예측 불가능성은 긍정적으로 작용할 수 있다.
④ 현실에 안주하는 것은 실패의 원인이 될 수 있다.
⑤ 계획한 대로 삶을 살아가려는 노력이 필요하다.

[2점] [10.9월평가원]

해석 우리는 어디를 향하는 지 무엇을 원하는지 알고 있다. 그러나 매우 자주, 통제할 수 없는 힘에 의해 일들이 원래 계획된 대로 가지 않고 연기 또는 완전히 새로운 상황의 설정 쪽으로 우리는 (일을) 조정해야 한다. 이것이 인생이 우리에게 커브 공을 던질 때 일어나는 일이다. 인생이란 예측불가라는 것이 사실이다. 예를 들어, 자동차가 고장 나고 약속에 늦는다. 당신이 그 중요한 회의에 도착하지 못하는 것은 사실이지만 한편 결과적으로 당신은 그런 일이 없었더라면 절대로 만나지 못했을 사람들과 긴장을 늦추는 몇 시간을 함께 할 수 있게 된다. 커브공은 그 자체가 선물이며 우리를 깨어있게 해주는 우주의 방법일 뿐만 아니라 우리에게 뜻밖에 멋진 일을 가져다는 우주의 방법이라는 것을 기억하라.

풀이 계획대로 되지 않는 일, 즉 삶의 예기치 못한 일이 때때로 일상에서는 경험하지 못할 뜻밖에 멋진 일이 될 수 있다는 취지의 글이다. 따라서 ③'삶의 예측 불가능성은 긍정적으로 작용할 수 있다.'가 이 글의 요지로 가장 적절하다.

답 ③

23 다음 글의 요지로 가장 적절한 것을 고르시오.

세상을 **바**꾸는
크로스 **공**부법

When my son was seven years old, we went to a dolphin show. After the show, I went up to the trainer and asked, "How did you get the dolphin to do all these really neat things?" The trainer looked at my son and me and said, "Unlike many parents, whenever the dolphin does anything like what I want him to do, I notice him! I give him a hug and a fish." The light went on in my head. Whenever my son did what I wanted him to do, I paid little attention to him. However, when he did not, I gave him a lot of attention because I did not want to raise a bad kid! I was unintentionally teaching him to be a little monster in order to get my attention. Since that day, I have tried hard to notice my son's good acts and downplay his mistakes.

① 아이는 부모의 행동을 관찰하여 모방하려고 한다.
② 아이의 잘못보다 바른 행동에 더 관심을 기울여야 한다.
③ 아이와 함께 하는 시간이 많을수록 긍정적인 영향을 준다.
④ 아이가 동물의 행동을 관찰하는 것은 교육적 효과가 있다.
⑤ 잘못된 행동을 하는 아이는 지속적인 관찰이 필요하다.

[2점] [10.9월평가원]

해석 내 아들이 일곱 살이었을 때 우리는 돌고래 쇼에 갔었다. 쇼가 끝난 다음 나는 조련사에게 가서 "어떻게 돌고래가 이 모든 정말로 정교한 일을 하도록 만들 수 있었나요?"라고 물었다. 조련사는 내 아들과 나를 보고 "제가 원하는 어떤 일을 돌고래가 할 때 마다, 많은 부모들과 달리 저는 그를 알아봐줬지요! 그를 안아주고 물고기를 줬어요."라고 말했다. 내 머릿속에 등불이 켜졌다. 내가 원했던 일을 아들이 할 때마다 나는 그에게 거의 주의를 기울이지 않았다. 그러나 (내가 원했던 일을) 그가 하지 않았을 때, 나쁜 아이를 키우고 싶지 않았기 때문에 나는 많은 관심을 그에게 기울인 것이었다! 내 관심을 얻기 위해 그에게 약간 괴물같이 되라고 나는 무심코 가르치고 있었다. 그날 이후로, 나는 내 아들의 좋은 행동을 알아보고 잘못은 중요하게 여기지 않도록 열심히 노력해왔다.

풀이 잘하는 점을 알아봐주고 잘못은 눈감아주는 올바른 교육법을 돌고래 조련의 사례를 들어 설명한 글이다. 따라서 이 글의 요지로 ②'아이의 잘못보다 바른 행동에 더 관심을 기울여야 한다.'가 가장 적절하다.

Vocabulary ✓

- unsatisfactory
 [ʌnsæ̀tisfǽktəri]
 만족스럽지 못한

- pause[pɔːz]
 끊긴 동안, 중단

- overwhelm
 [òuvərhwélm] 압도하다

- automatic[ɔ̀ːtəmǽtik]
 자동적인

- elaborate[ilǽbərèit]
 상세히 설명하다

24 다음 글의 주제로 가장 적절한 것을 고르시오.

Imagine that you are in a meeting. Your party and the other party are sitting across a table. You ask a question on a particular subject and the answer is unsatisfactory. What would be the best response? It is none at all. So if you are seeking more information or a different kind of information, ask for it by remaining silent. When there is a long pause in the conversation, people feel an overwhelming need to fill it. If someone has finished speaking and you do not play along by taking up your end of the dialog, that person will automatically start to elaborate. Eventually, they may say what you want to hear.

① 의견 교환 시 대화 예절의 중요성
② 대화를 통한 창의적 사고 신장의 필요성
③ 바람직한 대화를 위한 적극적 태도의 필요성
④ 회의의 효율적 진행을 위한 사회자의 중요성
⑤ 만족스러운 답변을 얻기 위한 침묵의 효용성

[2점] [10.수능]

해석 당신이 회의에 참석하고 있다고 상상해 보라. 당신 편과 상대방 편이 탁자를 사이에 두고 마주앉아 있다. 당신은 특정한 주제에 대해 질문을 했는데 그에 대한 대답이 만족스럽지 못하다. 어떻게 하는 것이 최고의 반응이겠는가? 그것은 아무것도 하지 않는 것이다. 그러므로 당신이 더 많은 정보나 다른 종류의 정보를 얻으려 한다면, 침묵을 지키면서 그것을 요구하라. 대화가 장시간 끊기게 되면 사람들은 그것을 채워야 한다는 압도적인 필요를 느낀다. 누군가가 말하는 것을 끝냈고, 그 대화의 당신 편 끝을 차지함으로써 같이 장단을 맞추지 않는다면, 그 사람은 자동적으로 상세히 설명하기 시작할 것이다. 결국 그들은 당신이 듣고자 하는 것을 말하게 될 것이다.

풀이 회의에서 상대방으로부터 만족스러운 답변을 얻기 위해서는 침묵을 지키는 것이 좋다는 내용의 글이다. 따라서 이 글의 주제로는 ⑤'만족스러운 답변을 얻기 위한 침묵의 효용성'이 가장 적절하다.

25 다음 글의 주제로 가장 적절한 것을 고르시오.

A forest fire in Brazil affects the weather in Moscow by creating huge dust clouds that eventually float over Russia. Every element in an ecosystem depends on every other element, even the so-called nonliving elements such as minerals, oxygen, and sunlight. Yes, light is an integral element of all life. The sun is food for many of earth's life forms. Physicists speak of photons of light as being interchangeable. When the light from an object hits a person, only some of it bounces off. Most of the photons are absorbed into the person. Its energy becomes that person's energy. This is how incredible interdependence is — everything is constantly becoming everything else.

※ photon 광자(光子)

- integral[íntigrəl] 필수의
- interchangeable
  [intərtʃéindʒəbəl]
  교환할 수 있는,
  바꿀 수 있는
- bounce[bauns] 되튀다
- interdependence
  [intərdipéndəns]
  상호 의존
- constantly[kánstəntli]
  끊임없이

① the connectedness of elements in nature

② the importance of light as a food source

③ the effects of forest fires on the environment

④ the causes of dramatic changes in the weather

⑤ the consequences of the destruction of ecosystems

[2점] [10.수능]

해석 브라질에서 발생한 산불은 결국 러시아 상공을 떠다니는 거대한 먼지구름을 일으킴으로써 모스크바의 날씨에 영향을 미친다. 생태계의 모든 요소들은 모든 다른 요소들, 심지어 광물, 산소, 그리고 햇빛과 같은 이른바 무생물 요소들에 의존하고 있다. 그렇다. 빛은 모든 생명의 필수적인 요소이다. 태양은 지구의 많은 생명체에게 식량이 된다. 물리학자들은 빛의 광자를 서로 바꿀 수 있는 것이라고 말한다. 한 물체에서 나오는 빛이 사람과 부딪칠 때 그것 중 오로지 일부만이 되튀게 된다. 대부분의 광자는 그 사람 속으로 흡수된다. 그것이 지닌 에너지가 그 사람의 에너지가 되는 것이다. 이러한 방식으로 믿겨지지 않는 상호 의존이 이루어지는데, 이는 모든 것은 끊임없이 다른 것이 되고 있음을 의미한다.

풀이 어느 나라의 산불이 다른 나라의 날씨에 영향을 미치듯이 자연의 모든 요소들은 서로 연관되어 있다는 것을 빛의 광자의 특성을 통해 설명하는 글이다. 따라서 이 글의 주제로 가장 적절한 것은 ① 'the connectedness[kənékt] of elements in nature(자연 요소들의 연관성)'이다.

② 식량의 근원으로서 태양의 중요성 ③ 산불이 환경에 미치는 영향

④ 날씨가 극적으로 변화되는 원인 ⑤ 생태계 파괴의 결과

답 ①

Vocabulary

- practical[prǽktikəl]
  실제의, 실제상의
- vagueness[veignis]
  애매함
- absolute[ǽbsəlùːt]
  절대의
- clarity[klǽrəti] 명료
- specificity[spèsəfísəti]
  구체성
- assignment
  [əsáinmənt] 임무

26 다음 글의 요지로 가장 적절한 것을 고르시오.

In practical situations where there is no room for error, we have learned to avoid vagueness in communication. A fire chief, for example, needs to issue his orders with absolute clarity. In imaginative situations, however, there is the danger that too much specificity can limit your imagination. Let's suppose that the same fire chief has asked you to paint a picture on the side of his firehouse. If he tells you what he wants it to look like right down to the last detail, he has not given you any room for your imagination. However, if the assignment were stated somewhat vaguely, then you would have more room to think and be more creative.

① 소방관들은 업무 수행 시 정확한 의사소통이 필요하다.
② 상사는 부하의 업무에 지나치게 간섭하지 않는 것이 좋다.
③ 정확한 정보 해석을 위해서 여러 가능성을 고려해야 한다.
④ 대화에서는 애매한 표현을 사용하지 않는 것이 바람직하다.
⑤ 상상력이 필요한 상황에서는 다소 모호한 말이 도움이 될 수 있다.

[2점] [10.수능]

해석 실수에 대한 여유가 전혀 없는 실제적인 상황에서는 의사소통에 있어서 애매함을 피하라고 우리는 배웠다. 예를 들어, 소방서장은 절대적으로 명료하게 그의 명령을 내릴 필요가 있다. 하지만, 상상력이 요구되는 상황에서는 너무 지나친 구체성이 당신의 상상력을 제한할 수 있다. 동일한 소방서장이 당신에게 그의 소방서의 한 쪽에 그림을 그리도록 요청했다고 가정해보자. 만약 그가 당신에게 그것이 어떻게 보이기를 원하는지 마지막 세부사항까지 말을 한다면, 그는 당신에게 당신의 상상력을 위한 어떤 여지도 부여하지 않은 것이다. 하지만, 만약 그 임무가 다소 막연하게 진술된다면, 당신은 생각하고 보다 더 창의적이 될 여지를 더 많이 가질 것이다.

풀이 소방서장이 소방서의 벽에 그림을 그리라고 할 때 지나치게 구체적인 것 까지 지시한다면 상상력이 발휘될 여지가 없어지지만 막연하고 애매한 진술은 상상력을 발휘할 여지를 더 많이 부여한다는 내용에서 ⑤'상상력이 필요한 상황에서는 다소 모호한 말이 도움이 될 수 있다'는 요지를 추론할 수 있다.

답 ⑤

27 다음 글의 요지로 가장 적절한 것을 고르시오.

Vocabulary

- effective[iféktiv]
  효과적인
- model[mádl / mɔ́d]
  모범을 보이다
- yield[ji:ld] 산출하다
- interpretation
  [intə̀:rprətéiʃən] 해석
- certainly[sə́:rtənli]
  확실히, 분명히

Although a speech can be effective, all the words in the world cannot measure up to the example of a leader, especially in communicating new behaviors and values. There is often no more effective way to help people understand the message than to have it modeled for them by the manager. Words can yield a variety of interpretations in terms of the kind of behaviors people think they mean. But a manager's actions provide a clear model of exactly the kind of behavior required. Managers who want people to take a more team-based approach with their people, for example, will almost certainly get better results by taking a more team-based approach themselves rather than just by making a speech on teamwork.

① Old habits die hard.

② Time waits for no man.

③ Two heads are better than one.

④ Actions speak louder than words.

⑤ A bird in the hand is worth two in the bush.

[2점] [10.수능]

해석 연설이 효과적일 수 있지만, 세상의 모든 말도 지도자의 본보기에 부합할 수는 없는데, 새로운 행동이나 가치를 전달할 때는 특히 그러하다. 종종 매니저가 사람들을 위해서 메시지를 모범으로 보여주는 것보다 사람들에게 그것을 더 효과적으로 이해시키는 방법은 없다. 말이란 행동이 의미한다고 사람들이 생각하는 행동의 종류의 관점에서는 다양한 해석을 낳을 수 있다. 그러나 매니저의 행동은 정확히 요구되는 행동의 종류를 분명하게 모범으로 보여준다. 예를 들어, 사람들이 같이 일하는 사람들과 보다 더 팀에 기초한 접근을 하기를 원하는 매니저들은 단지 팀 정신에 대한 연설을 하기보다는 팀에 기초한 접근을 직접 취함으로써 더 나은 결과를 얻을 것이 거의 분명하다.

풀이 말보다는 행동으로 모범을 보이는 것이 사람들을 이해시키거나 의사전달을 하는데 효과적이라는 내용의 글이다. 따라서 ③ '행동은 말보다 더 설득력이 있다'가 이 글의 요지로 가장적절하다.
① 오래된 습관은 쉽게 없어지지 않는다. ② 시간은 결코 사람을 가다리지 않는다.
④ 두 사람의 머리가 한 사람의 머리보다 낫다. ⑤ 손 안에 있는 한 마리의 새가 숲에 있는 두 마리의 가치가 있다.

Vocabulary

- closeness[klóusnis]
  친밀
- pat[pæt]
  가볍게 두드리기
- shower[ʃáuər]
  빗발치듯 쏟아지다,
  흠뻑 적시다
- manipulative
  [mənípjəlèiti] 교활한
- dramatically
  [drəmǽtikli] 극적으로

28 다음 글에서 필자가 주장하는 바로 가장 적절한 것은?

How can you create closeness when the two of you are hundreds of miles apart? How can you make the person you are talking to on the phone feel special when you cannot pat their back or give them a little hug? The answer is simple. Just use your caller's name far more often than you would in person. In fact, shower your conversations with his or her name. Saying a person's name too often in face-to-face conversation sounds manipulative. However, on the phone the effect is dramatically different. If you heard someone say your name, even if you were being pushed around in a big noisy crowd, you would pay attention and listen.

① 멀리 사는 친구와의 우정을 위해 가끔씩 전화해라.
② 대화중에는 상대의 몸짓에 나타나는 의미를 잘 살펴라.
③ 공공장소에서는 너무 큰 소리로 전화 통화를 하지 마라.
④ 시끄러운 장소에서 친구와 대화할 때는 평소보다 천천히 말해라.
⑤ 전화 통화에서 친밀감을 주려면 상대의 이름을 자주 불러주어라.

[2점] [10.수능]

해석 너희 두 사람이 수백 마일 떨어져 있을 때 어떻게 친밀한 관계를 이룰 수 있을까? 당신이 전화로 이야기하는 사람의 등을 두드려주거나 작은 포옹을 해줄 수 없을 때 어떻게 그 사람이 특별하다고 느끼게 만들어줄 수 있을까? 해답은 간단하다. 단지 직접 만날 때보다 훨씬 더 자주 전화 건 사람의 이름을 사용해라. 사실상 당신의 대화를 그 사람의 이름으로 흠뻑 적셔라. 직접 대면하는 대화에서 너무 자주 사람의 이름을 말하는 것은 교활하게 들릴 수 있다. 그러나 전화상에서는 그 효과가 극적으로 다르다. 누군가가 당신의 이름을 말하는 것을 듣는다면, 당신이 시끄러운 거대 군중 속에서 괴로운 상황에 처해 있다 할지라도, 당신은 주의를 기울이고 듣게 될 것이다.

풀이 멀리 떨어져 있는 상황에서 전화로 상대방이 특별하다고 느끼게 하는 방법을 설명하고 있으며, 그 구체적인 방법으로 직접 만나서 얘기할 때보다 훨씬 더 많이 상대방의 이름을 부르라는 내용의 글이다. 따라서 이 글에서 필자가 주장하는 바로 ⑤ '전화 통화에서 친밀감을 주려면 상대의 이름을 자주 불러주어라.'가 가장 적절하다.

답 ⑤

29 다음 글에서 필자가 주장하는 바로 가장 적절한 것은?

Vocabulary

- destination
  [dèstənéiʃən] 목적지
- paralyze[pǽrəlàiz]
  마비시키다
- presumably
  [prizú:məbli] 아마
- hare[hɛər] 산토끼
- overtake[òuvərtéik]
  따라잡다
- tortoise[tɔ́:rtəs] 거북
- studiously[stjú:diəsli]
  꾸준하게

Every writer is starting from a different point and is bound for a different destination. Yet many writers are paralyzed by the thought that they are competing with everybody else who is trying to write and presumably doing it better. This can often happen in a writing class. Inexperienced students are chilled to find themselves in the same class with students whose articles have appeared in the college newspaper. But writing for the college paper is no great credit; I have often found that the hares who write for the paper are overtaken by the tortoises who move studiously toward the goal of mastering the craft. The same fear hangs around freelance writers, who see the work of other writers appearing in magazines while their own keeps returning in the mail. Forget the competition and go at your own pace.

① 글쓰기를 두려워하지 마라.
② 글을 빨리 쓸 수 있도록 연습하라.
③ 대학 시절에 다작하는 습관을 형성하라.
④ 경쟁의식을 버리고 소신껏 글쓰기를 하라.
⑤ 좋은 글을 쓰는 연습을 통해 인성을 함양하라.

[2점] [11.6월평가원]

해석 모든 작가는 다른 관점으로부터 출발하며 다른 목적지로 향한다. 하지만 많은 작가들은 그들이 글을 쓰려고 노력 하고 아마도 그것을 더 잘 하려고 하는 모든 다른 사람들과 경쟁을 하고 있다는 생각에 마비가 된다. 이것은 종종 글쓰기 교실에서 일어날 수 있다. 경험이 없는 학생들은 그들의 기사가 대학 신문에 실린 학생들과 같은 교실에 있는 자신들을 발견하고 낙담을 하게 된다. 그러나 대학 신문에 글을 쓰는 것이 전혀 훌륭한 자랑거리가 아니다. 나는 신문에 글을 쓰는 토끼들(빨리 글을 쓰는 사람들)이 그 기술을 익히기 위한 목표를 향해 열심히 움직이는 거북이들(느릿느릿하지만 꾸준히 글을 쓰는 사람들)에 의해 따라 잡히는 것을 종종 발견했다. 동일한 두려움이 프리랜서 작가들에게도 달라붙어 있는데, 그들은 자신들의 글은 우편으로 계속 반송되어 돌아오는 반면에 다른 작가들의 작품은 잡지에 실리는 것을 본다. 경쟁은 잊어버리고 너 자신의 속도로 나아가라.

풀이 글을 쓸 때 다른 사람들과 경쟁을 하고 있다는 생각이나 다름 사람들이 더 잘 쓴다는 생각으로 인해 낙담을 하지 말고 자신의 속도대로 소신껏 글쓰기를 하라고 주장하고 있다. 따라서 이 글에서 필자가 주장하는 바는 ④'경쟁의식을 버리고 소신껏 글쓰기를 하라.'가 가장 적절하다.

Vocabulary

- potentially[pouténʃəli]
  잠재적으로
- interdisciplinary
  [intərdısəplineri]
  둘 이상의,
  학문 분야에 걸치는
- humanity[hjuːmǽnəti]
  인문학
- trivialize[triviəlaiz]
  하찮게 하다
- profound
  [prəfáund] 심오한
- legitimately
  [lidʒítəmitli] 합법적으로
- fabric[fǽbrik] 구조

30 다음 글의 주제로 가장 적절한 것을 고르시오.

One of the most potentially productive trends in education today is the focus on interdisciplinary studies: teaching math as it applies to science, for example, or relating the various humanities. This applies to art education, too. If we trivialize art and remove it from the core of a mainstream education, we not only deny our students full access to one of humankind's most profound experiences, but we miss countless opportunities to improve their grasp of other subjects as well. Moreover, we deny students access to an extremely useful kind of training and a productive mode of thought. We should also consider that the more legitimately we weave art into the fabric of the general curriculum, the better our students will understand the important role art plays in culture.

① importance of early fine art education
② necessity of integrating art in the curriculum
③ shortage of teaching materials in art education
④ causes of decrease in the number of art classes
⑤ results of interdisciplinary education in the humanities

[2점] [11.6월평가원]

해석
오늘날 교육에서 잠재적으로 가장 생산적인 추세들 중의 하나는 둘 이상의 학문 분야에 걸치는 연구에 집중하는 것이다. 예를 들어 과학에 적용되는 것으로서의 수학을 가르치거나 혹은 다양한 인문학을 관련시키는 것이다. 이것은 미술교육에도 또한 적용된다. 만약 우리가 미술을 하찮게 만들고 그것을 주류를 이루는 교육의 핵심으로부터 제거한다면, 우리는 우리의 학생들이 인류의 가장 심오한 경험들 중의 하나에 충분히 접근하지 못하게 할 뿐 아니라 다른 과목들에 대한 그들의 이해력을 향상시킬 수 있는 수많은 기회들을 놓치는 것이다. 더욱이, 우리는 학생들에게 아주 유용한 종류의 훈련과 생산적인 사고방식에 대한 접근을 허용하지 않는 것이다. 또한 우리가 미술을 더 합법적으로 일반적인 교과과정의 구조 속에 조직해 넣으면 넣을수록, 우리의 학생들은 미술이 문화에서 하는 중요한 역할을 더 잘 이해할 수 있을 것이라는 사실을 고려해야 한다.

풀이
미술은 인류의 가장 심오한 경험 중의 하나이고 다른 과목에 대한 이해력을 증진시킬 수 있는 기회를 제공하므로 정규 교과과정에 편입시켜야 한다는 내용의 글이다. 따라서 이 글의 주제로는 ② '미술을 교과과정에 통합시키는 것의 필요성'이 가장 적절하다.
① 조기 미술교육의 중요성 ③ 미술교육에 있어서 수업교재의 부족
④ 미술수업의 숫자가 줄어드는 원인 ⑤ 인문학에서 둘 이상의 교과에 걸치는 교육의 결과

31 다음 글의 주제로 가장 적절한 것을 고르시오.

Our love for another person pulls us out of ourselves and lifts our thoughts to a grander scale: How can I make the world better for this person? When I was young, the only love I experienced was the immature, selfish love of "I love her because she makes me feel good." Now I think about the woman I love in terms of what she wants. I want to make her happy because I cannot be happy when she is unhappy. We discover that the act of giving true love is more powerful than getting the hug you need—if we can get over our own hunger for love, then we have reached the state of pure love, of being connected to a larger ideal, bigger than our own individual life.

Vocabulary

• grand[grænd] 광대한
• immature[ìmətjúər] 미숙한
• hunger[hʌ́ŋɡər] 갈망
• individual [ìndəvídʒuəl] 개인적인

① 사랑의 진정한 의미　　② 이타적 사랑의 한계
③ 유년기 사랑의 특성　　④ 감성과 이성의 조화
⑤ 사랑의 예술적 승화

[2점] [11.6월평가원]

해석 다른 사람에 대한 우리의 사랑은 우리를 우리들 자신으로부터 끌어내고 우리의 사고를 보다 더 큰 규모로 향상시킨다. 어떻게 하면 내가 이 사람을 위해 세상을 더 좋은 곳으로 만들 수 있을까? 젊었을 때, 내가 경험한 유일한 사랑은 "나는 그녀가 나를 기분 좋게 해주기 때문에 그녀를 사랑해"와 같은 미숙하고 이기적인 사랑이었다. 이제 나는 내가 사랑하는 여성을 그녀가 원하는 것의 관점에서 생각한다. 나는 그녀가 불행할 때 내가 행복할 수 없기 때문에 그녀를 행복하게 만들고 싶다. 우리는 진정한 사랑을 주는 행위가 당신이 필요로 하는 포옹을 얻는 것보다 더 강력하다는 것을 발견한다. 만일 우리가 사랑에 대한 우리들 자신의 갈망을 극복할 수 있다면, 우리는 순수한 사랑, 즉 우리들 자신의 개인적인 삶보다 더 큰 이상에 연결되는 사랑의 상태에 도달하게 된다.

풀이 진정한 사랑은 상대방의 관점에서 생각하며, 얻는 것이 아니라 주는 것이라는 내용의 글이다. 따라서 이 글의 주제로는 ① '사랑의 진정한 의미'가 가장 적절하다.

답 ①

Vocabulary

- indispensable
  [ìndispénsəbəl]
  없어서는 안 될
- contemporary
  [kəntémpərèri
  / -pərəri]
  동시대의
- inevitable
  [inévitəbəl] 필수적인
- sensibility
  [sènsəbíləti] 감수성
- decisive[disáisiv]
  결정적인
- comprehensive
  [kàmprihénsiv] 포괄적인
- valid[vǽlid] 타당한

32 다음 글의 요지로 가장 적절한 것을 고르시오.

Science, of course, is an indispensable source of information for the contemporary writer. It is, furthermore, a necessary part of his highly technological environment. Thus it is also an inevitable component of his sensibility and a decisive, even if often unrecognized, component of his creative imagination. But science is not in itself an elemental well-spring of literature. Even the most refined and precise research data are only raw materials which may or may not become literature. For whatever becomes a work of art of any kind does so as a result of an act of creation, an act of artistic composition, an act involving the art of make-believe. Scientific statements or remarks as such, even when they are valid, reliable, and comprehensive, are not literature.

① 과학 기술은 문학 사조의 변천에 영향을 미친다.
② 과학 정보는 창조 행위를 통해서 문학이 될 수 있다.
③ 현대의 작가들은 폭넓은 과학적 상식을 갖추어야 한다.
④ 문학 작품은 과학적 탐구를 위한 강한 동기를 부여한다.
⑤ 과학과 문학은 기본적으로 상상력을 바탕으로 발전한다.

[2점] [11.6월평가원]

해석 과학은 물론 동시대의 작가에게 없어서는 안 될 정보의 원천이다. 더욱이 그것은 작가의 고도로 과학기술적인 환경의 필수적인 부분이다. 따라서 그것은 그의 감수성의 필수적인 요소이고, 비록 종종 인식되지 않기는 하지만, 그의 창의적인 상상력의 결정적인 부분이다. 그러나 과학은 본질적으로 문학의 기본적인 수원은 아니다. 가장 정제되고 정확한 연구 자료조차도 문학이 될 수도 있고 안 될 수도 있는 원료일 뿐이다. 왜냐하면 어떤 종류의 예술 작품이 될 수 있는 것은 무엇이나 창조의 행위, 예술적인 구성의 행위, 가장의 기술을 수반하는 행위의 결과로 그렇게 되기 때문이다. 과학적인 진술과 소견만으로는 그것들이 타당하고, 믿을 수 있고, 그리고 포괄적이라고 할지라도 문학이 아니다.

풀이 과학은 본질적으로 그 자체만으로 문학의 기본적인 원천이 아니며 반드시 예술적인 창조의 행위를 거쳐야 문학이 될 수 있다는 것이 글의 중심내용이다. 따라서 이 글의 요지로는 ②'과학 정보는 창조 행위를 통해서 문학이 될 수 있다.'가 적절하다.

답 ②

33 다음 글의 요지로 가장 적절한 것을 고르시오.

One of the common mistakes that employers make is looking at a team of employees as a homogeneous group that rises and falls together. Offering incentives, such as a group bonus or a vacation trip, to a team as a whole is not a smart managerial move because it fails to acknowledge who an individual is. For example, sending an entire team to Hawaii for a job well done actually discourages an employee's efforts to do his best work. He only needs to perform well enough to help achieve the team objective. If, on the other hand, the employee knew that individual rewards were possible, he would be more likely to strive to outperform expectations. While teamwork is important within a corporation, management should come up with new compensation packages to help individuals to become champions.

※ homogeneous 동질적인

Vocabulary

• managerial
[mæ̀nədʒíəriəl] 경영의
• acknowledge
[æknálidʒ, ik- / -nɔ́l-]
인식하다, 인정하다
• discourage
[diskə́:ridʒ, -kʌ́r-]
단념시키다, 낙담시키다
• objective[əbdʒéktiv]
목표
• outperform[àutpərfɔ́:rm]
더 나은 결과를 내다
• corporation
[kɔ̀:rpəréiʃən] 회사

① 성취에 대한 보상은 일관된 기준에 따라야 한다.
② 다양한 배경을 지닌 구성원으로 팀을 구성해야 한다.
③ 개별적 보상을 통해 개개인의 역량을 신장시켜야 한다.
④ 팀워크 향상을 위해 관리자 연수를 강화할 필요가 있다.
⑤ 정기적인 휴가를 통해 업무의 효율을 꾀할 수 있다.

[2점] [11.6월평가원]

해석 고용주들이 범하는 가장 흔한 실수 중의 하나는 직원들을 함께 흥하고 함께 쇠퇴하는 하나의 동질적인 집단으로 보는 것이다. 단체 보너스나 휴가 여행과 같은 인센티브를 팀 단위로 제공하는 것은 현명한 경영 방식이 아닌데 그 이유는 그렇게 하는 것은 한 개인의 존재를 인식하지 못하기 때문이다. 한 예로, 훌륭한 직무 수행 대가로 팀 전체를 하와이에 보내주는 것은 실질적으로는 한 직원 개인이 최상의 업무를 행하고자 하는 노력을 포기하게 만든다. 그는 단지 팀의 목표를 달성하는데 도움을 줄 만큼만 일을 수행하면 되는 것이다. 반면에, 만약 그 직원이 개별적인 보상이 있을 수 있다는 사실을 안다면 그는 어쩌면 기대 이상으로 일을 수행하기 위해 노력할 가능성이 더 높을 것이다. 한 회사 내에서 팀워크가 중요하기는 하지만 경영은 각 개인들이 성취를 이루도록 도움을 줄 수 있는 새로운 보상 꾸러미를 생각해내야 하는 것이다.

풀이 팀 전체에 주는 보상은 개인의 성취동기를 자극하지 못하므로 개별적인 보상을 통해 직원 개개인의 성취 역량을 향상시켜야 한다는 요지의 글이다. 따라서 ③'개별적 보상을 통해 개개인의 역량을 신장시켜야 한다.'가 이 글의 요지로 적절하다.

답 ③

Vocabulary

- natural[nǽtʃərəl]
  자연의

- motivational
  [mòutəvéiʃən-əl]
  동기를 유발하는

- ungenerous
  [ʌndʒénərəs]
  관대하지 않은

- amaze[əméiz]
  깜짝 놀라게 하다

- resentment
  [rizéntmənt] 분개, 적개심

- threaten[θrétn]
  위협을 주다

34 다음 글에서 필자가 주장하는 바로 가장 적절한 것은?

Comparing yourself with others is natural and can be motivational. However, too much of it leads to envy, especially if you're ungenerous toward yourself. Instead, try measuring your present self against your past self. When I asked a salesperson to map his sales performance, he was amazed to see that he had achieved a 5% to 10% annual increase in sales while at his firm. This made him feel more self-confident and lessened his resentment toward his colleagues. If you feel threatened every time a perceived rival does well, remind yourself of your own strengths and successes.

① 타인의 장점을 인정하자.
② 결과보다는 과정에 충실하자.
③ 타인을 통해 자신을 돌아보자.
④ 자신의 능력과 장점에 초점을 맞추자.
⑤ 자신의 감정을 통제하는 능력을 기르자.

[2점] [11.9월평가원]

해석 당신 자신을 다른 사람들과 비교하는 것은 자연스러운 일이며 동기 유발이 될 수 있다. 그렇지만, 그것이 너무 지나치면, 특히 자신에 대해 관대하지 않은 경우에는 질투심이 생기게 될 수 있다. 대신에, 현재의 당신 자신을 과거의 자신과 대비하여 측정해 보라. 내가 어떤 영업사원에게 그의 판매 실적을 조사해 보라고 요청했을 때, 그는 회사에 근무하는 동안에 자신의 판매 실적이 해마다 5퍼센트에서 10퍼센트 정도 증가했다는 사실을 알고는 놀랐다. 이것으로 인해 그는 더 많은 자신감을 갖게 되었으며, 자신의 동료들에 대한 적개심을 줄이게 되었다. 라이벌로 생각하는 사람이 잘 해낼 때마다 위협을 느낀다면, 당신의 장점들과 당신이 거둔 성공들에 대해 생각하라.

풀이 자신을 다른 사람과 비교하기보다는 과거의 자신과 현재의 자신을 대비시켜 보며 자신의 능력과 장점들에 집중해야 한다고 말하고 있다. 따라서 이 글에서 필자가 주장하는 바로 ④' 자신의 능력과 장점에 초점을 맞추자.'가 가장 적절하다.

답 ④

35 다음 글의 주제로 가장 적절한 것을 고르시오.

Vocabulary

- prediction[pridíkʃən] 예측
- intercultural [intərkʌltʃərəl] 이(종) 문화 간의
- refugee[rèfjudʒíː] 난민
- bilingual[bailíŋgwəl] 두 나라 말을 하는
- ethnic[éθnik] 인종의, 민족의
- convention [kənvénʃən] 관습

While predictions about the future are always difficult, one can be made with certainty. People will find themselves in large numbers of interactions where intercultural communication skills will be essential. There are several reasons for such prediction. Some reasons include increasing amounts of contact brought on by overseas assignments in the business world, the movement of college students spending time in other countries, and increasing amounts of international travel among tourists. Others relate to social changes within any one large and complex nation: affirmative action, the movement of immigrants and refugees, bilingual education programs, and movement away from the goal that ethnic minorities become a part of a 'melting pot.' Therefore, it is essential that people research the cultures and communication conventions of those whom they propose to meet in the future. ※ affirmative action 소수민족 차별 철폐 조치

① predictions of social changes in other countries
② necessity of understanding intercultural communication
③ importance of good educators in a multicultural nation
④ limitations of communication conventions across cultures
⑤ methods of intercultural communication in the business world

[2점] [11.9월평가원]

해석 미래에 대한 예측은 항상 어렵지만 한 가지는 확실히 할 수 있다. 사람들은 이종(異種) 문화 간의 의사소통이 필수적인 수많은 상호작용 속에서 스스로를 발견할 것이다. 그러한 예측에는 몇 가지 이유가 있다. 몇 가지 이유에는 비즈니스 세계에서 해외 업무로 인해 생기는 계약의 증가, 다른 나라에서 시간을 보내는 대학생들의 이동, 여행객들 사이에서 해외여행의 증가 등이 포함된다. 다른 이유들은 크고 복잡한 어떤 한 나라에서의 소수민족 차별 철폐 조치, 이주자와 난민의 이동, 2개 언어 병용 교육 프로그램, 소수 민족 집단이 '용광로'의 한 부분이 되는 목표로부터 멀어지는 움직임과 같은 사회적인 변화와 관련된다. 그러므로 사람들이 미래에 만나려고 꾀하는 사람들의 문화와 의사소통상의 관습을 연구하는 것은 필수적이다.

풀이 미래에는 사람들이 여러 가지 이유로 인해 이종(異種) 문화를 접하게 되는데, 이종(異種) 문화 간의 의사소통을 하려면 미래에 만날 사람들의 문화와 의사소통상의 관습을 연구하는 것이 필요하다는 내용의 글이므로, 글의 주제로는 '이종(異種) 문화 간의 의사소통에 대한 이해의 필요성(necessity of understanding intercultural communication)'이 가장 적절하다.
① 다른 국가들의 사회적 변화에 대한 예측 ③ 다문화 국가에서의 좋은 교육자의 중요성
④ 문화들을 가로지르는 의사소통 관습의 제한 ⑤ 비즈니스 세계에서의 이종문화간의 의사소통 방법

답 ②

Vocabulary 🔊

- psychiatrist[saikáiətər]
  정신과 의사
- symposium
  [simpóuziəm] 심포지엄
- boast[boust] 자랑
- formula[fɔ́ːrmjələ]
  공식
- evoke[ivóuk]
  불러일으키다
- dare[dɛər] 감히~하다
- initiative[iníʃiətiv] 솔선
- self-revelation
  [sélfrèvəléiʃən]
  자기 표출

36 다음 글의 주제로 가장 적절한 것을 고르시오.

A famous psychiatrist was leading a symposium on the methods of getting patients to open up about themselves. The psychiatrist challenged his colleagues with a boast: "I'll bet that my technique will enable me to get a new patient to talk about the most private things during the first session without my having to ask a question." What was his magic formula? Simply this: He began the session by revealing to the patient something personal about himself — secrets with which the patient might damage the doctor by breaking the confidence. As he was 'maskless,' patients began to talk about their lives. They opened themselves up to him because he had become an open-minded person himself, and openness evoked openness. The same principle applies to all human relationships. If you dare to take the initiative in self-revelation, the other person is much more likely to reveal secrets to you.

① being frank with patients with serious illness
② opening up oneself to draw out the other person
③ need of confidentiality between doctors and patients
④ effects of a new treatment on psychological problems
⑤ rebuilding broken relationships between close acquaintances

[2점] [11.9월평가원]

해석 한 유명한 정신과 의사가 환자들로 하여금 자기 자신에 대해 마음을 터놓게 하는 방법에 관한 심포지엄을 이끌고 있었다. 그 정신과 의사는 "내가 내 기술로, 질문할 필요도 없이 첫 번째 세션 중에 새로운 한 환자로 하여금 가장 사적인 것들에 대해 이야기하도록 할 수 있다고 확신합니다."라고 큰소리를 치면서 동료들의 도전 의식을 북돋았다. 그의 마법의 공식은 무엇인가? 간단히 하면 다음과 같다. 그는 자신에 관한 사적인 것 즉, 그 환자가 신뢰를 깸으로써 그에게 해를 입힐 수도 있는 비밀을 그 환자에게 드러냄으로써 세션을 시작했다. 그가 '가면을 벗으면서' 환자들은 자기들의 삶에 대해 이야기하기 시작했다. 그 스스로가 허심탄회한 사람이 되어 있었기 때문에 그들은 그에게 마음을 터놓았고, 마음이 열림으로써 더더욱 마음이 열렸다. 동일한 원칙이 모든 인간관계에 적용된다. 당신이 용기를 내어 솔선하여 자기 자신을 드러내면, 다른 사람도 당신에게 비밀을 훨씬 더 잘 드러낼 것이다.

풀이 상대방에게 마음을 터놓고 자기 자신의 비밀을 먼저 털어 놓음으로써, 상대방도 그렇게 하도록 할 수 있다는 내용의 글이므로, 글의 주제로는 ②'상대방을 끌어내기 위해 스스로 마음을 터놓기(opening[óupəniŋ] up oneself to draw out the other person)'이 가장 적절하다.
① 심각한 질병을 가진 환자들에게 솔직해지기 ③ 의사와 환자 사이의 기밀성의 필요성
④ 정신과적인 문제에 대한 새로운 치료의 효과 ⑤ 가까운 아는 이들과의 무너진 관계 재구축

정답 ②

37 다음 글의 요지로 가장 적절한 것을 고르시오.

Vocabulary

- outcome[áutkʌ̀m] 결과
- dominate
  [dámənèit / dɔ́m-]
  지배하다
- intermediate
  [ìntərmíːdiət] 중간의
- retrospection
  [rétrəspèkʃn] 회상
- anticipation
  [æntìsəpéiʃən] 예상
- amplify[ǽmpləfài]
  확대하다

After an event, all one has are memories of it. Because most waits expect a desired outcome, it is the memory of the outcome that dominates, not the intermediate components. If the overall outcome is pleasurable enough, any unpleasantness suffered along the way is minimized. Terence Mitchell and Leigh Thompson call this 'rosy retrospection.' Mitchell and his colleagues studied participants in a 12-day tour of Europe, students going home for Thanksgiving vacation and a three-week bicycle tour across California. In all of these cases, the results were similar. Before an event, people looked forward with positive anticipation. Afterward, they remembered fondly. During? Well, reality seldom lives up to expectations, so plenty of things go wrong. As memory takes over, however, the unpleasantness fades and the good parts remain, perhaps to intensify, and even get amplified beyond reality.

① 여행과 축제는 인생을 풍요롭게 하는 촉매제이다.
② 현실을 도외시한 예측은 부정적인 결과를 초래한다.
③ 바람직한 결과를 기대하면 현실의 어려움은 최소화된다.
④ 결과가 좋으면 나쁜 기억은 최소화되고 좋은 기억은 강화된다.
⑤ 기쁨을 얻기 위해 겪는 고통은 미래를 위한 투자가 될 수 있다.

[2점] [11.9월평가원]

해석 한 사건이 일어난 후에, 사람이 가지고 있는 모든 것은 그것에 대한 기억이다. 대부분의 기다림은 희망했던 결과를 예상하므로, 지배하는 것은 중간의 구성 요소가 아니라 결과에 대한 기억이다. 만약 전반적인 결과가 충분히 유쾌하다면, 중간에 겪었던 어떠한 불쾌함은 최소화된다. Terence Mitchell과 Leigh Thompson은 이것을 '장밋빛 회상'이라고 부른다. Mitchell과 그의 동료들은 12일간의 유럽여행 참가자들과 추수감사절 휴가로 집에 가는 학생들, 그리고 캘리포니아를 가로지르는 3주간의 자전거 여행을 연구했다. 이 모든 경우에서, 결과는 비슷했다. 사건이 일어나기 전에, 사람들은 긍정적인 기대로 미래를 바라보았다. 나중에, 그들은 좋게 기억을 했다. 도중에는? 음, 현실은 좀처럼 기대에 부응하지 않으며, 너무 많은 것들이 어긋난다. 그러나 기억이 장악하게 되면, 그 불쾌함은 사라지고 좋은 부분이 남으며, 그것은 아마도 더욱 강렬해져서, 심지어 현실을 넘어 확대가 된다.

풀이 아무리 과정이 힘들었더라도 결과가 좋으면 나쁜 기억보다는 좋은 기억이 남는다는 요지의 글이다. 따라서 ④'결과가 좋으면 나쁜 기억은 최소화되고 좋은 기억은 강화된다.'가 이 글의 요지로 가장 적절하다.

답 ④

Vocabulary

- apology[əpɑ́lədʒi]
  사과
- prominent
  [prɑ́mənənt] 저명한
- indiscretion
  [indiskréʃən] 무분별함
- skeptical[sképtikəl]
  회의적인
- passive[pǽsiv]
  수동적인
- relinquish
  [rilíŋkwiʃ] 버리다
- meaningful
  [míːniŋfəl] 의미 있는

38 다음 글의 요지로 가장 적절한 것을 고르시오.

Every day, it seems, we learn of an apology from a prominent figure in response to an indiscretion of some sort. Those in the public eye have an unfortunate tendency to apologize only after they have been found with a hand in the cookie jar. When this happens, it is only natural for a skeptical public to wonder, "Are they apologizing for their conduct, or simply because they were caught?" To make matters worse, the wrongdoer will often use the passive voice in his or her apology: "Mistakes were made," rather than, "I made a mistake." It is more comfortable to use the passive voice here, but doing so relinquishes any sense of personal responsibility. It is a non-apology and is not very meaningful.

※ relinquish 저버리다

① 대중은 사회 문제에 민감하게 반응한다.
② 저명인사들은 자선 활동에 앞장서야 한다.
③ 대중은 지도자의 과실을 감시할 필요가 있다.
④ 저명인사는 실수를 저지르지 않도록 노력해야 한다.
⑤ 저명인사들의 책임 회피성 사과는 진정한 사과가 아니다.

[2점] [11.9월평가원]

해석 매일, 우리는 저명인사들로부터 일종의 무분별함에 대한 반응으로 사과를 배우는 것 같다. 사람들의 주목을 받는 그들은 현장에서 들킨 이후에만 사과하는 유감스러운 경향을 가지고 있다. 이런 일이 일어나면, 회의적인 일반인이 "그들이 그들의 행위에 대해 사과하고 있는 것일까, 아니면 단지 그들이 걸렸기 때문일까?" 하고 궁금해 하는 것은 지극히 당연하다. 설상가상으로, 그 옳지 못한 사람은 흔히 사과할 때, "내가 실수를 저질렀다."라기보다는 "실수란 만들어지는 것이다." 하는 식으로 수동적인 목소리를 사용할 것이다. 여기서는 수동적인 목소리를 사용하는 것이 더 편안하지만, 그렇게 하는 것은 어떤 개인적인 책임감을 저버리는 것이다. 그것은 사과가 아니며 그다지 큰 의미도 없다.

풀이 저명인사들의 사과 방식과 태도가 그다지 책임감도 없으며 사람들에게 의미 있게 받아들여지지도 않는다는 요지의 글이다. 따라서 ⑤'저명인사들의 책임 회피성 사과는 진정한 사과가 아니다.'가 이 글의 요지로 가장 적절하다.

답 ⑤

39 다음 글에서 필자가 주장하는 바로 가장 적절한 것은?

Vocabulary

- politeness[pəláitnis] 공손함
- for its own sake[seik] 그것 자체가 목적으로
- incentive[inséntiv] 자극적인
- deed[di:d] 행위
- reinforce[rì:infɔ́:rs] 강화하다

I have always taught my children that politeness, learning, and order are good things, and that something good is to be desired and developed for its own sake. But at school they learned, and very quickly, that children earn Nature Trail tickets for running the quarter-mile track during lunch recess. Or Lincoln Dollars for picking up trash on the playground or for helping a young child find the bathroom — deeds that used to be called 'good citizenship.' Why is it necessary to buy the minimal cooperation of children with rewards and treats? What disturbs me is the idea that good behavior must be reinforced with incentives. Children must be taught to perform good deeds for their own sake, not in order to receive stickers, stars, and candy bars.

① 남을 배려하는 마음을 갖도록 아이들을 가르쳐야 한다.
② 아이들이 서로 협력할 수 있도록 분위기를 조성해야 한다.
③ 잘못된 행동을 할지라도 아이들을 무조건 혼내지 말아야 한다.
④ 아이들이 보상 없이도 바람직한 행동을 하도록 가르쳐야 한다.
⑤ 아이들이 바른 시민으로 성장할 수 있도록 모범을 보여야 한다.

[2점] [11.수능]

해석 나는 항상 나의 아이들에게 공손함, 지식, 그리고 질서는 좋은 것이고 좋은 것은 스스로를 위해 요구되고 발전되는 것이라고 가르쳐왔다. 그러나 그들은 학교에서 점심시간의 휴식 때에 1/4마일 트랙을 달려서 Nature Trail을 획득하는 것을 배웠는데, 그것도 빨리 배웠다. 혹은 운동장에서 쓰레기를 줍거나 혹은 어린아이가 화장실을 찾도록 도와주는 행동, 훌륭한 시민 이라고 불리곤 했던 행동을 하고 Lincoln Dollars를 획득하는 것을 배웠다. 보상과 당근을 가지고 아이들의 최소한의 협동을 구매하는 것이 필요할까? 나를 혼란스럽게 하는 것은 좋은 행동이 자극으로 강화될 수 있다는 생각이다. 아이들은 스티커, 별, 그리고 캔디 바를 받기 위해서가 아니라 그들 스스로를 위해 좋은 행동을 하도록 가르침을 받아야 한다.

풀이 글의 마지막 부분에 아이들이 보상을 위해서가 아니라 스스로를 위해 좋은 행동을 하도록 가르침을 받아야 한다는 필자의 주장이 잘 나타나 있다. 따라서 ④'아이들이 보상 없이도 바람직한 행동을 하도록 가르쳐야 한다.'가 이 글에서 필자가 주장하는 바로 적절하다.

Vocabulary ✅

- invariably[invέəriəbli]
  변함없이
- climate[kláimit] 분위기
- embed[imbéd]
  끼워 넣다
- literary[lítərèri] 문학의
- prevail[privéil]
  유행하다
- vacuum
  [vǽkjuəm, -kjəm]
  진공, 공허
- stimulate[stímjəlèit]
  자극하다

40 다음 글의 주제로 가장 적절한 것을 고르시오.

Experienced writers invariably write in a climate of discussion. Their writing is usually embedded in a context of others' ideas and opinions. Many writers, especially in the academic community, are directly responding to other writers — a scientist reexamining the experimental procedures of other scientists; a literary critic taking exception to a prevailing method of interpretation; a sociologist offering an alternative explanation of a colleague's data; a historian participating as respondent in a conference. Such people are not writing in a vacuum. Their ideas often originate in discussion, their writing is a response to discussion, and their papers are designed to stimulate further discussion.

① the use of discussion in writing
② the need for self-criticism in writing
③ advantages of critical thinking on writing
④ research methods in scientific experiments
⑤ types of persuasive techniques in academic fields

[2점] [11.수능]

해석

노련하게 글을 쓰는 사람은 언제나 토론하는 분위기에서 글을 쓴다. 그들의 글은 대개 다른 사람들의 생각과 견해의 맥락 속에 끼워 넣어진다. 글을 쓰는 많은 사람들은, 특히 학계에서는, 글을 쓰는 다른 사람들에게 직접적으로 반응한다. 과학자는 다른 과학자들의 실험 절차를 재검토하고, 문학 평론가는 유행하고 있는 해석 방법에 이의를 제기하며, 사회학자는 동료의 자료에 대해 다르게 설명하며, 역사가는 응답자로서 회의에 참석한다. 그러한 사람들은 진공 상태에서 글을 쓰지 않는다. 그들의 생각은 종종 토론에서 시작되며, 그들의 글은 토론에 대한 응답이고, 그들의 논문은 더 깊은 토론을 자극하기 위해 쓴 것이다.

풀이

글을 쓰는 사람들은 백지상태에서 시작하는 것이 아니라 토론을 이용하며 그들이 어떻게 토론을 사용하는지에 대한 글이다. 그러므로 이 글의 주제로 가장 적절한 것은 ①'the use of discussion [diskʌʃən]in writing(글을 쓰는 데에 토론을 이용하기)'이다.
② 글을 쓰는 데 있어서 자기비판의 필요성 ③ 글을 쓰는 데 있어서 비판적 사고의 장점
④ 과학 실험의 연구 방법들 ⑤ 학문분야에서의 설득 기법의 유형들

답 ①

41 다음 글의 주제로 가장 적절한 것을 고르시오.

Vocabulary

- habitat[hǽbitæt]
  서식지
- coastal[kóustəl]
  연안의, 해안의
- eliminate[ilímənèit]
  제거하다
- shrinkage[ʃríŋkidʒ] 감소
- acreage[éikəridʒ]
  에이커 수, 면적

Habitat diversity refers to the variety of places where life exists. Each habitat is the home of numerous species, most of which depend on that habitat. When it disappears, a vast number of species disappear as well. More often, an entire habitat does not completely disappear but instead is reduced gradually until only small patches remain. This has happened to old-growth forests and coastal wetlands in the United States and is now occurring in tropical forests throughout the world. Elimination of all but small patches of habitat is especially damaging because it not only eliminates many local species but also threatens those species that depend on vast acreage for their survival.

① effects of habitat reduction on climate change
② the shrinkage of habitats and its consequences
③ the importance of forests and coastal wetlands
④ the relationship between types of habitats and species
⑤ ways to preserve natural habitats for endangered species

[2점] [11.수능]

해석 서식지 다양성이란 생물이 존재하는 장소들의 다양성을 말하는 것이다. 각 서식지는 수많은 종류의 생물들이 사는 곳인데, 그들 대부분은 그 서식지에 의존한다. 그것이 사라질 때에, 엄청난 수의 생물의 종들의 또한 사라지게 된다. 더 흔한 경우에, 서식지 전체가 완전히 사라지는 것이 아니라, 그 대신에 점진적으로 줄어들어서 결국에는 오직 작은 면적의 서식지들만이 남게 된다. 미국 내의 원시림들과 해안습지들, 그리고 현재는 전 세계적으로 열대우림에 이러한 일이 일어나고 있다. 작은 면적의 서식지들만을 제외하고 모든 서식지들이 파괴되면 많은 종류의 그 지역 생물들을 멸종시킬 뿐만 아니라 생존을 위해 광활한 면적을 필요로 하는 생물들도 위협하기 때문에 특히 그 피해가 심하다.

풀이 서식지 파괴로 인해 서식지가 줄어들게 되면 그 서식지들에 의존하던 수많은 종류의 생물들이 사라지게 된다는 내용의 글이다. 그러므로 이 글의 주제로 가장 적절한 것은 ②'the shrinkage[ʃríŋkidʒ] of habitats and its consequences(서식지의 감소와 그로 인한 결과)'이다.
① 서식지 감소기 기후 변화에 미치는 영향 ③ 숲과 해안 습지의 중요성
④ 서식지의 유형과 생물의 종들 사이의 관계 ⑤ 멸종 위기에 처한 생물들을 위해 자연서식지를 보존하기 위한 방법들

- previously[prí:viəsli]
  이전의

- miserably[mízərəbli]
  비참하게

- circumstance
  [sə́:rkəmstæns]
  상황, 환경

- beginner[bigínər]
  초보자

- irrelevant[iréləvənt]
  무관계한

- seasoned[sí:z-ənd]
  노련한, 경험을 쌓은

42 다음 글의 요지로 가장 적절한 것을 고르시오.

Most people attack a new problem by relying heavily on the tools and skills that are most familiar to them. While this approach can work well for problems that are similar to those previously solved, it often fails, and fails miserably, when a new problem is particularly novel. In this circumstance, it is best to assume nothing and treat the problem as if you have never seen anything like it before. In martial arts, this sense of looking freshly at something is known as 'beginner's mind.' Beginners to any art don't know what is important and what is irrelevant, so they try to absorb every detail. Experienced martial artists use their experience as a filter to separate the essential from the irrelevant. When that filter mistakenly screens out something essential, then even seasoned masters can make mistakes.

① 고도의 기술을 연마할 때 진지한 태도를 지녀야 한다.
② 실수를 거울삼아 자신의 발전을 도모하는 것이 필요하다.
③ 이미 해결된 문제도 열린 마음으로 다시 볼 필요가 있다.
④ 직관보다는 경험에 의존하여 문제를 해결하는 것이 중요하다.
⑤ 새로운 문제는 초심자의 시각으로 접근하는 것이 바람직하다.

[2점] [11.수능]

해석 대부분의 사람들은 그들에게 가장 친숙한 도구와 기술에 많은 의존을 하면서 새로운 문제를 공략한다. 이런 접근은 전에 해결했던 문제들과 유사한 문제들에 대해서는 매우 효과가 있을 수 있지만, 새로운 문제가 아주 생소할 때에는 자주 실패하고, 비참한 실패를 맛보기도 한다. 이런 상황에서는, 아무 것도 가정하지 않고 마치 그런 문제를 예전에 본 적이 없었던 것처럼 그 문제를 다루는 것이 최선의 방법이다. 무술에서는, 어떤 것을 새로이 바라보는 이런 의식 상태는 초보자의 마음 이라고 알려져 있다. 어떤 기예에 대한 초보자들은 무엇이 중요하고 무엇이 관련이 없는지 알지 못해서 모든 세세한 부분을 받아들이려 애쓴다. 노련한 무술인들은 그들의 경험을 필수적인 것과 무관한 것을 걸러내는 여과기로 사용한다. 그 여과기가 실수로 필수적인 뭔가를 잘못 걸러낼 때, 노련한 대가들도 실수를 저지를 수 있다.

풀이 아주 생소한 새로운 문제에 직면할 때에는 아무 것도 가정하지 않고 마치 처음 본 것처럼 그 문제를 다루는 것이 최선이라는 내용의 글이다. 따라서 이 글의 요지로 ⑤'새로운 문제는 초심자의 시각으로 접근하는 것이 바람직하다.'가 가장 적절하다.

43 다음 글의 요지로 가장 적절한 것을 고르시오.

Vocabulary

You see the world as one big contest, where everyone is competing against everybody else. You feel that there is a set amount of good and bad fortune out there. You believe that there is no way that everyone can have everything. When other people fail, you feel there's a better chance for you to succeed. However, there is not a limited supply of resources out there. When one person wins, everyone wins. Every victory one person makes is a breakthrough for all. Whenever an Olympic swimmer sets a new world record, it inspires others to bring out the best within them and go beyond that achievement to set new records of human performance. Whenever a geneticist unlocks new secrets of the DNA molecule, it adds to our knowledge base and enables us to better the human condition. Remember that life is a game where there are multiple winners.

- compete[kəmpíːt]
  경쟁하다
- limit[límit] 한정하다
- breakthrough
  [bréikθrùː] 획기적인 약진
- inspire[inspáiər]
  고취하다
- achievement
  [ətʃíːvmənt] 성취
- geneticist[dʒinétəsist]
  유전학자
- unlock[ʌnlák / -lɔ́k]
  (꼭 닫힌 것을) 열다,
  털어놓다
- multiple[mʌ́ltəp-əl]
  다수의

① 경쟁심은 기록 경신의 원동력이다.
② 인생은 예상치 못한 변수로 가득하다.
③ 성공하는 사람들은 성취동기가 분명하다.
④ 자원이 한정된 세상에서 경쟁은 불가피하다.
⑤ 한 사람의 성공은 다른 사람들에게도 이롭다.

[2점] [11.수능]

해석 당신은 세상을 모든 사람이 다른 모든 사람과 경쟁하는 하나의 큰 경기로 여긴다. 당신은 바깥 저곳에는 정해진 양의 행운과 불운이 있다고 생각한다. 당신은 모든 사람이 모든 것을 가질 수 있는 방법은 없다고 믿는다. 다른 사람이 실패할 때, 당신은 당신이 성공할 더 좋은 기회가 있다고 생각한다. 그러나 저 밖에는 한정된 공급량의 자원이 있는 것이 아니다. 한 사람이 이길 때 모든 사람이 이긴다. 한 사람이 만드는 모든 승리는 모두에게 획기적인 약진이다. 한 명의 올림픽 수영선수가 세계 신기록을 세울 때마다, 그것은 다른 사람들 안에 있는 최고의 것을 불러내어 인간의 수행의 새로운 기록을 세울 수 있기 위해서 그 성취를 뛰어 넘도록 고취한다. 유전학자가 DNA 분자의 새로운 비밀을 알아낼 때마다, 그것은 우리 지식의 기반에 더해져서 우리로 하여금 인간 상황을 더 좋게 만들 수 있다. 인생은 다수의 승리자가 있는 경기임을 명심하라.

풀이 인생은 다수의 승리자가 있는 경기로서, 한 사람이 이길 때 모든 사람이 이기며, 한 사람이 만드는 승리는 모두에게 획기적인 발전을 가져다준다는 내용의 글이다. 따라서 이 글의 요지로 ⑤'한 사람의 성공은 다른 사람들에게도 이롭다.'가 가장 적절하다.

Vocabulary 🔽

- efficiently[ifíʃəntli]
  능률적으로
- internal[intə́ːrnl] 체내의
- ebb[eb] 약해지다
- interval[íntərvəl] 간격
- productive[prədʌ́ktiv]
  생산적인
- appointment
  [əpɔ́intmənt] 약속
- hit one's stride[straid]
  가락을[페이스를] 되찾다

44 다음 글에서 필자가 주장하는 바로 가장 적절한 것은?

A way to get things done more efficiently and get better results is to do the right thing at the right time of day. Know your own body rhythm, respect your internal clock, and pay attention to how your energy level ebbs and flows during the day. If you have lots of energy early in the morning, that is when you should schedule difficult activities, whether for you these are brainstorming, writing, or practicing. Use the same principle in planning activities for your team. Schedule intervals of productive time and breaks so that you get the most from people. I always ask people to respect their own body rhythms when scheduling appointments. In my experience, most people are far more productive in the morning, but there are those who differ and hit their stride later in the day.

① 업무 성과를 높이기 위해 오후 근무시간을 늘려라.
② 신체리듬에 따라 일할 수 있도록 배려하라.
③ 업무의 특성에 따라 계획을 효과적으로 세우게 하라.
④ 어려운 일은 공동 작업을 통해 해결하게 하라.
⑤ 적절한 휴식 간격을 유지함으로써 신체리듬을 조절하게 하라.

[2점] [12.6월평가원]

해석 일들을 더 능률적으로 끝내고 더 나은 결과를 얻는 방법은 하루 중 적절한 때 적절한 것을 하는 것이다. 당신 자신의 신체 리듬을 알고, 자신의 생체 시계를 존중하며, 하루 동안 어떻게 당신의 에너지 수준이 약해지고 충만해지는지에 유의하라. 당신이 이른 아침 시간에 에너지가 많다면, 당신에게 어려운 활동들이 창조적으로 집단 사고를 하는 것이든, 글쓰기이든, 아니면 실습하는 것이든, 그 때가 바로 당신이 그러한 활동들을 계획해야 할 때이다. 팀을 위한 활동들을 계획하는 경우에도 동일한 원칙을 사용하라. 사람들로부터 최상의 것을 얻어 낼 수 있도록 생산적인 시간과 휴식 시간들의 간격을 계획하라. 약속 계획을 잡을 때, 항상 자신의 신체 리듬을 존중하라고 나는 사람들에게 요청한다. 내 경험으로는 대부분의 사람들은 오전에 훨씬 더 생산적이지만, 이와는 다르게 하루의 더 늦은 시간에 본래의 컨디션을 되찾는 사람들이 있다.

풀이 자신의 신체 리듬을 알고, 생체 시계를 존중하며, 에너지 수준이 충만해지는 시간에 맞추어 활동 계획을 세우라는 내용의 글이다. 따라서 ②'신체리듬에 따라 일할 수 있도록 배려하라.'가 이 글에서 필자가 주장하는 바로 가장 적절하다.

45 다음 글의 주제로 가장 적절한 것을 고르시오.

Vocabulary

- politely[pəláitli] 정중하게
- lengthy[léŋkθi] 긴
- saucer[sɔ́ːsər] 받침접시
- packet[pǽkit] 한 묶음
- fundamental
  [fˌʌndəméntl] 근본적인
- perspective
  [pəːrspéktiv] 관점

While in Japan, I ordered green tea with sugar at a restaurant. A waiter politely explained that one does not drink green tea with sugar. I responded that I was aware of this custom but I liked my tea sweet. The waiter took up the issue with the manager. After a lengthy conversation, the manager came over and said, "I'm very sorry. We don't have sugar." Disappointed, I changed my order to a cup of coffee, which the waiter soon brought over. Resting on the saucer were two packets of sugar. My failure to obtain a cup of sweet green tea was due to a fundamental difference in our ideas about choice. In America, a paying customer has every right to have a request met. But from a Japanese perspective, it is their duty to protect those who do not know any better.

① historical perspectives on Japanese customs
② difficulty of altering tea-drinking habits
③ various factors influencing customer preference
④ health benefits of drinking green tea
⑤ cultural difference in dealing with customer requests

[2점] [12.6월평가원]

해석 일본에 있을 때 나는 한 음식점에서 설탕이 들어간 녹차를 주문했다. 한 남자 종업원이 사람들은 녹차에 설탕을 넣어 마시지 않는다고 정중하게 설명했다. 나는 이런 관습을 알고 있다고 반응했지만, 나는 차가 달콤한 것을 좋아했다. 남자 종업원은 그 문제를 관리자와 함께 다루었다. 오랜 동안 대화하고 나서 관리자가 오더니 "대단히 죄송합니다. 저희에게는 설탕이 없습니다."라고 말했다. 실망한 나는 주문을 커피 한 잔으로 바꿨는데, 남자 종업원은 그것을 바로 가져왔다. 받침 접시 위에 설탕 두 봉이 놓여 있었다. 내가 달콤한 녹차 한 잔을 얻지 못한 것은 선택에 대한 내 생각에 있어서의 근본적인 차이 때문이었다. 미국에서는 돈을 지불하는 고객에게는 요구사항이 충족되도록 하는 모든 권리가 있다. 그러나 일본 사람들의 관점에 서는 더 좋은 어떤 것을 모르는 사람들을 보호하는 것이 그들의 의무이다.

풀이 필자가 일본의 한 음식점에서 설탕을 탄 녹차를 주문했다가 일본에서는 녹차에 설탕을 타서는 마시지 않는다는 말을 듣고서 주문을 커피로 바꾸면서, 일본 사람들의 관점이 미국 사람들의 관점과 다르다는 것을 느낀 내용의 글이다. 따라서 글의 주제로는 ⑤'cultural difference in dealing with customer requests(고객의 요구를 다루는데 있어서의 문화적인 차이)'가 가장 적절하다.
① 일본의 관습에 관한 역사적 관점 ② 차를 마시는 습관을 변경하는 것의 어려움
③ 고객의 선호에 영향을 미치는 다양한 요인들 ④ 녹차 마시는 것의 건강상 이득

Vocabulary

- method[méθəd] 방법
- restful[réstfəl] 편안한
- exhausted[igzɔ́ːstid] 지쳐 버린
- tranquility[træŋkwíləti] 평온
- induce[indjúːs] 유도하다
- scent[sent] 냄새, 향기
- indulge[indʌ́ldʒ] 즐기다
- dissolve [dizálv / -zɔ́lv] 녹이다

46 다음 글의 주제로 가장 적절한 것을 고르시오.

After a stressful day, how do you wind down and clear your mind? Relaxing in a comfortable chair, putting on some soothing sounds, and reading something light and entertaining are all good methods to get ready for some restful sleep. But as you ease your exhausted senses, do not forget your sense of smell. Certain aromas can fill you with feelings of tranquility, and research has found that lavender, vanilla, and green apple are among the best smells to help lower anxiety and induce sleep. You can use essential oils of these scents by applying them to the back of your neck or the inside of your wrist. Even better, indulge in a warm bath with these oils dissolved in the water. Before bed, you might enjoy a glass of hot soy milk with natural vanilla flavoring for a calming effect inside and out.

① usefulness of aroma for restful sleep
② factors inhibiting good sleep
③ origins of aromatic stress-relievers
④ reasons for stress and fatigue
⑤ ways of extracting various essential oils

[2점] [12.6월평가원]

해석
스트레스가 많은 날이 끝나고 나면 당신은 어떻게 긴장을 풀고서 정신을 맑게 하는가? 편안한 의자에서 마음을 풀고, 마음을 진정시키는 소리를 틀고서, 가볍고 재미있는 것을 읽는 것은 모두 다 편안한 수면을 취하기 위한 좋은 방법들이다. 그러나 당신의 지쳐버린 의식을 느슨하게 풀 때 후각에 대해 잊지 마라. 어떤 방향(芳香)은 당신을 평온한 느낌으로 채울 수 있고, 연구에 의하면 라벤더, 바닐라, 풋사과가 걱정을 덜어주고 수면을 유도하는데 도움을 주는 가장 좋은 냄새에 속한다고 밝혀졌다. 이러한 향기의 정유(精油)를 목의 뒤쪽이나 손목의 안쪽에 바름으로써 당신을 그것을 사용할 수 있다. 훨씬 더 좋은 것은 이러한 정유가 녹아 있는 물에서 따뜻한 목욕을 즐겨라. 잠자리에 들기 전에 당신은 안팎으로 진정시키는 효과를 위해 천연 바닐라 향료가 들어있는 한 잔의 따끈한 두유를 즐길지도 모른다.

풀이
스트레스로 인해 지쳤을 때 편안한 수면을 위해서는 방향이 유익하다는 내용의 글이다. 따라서 글의 주제로는 ①'편안한 수면을 위한 방향의 유용성'이 가장 적절하다.
② 숙면을 방해하는 요인들 ③ 향기로운 스트레스 완화제의 기원 ④ 스트레스와 피로의 이유 ⑤ 장유를 추출하는 방법

답 ①

47 다음 글의 요지로 가장 적절한 것을 고르시오.

Here is a surprise for you: Being happy means that you realize that there are times that you will be unhappy and recognize that life sometimes stinks. What is uplifting in those times is appreciating life and facing the challenges that come with it, realizing that you are facing challenges fellow humans have also faced. We are not saying you should lower your expectations for your so-called perfect life or downsize your goals; we just believe that if you can align your expectations with reality a little more by expecting to face challenges, you will be better off in the end. There is an interesting biological reinforcement for this notion, too: Your levels of C-reactive protein (a marker of damaging inflammation) have been shown to be higher when you have expectations that are unattainable.

※ align (일직선으로) 맞추다, inflammation 염증

① 역경을 예상하면서 기대치를 현실에 맞춰야 행복해진다.
② 완벽한 삶은 고난을 극복하는 과정에서 찾아온다.
③ 타인의 입장을 이해하는 것이 행복의 출발점이다.
④ 신체적 고통을 치유하려면 마음의 평화를 찾아야 한다.
⑤ 행복하려면 큰 목표를 세우고 끊임없이 도전해야 한다.

[2점] [12.6월평가원]

해석 여기 놀랄 만한 것이 있다: 행복하다는 것은 때로는 불행할 때가 있다는 것을 깨닫고, 때로는 삶이 악취를 풍긴다는 것을 인식하는 것이다. 그러한 시기에 희망을 주는 것은 당신이 다른 사람들이 또한 직면해왔던 도전들을 직면하고 있다는 것을 깨달으면서, 삶에 대해 감사하고 삶과 동반하게 되는 도전들을 직면하는 것이다. 우리가 완벽한 삶을 위한 기대를 낮추거나 목표를 축소해야 한다고 말하고 있는 것은 아니다. 우리는 단지 도전에 직면할 것을 예상함으로써 기대와 현실을 조금 더 일직선으로 맞출 수 있다면 결국에는 좋아질 것이라는 것을 믿을 뿐이다. 또한 이런 개념을 뒷받침해 줄 수 있는 하나의 흥미로운 생물학적 강화(현상)가 있다. 즉, 달성하기 어려운 기대 수준을 갖고 있을 때에, (해를 끼치는 염증을 나타내는 지표가 되는) C-반응성 단백질의 수치가 더 높아진다는 것을 보여주었다.

풀이 인생에서 역경을 만나게 될 것이라는 것을 예상하면서, 현실에 맞게 기대 수준을 낮추어야 행복해질 수 있다는 내용의 글이므로, ①'역경을 예상하면서 기대치를 현실에 맞춰야 행복해진다.'가 글의 요지로 가장 적절하다.

Vocabulary 🔊

- observe[əbzə́ːrv] 말하다
- reflection[riflékʃ-ən] 반성
- naturally[nǽtʃərəli] 자연스럽게
- solitude[sάlitjùːd] 홀로 삶
- accomplish[əkámpliʃ] 성취하다
- distraction [distrǽkʃn] 간섭
- spa[spɑː] 욕조

48 다음 글의 요지로 가장 적절한 것을 고르시오.

The Greek philosopher Socrates observed, "The unexamined life is not worth living." For most people, however, reflection and self-examination do not come naturally. As much as any other kind of thinking, reflection requires solitude. Distraction and reflection simply do not mix. It is not the kind of thing you can do well near a television, while the phone is ringing, or with children in the same room. One of the reasons I have been able to accomplish much and keep growing personally is that I have not only set aside time to reflect, but I have separated myself from distractions for short blocks of time: thirty minutes in the spa; an hour outside on a rock in my backyard; or a few hours in a comfortable chair in my office. The place does not matter - as long as you remove yourself from distractions and interruptions.

① 자기성찰을 위해 방해받지 않는 혼자만의 시간이 필요하다.
② 명상과 자기성찰을 통해 자연으로 돌아가야 한다.
③ 현대 문명의 다양한 혜택들은 자유로운 사색에 방해가 된다.
④ 장소에 따라 명상과 자기성찰에 필요한 시간이 달라진다.
⑤ 자기성찰은 고대 그리스 철학에 대한 탐구로부터 시작된다.

[2점] [12.6월평가원]

해석 그리스 철학자인 소크라테스는 "검토되지 않은 삶은 살 가치가 없다"라는 말을 했다. 그러나 대부분의 사람들에게, 반성과 자기성찰은 자연스럽게 찾아오지 않는다. 다른 종류의 사고만큼, 반성은 홀로 있음을 필요로 한다. 주의산만이나 반성은 전혀 섞이지 않는다. 그것은 텔레비전 근처나, 전화벨이 울리는 동안이나, 같은 방에 아이들과 함께 있으면서 할 수 있는 종류의 일이 아니다. 내가 많은 성취를 할 수 있었고, 개인적으로 계속 성장할 수 있었던 이유 중 하나는 내가 명상할 수 있는 시간을 따로 떼어 놓았을 뿐만 아니라, 욕조에서 30분, 바깥 뒷마당의 바위 위에서 1시간, 내 사무실의 편안한 의자에서 두서너 시간과 같은 짧은 단위의 시간 동안 산만하게 하는 일로부터 내 자신을 분리했기 때문이다. 방해와 간섭으로부터 떠나기만 한다면 그 장소는 중요하지 않다.

풀이 반성과 자기 성찰을 위해서는 방해받지 않는 장소에서 혼자만의 시간을 가져야 한다는 내용의 글이다. 그러므로 이 글의 요지로 가장 적절한 것은 ①'자기성찰을 위해 방해받지 않는 혼자만의 시간이 필요하다.'이다.

답 ①

49 다음 글에서 지도자에 관하여 필자가 주장하는 바로 가장 적절한 것은?

Vocabulary

Effective leaders set the tone for the entire organization. It's not a matter of knowing more than everyone else. There are plenty of leaders who are not the biggest experts in their companies. But it does mean working hard, something anyone can do. Be the first person to arrive at the workplace and be the last one to leave. If you can do that, you will already be light years ahead of most managers in the respect you will gain from your team members. Apply the same principle to all your routine activities. If you expect your sales force to make 50 calls each day, make 100 calls yourself. It is not rocket science. It is just basic 'lead by example' management. No one can really discredit leaders who are the hardest-working individuals in their organizations.

- effective[iféktiv]
  유능한
- tone[toun] 분위기
- principle[prínsəpəl] 원칙
- management
  [mǽnidʒmənt] 경영
- discredit[diskrédit]
  평판을 나쁘게 하다

① 부서별 경쟁을 활성화하라.

② 열심히 일하고 솔선수범하라.

③ 전문성과 유연성을 겸비하라.

④ 중간 관리자의 역할을 존중하라.

⑤ 친화력으로 직장 내 화합을 도모하라.

[2점] [12.9월평가원]

해석 유능한 지도자는 전체 조직을 위한 분위기를 설정해준다. 그것은 다른 모든 사람보다 더 많이 알고 있다는 문제가 아니다. 회사 내에서 최고의 전문가가 아니면서도 지도자인 사람들은 많다. 그러나 그것은 누구나 할 수 있는 일, 즉 열심히 일하는 것을 진정 의미한다. 직장에 가장 일찍 도착해서 가장 나중에 퇴근하는 사람이 되어라. 그것을 할 수 있다면 당신은 팀 동료로부터 당신이 얻게 될 존경심에 있어서 대부분의 경영자들보다 이미 몇 광년은 앞서 있게 될 것이다. 똑같은 원칙을 당신의 모든 반복되는 일과 활동에도 적용해라. 당신의 영업력이 하루에 50통의 전화를 걸 수 있을 것으로 예상한다면, 몸소 100통의 전화를 걸어라. 그것은 로켓 과학이 아니다. 그것은 그저 기본적인 '솔선수범' 경영일 뿐이다. 그 어느 누구도 자신들의 조직 내에서 가장 열심히 일하는 개인인 지도자들을 실제로 나쁘게 평가할 수는 없다.

풀이 지도자는 남보다 부지런히 일하고 남들에게 모범을 보여야 한다고 말하고 있으므로 ②'열심히 일하고 솔선수범하라.'가 이 글에서 필자가 주장하는 바로 적절하다.

답 ②

Vocabulary

- dramatically
  [drəmǽtikəli] 극적으로
- absence[ǽbsəns] 부재
- mussel[mʌ́səl] 홍합
- rely[rilái] 의지하다
- predator[prédətər]
  포식자, 육식 동물
- landscape
  [lǽndskèip] 풍경

50 다음 글의 주제로 가장 적절한 것을 고르시오.

Some species seem to have a stronger influence than others on their ecosystem. Take away the sea stars along the northwest coast of the United States, for instance, and the ecosystem changes dramatically; in the absence of these sea stars, their favorite prey, mussels, takes over and makes it hard for other species that used to live there. Sea stars are known as keystone species, because as top predators they determine ecosystem structure by their eating habits. If you chop down an aspen tree by a beaver pond, not much will happen; but if you take away a beaver, a wetland might dry out, changing the kinds of plants that live there and the animals that rely on them. Because beavers exert their influence by physically altering the landscape, they are known as ecosystem engineers.

① ways of cultivating ecosystem engineers
② altering the ecosystem along the U.S. coasts
③ species playing a major role in the ecosystem
④ causes of population reduction in some species
⑤ necessity of protecting endangered species in wetlands

[2점] [12.9월평가원]

해석 몇몇 종들은 다른 종들보다 생태계에 더 강한 영향력을 가진 것 같다. 가령, 미국 북서 해안에서 황토색 불가사리를 제거하면, 생태계는 극적으로 변화한다. 이 불가사리들이 존재하지 않으면 그들이 좋아하는 먹이인 홍합이 우세해지고, 그곳에서 살던 다른 종들을 살기 힘들게 만든다. 불가사리들은 핵심 종으로 알려져 있는데, 왜냐하면 최상위 포식자로서 그들은 자신들의 식습관으로 생태계 구조를 결정하기 때문이다. 만일 당신이 비버가 사는 연못가의 사시나무 한 그루를 잘라낸다 해도 많은 일이 일어나지 않을 것이다. 그러나 비버 한 마리를 없앤다면 습지는 건조해지고, 그곳에 사는 식물의 종류와 그 식물을 먹고 사는 동물들을 변화시키게 된다. 비버들은 풍경을 물리적으로 바꿈으로써 자신들의 영향력을 행사하기 때문에 생태계의 토목기사로 알려져 있다.

풀이 생태계에 여타 종들보다 더욱 강력한 영향력을 가진 종인 불가사리와 비버를 소개하는 글이므로, 이 글의 주제는 ③'생태계에서 중요한 역할을 담당하는 종들'이 적절하다.
① 생태계의 토목기사들을 길러내는 방법 ② 미국 해안을 따라 생태계를 변화시키기
④ 몇몇 종의 개체 수 감소의 원인들 ⑤ 습지 멸종위기 종들을 보호할 필요성

답 ③

51 다음 글의 주제로 가장 적절한 것을 고르시오.

Vocabulary

Despite the fact that ancient civilizations relied upon the apparent motion of celestial bodies through the sky to determine seasons, months, and years, we know little about the details of timekeeping in prehistoric eras. But wherever we turn up records and artifacts, we usually discover that in every culture, some people were preoccupied with measuring the passage of time. Ice-age hunters in Europe over 20,000 years ago scratched lines and made holes in sticks and bones, possibly counting the days between phases of the moon. Five thousand years ago, Sumerians in the Tigris-Euphrates valley had a calendar that divided the year into 30 day months, and the day into 12 periods. We have no written records of Stonehenge, built over 4,000 years ago in England, but its alignments show its purposes apparently included the determination of seasonal or celestial events.

※ celestial 천체의

- civilization
  [sìvəlizéiʃən] 문명
- apparent[əpǽrənt]
  뚜렷한
- prehistoric[prìːhistɔ́ːrik]
  선사시대의
- artifact[ɑ́ːrtəfæ̀kt] 인공물
- preoccupy[priːɑ́ːkjəpài]
  열중케 하다
- passage[pǽsidʒ] 경과
- phase[feiz]
  (달 기타 천체의) 상
- alignment[əláinmənt]
  정렬

① contrast in timekeeping between ancient and modern society
② significance of making a calendar in human history
③ astronomy and the western religious rituals
④ measuring time in ancient civilizations
⑤ observing stars in prehistoric eras

[2점] [12.9월평가원]

해석 고대 문명이 계절, 달, 그리고 연도를 결정하기 위해 하늘을 가로지르는 천체의 뚜렷한 움직임에 의존했다는 사실에도 불구하고, 우리는 선사시대의 시간 기록에 관한 자세한 내용에 대해 알고 있는 것이 거의 없다. 하지만 기록과 인공물을 찾아내는 곳마다, 모든 문화에서 일부 사람들이 시간의 경과를 측정하는 일에 몰두했음을 대체로 발견하게 된다. 2만 년 이상 전에 유럽에 살았던 빙하시대 사냥꾼들은 막대기와 뼈에 선을 긁고 구멍을 파내서, 아마도 달의 여러 모습들 사이의 일수를 세었던 것 같다. 오천년 전에 티그리스-유프라테스 계곡에 살던 수메르 사람들은 1년을 30일로 이루어진 달로 나누고 하루를 열 두 기간으로 나누었던 달력을 가지고 있었다. 우리는 4천 년 이상 전에 영국에서 지어진 Stonehenge에 관한 문헌 기록을 전혀 가지고 있지 않지만, 그것의 정렬 상태는 그것의 목적에 계절적인 또는 천체의 사건들을 결정하는 것이 분명히 포함되었음을 보여준다.

풀이 비록 구체적인 기록은 없지만, 여러 증거들을 통해 고대 문명이 시간을 측정하는 나름대로의 방법들을 가지고 있었음을 말하는 글이므로, 이 글의 주제는 ④'고대 문명의 시간 측정'이 가장 적절하다.
① 고대와 현대 사회 사이의 시간 기록의 차이 ② 인간의 역사 속에서 달력 만들기의 중요성
③ 천문학과 서양의 종교적 의식 ⑤ 선사시대의 별 관측

답 ④

Vocabulary ☑

- despite[dispáit]
  ~에도 불구하고
- fate[feit] 숙명
- psychologist
  [saikálədʒist / -kɔ́l-]
  심리학자
- meanwhile[míːntàim]
  다른 한편
- tense[tens] 긴장한
- explicitly[iksplísitli]
  명백하게

52 다음 글의 요지로 가장 적절한 것을 고르시오.

Despite what you might think, luck isn't a matter of fate or destiny, according to research by psychologist Richard Wiseman. Instead, it's a result of the way lucky people think and act — which means that anyone can learn to be lucky! For instance, Wiseman found that lucky people always take notice of what's going on around them and stay open to new experiences and opportunities. Meanwhile, unlucky people tend to be tenser and too focused on certain tasks, which stops them from noticing opportunities they aren't explicitly looking for. So, next time you're heading to a party, don't go in with a goal in mind (no matter how much you want to attract someone). Instead, take things as they come and you never know what might happen. You could even make some awesome new friends.

① 열린 사고와 행동은 행운을 불러온다.
② 열정과 몰입은 행운을 부르는 지름길이다.
③ 행동하기 전에 생각하는 습관이 필요하다.
④ 운명에 도전하면 좋은 기회가 오기 마련이다.
⑤ 새로운 친구들을 사귀다 보면 이상형을 만나기 쉽다.

[2점] [12.9월평가원]

해석
당신이 생각할 지도 모르는 것에도 불구하고, 심리학자 Richard Wiseman의 연구에 따르면 행운은 숙명이나 운이 아니다. 대신에, 그것은 운 좋은 사람들이 생각하고 행하는 방식의 결과이다. 그리고 그것은 어떤 사람도 행운을 갖는 법을 배울 수 있다는 것을 의미한다! 예를 들어, Wiseman은 운 좋은 사람들은 항상 자신의 주변에 일어나고 있는 것을 주목하고 새로운 경험과 기회에 열린 채로 있다. 다른 한편, 불운한 사람들은 더 긴장되어 있고 어떤 과제에 지나치게 집중되어 있는 경향이 있다. 그리고 그것이 그들로 하여금 그들이 명백하게 찾고 있지 않은 기회를 알아차리지 못하게 한다. 그래서 다음에 파티에 갈 때는 마음속에 목적을 가지고 가지 마라. (어떤 사람을 매혹시키기를 아무리 많이 원할지라도) 대신에, 상황이 오는 대로 받아들여라. 그러면 당신은 어떤 일이 일어날지 결코 알 수 없을 것이다. 당신은 심지어 어떤 멋진 새 친구들을 사귈 수도 있다.

풀이
행운은 숙명이나 운에 따른 것이 아니라 생각하고 행동하는 방식의 결과이기에 새로운 경험과 기회에 대해 열린 사고를 하라는 내용의 글이다. 따라서 ① '열린 사고와 행동은 행운을 불러온다.'가 이 글의 요지로 적절하다.

답 ①

53 다음 글의 요지로 가장 적절한 것을 고르시오.

Vocabulary

• participant[pɑ:rtísəpənt]
  참가자
• negotiate[nigóuʃièit]
  협상하다
• attempt[ətémpt] 시도하다
• compromise
  [kάmprəmàiz] 타협
• momentary
  [móuməntèri / -təri]
  순간의

In a study conducted by Karen O'Quinn and Joel Aronoff, participants were asked to negotiate with a seller over the purchase price of a piece of art. Toward the end of the negotiation, the seller made a final offer in one of two ways. Half of the time he said that he would accept $6,000, while the other half of the time he gave the same final price but also added a little humor ("Well, my final offer is $6,000, and I'll throw in my pet frog"). Those few moments of attempted humor had a large effect, as participants made a much greater compromise in their purchase price when they heard about the frog. It seemed that the brief humorous comment momentarily put the participants in a good mood and encouraged them to be more giving.

① 상대를 존중하면 가격 협상이 쉽게 이루어진다.
② 예상 구매자의 성향파악이 중요하다.
③ 거래의 성사를 위해 적절한 가격 제시가 필요하다.
④ 유머를 사용하면 협상을 유리하게 이끌 수 있다.
⑤ 신중한 협상 자세는 이익을 극대화시킨다.

[2점] [12.9월평가원]

해석 Karen O'Quinn과 Joel Aronoff에 의해 수행된 한 연구에서, 참가자들은 한 점의 예술작품의 구매가격에 대해 판매자와 협상을 하도록 요구되었다. 협상의 끝으로 가면서, 그 판매자는 두 방법 중의 하나로 최종 제안을 했다. 그 시간의 절반 동안은 그는 6,000 달러를 받아들이겠다고 말하고, 한편으로는 그 시간의 나머지 절반 동안 그는 똑같은 최종 가격을 제안했으나 또한 약간의 유머를 더했다. ("글쎄요, 저의 마지막 제안은 6,000 달러입니다. 그리고 저는 제 애완용 개구리를 덤으로 거저 드리겠습니다.") 참가자들이 그 개구리에 대해 들었을 때 구매가격에 있어서 훨씬 더 큰 타협을 한 것과 같이, 유머를 시도한 그 몇 안 되는 순간들이 큰 효과를 가졌다. 그 짧은 재미있는 언급이 순간적으로 참가자들을 좋은 분위기에 있게 해서 더 많이 내놓도록 조장했던 것 같다.

풀이 판매자가 가격을 협상할 때 유머를 사용함으로써 구매자로 하여금 더 많은 돈을 지불하도록 만들 수 있다는 내용의 글이므로 ④ '유머를 사용하면 협상을 유리하게 이끌 수 있다.'가 이 글의 요지로 적절하다.

답 ④

CROSS ENGLISH

Vocabulary

- cleverness[klévərnis]
  영리함
- justify[dʒʌ́stəfài]
  정당화하다
- excuse[ikskjú:z]
  변명하다
- messiness[mésinis]
  지저분함
- organized[ɔ́:rgənàizd]
  정리된
- productive[prədʌ́ktiv]
  생산적인

54 다음 글에서 필자가 주장하는 바로 가장 적절한 것은?

Many people use their cleverness to justify and excuse themselves for the messiness of their workspaces. They say things like, "I know where everything is." Or they say non-humorous things such as, "A clean desk is a sign of a sick mind." However, people who say they know where everything is turn out to be using a large amount of their mental capacity and creative energies remembering where they placed things, rather than doing the job. If they worked in a well-organized environment for any length of time, they would be surprised at how much more productive they were. If you have a tendency to attempt to explain a messy desk or work area, challenge yourself to work with a clean desk for an entire day. The result will amaze you.

① 직원들의 사기 진작을 위해 유머 감각을 잃지 마라.
② 새로운 근무 환경에 빨리 적응하기 위해 노력하라.
③ 지적 능력을 향상시키기 위해 창의성을 개발하라.
④ 업무 편의를 위해 필요한 도구를 가까이 두어라.
⑤ 생산성을 높이기 위해 주변 환경을 정돈하라.

[2점] [12.수능]

해석 많은 사람들이 자신들의 영리함을 이용하여(온갖 머리를 써서) 근무 공간이 너저분한 것을 정당화하고 변명한다. "저는 모든 것이 어디 있는지 압니다." 등등의 말을 한다. 혹은 그들은 "깨끗한 책상은 마음이 병든 마음의 신호라니까요." 등과 같은 우습지도 않은 말을 한다. 그러나 모든 것이 어디 있는지 안다고 말하는 사람들은 자신들의 정신적 능력과 창의적 에너지의 많은 양을 일을 하는 데 쓰기 보다는 물건을 둔 장소를 기억해내는 데 쓰고 있는 것으로 드러나고 있다. 만약 그들이 어느 정도의 시간 동안 잘 정돈된 환경 속에서 일을 해보게 된다면, 그들은 자신들이 얼마나 더 생산적인가에 놀라게 될 것이다. 만약 여러분이 어질러진 책상이나 업무 구역을 해명하려고 시도하는 경향이 있다면, 하루 종일 깨끗한 책상에서 일하는 것에 한 번 도전해 보기 바란다. 그 결과가 여러분을 깜짝 놀라게 할 것이다.

풀이 많은 사람들이 여러 가지 핑계를 대면서 근무 공간을 정리가 안 된 상태로 사용 하고 있지만 주변을 깨끗이 정돈해서 사용해 보면 생산성이 훨씬 향상되는 것을 느낄 수 있으므로 이를 시도해 보라는 내용의 글이다. 따라서 필자의 주장으로 ⑤'생산성을 높이기 위해 주변 환경을 정돈하라.'가 가장 적절하다.

답 ⑤

55 다음 글의 주제로 가장 적절한 것을 고르시오.

Living things naturally return to a state of balance. When we are disturbed by forces acting on us, our inner machinery kicks in and returns us to a balanced state of equilibrium. Homeostasis is the word we use to describe the ability of an organism to maintain internal equilibrium by adjusting its physiological processes. Most of the systems in animal and human physiology are controlled by homeostasis. We don't like to be off balance. We tend to keep things in a stable condition. This system operates at all levels. Our blood stays the same temperature. Except for extraordinary exceptions, when people find ways to intervene using methods more powerful than our tendency to equilibrium, our habits, behaviors, thoughts, and our quality of life stay pretty much the same too.

Vocabulary

• disturb[distə́:rb]
  방해하다
• Homeostasis
  [houmiəsteisis] 항상성
• equilibrium
  [ì:kwəlíbriəm] 균형
• physiological
  [fìziálədʒikəl/ -ɔ́l-]
  생리적인
• intervene[ìntərví:n]
  개입하다

① physical balance needed for mental equilibrium
② inner mechanisms to enhance the quality of life
③ general tendency of organisms to keep equilibrium
④ major differences in animal and human physiology
⑤ biological processes resulting from habitual behaviors

[2점] [12.수능]

해석 생명체들은 저절로 균형 상태로 돌아간다. 우리에게 영향을 미치는 힘에 의해 우리가 방해를 받을 때, 우리의 내부 조직이 작동하여 우리를 평형이라는 균형이 잡힌 상태로 돌아오게 한다. '항상성'은 생리적인 과정들을 조절하여 내적인 평형상태를 유지하는 생명체의 능력을 묘사하기 위해서 우리가 사용하는 단어이다. 동물과 사람의 생리 체계의 대부분은 항상성에 의해서 조절된다. 우리는 균형이 깨지는 것을 좋아하지 않는다. 우리는 안정된 상태로 유지하는 경향이 있다. 이러한 체계는 모든 수준에서 작용한다. 우리의 혈액은 동일한 온도를 유지한다. 사람들이 평형을 이루는 경향성보다도 더 강력한 방법들을 사용하여 개입하는 방식들을 알아내는 특별한 예외들을 제외하고는, 우리의 습관, 행동, 사상, 그리고 삶의 질은 거의 동일하게 유지된다.

풀이 평형 상태를 유지하려고 하는 생물체의 특성에 대해 쓴 글이므로, ③'general tendency of organisms to keep equilibrium[ì:kwəlíbriəm](평형 상태를 유지하려는 생물체의 일반적인 경향)'이 글의 주제로 가장 적절하다.
① 정신적 평형상태를 위해 필요한 신체적 균형 ② 삶의 질을 향상시키기 위한 내부 구조
④ 동물과 사람의 생리의 주요한 차이점들 ⑤ 습관적인 행동으로 인해 비롯된 생물학적 과정

Vocabulary

- naive[nɑːíːv] 순진한
- anthropologist
  [æ̀nθrəpάlədʒist]
  인류학자
- classic[klǽsik] 고전의
- motivation
  [mòutəvéiʃən] 동기
- tragedy[trǽdʒədi] 비극
- interpret[intə́ːrprit]
  ~의 뜻을 해석하다

56 다음 글의 주제로 가장 적절한 것을 고르시오.

All of us use the cultural knowledge we acquire as members of our own society to organize our perception and behavior. Most of us are also naive realists: we tend to believe our culture mirrors a reality shared by everyone. But cultures are different, and other people rarely behave or interpret experience according to our cultural plan. For example, an American anthropologist attempted to tell the classic story of Hamlet to Tiv elders in West Africa. She believed that human nature is pretty much the same the whole world over; at least the general plot and motivation of the great tragedy would always be clear. But, at each turn in the story when she told it, the Tiv interpreted the events and motives in Hamlet using their own cultural knowledge. The result was a very different version of the classic play.

① cultural differences in perception and interpretation
② tragic characteristics of classic West African plays
③ the positive function of culture as a mirror of reality
④ human nature and its role in developing culture
⑤ the process of acquiring cultural knowledge

[2점] [12.수능]

해석 우리는 모두 자신의 사회의 구성원으로서 우리가 획득하는 문화적 지식을 우리의 인식과 행동을 구성하는 데 사용한다. 우리들 대부분은 또한 순진한 현실주의자들이다. 우리는 우리의 문화가 모든 사람에 의해서 공유되는 현실을 반영한다고 믿는 경향이 있다. 하지만 문화들은 서로 다르며, 다른 사람들이 우리의 문화적 모형에 맞추어서 행동하거나 경험을 해석하는 일은 거의 없다. 예를 들어, 미국의 한 인류학자가 <햄릿>이라는 고전적 이야기를 서아프리카의 티브족 노인들에게 들려주려고 시도했다. 그녀는 인간의 본성이 세계 전역에서 아주 많이 비슷할 거라고 믿었다. 최소한 그 위대한 비극 작품의 일반적인 줄거리나 동기는 항상 분명할 것이라고 생각했다. 하지만 그녀가 그것을 들려주었을 때 이야기가 전환될 때마다, 티브족 사람들은 <햄릿>에 나오는 사건들과 모티브들을 그들 자신의 문화적 지식을 사용하여 해석하였다. 결과적으로 그 고전적 희곡 작품의 매우 다른 버전이 나오게 되었다.

풀이 사람들은 문화가 모든 사람이 공유하는 현실을 반영한다고 믿는 경향이 있지만 각각의 문화는 상이하며 사람들은 각자 자신이 속해있는 사회의 문화적 지식을 이용하여 현상을 인식하고 해석하게 된다는 내용의 글이므로, ①'cultural differences in perception[pərsépʃən] and interpretation [intəːrprətéiʃən](인식과 해석에 있어서의 문화적 차이)'이 글의 주제로 가장 적절하다.

답 ①

57 다음 글의 요지로 가장 적절한 것을 고르시오.

Vocabulary

The good news is that it's never too late to start building up muscle strength, regardless of your age. Ideally, though, it's best to start in your mid-forties when muscle mass starts to decline significantly. "Once you've started, it can take just six weeks to see an improvement of up to 20 percent in your muscle capabilities," says Dr. Ward. Studies have found that intense programs of strength training can help even weak older people double their strength, as well as enable them to walk faster and climb stairs more easily. And muscle isn't all you gain — strength training can help combat osteoarthritis, depression, and risk factors for heart disease and diabetes.

※ osteoarthritis 골관절염

- regardless[rigá:rdlis] 상관없이
- mass[mæs] 양, 부피
- significantly [signífikəntli] 심각하게
- capability[keipəbiləti] 능력
- intense[inténs] 집중적인
- combat[kámbæt, kʌm] ~와 싸우다
- diabetes[dàiəbí:tis] 당뇨병

① 근력 운동의 효과는 단기간에 얻기 힘들다.
② 근력 운동에 필요한 기초 체력을 길러야 한다.
③ 40대 이후에는 성인병 예방에 주의를 기울여야 한다.
④ 운동량은 연령에 따라 적절히 조절해야 한다.
⑤ 근력 운동은 나이가 들어서도 건강에 유익하다.

[2점] [12.수능]

해석 반가운 소식은 근육의 힘을 기르기 시작하는 일은 연령에 상관없이 결코 때가 너무 늦지 않다는 것이다. 하지만 이상적으로는 근육의 양이 심각하게 감소하기 시작하는 시기인 40대 중반에 시작하는 것이 가장 좋다. "일단 시작하게 되면, 근육의 능력이 최대 20퍼센트까지 향상되는 것을 보는 데 단 6주가 걸릴 수도 있습니다."라고 Ward 박사는 말한다. 집중적인 체력 훈련 프로그램이 더 나이가 든 힘이 약한 사람들조차도 더 빨리 걷고 더 쉽게 계단을 오를 수 있게 해줄 뿐만 아니라, 그들의 체력을 두 배로 늘리는 데 도움을 줄 수 있다는 사실을 연구 결과에서 알아내었다. 그리고 근육이 얻게 되는 것의 전부는 아니다. 체력 훈련은 골관절염, 우울증, 심장 질환이나 당뇨병을 일으킬 수 있는 위험 요인들과 맞서 싸우는 데에도 도움을 줄 수 있다.

풀이 근력 운동은 나이가 든 후에 하더라도 근육량 증가와 체력향상을 제외한 다양한 면에서 이익을 준다는 내용의 글 이므로, 글의 요지로 가장 적절한 것은 ⑤'근력 운동은 나이가 들어서도 건강에 유익하다.'이다.

Vocabulary

- primary[práimèri] 주된
- dialect[dáiəlèkt] 사투리
- consistent[kənsístənt]
  일치하는
- responsive[rispánsiv]
  반응하는
- apparent[əpǽrənt]
  명백한
- long-range
  [lɔ́:ŋréindʒ] 장기에 걸친

58 다음 글의 요지로 가장 적절한 것을 고르시오.

Standard English allows access to certain educational and economic opportunities, which is the primary reason for teaching it. Students realize this when they interview for a first job or when they plan for post-high school education. So, what should teachers do when a student says,"I ain't got no pencil," or brings some other nonstandard dialect into the classroom? Opinions vary from 'rejection and correction' to complete acceptance. The approach most consistent with culturally responsive teaching is to first accept the dialect and then build on it. For example, when the student says, "I ain't got no pencil," the teacher might say, "Oh, you don't have a pencil. What should you do, then?" Although results won't be apparent immediately, the long-range benefits — both for language development and attitudes toward school — are worthwhile.

① 표준어 사용의 경제적 측면을 고려해야 한다.
② 비표준어 사용을 수용하면서 표준어를 교육해야 한다.
③ 단기 효과를 얻을 수 있는 교수 학습법을 개발해야 한다.
④ 면접에서 표준어를 사용하도록 취업 교육을 강화해야 한다.
⑤ 비문법적 표현이 고착되지 않도록 지체 없이 교정해야 한다.

[2점] [12.수능]

해석 표준영어는 어떤 교육적이고 경제적인 기회에 접근할 수 있게 해 주는데, 그것이 표준영어를 가르치는 주된 이유이다. 학생들은 첫 직장을 위해 면접을 보거나 고등학교 이후의 교육을 위해 계획을 세울 때 이것을 깨닫는다. 그래서 학생이 "I ain't got no pencil (전 연필이 없어요),"라고 말하면서 수업 시간에 표준어가 아닌 어떤 다른 표준어가 아닌 사투리를 사용할 때 교사들은 어떻게 해야 하는가? '거부하고 교정하기' 부터 완전한 수용까지 의견은 다양하다. 문화적으로 반응하는 가르침과 가장 일치하는 접근은 먼저 사투리를 인정한 다음 그것을 기초로 가르치는 것이다. 예를 들어, 학생이 "I ain't got no pencil,"이라고 말하면, 교사는 "Oh, you don't have a pencil. (오, 너는 연필이 없구나.) 그러면 넌 어떻게 해야겠니?"라고 말할 수 있다. 비록 결과가 곧바로 분명하게 나타나지는 않겠지만, 장기간의 이점은—언어 발달과 학교에 대한 태도 둘 다에 있어서 — 시간을 들일 만할 가치가 있다.

풀이 학생이 표준어가 아닌 사투리를 사용했을 때 교사들의 대응 법은 다양하지만 교사가 그것을 인정하고 수용한 다음 그것을 기초로 표준어를 가르쳐야 한다는 것이 시간을 들일만한 가치가 있다고 했으므로 ②'비표준어 사용을 수용하면서 표준어를 교육해야 한다.'가 글의 주제로 가장 적절하다.

59 다음 글의 요지로 가장 적절한 것을 고르시오.

Vocabulary

• disastrously
  [dizǽstrəsli] 비참하게
• remark[rimάːrk] 말하다
• desperately[déspəritli]
  몹시, 필사적으로
• foretell[fɔːrtél] 예견하다
• infinity[infínəti] 무한대
• scout[skaut] 정찰병
• priceless[práislis]
  대단히 귀중한

Even our most highly educated guesses often go disastrously wrong. Albert Einstein remarked, There is no chance that nuclear energy will ever be obtainable. Why is predicting the future so difficult? Would it be smart not to try to guess what s coming next? Not predicting the future would be like driving a car without looking through the windshield. We desperately need people who can foretell the future. They help us narrow the infinity of possible futures down to one or, at least, a few. We look at the present and see the present; they see the seeds of the future. They are our advance scouts, going secretly over the border to bring back priceless information to help the world to come.

※ windshield 자동차 앞 유리

① 인간은 미래를 예측할 수 있는 능력을 가지고 있다.
② 현재는 미래를 예측할 수 있는 기준이다.
③ 미래를 예측할 수 있는 선각자가 필요하다.
④ 현재에 대한 잘못된 진단은 큰 불행을 초래할 수 있다.
⑤ 미래에는 정보 수집을 위한 치열한 경쟁이 예상된다.

[3점] [05.수능]

해석 우리의 가장 많이 교육받은 사람들의 추측도 종종 비참하게 잘못될 수 있다. Albert Einstein은 "핵에너지를 얻게 될 가능성은 전혀 없다."라고 말했다. 미래를 예측하는 것은 왜 그렇게 힘들까? 다음에 올 일을 추측하려고 하지 않는 것이 현명할까? 미래를 예측하지 않는 것은 자동차 앞 유리를 통해 앞을 보지 않고 차를 모는 것과 같다. 우리는 미래를 예견해줄 사람을 몹시 필요로 한다. 그들은 우리가 무한히 가능한 미래를 하나, 혹은 적어도 몇 개로 좁히는데 도움을 준다. 우리는 현재를 살펴보면서 미래를 보지만 그들은 미래의 씨앗들을 본다. 그들은 앞으로의 세상을 돕기 위한 귀중한 정보를 가져오기 위해 비밀스럽게 경계선을 넘어 가는 우리의 정찰대이다.

풀이 미래를 예측하는 것은 세상을 돕는 귀중한 정보를 가져오는 중요한 일이므로 우리에게는 미래를 예측해 줄 사람이 필요하다는 내용이다. 따라서 We desperately need people who can foretell[fɔːrtél] the future(우리는 미래를 예견해줄 사람을 몹시 필요로 한다.)가 주제문이다.

Vocabulary

- evaluate[ivǽljuèit]
  평가하다
- consumption
  [kənsʌ́mpʃən] 소비
- criterion[kraitíəriən]
  기준, 척도
  (복수형: criteria)
- recommendation
  [rèkəmendéiʃən] 권고

60 다음 글의 주제로 가장 적절한 것을 고르시오.

Role theory takes the view that consumer behavior resembles actions in a play. As people act out different roles, they sometimes alter their consumption decisions depending on the "play" they are in. The criteria that they use to evaluate products and services in one of their roles may be quite different from those used in another role. In many cases, the purchaser and the user of a product might not be the same person, as when a parent picks out clothes for a teenager. In other cases, another person may act as an influencer, providing recommendations for or against certain products without actually buying or using them.

① the recommendation of products and services

② the behavior of consumers in different roles

③ the quality of products and services

④ the purchasing power of teenagers

⑤ the future of consumer behavior

[3점] [06.9월평가원]

해석 역할이론은 소비자의 행위가 연극의 연기와 유사하다는 관점을 취한다. 사람들은 다양한 역할의 연기를 하면서 그들이 출연하는 "연극"에 따라 때로 구매에 대한 결정을 바꾼다. 그들이 자신의 한 역할에서 상품과 서비스를 평가하기 위해 사용하는 척도는 다른 역할에서 사용되는 척도와 상당히 다를 것이다. 부모가 10대 자녀를 위해 옷을 고르는 상황과 같이 상품의 구입자와 사용자는 똑같은 인물이 아닌 경우가 많다. 또 어떤 경우에는 제 3자가 실제로 어떤 상품을 구입하거나 사용하지 않고 그 상품을 사거나 사지 말라고 권고를 하며 영향을 미치는 존재로 행동할 수도 있다.

풀이 소비자들은 연극배우가 극에 따라 연기를 바꾸는 것처럼 상황에 따라 소비 행위를 바꾼다고 말하며 그 구체적 사례를 제시한 글이다. 따라서 ②'the behavior of consumers in different roles(다양한 역할에서의 소비자들의 행동)'가 글의 주제로 가장 적절하다.
① 상품과 서비스의 추천 ③ 상품과 서비스의 질 ④ 10대 청소년의 구매력 ⑤ 소비 행위의 미래

답 ②

크로스영어
기출문제 유형탐구

CHAPTER

16
지칭대상
파악&추론

총 22문항

092

일부 앱들 예를 들어 andrdcorder 같은 것들은 바로 반복기능과 리네임기능을 제공하는데 리네임기능을 이용하면 예문 전체까지 다 제목에 넣어놓을 수도 있다. 리네임을 하면서 계속 반복시키면 3-4번을 들으면서 복습할 수도 있으니 일석삼조의 효과라 할 수 있겠다.

093

자신만의 영어사전, 자신만의 단어장을 정리해보자. IT 기기나 컴퓨터 등에 정리하는 것도 좋다. 들고 다니면서 외울 수 있다면 무엇이나 상관없다.

094

단어를 정리하고 뒤에 예문까지 녹음해 놓았다면 자주 자신이 녹음해 놓은 단어를 복습하라. 가장 최근 것부터 역순으로 지루할 때까지 3-4회씩 반복해서 듣고 다시 그 이전 단어로 넘어가도록 하라.

095

녹음할 때 주의사항은 자신이 본국인이 된 것처럼 정말 빠르게 녹음하라는 것이다. 자신의 실력과 정성을 다하여 빠르게 그리고 정확한 발음으로 녹음하라.

096

빠른 속도로 복습하다 보면 어떤 진실, 어떤 단어, 어떤 공식, 어떤 유형들이 머릿속에 빠른 속도로 들어가고 또 당연히 필요한 순간 빠른 속도로 튀어나오기 마련이다. 따라서 빠른 복습은 응용력향상의 필수조건이다.

01 다음 글에서 밑줄 친 it이 가리키는 대상이 다른 것은?

Vocabulary

• myth[miθ] 신화
• craft[kræft, krɑːft] 우주선
• destination [destɪneɪʃn] 목적지
• exactly[ɪgzæktli] 꼭(맞게), 딱

One myth tells how a group of gods had a meeting to decide where to hide the "truth of the universe" from people. The first god suggested putting ①it under the ocean, but the others shouted him down, saying that people would build an underwater boat to take themselves there to find ②it. A second god suggested hiding ③it on a planet far from the earth, but the other gods realized that a craft might be built to reach this destination as well. Finally, a third god suggested that they hang ④it around the neck of every human being. The other gods agreed that people would never look at ⑤it for the truth. So they did exactly as the third god had suggested.

[1점] [06.수능]

해석   한 신화는 한 무리의 신들이 "우주의 진리"를 어디에 감출 것인가를 결정하기 위해 어떻게 모임을 가졌는가를 말해준다. 첫 번째 신이 ① 그것을 대양 밑에 놓을 것을 제안했지만 다른 신들은 사람들이 ② 그것을 찾기 위해서 자신들을 그곳으로 데리고 갈 수중 배를 만들 것이라고 말하면서 소리를 질러 그의 입을 다물게 했다. 두 번째 신이 ③ 그것을 지구에서 멀리 떨어진 행성에 숨기자고 제안했지만 다른 신들은 사람들이 이 목적지 또한 도달하기 위해 우주선을 건조할 것이라는 것을 깨달았다. 마지막으로 세 번째 신이 ④ 그것을 모든 인간의 목에 걸어두자고 제안했다. 다른 신들은 사람들이 진리를 찾기 위해 결코 ⑤ 그것을 쳐다보지 않을 것이라는 것에 동의했다. 그래서 그들은 세 번째 신이 제안했던 대로 했다.

풀이   ①, ②, ③, ④의 it은 신들이 숨기려고 했던 우주의 진리(truth of the universe)를 가리키지만 ⑤는 모든 인간의 목(the neck of every human being)을 가리킨다. 신들은 사람들이 진리를 찾기 위해 ⑤(그곳)를 처다보지 않을 것이라고 했다.

답 ⑤

Vocabulary

- shoot[ʃuːt] 촬영하다
- uncut[ʌnkʌt]
  삭제하지 않은
- assemble[əsémbəl]
  모으다
- presentation
  [priːzenteɪʃn] 상영

02 다음 글에서 밑줄 친 these people이 가리키는 것으로 가장 적절한 것은?

Usually, filmmakers shoot more film than is needed. An uncut movie might last four or five hours. Working in an office or studio, these people cut the film down to about two hours. Selecting and assembling scenes, they cut out parts that don't fit in well. Sometimes they discover parts that seem to drag. They speed up the action by shortening or cutting slow scenes. Their work may take several months. After all the scenes have finally been joined in the correct order, the film is ready for presentation.

① makeup artists   ② film editors

③ lighting technicians   ④ theater owners

⑤ screen actors

[1점] [06.수능]

해석 대개 영화제작자들은 필요로 하는 것보다 더 많은 영화를 촬영한다. 삭제하지 않은 영화는 네 시간 내지 다섯 시간 동안 계속될 수 있다. 사무실이나 스튜디오 안에서 작업하면서 이 사람들은 영화를 대략 두 시간 분량으로 줄인다. 그들은 영화 장면들을 선택하고 모으면서 잘 들어맞지 않는 부분들을 삭제한다. 그들은 때때로 질질 끄는 것처럼 보이는 부분들을 발견한다. 그들은 느린 장면들을 짧게 하거나 삭제함으로써 그 액션의 속도를 빠르게 한다. 그들의 작업은 몇 달이 걸릴 수 있다. 모든 장면들이 마침내 올바른 순서로 합쳐진 다음에 그 영화는 상영될 준비가 된다.

풀이 영화 장면들을 선택하고 모으면서 잘 들어맞지 않는 부분들을 삭제하고, 느린 장면들을 짧게 하거나 삭제함으로써 영화를 박진감 있게 하는 등의 작업을 마친 후에 그 모든 장면들을 바른 순서로 합쳐서 영화가 상영될 준비를 하는 사람들은 ②'영화 편집인(film editors[édətər])'이다.

03 밑줄 친 <u>it</u>이 가리키는 것으로 가장 적절한 것은?

Nothing can be checked out or renewed without <u>it</u>. If you reside in this area, you may get <u>it</u> free of charge. Kids under 18 need their parent's signature on the registration form to receive <u>it</u>. The standard loan period is 21 days. Books can be renewed once for the original loan period unless they are on reserve. Videos and DVDs can be loaned for 2 days and cannot be renewed. Borrowers are responsible for returning items on time and in good condition.

- renew[rɪnu:] 갱신하다
- reside[rɪzaɪd] 거주하다
- signature [sígnətʃər] 서명
- registration [rèdʒəstréiʃən] 등록
- loan[loun] 대여
- reserve[rɪzɜ́:rv] 예약

① a cash card
② a business card
③ a meal coupon
④ a library card
⑤ a discount coupon

[1점] [07.수능]

해석 그것 없이는 어떤 것도 대출을 하거나 갱신할 수 없다. 만일 이 지역에 거주한다면, <u>그것을</u> 무료로 얻을 수 있다. 18세 이하의 아이들은 <u>그것을</u> 얻기 위해 등록 용지에 부모의 서명을 받아야 한다. 보통 빌려주는 기간은 21일이다. 책은 대출 예약이 되어 있지 않다면 처음 빌려주는 기간 동안 한 번 갱신을 할 수 있다. 비디오와 DVD는 이틀 동안 대여할 수 있으며 갱신은 할 수 없다. 대여자는 빌려간 품목을 정시에 온전한 상태로 돌려 줄 책임이 있다.

풀이 거주하는 지역의 도서관에서 무료로 얻을 수 있으며 책이나 비디오, DVD등을 대출이나 갱신하기 위해 필요한 것은 ④'도서카드(library[láibrèri, -brəri/-brəri] card[kɑːrd])'이다.

답 ④

Vocabulary ☑

- unimaginable
  [ʌnìmǽdʒɪnəbl]
  상상할 수 없는
- essential[isénʃəl] 중요한
- scientific[sàiəntífik]
  과학적인
- protection[prətekʃn]
  보호
- transmit
  [trænsmít, trænz-]
  전달하다
- reveal[rivíːl]
  드러내다, 보이다
- content[kɑːntent]
  내용물

04 밑줄 친 This[this]가 가리키는 것으로 가장 적절한 것은?

A world without <u>this</u> is almost unimaginable. <u>This</u> plays an essential role in various scientific fields and in industry. It is used throughout the home, at work, and often in play. One of the greatest benefits of <u>this</u> is that it lets in light and provides protection from the weather at the same time. <u>This</u> allows daylight in but keeps out cold or stormy weather. Electric bulbs transmit light but keep out the oxygen that would cause their hot filaments to burn up. Television picture tubes enable viewers to see the image that is formed inside the tube. Bottles can reveal their contents without being opened.

※ filament 필라멘트

① glass ② steel ③ wood
④ stone ⑤ rubber

[1점] [08.수능]

해석
이것이 없는 세상은 거의 상상할 수 없다. 이것은 다양한 과학적인 분야와 산업에서 중요한 역할을 한다. 그것은 가정이나 일터 어디에나 사용되고, 그리고 종종 놀이에도 사용된다. 이것의 가장 큰 이점 중 하나는 빛은 들어오게 하고 동시에 비바람으로부터 보호를 제공해준다는 것이다. 이것은 일광은 들어오게 허용하지만 추위나 폭풍우 치는 날씨는 막아준다. 전구는 빛을 전달하지만 뜨거운 필라멘트가 타버리게 할 수도 있는 산소는 못 들어오게 한다. 텔레비전 영상 브라운관은 그 브라운관 안에 형성되는 영상을 시청자들이 볼 수 있게 해준다. 유리병은 열지 않아도 그 내용물을 보여줄 수 있다.

풀이
어디에서나 잘 쓰이며 빛은 들어오게 하면서 비바람을 막아주고 전구나 텔레비전 브라운관, 병에 사용되는 것은 ①'유리(glass[glæs, glɑːs])'이다.

답 ①

05 밑줄 친 This[this]가 가리키는 것으로 가장 적절한 것은?

> <u>This</u> is different from all other markets in that people do not buy things here such as clothes, shoes, or cars. Thanks to <u>this</u>, people can easily exchange one country's money with that of another. People desire to make such exchanges for many reasons. Some are concerned with the import or export of goods or services between one country and another. Others wish to move capital from one area to another. Still others may want to travel to a foreign country. <u>This</u> is incredibly important to the global economy. <u>This</u> gets influenced by a real world event, and has an impact on the economy of a nation, causing the value of its money to rise and fall.

Vocabulary

- concern[kəns3:rn] 관여하다
- import[impɔ́:rt] 수입
- export [ikspɔ́:rt, ekspɔ́:rt] 수출
- capital[kǽpətl] 자본

① 외환시장 　② 주식시장 　③ 벼룩시장
④ 재래시장 　⑤ 경매시장

[1점] [09.수능]

해석 이것은 사람들이 여기서 옷, 신발, 혹은 자동차와 같은 물건들을 사지 않는다는 점에서 모든 다른 시장들과 다르다. 이것 덕분에, 사람들은 쉽게 한 나라의 돈을 다른 나라의 그것과 교환할 수 있다. 사람들은 많은 이유에서 그러한 교환을 하기를 원한다. 일부는 한 국가와 다른 국가 사이의 상품 혹은 서비스의 수입이나 수출에 관여하고 있다. 다른 사람들은 자본을 한 지역에서 다른 지역으로 이동시키기를 원한다. 또 다른 사람들은 외국으로 여행을 가기를 원할 수 있다. 이것은 국제 경제에 믿을 수 없을 정도로 중요하다. 이것은 현실의 세계 사건에 의해 영향을 받고 한 국가의 경제에 영향을 미치며, 그리하여 그 나라의 돈의 가치를 증감하게 만든다.

풀이 This[this]는 시장이기는 하지만 직접 물건을 구매할 수 없는 시장이며, 자국의 화폐를 타국의 화폐와 교환할 수 있는 시장이다. 또한 실물 경제에 의해 영향을 받고 한 국가의 화폐 가치가 오르거나 내리도록 하는 영향을 가지며, 세계 경제적으로 중요한 This[this]는 ① 외환시장이다.

답 ①

Vocabulary

- definition[dèfəníʃən]
  정의
- enforceable
  [infɔ́ːrsəbl, en-]
  집행할 수 있는
- mutual[mjúːtʃuəl]
  상호의, 서로의
- party[pɑːrti]단체
- ordinarily[ɔːrdinerəli]
  보통, 대게
- compensation
  [kàmpənséiʃən/kɔ̀m-]
  배상
- injured[índdʒərd]
  손해를 입은,
  상처를 입은

06 밑줄 친 This[this]가 가리키는 것으로 가장 적절한 것은?

This, in the simplest definition, is a promise enforceable by law. The promise may be to do something or to stop from doing something. The making of this requires the mutual agreement of two or more persons or parties, one of them ordinarily making an offer and another accepting. If one of the parties fails to keep the promise, the other has rights to compensation. The law about this considers such questions as whether this exists, what the meaning of this is, whether this has been broken, and what compensation is due to the injured party.

① 계약　　　② 고소　　　③ 의회　　　④ 신용　　　⑤ 선거

[1점] [10.수능]

해석 가장 단순한 정의로 이것은 법에 의해 집행할 수 있는 약속이다. 그 약속은 무엇인가를 하거나, 또는 무엇인가를 하지 말라고 하는 것일 수 있다. 이것을 만드는 것은 둘 이상의 사람이나 단체의 상호 동의를 필요로 하는데, 보통 한 쪽이 제안을 하고 다른 쪽이 수락을 하게 된다. 만약 한 쪽 편이 그 약속을 지키지 못하게 되면, 상대편은 배상을 요구할 수 있는 권리를 가진다. 이것에 관한 법은 이것이 성립하는 지, 이것의 의미가 무엇인지, 이것이 위반되었는지, 그리고 손해를 입은 당사자에게 무슨 배상이 치러져야 하는지와 같은 문제를 고려한다.

풀이 두 사람 이상이나 단체 상호간의 동의를 바탕으로 법에 의해 집행하는 약속이며, 그 약속을 지키지 못하게 되었을 때 손해를 입은 당사자에게 배상을 해야 하는 것은 ①'계약'이다.

　　　　　　답 ①

07 다음 글에서 I 로 의인화된 것으로 가장 적절한 것은?

I have been working hard so that my family can enjoy an easy and convenient life. My husband, Shaver, says that, thanks to me, he can shave quickly in the morning. My son, Snapshot, whose dream is to be the best photographer, takes me to beautiful places. He even says he can't imagine the world without me. My little daughter, Remote, depends on me every time she watches TV. That's why my family members cherish me. I always say to my family, Just remember to plug me in when you go to bed, so I can wake up in the morning full of energy.

① digital camera
② vacuum cleaner
③ rechargeable battery
④ cassette tape
⑤ computer diskette

[2점] [05.수능]

해석 나는 가족들이 편하고 안락한 생활을 누릴 수 있도록 열심히 일해 왔다. 내 남편인 Shaver(면도기)는 내 덕택에 아침에 면도를 빨리 할 수 있다고 말한다. 최고의 사진사가 되려는 꿈을 가진 내 아들인 Snapshot(스냅사진)은 나를 멋진 곳으로 데리고 간다. 그는 나 없는 세상을 상상할 수 없다고 말하기까지 한다. 내 어린 딸인 Remote(리모컨)는 TV를 시청할 때마다 나를 필요로 한다. 그러한 이유로 내 가족들은 나를 소중히 여긴다. 나는 항상 가족들에게 "내가 아침에 기운이 넘치는 상태로 잠이 깰 수 있도록 잠자러 갈 때 나를 콘센트에 꽂는 것을 잊지 마."라고 말한다.

풀이 I는 면도기와 사진기, 리모컨을 사용하는 데 꼭 필요한 것이다. 또한 I는 밤에 자러가기 전 자신을 콘센트에 꽂아야 아침에 기운이 넘치는 상태로 일어날 수 있다고 하였으므로 그것이 에너지가 충전될 수 있는 사물이라는 사실을 알 수 있다. 그러므로 이 글에서 I는 배터리(충전지)가 의인화되어 표현된 것이라고 할 수 있다.

Vocabulary

- irritate[írriteɪt]
짜증나게 하다
- session[séʃən]
(특정한 목적을 위한)
시간, 기간
- tease[ti:z] 놀리다
- renew[rɪnú:] 갱신하다

08 다음 글에서 밑줄 친 this의 의미로 가장 적절한 것은?

For a long time, this irritated me a great deal. I once got a chance to interview one of my favorite comedians, Mike Myers. After our session was over, he teased me saying, Wow, you look like you re 11. At the time, I was 26. It was sort of embarrassing, because someone I had been attracted to told me that I looked like I was in elementary school. Six years later, I no longer have that problem. I recently renewed my driver s license and was pleased to discover that the picture smiling back at me looked just like a 32-year-old woman. It has taken a long time, but I finally look my age.

① 인터뷰에 실패한 것   ② 사진을 찍는 것
③ 운전면허를 갱신하는 것   ④ 유명 인사를 만나는 것
⑤ 나이보다 어려 보이는 것

[2점] [05.수능]

해석 오랫동안 이것은 나를 몹시 짜증나게 했다. 한번은 내가 좋아하는 코미디언 중 한 사람인 Mike Myers와 인터뷰할 기회가 있었다. 인터뷰 시간이 끝난 후 그는 "오, 당신은 11살처럼 보여요."라고 나를 놀려댔다. 그 당시 나는 스물여섯 살이었다. 나의 마음을 끌었던 사람이 나에게 초등학생처럼 보인다고 말한 것이었기에 나는 상당히 당혹스러웠다. 6년이 지난 지금 나에게는 더 이상 그러한 문제가 없다. 최근에 나는 운전면허증을 갱신했는데 나를 향해 미소 짓는 사진 속 얼굴이 서른 두 살의 여성처럼 보인다는 것을 알고 나는 기뻤다. 오랜 시간이 걸렸지만 이제야 나는 내 나이에 맞게 보인다.

풀이 과거에 오랫동안 필자를 몹시 짜증나게 한 this는, 필자 자신이 좋아하는 코미디언인 Mike Myers로부터 초등학생처럼 어려 보인다는 놀림을 받고 당혹감을 느꼈던 필자의 경험과 관련이 있다. 즉, this는 '나이보다 어려 보이는 것'을 지칭한다.

답 ⑤

Vocabulary

- imitate[ímitèit]
  모방하다, 흉내 내다
- drift[drift]
  떠다니다, 표류하다
- swift[swift]
  신속하게, 재빠르게
- pursue[pərsú:/-sjú:]
  뒤쫓다, 추적하다
- current[k3:rənt] 물살
- seize[si:z] 붙잡다
- unsuspecting
  [ʌnsəspektiŋ]
  의심하지 않는
- prey[prei] 먹이
- suck[sʌk]
  빨아들이다, 삼키다

Not only does the 'leaf fish' look like a leaf, but ① <u>it</u> also imitates the movement of a drifting leaf underwater. Its hunting technique is not to swiftly pursue its victim, but to wait for ② <u>it</u>. Hanging at an angle in the water, the leaf fish is carried along by the currents until ③ <u>it</u> comes near a smaller fish. Then, ④ <u>it</u> seizes the unsuspecting prey with a lightning-fast snap of the jaws, and swallows the prey down head first. At close range the rapid opening of the leaf fish's large jaws enables ⑤ <u>it</u> to suck in the unfortunate individual very easily.

[2점] [07.수능]

해석 'leaf fish'는 나뭇잎처럼 보일 뿐만 아니라, ① 그것은 물속에서 떠다니는 잎의 음직임을 흉내 낸다. 그것의 사냥 기법은 재빠르게 먹이를 뒤쫓는 것이 아니라 ② 그것을 기다리는 것이다. leaf fish는 ③ 그것이 마침내 보다 작은 물고기 근처에까지 이르게 될 때까지 물속에서 비스듬히 선채로 물살을 따라 이동한다. 그 다음, ④ 그것은 번개같이 재빠르게 턱을 벌려 경계를 하고 있지 않던 먹이를 붙잡아 머리부터 먼저 삼킨다. 근거리에서 leaf fish는 큰 턱을 빠르게 벌리는 것은 ⑤ 그것이 그 불행한 먹이를 매우 쉽게 빨아들일 수 있게 한다.

풀이 ②는 leaf fish가 잡아먹는 작은 물고기를 가리키는 반면 나머지는 모두 leaf fish를 가리키는 대명사 표현이다.

- account[ə|kaʊnt] 설명
- fall by the wayside
  (중심에서)밀려나다
- periodic[pɪriɑ:dɪk]
  주기적인
- counterpart
  [kaʊntərpɑ:rt]
  상대, 대응하는 것
- mastery
  [mǽstəri, mɑ́:s-] 숙달

10 밑줄 친 they[their]가 가리키는 대상이 나머지 넷과 다른 것은?

Whether woven or printed, a fine tie is a work of art from beginning to end. Woven silk ties are the most luxurious of all. Though less common today, ① they were at one time the essential accessory of a true gentleman. Because of ② their high manufacturing cost, woven silk ties are very expensive. This in part accounts for the fact that ③ they now represent only five percent of tie production. But ④ they will never fall entirely by the wayside and will make periodic comebacks. Printed silk ties are much cheaper and simpler than ⑤ their woven counterparts. However, silk printing demands a high level of technical mastery.

※ woven (실로) 짠

[2점] [07.9월평가원]

해석 짠 것이든 인쇄한 것이든 정교한 넥타이는 처음부터 끝까지 하나의 예술 작품이다. 짠 실크 넥타이가 모든 것 중에서 가장 화려하다. 오늘날에는 덜 흔하기는 하지만, 한 때 ① 그것은 진짜 신사의 기본적인 액세서리였다. ② 그것의 높은 제조비용 때문에, 짠 실크 넥타이는 매우 비싸다. 이것은 ③ 그것들이 현재 넥타이 생산의 단지 5퍼센트에만 해당된다는 사실을 부분적으로 설명해준다. 그러나 ④ 그것은 결코 완전히 없어지지 않을 것이며, 주기적으로 다시 나타날 것이다. 인쇄된 실크 넥타이는 ⑤ 그것들의 상대인 짠 넥타이보다 훨씬 더 싸고 간단하다. 하지만, 실크 인쇄는 높은 수준의 전문적인 숙달을 요구한다.

풀이 ⑤는 바로 앞의 printed silk ties를 가리키는 대명사 표현인 반면 ①, ②, ③, ④는 모두 woven silk ties를 가리키는 대명사 표현이다.

답 ⑤

The first true piece of sports equipment that man invented was the ball. In ancient Egypt, pitching stones was children's favorite game, but a badly thrown rock could hurt a child. Egyptians were therefore looking for something less dangerous to throw. And ① they developed what were probably the first balls. ② They were first made of grass or leaves held together by strings, and later of pieces of animal skin sewn together and stuffed with feathers or hay. Even though the Egyptians were warlike, ③ they found time for peaceful games. Before long ④ they devised a number of ball games. Perhaps ⑤ they played ball more for instruction than for fun. Ball playing was thought of mainly as a way to teach young men the speed and skill they would need for war.

• ancient[éinʃənt] 고대의
• pitch[pitʃ] 던지다
• hay[hei] 건초
• warlike[wɔ́ːrlaɪk] 호전적인
• instruction [instrʌ́kʃn] 교육

[2점] [08.수능]

해석 인간이 발명한 최초의 진정한 운동 장비 품목은 공이었다. 고대 이집트에서는 돌을 던지는 것이 아이들이 좋아하는 놀이였지만, 잘못 던진 돌이 아이를 다치게 할 수 있었다. 그래서 이집트인들은 던지기에 보다 덜 위험한 것을 찾게 되었다. 그리고 ① 그들은 어쩌면 최초의 공일 수도 있는 것을 개발했다. ② 그것은 처음에 풀이나 잎을 끈으로 묶어서 만들었고 나중에는 동물의 가죽 조각을 실로 꿰매어 붙이고 그 안에 깃털이나 건초를 채워서 만들었다. 호전적이기는 하였지만, ③ 그들은 평화로운 경기를 하는 시간도 가졌다. 곧 ④ 그들은 공으로 하는 많은 경기를 고안했다. 아마 ⑤ 그들은 재미보다는 교육을 위해서 공놀이를 했을 것이다. 공놀이는 주로 젊은이들에게 전쟁을 위해서 필요한 속도와 기술을 가르치는 한 가지 수단으로 생각되었다.

풀이 ②는 바로 앞의 the first balls를 가리키는 대명사 표현인 반면 ①, ③, ④, ⑤는 모두 Egyptians를 가리키는 대명사 표현이다.

답 ②

Vocabulary

• stay in shape
  건강을 유지하다

• unbeatable[ʌnbíːtəbl]
  맞붙을 수 없는

• count for much
  아주 중요하다

• competition
  [kàmpətíʃən/kɔ́m-]
  경기, 경쟁

12 밑줄 친 He[he]가 가리키는 대상이 나머지 넷과 다른 것은?

Greg had always loved sports that he could play on his own. When he was 14, ① he went to a camp for skiers. One of the best ways to stay in shape, he was told there, was cycling. At that time, his dad was trying to lose weight, so ② he rode 20 miles every day with his son. Soon Greg got interested in cycling, entered races for 14 and 15-year-olds, and won almost every race. ③ He became unbeatable in the U.S. However, being number one in the U.S. didn't count for much because all the top cyclists raced in Europe. When ④ he was 16, Greg started racing and winning in Europe. And when he was 25, ⑤ he became the first non-European to win the Tour de France, the top cycling competition in the world.

[2점] [08.6월평가원]

해석
Greg는 항상 혼자서 할 수 있는 스포츠를 좋아했다. 14살 때, ①그는 스키 캠프에 갔다. 그는 거기서 건강을 유지할 수 있는 가장 좋은 방법들 중 하나가 사이클링이라는 말을 들었다. 그 때 그의 아빠는 체중을 줄이려고 하고 있었고, 그래서 ②그는 그의 아들과 함께 매일 20마일을 자전거를 탔다. 곧 Greg는 사이클링에 흥미를 가지게 되었고, 14세와 15세 아이들을 위한 경주에 참가했고, 거의 모든 경주에서 우승을 했다. ③그는 미국에서는 맞붙을 상대가 없었다. 하지만, 미국에서 일등을 한다는 것은 중요하지가 않았는데 왜냐하면 모든 일류 자전거타기 선수들은 유럽에서 경주를 했기 때문이었다.④그가 16세가 되었을 때, Greg는 유럽에서 경주에 참가해 우승하기 시작했다. 그리고 25살이 되었을 때, ⑤그는 세계 최고의 사이클링 대회인 Tour de France에서 우승한 최초의 비 유럽인이 되었다.

풀이
②는 Greg의 아빠를 가리키는 대명사 표현인 반면 ①, ③, ④, ⑤는 모두 Greg를 가리키는 대명사 표현이다.

답 ②

13 밑줄 친 He[he]가 가리키는 대상이 나머지 넷과 다른 것은?

Vocabulary

- tie[taɪ] 철도 침목
- regretful[rigrétfəl] 유감으로 생각하는, 불만스러운
- nerve[nəːrv] 뻔뻔함
- reasoning[ríːzəniŋ] 논리

Kameron once worked hard for several weeks building a wall made of railroad ties in his backyard. When ① he was almost finished, his neighbor, Mr. Brown, regretfully asked him if he could please take out the railroad ties and use rocks instead. ② He simply explained that his wife did not want to look at a railroad tie wall for the rest of her life. Kameron could not believe the nerve of this neighbor to ask such a thing when ③ he had almost finished the wall. Although he did not fully understand his reasoning, ④ he knew the Browns would be his neighbors for a long time. Although it cost him another week of extra work, ⑤ he did what the neighbors requested and replaced the ties with rocks.

[2점] [08.9월평가원]

해석 Kameron은 이전에 그의 뒤뜰에 철도 침목으로 만들어진 담을 쌓느라 몇 주 동안 열심히 작업을 했다. ① 그가 거의 완성을 했을 때, 그의 이웃인 Brown씨가 유감스럽게도 그에게 제발 철도 침목을 제거하고 대신에 돌을 사용할 수 없느냐고 물었다. ② 그는 그의 아내가 나머지 평생 동안 침목으로 만들어진 담을 보는 것을 원치 않는다고 솔직하게 설명했다. Kameron은 ③ 그가 담을 거의 완성했을 때 그러한 것을 부탁하는 이 이웃의 뻔뻔함을 믿을 수가 없었다. 비록 그의 논리를 충분히 이해를 하지는 못했지만, ④ 그는 Brown씨 부부가 오랫동안 그의 이웃으로 있을 것이라는 것을 알았다. 비록 그것이 그에게 다시 한 주의 추가적인 작업을 요구했지만, ⑤ 그는 이웃이 요청한 것을 했고 침목을 돌로 대체했다.

풀이 ②의 He는 Mr. Brown을 가리키는 대명사 표현인 반면, ①, ③, ④, ⑤ 나머지는 모두 Kameron을 가리키는 대명사 표현이다.

답 ②

Vocabulary

- rural[rʊrəl] 시골의
- delightful[diláitfəl] 즐거운, 유쾌한
- twinkling[twínkliŋ] 빛나는, 반짝이는
- flash[flæʃ] 번쩍이다
- grip[grip] 움켜쥐다
- armrest[ɑ:rmrest] 팔걸이
- announcement [ənáunsmənt] 발표, 방송

14 밑줄 친 He[he]가 가리키는 대상이 나머지 넷과 <u>다른</u> 것은?

Flying over rural Kansas in an airplane one fall evening was a delightful experience for passenger Walt Morris. ① <u>He</u> watched the twinkling farmhouse lights below. Suddenly, the peace of the evening was broken when the plane's landing lights started flashing on and off. 'What's happening?' ② <u>he</u> wondered as he gripped the armrests. As the pilot was about to make an announcement, ③ <u>he</u> thought, 'This is it. He's going to tell us we've got a major problem.' Instead, ④ <u>he</u> told the passengers, "In case you're worried about the flashing lights outside the plane, I'm sending a signal to my kids." ⑤ <u>He</u> was relieved to hear the continued announcement: "They're at home over on that hill to the left, and they just sent me a Morse code message saying, 'Good night, Dad.'"

[2점] [09.수능]

해석 어느 가을 저녁 비행기를 타고 Kansas 주의 시골 지역 위를 날아가는 것은 승객인 Walt Morris 에게는 기분 좋은 경험이었다. ① 그는 밑으로 보이는 농장 주택의 반짝거리는 불빛을 보았다. 갑자기 비행기의 착륙등이 켜졌다 꺼졌다 하면서 번쩍이기 시작했을 때 그 저녁의 고요함이 깨지고 말았다. '무슨 일이 일어나고 있는 걸까?' ② 그는 의자의 팔걸이를 꼭 쥐면서 의아해 했다. 조종 사가 막 방송을 하려고 했을 때, ③ 그는 '바로 이거야. 그는 큰 문제가 일어났다는 것을 말하려 고 하는 거야'라고 생각했다. 대신에, ④ 그는 승객들에게 "비행기 바깥에서 깜빡이는 불빛에 대 해 걱정을 하실까봐 말씀드리는 것인데, 저는 제 아이들에게 신호를 보내고 있는 것입니다." ⑤ 그는 계속되는 안내 방송을 듣고 안심이 되었다. "제 애들은 저기 왼쪽으로 보이는 언덕에 있는 집에 있는데, 애들이 Morse 부호로 '좋은 저녁 되세요, 아빠'라는 메시지를 보내 왔습니다."

풀이 ④의 he는 항공기의 기장을 의미하는 대명사 표현인 반면, ①, ②, ③, ⑤의 He[he]는 Walt Morris를 나타내는 대명사 표 현이다.

15 밑줄 친 he[He]가 가리키는 대상이 나머지 넷과 다른 것은?

세상을 **바**꾸는
크로스 공부법

Vocabulary

- weary[wíəri] 피로한
- stuck[stʌk]
  갇힌, 꼼짝 못하는
- lag[læg]
  지체하다, 머무적거리다
- overtake[òuvərtéik]
  추월하다, 따라잡다
- complete[kəmplíːt]
  달성하다
- exhaustion[igzɔ́ːstʃən]
  피로

For a year Danny had trained hard to master the famous Pikes Peak Marathon. But when running the actual marathon, he was feeling weary and tired. In a narrow path through the woods, ① <u>he</u> got stuck behind a slow, weak runner wearing a T-shirt with 'Bob's #4' written on the back. ② <u>He</u> felt even more tired because he had to lag behind the fellow. As he was finally overtaking the runner, out of curiosity, ③ <u>he</u> asked him, "What's Bob's #4?" "My friend Bob had a dream to run this marathon four times," he answered. "④ <u>He</u> ran it three times, but then last year he died. So I decided to complete his dream for him. This is Bob's #4." Suddenly, all the exhaustion ⑤ <u>he</u> had been feeling during the race disappeared.

[2점] [09.9월평가원]

해석 Danny는 유명한 산인 Pikes Peak Marathon을 완주하기 위해 일 년 간 열심히 훈련해 왔다. 하지만 실제 마라톤을 하는 당일 날, 지치고 피곤함을 느끼고 있었다. ① <u>그는</u> 숲을 통과하는 좁은 길에서 뒤에 Bob's #4라고 쓴 티셔츠를 입은 느리고 연약한 주자의 뒤에서 옴짝달싹 못하게 되었다. ② <u>그는</u> 그 사람 뒤에서 지체해야 했기 때문에 훨씬 더 지친다고 느꼈다. 마침내 ③ <u>그는</u> 그 사람을 제치면서 궁금해서 "Bob's #4가 뭐예요?"라고 그에게 물었다. "내 친구 Bob은 평생에 이 마라톤을 네 번 뛰는 꿈을 가졌었지요. ④ <u>그는</u> 세 번 뛰었지만 작년에 죽었어요. 그래서 내가 그를 위해 그의 꿈을 달성하기로 맘을 먹었지요. 이번이 바로 Bob의 네 번째 마라톤이에요."라고 그는 대답했다. 갑자기 경주하는 동안에 ⑤ <u>그는</u> 느끼던 모든 피곤함이 사라졌다.

풀이 ④는 Bob의 친구를 가리키는 대명사 표현이지만 ①, ②, ③, ⑤는 Danny를 가리키는 대명사 표현이다.

답 ④

Vocabulary

- chemistry[kemɪstri]
  화학
- assignment[əsáinmənt]
  과제
- biography
  [baiágrəfi, bi-/-ɔ́g-] 전기
- absently[æbsəntli]
  멍하니
- encyclopedia
  [ensàikloupí:diə]
  백과사전
- practically[præktɪkli]
  사실상

16 밑줄 친 He[he]가 가리키는 대상이 나머지 넷과 다른 것은?

It was a beautiful Friday afternoon and the weekend was about to begin, but Rob had a lot on his mind. ① He had been putting off doing his chemistry report which was due on Monday. After borrowing some books from the library, he went home. Later that evening, ② he was doing the assignment when his father came in. "What are you doing, kid?" he asked. "Biography of Marie Curie," Rob said absently as ③ he was typing on his computer. "Really? I did that for a chemistry assignment when I was in school,"his father said. "Why don't you find some information from the encyclopedia over there?" ④ he added. Rob grabbed the encyclopedia. He smiled thinking that even though he was practically born playing computer games, ⑤ he was still doing the same assignments his father did over 20 years ago.

[2점] [10.수능]

해석 멋진 금요일 오후였고 주말이 막 시작하려고 했으나, Rob은 마음에 걸리는 것이 많았다. ① 그는 월요일이 제출 기한인 화학 보고서를 작성하는 것을 미루어 오고 있었다. 도서관에서 책을 몇 권 빌린 후에 그는 집으로 갔다. 그날 저녁에, ② 그가 과제를 하고 있을 때 그의 아버지가 들어왔다. "애야, 무엇을 하고 있니?" 그는 물었다. "Marie Curie의 전기(傳記)요."③ (그가) 컴퓨터 자판을 치며 Rob이 멍하니 말했다. "정말? 나도 학교 다닐 때 화학 과제로 그것을 했지" 그의 아버지가 말했다. "저쪽에 있는 백과사전에서 정보를 좀 찾지 그러니?"라고 ④ 그는 덧붙였다. Rob은 그 백과사전을 집었다. 그는 비록 사실상 태어나면서부터 컴퓨터 게임을 한 것이나 다름없지만, 그의 아버지가 20년 훨씬 전에 했던 똑같은 과제를 ⑤ 그가 여전히 하고 있다는 생각을 하며 그는 웃음 지었다.

풀이 ①, ②, ③, ⑤는 Rob을 가리키는 대명사 표현이지만, ④는 Rob의 아버지를 가리키는 대명사 표현이다.

답 ④

17 밑줄 친 he[him]가 가리키는 대상이 나머지 넷과 다른 것은?

Vocabulary

John was as famous for his tennis skills as he was for his fits of temper on the court. One afternoon, I was playing an important singles match against John. When things didn't go his way, ① <u>he</u> began to go downhill, complaining about the game, screaming at himself, and slamming his racket. It looked like ② <u>he</u> was having a public nervous breakdown. In the end, the guy who didn't "deserve to be on the same court" with ③ <u>him</u> won in three tough sets. After the match, John announced his retirement from tennis at the age of twenty seven. He explained, "When I start losing to players like ④ <u>him</u>, I've got to reconsider what I'm doing even playing this game." If he thought I'd be insulted, ⑤ <u>he</u> was wrong. In fact, I loved it.

- go downhill
  [gou daʊnhil] 악화되다
- complain[kəmpléin]
  불평하다
- slam[slæm]
  세게 놓다, 던지다
- nervous breakdown
  신경 쇠약
- retirement
  [rɪtaɪərmənt] 은퇴
- insult[ínsʌlt] 모욕하다

[2점] [10.6월평가원]

해석 John은 코트에서 분노를 폭발시키는 것만큼이나 그의 테니스 기술로도 잘 알려져 있다. 어느 날 오후 나는 John과 중대한 단식 경기를 벌이고 있었다. 경기가 뜻대로 되지 않자 ① 그는 몰락해 가기 시작하여 경기에 대해 불평을 하고 스스로에게 소리를 질러대며 라켓을 내팽개쳤다. 마치 ② 그는 여러 사람 앞에서 신경 쇠약증에 걸린 듯했다. 결국 ③그 자신과 같은 코트에서 경기할만한 자격이 없었던 그 선수가 세 번의 힘든 세트에서 승리했다. 시합이 끝난 후 John은 27세의 나이에 테니스에서 은퇴하겠다고 발표했다. 그는 "④ 그와 같은 선수에게 게임을 지기 시작할 때 나는 경기 하는 동안에도 내가 무엇을 하고 있는지를 다시 생각해야 했다"라고 해명했다. 만약 그가 내가 모욕을 당했다고 생각했다면 ⑤ 그는 잘못 생각했다. 사실 나는 그것을 좋아했다.

풀이 ①, ②, ③, ⑤는 테니스 실력이 뛰어나면서도 자신의 감정을 절제하지 못했던 John을 가리키는 대명사 표현인 반면 ④는 John의 상대방 선수를 가리키는 대명사 표현이다.

Vocabulary

• toll[toul] 통행료

• attendant[əténdənt] 점원

• remind[rimáind] 생각나게 하다

• glance[glæns, glɑːns] 흘끗 보다

• pile up (양이) 많아지다

• register[rédʒəstər] 등록기

18 밑줄 친 she[her]가 가리키는 대상이 나머지 넷과 다른 것은?

There was a girl who grew flowers in New Jersey and sometimes took flowers to customers on Staten Island. To get there, ① she had to go over a bridge paying a toll of $2.50. One day, as she was approaching the toll booth, she saw a toll booth attendant who reminded ② her of her mother. As she reached in ③ her pocket, she found she had no money but a half dollar. Not knowing what to do, ④ she handed the coin to her and asked nervously, "Want to buy a fresh red rose?" The attendant looked surprised at first, but glancing at the cars piling up behind her, she took two dollars from her purse and rang it up on the cash register. "Yes, I'll take it," ⑤ she said with a smile. "And I suppose the price is two dollars even, right?"

[2점] [10.9월평가원]

해석

New Jersey에서 꽃을 기르며 때때로 Staten Island에 있는 고객들에게 꽃을 가져다주는 어떤 소녀가 있었다. 그곳으로 가려면, ① 그녀는 2달러 50센트의 통행료를 지불하고 다리를 건너가야 했다. 어느 날 그녀가 통행료 징수소에 가까워지고 있을 때, 그녀는 ② 그녀에게 자신의 어머니가 생각나게 하는 통행료 징수소 직원을 보았다. 그녀가 ③ 그녀의 주머니를 뒤져 보았을 때, 그녀는 자신에게 돈이 50센트밖에 없다는 것을 발견했다. 어찌할 바를 모르고, ④ 그녀는 그 동전을 그녀에게 주고, 불안해하면서 다음과 같이 물었다. "싱싱한 빨간 장미를 사시겠어요?" 처음에 그 직원은 놀랐으나, 그녀 뒤에 차들이 줄지어 밀려 있는 것을 보고서, 그녀는 자신의 지갑에서 2달러를 꺼내서 현금 등록기에 넣었다. "예, 사겠어요."⑤ 그녀는 미소를 지으며 말했다. "그런데 내 생각에 가격이 딱 2달러이겠군요. 맞죠?"

풀이

글의 흐름상 밑줄 친 ①, ②, ③, ④의 she[her]는 모두 꽃을 길러서 판매하는 소녀를 가리키는 데 반하여, 밑줄 친 ⑤의 she는 통행료를 징수하는 여자를 가리킨다.

답 ⑤

19 밑줄 친 <u>she[her]</u>가 가리키는 대상이 나머지 넷과 다른 것은?

Kate and Joan, who had not seen each other for three months, were chatting happily in Joan's apartment. After a short conversation, Joan went to prepare coffee. Soon ① <u>she</u> came back with the cups and saucers and put them down on a small side table. While Joan was looking for a tablecloth, Kate was wandering around the room looking at the pictures on the walls. Intent on one of the pictures, ② <u>she</u> took a step back and hit the small table, tipping it over. All the cups and saucers were broken. Kate felt guilty for ③ <u>her</u> negligence. As she helped Joan clean up, ④ <u>she</u> tried to think of a way to compensate her for the damage. Later, Joan mentioned that she was looking for volunteers to work in a fair she was organizing. Although Kate had something important to do on that particular Sunday, she decided to cancel ⑤ <u>her</u> plans and volunteer to help Joan.

- saucer[sɔ́ːsər] 받침접시
- tablecloth[téɪblklɔ̀ːθ] 식탁보
- wander[wɑ́ndər/wɔ́n-] 돌아다니다, 어슬렁거리다
- intent on …에 열중하고 있는
- guilty[gílti] 죄책감
- negligence [néglidʒəns] 부주의
- compensate [kɑ́mpənsèit/kɔ́m-] 보상하다, 변상하다

[2점] [11.수능]

해^석 Kate와 Joan은 3개월 동안이나 서로 보지 못했는데, Joan의 아파트에서 즐겁게 이야기를 나누고 있었다. 짧은 대화 후에, Joan이 커피를 준비하러 갔다. 곧 ① 그녀가 컵과 받침 접시를 가지고 돌아와 그것을 작은 보조탁자에다 놓았다. Joan이 테이블보를 찾고 있는 도중에, Kate는 벽에 있는 사진들을 보면서 방 주위를 서성이고 있었다. 사진들 중 하나에 열중하면서 ② 그녀는 한 걸음 뒤로 물러나다가 그 작은 탁자에 부딪혔고 그것을 쓰러트렸다. 컵과 받침접시 모두가 깨졌다. Kate는 ③ 자신의 부주의에 대해 죄책감을 느꼈다. Joan이 치우는 것을 도우며, ④ 그녀는 그 손해에 대해 보상하는 방법을 생각해 내려고 했다. 나중에 Joan은 자신이 조직하고 있는 전시회에서 일할 자원봉사자를 찾고 있다는 말을 했다. 비록 Kate는 그 특별한 일요일에 해야 할 중요한 무언가가 있었지만, ⑤ 그녀의 계획을 취소하고 Joan을 돕기 위해 자원봉사를 하기로 결심했다.

풀^이 ①은 Joan을 가리키는 대명사 표현인 반면 ②, ③, ④, ⑤는 모두 Kate를 가리키는 대명사 표현이다.

답 ①

Vocabulary

- imitation[ɪmɪteɪʃn]
모조품
- workmanship
[wɜːrkmənʃɪp] 세공, 기술
- reliable[rɪlaɪəbl]
믿을 수 있는
- at length
한참 있다가, 마침내
- worthless[wəːrθlis]
가치 없는
- examine[ɪgzæmɪn]
조사하다
- magnifying glass
확대경, 돋보기
- ceremony
[sérəmòuni/-məni]
의식, 형식

20 밑줄 친 부분이 가리키는 대상이 나머지 넷과 다른 것은?

Lantin decided on a necklace which had been one of his wife's favorites. ① It must be worth at least seven or eight francs he thought, because for an imitation piece the workmanship was very good. He put it in his pocket and went looking for a reliable-looking jeweler. At length he saw ② one and went in, a little ashamed of selling something so worthless. "Monsieur," he said to the dealer, "I'd like you to value ③ this piece for me if you'd be so kind." The man took ④ the article, examined it, turned it over, weighed it, and took up a magnifying glass to look at it more closely. Lantin was a little embarrassed by all this ceremony and was about to say,"Look, I'm pretty sure it's got no value at all," when the jeweler announced: "Monsieur, I'd put it at between 12,000 and 15,000 francs. However, I could not purchase ⑤ this from you without knowing its exact provenance." ※ provenance 출처

[2점] [11.6월평가원]

해석 Lantin은 그의 아내가 좋아하는 것들 중 하나이었던 목걸이로 결정을 했다. 그의 생각에 ① 그것은 틀림없이 최소 7프랑이나 8프랑의 가치가 있어 보였는데, 왜냐하면 모조품치고는 세공이 아주 훌륭했기 때문이었다. 그는 그것을 주머니에 넣고 믿을 만하게 보이는 보석상을 찾아 나섰다. 마침내 그는 ② 하나를 발견했고, 그렇게 가치가 없는 것을 파는 것에 대해 약간 부끄러워하며 안으로 들어갔다. "죄송하지만 저를 위해서 ③ 이것의 가치를 알아봐 주셨으면 합니다,"라고 그는 판매상에게 말했다. 그 사람은 ④ 그 물건을 가져가, 그것을 검사하고, 뒤집어 보고, 무게를 달고, 확대경을 가져와 그것을 더 세밀히 살펴보았다. Lantin은 이 모든 절차로 인해 약간 당황스러웠으며 막 "보세요, 저는 그것이 전혀 값어치가 없다고 아주 확신해요,"라고 말하려고 하는 순간 그 보석상이 분명한 목소리로 말했다. "저 생각으로는 그것이 12,000 프랑에서 15,000 프랑 사이의 값어치가 있습니다. 하지만, ⑤ 그것의 정확한 출처를 알지 않고는 이것을 당신으로부터 구매할 수 없습니다."

풀이 ②는 보석상(a jeweler)을 가리키는 명사나 대명사 표현인 반면 ①, ②, ③, ④는 모두 남자가 팔려고 했던 아내의 목걸이(a necklace)를 가리키는 대명사 표현이다.

정답 ②

21 밑줄 친 She[her]가 가리키는 대상이 나머지 넷과 다른 것은?

Switching on the light in the nursery, Evelyn found her baby daughter, Julie, tossing feverishly and giving out odd little cries. ① She put her hand against Julie's cheeks. They were burning. With an exclamation, she followed ② her baby's arm down under the cover until she found her little hand. The whole thumb was swollen to the wrist and in the center was a little inflamed sore. ③ She rushed to the phone. Doctor Foulke, the family physician, sounded upset at being called out of bed at midnight. She ran back to the nursery to check on her daughter. Taking a closer look, she found ④ her thumb to be somewhat more swollen. ⑤ She knelt beside the bed and began smoothing back Julie's hair over and over.

- nursery[nə́ːrsəri]
  아이 방, 육아실
- toss[tɔːs]
  뒹굴다, 뒤치락거리다
- feverish[fíːvəriʃ]
  열이 있는, 불안정한
- exclamation
  [èksklǝméiʃən] 외침, 절규
- swollen[swəulən]
  부어오른
- wrist[rist] 손목
- inflame[infléim]
  빨개지게 하다
- sore[sɔːr] 상처
- physician[fizíʃn] 의사
- call somebody out
  (특히 위급한 상황에서)
  ~를 부르다[호출하다]
- take a closer look
  자세히 살펴보다
- somewhat[sʌ́mwʌt]
  어느 정도, 다소
- knelt[nelt] 무릎을 꿇다

[2점] [11.9월평가원]

해석 아이 방의 불을 켜고서, Evelyn은 자신의 어린 딸 Julie가 열이 있는 듯이 뒤치락거리면서 이상한 작은 울음소리를 내는 것을 알았다. ① 그녀는 자기 손을 Julie의 뺨에 갖다 댔다. 두 뺨은 불타는 듯했다. 큰 소리를 지르며 그녀는 이불 밑으로 ② 자기 아기의 팔을 따라 내려가다가 마침내 그녀의 작은 손에 이르렀다. 손목 쪽으로 엄지손가락 전체가 부어있었고, 가운데 새빨개진 작은 상처가 있었다. ③ 그녀는 전화기로 달려갔다. 가족 주치의인 Foulke박사는 한밤중에 침대에서 전화를 받고서 당황해하는 것처럼 들렸다. 그녀는 아이 방으로 다시 달려가 딸을 살펴봤다. 좀 더 면밀히 살펴보고 나서, 그녀는 ④ 아기의 엄지손가락이 어느 정도 더 부어있는 것을 알았다. ⑤ 그녀는 침대 옆에서 무릎을 꿇고서 Julie의 머리카락을 반복해서 다시 매만지기 시작했다.

풀이 ①, ②, ③, ⑤는 모두 Julie의 어머니인 Evelyn을 가리키는 대명사 표현인 반면, ④는 Julie를 가리키는 대명사 표현이다.

22 밑줄 친 부분이 가리키는 대상이 나머지 넷과 다른 것은?

Vocabulary

- expense[ɪkspens] 지출
- dwindle[dwíndl]
  줄어들다
- revenue[révənjùː]
  소득, 수익
- particularly
  [pərtíkjələrli]
  특히, 특별히
- businesslike
  [bíznəslaɪk] 효율적인
- figure out
  ~을 생각해 내다
- disengage[disengéidʒ]
  자유롭게 하다, 해방하다

One day in February 2009, Stephanie called Betty, ① her best friend, who was the only employee of her business Best Wedding. Once again, they discussed the company's expenses and dwindling revenue. But this time, Stephanie knew what she had to do. She gathered up her courage and told ② her friend and colleague: "I have to make this work. I have to let ③ you go." Betty was hurt but wasn't particularly surprised. In a businesslike fashion, the two women began figuring out how to disengage. Betty said she wanted to start her own event-planning business, and Stephanie agreed to let ④ her keep her existing clients, some photography, and documents and forms they had developed together. ⑤ She also gave Betty two months' salary as severance pay.

※ severance 해직

[2점] [12.수능]

해석 2009년 2월의 어느 날, Stephanie가 ① 그녀의 가장 친한 친구인 Betty에게 전화를 했는데, 그녀는 Stephanie의 사업체인 Best Wedding의 유일한 직원이었다. 다시 한 번 그들은 회사의 지출과 줄어드는 수익에 대해 의논했다. 하지만 이번에 Stephanie는 그녀가 무엇을 해야 하는지를 알았다. 그녀는 용기를 끌어 모아 ② 그녀의 친구이자 동료에게 말했다. "난 이 일을 성공시켜야 해. ③ 너를 놓아 주어야겠어." Betty는 마음이 아팠지만 특별히 놀라지는 않았다. 실질적인 방식에서 그 두 여성은 헤어지는 방법을 찾기 시작했다. Betty는 그녀만의 이벤트 기획 사업을 시작하고 싶다고 말했고, Stephanie는 ④ 그녀가 그녀의 현재의 고객들, 몇몇 사진 촬영기법, 그리고 그들이 함께 진척시킨 서류와 양식을 유지하도록 하는 것에 동의했다. ⑤ 그녀는 또한 Betty에게 두 달 분의 급여를 해직 수당으로 주었다.

풀이 ①, ②, ③, ④는 모두 Betty를 가리키는 명사나 대명사 표현인 반면에 ⑤는 Stephanie를 가리키는 대명사이다.

답 ⑤

세상을 바꾸는 크로스 공부법 100선

097 항상 자신이 없는 부분만 발음기호를 써야 한다는 사실을 다시 한 번 강조한다. 다 쓰려면 시간도 없고 촛점이 흐려지기 마련이다.

098 굳이 새로운 말하기 훈련법을 찾으려 할 필요는 없다. 단어 · 예문 녹음시 정성을 다해보자. 매번 더욱 정확하게 더욱 빠르게 녹음하려고 노력해보라.

099 녹음할 때 예문은 너무 길어도 너무 짧아도 좋지 않다. 보통 시작시에는 4-5단어로 구성된, 짤막한 의미가 이루어지는 정도의 길이면 된다. 예를 들어 'The fog melted away' 이정도면 충분하지 않은가?

100 원래 진리란 멀리 떨어져 있지 않은 법이다. 단지 처음에 정성스럽게 예문을 소리 내어 녹음하고 또 그 녹음된 예문을 따라서 말을 해보는 것만으로 우리의 말하기 실력은 늘게 되는 것이다.